17.ª edición

Plan General de Contabilidad y de PYMES

Reales Decretos 1514/2007 y 1515/2007

adaptados a los reales decretos 1159/2010, 602/2016 y **1/2021**

17.ª edición

Plan General de Contabilidad y de PYMES

Reales Decretos 1514/2007 y 1515/2007

adaptados a los reales decretos 1159/2010, 602/2016 y **1/2021**

Prólogo de Leandro Cañibano

PIRÁMIDE

COLECCIÓN «ECONOMÍA Y EMPRESA»

Diseño de cubierta: Anaí Miguel

Fotografía de cubierta: Boé, O. / Anaya

Ediciones Pirámide se compromete con el medio ambiente reduciendo la huella de carbono de sus libros.

Valentín Beato, 21. 28037 Madrid
Teléfono: 91 393 89 89
www.edicionespiramide.es
Depósito legal: 15.836-2024
ISBN: 978-84-368-4983-7
Composición: Grupo Anaya
Printed in Spain

CUADROS DEL PGC DE PYMES

Plan General de Contabilidad y de PYMES

Reales Decretos 1514/2007 y 1515/2007
adaptados a los reales decretos
1159/2010, 602/2016 y **1/2021**

EDICIONES PIRÁMIDE
www.edicionespiramide.es

CUADRO DE CUENTAS

GRUPO 1

FINANCIACIÓN BÁSICA

10. CAPITAL.
- 100. Capital social.
- 101. Fondo social.
- 102. Capital.
- 103. Socios por desembolsos no exigidos.
  - 1030. Socios por desembolsos no exigidos, capital social.
  - 1034. Socios por desembolsos no exigidos, capital pendiente de inscripción.
- 104. Socios por aportaciones no dinerarias pendientes.
  - 1040. Socios por aportaciones no dinerarias pendientes, capital social.
  - 1044. Socios por aportaciones no dinerarias pendientes, capital pendiente de inscripción.
- 108. Acciones o participaciones propias en situaciones especiales.
- 109. Acciones o participaciones propias para reducción de capital.

11. RESERVAS.
- 110. Prima de emisión o asunción.
- 112. Reserva legal.
- 113. Reservas voluntarias.
- 114. Reservas especiales.
  - 1140. Reservas para acciones o participaciones de la sociedad dominante.
  - 1141. Reservas estatutarias.
  - 1142. Reserva por capital amortizado.
  - 1144. Reservas por acciones propias aceptadas en garantía.
- 118. Aportaciones de socios o propietarios.
- 119. Diferencias por ajuste del capital a euros.

12. RESULTADOS PENDIENTES DE APLICACIÓN.
- 120. Remanente.
- 121. Resultados negativos de ejercicios anteriores.
- 129. Resultado del ejercicio.

13. SUBVENCIONES, DONACIONES, LEGADOS Y OTROS AJUSTES EN PATRIMONIO NETO.
- 130. Subvenciones oficiales de capital.
- 131. Donaciones y legados de capital.
- 132. Otras subvenciones, donaciones y legados.
- 137. Ingresos fiscales a distribuir en varios ejercicios.
  - 1370. Ingresos fiscales por diferencias permanentes a distribuir en varios ejercicios.
  - 1371. Ingresos fiscales por deducciones y bonificaciones a distribuir en varios ejercicios.

14. PROVISIONES.
- 141. Provisión para impuestos.
- 142. Provisión para otras responsabilidades.
- 143. Provisión por desmantelamiento, retiro o rehabilitación del inmovilizado.
- 145. Provisión para actuaciones medioambientales.

15. DEUDAS A LARGO PLAZO CON CARACTERÍSTICAS ESPECIALES.
- ...nes o participaciones a largo plazo consideradas ...ivos financieros.
- 153. Desembolsos no exigidos por acciones o participaciones consideradas como pasivos financieros.
  - 1533. Desembolsos no exigidos, empresas del grupo.
  - 1534. Desembolsos no exigidos, empresas asociadas.
  - 1535. Desembolsos no exigidos, otras partes vinculadas.
  - 1536. Otros desembolsos no exigidos.
- 154. Aportaciones no dinerarias pendientes por acciones o participaciones consideradas como pasivos financieros.
  - 1543. Aportaciones no dinerarias pendientes, empresas del grupo.
  - 1544. Aportaciones no dinerarias pendientes, empresas asociadas.
  - 1545. Aportaciones no dinerarias pendientes, otras partes vinculadas.
  - 1546. Otras aportaciones no dinerarias pendientes.

16. DEUDAS A LARGO PLAZO CON PARTES VINCULADAS.
- 160. Deudas a largo plazo con entidades de crédito vinculadas.
  - 1603. Deudas a largo plazo con entidades de crédito, empresas del grupo.
  - 1604. Deudas a largo plazo con entidades de crédito, empresas asociadas.
  - 1605. Deudas a largo plazo con otras entidades de crédito vinculadas.
- 161. Proveedores de inmovilizado a largo plazo, partes vinculadas.
  - 1613. Proveedores de inmovilizado a largo plazo, empresas del grupo.
  - 1614. Proveedores de inmovilizado a largo plazo, empresas asociadas.
  - 1615. Proveedores de inmovilizado a largo plazo, otras partes vinculadas.
- 162. Acreedores por arrendamiento financiero a largo plazo, partes vinculadas.
  - 1623. Acreedores por arrendamiento financiero a largo plazo, empresas de grupo.
  - 1624. Acreedores por arrendamiento financiero a largo plazo, empresas asociadas.
  - 1625. Acreedores por arrendamiento financiero a largo plazo, otras partes vinculadas.
- 163. Otras deudas a largo plazo con partes vinculadas.
  - 1633. Otras deudas a largo plazo, empresas del grupo.
  - 1634. Otras deudas a largo plazo, empresas asociadas.
  - 1635. Otras deudas a largo plazo con otras partes vinculadas.

17. DEUDAS A LARGO PLAZO POR PRÉSTAMOS RECIBIDOS, EMPRÉSTITOS Y OTROS CONCEPTOS.
- 170. Deudas a largo plazo con entidades de crédito.
- 171. Deudas a largo plazo.
- 172. Deudas a largo plazo transformables en subvenciones, donaciones y legados.
- 173. Proveedores de inmovilizado a largo plazo.
- 174. Acreedores por arrendamiento financiero a largo plazo.
- 175. Efectos a pagar a largo plazo.
- 176. Pasivos por derivados financieros a largo plazo.
- 177. Obligaciones y bonos.
- 179. Deudas representadas en otros valores negociables.

18. PASIVOS POR FIANZAS, GARANTÍAS Y OTROS CONCEPTOS A LARGO PLAZO.
- 180. Fianzas recibidas a largo plazo.
- 181. Anticipos recibidos por ventas o prestaciones de servicios a largo plazo.
- 185. Depósitos recibidos a largo plazo.

19. SITUACIONES TRANSITORIAS DE FINANCIACIÓN.
- 190. Acciones o participaciones emitidas.
- 192. Suscriptores de acciones.
- 194. Capital emitido pendiente de inscripción.
- 195. Acciones o participaciones emitidas consideradas como pasivos financieros.
- 197. Suscriptores de acciones consideradas como pasivos financieros.
- 199. Acciones o participaciones emitidas consideradas como pasivos financieros pendientes de inscripción.

GRUPO 2

ACTIVO NO CORRIENTE

20. INMOVILIZACIONES INTANGIBLES.
- 200. Investigación.
- 201. Desarrollo.
- 202. Concesiones administrativas.
- 203. Propiedad industrial.
- 205. Derechos de traspaso.
- 206. Aplicaciones informáticas.
- 209. Anticipos para inmovilizaciones intangibles.

21. INMOVILIZACIONES MATERIALES.
- 210. Terrenos y bienes naturales.
- 211. Construcciones.
- 212. Instalaciones técnicas.
- 213. Maquinaria.
- 214. Utillaje.
- 215. Otras instalaciones.
- 216. Mobiliario.
- 217. Equipos para procesos de información.
- 218. Elementos de transporte.
- 219. Otro inmovilizado material.

22. INVERSIONES INMOBILIARIAS.
- 220. Inversiones en terrenos y bienes naturales.
- 221. Inversiones en construcciones.

23. INMOVILIZACIONES MATERIALES EN CURSO.
- 230. Adaptación de terrenos y bienes naturales.
- 231. Construcciones en curso.
- 232. Instalaciones técnicas en montaje.
- 233. Maquinaria en montaje.
- 237. Equipos para procesos de información en montaje.
- 239. Anticipos para inmovilizaciones materiales.

24. INVERSIONES FINANCIERAS A LARGO PLAZO EN PARTES VINCULADAS.
- 240. Participaciones a largo plazo en partes vinculadas.
  - 2403. Participaciones a largo plazo en empresas del grupo.
  - 2404. Participaciones a largo plazo en empresas asociadas.
  - 2405. Participaciones a largo plazo en otras partes vinculadas.

241. Valores representativos de deuda a largo plazo de partes vinculadas.
2413. Valores representativos de deuda a largo plazo de empresas del grupo.
2414. Valores representativos de deuda a largo plazo de empresas asociadas.
2415. Valores representativos de deuda a largo plazo de otras partes vinculadas.
242. Créditos a largo plazo a partes vinculadas.
2423. Créditos a largo plazo a empresas del grupo.
2424. Créditos a largo plazo a empresas asociadas.
2425. Créditos a largo plazo a otras partes vinculadas.
249. Desembolsos pendientes sobre participaciones a largo plazo en partes vinculadas.
2493. Desembolsos pendientes sobre participaciones a largo plazo en empresas del grupo.
2494. Desembolsos pendientes sobre participaciones a largo plazo en empresas asociadas.
2495. Desembolsos pendientes sobre participaciones a largo plazo en otras partes vinculadas.

25. OTRAS INVERSIONES FINANCIERAS A LARGO PLAZO.
250. Inversiones financieras a largo plazo en instrumentos de patrimonio.
251. Valores representativos de deuda a largo plazo.
252. Créditos a largo plazo.
253. Créditos a largo plazo por enajenación de inmovilizado.
254. Créditos a largo plazo al personal.
255. Activos por derivados financieros a largo plazo.
258. Imposiciones a largo plazo.
259. Desembolsos pendientes sobre participaciones en el patrimonio neto a largo plazo.

26. FIANZAS Y DEPÓSITOS CONSTITUIDOS A LARGO PLAZO.
260. Fianzas constituidas a largo plazo.
265. Depósitos constituidos a largo plazo.

28. AMORTIZACIÓN ACUMULADA DEL INMOVILIZADO.
280. Amortización acumulada del inmovilizado intangible.
2800. Amortización acumulada de investigación.
2801. Amortización acumulada de desarrollo.
2802. Amortización acumulada de concesiones administrativas.
2803. Amortización acumulada de propiedad industrial.
2805. Amortización acumulada de derechos de traspaso.
2806. Amortización acumulada de aplicaciones informáticas.
281. Amortización acumulada del inmovilizado material.
2811. Amortización acumulada de construcciones.
2812. Amortización acumulada de instalaciones técnicas.
2813. Amortización acumulada de maquinaria.
2814. Amortización acumulada de utillaje.
2815. Amortización acumulada de otras instalaciones.
2816. Amortización acumulada de mobiliario.
2817. Amortización acumulada de equipos para procesos de información.
2818. Amortización acumulada de elementos de transporte.
2819. Amortización acumulada de otro inmovilizado material.
282. Amortización acumulada de las inversiones inmobiliarias.

29. DETERIORO DE VALOR DE ACTIVOS NO CORRIENTES.
290. Deterioro de valor del inmovilizado intangible.
2900. Deterioro de valor de investigación.
2901. Deterioro de valor de desarrollo.
2902. Deterioro de valor de concesiones administrativas.
2903. Deterioro de valor de propiedad industrial.
2905. Deterioro de valor de derechos de traspaso.
2906. Deterioro de valor de aplicaciones informáticas.
291. Deterioro de valor del inmovilizado material.
2910. Deterioro de valor de terrenos y bienes naturales.
2911. Deterioro de valor de construcciones.
2912. Deterioro de valor de instalaciones técnicas.
2913. Deterioro de valor de maquinaria.
2914. Deterioro de valor de utillaje.
2915. Deterioro de valor de otras instalaciones.
2916. Deterioro de valor de mobiliario.
2917. Deterioro de valor de equipos para procesos de información.
2918. Deterioro de valor de elementos de transporte.
2919. Deterioro de valor de otro inmovilizado material.
292. Deterioro de valor de las inversiones inmobiliarias.
2920. Deterioro de valor de los terrenos y bienes naturales.
2921. Deterioro de valor de construcciones.
293. Deterioro de valor de participaciones a largo plazo.
2933. Deterioro de valor de participaciones a largo plazo en empresas del grupo.
2934. Deterioro de valor de participaciones a largo plazo en empresas asociadas.
2935. Deterioro de valor de participaciones a largo plazo en otras partes vinculadas.
2936. Deterioro de valor de participaciones a largo plazo en otras empresas.
294. Deterioro de valor de valores representativos de deuda a largo plazo de partes vinculadas.
2943. Deterioro de valor de valores representativos de deuda a largo plazo de empresas del grupo.
2944. Deterioro de valor de valores representativos de deuda a largo plazo de empresas asociadas.
2945. Deterioro de valor de valores representativos de deuda a largo plazo de otras partes vinculadas.
295. Deterioro de valor de créditos a largo plazo a partes vinculadas.
2953. Deterioro de valor de créditos a largo plazo a empresas del grupo.
2954. Deterioro de valor de créditos a largo plazo a empresas asociadas.
2955. Deterioro de valor de créditos a largo plazo a otras partes vinculadas.
296. Deterioro de valor de participaciones en el patrimonio neto a largo plazo.
297. Deterioro de valor de valores representativos de deuda a largo plazo.
298. Deterioro de valor de créditos a largo plazo.

GRUPO 3

EXISTENCIAS

30. COMERCIALES.
300. Mercaderías A.
301. Mercaderías B.

31. MATERIAS PRIMAS.
310. Materias primas A.
311. Materias primas B.

32. OTROS APROVISIONAMIENTOS.
320. Elementos y conjuntos incorporables.
321. Combustibles.
322. Repuestos.
325. Materiales diversos.
326. Embalajes.
327. Envases.
328. Material de oficina.

33. PRODUCTOS EN CURSO.
330. Productos en curso A.
331. Productos en curso B.

34. PRODUCTOS SEMITERMINADOS.
340. Productos semiterminados A.
341. Productos semiterminados B.

35. PRODUCTOS TERMINADOS.
350. Productos terminados A.
351. Productos terminados B.

36. SUBPRODUCTOS, RESIDUOS Y MATERIALES RECUPERADOS.
360. Subproductos A.
361. Subproductos B.
365. Residuos A.
366. Residuos B.
368. Materiales recuperados A.
369. Materiales recuperados B.

39. DETERIORO DE VALOR DE LAS EXISTENCIAS.
390. Deterioro de valor de las mercaderías.
391. Deterioro de valor de las materias primas.
392. Deterioro de valor de otros aprovisionamientos.
393. Deterioro de valor de los productos en curso.
394. Deterioro de valor de los productos semiterminados.
395. Deterioro de valor de los productos terminados.
396. Deterioro de valor de los subproductos, residuos y materiales recuperados.

GRUPO 4

ACREEDORES Y DEUDORES POR OPERACIONES COMERCIALES

40. PROVEEDORES.
400. Proveedores.
4000. Proveedores (euros).
4004. Proveedores (moneda extranjera).
4009. Proveedores, facturas pendientes de recibir o de formalizar.
401. Proveedores, efectos comerciales a pagar.
403. Proveedores, empresas del grupo.
4030. Proveedores, empresas del grupo (euros).
4031. Efectos comerciales a pagar, empresas del grupo.
4034. Proveedores, empresas del grupo (moneda extranjera).
4036. Envases y embalajes a devolver a proveedores, empresas del grupo.
4039. Proveedores, empresas del grupo, facturas pendientes de recibir o de formalizar.
404. Proveedores, empresas asociadas.
405. Proveedores, otras partes vinculadas.
406. Envases y embalajes a devolver a proveedores.
407. Anticipos a proveedores.

41. ACREEDORES VARIOS.
410. Acreedores por prestaciones de servicios.
4100. Acreedores por prestaciones de servicios (euros).
4104. Acreedores por prestaciones de servicios, (moneda extranjera).
4109. Acreedores por prestaciones de servicios, facturas pendientes de recibir o de formalizar.
411. Acreedores, efectos comerciales a pagar.
419. Acreedores por operaciones en común.

43. CLIENTES.
430. Clientes.
4300. Clientes (euros).
4304. Clientes (moneda extranjera).
4309. Clientes, facturas pendientes de formalizar.
431. Clientes, efectos comerciales a cobrar.
4310. Efectos comerciales en cartera.
4311. Efectos comerciales descontados.
4312. Efectos comerciales en gestión de cobro.
4315. Efectos comerciales impagados.
432. Clientes, operaciones de «factoring».
433. Clientes, empresas del grupo.
4330. Clientes empresas del grupo (euros).
4331. Efectos comerciales a cobrar, empresas del grupo.
4332. Clientes empresas del grupo, operaciones de «factoring».
4334. Clientes empresas del grupo (moneda extranjera).
4336. Clientes empresas del grupo de dudoso cobro.
4337. Envases y embalajes a devolver a clientes, empresas del grupo.
4339. Clientes empresas del grupo, facturas pendientes de formalizar.
434. Clientes, empresas asociadas.
435. Clientes, otras partes vinculadas.
436. Clientes de dudoso cobro.
437. Envases y embalajes a devolver por clientes.
438. Anticipos de clientes.

44. DEUDORES VARIOS.
440. Deudores.
4400. Deudores (euros).
4404. Deudores (moneda extranjera).
4409. Deudores, facturas pendientes de formalizar.
441. Deudores, efectos comerciales a cobrar.
4410. Deudores, efectos comerciales en cartera.
4411. Deudores, efectos comerciales descontados.
4412. Deudores, efectos comerciales en gestión de cobro.
4415. Deudores, efectos comerciales impagados.
446. Deudores de dudoso cobro.
449. Deudores por operaciones en común.

46. PERSONAL.
460. Anticipos de remuneraciones.
465. Remuneraciones pendientes de pa[illegible]

47. ADMINISTRACIONES PÚBLICAS.
 470. Hacienda Pública, deudora por diversos conceptos.
  4700. Hacienda Pública, deudora por IVA.
  4708. Hacienda Pública, deudora por subvenciones concedidas.
  4709. Hacienda Pública, deudora por devolución de impuestos.
 471. Organismos de la Seguridad Social, deudores.
 472. Hacienda Pública, IVA soportado.
 473. Hacienda Pública, retenciones y pagos a cuenta.
 474. Activos por impuesto diferido.
  4740. Activos por diferencias temporarias deducibles.
  4742. Derechos por deducciones y bonificaciones pendientes de aplicar.
  4745. Crédito por pérdidas a compensar del ejercicio.
 475. Hacienda Pública, acreedora por conceptos fiscales.
  4750. Hacienda Pública, acreedora por IVA.
  4751. Hacienda Pública, acreedora por retenciones practicadas.
  4752. Hacienda Pública, acreedora por impuesto sobre sociedades.
  4758. Hacienda Pública, acreedora por subvenciones a reintegrar.
 476. Organismos de la Seguridad Social, acreedores.
 477. Hacienda Pública, IVA repercutido.
 479. Pasivos por diferencias temporarias imponibles.

48. AJUSTES POR PERIODIFICACIÓN.
 480. Gastos anticipados.
 485. Ingresos anticipados.

49. DETERIORO DE VALOR DE CRÉDITOS COMERCIALES Y PROVISIONES A CORTO PLAZO.
 490. Deterioro de valor de créditos por operaciones comerciales.
 493. Deterioro de valor de créditos por operaciones comerciales con partes vinculadas.
  4933. Deterioro de valor de créditos por operaciones comerciales con empresas del grupo.
  4934. Deterioro de valor de créditos por operaciones comerciales con empresas asociadas.
  4935. Deterioro de valor de créditos por operaciones comerciales con otras partes vinculadas.
 499. Provisiones por operaciones comerciales.
  4994. Provisión por contratos onerosos.
  4999. Provisión para otras operaciones comerciales.

GRUPO 5

CUENTAS FINANCIERAS

50. EMPRÉSTITOS, DEUDAS CON CARACTERÍSTICAS ESPECIALES Y OTRAS EMISIONES ANÁLOGAS A CORTO PLAZO.
 500. Obligaciones y bonos a corto plazo.
 502. Acciones o participaciones a corto plazo consideradas como pasivos financieros.
 505. Deudas representadas en otros valores negociables a corto plazo.
 506. Intereses a corto plazo de empréstitos y otras emisiones análogas.
 507. Dividendos de acciones o participaciones consideradas como pasivos financieros.
 509. Valores negociables amortizados.
  5090. Obligaciones y bonos amortizados.
  5095. Otros valores negociables amortizados.

51. DEUDAS A CORTO PLAZO CON PARTES VINCULADAS.
 510. Deudas a corto plazo con entidades de crédito vinculadas.
  5103. Deudas a corto plazo con entidades de crédito, empresas del grupo.
  5104. Deudas a corto plazo con entidades de crédito, empresas asociadas.
  5105. Deudas a corto plazo con otras entidades de crédito vinculadas.
 511. Proveedores de inmovilizado a corto plazo, partes vinculadas.
  5113. Proveedores de inmovilizado a corto plazo, empresas del grupo.
  5114. Proveedores de inmovilizado a corto plazo, empresas asociadas.
  5115. Proveedores de inmovilizado a corto plazo, otras partes vinculadas.
 512. Acreedores por arrendamiento financiero a corto plazo, partes vinculadas.
  5123. Acreedores por arrendamiento financiero a corto plazo, empresas del grupo.
  5124. Acreedores por arrendamiento financiero a corto plazo, empresas asociadas.
  5125. Acreedores por arrendamiento financiero a corto plazo, otras partes vinculadas.
 513. Otras deudas a corto plazo con partes vinculadas.
  5133. Otras deudas a corto plazo con empresas del grupo.
  5134. Otras deudas a corto plazo con empresas asociadas.
  5135. Otras deudas a corto plazo con otras partes vinculadas.
 514. Intereses a corto plazo de deudas con partes vinculadas.
  5143. Intereses a corto plazo de deudas, empresas del grupo.
  5144. Intereses a corto plazo de deudas, empresas asociadas.
  5145. Intereses a corto plazo de deudas, otras partes vinculadas.

52. DEUDAS A CORTO PLAZO POR PRÉSTAMOS RECIBIDOS Y OTROS CONCEPTOS.
 520. Deudas a corto plazo con entidades de crédito.
  5200. Préstamos a corto plazo de entidades de crédito.
  5201. Deudas a corto plazo por crédito dispuesto.
  5208. Deudas por efectos descontados.
  5209. Deudas por operaciones de «factoring».
 521. Deudas a corto plazo.
 522. Deudas a corto plazo transformables en subvenciones, donaciones y legados.
 523. Proveedores de inmovilizado a corto plazo.
 524. Acreedores por arrendamiento financiero a corto plazo.
 525. Efectos a pagar a corto plazo.
 526. Dividendo activo a pagar.
 527. Intereses a corto plazo de deudas con entidades de crédito.
 528. Intereses a corto plazo de deudas.
 529. Provisiones a corto plazo.
  5291. Provisión a corto plazo para impuestos.
  5292. Provisión a corto plazo para otras responsabilidades.
  5293. Provisión a corto plazo por desmantelamiento, retiro o rehabilitación del inmovilizado.
  5295. Provisión a corto plazo para actuaciones medioambientales.

53. INVERSIONES FINANCIERAS A CORTO PLAZO EN PARTES VINCULADAS.
 530. Participaciones a corto plazo en partes vinculadas.
  5303. Participaciones a corto plazo en empresas del grupo.
  5304. Participaciones a corto plazo en empresas asociadas.
  5305. Participaciones a corto plazo en otras partes vinculadas.
 531. Valores representativos de deuda a corto plazo de partes vinculadas.
  5313. Valores representativos de deuda a corto plazo de empresas del grupo.
  5314. Valores representativos de deuda a corto plazo de empresas asociadas.
  5315. Valores representativos de deuda a corto plazo de otras partes vinculadas.
 532. Créditos a corto plazo a partes vinculadas.
  5323. Créditos a corto plazo a empresas del grupo.
  5324. Créditos a corto plazo a empresas asociadas.
  5325. Créditos a corto plazo a otras partes vinculadas.
 533. Intereses a corto plazo de valores representativos de deuda de partes vinculadas.
  5333. Intereses a corto plazo de valores representativos de deuda en empresas del grupo.
  5334. Intereses a corto plazo de valores representativos de deuda en empresas asociadas.
  5335. Intereses a corto plazo de valores representativos de deuda en otras partes vinculadas.
 534. Intereses a corto plazo de créditos a partes vinculadas.
  5343. Intereses a corto plazo de créditos a empresas del grupo.
  5344. Intereses a corto plazo de créditos a empresas asociadas.
  5345. Intereses a corto plazo de créditos a otras partes vinculadas.
 535. Dividendo a cobrar de inversiones financieras en partes vinculadas.
  5353. Dividendo a cobrar de empresas del grupo.
  5354. Dividendo a cobrar de empresas asociadas.
  5355. Dividendo a cobrar de otras partes vinculadas.
 539. Desembolsos pendientes sobre participaciones a corto plazo en partes vinculadas.
  5393. Desembolsos pendientes sobre participaciones a corto plazo en empresas del grupo.
  5394. Desembolsos pendientes sobre participaciones a corto plazo en empresas asociadas.
  5395. Desembolsos pendientes sobre participaciones a corto plazo en otras partes vinculadas.

54. OTRAS INVERSIONES FINANCIERAS A CORTO PLAZO.
 540. Inversiones financieras a corto plazo en instrumentos de patrimonio.
 541. Valores representativos de deuda a corto plazo.
 542. Créditos a corto plazo.
 543. Créditos a corto plazo por enajenación de inmovilizado.
 544. Créditos a corto plazo al personal.
 545. Dividendo a cobrar.
 546. Intereses a corto plazo de valores representativos de deuda.
 547. Intereses a corto plazo de créditos.
 548. Imposiciones a corto plazo.
 549. Desembolsos pendientes sobre participaciones en el patrimonio neto a corto plazo.

55. OTRAS CUENTAS NO BANCARIAS.
 550. Titular de la explotación.
 551. Cuenta corriente con socios y administradores.
 552. Cuenta corriente con otras personas y entidades vinculadas.
  5523. Cuenta corriente con empresas del grupo.
  5524. Cuenta corriente con empresas asociadas.
  5525. Cuenta corriente con otras partes vinculadas.
 554. Cuenta corriente con uniones temporales de empresas y comunidades de bienes.
 555. Partidas pendientes de aplicación.
 556. Desembolsos exigidos sobre participaciones en el patrimonio neto.
  5563. Desembolsos exigidos sobre participaciones, empresas del grupo.
  5564. Desembolsos exigidos sobre participaciones, empresas asociadas.
  5565. Desembolsos exigidos sobre participaciones, otras partes vinculadas.
  5566. Desembolsos exigidos sobre participaciones de otras empresas.
 557. Dividendo activo a cuenta.
 558. Socios por desembolsos exigidos.
  5580. Socios por desembolsos exigidos sobre acciones o participaciones ordinarias.
  5585. Socios por desembolsos exigidos sobre acciones o participaciones consideradas como pasivos financieros.
 559. Derivados financieros a corto plazo.
  5590. Activos por derivados financieros a corto plazo.
  5595. Pasivos por derivados financieros a corto plazo.

56. FIANZAS Y DEPÓSITOS RECIBIDOS Y CONSTITUIDOS A CORTO PLAZO Y AJUSTES POR PERIODIFICACIÓN.
 560. Fianzas recibidas a corto plazo.
 561. Depósitos recibidos a corto plazo.
 565. Fianzas constituidas a corto plazo.
 566. Depósitos constituidos a corto plazo.
 567. Intereses pagados por anticipado.
 568. Intereses cobrados por anticipado.

57. TESORERÍA.
 570. Caja, euros.
 571. Caja, moneda extranjera.
 572. Bancos e instituciones de crédito c/c vista, euros.
 573. Bancos e instituciones de crédito c/c vista, moneda extranjera.
 574. Bancos e instituciones de crédito, cuentas de ahorro, euros.
 575. Bancos e instituciones de crédito, cuentas de ahorro, moneda extranjera.
 576. Inversiones a corto plazo de gran liquidez.

59. DETERIORO DEL VALOR DE INVERSIONES FINANCIERAS A CORTO PLAZO.
 593. Deterioro de valor de participaciones a corto plazo.
  5933. Deterioro de valor de participaciones a corto plazo en empresas del grupo.
  5934. Deterioro de valor de participaciones a corto plazo en empresas asociadas.

- 5935. Deterioro de valor de participaciones a corto plazo en otras partes vinculadas.
- 5936. Deterioro de valor de participaciones a corto plazo en otras empresas.

594. Deterioro de valor de valores representativos de deuda a corto plazo de partes vinculadas.
- 5943. Deterioro de valor de valores representativos de deuda a corto plazo de empresas del grupo.
- 5944. Deterioro de valor de valores representativos de deuda a corto plazo de empresas asociadas.
- 5945. Deterioro de valor de valores representativos de deuda a corto plazo de otras partes vinculadas.

595. Deterioro de valor de créditos a corto plazo a partes vinculadas.
- 5953. Deterioro de valor de créditos a corto plazo a empresas del grupo.
- 5954. Deterioro de valor de créditos a corto plazo a empresas asociadas.
- 5955. Deterioro de valor de créditos a corto plazo a otras partes vinculadas.

596. Deterioro de valor de participaciones a corto plazo.
597. Deterioro de valor de valores representativos de deuda a corto plazo.
598. Deterioro de valor de créditos a corto plazo.

GRUPO 6

COMPRAS Y GASTOS

60. COMPRAS.
- 600. Compras de mercaderías.
- 601. Compras de materias primas.
- 602. Compras de otros aprovisionamientos.
- 606. Descuentos sobre compras por pronto pago.
  - 6060. Descuentos sobre compras por pronto pago de mercaderías.
  - 6061. Descuentos sobre compras por pronto pago de materias primas.
  - 6062. Descuentos sobre compras por pronto pago de otros aprovisionamientos.
- 607. Trabajos realizados por otras empresas.
- 608. Devoluciones de compras y operaciones similares.
  - 6080. Devoluciones de compras de mercaderías.
  - 6081. Devoluciones de compras de materias primas.
  - 6082. Devoluciones de compras de otros aprovisionamientos.
- 609. «Rappels» por compras.
  - 6090. «Rappels» por compras de mercaderías.
  - 6091. «Rappels» por compras de materias primas.
  - 6092. «Rappels» por compras de otros aprovisionamientos.

61. VARIACIÓN DE EXISTENCIAS.
- 610. Variación de existencias de mercaderías.
- 611. Variación de existencias de materias primas.
- 612. Variación de existencias de otros aprovisionamientos.

62. SERVICIOS EXTERIORES.
- 620. Gastos en investigación y desarrollo del ejercicio.
- 621. Arrendamientos y cánones.
- 622. Reparaciones y conservación.
- 623. Servicios de profesionales independientes.
- 624. Transportes.
- 625. Primas de seguros.
- 626. Servicios bancarios y similares.
- 627. Publicidad, propaganda y relaciones públicas.
- 628. Suministros.
- 629. Otros servicios.

63. TRIBUTOS.
- 630. Impuesto sobre beneficios.
  - 6300. Impuesto corriente.
  - 6301. Impuesto diferido.
- 631. Otros tributos.
- 633. Ajustes negativos en la imposición sobre beneficios.
- 634. Ajustes negativos en la imposición indirecta.
  - 6341. Ajustes negativos en IVA de activo corriente.
  - 6342. Ajustes negativos en IVA de inversiones.
- 636. Devolución de impuestos.
- 638. Ajustes positivos en la imposición sobre beneficios.
- 639. Ajustes positivos en la imposición indirecta.
  - 6391. Ajustes positivos en IVA de activo corriente.
  - 6392. Ajustes positivos en IVA de inversiones.

64. GASTOS DE PERSONAL.
- 640. Sueldos y salarios.
- 641. Indemnizaciones.
- 642. Seguridad Social a cargo de la empresa.
- 649. Otros gastos sociales.

65. OTROS GASTOS DE GESTIÓN.
- 650. Pérdidas de créditos comerciales incobrables.
- 651. Resultados de operaciones en común.
  - 6510. Beneficio transferido (gestor).
  - 6511. Pérdida soportada (partícipe o asociado no gestor).
- 659. Otras pérdidas en gestión corriente.

66. GASTOS FINANCIEROS
- 660. Gastos financieros por actualización de provisiones.
- 661. Intereses de obligaciones y bonos.
  - 6610. Intereses de obligaciones y bonos a largo plazo, empresas del grupo.
  - 6611. Intereses de obligaciones y bonos a largo plazo, empresas asociadas.
  - 6612. Intereses de obligaciones y bonos a largo plazo, otras partes vinculadas.
  - 6613. Intereses de obligaciones y bonos a largo plazo, otras empresas.
  - 6615. Intereses de obligaciones y bonos a corto plazo, empresas del grupo.
  - 6616. Intereses de obligaciones y bonos a corto plazo, empresas asociadas.
  - 6617. Intereses de obligaciones y bonos a corto plazo, otras partes vinculadas.
  - 6618. Intereses de obligaciones y bonos a corto plazo, otras empresas.
- 662. Intereses de deudas.
  - 6620. Intereses de deudas, empresas del grupo.
  - 6621. Intereses de deudas, empresas asociadas.
  - 6622. Intereses de deudas, otras partes vinculadas.
  - 6623. Intereses de deudas con entidades de crédito.
  - 6624. Intereses de deudas, otras empresas.
- 663. Pérdidas por valoración de activos y pasivos financieros por su valor razonable.
- 664. Gastos por dividendos de acciones o participaciones consideradas como pasivos financieros.
  - 6640. Dividendos de pasivos, empresas del grupo.
  - 6641. Dividendos de pasivos, empresas asociadas.
  - 6642. Dividendos de pasivos, otras partes vinculadas.
  - 6643. Dividendos de pasivos, otras empresas.
- 665. Intereses por descuento de efectos y operaciones de «factoring».
  - 6650. Intereses por descuento de efectos en entidades de crédito del grupo.
  - 6651. Intereses por descuento de efectos en entidades de crédito asociadas.
  - 6652. Intereses por descuento de efectos en otras entidades de crédito vinculadas.
  - 6653. Intereses por descuento de efectos en otras entidades de crédito.
  - 6654. Intereses por operaciones de «factoring» con entidades de crédito del grupo.
  - 6655. Intereses por operaciones de «factoring» con entidades de crédito asociadas.
  - 6656. Intereses por operaciones de «factoring» con otras entidades de crédito vinculadas.
  - 6657. Intereses por operaciones de «factoring» con otras entidades de crédito.
- 666. Pérdidas en participaciones y valores representativos de deuda.
  - 6660. Pérdidas en valores representativos de deuda a largo plazo, empresas del grupo.
  - 6661. Pérdidas en valores representativos de deuda a largo plazo, empresas asociadas.
  - 6662. Pérdidas en valores representativos de deuda a largo plazo, otras partes vinculadas.
  - 6663. Pérdidas en participaciones y valores representativos de deuda a largo plazo, otras empresas.
  - 6665. Pérdidas en participaciones y valores representativos de deuda a corto plazo, empresas del grupo.
  - 6666. Pérdidas en participaciones y valores representativos de deuda a corto plazo, empresas asociadas.
  - 6667. Pérdidas en valores representativos de deuda a corto plazo, otras partes vinculadas.
  - 6668. Pérdidas en valores representativos de deuda a corto plazo, otras empresas.
- 667. Pérdidas de créditos no comerciales.
  - 6670. Pérdidas de créditos a largo plazo, empresas del grupo.
  - 6671. Pérdidas de créditos a largo plazo, empresas asociadas.
  - 6672. Pérdidas de créditos a largo plazo, otras partes vinculadas.
  - 6673. Pérdidas de créditos a largo plazo, otras empresas.
  - 6675. Pérdidas de créditos a corto plazo, empresas del grupo.
  - 6676. Pérdidas de créditos a corto plazo, empresas asociadas.
  - 6677. Pérdidas de créditos a corto plazo, otras partes vinculadas.
  - 6678. Pérdidas de créditos a corto plazo, otras empresas.
- 668. Diferencias negativas de cambio.
- 669. Otros gastos financieros.

67. PÉRDIDAS PROCEDENTES DE ACTIVOS NO CORRIENTES Y GASTOS EXCEPCIONALES.
- 670. Pérdidas procedentes del inmovilizado intangible.
- 671. Pérdidas procedentes del inmovilizado material.
- 672. Pérdidas procedentes de las inversiones inmobiliarias.
- 673. Pérdidas procedentes de participaciones a largo plazo en partes vinculadas.
  - 6733. Pérdidas procedentes de participaciones a largo plazo, empresas del grupo.
  - 6734. Pérdidas procedentes de participaciones a largo plazo, empresas asociadas.
  - 6735. Pérdidas procedentes de participaciones a largo plazo, otras partes vinculadas.
- 675. Pérdidas por operaciones con obligaciones propias.
- 678. Gastos excepcionales.

68. DOTACIONES PARA AMORTIZACIONES.
- 680. Amortización del inmovilizado intangible.
- 681. Amortización del inmovilizado material.
- 682. Amortización de las inversiones inmobiliarias.

69. PÉRDIDAS POR DETERIORO Y OTRAS DOTACIONES.
- 690. Pérdidas por deterioro del inmovilizado intangible.
- 691. Pérdidas por deterioro del inmovilizado material.
- 692. Pérdidas por deterioro de las inversiones inmobiliarias.
- 693. Pérdidas por deterioro de existencias.
  - 6930. Pérdidas por deterioro de productos terminados y en curso de fabricación.
  - 6931. Pérdidas por deterioro de mercaderías.
  - 6932. Pérdidas por deterioro de materias primas.
  - 6933. Pérdidas por deterioro de otros aprovisionamientos.
- 694. Pérdidas por deterioro de créditos por operaciones comerciales.
- 695. Dotación a la provisión por operaciones comerciales.
  - 6954. Dotación a la provisión por contratos onerosos.
  - 6959. Dotación a la provisión para otras operaciones comerciales.
- 696. Pérdidas por deterioro de participaciones y valores representativos de deuda a largo plazo.
  - 6960. Pérdidas por deterioro de participaciones en instrumentos de patrimonio neto a largo plazo, empresas del grupo.
  - 6961. Pérdidas por deterioro de participaciones en instrumentos de patrimonio neto a largo plazo, empresas asociadas.
  - 6962. Pérdidas por deterioro de participaciones en instrumentos de patrimonio neto a largo plazo, otras partes vinculadas.
  - 6963. Pérdidas por deterioro de participaciones en instrumentos de patrimonio neto a largo plazo, otras empresas.
  - 6965. Pérdidas por deterioro en valores representativos de deuda a largo plazo, empresas del grupo.
  - 6966. Pérdidas por deterioro en valores representativos de deuda a largo plazo, empresas asociadas.
  - 6967. Pérdidas por deterioro en valores representativos de deuda a largo plazo, otras partes vinculadas.
  - 6968. Pérdidas por deterioro en valores representativos de deuda a largo plazo de otras empresas.
- 697. Pérdidas por deterioro de créditos a largo plazo.
  - 6970. Pérdidas por deterioro de créditos a largo plazo, empresas del grupo.
  - 6971. Pérdidas por deterioro de créditos a largo plazo, empresas asociadas.
  - 6972. Pérdidas por deterioro de créditos a largo plazo, otras partes vinculadas.
  - 6973. Pérdidas por deterioro de créditos a largo plazo, otras empresas.
- 698. Pérdidas por deterioro de participaciones y valores representativos de deuda a corto plazo.
  - 6980. Pérdidas por deterioro de participaciones en instrumentos de patrimonio neto a corto plazo, empresas del grupo.

6981. Pérdidas por deterioro de participaciones en instrumentos de patrimonio neto a corto plazo, empresas asociadas.
6985. Pérdidas por deterioro en valores representativos de deuda a corto plazo, empresas del grupo.
6986. Pérdidas por deterioro en valores representativos de deuda a corto plazo, empresas asociadas.
6987. Pérdidas por deterioro en valores representativos de deuda a corto plazo, otras partes vinculadas.
6988. Pérdidas por deterioro en valores representativos de deuda a corto plazo de otras empresas.
699. Pérdidas por deterioro de créditos a corto plazo.
6990. Pérdidas por deterioro de créditos a corto plazo, empresas del grupo.
6991. Pérdidas por deterioro de créditos a corto plazo, empresas asociadas.
6992. Pérdidas por deterioro de créditos a corto plazo, otras partes vinculadas.
6993. Pérdidas por deterioro de créditos a corto plazo, otras empresas.

GRUPO 7

VENTAS E INGRESOS

70. VENTAS DE MERCADERÍAS, DE PRODUCCIÓN PROPIA, DE SERVICIOS, ETC.
700. Ventas de mercaderías.
701. Ventas de productos terminados.
702. Ventas de productos semiterminados.
703. Ventas de subproductos y residuos.
704. Ventas de envases y embalajes.
705. Prestaciones de servicios.
706. Descuentos sobre ventas por pronto pago.
7060. Descuentos sobre ventas por pronto pago de mercaderías.
7061. Descuentos sobre ventas por pronto pago de productos terminados.
7062. Descuentos sobre ventas por pronto pago de productos semiterminados.
7063. Descuentos sobre ventas por pronto pago de subproductos y residuos.
708. Devoluciones de ventas y operaciones similares.
7080. Devoluciones de ventas de mercaderías.
7081. Devoluciones de ventas de productos terminados.
7082. Devoluciones de ventas de productos semiterminados.
7083. Devoluciones de ventas de subproductos y residuos.
7084. Devoluciones de ventas de envases y embalajes.
709. «Rappels» sobre ventas.
7090. «Rappels» sobre ventas de mercaderías.
7091. «Rappels» sobre ventas de productos terminados.
7092. «Rappels» sobre ventas de productos semiterminados.
7093. «Rappels» sobre ventas de subproductos y residuos.
7094. «Rappels» sobre ventas de envases y embalajes.

71. VARIACIÓN DE EXISTENCIAS.
710. Variación de existencias de productos en curso.
711. Variación de existencias de productos semiterminados.
712. Variación de existencias de productos terminados.
713. Variación de existencias de subproductos, residuos y materiales recuperados.

73. TRABAJOS REALIZADOS PARA LA EMPRESA.
730. Trabajos realizados para el inmovilizado intangible.
731. Trabajos realizados para el inmovilizado material.
732. Trabajos realizados en inversiones inmobiliarias.
733. Trabajos realizados para el inmovilizado material en curso.

74. SUBVENCIONES, DONACIONES Y LEGADOS.
740. Subvenciones, donaciones y legados a la explotación.
746. Subvenciones, donaciones y legados de capital transferidos al resultado del ejercicio.
747. Otras subvenciones, donaciones y legados transferidos al resultado del ejercicio.

75. OTROS INGRESOS DE GESTIÓN.
751. Resultados de operaciones en común.
7510. Pérdida transferida (gestor).
7511. Beneficio atribuido (partícipe o asociado no gestor).
752. Ingresos por arrendamientos.
753. Ingresos de propiedad industrial cedida en explotación.
754. Ingresos por comisiones.
755. Ingresos por servicios al personal.
759. Ingresos por servicios diversos.

76. INGRESOS FINANCIEROS.
760. Ingresos de participaciones en instrumentos de patrimonio.
7600. Ingresos de participaciones en instrumentos de patrimonio, empresas del grupo.
7601. Ingresos de participaciones en instrumentos de patrimonio, empresas asociadas.
7602. Ingresos de participaciones en instrumentos de patrimonio, otras partes vinculadas.
7603. Ingresos de participaciones en instrumentos de patrimonio, otras empresas.
761. Ingresos de valores representativos de deuda.
7610. Ingresos de valores representativos de deuda, empresas del grupo.
7611. Ingresos de valores representativos de deuda, empresas asociadas.
7612. Ingresos de valores representativos de deuda, otras partes vinculadas.
7613. Ingresos de valores representativos de deuda, otras empresas.
762. Ingresos de créditos.
7620. Ingresos de créditos a largo plazo.
76200. Ingresos de créditos a largo plazo, empresas del grupo.
76201. Ingresos de créditos a largo plazo, empresas asociadas.
76202. Ingresos de créditos a largo plazo, otras partes vinculadas.
76203. Ingresos de créditos a largo plazo, otras empresas.
7621. Ingresos de créditos a corto plazo.
76210. Ingresos de créditos a corto plazo, empresas del grupo.
76211. Ingresos de créditos a corto plazo, empresas asociadas.
76212. Ingresos de créditos a corto plazo, otras partes vinculadas.
76213. Ingresos de créditos a corto plazo, otras empresas.
763. Beneficios por valoración de activos y pasivos financieros por su valor razonable.
766. Beneficios en participaciones y valores representativos de deuda.
7660. Beneficios en valores representativos de deuda a largo plazo, empresas del grupo.
7661. Beneficios en valores representativos de deuda a largo plazo, empresas asociadas.
7662. Beneficios en valores representativos de deuda a largo plazo, otras partes vinculadas.
7663. Beneficios en participaciones y valores representativos de deuda a largo plazo, otras empresas.
7665. Beneficios en participaciones y valores representativos de deuda a corto plazo, empresas del grupo.
7666. Beneficios en participaciones y valores representativos de deuda a corto plazo, empresas asociadas.
7667. Beneficios en valores representativos de deuda a corto plazo, otras partes vinculadas.
7668. Beneficios en valores representativos de deuda a corto plazo, otras empresas.
768. Diferencias positivas de cambio.
769. Otros ingresos financieros.

77. BENEFICIOS PROCEDENTES DE ACTIVOS NO CORRIENTES E INGRESOS EXCEPCIONALES.
770. Beneficios procedentes del inmovilizado intangible.
771. Beneficios procedentes del inmovilizado material.
772. Beneficios procedentes de las inversiones inmobiliarias.
773. Beneficios procedentes de participaciones a largo plazo en partes vinculadas.
7733. Beneficios procedentes de participaciones a largo plazo, empresas del grupo.
7734. Beneficios procedentes de participaciones a largo plazo, empresas asociadas.
7735. Beneficios procedentes de participaciones a largo plazo, otras partes vinculadas.
775. Beneficios por operaciones con obligaciones propias.
778. Ingresos excepcionales.

79. EXCESOS Y APLICACIONES DE PROVISIONES Y DE PÉRDIDAS POR DETERIORO.
790. Reversión del deterioro del inmovilizado intangible.
791. Reversión del deterioro del inmovilizado material.
792. Reversión del deterioro de las inversiones inmobiliarias.
793. Reversión del deterioro de las existencias.
7930. Reversión del deterioro de productos terminados y en curso de fabricación.
7931. Reversión del deterioro de mercaderías.
7932. Reversión del deterioro de materias primas.
7933. Reversión del deterioro de otros aprovisionamientos.
794. Reversión del deterioro de créditos por operaciones comerciales.
795. Exceso de provisiones.
7951. Exceso de provisión para impuestos.
7952. Exceso de provisión para otras responsabilidades.
7954. Exceso de provisión por operaciones comerciales.
79544. Exceso de provisión por contratos onerosos.
79549. Exceso de provisión para otras operaciones comerciales.
7955. Exceso de provisión para actuaciones medioambientales.
796. Reversión del deterioro de participaciones y valores representativos de deuda a largo plazo.
7960. Reversión del deterioro de participaciones en instrumentos de patrimonio neto a largo plazo, empresas del grupo.
7961. Reversión del deterioro de participaciones en instrumentos de patrimonio neto a largo plazo, empresas asociadas.
7962. Reversión del deterioro de participaciones en instrumentos de patrimonio neto a largo plazo, otras partes vinculadas.
7963. Reversión del deterioro de participaciones en instrumentos de patrimonio neto a largo plazo, otras empresas.
7965. Reversión del deterioro de valores representativos de deuda a largo plazo, empresas del grupo.
7966. Reversión del deterioro de valores representativos de deuda a largo plazo, empresas asociadas.
7967. Reversión del deterioro de valores representativos de deuda a largo plazo, otras partes vinculadas.
7968. Reversión del deterioro de valores representativos de deuda a largo plazo, otras empresas.
797. Reversión del deterioro de créditos a largo plazo.
7970. Reversión del deterioro de créditos a largo plazo, empresas del grupo.
7971. Reversión del deterioro de créditos a largo plazo, empresas asociadas.
7972. Reversión del deterioro de créditos a largo plazo, otras partes vinculadas.
7973. Reversión del deterioro de créditos a largo plazo, otras empresas.
798. Reversión del deterioro de participaciones y valores representativos de deuda a corto plazo.
7980. Reversión del deterioro de participaciones en instrumentos de patrimonio neto a corto plazo, empresas del grupo.
7981. Reversión del deterioro de participaciones en instrumentos de patrimonio neto a corto plazo, empresas asociadas.
7985. Reversión del deterioro en valores representativos de deuda a corto plazo, empresas del grupo.
7986. Reversión del deterioro en valores representativos de deuda a corto plazo, empresas asociadas.
7987. Reversión del deterioro en valores representativos de deuda a corto plazo, otras partes vinculadas.
7988. Reversión del deterioro en valores representativos de deuda a corto plazo, otras empresas.
799. Reversión del deterioro de créditos a corto plazo.
7990. Reversión del deterioro de créditos a corto plazo, empresas del grupo.
7991. Reversión del deterioro de créditos a corto plazo, empresas asociadas.
7992. Reversión del deterioro de créditos a corto plazo, otras partes vinculadas.
7993. Reversión del deterioro de créditos a corto plazo, otras empresas.

BALANCE DE PYMES AL CIERRE DEL EJERCICIO 200X

Número de cuenta	ACTIVO	Notas de la memoria	200X	200X-1
	A) ACTIVO NO CORRIENTE			
20, (280), (290)	I. Inmovilizado intangible.			
21, (281), (291), 23	II. Inmovilizado material.			
22, (282), (292)	III. Inversiones inmobiliarias.			
2403, 2404, 2413, 2414, 2423, 2424, (2493), (2494), (2933), (2934), (2943), (2944), (2953), (2954)	IV. Inversiones en empresas del grupo y asociadas a largo plazo.			
2405, 2415, 2425, (2495), 250, 251, 252, 253, 254, 255, 258, (259), 26, (2935), (2945), (2955), (296), (297), (298)	V. Inversiones financieras a largo plazo.			
474	VI. Activos por Impuesto diferido.			
	B) ACTIVO CORRIENTE			
30, 31, 32, 33, 34, 35, 36, (39), 407	I. Existencias.			
	II. Deudores comerciales y otras cuentas a cobrar.			
430, 431, 432, 433, 434, 435, 436, (437), (490), (493)	1. Clientes por ventas y Prestaciones de servicios.			
5580	2. Accionistas (socios) por desembolsos exigidos.			
44, 460, 470, 471, 472, 544	3. Otros deudores.			
5303, 5304, 5313, 5314, 5323, 5324, 5333, 5334, 5343, 5344, 5353, 5354, (5393), (5394), 5523, 5524, (5933), (5934), (5943), (5944), (5953), (5954)	III. Inversiones de empresas del grupo y asociadas a corto plazo.			
5305, 5315, 5325, 5335, 5345, 5355, (5395), 540, 541, 542, 543, 545, 546, 547, 548, (549), 551, 5525, 5590, 565, 566, (5935), (5945), (5955), (596), (597), (598)	IV. Inversiones financieras a corto plazo.			
480, 567	V. Periodificaciones a corto plazo.			
57	VI. Efectivo y otros activos líquidos equivalentes.			
	TOTAL ACTIVO (A + B)			

ÍNDICE

ANEXOS

Material complementario (web)

- Real Decreto 1159/2010, de 17 de septiembre, por el que se aprueban las Normas para la Formulación de Cuentas Anuales Consolidadas.
  - Disposiciones generales.
  - Normas para la formulación de las cuentas anuales consolidadas.
  - Modelos de cuentas anuales consolidadas.
  - Contenido de la memoria consolidada.
- Real Decreto 602/2016, de 2 de diciembre, por el que se modifican el Plan General de Contabilidad aprobado por el Real Decreto 1514/2007, de 16 de noviembre; el Plan General de Contabilidad de Pequeñas y Medianas Empresas aprobado por el Real Decreto 1515/2007, de 16 de noviembre; las Normas para la Formulación de Cuentas Anuales Consolidadas aprobadas por el Real Decreto 1159/2010, de 17 de septiembre; y las Normas de Adaptación del Plan General de Contabilidad a las entidades sin fines lucrativos aprobadas por el Real Decreto 1491/2011, de 24 de octubre.
  - Preámbulo.
  - Artículo primero. Modificación del Real Decreto 1514/2007, de 16 de noviembre, por el que se aprueba el Plan General de Contabilidad.
  - Artículo segundo. Modificación del Real Decreto 1515/2007, de 16 de noviembre, por el que se aprueba el Plan General de Contabilidad de Pequeñas y Medianas Empresas y los criterios contables específicos para las microempresas.
  - Artículo tercero. Modificación del Real Decreto 1159/2010, de 17 de septiembre, por el que se aprueban las Normas para la Formulación de Cuentas Anuales Consolidadas y se modifica el Plan General de Contabilidad aprobado por Real Decreto 1514/2007, de 16 de noviembre, y el Plan General de Contabilidad de Pequeñas y Medianas Empresas aprobado por Real Decreto 1515/2007, de 16 de noviembre.
- Real Decreto 1/2021, de 12 de enero, por el que se modifican el Plan General de Contabilidad aprobado por el Real Decreto 1514/2007, de 16 de noviembre; el Plan General de Contabilidad de Pequeñas y Medianas Empresas aprobado por el Real Decreto 1515/2007, de 16 de noviembre; las Normas para la Formulación de Cuentas Anuales Consolidadas aprobadas por el Real Decreto 1159/2010, de 17 de septiembre; y las normas de adaptación del Plan General de Contabilidad a las entidades sin fines lucrativos aprobadas por el Real Decreto 1491/2011, de 24 de octubre.
- Consultas del ICAC.
- Normativa del ICAC.

PRÓLOGO

Con la incorporación de España a la Comunidad Económica Europea en 1986 (actualmente Unión Europea), nuestro país asumió el compromiso de adaptar nuestra legislación mercantil a las Directivas (CE) de Derecho de sociedades, algunas de las cuales trataban específicamente sobre las Cuentas Anuales de las sociedades y sobre las Cuentas Consolidadas de los grupos de sociedades. Por dicha razón, pocos años más tarde, mediante la promulgación de la Ley 19/1989, de 25 de julio, de reforma parcial y adaptación de la legislación mercantil a las Directivas de la Comunidad Económica Europea en materia de sociedades, se produjo la reforma del Código de Comercio y de la Ley de Sociedades Anónimas, modificándose muy profundamente las obligaciones de los empresarios en materia contable. Aparte de seguir manteniendo las tradicionales obligaciones formales sobre llevanza y legalización de los libros oficiales de contabilidad, se establecieron normas sobre el fondo económico de los hechos u operaciones a contabilizar, introduciéndose el principio de «imagen fiel», otros principios contables básicos como el de empresa en funcionamiento, prudencia valorativa, devengo y coste de adquisición, y diversas normas de valoración y presentación de las Cuentas Anuales.

Para desarrollar en el orden técnico las anteriores disposiciones, la Ley de 1989 delegó en el Gobierno la facultad de elaborar un Plan General de Contabilidad (PGC), el cual fue promulgado por Real Decreto 1643/1990, de 20 de diciembre, estableciendo su obligatoriedad para todas las empresas, con independencia de su forma jurídica, individual o societaria, y previendo al mismo tiempo su posible desarrollo futuro mediante disposiciones de menor rango, emanadas del Ministerio de Economía (órdenes ministeriales) o del Instituto de Contabilidad y Auditoría de Cuentas (resoluciones). Desde entones hasta la fecha se han sucedido disposiciones diversas, bien para adaptar el PGC a sectores específicos de actividad, bien para precisar criterios de valoración y presentación en las cuentas anuales de las distintas partidas integrantes de las mismas.

El modelo de armonización contable europeo basado en la promulgación de Directivas (CE) comenzó a ser puesto en cuestión a mediados de los pasados noventa por dos razones: en primer lugar, por la excesiva flexibilidad de las mismas, que no unificaba suficientemente los criterios contables a aplicar en las cuentas anuales de las empresas radicadas en los diferentes países de la Unión Europea, y, en segundo término, porque al tratarse de leyes europeas, difícilmente podían seguir éstas el ritmo de cambio necesario para que las normas contables dieran respuesta a las constantes innovaciones económicas y financieras que venían sucediéndose. La Comisión Europea hizo patente estas circunstancias mediante sus Comunicaciones de los años 1995 y 2000, llegando finalmente la promulgación del Reglamento 1606/2002 del Parlamento Europeo y del Consejo de 19 de julio, mediante el que se asumían las Normas Internacionales de Contabilidad/Normas Internacionales de Información Financiera (NIC/NIIF) para la preparación de las cuentas consolidadas de los grupos de sociedades cotizados en Bolsas europeas, a partir del año 2005. Dichas NIC/NIIF han sido publicadas en los diferentes idiomas oficiales de la Unión Europea, entre ellos el español, mediante diversos Reglamentos de la Comisión, promulgados a partir de 2003 hasta la fecha.

El antedicho Reglamento 1606/2002, a la vez que hacía obligatorias las NIC/NIIF para las cuentas consolidadas de las sociedades cotizadas, dejaba en manos de las jurisdicciones nacionales la aplicación o no de dichas normas para las cuentas anuales individuales y para las cuentas consolidadas de las sociedades no cotizadas. El problema que esto planteaba era la coexistencia de dos ámbitos reguladores distintos, uno para las Cuentas Consolidadas de los grupos cotizados y otro para el resto de las cuentas, entre las que se incluyen las Cuentas Anuales individuales de todas las empresas y las cuentas consolidadas de los grupos no cotizados. Un mismo grupo de sociedades, si cotizara en Bolsa, tendría que seguir unas normas para la preparación de las Cuentas Anuales de sus sociedades y otras normas distintas para la formulación de sus Cuentas Consolidadas. Por esta razón, el ministro de Economía constituyó, en marzo de 2001, una comisión de expertos con el objeto de elaborar un informe sobre la situación de la contabilidad española y líneas básicas para, en su caso, abordar su reforma. La opinión de estos expertos, entre los que me cuento, se hizo pública en julio de 2002, recomendándose la aproximación al máximo posible de la normativa contable española con la internacional.

A tal efecto, en el seno del Instituto de Contabilidad y Auditoría de Cuentas se constituyó un grupo de trabajo, que dejó redactado en mayo de 2003 y nuevamente en marzo de 2005 el documento que habría de servir de base para la reforma de la legislación mercantil en materia contable, de forma tal que las nuevas disposiciones legales incorporaran los cambios necesarios para su aproximación a las Normas Internacionales de Contabilidad/Normas Internacionales de Información Financiera, y permitieran la aplicación del valor razonable de mercado, por citar alguno de los temas más importantes. También en el seno de dicho Instituto se constituyó, a renglón seguido, otro grupo de trabajo para elaborar el borrador del nuevo Plan General de Contabilidad, que publicó dos versiones sucesivas del mismo a través de la página web del ICAC.

Mediante la Ley 62/2003, de 30 de diciembre de 2003, de medidas fiscales, administrativas y del orden social, fueron introducidas algunas modificaciones en el Código de Comercio, la Ley de Sociedades Anónimas y la Ley de Sociedades de Responsabilidad Limitada, pero el grueso de la reforma quedaría para la **Ley 16/2007, de 4 de julio, de reforma y adaptación de la legislación mercantil en materia contable para su armonización internacional con base en la Normativa de la Unión Europea.** A través de ésta quedaron introducidos los cambios necesarios en el Código de Comercio y la Ley de Sociedades Anónimas para dar cabida a los nuevos criterios contables emanados de las NIC/NIIF, que entraron en vigor el 1 de enero de 2008. Dicha Ley habilitaba al Gobierno para promulgar un nuevo Plan General de Contabilidad, así como también un Plan General de Contabilidad de Pequeñas y Medianas Empresas. Mediante Reales Decretos 1514/2007 y 1515/2007, de 16 de noviembre, se aprobaron los antedichos PGC y PGC de PYMES, cuyos respectivos textos son reproducidos en esta obra, entrando en vigor el 1 de enero de 2008.

El Plan General de Contabilidad constituye la norma contable básica a aplicar, pero estaría muy equivocado quien pensara que su contenido tiene un carácter omnicomprensivo, que en dicho texto puede encontrar respuesta al tratamiento contable de cualesquiera operaciones o hechos económicos de muy distinta naturaleza. Como su propio nombre indica, se trata de un texto «general», que contiene un marco conceptual, unas normas de registro y valoración de aplicación generalizada, unos modelos de Cuentas Anuales normales y abreviadas y las definiciones y relaciones contables más comunes. La variedad, versatilidad y fluidez de la vida económica da lugar a nuevas operaciones y circunstancias económicas y financieras y a la modificación de las ya existentes, cuyo tratamiento contable exige, en no pocos casos, aclaraciones o matizaciones de la norma general, por más que ésta pueda seguir siendo aplicada. Por esta razón, el propio Real Decreto que promulga el Plan General de Contabilidad prevé su desarrollo mediante disposiciones de menor rango, en términos similares a lo que ya ocurrió con la anterior versión del PGC, a las que nos hemos referido con anterioridad.

En el ejercicio 2008 se produjo la primera aplicación del nuevo Plan General de Contabilidad y, como es lógico, surgieron dudas en las empresas e interpretaciones diversas procedentes de distintas instituciones profesionales, así como también del Instituto de Contabilidad y Auditoría de Cuentas. Dado el carácter oficial de estas últimas, no podemos por menos de señalar que, a través del procedimiento de respuesta a las consultas que le han sido planteadas, dicho organismo ha dejado patentes sus criterios, afectando los mismos a los nuevos desarrollos normativos.

Entre tales desarrollos cabe mencionar los efectuados últimamente, relativos a la modificación del propio Plan General de Contabilidad mediante el Real Decreto 1159/2010, de 17 de septiembre, que afecta a las Normas de Registro y Valoración 9.ª Instrumentos Financieros y 19.ª Combinaciones de negocios, introduciendo adicionalmente unas nuevas Normas para la Formulación de las Cuentas Anuales Consolidadas. Igualmente es de destacar la promulgación del Real Decreto 1491/2011, de 24 de octubre, por el que se aprueban las normas de adaptación del Plan General de Contabilidad a las entidades sin fines lucrativos, importante colectivo de creciente interés en nuestro país. Asimismo, el ICAC ha puesto en marcha el desarrollo de otras Normas de Registro y Valoración del PGC mediante Resoluciones emanadas del mismo, habiendo visto la luz en 2013 la que atañe al inmovilizado material e inversiones inmobiliarias, encontrándose en avanzada fase de elaboración otras relativas al inmovilizado intangible y al deterioro de valor de los activos y la nueva modificación del Plan General de Contabilidad propiciada por un cambio en la normativa comunitaria, materializada a través de la Directiva 2013/34/UE del Parlamento Europeo y del Consejo, de 26 de junio de 2013, sobre los estados financieros anuales. Dichos cambios, introducidos en España mediante el Real Decreto 602/2016, de 2 de diciembre, afectan fundamentalmente al tratamiento contable de los intangibles y del fondo de comercio, a la consolidación de estados financieros y a la normativa contable que atañe a las pequeñas y medianas empresas.

Con la publicación en el BOE del Real Decreto 1/2021, de 12 de enero, asistimos a nuevos cambios en el Plan General de Contabilidad. Cambios que se introducen siempre atendiendo a los criterios de normativa internacional que pueden hacer que las normas contables sean más útiles y adecuadas para la toma de decisiones económicas a sus usuarios.

El Plan General de Contabilidad de Pequeñas y Medianas Empresas va ahora dirigido a aquellas que no superan, durante dos ejercicios consecutivos, dos de los tres límites siguientes: 4 millones de euros de activos; 8 millones de euros de cifra de negocios y 50 empleados. En términos comparativos con el PGC, cabe decir que éste continua siendo mucho más sintético que aquél, sin referencias al tratamiento de operaciones tales como: instrumentos financieros compuestos, coberturas contables, pagos basados en acciones, combinaciones de negocios y, en suma, aquellas que presumiblemente no son realizadas por PYMES y que si lo fueran tendrían que aplicar el tratamiento contable que para las mismas se encuentra previsto en el PGC; los modelos de cuentas anuales son igualmente más sintéticos que los del PGC y, además, quedan circunscritos al balance, cuenta de pérdidas y ganancias y memoria.

No podemos decir que estos últimos cambios den lugar a un nuevo PGC en sentido estricto, pero sí que suponen una importante modificación de la tercera y última versión del mismo nacida en 2007. Dados los tiempos de constante cambio que nos ha tocado vivir, resulta difícil pensar que la más reciente versión del PGC, la que ahora acaba de ser publicada, vaya a durar demasiado tiempo. Como los jóvenes que tengan este libro en sus manos estarán acostumbrados a convivir con tales cambios, no les resultará extraño que las normas que hoy se les ofrecen puedan mutar a corto plazo. En mi opinión, los actuales cambios que afectan a la normativa contable española son tan importantes como lo fueron los que a comienzos de la década de los noventa del pasado siglo se produjeron con la promulgación de la reforma mercantil y la implantación del Plan General de Contabilidad, cuyo texto fue reproducido en anteriores ediciones de esta obra.

Sean mis últimas palabras para felicitar a Ediciones Pirámide y al Grupo Anaya por venir publicando desde hace ya más de una década el Plan General de Contabilidad y, en particular, por la diligencia con que acomete la presentación de los más importantes cambios que afectan a las sucesivas versiones del PGC, como ocurre con las más recientes que acabamos de mencionar. Como autor de algunos de los textos de contabilidad publicados por dicha editorial, no puedo sino congratularme con ello; tanto en mis obras como en las de otros autores, las referencias al Plan General de Contabilidad son numerosas, pero los estudiantes deben aprender no sólo a través de la visión que proporcionan los autores; también es necesaria, imprescindible en algunos casos, la consulta de los textos originales. Estaba convencido de que esta obra, como vino ocurriendo con la que recogía la precedente versión del PGC, seguiría siendo largamente actualizada y reeditada; el presente texto viene a confirmarlo.

LEANDRO CAÑIBANO

Catedrático de Economía Financiera y Contabilidad.
Universidad Autónoma de Madrid

PLAN GENERAL DE CONTABILIDAD
Real Decreto 1514/2007, de 16 de noviembre

Modificado por:

- Real Decreto 1/2021, de 12 de enero, por el que se modifican el Plan General de Contabilidad aprobado por el Real Decreto 1514/2007, de 16 de noviembre; el Plan General de Contabilidad de Pequeñas y Medianas Empresas aprobado por el Real Decreto 1515/2007, de 16 de noviembre; las Normas para la Formulación de Cuentas Anuales Consolidadas aprobadas por el Real Decreto 1159/2010, de 17 de septiembre; y las normas de adaptación del Plan General de Contabilidad a las entidades sin fines lucrativos aprobadas por el Real Decreto 1491/2011, de 24 de octubre.
- Real Decreto 602/2016, de 2 de diciembre, por el que se modifican el Plan General de Contabilidad aprobado por el Real Decreto 1514/2007, de 16 de noviembre; el Plan General de Contabilidad de Pequeñas y Medianas Empresas aprobado por el Real Decreto 1515/2007, de 16 de noviembre; las Normas para la Formulación de Cuentas Anuales Consolidadas aprobadas por el Real Decreto 1159/2010, de 17 de septiembre; y las Normas de Adaptación del Plan General de Contabilidad a las entidades sin fines lucrativos aprobadas por el Real Decreto 1491/2011, de 24 de octubre.
- Real Decreto 1159/2010, de 17 de septiembre, por el que se aprueban las Normas para la Formulación de Cuentas Anuales Consolidadas y se modifica el Plan General de Contabilidad aprobado por Real Decreto 1514/2007, de 16 de noviembre, y el Plan General de Contabilidad de Pequeñas y Medianas Empresas aprobado por Real Decreto 1515/2007, de 16 de noviembre.

REAL DECRETO 1514/2007, de 16 de noviembre, por el que se aprueba el Plan General de Contabilidad

(BOE núm. 278, de 20 de noviembre de 2007)

La disposición final primera de la Ley 16/2007, de 4 de julio, de reforma y adaptación de la legislación mercantil en materia contable para su armonización internacional con base en la normativa de la Unión Europea, autoriza al Gobierno para que, mediante real decreto, apruebe el Plan General de Contabilidad, así como sus modificaciones y normas complementarias, al objeto de desarrollar los aspectos contenidos en la propia Ley.

El Plan General de Contabilidad constituye el desarrollo reglamentario en materia de cuentas anuales individuales de la legislación mercantil, que ha sido objeto de una profunda modificación, fruto de la estrategia diseñada por la Unión Europea en materia de información financiera, de las recomendaciones que, a la vista de la citada estrategia, formuló la Comisión de expertos que elaboró el Informe sobre la situación actual de la contabilidad en España y líneas básicas para abordar su reforma, y de la decisión en el marco antes descrito de armonizar nuestra legislación mercantil contable a los nuevos planteamientos europeos.

Adicionalmente, de acuerdo con la disposición final primera de la Ley 16/2007, el Gobierno debe aprobar un Plan General de Contabilidad de Pequeñas y Medianas Empresas (en adelante, también Plan General de Contabilidad de PYMES) que tenga en consideración las especiales características de estas empresas. Con el objetivo de conseguir una mejor sistemática normativa, se ha considerado conveniente que sea otro real decreto el que apruebe el citado texto, que tienen la posibilidad de aplicar todas aquellas empresas que, no quedando excluidas de su ámbito subjetivo, puedan formular sus cuentas anuales empleando los modelos abreviados de balance, estado de cambios en el patrimonio neto y memoria.

La disposición final primera de la Ley 16/2007 prevé, asimismo, la aprobación de las normas complementarias del Plan General de Contabilidad. En particular, esta habilitación motivará en el corto plazo una revisión de las Normas para la Formulación de las Cuentas Anuales Consolidadas aprobadas por el Real Decreto 1815/1991, de 20 de diciembre.

En relación con el proceso seguido en la elaboración del Plan General de Contabilidad, cabe resaltar la creación de un grupo y de varios subgrupos de trabajo a través de las Resoluciones de 12 de julio de 2005 y de 22 de septiembre de 2005, del Instituto de Contabilidad y Auditoría de Cuentas, que tuvieron el encargo de elaborar un documento que sirviera de base para la reforma del Plan General de Contabilidad. El objetivo fundamental perseguido en la composición de este grupo y subgrupos de trabajo fue lograr la adecuada representación de los diferentes colectivos relacionados con la información económico-financiera. Adicionalmente, ha de destacarse que, a efectos de valorar su idoneidad y adecuación con el Marco Conceptual de la Contabilidad contenido en el Código de Comercio, el proyecto normativo fue sometido al Consejo de Contabilidad en su reunión celebrada el día 10 de julio de 2007, una vez oído el Comité Consultivo de Contabilidad, reunido el día 28 junio de 2007.

El Plan General de Contabilidad se estructura en cinco partes, que van precedidas de una Introducción en la que se explican las características fundamentales del Plan General y sus principales diferencias con el Plan de 1990.

Desde un punto de vista formal, el nuevo Plan General de Contabilidad mantiene, por tanto, la estructura de su antecesor. La amplia aceptación del Plan General de Contabilidad de 1990 ha sido la causa que justifica esta decisión, bajo la consideración de que con ello se facilitará el aprendizaje y el uso de los nuevos criterios.

Entrando en el contenido de la norma, cabe señalar que, la primera parte, Marco conceptual de la Contabilidad, recoge los documentos que integran las cuentas anuales, así como los requisitos, principios y criterios contables de reconocimiento y valoración, que deben conducir a que las cuentas anuales muestren la imagen fiel del patrimonio, de la situación financiera y de los resultados de la empresa. Asimismo, se definen los elementos de las cuentas anuales. En definitiva, esta primera parte constituye la base que debe soportar y dar cobertura a las interpretaciones de nuestro Derecho mercantil contable, otorgando el necesario amparo y seguridad jurídica a dicha tarea en desarrollo de lo previsto en los artículos 34 y siguientes del Código de Comercio.

La segunda parte, Normas de registro y valoración, desarrolla los principios contables y otras disposiciones contenidas en la primera parte. En ella se recogen los criterios de registro y valoración de las distintas transacciones y elementos patrimoniales de la empresa desde una perspectiva general; esto es, considerando las transacciones que usualmente realizan las empresas sin descender a los casos particulares, cuyo adecuado tratamiento contable parece más lógico que se resuelva, como hasta la fecha, mediante las resoluciones que vaya aprobando el Instituto de Contabilidad y Auditoría de Cuentas, en ejecución de la competencia atribuida por la disposición final primera de la Ley 16/2007.

La tercera parte, Cuentas anuales, incluye en primer lugar las normas de elaboración de las cuentas anuales, en las que se recogen las reglas relativas a su formulación, así como las definiciones y explicaciones aclaratorias del contenido de los documentos que las integran. A continuación de estas normas de elaboración, se recogen los modelos, normales y abreviados, de los documentos que integran las cuentas anuales. La inclusión en el Plan General de Contabilidad de estos modelos abreviados tiene su razón de ser para aquellos sujetos contables excluidos del ámbito de aplicación del Plan General de Contabilidad de PYMES y para aquellos otros que voluntariamente prefieran aplicar directamente el Plan General de Contabilidad.

La cuarta parte, Cuadro de cuentas, contiene los grupos, subgrupos y cuentas necesarios, debidamente codificados en forma decimal y con un título expresivo de su contenido, sin perjuicio, evidentemente, de que con este cuadro de cuentas no se intentan agotar todas las situaciones que ciertamente se producirán en el mundo empresarial. El cuadro de cuentas, en aras de que la normalización contable española alcance el necesario grado de flexibilidad, seguirá sin ser obligatorio en cuanto a la numeración de las cuentas y denominación de las mismas, si bien constituye una guía o referente obligado en relación con las partidas de las cuentas anuales.

La quinta parte, Definiciones y relaciones contables, incluye las definiciones de distintas partidas que se incorporarán en el balance, en la cuenta de pérdidas y ganancias y en el estado de cambios en el patrimonio neto, así como las de cada una de las cuentas que se recogen en dichas partidas, incluyendo los principales motivos de cargo y abono de las cuentas.

En su redacción se ha seguido la técnica empleada en el Plan General Contable de 1990, incidiendo en su componente explicativo, con la finalidad de facilitar la aplicación del Plan General de Contabilidad, dada la incorporación al mismo de transacciones, elementos patrimoniales y criterios contables nuevos.

La parte de definiciones y relaciones contables no será de aplicación obligatoria, excepto en aquello que aluda o contenga criterios de registro o valoración, que desarrolle lo previsto en la segunda parte relativa a normas de registro y valoración, o sirva para su interpretación, y sin perjuicio, como se indicaba anteriormente, del carácter explicativo de las diferentes partidas de las cuentas anuales.

El Plan que ahora se aprueba sustituye al aprobado por Real Decreto 1643/1990, de 20 de diciembre, y, de acuerdo con lo previsto en el artículo dos de este real decreto, es de aplicación obligatoria para todas las empresas cualquiera que sea su forma jurídica, individual o societaria, sin perjuicio de las especialidades que para las entidades financieras se establecen en su normativa contable específica, manteniéndose intactas en el nuevo marco las competencias de regulación que en materia contable tienen atribuidas los centros, organismos o instituciones supervisores del sistema financiero.

Tal y como se ha indicado anteriormente, el Gobierno ha aprobado, simultáneamente a este Plan General de Contabilidad, un Plan General de Contabilidad de PYMES que podrán aplicar aquellas empresas que puedan formular balance, estado de cambios en el patrimonio neto y memoria en modelos abreviados y no se encuentren excluidas de su ámbito de aplicación. Esta regulación exige contemplar los criterios a seguir en el supuesto de que el crecimiento de la empresa le lleve en un momento posterior a superar los límites fijados en nuestra legislación mercantil para elaborar dichos documentos. La disposición adicional única de este real decreto contiene la regulación aplicable para cubrir estas situaciones, así como aquellas que se originen por el paso de los criterios específicos aplicables por las empresas de menor dimensión, relativos al gasto por impuesto sobre sociedades y operaciones de arrendamiento financiero, a los criterios normales incluidos en el Plan General de Contabilidad. En ambos casos, el ajuste en el balance originado por el registro y valoración de los elementos patrimoniales, conforme a lo dispuesto en la segunda parte del Plan General de Contabilidad, deberá contabilizarse, con carácter general, en una partida de reservas voluntarias.

El presente real decreto contiene también el régimen transitorio para la aplicación por primera vez del Plan General de Contabilidad, que contempla la aplicación retroactiva de los criterios contenidos en el Plan General de Contabilidad, con determinadas excepciones, y una serie de particularidades relativas a las combinaciones de negocios. Asimismo, se prevén ciertos casos en los que se prohíbe la aplicación retroactiva del Plan. En definitiva, se trata de una regulación similar a la recogida en la Norma Internacional de Información Financiera número 1 adoptada en Europa, pero incidiendo en una mayor simplicidad de los tratamientos contables previstos en la norma internacional. En este sentido, merecen destacarse dos cuestiones. En primer lugar, el alto grado de convergencia con el que nuestro país afronta la armonización con las normas internacionales de contabilidad ha llevado a otorgar a los sujetos contables la opción de mantener las valoraciones que resultaban de los criterios aplicados hasta la fecha, lo cual implicará que, en muchos casos, sólo sean necesarios pequeños ajustes para afrontar la adaptación. En segundo lugar, y en esta línea de simplificación, la disposición transitoria cuarta prevé que en las primeras cuentas anuales que se formulen aplicando el nuevo Plan sea voluntaria la presentación de cifras comparativas del ejercicio anterior con los nuevos criterios.

La disposición transitoria quinta mantiene, con carácter general, la vigencia de las adaptaciones sectoriales en vigor a la fecha de publicación del presente real decreto, en todo lo que no se oponga a la legislación contable vigente, haciendo una especial referencia a las adaptaciones a entidades no mercantiles. Asimismo, se establece una especialidad para las empresas que elaboren las cuentas anuales de acuerdo con lo previsto en las normas de adaptación del Plan a las sociedades concesionarias de autopistas, túneles, puentes y otras vías de peaje y para las empresas del sector de abastecimiento y saneamiento de aguas. Esta disposición mantiene en vigor también el régimen transitorio aplicable contablemente a la exteriorización de los compromisos por pensiones, así como las normas sobre aspectos contables de las sociedades cooperativas en lo que se refiere a la delimitación entre fondos propios y fondos ajenos, las cuales podrán seguir aplicándose hasta el 31 de diciembre de 2009.

Adicionalmente, y siempre y cuando no se opongan a lo dispuesto en la segunda parte de este Plan General de Contabilidad, se mantienen en vigor las resoluciones aprobadas por el Instituto de Contabilidad y Auditoría de Cuentas, sin perjuicio de la necesidad de proceder a su revisión en un breve espacio de tiempo.

Por otra parte, para las empresas que con anterioridad a la primera aplicación del Plan hayan elaborado cuentas anuales consolidadas de acuerdo con los Reglamentos comunitarios que adoptan las normas internacionales de información financiera, se admitirán con carácter general las valoraciones incluidas en dichas cuentas, siempre que los criterios que han llevado a las mismas sean equivalentes a los del Plan General de Contabilidad.

También se ha considerado adecuado perfilar en la disposición transitoria séptima los criterios aplicables en relación con las referencias realizadas a las Normas para la Formulación de Cuentas Anuales Consolidadas, recogidas en las normas de registro y valoración, hasta en tanto éstas sean objeto de modificación en el proceso de reforma contable.

Por último, en las disposiciones finales, se recogen las competencias establecidas en la legislación vigente sobre adaptación y desarrollo del Plan General de Contabilidad.

En su virtud, a propuesta del Ministro de Economía y Hacienda, de acuerdo con el Consejo de Estado, y previa deliberación del Consejo de Ministros en su reunión del día 16 de noviembre de 2007,

DISPONGO:

Artículo 1º. *Aprobación del Plan.*

Se aprueba el Plan General de Contabilidad, cuyo texto se inserta a continuación.

Artículo 2º. *Obligatoriedad del Plan.*

El Plan General de Contabilidad será de aplicación obligatoria para todas las empresas, cualquiera que sea su forma jurídica, individual o societaria, sin perjuicio de aquellas empresas que puedan aplicar el Plan General de Contabilidad de Pequeñas y Medianas Empresas (en adelante, también Plan General de Contabilidad de PYMES).

No obstante lo dispuesto en el párrafo anterior, no tendrán carácter vinculante los movimientos contables incluidos en la quinta parte del Plan General de Contabilidad y los aspectos relativos a numeración y denominación de cuentas incluidos en la cuarta parte, excepto en aquellos aspectos que contengan criterios de registro o valoración.

Disposición adicional única. *Ajustes derivados de la aplicación del Plan General de Contabilidad.*

Al inicio del primer ejercicio en el que la empresa deje de aplicar el Plan General de Contabilidad de PYMES, incluidos, en su caso, los criterios de registro y valoración específicos para microempresas, el Plan General de Contabilidad se aplicará de forma retroactiva, debiendo registrarse todos los activos y pasivos cuyo reconocimiento exige el Plan General de Contabilidad. La contrapartida de los ajustes que deban realizarse será una partida de reservas, salvo que, de acuerdo con los criterios incluidos en la segunda parte del Plan General de Contabilidad, deban utilizarse otras partidas del patrimonio neto.

En las primeras cuentas anuales que se formulen aplicando el Plan General de Contabilidad se creará en la memoria un apartado específico con la denominación «Aspectos derivados de la transición al Plan General de Contabilidad», en el que se incluirá una explicación de las principales diferencias entre los criterios contables aplicados en el ejercicio anterior y los actuales, así como la cuantificación del impacto que produce esta variación de criterios contables en el patrimonio neto de la empresa.

Disposición transitoria primera. *Reglas generales para la aplicación del Plan General de Contabilidad en el primer ejercicio que se inicie a partir de 1 de enero de 2008.*

1. Los criterios contenidos en el Plan General de Contabilidad deberán aplicarse de forma retroactiva, con las excepciones que se indican en las disposiciones transitorias segunda y tercera de este real decreto.

A tal efecto, el balance de apertura del ejercicio en que se aplique por primera vez el Plan General de Contabilidad (en adelante, el balance de apertura) se elaborará de acuerdo con las siguientes reglas:

a) Deberán registrarse todos los activos y pasivos cuyo reconocimiento exige el Plan General de Contabilidad.
b) Deberán darse de baja todos los activos y pasivos cuyo reconocimiento no está permitido por el Plan General de Contabilidad.
c) Deberán reclasificarse los elementos patrimoniales en sintonía con las definiciones y los criterios incluidos en el Plan General de Contabilidad.
d) La empresa podrá optar por valorar todos los elementos patrimoniales que deban incluirse en el balance de apertura conforme a los principios y normas vigentes con anterioridad a la entrada en vigor de la Ley 16/2007, de 4 de julio, de reforma y adaptación de la legislación mercantil en materia contable para su armonización internacional con base en la normativa de la Unión Europea, salvo los instrumentos financieros que se valoren por su valor razonable.

Si la empresa decide no hacer uso de la opción anterior, valorará todos sus elementos patrimoniales de conformidad con las nuevas normas.

2. La contrapartida de los ajustes que deban realizarse para dar cumplimiento a la primera aplicación será una partida de reservas, con las excepciones previstas en las disposiciones transitorias de este real decreto y salvo que, de acuerdo con los criterios incluidos en la segunda parte del Plan General de Contabilidad, deban utilizarse otras partidas.

Disposición transitoria segunda. *Excepciones a la regla general de primera aplicación.*

1. La empresa podrá aplicar las siguientes excepciones a la regla general incluida en la disposición transitoria primera de este real decreto:

a) Las diferencias de conversión acumuladas que surjan en la primera aplicación de la norma de registro y valoración 11.ª 2, «Conversión de las cuentas anuales a la moneda de presentación», podrán contabilizarse directa y definitivamente en las reservas voluntarias.
b) Tampoco será obligatoria la aplicación retroactiva de la norma de registro y valoración 17.ª, «Transacciones con pagos basados en instrumentos de patrimonio».
c) La empresa podrá designar en la fecha a que corresponda el balance de apertura un instrumento financiero en la categoría de «Valor razonable con cambios en la cuenta de pérdidas y ganancias», siempre y cuando en dicha fecha cumpla los requisitos exigidos en los apartados 2.4 o 3.3 de la norma de registro y valoración 9.ª, «Instrumentos financieros». También podrán incluirse en la categoría de «Inversiones mantenidas hasta el vencimiento» los activos financieros que en la fecha del balance de apertura cumplan los requisitos establecidos en el apartado 2.2 de la citada norma.
d) Las provisiones correspondientes a obligaciones asumidas derivadas del desmantelamiento o retiro y otras asociadas al inmovilizado material, tales como los costes de rehabilitación del lugar sobre el que se asienta, podrán calcularse y contabilizarse por el valor actual que tengan en la fecha del balance de apertura.

Adicionalmente, deberá estimarse el importe que habría sido incluido en el coste del activo cuando el pasivo surgió por primera vez, calculando la amortización acumulada sobre ese importe.
e) La empresa podrá optar por no aplicar con efectos retroactivos el criterio de capitalización de gastos financieros incluido en las normas de registro y valoración 2.ª 1 y 10.ª 1.

2. La aplicación retroactiva de los nuevos criterios está prohibida en los siguientes casos:

a) Si una empresa dio de baja activos o pasivos financieros no derivados, conforme a las normas contables anteriores, no se reconocerán aunque lo exija la norma de registro y valoración 9.ª, «Instrumentos financieros», a menos que deban recogerse como resultado de una transacción o acontecimiento posterior.
b) Las coberturas que no cumplan las condiciones para serlo no podrán contabilizarse como tales, excepto si la empresa señaló una posición neta como partida cubierta y, antes de la fecha del balance de apertura, ha designado como partida cubierta una partida individual de tal posición neta. Si con anterioridad a dicha fecha la empresa hubiese designado una operación como de cobertura, pero ésta no satisficiera las condiciones establecidas en la norma de registro y valoración 9.ª 6 para ser considerada altamente eficaz, aplicará lo dispuesto en esta norma para las coberturas que dejen de ser eficaces.
c) Estimaciones. En el balance de apertura, salvo evidencia objetiva de que se produjo un error, las estimaciones deberán ser coherentes con las que se realizaron en su día.
d) Activos no corrientes y grupos enajenables de elementos, mantenidos para la venta y operaciones interrumpidas. La empresa aplicará los nuevos criterios de forma prospectiva y a partir de la información disponible en la fecha del balance de apertura.

Disposición transitoria tercera. *Reglas específicas en relación con las combinaciones de negocios.*

En la elaboración del balance de apertura, se tomarán en consideración las siguientes reglas en relación con las combinaciones de negocios realizadas con anterioridad a la fecha de su elaboración:

1. Se reconocerán todos los activos adquiridos y pasivos asumidos en esas combinaciones, con las siguientes salvedades:

a) Los activos, incluyendo el fondo de comercio, y los pasivos, no reconocidos en el balance de la empresa adquirente de acuerdo con las normas contables anteriores, y que tampoco cumplen todas las condiciones para ello en las cuentas individuales de la empresa adquirida según las normas del Plan General de Contabilidad.

En caso de que procediera el reconocimiento, los activos (diferentes del fondo de comercio) y los pasivos, previamente no reconocidos, se valorarán según los criterios del presente Plan General de Contabilidad que hubieran resultado de aplicación en dicho momento en el balance individual de la empresa adquirida.

b) No obstante, no se reconocerán los activos financieros y pasivos financieros que se dieron de baja conforme a las normas anteriores, según se señala en el apartado 2.*a*) de la disposición transitoria segunda.

c) Como consecuencia de lo anterior, cualquier cambio resultante se cargará o abonará contra reservas, a menos que proceda del reconocimiento de un inmovilizado intangible previamente incluido en el fondo de comercio, en cuyo caso el ajuste que proceda, neto del efecto impositivo, se hará reduciendo éste.

2. No se incluirán los elementos que no cumplan las condiciones para su reconocimiento como activo o pasivo según las normas del Plan General de Contabilidad, realizando los ajustes de la siguiente forma:

a) Los inmovilizados intangibles reconocidos anteriormente que no cumplan las condiciones de reconocimiento de la norma de registro y valoración 5.ª, «Inmovilizado intangible», se ajustarán en el balance de apertura contra el fondo de comercio.

b) El resto de los ajustes se realizará contra reservas.

3. No se modificarán las valoraciones realizadas en los activos y pasivos de las empresas participantes en la combinación de negocios, salvo que, en aplicación de las normas incluidas en este apartado, procediese el reconocimiento o baja de algún elemento patrimonial.

En particular, el valor contable de los inmovilizados intangibles que, de acuerdo con los nuevos criterios, tengan una vida útil indefinida, será su valor en libros en la fecha de cierre del último balance en que se aplique el Plan General de Contabilidad de 1990, siendo igualmente obligatorio lo dispuesto en la letra *f*) del apartado 4 de esta disposición.

4. El importe del fondo de comercio será su importe en libros en la fecha del balance de apertura, según las normas anteriores, tras realizar los ajustes siguientes:

a) Se reducirá o eliminará su valor en libros, si lo exige el anterior apartado 1.

b) Se incrementará su valor en libros cuando sea exigido por el anterior apartado 2.

c) Cuando el evento o las condiciones de que dependiera cualquier contraprestación adicional en una combinación de negocios haya quedado resuelta antes de la fecha del balance de apertura, se ajustará el fondo de comercio por ese importe.

d) Cuando una contraprestación adicional previamente reconocida como pasivo no pueda ser valorada de forma fiable en la fecha del balance de apertura, o si su pago no resulta ya probable, se ajustará el valor en libros del fondo de comercio.

e) La empresa aplicará la norma de registro y valoración 6.ª a partir de la fecha del balance de apertura, con independencia de reconocer en dicha fecha, si procede, la pérdida por deterioro resultante, mediante un ajuste a las reservas y sin ajustar la amortización del fondo de comercio realizada con anterioridad.

f) La amortización acumulada del fondo de comercio se dará de baja contra el propio fondo de comercio. No obstante, en la memoria de las cuentas anuales deberá indicarse el importe contabilizado por la empresa en el momento en que se registró la combinación de negocios.

5. Los ajustes anteriores realizados en los activos y pasivos reconocidos afectarán a los impuestos diferidos.

Disposición transitoria cuarta. *Información a incluir en las cuentas anuales del primer ejercicio que se inicie a partir de 1 de enero de 2008.*

En las primeras cuentas anuales que se formulen aplicando el Plan General de Contabilidad, se deberá incorporar la siguiente información:

1. A los efectos de la obligación establecida en el artículo 35.6 del Código de Comercio, y a los efectos derivados de la aplicación del principio de uniformidad y del requisito de comparabilidad, las cuentas anuales correspondientes al ejercicio que se inicie a partir de la entrada en vigor del Plan General de Contabilidad se considerarán cuentas anuales iniciales, por lo que no se reflejarán cifras comparativas en las referidas cuentas.

Sin perjuicio de lo anterior, en la memoria de dichas cuentas anuales iniciales se reflejarán el balance y la cuenta de pérdidas y ganancias incluidos en las cuentas anuales del ejercicio anterior.

Asimismo, en la memoria de estas primeras cuentas anuales, se creará un apartado con la denominación de «Aspectos derivados de la transición a las nuevas normas contables», en el que se incluirá una explicación de las principales diferencias entre los criterios contables aplicados en el ejercicio anterior y los actuales, así como la cuantificación del impacto que produce esta variación de criterios contables en el patrimonio neto de la empresa. En particular, se incluirá una conciliación referida a la fecha del balance de apertura.

No obstante, la empresa podrá presentar información comparativa del ejercicio anterior adaptada al presente Plan General de Contabilidad, para lo cual preparará un balance de apertura de dicho ejercicio precedente con arreglo a los nuevos criterios y de acuerdo con lo establecido en las disposiciones transitorias de este real decreto. En este caso, además de incluir en memoria una explicación de las principales diferencias entre los criterios contables aplicados en el ejercicio anterior y los actuales, se cuantificará el impacto que produce esta variación de criterios contables en el patrimonio neto y en los resultados de la empresa. En particular, se incluirá:

a) Una conciliación del patrimonio neto en la fecha del balance de apertura del ejercicio precedente.
b) Una conciliación del patrimonio neto y de los resultados referida a la fecha de cierre del último ejercicio en que resultaron de aplicación los criterios anteriores.

Las conciliaciones referidas en el presente apartado se realizarán con el suficiente detalle como para permitir a los usuarios la comprensión de los ajustes significativos como consecuencia de la transición.

2. En cualquier caso, deberá suministrarse adicionalmente la siguiente información:

a) El valor razonable de los activos financieros o pasivos financieros designados en la categoría de «Valor razonable con cambios en la cuenta de pérdidas y ganancias» a que hace referencia el apartado 1.*c*) de la disposición transitoria segunda, así como su clasificación y valor contable en las cuentas anuales cerradas en la fecha de transición.
b) Si como consecuencia de los ajustes a realizar en la fecha de transición se reconoce o revierte una pérdida por deterioro del valor de los activos, la empresa deberá suministrar en la memoria la información requerida sobre este aspecto en el Plan General de Contabilidad.

3. Fecha de transición es la fecha del balance de apertura del ejercicio en que se aplique por primera vez el presente Plan General de Contabilidad, salvo que la empresa incluya información comparativa del ejercicio anterior adaptada, en cuyo caso será la fecha del balance de apertura de dicho ejercicio anterior.

Disposición transitoria quinta. *Desarrollos normativos en materia contable.*

1. Con carácter general, las adaptaciones sectoriales y otras disposiciones de desarrollo en materia contable en vigor a la fecha de publicación de este real decreto seguirán aplicándose en todo aquello que no se oponga a lo dispuesto en el Código de Comercio, Texto Refundido de la Ley de Sociedades Anónimas, aprobado por Real Decreto

Legislativo 1564/1989, de 22 de diciembre, Ley 2/1995, de 23 de marzo, de Sociedades de Responsabilidad Limitada, disposiciones específicas y en el presente Plan General de Contabilidad.

En particular, las entidades que realicen actividades no mercantiles que vengan obligadas por sus disposiciones específicas, a aplicar alguna adaptación del Plan General de Contabilidad, seguirán aplicando sus respectivas normas de adaptación en los términos dispuestos en el párrafo anterior, debiendo aplicar los contenidos del Plan General de Contabilidad o, en su caso, del Plan General de Contabilidad de PYMES en todos aquellos aspectos que han sido modificados. Se deberán respetar en todo caso las particularidades que en relación con la contabilidad de dichas entidades establezcan, en su caso, sus disposiciones específicas.

2. Hasta que se aprueben las nuevas adaptaciones del Plan General de Contabilidad a las sociedades concesionarias de autopistas, túneles, puentes y otras vías de peaje y a las empresas del sector de abastecimiento y saneamiento de aguas, se mantienen en vigor los criterios relativos a los gastos financieros diferidos de financiación de autopistas, túneles, puentes y otras vías de peaje y los gastos financieros diferidos de financiación de activos del inmovilizado necesarios para llevar a cabo la actividad de abastecimiento y saneamiento de aguas, establecidos en la norma 7.3 de valoración contenida en la quinta parte de las normas de adaptación del Plan General de Contabilidad a estas empresas, aprobadas ambas por Órdenes del Ministerio de Economía y Hacienda de 10 de diciembre de 1998.

3. Se mantiene expresamente en vigor el régimen transitorio, aprobado por Orden del Ministerio de Economía y Hacienda, de 29 de diciembre de 1999, a aplicar contablemente en la exteriorización de los compromisos por pensiones regulada en el Reglamento sobre la Instrumentación de los Compromisos por Pensiones de las Empresas con los Trabajadores y Beneficiarios, aprobado por Real Decreto 1588/1999, de 15 de octubre.

4. Los criterios por los que se establece la delimitación entre fondos propios y fondos ajenos en las normas sobre los aspectos contables de las sociedades cooperativas, aprobadas por Orden del Ministerio de Economía 3614/2003, de 16 de diciembre, podrán seguir aplicándose hasta el 31 de diciembre de 2009.

Disposición transitoria sexta. *Empresas que se hayan incluido en cuentas anuales consolidadas de acuerdo con las normas internacionales de información financiera adoptadas en la Unión Europea.*

Las empresas cuyos elementos patrimoniales se hayan integrado, previamente a la primera aplicación del presente Plan General de Contabilidad, en unas cuentas anuales consolidadas en las que se hayan aplicado las normas internacionales de información financiera adoptadas por los Reglamentos de la Comisión Europea, podrán valorar los elementos patrimoniales de sus cuentas anuales individuales en el primer ejercicio en que resulte de aplicación el Plan General de Contabilidad, de acuerdo con los importes por los que se incluyan en las cuentas anuales consolidadas, excluidos los ajustes y eliminaciones inherentes a la consolidación y los efectos de la combinación de negocios derivados de la adquisición, siempre y cuando:

1. Los criterios valorativos aplicados sean equivalentes a los establecidos en el presente Plan General de Contabilidad y en las disposiciones de este real decreto.
2. La fecha de transición sea la fecha de balance de apertura del ejercicio anterior al primero en que resulte de aplicación el presente real decreto.
3. Esta opción se aplique de forma uniforme para todos los elementos patrimoniales de la empresa.

Disposición transitoria séptima. *Referencias a las Normas para la Formulación de Cuentas Anuales Consolidadas en el Plan General de Contabilidad.*

Las remisiones contenidas en el Plan General de Contabilidad a las Normas para la Formulación de Cuentas Anuales Consolidadas supondrán la aplicación de los criterios contenidos en el Real Decreto 1815/1991, de 20 de diciembre, por el que se aprueban las Normas para la Formulación de Cuentas Anuales Consolidadas, hasta el momento en que éste se modifique.

Disposición derogatoria única. *Derogación normativa.*

Se deroga el Real Decreto 1643/1990, de 20 de diciembre, por el que se aprueba el Plan General de Contabilidad y las demás normas de igual o inferior rango que se opongan a lo establecido en el presente real decreto.

Disposición final primera. *Habilitación para la aprobación de adaptaciones sectoriales.*

El Ministro de Economía y Hacienda, a propuesta del Instituto de Contabilidad y Auditoría de Cuentas, aprobará, mediante orden ministerial, las adaptaciones sectoriales del Plan General de Contabilidad. Estas adaptaciones sectoriales se elaborarán tomando en consideración las características y naturaleza de las actividades del sector concreto de que se trate, adecuándose al mismo tanto las normas de registro y valoración como la estructura, nomenclatura y terminología de las cuentas anuales.

Disposición final segunda. *Habilitación para la aprobación de adaptaciones por razón de sujeto.*

El Ministro de Economía y Hacienda, a propuesta del Instituto de Contabilidad y Auditoría de Cuentas, y mediante orden ministerial, podrá adaptar las normas de registro y valoración, las normas de elaboración y la estructura, nomenclatura y terminología de las cuentas anuales a las condiciones concretas del sujeto contable.

Disposición final tercera. *Habilitación para la aprobación de normas de desarrollo del Plan General de Contabilidad.*

El Instituto de Contabilidad y Auditoría de Cuentas podrá aprobar, mediante resolución, normas de obligado cumplimiento que desarrollen el Plan General de Contabilidad y sus normas complementarias, en particular, en relación con las normas de registro y valoración y las normas de elaboración de las cuentas anuales. Estas normas deberán ajustarse al procedimiento de elaboración regulado en el artículo 24.1 de la Ley 50/1997, de 27 de noviembre, del Gobierno.

Disposición final cuarta. *Plazo de aprobación de determinadas adaptaciones del Plan General de Contabilidad.*

En el plazo de un año, a contar desde la entrada en vigor del Plan General de Contabilidad, el Ministro de Economía y Hacienda aprobará las adaptaciones sectoriales del Plan General de Contabilidad a las sociedades concesionarias de autopistas, túneles, puentes y otras vías de peaje y a las empresas del sector de abastecimiento y saneamiento de aguas.

Disposición final quinta. *Título competencial.*

El presente real decreto tiene el carácter de desarrollo de la legislación mercantil, de acuerdo con lo dispuesto en el artículo 149.1.6.ª de la Constitución.

Disposición final sexta. *Entrada en vigor.*

La presente norma entrará en vigor el día 1 de enero de 2008 y será de aplicación, en los términos previstos en el presente real decreto, para los ejercicios que se inicien a partir de dicha fecha.

Dado en Madrid, el 16 de noviembre de 2007.

JUAN CARLOS R.

El Vicepresidente Segundo del Gobierno y
Ministro de Economía y Hacienda,
PEDRO SOLBES MIRA

PLAN GENERAL DE CONTABILIDAD

INTRODUCCIÓN

I

1. Con la aprobación del Plan General de Contabilidad por el Decreto 530/1973, de 22 de febrero, España se incorporó a las tendencias modernas sobre normalización contable.

Posteriormente, la incorporación de España a la hoy Unión Europea trajo consigo la armonización de las normas contables vigentes en aquel momento con el Derecho comunitario derivado en materia contable, en adelante Directivas contables (la Cuarta Directiva 78/660/CEE del Consejo, de 25 de julio de 1978, relativa a las cuentas anuales de determinadas formas de sociedad y la Séptima Directiva 83/349/CEE del Consejo, de 13 de junio de 1983, relativa a las cuentas consolidadas). El cauce legal y reglamentario empleados para alcanzar dicha convergencia fueron, respectivamente, la Ley 19/1989, de 25 de julio, y el Real Decreto 1643/1990, de 20 de diciembre, por el que se aprueba el Plan General de Contabilidad de 1990.

A partir de ese momento se incardina en el seno del Derecho Mercantil español un auténtico Derecho Contable que ha dotado a la información económico-financiera de un marcado carácter internacional, para lo cual, el Plan General de Contabilidad, de modo similar a lo sucedido en otros países, ha sido un instrumento básico de normalización.

La actividad normalizadora realizada en España hubiera quedado incompleta sin los desarrollos normativos que han sido impulsados por el Instituto de Contabilidad y Auditoría de Cuentas en los que han colaborado la Universidad, los profesionales y otros expertos relacionados con la materia contable. Estos desarrollos normativos han venido tomando como referente los pronunciamientos de las organizaciones emisoras de criterios contables a nivel nacional e internacional. De igual modo, no cabe duda de que el empresariado español ha contribuido a cimentar la aceptación de la normalización contable mediante su aplicación.

2. En el año 2000, guiada por el objetivo de hacer más comparable y homogénea la información económico-financiera de las empresas europeas, con independencia de su lugar de residencia y del mercado de capitales en el cual coticen, la Comisión Europea recomendó a las restantes instituciones comunitarias la conveniencia de exigir que las cuentas anuales consolidadas que elaboran las compañías cotizadas se formulasen aplicando el cuerpo normativo contable constituido por las normas e interpretaciones emitidas por el Comité de Normas Internacionales de Contabilidad (CNIC) —International Accounting Standards Board (IASB)—.

El proceso de exigencia legal para aplicar en Europa normas contables elaboradas por un organismo privado requirió de un instrumento jurídico, el Reglamento 1606/2002 del Parlamento Europeo y del Consejo, de 19 de julio de 2002, que definió el proceso de adopción por la Unión Europea de las Normas Internacionales de Contabilidad (en adelante, NIC//NIIF adoptadas), disponiendo la obligatoriedad de aplicar estas normas en las cuentas anuales consolidadas que elaboren las empresas con valores admitidos a cotización y que otorgó a los Estados miembros la competencia para tomar la decisión de permitir o requerir la aplicación directa de las NIC//NIIF adoptadas a las cuentas individuales de todas las sociedades, incluidas las cotizadas, y/o a las cuentas anuales consolidadas de los restantes grupos.

3. En nuestro país, el alcance de la decisión europea, fue analizado por la Comisión de Exper-

tos creada por Orden Comunicada del Ministro de Economía, de 16 de marzo de 2001, que elaboró un informe sobre la situación de la contabilidad en España y líneas básicas para abordar su reforma, publicado en el año 2002, y cuya principal recomendación fue que en las cuentas anuales individuales se siguiera aplicando la normativa contable española, convenientemente reformada para lograr la adecuada homogeneidad y comparabilidad de la información contable, en el marco de las nuevas exigencias contables europeas, considerándose que en el ámbito de las cuentas anuales consolidadas debía dejarse a opción del sujeto contable la aplicación de las normas españolas o de los Reglamentos comunitarios.

En sintonía con esta reflexión, el legislador español, mediante la disposición final undécima de la Ley 62/2003, de 30 de diciembre, de medidas fiscales, administrativas y del orden social, mantuvo la elaboración de la información contable individual de las empresas españolas, incluidas las sociedades cotizadas, en el marco de los principios contables del Derecho Mercantil Contable español.

4. Los cambios recomendados por la Comisión de Expertos se han materializado en la Ley 16/2007, de 4 de julio, de reforma y adaptación de la legislación mercantil en materia contable para su armonización internacional con base en la normativa de la Unión Europea (en adelante, Ley 16/2007), que ha introducido en el Código de Comercio y en la Ley de Sociedades Anónimas las modificaciones imprescindibles para avanzar en este proceso de convergencia internacional, garantizando al mismo tiempo que la modernización de la contabilidad española no interfiera en el régimen jurídico de aspectos neurálgicos de la vida de toda sociedad mercantil, como la distribución de beneficios, la reducción obligatoria del capital social y la disolución obligatoria por pérdidas.

La disposición final primera de la Ley confiere al Gobierno la competencia para aprobar, mediante Real Decreto, el Plan General de Contabilidad, con el objetivo de configurar un marco reglamentario acorde con los nuevos pilares ubicados a nivel legal, de conformidad con lo dispuesto en las Directivas Comunitarias y teniendo en consideración las NIC//NIIF adoptadas por los Reglamentos de la Unión Europea. Asimismo, sobre la base de la importancia de las pequeñas y medianas empresas en el tejido empresarial español, la Ley habilita al Gobierno para aprobar, como norma complementaria del Plan General de Contabilidad, otro texto ajustado a las necesidades informativas de las pequeñas y medianas empresas. Las habilitaciones reglamentarias de carácter general se completan con la otorgada al Ministro de Economía y Hacienda para aprobar, a propuesta del Instituto de Contabilidad y Auditoría de Cuentas, las adaptaciones sectoriales, y al propio Instituto para aprobar normas en desarrollo del Plan General de Contabilidad y de sus normas complementarias.

5. Iniciado el trámite de aprobación por las Cortes Generales de la Ley 16/2007, de 4 de julio, el Instituto de Contabilidad y Auditoría de Cuentas procedió a trabajar en el borrador del nuevo Plan para que estuviese elaborado en el plazo más breve posible.

Para el desarrollo de esta tarea se constituyó una comisión de expertos y diversos grupos de trabajo específicos distribuidos por materias concretas, integrados por técnicos del propio Instituto, por profesionales y académicos que aportaron sus conocimientos y experiencia de gran utilidad, tanto desde una consideración global como referidas a operaciones particulares, aunando así la doble perspectiva teórica y pragmática plasmada en la dinámica evolutiva del mundo de los negocios.

De lo expuesto se deduce que el Plan General de Contabilidad, ajustado a las correspondientes disposiciones de la Ley 16/2007, de 4 de julio, es la obra de un conjunto muy amplio de expertos contables en cuya configuración se ha buscado conseguir un adecuado equilibrio en la participación de empresas en cuanto elaboradores de información, de usuarios de la misma y de profesionales expertos en contabilidad, así como de profesores universitarios de la materia y de representantes de la Administración Pública.

El nuevo texto debe valorarse tomando en consideración los siguientes aspectos. En primer lugar, su vocación de convergencia con los Reglamentos comunitarios que contienen las NIC//NIIF adoptadas, en todos aquellos aspectos que resultan necesarios para hacer compatibles ambos cuerpos normativos contables, sin perjuicio de la restricción de opciones que contempla el nuevo Plan frente a los Reglamentos Comunitarios, o de la aplicación de criterios propios contenidos en las Directivas europeas, como el de la activación de los gastos de investigación, lo que, por otra parte, constituye una excepción y en ningún caso la regla general.

En segundo lugar, el carácter autónomo del Plan en tanto norma jurídica aprobada en España con un ámbito de aplicación claramente delimitado, a saber, la formulación de las cuentas individuales de todas las empresas españolas, al margen de las reglas especiales inherentes al sector financiero que a su vez traen causa de la propia conformación del Derecho comunitario en esta materia.

Por último, la lógica consecuencia de que la correcta interpretación del contenido del nuevo Plan General de Contabilidad en ningún caso puede derivar en una aplicación directa de las NIC//NIIF incorporadas en los Reglamentos europeos, dado que esta alternativa que, de conformidad con el Reglamento 1606/2002, también podría haber sido tomada por el legislador español, no ha sido la que finalmente ha prosperado en el proceso de debate interno que motivó la estrategia europea en materia contable. Y ello, sin perjuicio de que las NIC//NIIF adoptadas deban configurarse como el referente obligado de toda futura disposición que se incorpore al Derecho Contable español.

II

6. El Plan General de Contabilidad tiene una estructura muy similar a la de sus antecesores, con la finalidad de mantener nuestra tradición contable en todos aquellos aspectos que no han de verse alterados por la introducción de los nuevos criterios. El cambio en el orden de sus contenidos simplemente responde a la conveniencia de ubicar la materia de mayor contenido sustantivo en las tres primeras partes, que son de aplicación obligatoria, reservando las dos últimas para las propuestas con un contenido amplio de aplicación voluntaria. En concreto, se divide en las siguientes partes:

— Marco conceptual de la Contabilidad.
— Normas de registro y valoración.
— Cuentas anuales.
— Cuadro de cuentas.
— Definiciones y relaciones contables.

El Marco conceptual de la Contabilidad es el conjunto de fundamentos, principios y conceptos básicos cuyo cumplimiento conduce, en un proceso lógico deductivo, al reconocimiento y valoración de los elementos de las cuentas anuales. Su incorporación al Plan General de Contabilidad y, en consecuencia, la atribución al mismo de la categoría de norma jurídica, tiene como objetivo garantizar el rigor y coherencia del posterior proceso de elaboración de las normas de registro y valoración, así como de la posterior interpretación e integración del Derecho Contable.

De la lectura de la primera parte del nuevo Plan se desprende que la imagen fiel del patrimonio, de la situación financiera y de los resultados de la empresa continúa siendo el corolario de la aplicación sistemática y regular de las normas contables. Para reforzar esta exigencia, en el pórtico del Derecho Mercantil Contable se alzan los principios que deben guiar al Gobierno en su desarrollo reglamentario y a los sujetos contables en la aplicación que han de hacer de las normas. El fondo económico y jurídico de las operaciones constituye la piedra angular que sustenta el tratamiento contable de todas las transacciones, de tal suerte que su contabilización responda y muestre la sustancia económica y no sólo la forma jurídica utilizada para instrumentarlas.

El Marco conceptual sigue reservando un lugar relevante a los principios incluidos en la primera parte del Plan de 1990, que no pierden su condición de columna vertebral del cuerpo normativo contable. Las dos novedades que se incorporan en este punto buscan, por el contrario, profundizar en la consistencia teórica del modelo en su conjunto.

A tal efecto, el principio de registro y el de correlación de ingresos y gastos, siguiendo ese camino lógico deductivo que constituye el Marco Conceptual, se ubican como criterios de reconocimiento de los elementos en las cuentas anuales, y el principio del precio de adquisición se ha incluido en el apartado del Marco conceptual relativo a los criterios valorativos, al considerar que precisamente la asignación de un valor es el último paso necesario antes de contabilizar toda transacción o hecho económico.

La segunda novedad es la ubicación del principio de prudencia en pie de igualdad con los restantes principios, lo que en ningún caso debe llevar a pensar que el modelo abandona la tutela de la solvencia patrimonial de la empresa frente a sus acreedores. Por el contrario, el registro de los riesgos deberá seguir realizándose desde la imparcialidad y objetividad exigidas por el Plan de 1990 para el análisis de las obligaciones, de tal suerte que, con carácter general, no se han debido registrar en el pasado provisiones que no respondían a verdaderos riesgos de la empresa.

La Ley 16/2007, de 4 de julio, de reforma y adaptación de la legislación mercantil en materia contable para su armonización internacional con base en la normativa de la Unión Europea, ha dado nueva redacción al artículo 38 del Código de Comercio. La letra *c*) dispone que, excepcionalmente, cuando los riesgos que afecten a la empresa se conocieran entre la formulación y antes de la aprobación de las cuentas anuales y afectaran de forma muy significativa a la imagen fiel, las cuentas anuales deberán ser reformuladas.

Esta regla legal relativa a hechos posteriores al cierre del ejercicio no tiene como objetivo imponer a los administradores una exigencia de reformulación de las cuentas anuales ante cualquier circunstancia significativa que se produzca antes de la aprobación por el órgano competente. Por el contrario, sólo situaciones de carácter excepcional y máxima relevancia en relación con la situación patrimonial de la empresa, de riesgos que, aunque conocidos con posterioridad, existieran en la fecha de cierre de las cuentas anuales, deberían llevar a una reformulación de éstas. Dicha reformulación debería producirse con carácter general hasta el momento en que se ponga en marcha el proceso que lleva a la aprobación de las mismas.

En el nuevo modelo, las definiciones de los elementos de las cuentas anuales incluidas en el Marco conceptual: activos, pasivos, patrimonio neto, ingresos y gastos, constituyen una importante novedad. En particular, los pasivos se definen como obligaciones actuales surgidas como consecuencia de sucesos pasados, para cuya extinción la empresa espera desprenderse de recursos que puedan producir beneficios o rendimientos económicos en el futuro. Esta definición unida a la prevalencia del fondo sobre la forma condicionará el registro de algunos instrumentos financieros, que deberán contabilizarse como pasivos cuando a priori, desde un punto de vista estrictamente jurídico, pudieran tener la apariencia de instrumentos de patrimonio.

Otra novedad importante incluida en este apartado es la previsión de que determinados ingresos y gastos se contabilicen directamente en el patrimonio neto (mostrándose esta información en el estado de ingresos y gastos reconocidos) hasta que se produzca el reconocimiento, baja o deterioro del elemento con el que estén relacionados, momento en el que, con carácter general, se contabilizarán en la cuenta de pérdidas y ganancias.

Siguiendo el camino marcado por el Marco conceptual, los elementos deben contabilizarse en el balance, la cuenta de pérdidas y ganancias o el estado de cambios en el patrimonio neto de la empresa cuando sea probable la obtención o cesión de recursos que incorporen beneficios o rendimientos económicos, y siempre que su valor pueda determinarse con fiabilidad. Todo ello, sin perjuicio de que en algunos casos, como determinadas provisiones, para obtener la mejor estimación de su importe, dicho análisis deba realizarse a partir de las probabilidades asignadas a los posibles escenarios o desenlaces del correspondiente riesgo.

El apartado 6 del Marco conceptual recoge los criterios de valoración y algunas definiciones relacionadas que posteriormente son utilizados en las normas incluidas en la segunda parte para atribuir el adecuado tratamiento contable a cada hecho económico o transacción: coste histórico o coste, valor razonable, valor neto realizable, valor actual, valor en uso, costes de venta, coste amortizado, costes de transacción atribuibles a un activo o pasivo financiero, valor contable o en libros y valor residual.

De todos ellos, sin duda, la principal novedad es el valor razonable, que ahora se utiliza no sólo para contabilizar determinadas correcciones valorativas, sino también para registrar los ajustes de valor por encima del precio de adquisición en algunos elementos patrimoniales, tales como ciertos instrumentos financieros y otros elementos a los que se apliquen las reglas de la contabilidad de coberturas.

Por lo que se refiere a la valoración inicial, tanto en el nuevo modelo contable como en el anterior, con carácter general, todos los elementos patrimoniales deben valorarse en el momento inicial por su precio de adquisición, que en ocasiones se materializa expresamente en la norma como el valor razonable del elemento patrimonial adquirido y, en su caso, de la contrapartida entregada a cambio. Lógica consecuencia del principio de equivalencia económica que debe regir todo intercambio comercial, en cuya virtud el valor de los bienes o servicios entregados y el de los pasivos asumidos deben ser coincidentes con el importe de la contraprestación recibida.

El Marco conceptual concluye con la referencia a los principios y normas de contabilidad generalmente aceptados. El nuevo marco normativo de la información financiera mantiene la estructura de fuentes de Derecho interno que incluía el Plan de 1990. No obstante, ante la coexistencia de dos bloques normativos en España, por una parte, un amplio Derecho comunitario derivado de la directa aplicación (NIC//NIIF adoptadas por Europa) en las cuentas anuales consolidadas de los grupos con alguna sociedad con valores admitidos a cotización, y, por otra parte, el Código de Comercio, la Ley de Sociedades Anónimas y el propio Plan General de Contabilidad aplicable en las cuentas individuales de las empresas españolas, es necesario reflexionar sobre cuál es el papel que desempeña el marco comunitario.

En este escenario de razonamiento, a la entrada en vigor del nuevo Plan, este texto y sus disposiciones de desarrollo siguen constituyendo un cuerpo normativo obligatorio para las empresas incluidas en su ámbito de aplicación, si bien los criterios incluidos en las adaptaciones sectoriales, Resoluciones del ICAC y demás normas de desarrollo mantienen su vigencia exclusivamente en la medida en que no se opongan a la nueva regulación contable de rango superior. Cualquier aspecto que no pueda ser interpretado a la vista de los contenidos normativos de la Ley y del Reglamento, incluidas las adaptaciones sectoriales y las Resoluciones del ICAC, deberá ser tratado en las cuentas anuales individuales de las empresas aplicando criterios coherentes con el nuevo contexto normativo en materia contable, pero sin que ello suponga en ningún caso una aplicación directa de las normas internacionales adoptadas por la Unión Europea, dado que su extensión a las cuentas anuales individuales no parece haber sido el objetivo del Legislador.

Y ello sin perjuicio, obviamente, de que en sintonía con la filosofía que preside la reforma el elenco normativo que desarrolló el Plan de 1990, adaptaciones sectoriales y Resoluciones del ICAC será modificado y ampliado tomando como marco normativo de referencia el acervo comunitario integrado por los Reglamentos adoptados por la Comisión Europea.

7. La segunda parte del Plan General de Contabilidad comprende las normas de registro y valoración. Los cambios introducidos responden a una doble motivación: en primer lugar, armonizar la norma española en gran medida con los criterios contenidos en las NIC//NIIF adoptadas mediante Reglamentos de la Unión Europea, y, en segundo lugar, agrupar en el Plan General de Contabilidad los criterios que desde 1990 se han introducido en las sucesivas adaptaciones sectoriales con la finalidad de mejorar la sistemática de la norma. A continuación, se detallan las principales novedades.

En el inmovilizado material se incorpora, formando parte del precio de adquisición, el valor actual de las obligaciones derivadas del desmantelamiento, retiro o rehabilitación del lugar en el que se asienten los activos, que en el Plan de 1990 originaban el registro sistemático de una provisión para riesgos y gastos. La provisión que debe contabilizarse como contrapartida del inmovilizado se actualizará cada año por el efecto financiero ocasionado por el descuento, sin perjuicio de la revisión del importe inicial que pueda traer causa de una nueva estimación del coste de dichos trabajos, o del tipo de descuento aplicado. En ambos casos, el ajuste motivará, al inicio del ejercicio en que se produzca, tanto la revisión del valor del activo como de la provisión.

El tratamiento de las provisiones para grandes reparaciones también experimenta un cambio en el nuevo marco contable. En la fecha de adquisición, la empresa deberá estimar e identificar el importe de los costes necesarios para realizar la revisión del activo. Estos costes se amortizarán como un componente diferenciado del coste del activo hasta la fecha en que se realice la revisión, momento en que se tratará contablemente como una sustitución, dándose de baja cualquier importe pendiente de amortizar, y se reconocerá el importe satisfecho por la reparación, que a su vez deberá amortizarse de forma sistemática hasta la siguiente revisión.

Siguiendo con el análisis de los cambios, merece destacarse que el nuevo Plan General de Contabilidad, a diferencia del Plan de 1990 (que, con carácter general, otorgaba la opción), obliga a capitalizar los gastos financieros incurridos por la adquisición o construcción de activos hasta la fecha en que estén en condiciones de entrar en funcionamiento, siempre y cuando los activos necesiten un período de tiempo superior a un año para estar en condiciones de uso.

La última modificación relevante en esta norma se produce en el criterio para contabilizar las permutas de inmovilizado material. Se diferencian las permutas de carácter comercial de las que no lo son, identificando las primeras por el indicio de que los flujos de caja esperados del activo recibido difieren significativamente de los del entregado, bien porque la configuración de los citados flujos difiere o bien porque el valor subjetivo para la empresa del bien recibido es mayor que el del entregado, convirtiéndose por tanto este último, desde un punto de vista económico, en un medio de pago. A partir de este razonamiento, cuando la permuta tiene naturaleza comercial, la norma dispone que deberá contabilizarse el correspondiente resultado, siempre y cuando pueda obtenerse un valor fiable del valor razonable del elemento entregado o, en su caso, del recibido.

Por lo que se refiere a la valoración posterior, la reforma no introduce grandes cambios, ni en el criterio de valoración del inmovilizado material, ni en el criterio para registrar la amortización de los bienes, ni en la contabilización de los deterioros del valor (provisiones por depreciación en el Plan de 1990). No obstante, se produce un desarrollo pormenorizado de las técnicas adecuadas para calcular las pérdidas de valor asistemáticas del activo. En particular, se introduce el concepto de unidad generadora de efectivo, definida como el grupo identificable más pequeño de activos que genera entradas de efectivo, sirviendo dicho concepto de base para calcular el deterioro del valor de ese grupo de activos, siempre y cuando no pueda calcularse el deterioro elemento a elemento.

Respecto al registro de los inmovilizados intangibles en el balance, se exige adicionalmente a los criterios de reconocimiento de todo activo (estar controlado por la empresa, cumplir los requisitos de probabilidad y gozar de una valoración fiable), que el activo sea identificable, por ser separable o por haber surgido de derechos legales o contractuales.

En esta materia, un importante cambio del nuevo Plan es la previsión de que puedan existir inmovilizados intangibles con vida útil indefinida, los cuales no se amortizarán, sin perjuicio de que si se comprueba que su valor se ha deteriorado, se registrará la correspondiente pérdida. Mención particular merece el fondo de comercio, que no será objeto de amortización, debiendo someterse, al menos anualmente, a un test de deterioro. En caso de que de esta comprobación se derive una corrección valorativa, ésta tendrá carácter irreversible, debiendo incluirse en la memoria determinada información del proceso de cálculo, en el que se deberá prestar especial cautela a que los fondos de comercio generados internamente por la empresa con posterioridad a la fecha de adquisición no se activen de forma indirecta.

Cabe también mencionar el nuevo tratamiento de los gastos de primer establecimiento, que deberán contabilizarse en la cuenta de pérdidas y ganancias como gastos del ejercicio en el que se incurran. Por el contrario, los gastos de constitución y ampliación de capital se imputarán directamente al patrimonio neto de la empresa, sin pasar por la citada cuenta de pérdidas y ganancias. Estos gastos lucirán en el estado de cambios en el patrimonio neto total formando parte del conjunto de variaciones del patrimonio neto del ejercicio.

Otra novedad relevante que se ha incorporado en esta norma es la previsión de que los gastos de desarrollo puedan amortizarse en un plazo superior a cinco años, siempre que esta mayor vida útil quede debidamente acreditada por la empresa. Por su parte, los gastos de investigación mantienen el mismo tratamiento que les otorgaba el Plan de 1990, aunque las normas internacionales adoptadas en Europa exigen con carácter general su imputación a la cuenta de pérdidas y ganancias del ejercicio en que se devengan, permitiendo, no obstante, el registro de los gastos de investigación cuando son identificados como un activo de la empresa adquirida en una combinación de negocios. El Plan General de Contabilidad, en sintonía con la Cuarta Directiva, asume este tratamiento incluso cuando su origen no trae causa de la citada combinación, siempre y cuando gocen de proyección económica futura.

Determinados contratos de arrendamiento u otras operaciones de naturaleza similar se han convertido en los últimos años en fórmulas de financiación habituales de las empresas españolas. Así, junto a los contratos de arrendamiento financiero en sentido estricto, regulados en el apartado 1 de la disposición adicional séptima de la Ley 26/1988, de 29 de julio, sobre disciplina e intervención de las entidades de crédito, han proliferado otra serie de contratos que bajo la forma de arrendamientos operativos, en sustancia, son asimilables desde un punto de vista económico a los primeros. Por ello, la norma de arrendamientos tiene como objetivo precisar el tratamiento contable de estas operaciones, que, salvo en lo que respecta a la naturaleza del activo, con carácter general, no debería constituir novedad alguna, dado que la doctrina administrativa ha venido integrando en las letras *f*) y *g*) de la norma de valoración 5.ª del Plan de 1990 aquellos contratos en los que se produce una transferencia de riesgos y beneficios inherentes a la propiedad de los bienes o derechos subyacentes.

La calificación de activos no corrientes y grupos enajenables de elementos mantenidos para la venta sí constituye una novedad en el nuevo Plan. Para incluir un elemento del activo no corriente o un grupo enajenable de elementos patrimoniales en esta categoría, deberán cumplirse una serie requisitos enfocados a su disponibilidad inmediata y alta probabilidad de venta.

La principal consecuencia de esta nueva clasificación es que dichos activos no se amortizan. En cuanto a su presentación, deberán mostrarse en el balance dentro del activo corriente, dado que su valor en libros se prevé recuperar a través de su enajenación y no mediante su uso en la actividad ordinaria de la empresa. Adicionalmente, en el modelo normal de la cuenta de pérdidas y ganancias, se deberá incorporar determinada información dentro del margen de las operaciones discontinuadas, en relación con los grupos clasificados como mantenidos para la venta que constituyan una actividad interrumpida (en particular, grupos enajenables que constituyan una línea de negocio o un área geográfica significativa o empresas dependientes adquiridas con la finalidad de venderlas).

8. La norma 9.ª de instrumentos financieros junto a la norma que regula las denominadas «Combinaciones de negocios» constituye sin lugar a dudas la novedad más relevante del nuevo Plan General de Contabilidad.

El principal cambio estriba en que el nuevo texto no afronta la valoración de los activos y pasivos financieros desde la perspectiva de su naturaleza, rendimiento fijo o variable, sino teniendo en cuenta la gestión desplegada por la empresa sobre estos elementos patrimoniales.

A tal efecto, el conjunto de activos financieros se clasifica en aras de su valoración en las carteras de: préstamos y partidas a cobrar (en la que se incluyen los clientes), inversiones mantenidas hasta el vencimiento, activos financieros mantenidos para negociar, otros activos financieros a valor razonable con cambios en la cuenta de pérdidas y ganancias, inversiones en el patrimonio de empresas del grupo, multigrupo y asociadas y activos financieros disponibles para la venta.

Por su parte, los pasivos financieros se clasificarán en alguna de las siguientes categorías: débitos y partidas a pagar (fundamentalmente, proveedores), pasivos financieros mantenidos para negociar y otros pasivos financieros a valor razonable con cambios en la cuenta de pérdidas y ganancias.

Asimismo, dejando al margen las inversiones en empresas del grupo, multigrupo y asociadas, los préstamos y partidas a cobrar y las inversiones en títulos representativos de deuda que la empresa decida mantener hasta el vencimiento, otro aspecto que debe resaltarse es la extensión del valor razonable a todos aquellos activos financieros cuyo valor razonable puede determinarse con fiabilidad.

Este cambio de contenidos y enfoque contable tiene su reflejo en la propia estructura de la norma, que viene a agrupar las normas de valoración 8.ª a 12.ª del Plan de 1990. A pesar del cambio realizado, las operaciones que ordinariamente realizan la generalidad de las empresas, créditos y débitos que surgen de las operaciones de tráfico apenas experimentan variación, siendo destacables como principales modificaciones la obligatoriedad de valorar a valor razonable los activos clasificados en la cartera de negociación (aquellas inversiones que mantengan las empresas con una clara voluntad de proceder a su venta en el corto plazo), así como los activos disponibles para la venta, cuyas variaciones de valor deberán registrarse, respectivamente, en la cuenta de pérdidas y ganancias y directamente en el patrimonio neto, imputándose en este último caso a resultados cuando se produzca la baja o deterioro de la inversión.

Un tercer cambio relevante en este ámbito es el reconocimiento, valoración y presentación como pasivos, con carácter general, de todos aquellos instrumentos financieros con apariencia de instrumentos de patrimonio que a la luz del fondo de los acuerdos entre emisor y tenedor representen una obligación para la empresa; en particular, de determinadas acciones rescatables y acciones sin voto.

Asimismo, y en la medida en que el tratamiento de estas operaciones debe ser coherente, cuando dichos instrumentos se califiquen como pasivos, lógicamente su remuneración no podrá tener la calificación contable de dividendo, sino de gasto financiero.

Por último, cabe señalar que en el nuevo Plan también se modifica el tratamiento contable de las operaciones con acciones o participaciones propias. La variación que se pueda producir entre su precio de adquisición y el importe recibido como contraprestación en el momento de la venta se registrará directamente en los fondos propios de la empresa, con la finalidad de mostrar el fondo económico de estas operaciones, que constituyen devoluciones o aportaciones al patrimonio neto de los socios o propietarios de la empresa.

La norma de instrumentos financieros recoge en sus dos últimos apartados una serie de casos particulares y el tratamiento de las coberturas contables. Estos apartados han incorporado el contenido mínimo que se ha valorado como necesario para dotar de seguridad jurídica a los posteriores desarrollos normativos que hayan de realizarse de estas materias. En concreto, las coberturas contables habrán de ser objeto de un desarrollo más pormenorizado a través de la correspondiente Resolución del ICAC.

9. Otra norma de valoración y registro que ha experimentado modificaciones importantes es la que regula la moneda extranjera.

Cuando una empresa se implanta en el extranjero a través de una sucursal, o bien cuando, radicada en España, de modo excepcional, opera mayoritariamente en una moneda distinta del euro, desde una perspectiva estrictamente económica, las diferencias de cambio de sus partidas en moneda extranjera no se originan frente al euro, sino frente a la moneda de su entorno económico, que con frecuencia será la moneda en la cual se denominen y liquiden los precios de venta de sus productos y se satisfagan los gastos en los que incurra.

No obstante, la obligatoriedad de presentar las cuentas anuales en euros exige que, una vez reconocido el efecto derivado del tipo de cambio en moneda extranjera, la empresa deba reconocer el efecto de conversión de su moneda funcional al euro. Para ello, la norma dispone que las diferencias de conversión se contabilicen directamente en el patrimonio neto, dado que las partidas denominadas en moneda funcional no se convertirán en euros en el corto plazo y, en consecuencia, no afectarán a los flujos de efectivo de la empresa. Los criterios para determinar la moneda funcional y, en su caso, para realizar la conversión al euro serán detallados en las normas de formulación de las cuentas anuales consolidadas que se aprueben en el desarrollo del Código de Comercio.

La norma de moneda extranjera también incorpora al Plan General de Contabilidad los términos de partida monetaria y no monetaria, utilizados en la norma internacional de referencia, NIC n.º 21 adoptada en la Unión Europea, y en nuestro país en el Real Decreto 1815/1991, de 20 de diciembre. En cualquier caso, la principal novedad en esta materia es el cambio de criterio en el tratamiento de las diferencias de cambio positivas en partidas monetarias (tesorería, préstamos y partidas a cobrar, débitos y partidas a pagar e inversiones en valores representativos de deuda), que en el nuevo Plan se contabilizarán directamente en la cuenta de pérdidas y ganancias como consecuencia de la puesta en pie de igualdad del principio de prudencia respecto a los otros principios, y del consecuente tránsito a un tratamiento simétrico de todas las diferencias de cambio: positivas y negativas.

La contabilización del Impuesto sobre Beneficios en el Plan de 1990 seguía el sistema basado en las diferencias, temporales/permanentes, entre el resultado contable y la base imponible a partir de la cuenta de pérdidas y ganancias. Adicionalmente, la doctrina contable administrativa, extendió el tratamiento del efecto impositivo a otras operaciones (algunas de las que se agrupan en el nuevo Plan bajo la denominación de «Combinaciones de negocios»: operaciones de fusión y aportación no dineraria de las acciones de una sociedad representativas de la mayoría de los derechos de voto).

A partir de esta evolución de la doctrina puede afirmarse que en el momento de abordar la reforma del efecto impositivo en el actual Plan, partiendo de un enfoque distinto (en el cálculo de las diferencias que darán lugar a activos y pasivos por impuestos diferidos se toma como referente el balance de la empresa), las cuentas anuales mostrarán una imagen similar a la que deberían mostrar como resultado de una correcta aplicación de los criterios anteriores. El cambio se justifica en la búsqueda de coherencia con un Marco conceptual cuyo camino lógico deductivo conduce a unas normas de registro y valoración que otorgan preferencia al enfoque de activos y pasivos frente al de ingresos y gastos, debiendo resaltarse que este enfoque es el aceptado internacionalmente con carácter general.

También destaca como novedad respecto al Plan de 1990 la diferenciación que se hace entre gasto/ingreso por impuesto corriente (del que formarán parte las diferencias permanentes del Plan de 1990) y gasto/ingreso por impuesto diferido. El gasto o ingreso total será la suma algebraica de ambos conceptos, que, sin embargo, deben cuantificarse de forma separada. En este contexto, los impuestos diferidos e impuestos anticipados pasan a denominarse, respectivamente, pasivos y activos por impuesto diferido, con la finalidad de adecuar la norma española a la terminología empleada por las normas internacionales adoptadas en Europa.

Respecto a su presentación en las cuentas anuales, hay que señalar que, con carácter general, el gasto/ingreso por impuesto sobre sociedades se contabilizará en la cuenta de pérdidas y ganancias, salvo que esté asociado con un ingreso/gasto registrado directamente en el patrimonio neto, en cuyo caso, con la finalidad de que la correspondiente partida del patrimonio neto luzca neta del efecto impositivo, lógicamente, el gasto/ingreso por impuesto debe reconocerse directamente en el estado de ingresos y gastos reconocidos. Por su parte, el efecto impositivo que surja en el reconocimiento inicial de las denominadas «Combinaciones de negocios» aumentará el valor del fondo de comercio. La variación posterior de los activos y pasivos por impuesto diferido asociados a los elementos patrimoniales contabilizados en la «Combinación» lucirá, con carácter general, en la cuenta de pérdidas y ganancias o en el estado de ingresos y gastos reconocidos de conformidad con las reglas generales.

La norma que regula el tratamiento contable de los ingresos por ventas y prestaciones de servicios incluye un nuevo criterio para contabilizar las permutas de bienes o servicios por operaciones de tráfico, de tal suerte que el precio de adquisición, interpretado sobre la base de los nuevos postulados recogidos en el Marco conceptual, llevará al reconocimiento de resultados positivos en estas operaciones, siempre y cuando los bienes o servicios permutados no sean de similar naturaleza y valor.

Otra novedad importante del Plan General de Contabilidad en las operaciones comerciales es la incorporación de los descuentos por pronto pago concedidos a clientes, estén o no incluidos en factura, como un componente más (con signo negativo) del importe neto de la cifra de negocios, quedando, en consecuencia, excluidos del margen financiero de la empresa. En coherencia con este nuevo criterio, los descuentos por pronto pago concedidos por los proveedores, estén o no incluidos en factura, se contabilizan minorando la partida de aprovisionamientos.

Desde los primeros años de aplicación del anterior Plan, se han suscitado dudas acerca de cuándo debía entenderse que se produce el devengo de los ingresos originados en determinadas operaciones de venta. Las numerosas cláusulas que hoy en día se incorporan a los contratos que instrumentan estas operaciones hacen difícil identificar en algunas ocasiones el momento en que se produce la corriente real de los bienes y servicios. Con la finalidad de resolver estas dudas, el nuevo Plan General de Contabilidad hace explícitos los requisitos que deberá cumplir toda transacción para que haya de contabilizarse el correspondiente ingreso, quedando concretados los criterios que se desprendían del Plan de 1990 en aras de dotar al modelo de mayor seguridad jurídica. Por ejemplo, se explicita el requisito referente a la transferencia que ha de producirse de los riesgos y beneficios significativos inherentes a la propiedad de los bienes, con independencia de la transmisión jurídica, el cual ya se había venido configurando desde la doctrina administrativa como una condición indispensable para proceder a registrar el resultado en el transmitente y el activo en el adquirente. Adicionalmente, el análisis que a estos efectos exige la norma internacional adoptada en la Unión Europea requiere el cumplimiento de otras circunstancias que se recogen en el nuevo Plan General de Contabilidad.

También en esta línea didáctica o explicativa de la norma, se incorpora al nuevo Plan una precisión que desarrolla el principio de fondo sobre forma por la que se exige individualizar las transacciones englobadas en una sola operación o considerar varias transacciones individuales en su conjunto, cuando, tras un previo análisis del fondo económico y jurídico de las mismas, prevalezca su entidad individual o conjunta, respectivamente.

10. La norma 15.ª, Provisiones y contingencias, aunque inspirada en la pérdida de prevalencia del principio de prudencia, no debe asociarse con la desaparición de provisiones de los balances de las entidades españolas. En concreto, la Resolución del ICAC del año 2002 sobre aspectos medioambientales ya incorporó al conjunto de nuestro modelo contable las principales cuestiones tratadas en la norma internacional de referencia en esta materia (NIC n.º 37, Provisiones y contingencias). En particular, la precisión de que toda provisión debe responder a una obligación actual derivada de un suceso pasado, cuya cancelación sea probable que origine una salida de recursos y su importe pueda medirse con fiabilidad; la distinción entre obligación legal, contractual e implícita o tácita; el requisito del descuento financiero de su importe cuando el pago deba realizarse en el largo plazo, y el tratamiento contable de las compensaciones a recibir por un tercero en el momento de liquidar la obligación.

A tal efecto, cuando el importe del pasivo no pueda calcularse de forma fiable, ni siquiera por un importe mínimo, deberá informarse en la memoria en los términos descritos en la tercera parte del Plan General de Contabilidad. Y ello, como ya se ha indicado, sin perjuicio del grado de indeterminación inherente al cálculo de toda provisión, en el que en numerosas ocasiones el requisito de que la salida de recursos sea probable necesariamente deberá reconducirse a un cálculo del importe probable de la obligación.

Esta reflexión debe extenderse al tratamiento contable de las retribuciones a largo plazo al personal, que comprenden las retribuciones post-empleo (pensiones, asistencia sanitaria una vez concluida la relación laboral y otras prestaciones por jubilación o retiro), así como cualquier otra retribución que suponga un pago diferido al trabajador por un plazo superior a 12 meses desde el momento en el que se presta el servicio, sin perjuicio de que las contribuciones que se realicen a entidades separadas tengan con carácter general períodos inferiores de pago.

En este sentido, la norma distingue entre retribuciones a largo plazo de aportación definida, en las que la empresa no retiene riesgos y el pasivo que pudiera figurar en el balance responderá exclusivamente a la cuota pendiente de aportar a la correspondiente entidad aseguradora o plan de pensiones, y las restantes retribuciones que no cumplan estos requisitos, que son las denominadas de prestación definida.

En las retribuciones de prestación definida, la empresa deberá registrar el correspondiente pasivo, porque retiene un riesgo al margen de que el compromiso con los trabajadores se haya instrumentado a través de un seguro colectivo o un plan de pensiones. Si la empresa ha exteriorizado el riesgo, el pasivo lucirá en el balance por el importe neto resultante de aplicar los criterios de cuantificación descritos en la norma. Por el contrario, cuando la empresa no haya exteriorizado el compromiso, el pasivo figurará en su balance por el valor actual actuarial de dichos compromisos, minorado por el coste de los servicios pasados no reconocidos.

Adicionalmente, se dispone que las diferencias originadas en el cálculo del pasivo o activo por la variación de las hipótesis actuariales en las retribuciones post-empleo de prestación definida se reconozcan en las reservas voluntarias a través del estado de cambios en el patrimonio neto, de forma que se consigue aunar el objetivo de que los pasivos o activos queden perfectamente cuantificados en todo momento de acuerdo con la mejor información disponible, neutralizando al mismo tiempo el impacto en el resultado periódico de la empresa que originarían las inevitables fluctuaciones de las variables actuariales, en caso de imputarse a la cuenta de pérdidas y ganancias las ganancias o pérdidas actuariales.

El Plan agrupa, en la norma de transacciones con pagos basados en instrumentos de patrimonio, el conjunto de operaciones en las que la empresa bien entrega como contraprestación sus propios instrumentos de patrimonio, o bien una contraprestación en efectivo basada en el valor de los mismos. En particular, con este criterio se resuelve a nivel reglamentario el tratamiento contable de las operaciones de retribución al personal con instrumentos de patrimonio que tanto han proliferado en los últimos años al amparo de la regulación incluida en el artículo 159 del Texto Refundido de la Ley de Sociedades Anónimas. Adicionalmente, por motivos de claridad, y continuando con la tradición del Plan de 1990, se ha optado por reproducir también en el apartado 1.4 de la norma 2.ª, Inmovilizado material, el criterio fijado para los bienes recibidos en concepto de aportación no dineraria de capital, que han de valorarse por su valor razonable en el momento de la aportación.

Respecto a los cambios incorporados en la norma 18.ª, Subvenciones, donaciones y legados recibidos, cabe diferenciar el tratamiento contable de los otorgados por los socios o propietarios de aquellos recibidos de terceros. Las subvenciones otorgadas por terceros, siempre que, de acuerdo con los nuevos criterios, sean no reintegrables, se califican como ingresos contabilizados, con carácter general, directamente en el estado de ingresos y gastos reconocidos, para posteriormente proceder a su imputación a la cuenta de pérdidas y ganancias atendiendo a su finalidad; en particular, cuando financien gastos, de forma correlacionada a su devengo. Hasta el momento en que no se cumplan las condiciones para considerarlas no reintegrables, dichas subvenciones deberán lucir en el pasivo.

En consecuencia, al margen de las novedades, se mantiene el criterio de transferencia a la cuenta de pérdidas y ganancias en función de la finalidad para la que fueron concedidas, que reproduce el criterio que en desarrollo de la norma de valoración 20.ª del Plan de 1990 ya se incorporó con carácter general en determinadas adaptaciones sectoriales (entidades de asistencia sanitaria, entidades sin fines lucrativos y empresas vitivinícolas).

Sin embargo, la principal novedad incluida en el nuevo Plan, al margen de su imputación directa al patrimonio neto en el momento inicial, es el hecho de que las subvenciones, donaciones y legados entregados por los socios o propietarios de la empresa no tienen la calificación de ingresos, sino de fondos propios, al ponerlas en pie de equivalencia desde una perspectiva económica con las restantes aportaciones que los socios o propietarios puedan realizar a la empresa, fundamentalmente con la finalidad de fortalecer su patrimonio. En el Plan de 1990, únicamente se contemplaba este tratamiento cuando la aportación se realizaba por los socios o propietarios para compensación de pérdidas o con la finalidad de compensar un «déficit», quedando excluidas las concedidas para asegurar una rentabilidad mínima como las otorgadas para fomentar actividades específicas o con la finalidad de fijar precios políticos para determinados bienes o servicios.

No obstante, dado que las empresas del sector público pueden ser beneficiarias de subvenciones en los mismos términos que lo pudiera ser cualquier empresa perteneciente al sector privado, el objetivo de imagen fiel exige excepcionar en estos casos (subvenciones otorgadas a empresas públicas por sus socios para financiar la realización de actividades de interés público o general) la regla general contenida en el apartado 2 de la norma 18.ª, remitiendo al tratamiento contable general regulado en el apartado 1.

11. Las operaciones de adquisición de negocios pueden instrumentarse a través de distintas operaciones jurídicas: fusión, escisión, aportación no dineraria y compraventa de una unidad económica (entendida como el conjunto de activos y pasivos que constituyen un negocio), así como la aportación no dineraria o compraventa de las acciones que otorguen el control de una empresa. De todas ellas, las operaciones de fusión y escisión, a pesar de gozar de una consolidada doctrina administrativa, han sido las únicas que no llegaron a tener reflejo en una norma de carácter general.

El nuevo Plan subsana esta laguna de la normalización y dota al modelo contable, y, por consiguiente, al tráfico empresarial, de la deseable seguridad jurídica. A tal efecto, la norma 19.ª regula las denominadas «Combinaciones de negocios», entendidas como aquellas operaciones en las que una empresa adquiere el control de uno o varios negocios.

Cuando el grupo de trabajo inició sus cometidos, se publicó por el Comité de Normas Internacionales de Contabilidad (CNIC o IASB) una propuesta de modificación de la norma internacional que regula estas operaciones (NIIF 3, Combinaciones de negocios). A la vista de los cambios significativos que se incluían en determinados puntos, se abrió un debate acerca de cuál debía ser el marco de referencia, la norma en vigor o su propuesta de modificación. Si bien en un primer momento se consideró conveniente optar por los criterios incluidos en el borrador de NIIF 3, teniendo en cuenta que en la actualidad el citado proyecto no ha sido aprobado, se ha optado finalmente por incluir en el Plan los criterios recogidos en la norma vigente adoptada por la Comisión Europea, sin perjuicio de que en un futuro, tanto ésta como las restantes disposiciones del nuevo Plan puedan ajustarse a las modificaciones que se recojan en el Derecho Contable comunitario, si así se considera conveniente.

Las reglas que rigen el tratamiento contable de estas operaciones se recogen en el denominado «Método de adquisición», en cuya virtud, con carácter general, los activos adquiridos y los pasivos asumidos por la empresa adquirente se contabilizan por su valor razonable. Asimismo, resalta el hecho de que el fondo de comercio no se amortiza y la eventual diferencia negativa que surja en la combinación se registra directamente en la cuenta de pérdidas y ganancias en la fecha en que se toma el control del negocio adquirido.

Sin embargo, en sintonía con la norma europea, quedan fuera de este esquema general las operaciones de reestructuración que se realicen entre empresas del grupo, bajo la consideración de que, en puridad, desde un punto de vista económico, no se puede hablar de adquisición de un negocio, cuando con carácter previo a la unidad de *iure* fruto de la combinación ya existía un control económico e indirectamente jurídico por parte de quien ostenta la dirección del conjunto de las empresas pertenecientes al grupo.

El nuevo Plan General de Contabilidad se aborda con la vocación de dar cobertura jurídica al registro contable de las principales operaciones que realizan en la actualidad las empresas españolas. En consecuencia, a pesar de que la NIIF 3 adoptada en Europa excluye de su alcance y, por tanto, no regula el tratamiento contable de estas operaciones entre las empresas pertenecientes a un mismo grupo, dado que la práctica empresarial pone de manifiesto la habitualidad con que se producen este tipo de transacciones, la norma 21.ª establece un tratamiento contable particular respecto a las operaciones de fusión, escisión y aportación no dineraria de un negocio.

El criterio fijado por el nuevo Plan para estas operaciones ha pretendido aunar las opiniones expresadas en el grupo constituido a tal efecto en el seno del ICAC, donde las opiniones se agrupaban fundamentalmente en dos posturas. Por una parte, la de aquellos que prescindiendo del negocio jurídico que ampara estas operaciones, incluida por tanto la compraventa de instrumentos de patrimonio que confieren el control sobre una empresa, defendían que su registro debería llevar a mantener las valoraciones, en su caso, en términos consolidados, de los activos traspasados respecto a la que tenían dentro del grupo antes de formalizarse la operación. Otro sector, partiendo de la consideración de que el sujeto informante en las cuentas anuales individuales es la empresa, como entidad independiente del grupo del que pueda formar parte, abogaba porque la valoración de los elementos patrimoniales en las transacciones con empresas sometidas a una misma unidad de decisión ha de realizarse en las mismas condiciones que cuando se efectúan con un tercero, sin perjuicio de la información que ha de incluirse en la memoria de las cuentas anuales. En esta postura la propuesta consistía en no incorporar norma alguna que regulase estas transacciones, de forma coherente con la ausencia de especialidad defendida, considerándose que deben contabilizarse las mismas en sintonía con lo dispuesto con carácter general en la norma 19.ª, Combinaciones de negocios.

El amplio debate que ha precedido a la elaboración del Plan General de Contabilidad en este punto, y la variedad de posiciones al respecto, puso de manifiesto que, en última instancia, en aras de garantizar la seguridad jurídica y la comparabilidad de la información económico-financiera derivada de estas operaciones, al margen de los diferentes enfoques y posicionamientos, lo verdaderamente relevante era la necesidad de otorgar un único criterio para su contabilización, cuestión que se ha resuelto al amparo de las dos características que desde una perspectiva jurídica y económica se considera les dota de la particularidad inherente a toda regla especial.

En primer lugar, el hecho de que como contraprestación la empresa adquirente entregue sus propios instrumentos de patrimonio o, como en el caso de las fusiones simplificadas reguladas en el artículo 250 del TRLSA, no tenga la obligación de efectuar emisión alguna. Y en segundo lugar, la propia naturaleza del objeto de la operación; un conjunto de elementos patrimoniales constitutivos de un negocio que de forma directa y en bloque se transmiten de un sujeto contable a otro, sin que en esencia se produzca una variación en la unidad económica preexistente, la cual, en esencia, simplemente adopta una nueva organización o configuración legal.

Al amparo de este razonamiento, en ausencia de contraprestación en forma de títulos o ante la falta de un objeto directo como el descrito en la transacción, la norma deja fuera de su alcance a las operaciones que adopten la forma jurídica de compraventa de un conjunto de elementos patrimoniales que constituyan un negocio, así como a las operaciones de transmisión, incluida la aportación no dineraria de capital, de una cartera de instrumentos de patrimonio que otorguen el control sobre un negocio.

En definitiva, a la espera de que se clarifique el panorama normativo europeo en esta materia, la particular sucesión universal que concurre en estas operaciones es la que justifica el criterio contable incluido en el apartado 2.2 de la norma 21.ª, continuista por otra parte con la doctrina administrativa sobre la materia en desarrollo del Plan de 1990.

La norma de negocios conjuntos mantiene el criterio que hasta la fecha han venido aplicando las entidades que operan a través de las uniones temporales de empresas, principal exponente de colaboración empresarial, cuyo tratamiento contable, con vocación de generalidad, se incorporó al Plan General de Contabilidad mediante determinadas adaptaciones sectoriales (constructoras, sector eléctrico, etc.).

En consecuencia, no se produce en esta materia ninguna innovación contable relevante, sino simplemente una mejora en la sistemática de la norma al ubicar en el Plan el conjunto de operaciones que regularmente realizan las empresas, al margen del sector en el que desarrollen su actividad. Y ello sin perjuicio de la evidente modificación terminológica que presenta la norma respecto al anterior Plan, encauzada por evidentes motivos de coordinación normativa, en las nuevas definiciones incluidas en los Reglamentos comunitarios en materia contable.

12. En la norma 22.ª, Cambios en criterios contables, errores y estimaciones contables, se modifica la regla aplicable a los cambios de criterio en el Plan de 1990.

En concreto, si bien se mantiene la regla de cuantificar de forma retroactiva el impacto en los activos y pasivos netos de la empresa, originado por el cambio de criterio contable o subsanación del error, la modificación consiste en la nueva obligación de presentar los efectos de estos cambios también de forma retroactiva. Esta exigencia, derivada del acercamiento a las normas internacionales adoptadas, motiva que los ingresos o gastos resultantes del cambio de criterio o subsanación del error se contabilicen directamente en el patrimonio neto de la empresa; con carácter general, y salvo que el cambio o subsanación afecten a otra partida del patrimonio neto, en una cuenta de reservas voluntarias.

Por último, la norma de Hechos posteriores al cierre del ejercicio explicita los dos tipos de hechos que pueden presentarse después del cierre, en función de que pongan de manifiesto condiciones que ya existían al cierre del ejercicio o que se producen con posterioridad a dicho momento.

III

13. La tercera parte del Plan General de Contabilidad recoge tanto las normas de elaboración de las cuentas anuales como los modelos, normales y abreviados, de los documentos que conforman las mismas, incluido el contenido de la memoria.

El balance, la cuenta de pérdidas y ganancias, el estado de cambios en el patrimonio neto, el estado de flujos de efectivo y la memoria son los documentos que integran las cuentas anuales. El estado de flujos de efectivo no será obligatorio para las empresas que puedan formular balance, estado de cambios en el patrimonio neto y memoria en modelo abreviado. Por tanto, la principal novedad, al margen del mayor desglose informativo que se requiere en las notas de la memoria, viene dada por la incorporación de estos dos nuevos documentos: el estado de cambios en el patrimonio neto y el estado de flujos de efectivo.

Con la finalidad de lograr un adecuado nivel de comparabilidad en la información financiera suministrada por las empresas españolas, y siguiendo con la tradición del Plan de 1990, se han elaborado unos modelos de formato definido, con denominaciones concretas y de obligatoria aplicación, a diferencia de lo previsto en las NIC//NIIF adoptadas.

Desde un punto de vista general, también se puede citar como novedad, en sintonía con el criterio incluido en las normas internacionales adoptadas, el requerimiento de incluir también en la memoria de las cuentas anuales información cuantitativa del ejercicio anterior, así como la necesidad de ajustar las cifras comparativas del período anterior, en la medida en que se produzcan ajustes valorativos derivados de cambios de criterios contables o errores. Adicionalmente a la información comparativa de índole numérica, si resulta relevante para la comprensión de las cuentas anuales del ejercicio actual, la norma exige que también se incluya información descriptiva del período anterior.

Por último, se puede afirmar que los cambios que incorpora el modelo persiguen comunicar al usuario de las cuentas anuales, con la simple lectura de los estados principales, mayor información sobre la gestión que los administradores realizan de los recursos de la empresa.

Los elementos patrimoniales del balance se han clasificado en el activo, el pasivo y el patrimonio neto. En el patrimonio neto figurarán en subagrupaciones independientes, los fondos propios y las restantes partidas integrantes del patrimonio neto. Esta clasificación tiene como finalidad clarificar que la composición del patrimonio neto de la empresa se encuentra constituida por los tradicionales fondos propios y por otras partidas que, de acuerdo con los nuevos criterios, pueden aparecer en los balances de las empresas, fundamentalmente la partida que contenga los ajustes por valor razonable que deban ser imputados directamente al patrimonio neto y que penden de pasar en años futuros por la cuenta de pérdidas y ganancias.

Los activos se clasifican en no corrientes y corrientes, de forma similar a la distinción establecida en el Plan de 1990 entre Inmovilizado y Circulante. En este sentido, el activo corriente comprenderá aquellos elementos que la empresa espera vender, consumir o realizar en el transcurso del ciclo normal de explotación, aquellos otros cuyo vencimiento, enajenación o realización se espera que se produzca en el plazo de un año, los clasificados como mantenidos para negociar, excepto los derivados a largo plazo, y el efectivo y equivalentes. Los demás activos se clasificarán como no corrientes.

En la dirección de profundizar en el reflejo de la gestión de los recursos, el nuevo Plan dispone que los activos no corrientes mantenidos para la venta (con carácter general, elementos del inmovilizado material, inversiones inmobiliarias y participaciones en empresas del grupo, multigrupo o asociadas, cuya enajenación esté prevista en los doce meses siguientes) y los grupos enajenables de elementos mantenidos para la venta (activos y pasivos que se espera igualmente enajenar en dicho plazo de forma conjunta) figurarán en una partida específica dentro del activo y pasivo corriente (en este último caso, los pasivos que formen parte del citado grupo enajenable de elementos).

Para concluir con las principales novedades del balance, sólo resta mencionar la modificación operada en los instrumentos de patrimonio propio (con carácter general, acciones y participaciones propias), cuya presentación en el nuevo Plan se realiza minorando en todo caso la cifra de fondos propios. Igual criterio se aplica a los desembolsos pendientes de exigir sobre dichos instrumentos a la fecha de cierre, que pasan a minorar la cifra de capital. Y, por último, el registro dentro del pasivo de las acciones, participaciones u otros instrumentos financieros que aun teniendo una forma jurídica propia de los instrumentos de patrimonio, atendiendo a la definición de los elementos y a sus términos y condiciones, constituyan obligaciones de la empresa.

La cuenta de pérdidas y ganancias es el documento que recoge el resultado contable del ejercicio, separando los ingresos y gastos imputables al mismo que se clasifican por naturaleza; en particular, los derivados de las variaciones de valor originadas por la regla del valor razonable, de conformidad con lo dispuesto en el Código de Comercio y en el presente Plan General de Contabilidad.

Tres cambios merecen destacarse. En primer lugar el paso de un modelo de cuenta de pérdidas y ganancias en forma de doble columna a otro vertical. En segundo lugar, la supresión del margen extraordinario, habiéndose tomado en consideración la prohibición contenida en las normas internacionales adoptadas de calificar como extraordinarias partidas de ingresos o gastos. Y, por último, la separación en el modelo normal de la cuenta de pérdidas y ganancias del resultado de las operaciones continuadas del originado por las operaciones o actividades interrumpidas, definidas estas últimas, con carácter general, como aquellas líneas de negocio o áreas geográficas significativas que la empresa bien ha enajenado o bien tiene previsto enajenar dentro de los doce meses siguientes.

Pero, sin duda, la gran novedad viene dada por la incorporación de los dos nuevos estados a las cuentas anuales. El estado de cambios en el patrimonio neto se presenta en dos documentos:

a) El estado de ingresos y gastos reconocidos y
b) el estado total de cambios en el patrimonio neto.

El estado de ingresos y gastos reconocidos recoge los ingresos y gastos devengados en el ejercicio y por diferencia el saldo global de los ingresos y gastos reconocidos, recogiendo diferenciadamente las transferencias que se hayan realizado durante el ejercicio a la cuenta de pérdidas y ganancias de acuerdo con los criterios fijados en las correspondientes normas de registro y valoración. Por su parte, el estado total de cambios en el patrimonio neto refleja el conjunto de variaciones producidas en el patrimonio neto durante el ejercicio. Se incluirán, por tanto, además del saldo de ingresos y gastos reconocidos, las demás variaciones en el patrimonio neto, entre las que se encuentran las que traigan causa de las operaciones realizadas con los socios o propietarios de la empresa, así como las reclasificaciones que puedan producirse en el patrimonio neto, derivadas, por ejemplo, de la dotación de reservas en ejecución del acuerdo de distribución del resultado y los ajustes motivados por la subsanación de errores o cambios de criterio contable que, excepcionalmente, puedan producirse.

También se introduce como novedad el estado de flujos de efectivo con el fin de mostrar la capacidad de generar efectivo o equivalentes al efectivo, así como las necesidades de liquidez de la empresa debidamente ordenadas en tres categorías: actividades de explotación, inversión y financiación. Sin embargo, la pugna entre los intereses en conflicto que toda nueva exigencia informativa acarrea, transparencia frente a simplificación de las obligaciones contables, aspecto que lógicamente debe apreciarse ponderando esta exigencia con la dimensión de la empresa, se ha resuelto señalando que este documento no será obligatorio para las empresas que puedan formular balance, estado de cambios en el patrimonio neto y memoria en modelo abreviado.

La memoria adquiere mayor relevancia e incorpora la obligación de facilitar información comparativa, incluso la de carácter descriptivo, en sintonía con los pronunciamientos de la NIC 1 adoptada por la Comisión Europea. En particular, este documento refuerza las exigencias informativas en materia de instrumentos financieros, combinaciones de negocios (dada la propia novedad de la norma) y partes vinculadas, esta última de gran relevancia para poder conocer la verdadera imagen fiel de las relaciones económicas y financieras de una empresa.

En relación con lo anterior, la definición de empresa del grupo, multigrupo y asociadas desde la perspectiva de las cuentas anuales individuales se encuentra incluida en la norma 13.ª de elaboración de las cuentas anuales contenida en la tercera parte del Plan, que, a su vez, proyecta sus efectos sobre las normas de registro y valoración incluidas en la segunda parte. En particular, tendrán la calificación de empresas del grupo, además de las empresas controladas directa o indirectamente en los términos descritos en el artículo 42 del Código de Comercio, aquellas controladas por cualquier medio por una o varias personas físicas o jurídicas que actúan conjuntamente, y aquellas que se hallen bajo dirección única por acuerdos o cláusulas estatutarias. En consecuencia, la modificación introducida por la Ley 16/2007 en la redacción del artículo 42 del Código de Comercio, que establece la definición de grupo a los efectos de delimitar la obligación de consolidar, no ha alterado la calificación que desde un punto de vista valorativo e informativo se recoge de las participaciones en el patrimonio de estas empresas en las cuentas anuales individuales.

Además de la información relevante sobre las operaciones que realicen estas empresas entre sí, en la memoria de las cuentas anuales individuales también se incluye la exigencia incorporada en la Ley 16/2007 sobre la información agregada de los activos, pasivos, patrimonio neto, cifra de negocios y resultados del conjunto de las empresas domiciliadas en España y controladas por cualquier medio por una o varias personas físicas o jurídicas, no obligadas a consolidar, que actúan conjuntamente, y de aquellas que se hallen bajo dirección única por acuerdos o cláusulas estatutarias.

Por último, merece destacarse la supresión del cuadro de financiación de la memoria, sin perjuicio de la información que sobre los movimientos de fondos se exige en las normas de elaboración de las cuentas anuales.

14. La cuarta parte del Plan General de Contabilidad se refiere al cuadro de cuentas, que sigue la clasificación decimal. Como novedad respecto al Plan de 1990, el nuevo texto incorpora dos nuevos grupos, el 8 y el 9, para dar cabida a los gastos e ingresos imputados al patrimonio neto.

En consecuencia, el grupo 9 propuesto en el Plan de 1990 para desarrollar la contabilidad interna debe quedar liberado para dar encaje a las nuevas relaciones contables. Las empresas que opten por la llevanza de una contabilidad analítica podrán utilizar el grupo 0.

El cuadro de cuentas amplía el contenido del texto de 1990, dando cobertura a las nuevas operaciones recogidas en la segunda parte del Plan. No obstante, como ya se indicaba en la introducción del Plan de 1990, nuevamente hay que advertir sobre la posibilidad de que el presente texto cuente con ciertas lagunas, debidas fundamentalmente a la imposibilidad de abarcar la variada casuística que rodea la actividad de muchas empresas, que en todo caso disponen de la facultad de cubrir los eventuales vacíos del texto, utilizando para ello el Marco Conceptual y las reglas técnicas más afines deducidas de los principios y criterios que informan el Plan. Adicionalmente, la empresa deberá desagregar las cuentas al nivel adecuado de dígitos que posibilite el control y seguimiento de sus operaciones, así como el cumplimiento de la información exigida en las cuentas anuales.

15. La quinta parte se dedica a las definiciones y relaciones contables. Con carácter general, cada uno de los grupos, subgrupos y cuentas son objeto de una definición en la que se recoge el contenido y las características más sobresalientes de las operaciones y hechos económicos que en ellos se representan.

Las relaciones contables propiamente dichas, de la misma forma que ya venía recogiendo el antiguo Plan, describen los motivos más comunes de cargo y abono de las cuentas, sin agotar las posibilidades que cada una de ellas admite. Por tanto, cuando se trate de operaciones cuya contabilización no se haya recogido de forma explícita en el texto, se deberá formular el asiento o asientos que procedan utilizando los criterios que en éste se establecen.

Tal y como ya expresaba el Plan de 1990, tanto la cuarta parte como la quinta son de aplicación facultativa por parte de las empresas. No obstante, es aconsejable que, en el caso de hacer uso de esta facultad, se utilicen denominaciones similares con el fin de facilitar la elaboración de las cuentas anuales cuya estructura y normas que desarrollan su contenido y presentación son obligatorias. En particular, al igual que en el Plan de 1990, merece la pena destacar el carácter opcional del sistema especulativo propuesto para las relaciones contables de las cuentas de existencias.

IV

16. La entrada en vigor del Plan General de Contabilidad exige una revisión de las adaptaciones sectoriales y de las Resoluciones emitidas por el Instituto de Contabilidad y Auditoría de Cuentas. Sin embargo, hasta que se produzcan estos cambios, dichas normas mantienen su vigencia, salvo que, de forma expresa, se opongan a los nuevos criterios contenidos en el Plan.

Por otro lado, la experiencia de los últimos años ha revelado el carácter dinámico del modelo contable propuesto por las Instituciones comunitarias. A pesar de haberse producido en la Unión Europea una aprobación completa de los pronunciamientos emitidos por el IASB, el objetivo de convergencia que a su vez se ha fijado este organismo con las normas aprobadas por el Financial Accounting Standards Board (FASB) americano, es previsible que motive futuras modificaciones en los Reglamentos comunitarios. Ante este panorama, y sin perjuicio de la posible conveniencia de realizar en el futuro modificaciones del Plan General de Contabilidad, deberá valorarse que el conocimiento de la norma es un elemento imprescindible para lograr un alto nivel de cumplimiento, lo que hace aconsejable un cierto nivel de estabilidad. En consecuencia, en aras de proteger la seguridad jurídica que debe presidir toda actividad normalizadora, la probable revisión en el fututo del Plan General de Contabilidad y sus disposiciones de desarrollo sólo deberían obedecer a cambios sustanciales a escala internacional, que a su vez fuesen el inevitable desencadenante de modificaciones en el Marco Conceptual, las normas de registro y valoración o las normas de elaboración de las cuentas anuales.

PRIMERA PARTE

Marco conceptual de la Contabilidad

1.º Cuentas anuales. Imagen fiel

Las cuentas anuales de una empresa comprenden el balance, la cuenta de pérdidas y ganancias, el estado de cambios en el patrimonio neto, el estado de flujos de efectivo y la memoria. Estos documentos forman una unidad. No obstante, el estado de cambios en el patrimonio neto y el estado de flujos de efectivo no serán obligatorios para las empresas que puedan formular balance y memoria abreviados.

Las cuentas anuales deben redactarse con claridad, de forma que la información suministrada sea comprensible y útil para los usuarios al tomar sus decisiones económicas, debiendo mostrar la imagen fiel del patrimonio, de la situación financiera y de los resultados de la empresa, de conformidad con las disposiciones legales.

La aplicación sistemática y regular de los requisitos, principios y criterios contables incluidos en los apartados siguientes deberá conducir a que las cuentas anuales muestren la imagen fiel del patrimonio, de la situación financiera y de los resultados de la empresa. A tal efecto, en la contabilización de las operaciones se atenderá a su realidad económica y no sólo a su forma jurídica.

Cuando se considere que el cumplimiento de los requisitos, principios y criterios contables incluidos en este Plan General de Contabilidad no sea suficiente para mostrar la mencionada imagen fiel, se suministrarán en la memoria las informaciones complementarias precisas para alcanzar este objetivo.

En aquellos casos excepcionales en los que dicho cumplimiento fuera incompatible con la imagen fiel que deben proporcionar las cuentas anuales, se considerará improcedente dicha aplicación. En tales casos, en la memoria se motivará suficientemente esta circunstancia y se explicará su influencia sobre el patrimonio, la situación financiera y los resultados de la empresa.

El sujeto contable que informa como persona jurídica individual, en el marco de este Plan General de Contabilidad, lo hará con independencia del grupo de empresas al que pueda pertenecer, sin perjuicio de las normas particulares recogidas en la segunda parte de este Plan y de los desgloses informativos que deban incorporarse en las cuentas anuales.

2.º Requisitos de la información a incluir en las cuentas anuales

La información incluida en las cuentas anuales debe ser relevante y fiable.

La información es relevante cuando es útil para la toma de decisiones económicas, es decir, cuando ayuda a evaluar sucesos pasados, presentes o futuros, o bien a confirmar o corregir evaluaciones realizadas anteriormente. En particular, para cumplir con este requisito, las cuentas anuales deben mostrar adecuadamente los riesgos a los que se enfrenta la empresa.

La información es fiable cuando está libre de errores materiales y es neutral, es decir, está libre de sesgos, y los usuarios pueden confiar en que es la imagen fiel de lo que pretende representar.

Una cualidad derivada de la fiabilidad es la integridad, que se alcanza cuando la información financiera contiene, de forma completa, todos los datos que pueden influir en la toma de decisiones, sin ninguna omisión de información significativa.

Adicionalmente, la información financiera debe cumplir con las cualidades de comparabilidad y claridad. La comparabilidad, que debe extenderse tanto a las cuentas anuales de una empresa en el tiempo como a las de diferentes empresas en el mismo momento y para el mismo período de tiempo, debe permitir contrastar la situación y rentabilidad de las empresas, e implica un tratamiento similar para las transacciones y demás sucesos económicos que se producen en circunstancias parecidas. Por su parte, la claridad implica que, sobre la base de un razonable conocimiento de las actividades económicas, la contabilidad y las finanzas empresariales, los usuarios de las cuentas anuales, mediante un examen diligente de la información suministrada, puedan formarse juicios que les faciliten la toma de decisiones.

3.º Principios contables

La contabilidad de la empresa y, en especial, el registro y la valoración de los elementos de las cuentas anuales, se desarrollarán aplicando obligatoriamente los principios contables que se indican a continuación:

1. *Empresa en funcionamiento.* Se considerará, salvo prueba en contrario, que la gestión de la empresa continuará en un futuro previsible, por lo que la aplicación de los principios y criterios contables no tiene el propósito de determinar el valor del patrimonio neto a efectos de su transmisión global o parcial, ni el importe resultante en caso de liquidación.

   En aquellos casos en que no resulte de aplicación este principio, en los términos que se determinen en las normas de desarrollo de este Plan General de Contabilidad, la empresa aplicará las normas de valoración que resulten más adecuadas para reflejar la imagen fiel de las operaciones tendentes a realizar el activo, cancelar las deudas y, en su caso, repartir el patrimonio neto resultante, debiendo suministrar en la memoria de las cuentas anuales toda la información significativa sobre los criterios aplicados.

2. *Devengo*. Los efectos de las transacciones o hechos económicos se registrarán cuando ocurran, imputándose al ejercicio al que las cuentas anuales se refieran, los gastos y los ingresos que afecten al mismo, con independencia de la fecha de su pago o de su cobro.
3. *Uniformidad*. Adoptado un criterio dentro de las alternativas que, en su caso, se permitan, deberá mantenerse en el tiempo y aplicarse de manera uniforme para transacciones, otros eventos y condiciones que sean similares, en tanto no se alteren los supuestos que motivaron su elección. De alterarse estos supuestos, podrá modificarse el criterio adoptado en su día; en tal caso, estas circunstancias se harán constar en la memoria, indicando la incidencia cuantitativa y cualitativa de la variación sobre las cuentas anuales.
4. *Prudencia*. Se deberá ser prudente en las estimaciones y valoraciones a realizar en condiciones de incertidumbre. La prudencia no justifica que la valoración de los elementos patrimoniales no responda a la imagen fiel que deben reflejar las cuentas anuales.

   Asimismo, sin perjuicio de lo dispuesto en el artículo 38 bis del Código de Comercio, únicamente se contabilizarán los beneficios obtenidos hasta la fecha de cierre del ejercicio. Por el contrario, se deberán tener en cuenta todos los riesgos, con origen en el ejercicio o en otro anterior, tan pronto sean conocidos, incluso si sólo se conocieran entre la fecha de cierre de las cuentas anuales y la fecha en que éstas se formulen. En tales casos se dará cumplida información en la memoria, sin perjuicio de su reflejo, cuando se haya generado un pasivo y un gasto, en otros documentos integrantes de las cuentas anuales. Excepcionalmente, si los riesgos se conocieran entre la formulación y antes de la aprobación de las cuentas anuales y afectaran de forma muy significativa a la imagen fiel, las cuentas anuales deberán ser reformuladas.

   Deberán tenerse en cuenta las amortizaciones y correcciones de valor por deterioro de los activos, tanto si el ejercicio se salda con beneficio como con pérdida.
5. *No compensación*. Salvo que una norma disponga de forma expresa lo contrario, no podrán compensarse las partidas del activo y del pasivo o las de gastos e ingresos, y se valorarán separadamente los elementos integrantes de las cuentas anuales.
6. *Importancia relativa*. Se admitirá la no aplicación estricta de algunos de los principios y criterios contables cuando la importancia relativa en términos cuantitativos o cualitativos de la variación que tal hecho produzca sea escasamente significativa y, en consecuencia, no altere la expresión de la imagen fiel. Las partidas o importes cuya importancia relativa sea escasamente significativa podrán aparecer agrupados con otros de similar naturaleza o función.

En los casos de conflicto entre principios contables, deberá prevalecer el que mejor conduzca a que las cuentas anuales expresen la imagen fiel del patrimonio, de la situación financiera y de los resultados de la empresa.

4.º Elementos de las cuentas anuales

Los elementos que, cuando cumplan los criterios de reconocimiento que se establecen posteriormente, se registran en el balance son:

1. *Activos:* bienes, derechos y otros recursos controlados económicamente por la empresa resultantes de sucesos pasados, de los que se espera que la empresa obtenga beneficios o rendimientos económicos en el futuro.
2. *Pasivos:* obligaciones actuales surgidas como consecuencia de sucesos pasados, para cuya extinción la empresa espera desprenderse de recursos que puedan producir beneficios o rendimientos económicos en el futuro. A estos efectos, se entienden incluidas las provisiones.
3. *Patrimonio neto:* constituye la parte residual de los activos de la empresa, una vez deducidos todos sus pasivos. Incluye las aportaciones realizadas, ya sea en el momento de

su constitución o en otros posteriores, por sus socios o propietarios, que no tengan la consideración de pasivos, así como los resultados acumulados u otras variaciones que le afecten.

Los elementos que, cuando cumplan los criterios de reconocimiento que se establecen posteriormente, se registran en la cuenta de pérdidas y ganancias o, en su caso, directamente en el estado de cambios en el patrimonio neto, son:

4. *Ingresos:* incrementos en el patrimonio neto de la empresa durante el ejercicio, ya sea en forma de entradas o aumentos en el valor de los activos o de disminución de los pasivos, siempre que no tengan su origen en aportaciones, monetarias o no, de los socios o propietarios.
5. *Gastos:* decrementos en el patrimonio neto de la empresa durante el ejercicio, ya sea en forma de salidas o disminuciones en el valor de los activos o de reconocimiento o aumento del valor de los pasivos, siempre que no tengan su origen en distribuciones, monetarias o no, a los socios o propietarios en su condición de tales.

Los ingresos y gastos del ejercicio se imputarán a la cuenta de pérdidas y ganancias y formarán parte del resultado, excepto cuando proceda su imputación directa al patrimonio neto, en cuyo caso se presentarán en el estado de cambios en el patrimonio neto, de acuerdo con lo previsto en la segunda parte de este Plan General de Contabilidad o en una norma que lo desarrolle.

5.º Criterios de registro o reconocimiento contable de los elementos de las cuentas anuales

El registro o reconocimiento contable es el proceso por el que se incorporan al balance, la cuenta de pérdidas y ganancias o el estado de cambios en el patrimonio neto los diferentes elementos de las cuentas anuales, de acuerdo con lo dispuesto en las normas de registro relativas a cada uno de ellos, incluidas en la segunda parte de este Plan General de Contabilidad.

El registro de los elementos procederá cuando, cumpliéndose la definición de los mismos incluida en el apartado anterior, se cumplan los criterios de probabilidad en la obtención o cesión de recursos que incorporen beneficios o rendimientos económicos y su valor pueda determinarse con un adecuado grado de fiabilidad. Cuando el valor debe estimarse, el uso de estimaciones razonables no menoscaba su fiabilidad. En particular:

1. Los activos deben reconocerse en el balance cuando sea probable la obtención a partir de los mismos de beneficios o rendimientos económicos para la empresa en el futuro, y siempre que se puedan valorar con fiabilidad. El reconocimiento contable de un activo implica también el reconocimiento simultáneo de un pasivo, la disminución de otro activo o el reconocimiento de un ingreso u otros incrementos en el patrimonio neto.
2. Los pasivos deben reconocerse en el balance cuando sea probable que, a su vencimiento y para liquidar la obligación, deban entregarse o cederse recursos que incorporen beneficios o rendimientos económicos futuros, y siempre que se puedan valorar con fiabilidad. El reconocimiento contable de un pasivo implica el reconocimiento simultáneo de un activo, la disminución de otro pasivo o el reconocimiento de un gasto u otros decrementos en el patrimonio neto.
3. El reconocimiento de un ingreso tiene lugar como consecuencia de un incremento de los recursos de la empresa, y siempre que su cuantía pueda determinarse con fiabilidad. Por tanto, conlleva el reconocimiento simultáneo o el incremento de un activo, o la desaparición o disminución de un pasivo y, en ocasiones, el reconocimiento de un gasto.
4. El reconocimiento de un gasto tiene lugar como consecuencia de una disminución de los recursos de la empresa, y siempre que su cuantía pueda valorarse o estimarse con fiabilidad. Por tanto, conlleva el reconocimiento simultáneo o el incremento de un pasivo, o la desaparición o disminución de un activo y, en ocasiones, el reconocimiento de un ingreso o de una partida de patrimonio neto.

Se registrarán en el período a que se refieren las cuentas anuales, los ingresos y gastos devengados en éste, estableciéndose en los casos en que sea pertinente una correlación entre ambos, que en ningún caso puede llevar al registro de activos o pasivos que no satisfagan la definición de éstos.

6.º Criterios de valoración

La valoración es el proceso por el que se asigna un valor monetario a cada uno de los elementos integrantes de las cuentas anuales, de acuerdo con lo dispuesto en las normas de valoración relativas a cada uno de ellos, incluidas en la segunda parte de este Plan General de Contabilidad.

A tal efecto, se tendrán en cuenta los siguientes criterios valorativos y definiciones relacionadas:

1. Coste histórico o coste

El coste histórico o coste de un activo es su precio de adquisición o coste de producción.

El precio de adquisición es el importe en efectivo y otras partidas equivalentes pagadas o pendientes de pago más, en su caso y cuando proceda, el valor razonable de las demás contraprestaciones comprometidas derivadas de la adquisición, debiendo estar todas ellas directamente relacionadas con ésta y ser necesarias para la puesta del activo en condiciones operativas.

El coste de producción incluye el precio de adquisición de las materias primas y otras materias consumibles, el de los factores de producción directamente imputables al activo y la fracción que razonablemente corresponda de los costes de producción indirectamente relacionados con el activo, en la medida en que se refieran al período de producción, construcción o fabricación, se basen en el nivel de utilización de la capacidad normal de trabajo de los medios de producción y sean necesarios para la puesta del activo en condiciones operativas.

El coste histórico o coste de un pasivo es el valor que corresponda a la contrapartida recibida a cambio de incurrir en la deuda o, en algunos casos, la cantidad de efectivo y otros activos líquidos equivalentes que se espere entregar para liquidar una deuda en el curso normal del negocio.

2. Valor razonable

Es el precio que se recibiría por la venta de un activo o se pagaría para transferir o cancelar un pasivo mediante una transacción ordenada entre participantes en el mercado en la fecha de valoración. El valor razonable se determinará sin practicar ninguna deducción por los costes de transacción en que pudiera incurrirse por causa de enajenación o disposición por otros medios. No tendrá en ningún caso el carácter de valor razonable el que sea resultado de una transacción forzada, urgente o como consecuencia de una situación de liquidación involuntaria.

El valor razonable se estima para una determinada fecha y, puesto que las condiciones de mercado pueden variar con el tiempo, ese valor puede ser inadecuado para otra fecha. Además, al estimar el valor razonable, la empresa deberá tener en cuenta las condiciones del activo o pasivo que los participantes en el mercado tendrían en cuenta a la hora de fijar el precio del activo o pasivo en la fecha de valoración. Dichas condiciones específicas incluyen, entre otras, para el caso de los activos, las siguientes:

a) El estado de conservación y la ubicación, y
b) Las restricciones, si las hubiere, sobre la venta o el uso del activo.

La estimación del valor razonable de un activo no financiero tendrá en consideración la capacidad de un participante en el mercado para que el activo genere beneficios económicos en su máximo y mejor uso o, alternativamente, mediante su venta a otro participante en el mercado que emplearía el activo en su máximo y mejor uso.

En la estimación del valor razonable se asumirá como hipótesis que la transacción para vender el activo o transferir el pasivo se lleva a cabo:

a) Entre partes interesadas y debidamente informadas, en una transacción en condiciones de independencia mutua,
b) En el mercado principal del activo o pasivo, entendiendo como tal el mercado con el mayor volumen y nivel de actividad, o
c) En ausencia de un mercado principal, en el mercado más ventajoso al que tenga acceso la empresa para el activo o pasivo, entendido como aquel que maximiza el importe que se recibiría por la venta del activo o minimiza la cantidad que se pagaría por la transferencia del pasivo, después de tener en cuenta los

costes de transacción y los gastos de transporte.

Salvo prueba en contrario, el mercado en el que la empresa realizaría normalmente una transacción de venta del activo o transferencia del pasivo se presume que será el mercado principal o, en ausencia de un mercado principal, el mercado más ventajoso.

Los costes de transacción no incluyen los costes de transporte. Si la localización es una característica del activo (como puede ser el caso, por ejemplo, de una materia prima cotizada), el precio en el mercado principal (o más ventajoso) se ajustará por los costes, si los hubiera, en los que se incurriría para transportar el activo desde su ubicación presente a ese mercado.

Con carácter general, el valor razonable se calculará por referencia a un valor fiable de mercado. En este sentido, el precio cotizado en un mercado activo será la mejor referencia del valor razonable, entendiéndose por mercado activo aquél en el que se den las siguientes condiciones:

a) Los bienes o servicios negociados son homogéneos;
b) Pueden encontrarse, prácticamente en cualquier momento, compradores y vendedores dispuestos a intercambiar los bienes o servicios; y
c) Los precios son públicos y están accesibles con regularidad, reflejando transacciones con suficiente frecuencia y volumen.

Para aquellos elementos respecto de los cuales no exista un mercado activo, el valor razonable se obtendrá, en su caso, mediante la aplicación de modelos y técnicas de valoración. Entre los modelos y técnicas de valoración se incluye el empleo de referencias a transacciones recientes en condiciones de independencia mutua entre partes interesadas y debidamente informadas, si estuviesen disponibles, así como referencias al valor razonable de otros activos que sean sustancialmente iguales, métodos de descuento de flujos de efectivo futuros estimados y modelos generalmente utilizados para valorar opciones.

En cualquier caso, las técnicas de valoración empleadas deberán ser consistentes con las metodologías aceptadas y utilizadas por el mercado para la fijación de precios, debiéndose usar, si existe, la que haya demostrado obtener unas estimaciones más realistas de los precios. Y deberán tener en cuenta el uso de datos observables de mercado y otros factores que sus participantes considerarían al fijar el precio, limitando en todo lo posible el empleo de consideraciones subjetivas y de datos no observables o contrastables.

La empresa deberá evaluar la efectividad de las técnicas de valoración que utilice de manera periódica, empleando como referencia los precios observables de transacciones recientes en el mismo activo que se valore o utilizando los precios basados en datos o índices observables de mercado que estén disponibles y resulten aplicables.

De esta forma, se deduce una jerarquía en las variables utilizadas en la determinación del valor razonable y se establece una jerarquía de valor razonable que permite clasificar las estimaciones en tres niveles:

a) Nivel 1: estimaciones que utilizan precios cotizados sin ajustar en mercados activos para activos o pasivos idénticos, a los que la empresa pueda acceder en la fecha de valoración.
b) Nivel 2: estimaciones que utilizan precios cotizados en mercados activos para instrumentos similares u otras metodologías de valoración en las que todas las variables significativas están basadas en datos de mercado observables directa o indirectamente.
c) Nivel 3: estimaciones en las que alguna variable significativa no está basada en datos de mercado observables.

Una estimación del valor razonable se clasifica en el mismo nivel de jerarquía de valor razonable que la variable de menor nivel que sea significativa para el resultado de la valoración. A estos efectos, una variable significativa es aquella que tiene una influencia decisiva sobre el resultado de la estimación. En la evaluación de la importancia de una variable concreta para la estimación se tendrán en cuenta las condiciones específicas del activo o pasivo que se valora.

En el valor razonable de un instrumento financiero deberá contemplarse, entre otros, el riesgo de crédito y, en el caso concreto de un pasivo financiero, se considerará el riesgo de incumplimiento de la empresa que incluye, entre otros componentes, el riesgo de crédito propio. Sin embargo, para estimar el valor razonable no deben realizarse ajustes por volumen o capacidad del mercado.

Cuando corresponda aplicar la valoración por el valor razonable, los elementos patrimoniales que no puedan valorarse de manera fiable, ya sea por referencia a un valor de mercado o mediante la aplicación de los modelos y técnicas de valoración antes señalados, se valorarán, según proceda, por su coste amortizado o por su precio de adquisición o coste de producción, minorado, en su caso, por las partidas correctoras de valor que pudieran corresponder, haciendo mención en la memoria de este hecho y de las circunstancias que lo motivan.

El valor razonable de un activo o pasivo, para el que no exista un precio cotizado sin ajustar de un activo o pasivo idéntico en un mercado activo, puede valorarse con fiabilidad si la variabilidad en el rango de las estimaciones del valor razonable del activo o pasivo no es significativa o las probabilidades de las diferentes estimaciones, dentro de ese rango, pueden ser evaluadas razonablemente y utilizadas en la medición del valor razonable.

3. Valor neto realizable

El valor neto realizable de un activo es el importe que la empresa puede obtener por su enajenación en el mercado, en el curso normal del negocio, deduciendo los costes estimados necesarios para llevarla a cabo, así como, en el caso de las materias primas y de los productos en curso, los costes estimados necesarios para terminar su producción, construcción o fabricación.

4. Valor actual

El valor actual es el importe de los flujos de efectivo a recibir o pagar en el curso normal del negocio, según se trate de un activo o de un pasivo, respectivamente, actualizados a un tipo de descuento adecuado.

5. Valor en uso

El valor en uso de un activo o de una unidad generadora de efectivo es el valor actual de los flujos de efectivo futuros esperados, a través de su utilización en el curso normal del negocio y, en su caso, de su enajenación u otra forma de disposición, teniendo en cuenta su estado actual y actualizados a un tipo de interés de mercado sin riesgo, ajustado por los riesgos específicos del activo que no hayan ajustado las estimaciones de flujos de efectivo futuros. Las proyecciones de flujos de efectivo se basarán en hipótesis razonables y fundamentadas; normalmente, la cuantificación o la distribución de los flujos de efectivo está sometida a incertidumbre, debiéndose considerar ésta asignando probabilidades a las distintas estimaciones de flujos de efectivo. En cualquier caso, esas estimaciones deberán tener en cuenta cualquier otra asunción que los participantes en el mercado considerarían, tal como el grado de liquidez inherente al activo valorado.

6. Costes de venta

Son los costes incrementales directamente atribuibles a la venta de un activo en los que la empresa no habría incurrido de no haber tomado la decisión de vender, excluidos los gastos financieros y los impuestos sobre beneficios. Se incluyen los gastos legales necesarios para transferir la propiedad del activo y las comisiones de venta.

7. Coste amortizado

El coste amortizado de un instrumento financiero es el importe al que inicialmente fue valorado un activo financiero o un pasivo financiero, menos los reembolsos de principal que se hubieran producido, más o menos, según proceda, la parte imputada en la cuenta de pérdidas y ganancias, mediante la utilización del método del tipo de interés efectivo, de la diferencia entre el importe inicial y el valor de reembolso en el vencimiento y, para el caso de los activos financieros, menos cualquier reducción de valor por deterioro que hubiera sido reconocida, ya sea directamente como una disminución del importe del activo o mediante una cuenta correctora de su valor.

El tipo de interés efectivo es el tipo de actualización que iguala el valor en libros de un instrumento financiero con los flujos de efectivo estimados a lo largo de la vida esperada del instrumento, a partir de sus condiciones contractuales y sin considerar las pérdidas por riesgo de crédito futuras; en su cálculo se incluirán las comisiones financieras que se carguen por adelantado en la concesión de financiación.

8. Costes de transacción atribuibles a un activo o pasivo financiero

Son los costes incrementales directamente atribuibles a la compra, emisión, enajenación u otra forma de disposición de un activo financiero, o a la emisión o asunción de un pasivo financiero, en los que no se habría incurrido si la empresa no hubiera realizado la transacción. Entre ellos se incluyen los honorarios y las comisiones pagadas a agentes, asesores e intermediarios, tales como las de corretaje, los gastos de intervención de fedatario público y otros, así como los impuestos y otros derechos que recaigan sobre la transacción, y se excluyen las primas o descuentos obtenidos en la compra o emisión, los gastos financieros, los costes de mantenimiento y los administrativos internos.

9. Valor contable o en libros

El valor contable o en libros es el importe neto por el que un activo o un pasivo se encuentra registrado en balance una vez deducida, en el caso de los activos, su amortización acumulada y cualquier corrección valorativa por deterioro acumulada que se haya registrado.

10. Valor residual

El valor residual de un activo es el importe que la empresa estima que podría obtener en el momento actual por su venta u otra forma de disposición, una vez deducidos los costes de venta, tomando en consideración que el activo hubiese alcanzado la antigüedad y demás condiciones que se espera tenga al final de su vida útil.

La vida útil es el período durante el cual la empresa espera utilizar el activo amortizable o el número de unidades de producción que espera obtener del mismo. En particular, en el caso de activos sometidos a reversión, su vida útil es el período concesional cuando éste sea inferior a la vida económica del activo.

La vida económica es el período durante el cual se espera que el activo sea utilizable por parte de uno o más usuarios o el número de unidades de producción que se espera obtener del activo por parte de uno o más usuarios.

7.º Principios y normas de contabilidad generalmente aceptados

Se considerarán principios y normas de contabilidad generalmente aceptados los establecidos en:

a) El Código de Comercio y la restante legislación mercantil.
b) El Plan General de Contabilidad y sus adaptaciones sectoriales.
c) Las normas de desarrollo que, en materia contable, establezca en su caso el Instituto de Contabilidad y Auditoría de Cuentas, y
d) La demás legislación española que sea específicamente aplicable.

SEGUNDA PARTE

Normas de registro y valoración

1.ª Desarrollo del Marco Conceptual de la Contabilidad

1. Las normas de registro y valoración desarrollan los principios contables y otras disposiciones contenidas en la primera parte de este texto, relativa al Marco Conceptual de la Contabilidad. Incluyen criterios y reglas aplicables a distintas transacciones o hechos económicos, así como también a diversos elementos patrimoniales.
2. Las normas de registro y valoración que se formulan seguidamente son de aplicación obligatoria.

2.ª Inmovilizado material

1. Valoración inicial

Los bienes comprendidos en el inmovilizado material se valorarán por su coste, ya sea éste el precio de adquisición o el coste de producción.

Los impuestos indirectos que gravan los elementos del inmovilizado material sólo se incluirán en el precio de adquisición o coste de producción cuando no sean recuperables directamente de la Hacienda Pública.

Asimismo, formará parte del valor del inmovilizado material, la estimación inicial del valor actual de las obligaciones asumidas derivadas del desmantelamiento o retiro y otras asociadas al citado activo, tales como los costes de rehabilitación del lugar sobre el que se asienta, siempre que estas obligaciones den lugar al registro de provisiones de acuerdo con lo dispuesto en la norma aplicable a éstas.

En los inmovilizados que necesiten un período de tiempo superior a un año para estar en condiciones de uso, se incluirán en el precio de adquisición o coste de producción los gastos financieros que se hayan devengado antes de la puesta en condiciones de funcionamiento del inmovilizado material y que hayan sido girados por el proveedor o correspondan a préstamos u otro tipo de financiación ajena, específica o genérica, directamente atribuible a la adquisición, fabricación o construcción.

1.1. Precio de adquisición

El precio de adquisición incluye, además del importe facturado por el vendedor después de deducir cualquier descuento o rebaja en el precio, todos los gastos adicionales y directamente relacionados que se produzcan hasta su puesta en condiciones de funcionamiento, incluida la ubicación en el lugar y cualquier otra condición necesaria para que pueda operar de la forma prevista; entre otros: gastos de explanación y derribo, transporte, derechos arancelarios, seguros, instalación, montaje y otros similares.

Las deudas por compra de inmovilizado se valorarán de acuerdo con lo dispuesto en la norma relativa a instrumentos financieros.

1.2. Coste de producción

El coste de producción de los elementos del inmovilizado material fabricados o construidos por la propia empresa se obtendrá añadiendo al precio de adquisición de las materias primas y otras materias consumibles, los demás costes directamente imputables a dichos bienes. También se añadirá la parte que razonablemente corresponda de los costes indirectamente imputables a los bienes de que se trate en la medida en que tales costes correspondan al período de fabricación o construcción y sean necesarios para la puesta del activo en condiciones operativas. En cualquier caso, serán aplicables los criterios generales establecidos para determinar el coste de las existencias.

1.3. Permutas

A efectos de este Plan General de Contabilidad, se entiende que un elemento del inmovilizado material se adquiere por permuta cuando se recibe a cambio de la entrega de activos no monetarios o de una combinación de éstos con activos monetarios.

En las operaciones de permuta de carácter comercial, el inmovilizado material recibido se valorará por el valor razonable del activo entregado más, en su caso, las contrapartidas monetarias que se hubieran entregado a cambio, salvo que se tenga una evidencia más clara del valor razonable del activo recibido y con el límite de este último. Las diferencias de valoración que pudieran surgir al dar de baja el elemento entregado a cambio se reconocerán en la cuenta de pérdidas y ganancias.

Se considerará que una permuta tiene carácter comercial si:

a) La configuración (riesgo, calendario e importe) de los flujos de efectivo del inmovilizado recibido difiere de la configuración de los flujos de efectivo del activo entregado; o

b) El valor actual de los flujos de efectivo después de impuestos de las actividades de la empresa afectadas por la permuta se ve modificado como consecuencia de la operación.

Además, es necesario que cualquiera de las diferencias surgidas por las anteriores causas *a*) o *b*), resulte significativa al compararla con el valor razonable de los activos intercambiados.

Cuando la permuta no tenga carácter comercial o cuando no pueda obtenerse una estimación fiable del valor razonable de los elementos que intervienen en la operación, el inmovilizado material recibido se valorará por el valor contable del bien entregado más, en su caso, las contrapartidas monetarias que se hubieran entregado a cambio, con el límite, cuando esté disponible, del valor razonable del inmovilizado recibido si éste fuera menor.

1.4. Aportaciones de capital no dinerarias

Los bienes de inmovilizado recibidos en concepto de aportación no dineraria de capital serán valorados por su valor razonable en el momento de la aportación conforme a lo señalado en la norma sobre transacciones con pagos basados en instrumentos de patrimonio, pues en este caso se presume que siempre se puede estimar con fiabilidad el valor razonable de dichos bienes.

Para el aportante de dichos bienes se aplicará lo dispuesto en la norma relativa a instrumentos financieros.

2. Valoración posterior

Con posterioridad a su reconocimiento inicial, los elementos del inmovilizado material se valorarán por su precio de adquisición o coste de producción menos la amortización acumulada y, en su caso, el importe acumulado de las correcciones valorativas por deterioro reconocidas.

2.1. Amortización

Las amortizaciones habrán de establecerse de manera sistemática y racional en función de la vida útil de los bienes y de su valor residual, atendiendo a la depreciación que normalmente sufran por su funcionamiento, uso y disfrute, sin perjuicio de considerar también la obsolescencia técnica o comercial que pudiera afectarlos.

Se amortizará de forma independiente cada parte de un elemento del inmovilizado material que tenga un coste significativo en relación con el coste total del elemento y una vida útil distinta del resto del elemento.

Los cambios que, en su caso, pudieran originarse en el valor residual, la vida útil y el método de amortización de un activo se contabilizarán como cambios en las estimaciones contables, salvo que se tratara de un error.

Cuando, de acuerdo con lo dispuesto en el apartado siguiente, proceda reconocer correcciones valorativas por deterioro, se ajustarán las amortizaciones de los ejercicios siguientes del inmovilizado deteriorado, teniendo en cuenta el nuevo valor contable. Igual proceder corresponderá en caso de reversión de las correcciones valorativas por deterioro.

2.2. Deterioro del valor

Se producirá una pérdida por deterioro del valor de un elemento del inmovilizado material cuando su valor contable supere a su importe recuperable, entendido éste como el mayor importe entre su valor razonable menos los costes de venta y su valor en uso.

A estos efectos, al menos al cierre del ejercicio, la empresa evaluará si existen indicios de que algún inmovilizado material o, en su caso, alguna unidad generadora de efectivo puedan estar deteriorados, en cuyo caso deberá estimar sus importes recuperables efectuando las correcciones valorativas que procedan. Se entiende por unidad generadora de efectivo el grupo identificable más pequeño de activos que genera flujos de efectivo que son, en buena medida, independientes de los derivados de otros activos o grupos de activos.

Los cálculos del deterioro de los elementos del inmovilizado material se efectuarán, elemento a elemento, de forma individualizada. Si no fuera posible estimar el importe recuperable de cada bien individual, la empresa determinará el importe recuperable de la unidad generadora de efectivo a la que pertenezca cada elemento del inmovilizado.

En caso de que la empresa deba reconocer una pérdida por deterioro de una unidad generadora de efectivo a la que se hubiese asignado todo o parte de un fondo de comercio, reducirá en primer lugar el valor contable del fondo de comercio correspondiente a dicha unidad. Si el deterioro superase el importe de éste, en segundo lugar, reducirá en proporción a su valor contable el del resto de activos de la unidad generadora de efectivo, hasta el límite del mayor valor entre los siguientes: su valor razonable menos los costes de venta, su valor en uso y cero.

Las correcciones valorativas por deterioro de los elementos del inmovilizado material, así como su reversión cuando las circunstancias que las motivaron hubieran dejado de existir, se reconocerán como un gasto o un ingreso, respectivamente, en la cuenta de pérdidas y ganancias. La reversión del deterioro tendrá como límite el valor contable del inmovilizado que estaría reconocido en la fecha de reversión si no se hubiese registrado el deterioro del valor.

3. Baja

Los elementos del inmovilizado material se darán de baja en el momento de su enajenación o disposición por otra vía o cuando no se espere obtener beneficios o rendimientos económicos futuros de los mismos.

La diferencia entre el importe que, en su caso, se obtenga de un elemento del inmovilizado material neto de los costes de venta y su valor contable determinará el beneficio o la pérdida surgida al dar de baja dicho elemento, que se imputará a la cuenta de pérdidas y ganancias del ejercicio en que ésta se produce.

Los créditos por venta de inmovilizado se valorarán de acuerdo con lo dispuesto en la norma relativa a instrumentos financieros.

3.ª Normas particulares sobre inmovilizado material

En particular, se aplicarán las normas que a continuación se expresan con respecto a los bienes que en cada caso se indican:

a) Solares sin edificar. Se incluirán en su precio de adquisición los gastos de acondicionamiento, como cierres, movimiento de tierras, obras de saneamiento y drenaje, los de derribo de construcciones cuando sea necesario para poder efectuar obras de nueva planta, los gastos de inspección y levantamiento de planos cuando se efectúen con carácter previo a su adquisición, así como, en su caso, la estimación inicial del valor actual de las obligaciones presentes derivadas de los costes de rehabilitación del solar.

Normalmente, los terrenos tienen una vida ilimitada y, por tanto, no se amortizan. No obstante, si en el valor inicial se incluyesen costes de rehabilitación, porque se cumpliesen las condiciones establecidas en el apartado 1 de la norma relativa al inmovilizado material, esa porción del terreno se amortizará a lo largo del período en que se obtengan los beneficios o rendimientos económicos por haber incurrido en esos costes.

b) Construcciones. Su precio de adquisición o coste de producción estará formado, además de por todas aquellas instalaciones y elementos que tengan carácter de permanencia, por las tasas inherentes a la construcción y los honorarios facultativos de proyecto y dirección de obra. Deberá valorarse por separado el valor del terreno y el de los edificios y otras construcciones.

c) Instalaciones técnicas, maquinaria y utillaje. Su valoración comprenderá todos los gastos de adquisición o de fabricación y construcción hasta su puesta en condiciones de funcionamiento.

d) Los utensilios y herramientas incorporados a elementos mecánicos se someterán a las normas valorativas y de amortización aplicables a dichos elementos.

Con carácter general, los utensilios y herramientas que no formen parte de una máquina, y cuyo periodo de utilización se estime inferior a un año, deberán cargarse como gasto del ejercicio. Si el período de su utilización fuese superior a un año, se recomienda, por razones de facilidad operativa, el procedimiento de regularización anual mediante su recuento físico; las adquisiciones se adeudarán a la cuenta del inmovilizado, regularizando al final del ejercicio, en función del inventario practicado, con baja razonable por demérito.

Las plantillas y los moldes utilizados con carácter permanente en fabricaciones de serie deberán formar parte del inmovilizado material, calculándose su depreciación según el período de vida útil que se estime.

Los moldes por encargo utilizados para fabricaciones aisladas no deberán considerarse como inventariables, salvo que tengan valor neto realizable.

e) Los gastos realizados durante el ejercicio con motivo de las obras y trabajos que la empresa lleva a cabo para sí misma se cargarán en las cuentas de gastos que correspondan. Las cuentas de inmovilizaciones materiales en curso se cargarán por el importe de dichos gastos, con abono a la partida de ingresos que recoge los trabajos realizados por la empresa para sí misma.

f) Los costes de renovación, ampliación o mejora de los bienes del inmovilizado material serán incorporados al activo como mayor valor del bien en la medida en que supongan un aumento de su capacidad, productividad o alargamiento de su vida útil, debiéndose dar de baja el valor contable de los elementos que se hayan sustituido.

g) En la determinación del importe del inmovilizado material se tendrá en cuenta la incidencia de los costes relacionados con grandes reparaciones. En este sentido, el importe equivalente a estos costes se amortizará de forma distinta a la del resto del elemento durante el período que medie hasta la gran reparación. Si estos costes no estuvieran especificados en la adquisición o construcción, a efectos de su identificación, podrá utilizarse el precio actual de mercado de una reparación similar.

Cuando se realice la gran reparación, su coste se reconocerá en el valor contable del inmovilizado como una sustitución, siempre y cuando se cumplan las condiciones para su reconocimiento. Asimismo, se dará de baja cualquier importe asociado a la reparación que pudiera permanecer en el valor contable del citado inmovilizado.

h) En los acuerdos que, de conformidad con la norma relativa a arrendamientos y otras operaciones de naturaleza similar, deban calificarse como arrendamientos operativos, las inversiones realizadas por el arrendatario que no sean separables del activo arrendado o cedido en uso se contabilizarán como inmovilizados materiales cuando cumplan la definición de activo. La amortización de estas inversiones se realizará en función de su vida útil, que será la duración del contrato de arrendamiento o cesión —incluido el período de renovación cuando existan evidencias que soporten que la misma se va a producir—, cuando ésta sea inferior a la vida económica del activo.

4.ª Inversiones inmobiliarias

Los criterios contenidos en las normas anteriores, relativas al inmovilizado material, se aplicarán a las inversiones inmobiliarias.

5.ª Inmovilizado intangible

Los criterios contenidos en las normas relativas al inmovilizado material se aplicarán a los elementos del inmovilizado intangible, sin perjuicio de lo dispuesto a continuación, de lo previsto en las normas particulares sobre el inmovilizado intangible, así como de lo establecido para el fondo de comercio en la norma relativa a combinaciones de negocios.

1. Reconocimiento

Para el reconocimiento inicial de un inmovilizado de naturaleza intangible es preciso que, además de cumplir la definición de activo y los criterios de registro o reconocimiento contable contenidos en el Marco Conceptual de la Contabilidad, cumpla el criterio de identificabilidad.

El citado criterio de identificabilidad implica que el inmovilizado cumpla alguno de los dos requisitos siguientes:

a) Sea separable, esto es, susceptible de ser separado de la empresa y vendido, cedido, entregado para su explotación, arrendado o intercambiado.
b) Surja de derechos legales o contractuales, con independencia de que tales derechos sean transferibles o separables de la empresa o de otros derechos u obligaciones.

En ningún caso se reconocerán como inmovilizados intangibles los gastos ocasionados con motivo del establecimiento, las marcas, cabeceras de periódicos o revistas, los sellos o denominaciones editoriales, las listas de clientes u otras partidas similares que se hayan generado internamente.

2. Valoración posterior

Los inmovilizados intangibles son activos de vida útil definida y, por lo tanto, deberán ser objeto de amortización sistemática en el periodo durante el cual se prevé, razonablemente, que los beneficios económicos inherentes al activo produzcan rendimientos para la empresa.

Cuando la vida útil de estos activos no pueda estimarse de manera fiable se amortizarán en un plazo de diez años, sin perjuicio de los plazos establecidos en las normas particulares sobre el inmovilizado intangible.

En todo caso, al menos anualmente, deberá analizarse si existen indicios de deterioro de valor para, en su caso, comprobar su eventual deterioro.

6.ª Normas particulares sobre el inmovilizado intangible

En particular, se aplicarán las normas que se expresan con respecto a los bienes y derechos que en cada caso se indican:

a) Investigación y desarrollo. Los gastos de investigación serán gastos del ejercicio en que se realicen. No obstante, podrán activarse como inmovilizado intangible desde el momento en que cumplan las siguientes condiciones:
— Estar específicamente individualizados por proyectos y su coste claramente establecido para que pueda ser distribuido en el tiempo.
— Tener motivos fundados del éxito técnico y de la rentabilidad económico-comercial del proyecto o proyectos de que se trate.

Los gastos de investigación que figuren en el activo deberán amortizarse durante su vida útil, y siempre dentro del plazo de cinco años; en el caso en que existan dudas razonables sobre el éxito técnico o la rentabilidad económico-comercial del proyecto, los importes registrados en el activo deberán imputarse directamente a pérdidas del ejercicio.

Los gastos de desarrollo, cuando se cumplan las condiciones indicadas para la activación de los gastos de investigación, se reconocerán en el activo y deberán amortizarse durante su vida útil, que, en principio, se presume, salvo prueba en contrario, que no es superior a cinco años; en el caso en que existan dudas razonables sobre el éxito técnico o la rentabilidad económico-comercial del proyecto, los importes registrados en el activo deberán imputarse directamente a pérdidas del ejercicio.

b) Propiedad industrial. Se contabilizarán en este concepto los gastos de desarrollo capitalizados cuando se obtenga la correspondiente patente o similar, incluido el coste de registro y formalización de la propiedad industrial, sin perjuicio de los importes que también pudieran contabilizarse por razón de adquisición a terceros de los derechos correspondientes. Deben ser objeto de amortización y corrección valorativa por deterioro según lo especificado con carácter general para los inmovilizados intangibles.

c) Fondo de comercio. Sólo podrá figurar en el activo, cuando su valor se ponga de manifiesto en virtud de una adquisición onerosa, en el contexto de una combinación de negocios.

Su importe se determinará de acuerdo con lo indicado en la norma relativa a combinaciones de negocios y deberá asignarse desde la fecha de adquisición entre cada una de las unidades generadoras de efectivo de la empresa, sobre las que se espere que recaigan los beneficios de las sinergias de la combinación de negocios.

Con posterioridad al reconocimiento inicial, el fondo de comercio se valorará por su precio de adquisición menos la amortización acumulada y, en su caso, el importe acumulado de las correcciones valorativas por deterioro reconocidas.

El fondo de comercio se amortizará durante su vida útil. La vida útil se determinará de forma separada para cada unidad generadora de efectivo a la que se le haya asignado fondo de comercio.

Se presumirá, salvo prueba en contrario, que la vida útil del fondo de comercio es de diez años y que su recuperación es lineal.

Además, al menos anualmente, se analizará si existen indicios de deterioro de valor de las unidades generadoras de efectivo a las que se haya asignado un fondo de comercio, y, en caso de que los haya, se comprobará su eventual deterioro de valor de acuerdo con lo indicado en el apartado 2.2 de la norma relativa al inmovilizado material.

d) Derechos de traspaso. Sólo podrán figurar en el activo cuando su valor se ponga de manifiesto en virtud de una adquisición onerosa, debiendo ser objeto de amortización y corrección valorativa por deterioro según lo especificado con carácter general para los inmovilizados intangibles.

e) Los programas de ordenador que cumplan los criterios de reconocimiento del apartado 1 de la norma relativa al inmovilizado intangible, se incluirán en el activo, tanto los adquiridos a terceros como los elaborados por la propia empresa para sí misma, utilizando los medios propios de que disponga, entendiéndose incluidos entre los anteriores los gastos de desarrollo de las páginas web.

En ningún caso podrán figurar en el activo los gastos de mantenimiento de la aplicación informática.

Se aplicarán los mismos criterios de registro y amortización que los establecidos para los gastos de desarrollo, aplicándose respecto a la corrección valorativa por deterioro los criterios especificados con carácter general para los inmovilizados intangibles.

f) Otros inmovilizados intangibles. Además de los elementos intangibles anteriormente mencionados, existen otros que serán reconocidos como tales en balance, siempre que cumplan los criterios contenidos en el Marco Conceptual de la Contabilidad y los requisitos especificados en estas normas de registro y valoración. Entre tales elementos se pueden mencionar los siguientes: concesiones administrativas, derechos comerciales, propiedad intelectual o licencias.

Los elementos anteriores deben ser objeto de amortización y corrección valorativa por deterioro según lo especificado con carácter general para los inmovilizados intangibles.

7.ª Activos no corrientes y grupos enajenables de elementos, mantenidos para la venta

1. Activos no corrientes mantenidos para la venta

La empresa clasificará un activo no corriente como mantenido para la venta si su valor contable se recuperará fundamentalmente a través de su venta en lugar de por su uso continuado, y siempre que se cumplan los siguientes requisitos:

a) El activo ha de estar disponible en sus condiciones actuales para su venta inmediata sujeto a los términos usuales y habituales para su venta; y

b) Su venta ha de ser altamente probable, porque concurran las siguientes circunstancias:

b_1) La empresa debe encontrarse comprometida por un plan para vender el activo y haber iniciado un programa para encontrar comprador y completar el plan.

b_2) La venta del activo debe negociarse activamente a un precio adecuado en relación con su valor razonable actual.

b_3) Se espera completar la venta dentro del año siguiente a la fecha de clasificación del activo como mantenido para la venta, salvo que, por hechos o circunstancias fuera del control de la empresa, el plazo de venta se tenga que alargar y exista evidencia suficiente de que la empresa siga comprometida con el plan de disposición del activo.

b_4) Las acciones para completar el plan indiquen que es improbable que haya cambios significativos en el mismo o que vaya a ser retirado.

Los activos no corrientes mantenidos para la venta se valorarán en el momento de su clasificación en esta categoría por el menor de los dos importes siguientes: su valor contable y su valor razonable menos los costes de venta.

Para la determinación del valor contable en el momento de la reclasificación se determinará el deterioro del valor en ese momento y se registrará, si procede, una corrección valorativa por deterioro de ese activo.

Mientras un activo se clasifique como no corriente mantenido para la venta, no se amortizará, debiendo dotarse las oportunas correcciones valorativas de forma que el valor contable no exceda el valor razonable menos los costes de venta.

Cuando un activo deje de cumplir los requisitos para ser clasificado como mantenido para la venta se reclasificará en la partida del balance que corresponda a su naturaleza y se valorará por el menor importe, en la fecha en que proceda la reclasificación, entre su valor contable anterior a su calificación como activo no corriente en venta, ajustado, si procede, por las amortizaciones y correcciones de valor que se hubiesen reconocido de no haberse clasificado como mantenido para la venta, y su importe recuperable, registrando cualquier diferencia en la partida de la cuenta de pérdidas y ganancias que corresponda a su naturaleza.

El criterio de valoración previsto anteriormente no será aplicable a los siguientes activos, que, aunque se clasifiquen a efectos de su presentación en esta categoría, se rigen en cuanto a la valoración por sus normas específicas:

a) Activos por impuesto diferido, a los que resulta de aplicación la norma relativa a impuestos sobre beneficios.

b) Activos procedentes de retribuciones a los empleados, que se rigen por la norma sobre pasivos por retribuciones a largo plazo al personal.
c) Activos financieros, excepto inversiones en el patrimonio de empresas del grupo, multigrupo y asociadas, que estén dentro del alcance de la norma sobre instrumentos financieros.

Las correcciones valorativas por deterioro de los activos no corrientes mantenidos para la venta, así como su reversión cuando las circunstancias que las motivaron hubieran dejado de existir, se reconocerán en la cuenta de pérdidas y ganancias, salvo cuando proceda registrarlas directamente en el patrimonio neto de acuerdo con los criterios aplicables con carácter general a los activos en sus normas específicas.

2. Grupos enajenables de elementos mantenidos para la venta

Se entiende por grupo enajenable de elementos mantenidos para la venta el conjunto de activos y pasivos directamente asociados de los que se va a disponer de forma conjunta, como grupo, en una única transacción. Podrá formar parte de un grupo enajenable cualquier activo y pasivo asociado de la empresa, aun cuando no cumpla la definición de activo no corriente, siempre que se vayan a enajenar de forma conjunta.

Para su valoración, se aplicarán las mismas reglas que en el apartado anterior. En consecuencia, los activos y sus pasivos asociados que queden excluidos de su ámbito de aplicación, se valoran de acuerdo con la norma específica que les sea aplicable. Una vez efectuada esta valoración, el grupo de elementos de forma conjunta se valorará por el menor importe entre su valor contable y su valor razonable menos los costes de venta. En caso de que proceda registrar en este grupo de elementos valorados de forma conjunta una corrección valorativa por deterioro del valor, se reducirá el valor contable de los activos no corrientes del grupo siguiendo el criterio de reparto establecido en el apartado 2.2 de la norma relativa al inmovilizado material.

8.ª Arrendamientos y otras operaciones de naturaleza similar

Se entiende por arrendamiento, a efectos de esta norma, cualquier acuerdo, con independencia de su instrumentación jurídica, por el que el arrendador cede al arrendatario, a cambio de percibir una suma única de dinero o una serie de pagos o cuotas, el derecho a utilizar un activo durante un período de tiempo determinado, con independencia de que el arrendador quede obligado a prestar servicios en relación con la explotación o mantenimiento de dicho activo.

La calificación de los contratos como arrendamientos financieros u operativos depende de las circunstancias de cada una de las partes del contrato, por lo que podrán ser calificados de forma diferente por el arrendatario y el arrendador.

1. Arrendamiento financiero

1.1. Concepto

Cuando de las condiciones económicas de un acuerdo de arrendamiento se deduzca que se transfieren sustancialmente todos los riesgos y beneficios inherentes a la propiedad del activo objeto del contrato, dicho acuerdo deberá calificarse como arrendamiento financiero, y se registrará según los términos establecidos en los apartados siguientes.

En un acuerdo de arrendamiento de un activo con opción de compra, se presumirá que se transfieren sustancialmente todos los riesgos y beneficios inherentes a la propiedad cuando no existan dudas razonables de que se va a ejercitar dicha opción. También se presumirá, salvo prueba en contrario, dicha transferencia, aunque no exista opción de compra, entre otros, en los siguientes casos:

a) Contratos de arrendamiento en los que la propiedad del activo se transfiere, o de sus condiciones se deduzca que se va a transferir al arrendatario al finalizar el plazo del arrendamiento.
b) Contratos en los que el plazo del arrendamiento coincida o cubra la mayor parte de la vida económica del activo, y siempre que de las condiciones pactadas se desprenda la racionalidad económica del mantenimiento de la cesión de uso.

   El plazo del arrendamiento es el período no revocable para el cual el arrendatario ha contratado el arrendamiento del activo, junto con cualquier período adicional en el que éste tenga derecho a continuar con el arrendamiento, con o sin pago adicional, siempre que al inicio del arrendamiento se tenga la certeza razonable de que el arrendatario ejercitará tal opción.

c) En aquellos casos en los que, al comienzo del arrendamiento, el valor actual de los pagos mínimos acordados por el arrendamiento suponga la práctica totalidad del valor razonable del activo arrendado.

d) Cuando las especiales características de los activos objeto del arrendamiento hacen que su utilidad quede restringida al arrendatario.

e) El arrendatario puede cancelar el contrato de arrendamiento y las pérdidas sufridas por el arrendador a causa de tal cancelación fueran asumidas por el arrendatario.

f) Los resultados derivados de las fluctuaciones en el valor razonable del importe residual recaen sobre el arrendatario.

g) El arrendatario tiene la posibilidad de prorrogar el arrendamiento durante un segundo período, con unos pagos por arrendamiento que sean sustancialmente inferiores a los habituales del mercado.

1.2. Contabilidad del arrendatario

El arrendatario, en el momento inicial, registrará un activo de acuerdo con su naturaleza, según se trate de un elemento del inmovilizado material o del intangible, y un pasivo financiero por el mismo importe, que será el menor entre el valor razonable del activo arrendado y el valor actual al inicio del arrendamiento de los pagos mínimos acordados, entre los que se incluye el pago por la opción de compra cuando no existan dudas razonables sobre su ejercicio y cualquier importe que haya garantizado, directa o indirectamente, y se excluyen las cuotas de carácter contingente, el coste de los servicios y los impuestos repercutibles por el arrendador. A estos efectos, se entiende por cuotas de carácter contingente aquellos pagos por arrendamiento cuyo importe no es fijo sino que depende de la evolución futura de una variable. Adicionalmente, los gastos directos iniciales inherentes a la operación en los que incurra el arrendatario deberán considerarse como mayor valor del activo. Para el cálculo del valor actual se utilizará el tipo de interés implícito del contrato y si éste no se puede determinar, el tipo de interés del arrendatario para operaciones similares.

La carga financiera total se distribuirá a lo largo del plazo del arrendamiento y se imputará a la cuenta de pérdidas y ganancias del ejercicio en que se devengue, aplicando el método del tipo de interés efectivo. Las cuotas de carácter contingente serán gastos del ejercicio en que se incurra en ellas.

El arrendatario aplicará a los activos que tenga que reconocer en el balance, como consecuencia del arrendamiento, los criterios de amortización, deterioro y baja que les correspondan según su naturaleza y a la baja de los pasivos financieros lo dispuesto en el apartado 3.5 de la norma sobre instrumentos financieros.

1.3. Contabilidad del arrendador

El arrendador, en el momento inicial, reconocerá un crédito por el valor actual de los pagos mínimos a recibir por el arrendamiento más el valor residual del activo, aunque no esté garantizado, descontados al tipo de interés implícito del contrato.

El arrendador reconocerá el resultado derivado de la operación de arrendamiento según lo dispuesto en el apartado 3 de la norma sobre inmovilizado material, salvo cuando sea el fabricante o distribuidor del bien arrendado, en cuyo caso se considerarán operaciones de tráfico comercial y se aplicarán los criterios contenidos en la norma relativa a ingresos por ventas y prestación de servicios.

La diferencia entre el crédito contabilizado en el activo del balance y la cantidad a cobrar, correspondiente a intereses no devengados, se imputará a la cuenta de pérdidas y ganancias del ejercicio en que dichos intereses se devenguen, de acuerdo con el método del tipo de interés efectivo.

Las correcciones de valor por deterioro y la baja de los créditos registrados como consecuencia del arrendamiento se tratarán aplicando los criterios de los apartados 2.1.3 y 2.9 de la norma relativa a los instrumentos financieros.

2. Arrendamiento operativo

Se trata de un acuerdo mediante el cual el arrendador conviene con el arrendatario el derecho a usar un activo durante un período de tiempo determinado, a cambio de percibir un importe único, o una serie de pagos o cuotas, sin que se trate de un arrendamiento de carácter financiero.

Los ingresos y gastos correspondientes al arrendador y al arrendatario derivados de los acuerdos de arrendamiento operativo serán considerados, respectivamente, como ingreso y gasto del ejercicio en el que los mismos se devenguen, imputándose a la cuenta de pérdidas y ganancias.

El arrendador continuará presentando y valorando los activos cedidos en arrendamiento conforme a su naturaleza, incrementando su valor contable en el importe de los costes directos del contrato que le sean imputables, los cuales se reconocerán como gasto durante el plazo del contrato aplicando el mismo criterio utilizado para el reconocimiento de los ingresos del arrendamiento.

Cualquier cobro o pago que pudiera hacerse al contratar un derecho de arrendamiento calificado como operativo se tratará como un cobro o pago anticipado por el arrendamiento, que se imputará a resultados a lo largo del período de arrendamiento a medida que se cedan o reciban los beneficios económicos del activo arrendado.

3. Venta con arrendamiento financiero posterior

Cuando por las condiciones económicas de una enajenación, conectada al posterior arrendamiento de los activos enajenados, se desprenda que se trata de un método de financiación y, en consecuencia, se trate de un arrendamiento financiero, el arrendatario no variará la calificación del activo, ni reconocerá beneficios ni pérdidas derivadas de esta transacción. Adicionalmente, registrará el importe recibido con abono a una partida que ponga de manifiesto el correspondiente pasivo financiero.

La carga financiera total se distribuirá a lo largo del plazo del arrendamiento y se imputará a la cuenta de pérdidas y ganancias del ejercicio en que se devengue, aplicando el método del tipo de interés efectivo. Las cuotas de carácter contingente serán gastos del ejercicio en que se incurra en ellas.

El arrendador contabilizará el correspondiente activo financiero de acuerdo con lo dispuesto en el apartado 1.3 de esta norma.

4. Arrendamientos de terrenos y edificios

Los arrendamientos conjuntos de terreno y edificio se clasificarán como operativos o financieros con los mismos criterios que los arrendamientos de otro tipo de activo.

No obstante, como normalmente el terreno tiene una vida económica indefinida, en un arrendamiento financiero conjunto, los componentes de terreno y edificio se considerarán de forma separada, clasificándose el correspondiente al terreno como un arrendamiento operativo, salvo que se espere que el arrendatario adquiera la propiedad al final del período de arrendamiento.

A estos efectos, los pagos mínimos por el arrendamiento se distribuirán entre el terrero y el edificio en proporción a los valores razonables relativos que representan los derechos de arrendamiento de ambos componentes, a menos que tal distribución no sea fiable, en cuyo caso todo el arrendamiento se clasificará como financiero, salvo que resulte evidente que es operativo.

9.ª Instrumentos financieros

Un instrumento financiero es un contrato que da lugar a un activo financiero en una empresa y, simultáneamente, a un pasivo financiero o a un instrumento de patrimonio en otra empresa.

La presente norma resulta de aplicación a los siguientes instrumentos financieros:

a) Activos financieros: efectivo y otros activos líquidos equivalentes, según se definen en la norma 9ª de elaboración de las cuentas anuales; créditos por operaciones comerciales: clientes y deudores varios; créditos a terceros: tales como los préstamos y créditos financieros concedidos, incluidos los surgidos de la venta de activos no corrientes; valores representativos de deuda de otras empresas adquiridos: tales como las obligaciones, bonos y pagarés; instrumentos de patrimonio de otras empresas adquiridos: acciones, participaciones en instituciones de inversión colectiva y otros instrumentos de patrimonio; derivados con valoración favorable para la empresa: entre ellos, futuros u operaciones a plazo, opciones, permutas financieras y compraventa de moneda extranjera a plazo, y; otros activos financieros: tales como depósitos en entidades de crédito, créditos al personal, fianzas y depósitos constituidos, dividendos a cobrar y desembolsos exigidos sobre instrumentos de patrimonio propio.

b) Pasivos financieros: débitos por operaciones comerciales: proveedores y acreedores varios; deudas con entidades de crédito; obligaciones y otros valores negociables emitidos: tales como bonos y pagarés; derivados con valoración desfavorable para la empresa: entre ellos, futuros u operaciones a plazo, opciones, permutas financieras y compraventa de moneda extranjera a plazo; deudas con características especiales, y; otros pasivos financieros: deudas con terceros, tales como los préstamos y créditos financieros recibidos de personas o empresas que no sean entidades de crédito incluidos los surgidos en la compra de activos no corrientes, fianzas y depósitos recibidos y desembolsos exigidos por terceros sobre participaciones.

c) Instrumentos de patrimonio propio: todos los instrumentos financieros que se incluyen dentro de los fondos propios, tal como las acciones ordinarias emitidas o participaciones en el capital social.

Un derivado financiero es un instrumento financiero que cumple las características siguientes:

a) Su valor cambia en respuesta a los cambios en variables tales como los tipos de interés, los precios de instrumentos financieros y materias primas cotizadas, los tipos de cambio, las calificaciones crediticias y los índices sobre ellos y que en el caso de no ser variables financieras no han de ser específicas para una de las partes del contrato.

b) No requiere una inversión inicial o bien requiere una inversión inferior a la que requieren otro tipo de contratos en los que se podría esperar una respuesta similar ante cambios en las condiciones de mercado.

c) Se liquida en una fecha futura.

Asimismo, esta norma es aplicable en el tratamiento de las coberturas contables y de las transferencias de activos financieros, tales como los descuentos comerciales, operaciones de «factoring» y cesiones temporales y titulizaciones de activos financieros.

1. Reconocimiento

La empresa reconocerá un instrumento financiero en su balance cuando se convierta en una parte obligada del contrato o negocio jurídico conforme a las disposiciones del mismo, bien como emisor o como tenedor o adquirente de aquél.

2. Activos financieros

Un activo financiero es cualquier activo que sea: dinero en efectivo, un instrumento de patrimonio de otra empresa, o suponga un derecho contractual a recibir efectivo u otro activo financiero (un instrumento de deuda), o a intercambiar activos o pasivos financieros con terceros en condiciones potencialmente favorables.

También se clasificará como un activo financiero, todo contrato que pueda ser o será, liquidado con los instrumentos de patrimonio propio de la empresa, siempre que:

a) No sea un derivado y obligue o pueda obligar a recibir una cantidad variable de instrumentos de patrimonio propio.

b) Si es un derivado con posición favorable para la empresa, puede ser o será liquidado mediante una forma distinta al intercambio de una cantidad fija de efectivo o de otro activo financiero por una cantidad fija de los instrumentos de patrimonio de la empresa; a estos efectos no se incluirán entre los instrumentos de patrimonio propio, aquellos que sean, en sí mismos, contratos para la futura recepción o entrega de instrumentos de patrimonio propio de la empresa.

Los activos financieros, a efectos de su valoración, se incluirán en alguna de las siguientes categorías:

1. Activos financieros a valor razonable con cambios en la cuenta de pérdidas y ganancias.
2. Activos financieros a coste amortizado.
3. Activos financieros a valor razonable con cambios en el patrimonio neto.
4. Activos financieros a coste.

2.1. Activos financieros a valor razonable con cambios en la cuenta de pérdidas y ganancias

Un activo financiero deberá incluirse en esta categoría salvo que proceda su clasificación en alguna de las restantes categorías de acuerdo con lo dispuesto en los apartados 2.2, 2.3 y 2.4 de esta norma.

Los activos financieros mantenidos para negociar se incluirán obligatoriamente en esta categoría. El concepto de negociación de instrumentos financieros generalmente refleja compras y ventas activas y frecuentes con el objetivo de generar una ganancia por las fluctuaciones a corto plazo en el precio o en el margen de intermediación.

Se considera que un activo financiero se posee para negociar cuando:

a.1. Se origine o adquiera con el propósito de venderlo en el corto plazo (por ejemplo, valores representativos de deuda, cualquiera que sea su plazo de vencimiento, o instrumentos de patrimonio, cotizados, que se adquieren para venderlos en el corto plazo).

a.2. Forme parte en el momento de su reconocimiento inicial de una cartera de instrumentos financieros identificados y gestionados conjuntamente de la que existan evidencias de actuaciones recientes para obtener ganancias en el corto plazo, o

a.3. Sea un instrumento financiero derivado, siempre que no sea un contrato de garantía financiera ni haya sido designado como instrumento de cobertura.

Para los instrumentos de patrimonio que no se mantengan para negociar, ni deban valorarse al coste, la empresa puede realizar la elección irrevocable en el momento de su reconocimiento inicial de presentar los cambios posteriores en el valor razonable directamente en el patrimonio neto.

En todo caso, una empresa puede, en el momento del reconocimiento inicial, designar un activo financiero de forma irrevocable como medido al valor razonable con cambios en la cuenta de pérdidas y ganancias, y que en caso contrario se hubiera incluido en otra categoría, si haciéndolo elimina o reduce significativamente una incoherencia de valoración o asimetría contable que surgiría en otro caso de la valoración de los activos o pasivos sobre bases diferentes.

2.1.1. *Valoración inicial*

Los activos financieros incluidos en esta categoría se valorarán inicialmente por su valor razonable, que, salvo evidencia en contrario, será el precio de la transacción, que equivaldrá al valor razonable de la contraprestación entregada. Los costes de transacción que les sean directamente atribuibles se reconocerán en la cuenta de pérdidas y ganancias del ejercicio.

2.1.2. *Valoración posterior*

Después del reconocimiento inicial la empresa valorará los activos financieros comprendidos en esta categoría a valor razonable con cambios en la cuenta de pérdidas y ganancias.

2.2. Activos financieros a coste amortizado

Un activo financiero se incluirá en esta categoría, incluso cuando esté admitido a negociación en un mercado organizado, si la empresa mantiene la inversión con el objetivo de percibir los flujos de efectivo derivados de la ejecución del contrato, y las condiciones contractuales del activo financiero dan lugar, en fechas especificadas, a flujos de efectivo que son únicamente cobros de principal e intereses sobre el importe del principal pendiente.

Los flujos de efectivo contractuales que son únicamente cobros de principal e interés sobre el importe del principal pendiente son inherentes a un acuerdo que tiene la naturaleza de préstamo ordinario o común, sin perjuicio de que la operación se acuerde a un tipo de interés cero o por debajo de mercado.

Así, sería consustancial con tal acuerdo un bono con una fecha de vencimiento determinada y por el que se cobra un tipo de interés de mercado variable, pudiendo estar sujeto a un límite. Por el contrario, no cumplirían esta condición los instrumentos convertibles en instrumentos de patrimonio neto del emisor; préstamos con tipos de interés variables inversos (es decir, un tipo que tiene una relación inversa con los tipos de interés del mercado); o aquellos en los que el emisor puede diferir el pago de intereses si con dicho pago se viera afectada su solvencia, sin que los intereses diferidos devenguen intereses adicionales.

La gestión de un grupo de activos financieros para obtener sus flujos contractuales no implica que la empresa haya de mantener todos los instrumentos hasta su vencimiento; se podrá considerar que los activos financieros se gestionan con ese objetivo aun cuando se hayan producido o se espere que se produzcan ventas en el futuro. A tal efecto, la empresa deberá considerar la frecuencia, el importe y el calendario de las ventas en ejercicios anteriores, los motivos de esas ventas y las expectativas en relación con la actividad de ventas futuras.

La gestión que realiza la empresa de estas inversiones es una cuestión de hecho y no depende de sus intenciones para un instrumento individual. Una empresa podrá tener más de una política para gestionar sus instrumentos financieros, pudiendo ser apropiado, en algunas circunstancias, separar una cartera de activos financieros en carteras más pequeñas para reflejar el nivel en que la empresa gestiona sus activos financieros.

Con carácter general, se incluyen en esta categoría los créditos por operaciones comerciales y los créditos por operaciones no comerciales:

a) Créditos por operaciones comerciales: son aquellos activos financieros que se originan en la venta de bienes y la prestación de servicios por operaciones de tráfico de la empresa con cobro aplazado, y
b) Créditos por operaciones no comerciales: son aquellos activos financieros que, no siendo instrumentos de patrimonio ni derivados, no tienen origen comercial y cuyos cobros son de cuantía determinada o determinable, que proceden de operaciones de préstamo o crédito concedidos por la empresa.

2.2.1. *Valoración inicial*

Los activos financieros clasificados en esta categoría se valorarán inicialmente por su valor razonable, que, salvo evidencia en contrario, será el precio de la transacción, que equivaldrá al valor razonable de la contraprestación entregada, más los costes de transacción que les sean directamente atribuibles.

No obstante, los créditos por operaciones comerciales con vencimiento no superior a un año y que no tengan un tipo de interés contractual explícito, así como los créditos al personal, los dividendos a cobrar y los desembolsos exigidos sobre instrumentos de patrimonio, cuyo importe se espera recibir en el corto plazo, se podrán valorar por su valor nominal cuando el efecto de no actualizar los flujos de efectivo no sea significativo.

2.2.2. *Valoración posterior*

Los activos financieros incluidos en esta categoría se valorarán por su coste amortizado. Los intereses devengados se contabilizarán en la cuenta de pérdidas y ganancias, aplicando el método del tipo de interés efectivo.

No obstante, los créditos con vencimiento no superior a un año que, de acuerdo con lo dispuesto en el apartado anterior, se valoren inicialmente por su valor nominal, continuarán valorándose por dicho importe, salvo que se hubieran deteriorado.

Cuando los flujos de efectivo contractuales de un activo financiero se modifican debido a las dificultades financieras del emisor, la empresa analizará si procede contabilizar una pérdida por deterioro de valor.

2.2.3. *Deterioro del valor*

Al menos al cierre del ejercicio, deberán efectuarse las correcciones valorativas necesarias siempre que exista evidencia objetiva de que el valor de un activo financiero, o de un grupo de activos financieros con similares características de riesgo valorados colectivamente, se ha deteriorado como resultado de uno o más eventos que hayan ocurrido después de su reconocimiento inicial y que ocasionen una reducción o retraso en los flujos de efectivo estimados futuros, que pueden venir motivados por la insolvencia del deudor.

La pérdida por deterioro del valor de estos activos financieros será la diferencia entre su valor en libros y el valor actual de los flujos de efectivo futuros, incluidos, en su caso, los procedentes de la ejecución de las garantías reales y personales, que se estima van a generar, descontados al tipo de interés efectivo calculado en el momento de su reconocimiento inicial. Para los activos financieros a tipo de interés variable, se empleará el tipo de interés efectivo que corresponda a la fecha de cierre de las cuentas anuales de acuerdo con las condiciones contractuales. En el cálculo de las pérdidas por deterioro de un grupo de activos financieros se podrán utilizar modelos basados en fórmulas o métodos estadísticos.

Las correcciones de valor por deterioro, así como su reversión cuando el importe de dicha pérdida disminuyese por causas relacionadas con un evento posterior, se reconocerán como un gasto o un ingreso, respectivamente, en la cuenta de pérdidas y ganancias. La reversión del deterioro tendrá como límite el valor en libros del activo que estaría reconocido en la fecha de reversión si no se hubiese registrado el deterioro del valor.

No obstante, como sustituto del valor actual de los flujos de efectivo futuros se puede utilizar el valor de mercado del instrumento, siempre que éste sea lo suficientemente fiable como para considerarlo representativo del valor que pudiera recuperar la empresa.

El reconocimiento de intereses en los activos financieros con deterioro crediticio seguirá las reglas generales, sin perjuicio de que de manera simultánea la empresa deba evaluar si dicho importe será objeto de recuperación y, en su caso, contabilice la correspondiente pérdida por deterioro.

2.3. Activos financieros a valor razonable con cambios en el patrimonio neto

Un activo financiero se incluirá en esta categoría cuando las condiciones contractuales del activo financiero dan lugar, en fechas especificadas, a flujos de efectivo que son únicamente cobros de principal e intereses sobre el importe del principal pendiente, y no se mantenga para negociar ni proceda clasificarlo en la categoría regulada en el apartado 2.2. de esta norma. También se incluirán en esta categoría las inversiones en instrumentos de patrimonio para las se haya ejercitado la opción irrevocable regulada en el apartado 2.1 anterior.

2.3.1. *Valoración inicial*

Los activos financieros incluidos en esta categoría se valorarán inicialmente por su valor razonable, que, salvo evidencia en contrario, será el precio de la transacción, que equivaldrá al valor razonable de la contraprestación entregada, más los costes de transacción que les sean directamente atribuibles.

Formará parte de la valoración inicial el importe de los derechos preferentes de suscripción y similares que, en su caso, se hubiesen adquirido.

2.3.2. *Valoración posterior*

Los activos financieros incluidos en esta categoría se valorarán por su valor razonable, sin deducir los costes de transacción en que se pudiera incurrir en su enajenación. Los cambios que se produzcan en el valor razonable se registrarán directamente en el patrimonio neto, hasta que el activo financiero cause baja del balance o se deteriore, momento en que el importe así reconocido, se imputará a la cuenta de pérdidas y ganancias.

No obstante, las correcciones valorativas por deterioro del valor y las pérdidas y ganancias que resulten por diferencias de cambio en activos financieros monetarios en moneda extranjera, de acuerdo con la norma relativa a esta última, se registrarán en la cuenta de pérdidas y ganancias.

También se registrarán en la cuenta de pérdidas y ganancias el importe de los intereses, calculados según el método del tipo de interés efectivo, y de los dividendos devengados.

Cuando deba asignarse valor a estos activos por baja del balance u otro motivo, se aplicará el método del valor medio ponderado por grupos homogéneos.

En el supuesto excepcional de que el valor razonable de un instrumento de patrimonio dejase de ser fiable, los ajustes previos reconocidos directamente en el patrimonio neto se tratarán de la misma forma dispuesta en el apartado 2.4.3. de esta norma.

En el caso de venta de derechos preferentes de suscripción y similares o segregación de los mismos para ejercitarlos, el importe de los derechos disminuirá el valor contable de los respectivos activos. Dicho importe corresponderá al valor razonable o al coste de los derechos, de forma consistente con la valoración de los activos financieros asociados, y se determinará aplicando alguna fórmula valorativa de general aceptación.

2.3.3. *Deterioro del valor*

Al menos al cierre del ejercicio, deberán efectuarse las correcciones valorativas necesarias siempre que exista evidencia objetiva de que el valor de un activo financiero, o grupo de activos financieros incluidos en esta categoría con similares características de riesgo valoradas colectivamente, se ha deteriorado como resultado de uno o más eventos que hayan ocurrido después de su reconocimiento inicial, y que ocasionen:

a) En el caso de los instrumentos de deuda adquiridos, una reducción o retraso en los flujos de efectivo estimados futuros, que pueden venir motivados por la insolvencia del deudor; o
b) En el caso de inversiones en instrumentos de patrimonio, la falta de recuperabilidad del valor en libros del activo, evidenciada, por ejemplo, por un descenso prolongado o significativo en su valor razonable. En todo caso, se presumirá que el instrumento se ha deteriorado ante una caída de un año y medio o de un cuarenta por ciento en su cotización, sin que se haya producido la recuperación de su valor, sin perjuicio de que pudiera ser necesario reconocer una pérdida por deterioro antes de que haya transcurrido dicho plazo o descendido la cotización en el mencionado porcentaje.

La corrección valorativa por deterioro del valor de estos activos financieros será la diferencia entre su coste o coste amortizado menos, en su caso, cualquier corrección valorativa por deterioro previamente reconocida en la cuenta de pérdidas y ganancias y el valor razonable en el momento en que se efectúe la valoración.

Las pérdidas acumuladas reconocidas en el patrimonio neto por disminución del valor razonable, siempre que exista una evidencia objetiva de deterioro en el valor del activo, se reconocerán en la cuenta de pérdidas y ganancias.

Si en ejercicios posteriores se incrementase el valor razonable, la corrección valorativa reconocida en ejercicios anteriores revertirá con abono a la cuenta de pérdidas y ganancias del ejercicio. No obstante, en el caso de que se incrementase el valor razonable correspondiente a un instrumento de patrimonio, la corrección valorativa reconocida en ejercicios anteriores no revertirá con abono a la cuenta de pérdidas y ganancias y se registrará el incremento de valor razonable directamente contra el patrimonio neto.

2.4. Activos financieros a coste

En todo caso, se incluyen en esta categoría de valoración:

a) Las inversiones en el patrimonio de empresas del grupo, multigrupo y asociadas, tal como estas quedan definidas en la norma 13ª de elaboración de las cuentas anuales.
b) Las restantes inversiones en instrumentos de patrimonio cuyo valor razonable no pueda determinarse por referencia a un precio cotizado en un mercado activo para un instrumento idéntico, o no pueda estimarse con fiabilidad, y los derivados que tengan como subyacente a estas inversiones.
c) Los activos financieros híbridos cuyo valor razonable no pueda estimarse de manera fiable, salvo que se cumplan los requisitos para su contabilización a coste amortizado.
d) Las aportaciones realizadas como consecuencia de un contrato de cuentas en participación y similares.
e) Los préstamos participativos cuyos intereses tengan carácter contingente, bien porque se pacte un tipo de interés fijo o variable condicionado al cumplimiento de un hito en la empresa prestataria (por ejemplo, la obtención de beneficios), o bien porque se calculen exclusivamente por referencia a la evolución de la actividad de la citada empresa.
f) Cualquier otro activo financiero que inicialmente procediese clasificar en la cartera de valor razonable con cambios en la cuenta de pérdidas y ganancias cuando no sea posible obtener una estimación fiable de su valor razonable.

2.4.1. *Valoración inicial*

Las inversiones incluidas en esta categoría se valorarán inicialmente al coste, que equivaldrá al valor razonable de la contraprestación entregada más los costes de transacción que les sean directamente atribuibles, debiéndose aplicar, en su caso, en relación con las empresas del grupo, el criterio incluido en el apartado 2 de la norma relativa a operaciones entre empresas del grupo, y los criterios para determinar el coste de la combinación establecidos en la norma sobre combinaciones de negocios.

No obstante, si existiera una inversión anterior a su calificación como empresa del grupo, multigrupo o asociada, se considerará como coste de dicha inversión el valor contable que debiera tener la misma inmediatamente antes de que la empresa pase a tener esa calificación.

Formará parte de la valoración inicial el importe de los derechos preferentes de suscripción y similares que, en su caso, se hubiesen adquirido.

2.4.2. *Valoración posterior*

Los instrumentos de patrimonio incluidos en esta categoría se valorarán por su coste, menos, en su caso, el importe acumulado de las correcciones valorativas por deterioro.

Cuando deba asignarse valor a estos activos por baja del balance u otro motivo, se aplicará el método del coste medio ponderado por grupos homogéneos, entendiéndose por estos los valores que tienen iguales derechos.

En el caso de venta de derechos preferentes de suscripción y similares o segregación de los mismos para ejercitarlos, el importe del coste de los derechos disminuirá el valor contable de los respectivos activos. Dicho coste se determinará aplicando alguna fórmula valorativa de general aceptación.

Las aportaciones realizadas como consecuencia de un contrato de cuentas en participación y similares se valorarán al coste, incrementado o disminuido por el beneficio o la pérdida, respectivamente, que correspondan a la empresa como partícipe no gestor, y menos, en su caso, el importe acumulado de las correcciones valorativas por deterioro.

Se aplicará este mismo criterio en los préstamos participativos cuyos intereses tengan carácter contingente, bien porque se pacte un tipo de interés fijo o variable condicionado al cumplimiento de un hito en la empresa prestataria (por ejemplo, la obtención de beneficios), o bien porque se calculen exclusivamente por referencia a la evolución de la actividad de la citada empresa. Si además de un interés contingente se acuerda un interés fijo irrevocable, este último se contabilizará como un ingreso financiero en función de su devengo. Los costes de transacción se imputarán a la cuenta de pérdidas y ganancias de forma lineal a lo largo de la vida del préstamo participativo.

2.4.3. *Deterioro del valor*

Al menos al cierre del ejercicio, deberán efectuarse las correcciones valorativas necesarias siempre que exista evidencia objetiva de que el valor en libros de una inversión no será recuperable.

El importe de la corrección valorativa será la diferencia entre su valor en libros y el importe recuperable, entendido éste como el mayor importe entre su valor razonable menos los costes de venta y el valor actual de los flujos de efectivo futuros derivados de la inversión, que para el caso de instrumentos de patrimonio se calcularán, bien mediante la estimación de los que se espera recibir como consecuencia del reparto de dividendos realizado por la empresa participada y de la enajenación o baja en cuentas de la inversión en la misma, bien mediante la estimación de su participación en los flujos de efectivo que se espera sean generados por la empresa participada, procedentes tanto de sus actividades ordinarias como de su enajenación o baja en cuentas.

Salvo mejor evidencia del importe recuperable de las inversiones en instrumentos de patrimonio, la estimación de la pérdida por deterioro de esta clase de activos se calculará en función del patrimonio neto de la entidad participada y de las plusvalías tácitas existentes en la fecha de la valoración, netas del efecto impositivo. En la determinación de ese valor, y siempre que la empresa participada haya invertido a su vez en otra, deberá tenerse en cuenta el patrimonio neto incluido en las cuentas anuales consolidadas elaboradas aplicando los criterios del Código de Comercio y sus normas de desarrollo.

Cuando la empresa participada tuviere su domicilio fuera del territorio español, el patrimonio neto a tomar en consideración vendrá expresado en las normas contenidas en la presente disposición. No obstante, si mediaran altas tasas de inflación, los valores a considerar serán los resultantes de los estados financieros ajustados en el sentido expuesto en la norma relativa a moneda extranjera.

Con carácter general, el método indirecto de estimación a partir del patrimonio neto se podrá utilizar en aquellos casos en que puede servir para demostrar un valor recuperable mínimo sin la necesidad de realizar un análisis más complejo cuando de aquel se deduce que no hay deterioro.

El reconocimiento de las correcciones valorativas por deterioro de valor y, en su caso, su reversión, se registrarán como un gasto o un ingreso, respectivamente, en la cuenta de pérdidas y ganancias. La reversión del deterioro tendrá como límite el valor en libros de la inversión que estaría reconocida en la fecha de reversión si no se hubiese registrado el deterioro del valor.

No obstante, en el caso de que se hubiera producido una inversión en la empresa, previa a su calificación como empresa del grupo, multigrupo o asociada, y con anterioridad a esa calificación, se hubieran realizado ajustes valorativos imputados directamente al patrimonio neto derivados de tal inversión, dichos ajustes se mantendrán tras la calificación hasta la enajenación o baja de la inversión, momento en el que se registrarán en la cuenta de pérdidas y ganancias, o hasta que se produzcan las siguientes circunstancias:

a) En el caso de ajustes valorativos previos por aumentos de valor, las correcciones valorativas por deterioro se registrarán contra la partida del patrimonio neto que recoja los ajustes valorativos previamente practicados hasta el importe de los mismos, y el exceso, en su caso, se registrará en la cuenta de pérdidas y ganancias. La corrección valorativa por deterioro imputada directamente en el patrimonio neto no revertirá.

b) En el caso de ajustes valorativos previos por reducciones de valor, cuando posteriormente el importe recuperable sea superior al valor contable de las inversiones, este último se incrementará, hasta el límite de la indicada reducción de valor, contra la partida que haya recogido los ajustes valorativos previos y a partir de ese momento el nuevo importe surgido se considerará coste de la inversión. Sin embargo, cuando exista una evidencia objetiva de deterioro en el valor de la inversión, las pérdidas acumuladas directamente en el patrimonio neto se reconocerán en la cuenta de pérdidas y ganancias.

2.5. Reclasificación de activos financieros

Cuando la empresa cambie la forma en que gestiona sus activos financieros para generar flujos de efectivo, reclasificará todos los activos afectados de acuerdo con los criterios establecidos en los apartados anteriores de esta norma. La reclasificación de categoría no es un supuesto de baja de balance sino un cambio en el criterio de valoración.

A estos efectos, no son reclasificaciones los cambios derivados de las siguientes circunstancias:

a) Cuando un elemento que anteriormente era un instrumento de cobertura designado y eficaz en una cobertura de flujos de efectivo o en una cobertura de la inversión neta en un negocio extranjero haya dejado de cumplir los requisitos para ser considerado como tal.

b) Cuando un elemento pase a ser un instrumento de cobertura designado y eficaz en una cobertura de flujos de efectivo o en una cobertura de la inversión neta en un negocio extranjero.

La reclasificación efectuada conforme al párrafo anterior se realizará de forma prospectiva desde la fecha de reclasificación, de acuerdo con los siguientes criterios.

2.5.1. *Reclasificación de los activos financieros a coste amortizado a la categoría de activos financieros a valor razonable con cambios en la cuenta de pérdidas y ganancias y al contrario*

Si una entidad reclasifica un activo financiero desde la categoría de activos a coste amortizado a la de valor razonable con cambios en la cuenta de pérdidas y ganancias, su valor razonable se medirá en la fecha de reclasificación. Cualquier pérdida o ganancia que surja, por diferencia entre el coste amortizado previo del activo financiero y el valor razonable, se reconocerá en la cuenta de pérdidas y ganancias.

Por el contrario, si una entidad reclasifica un activo financiero desde la categoría de activos a valor razonable con cambios en pérdidas y ganancias a la de activos a coste amortizado, su valor razonable en la fecha de reclasificación pasará a ser su nuevo valor en libros.

2.5.2. *Reclasificación de los activos financieros a coste amortizado a la categoría de activos financieros a valor razonable con cambios en el patrimonio neto y al contrario*

Si una entidad reclasifica un activo financiero desde la categoría de activos a coste amortizado a la de valor razonable con cambios en el patrimonio neto, su valor razonable se medirá en la fecha de reclasificación. Cualquier pérdida o ganancia que surja, por diferencia entre el coste amortizado previo del activo financiero y el valor razonable, se reconocerá directamente en el patrimonio neto y se aplicarán las reglas relativas a los activos incluidos en esta categoría. El tipo de interés efectivo no se ajustará como resultado de la reclasificación.

Por el contrario, si una entidad reclasifica un activo financiero desde la categoría de medición a valor razonable con cambios en patrimonio neto a la de coste amortizado, este se reclasificará a su valor razonable en esa fecha. Las ganancias y pérdidas acumuladas en el patrimonio neto se ajustarán contra el valor razonable del activo financiero en la fecha de reclasificación. Como resultado el activo financiero se medirá en la fecha de reclasificación como si se hubiera medido a coste amortizado desde su reconocimiento inicial.

2.5.3. *Reclasificación de los activos financieros a valor razonable con cambios en la cuenta de pérdidas y ganancias a la categoría de activos financieros a valor razonable con cambios en el patrimonio neto y al contrario*

Si una entidad reclasifica un activo financiero desde la categoría de valor razonable con cambios en la cuenta de pérdidas y ganancias a la de valor razonable con cambios en el patrimonio neto, el activo financiero se continúa midiendo a valor razonable. Para el caso de inversiones en instrumentos de patrimonio no es posible la reclasificación.

Por el contrario, si la entidad reclasifica un activo financiero desde la categoría de valor razonable con cambios en el patrimonio neto a la de valor razonable con cambios en la cuenta de pérdidas y ganancias, el activo financiero se continúa midiendo a valor razonable, pero la ganancia o pérdida acumulada directamente en el patrimonio neto se reclasificará a la cuenta de pérdidas y ganancias en esa fecha.

2.5.4. *Reclasificación de las inversiones en instrumentos de patrimonio valoradas a coste a la categoría de activos financieros a valor razonable con cambios en pérdidas y ganancias y al contrario*

Cuando la inversión en el patrimonio de una empresa del grupo, multigrupo o asociada deje de calificarse como tal, la inversión financiera que se mantenga en esa empresa se reclasificará a la categoría de activos financieros a valor razonable con cambios en la cuenta de pérdidas y ganancias siempre que el valor razonable de las acciones pueda estimarse con fiabilidad, salvo que la empresa opte en ese momento por incluir la inversión en la categoría de activos financieros a valor razonable con cambios en el patrimonio neto.

En tal caso, su valor razonable se medirá en la fecha de reclasificación reconociendo cualquier ganancia o pérdida que surja, por diferencia entre el valor contable del activo previo a la reclasificación y el valor razonable, en la cuenta de pérdidas y ganancias, salvo que la empresa ejerza la mencionada opción, en cuyo caso la diferencia se imputará directamente al patrimonio neto. Se aplicará este mismo criterio a las inversiones en otros instrumentos de patrimonio que puedan valorarse con fiabilidad.

Por el contrario, en el supuesto de que el valor razonable de un instrumento de patrimonio dejase de ser fiable, su valor razonable en la fecha de reclasificación pasará a ser su nuevo valor en libros.

2.6. Intereses y dividendos recibidos de activos financieros

Los intereses y dividendos de activos financieros devengados con posterioridad al momento de la adquisición se reconocerán como ingresos en la cuenta de pérdidas y ganancias. Los intereses de los activos financieros valorados a coste amortizado deben reconocerse utilizando el método del tipo de interés efectivo y los dividendos cuando se declare el derecho del socio a recibirlos.

A estos efectos, en la valoración inicial de los activos financieros se registrarán de forma independiente, atendiendo a su vencimiento, el importe de los intereses explícitos devengados y no vencidos en dicho momento, así como el importe de los dividendos acordados por el órgano competente en el momento de la adquisición. Se entenderá por «intereses explícitos» aquellos que se obtienen de aplicar el tipo de interés contractual del instrumento financiero.

Asimismo, si los dividendos distribuidos proceden inequívocamente de resultados generados con anterioridad a la fecha de adquisición porque se hayan distribuido importes superiores a los beneficios generados por la participada desde la adquisición, no se reconocerán como ingresos, y minorarán el valor contable de la inversión.

El juicio sobre si se han generado beneficios por la participada se realizará atendiendo exclusivamente a los beneficios contabilizados en la cuenta de pérdidas y ganancias individual desde la fecha de adquisición, salvo que de forma indubitada el reparto con cargo a dichos beneficios deba calificarse como una recuperación de la inversión desde la perspectiva de la entidad que recibe el dividendo.

2.7. Baja de activos financieros

Conforme a lo señalado en el Marco Conceptual de la Contabilidad, en el análisis de las transferencias de activos financieros se debe atender a la realidad económica y no solo a su forma jurídica ni a la denominación de los contratos.

La empresa dará de baja un activo financiero, o parte del mismo, cuando expiren o se hayan cedido los derechos contractuales sobre los flujos de efectivo del activo financiero, siendo necesario que se hayan transferido de manera sustancial los riesgos y beneficios inherentes a su propiedad, en circunstancias que se evaluarán comparando la exposición de la empresa, antes y después de la cesión, a la variación en los importes y en el calendario de los flujos de efectivo netos del activo transferido. Se entenderá que se han cedido de manera sustancial los riesgos y beneficios inherentes a la propiedad del activo financiero cuando su exposición a tal variación deje de ser significativa en relación con la variación total del valor actual de los flujos de efectivo futuros netos asociados con el activo financiero (tal como las ventas en firme de activos, las cesiones de créditos comerciales en operaciones de «factoring» en las que la empresa no retenga ningún riesgo de crédito ni de interés, las ventas de activos financieros con pacto de recompra por su valor razonable y las titulizaciones de activos financieros en las que la empresa cedente no retenga financiaciones subordinadas ni conceda ningún tipo de garantía o asuma algún otro tipo de riesgo).

Si la empresa no hubiese cedido ni retenido sustancialmente los riesgos y beneficios, el activo financiero se dará de baja cuando no hubiese retenido el control del mismo, situación que se determinará dependiendo de la capacidad unilateral del cesionario para transmitir dicho activo, íntegramente y sin imponer condiciones, a un tercero no vinculado. Si la empresa cedente mantuviese el control del activo, continuará reconociéndolo por el importe al que la empresa esté expuesta a las variaciones de valor del activo cedido, es decir, por su implicación continuada, y reconocerá un pasivo asociado.

Cuando el activo financiero se dé de baja, la diferencia entre la contraprestación recibida neta de los costes de transacción atribuibles, considerando cualquier nuevo activo obtenido menos cualquier pasivo asumido, y el valor en libros del activo financiero, determinará la ganancia o la pérdida surgida al dar de baja dicho activo, y formará parte del resultado del ejercicio en que ésta se produce.

Los criterios anteriores también se aplicarán en las transferencias de un grupo de activos financieros o de parte del mismo.

La empresa no dará de baja los activos financieros y reconocerá un pasivo financiero por un importe igual a la contraprestación recibida, que se tratará con posterioridad de acuerdo con lo dispuesto en el apartado 3 de esta norma, en las cesiones de activos financieros en las que haya retenido sustancialmente los riesgos y beneficios inherentes a su propiedad, tales como en el descuento de efectos, el «factoring con recurso», las ventas de activos financieros con pacto de recompra a un precio fijo o al precio de venta más un interés y las titulizaciones de activos financieros en las que la empresa cedente retenga financiaciones subordinadas u otro tipo de garantías que absorban sustancialmente todas las pérdidas esperadas.

3. Pasivos financieros

Los instrumentos financieros emitidos, incurridos o asumidos se clasificarán como pasivos financieros, en su totalidad o en una de sus partes, siempre que de acuerdo con su realidad económica supongan para la empresa una obligación contractual, directa o indirecta, de entregar efectivo u otro activo financiero, o de intercambiar activos o pasivos financieros con terceros en condiciones potencialmente desfavorables, tal como un instrumento financiero que prevea su recompra obligatoria por parte del emisor, o que otorgue al tenedor el derecho a exigir al emisor su rescate en una fecha y por un importe determinado o determinable, o a recibir una remuneración predeterminada siempre que haya beneficios distribuibles, como serían determinadas acciones rescatables y acciones o participaciones sin voto.

También se clasificará como un pasivo financiero, todo contrato que pueda ser o será, liquidado con los instrumentos de patrimonio propio de la empresa, siempre que:

a) No sea un derivado y obligue o pueda obligar a entregar una cantidad variable de sus instrumentos de patrimonio propio.
b) Si es un derivado con posición desfavorable para la empresa, pueda ser o será liquidado mediante una forma distinta al intercambio de una cantidad fija de efectivo o de otro activo financiero por una cantidad fija de los instrumentos de patrimonio de la empresa; a estos efectos no se incluirán entre los instrumentos de patrimonio propio, aquellos que sean, en sí mismos, contratos para la futura recepción o entrega de instrumentos de patrimonio propio de la empresa.

Los derechos, opciones o warrants para adquirir un número fijo de instrumentos de patrimonio propio de la empresa por un importe fijo en cualquier moneda son instrumentos de patrimonio, siempre que la empresa ofrezca dichos derechos, opciones o warrants de forma proporcional a todos los accionistas o socios de la misma clase de instrumentos de patrimonio. Si los instrumentos otorgan al tenedor la opción de liquidarlos mediante la entrega de los instrumentos de patrimonio o en efectivo por el valor razonable de los instrumentos de patrimonio o a un precio fijo, entonces cumplen la definición de un pasivo financiero.

Los pasivos financieros, a efectos de su valoración, se incluirán en alguna de las siguientes categorías:

1. Pasivos financieros a coste amortizado.
2. Pasivos financieros a valor razonable con cambios en la cuenta de pérdidas y ganancias.

Sin perjuicio de lo anterior, las aportaciones recibidas como consecuencia de un contrato de cuentas en participación y similares, se valorarán al coste, incrementado o disminuido por el beneficio o la pérdida, respectivamente, que deba atribuirse a los partícipes no gestores.

Se aplicará este mismo criterio en los préstamos participativos cuyos intereses tengan carácter contingente, bien porque se pacte un tipo de interés fijo o variable condicionado al cumplimiento de un hito en la empresa prestataria (por ejemplo, la obtención de beneficios), o bien porque se calculen exclusivamente por referencia a la evolución de la actividad de la citada empresa. Los gastos financieros se reconocerán en la cuenta de pérdidas y ganancias de acuerdo con el principio de devengo, y los costes de transacción se imputarán a la cuenta de pérdidas y ganancias con arreglo a un criterio financiero o, si no resultase aplicable, de forma lineal a lo largo de la vida del préstamo participativo.

Adicionalmente, los pasivos financieros originados como consecuencia de transferencias de activos, en los que la empresa no haya cedido ni retenido sustancialmente sus riesgos y beneficios, se valorarán de manera consistente con el activo cedido en los términos previstos en el apartado 2.7.

3.1. Pasivos financieros a coste amortizado

La empresa clasificará todos los pasivos financieros en esta categoría excepto cuando deban valorarse a valor razonable con cambios en la cuenta de pérdidas y ganancias, de acuerdo con los criterios incluidos en el apartado 3.2, o se trate de alguna de las excepciones previstas en esta norma.

Con carácter general, se incluyen en esta categoría los débitos por operaciones comerciales y los débitos por operaciones no comerciales:

a) Débitos por operaciones comerciales: son aquellos pasivos financieros que se originan en la compra de bienes y servicios por operaciones de tráfico de la empresa con pago aplazado, y *b*) Débitos por operaciones no comerciales: son aquellos pasivos financieros que, no siendo instrumentos derivados, no tienen origen comercial, sino que proceden de operaciones de préstamo o crédito recibidos por la empresa.

Los préstamos participativos que tengan las características de un préstamo ordinario o común también se incluirán en esta categoría sin perjuicio de que la operación se acuerde a un tipo de interés cero o por debajo de mercado.

3.1.1. *Valoración inicial*

Los pasivos financieros incluidos en esta categoría se valorarán inicialmente por su valor razonable, que, salvo evidencia en contrario, será el precio de la transacción, que equivaldrá al valor razonable de la contraprestación recibida ajustado por los costes de transacción que les sean directamente atribuibles.

No obstante, los débitos por operaciones comerciales con vencimiento no superior a un año y que no tengan un tipo de interés contractual, así como los desembolsos exigidos por terceros sobre participaciones, cuyo importe se espera pagar en el corto plazo, se podrán valorar por su valor nominal, cuando el efecto de no actualizar los flujos de efectivo no sea significativo.

3.1.2. *Valoración posterior.*

Los pasivos financieros incluidos en esta categoría se valorarán por su coste amortizado. Los intereses devengados se contabilizarán en la cuenta de pérdidas y ganancias, aplicando el método del tipo de interés efectivo.

No obstante, los débitos con vencimiento no superior a un año que, de acuerdo con lo dispuesto en el apartado anterior, se valoren inicialmente por su valor nominal, continuarán valorándose por dicho importe.

3.2. Pasivos financieros a valor razonable con cambios en la cuenta de pérdidas y ganancias

En esta categoría se incluirán los pasivos financieros que cumplan alguna de las siguientes condiciones:

a) Son pasivos que se mantienen para negociar. Se considera que un pasivo financiero se posee para negociar cuando:
   a.1. Se emita o asuma principalmente con el propósito de readquirirlo en el corto plazo (por ejemplo, obligaciones y otros valores negociables emitidos cotizados que la empresa pueda comprar en el corto plazo en función de los cambios de valor).
   a.2 .Sea una obligación que un vendedor en corto tiene de entregar activos financieros que le han sido prestados (es decir, una empresa que vende activos financieros que había recibido en préstamo y que todavía no posee).
   a.3. Forme parte en el momento de su reconocimiento inicial de una cartera de instrumentos financieros identificados y gestionados conjuntamente de la que existan evidencias de actuaciones recientes para obtener ganancias en el corto plazo, o
   a.4. Sea un instrumento financiero derivado, siempre que no sea un contrato de garantía financiera ni haya sido designado como instrumento de cobertura.

b) Desde el momento del reconocimiento inicial, ha sido designado por la entidad para contabilizarlo al valor razonable con cambios en la cuenta de pérdidas y ganancias. Esta designación, que será irrevocable, sólo se podrá realizar si resulta en una información más relevante, debido a que:
   b.1. Se elimina o reduce de manera significativa una incoherencia o «asimetría contable» con otros instrumentos a valor razonable con cambios en pérdidas y ganancias; o
   b.2. Un grupo de pasivos financieros o de activos y pasivos financieros se gestione y su rendimiento se evalúe sobre la base de su valor razonable de acuerdo con una estrategia de gestión del riesgo o de inversión documentada y se facilite información del grupo también sobre la base del valor razonable al personal clave de la dirección, según se define en la norma 15ª de elaboración de las cuentas anuales.

c) Opcionalmente y de forma irrevocable, se podrán incluir en su integridad en esta categoría los pasivos financieros híbridos regulados en el apartado 5.1, siempre que se cumplan los requisitos allí establecidos.

Valoración inicial y posterior.

Los pasivos financieros incluidos en esta categoría se valorarán inicialmente por su valor razonable, que, salvo evidencia en contrario, será el precio de la transacción, que equivaldrá al valor razonable de la contraprestación recibida. Los costes de transacción que les sean directamente atribuibles se reconocerán en la cuenta de pérdidas y ganancias del ejercicio.

Después del reconocimiento inicial la empresa valorará los pasivos financieros comprendidos en esta categoría a valor razonable con cambios en la cuenta de pérdidas y ganancias.

3.3. Reclasificación de pasivos financieros

Una entidad no reclasificará pasivo financiero alguno. A estos efectos, no son reclasificaciones los cambios derivados de las siguientes circunstancias:

a) Cuando un elemento que anteriormente era un instrumento de cobertura designado y eficaz en una cobertura de flujos de efectivo o en una cobertura de la inversión neta en un negocio extranjero haya dejado de cumplir los requisitos para ser considerado como tal.
b) Cuando un elemento pase a ser un instrumento de cobertura designado y eficaz en una cobertura de flujos de efectivo o en una cobertura de la inversión neta en un negocio extranjero.

3.4. Baja de pasivos financieros

La empresa dará de baja un pasivo financiero, o parte del mismo, cuando la obligación se haya extinguido; es decir, cuando haya sido satisfecha, cancelada o haya expirado. También dará de baja los pasivos financieros propios que adquiera, aunque sea con la intención de recolocarlos en el futuro.

Si se produjese un intercambio de instrumentos de deuda entre un prestamista y un prestatario, siempre que estos tengan condiciones sustancialmente diferentes, se registrará la baja del pasivo financiero original y se reconocerá el nuevo pasivo financiero que surja. De la misma forma se registrará una modificación sustancial de las condiciones actuales de un pasivo financiero.

La diferencia entre el valor en libros del pasivo financiero o de la parte del mismo que se haya dado de baja y la contraprestación pagada incluidos los costes o comisiones en que se incurra y en la que se recogerá asimismo cualquier activo cedido diferente del efectivo o pasivo asumido, se reconocerá en la cuenta de pérdidas y ganancias del ejercicio en que tenga lugar.

En el caso de un intercambio de instrumentos de deuda que no tengan condiciones sustancialmente diferentes, el pasivo financiero original no se dará de baja del balance. Cualquier coste de transacción o comisión incurrida ajustará el importe en libros del pasivo financiero. A partir de esa fecha, el coste amortizado del pasivo financiero se determinará aplicando el tipo de interés efectivo que iguale el valor en libros del pasivo financiero con los flujos de efectivo a pagar según las nuevas condiciones.

A estos efectos, las condiciones de los contratos se considerarán sustancialmente diferentes, entre otros casos, cuando el valor actual de los flujos de efectivo del nuevo contrato, incluida cualquier comisión pagada, neta de cualquier comisión recibida, difiera al menos en un diez por ciento del valor actual de los flujos de efectivo remanentes del contrato original, actualizados ambos importes al tipo de interés efectivo de este último. Ciertas modificaciones en la determinación de los flujos de efectivo pueden no superar este análisis cuantitativo, pero pueden dar lugar también a una modificación sustancial del pasivo, tales como: un cambio de tipo de interés fijo a variable en la remuneración del pasivo, la reexpresión del pasivo a una divisa distinta, un préstamo a tipo de interés fijo que se convierte en un préstamo participativo, entre otros casos.

En particular, la contabilización del efecto de la aprobación de un convenio con los acreedores que consista en una modificación de las condiciones de la deuda se reflejará en las cuentas anuales del ejercicio en que se apruebe judicialmente siempre que de forma racional se prevea su cumplimiento, y que la empresa pueda seguir aplicando el principio de empresa en funcionamiento. A tal efecto, el deudor, en aplicación de los criterios incluidos en los párrafos anteriores, realizará un registro en dos etapas:

a) Primero analizará si se ha producido una modificación sustancial de las condiciones de la deuda para lo cual descontará los flujos de efectivo de la antigua y de la nueva empleando el tipo de interés inicial, para posteriormente, en su caso (si el cambio es sustancial),
b) Registrar la baja de la deuda original y reconocer el nuevo pasivo por su valor razonable (lo que implica que el gasto por intereses de la nueva deuda se contabilice a partir de ese momento aplicando el tipo de interés de mercado en esa fecha; esto es, el tipo de interés incremental del deudor o tasa de interés que debería pagar en ese momento para obtener financiación en moneda y plazo equivalente a la que ha resultado de los términos en que ha sido aprobado el convenio).

4. Instrumentos de patrimonio propio

Un instrumento de patrimonio es cualquier negocio jurídico que evidencia, o refleja, una participación residual en los activos de la empresa que los emite una vez deducidos todos sus pasivos.

En el caso de que la empresa realice cualquier tipo de transacción con sus propios instrumentos de patrimonio, el importe de estos instrumentos se registrará en el patrimonio neto, como una variación de los fondos propios, y en ningún caso podrán ser reconocidos como activos financieros de la empresa ni se registrará resultado alguno en la cuenta de pérdidas y ganancias.

Los gastos derivados de estas transacciones, incluidos los gastos de emisión de estos instrumentos, tales como honorarios de letrados, notarios, y registradores; impresión de memorias, boletines y títulos; tributos; publicidad; comisiones y otros gastos de colocación, se registrarán directamente contra el patrimonio neto como menores reservas.

Los gastos derivados de una transacción de patrimonio propio, de la que se haya desistido o se haya abandonado, se reconocerán en la cuenta de pérdidas y ganancias.

5. Casos particulares

5.1. Instrumentos financieros híbridos

Los instrumentos financieros híbridos son aquellos que combinan un contrato principal no derivado y un derivado financiero, denominado derivado implícito, que no puede ser transferido de manera independiente ni tiene una contraparte distinta al instrumento y cuyo efecto es que algunos de los flujos de efectivo del instrumento híbrido varían de forma similar a los flujos de efectivo del derivado considerado de forma independiente (por ejemplo, bonos referenciados al precio de unas acciones o a la evolución de un índice bursátil).

A los efectos de esta norma se diferencian dos tipos de contratos híbridos:

a) Contratos híbridos con un activo financiero como contrato principal.
b) Otros contratos híbridos.

5.1.1. *Contratos híbridos con un activo financiero como contrato principal*

La empresa aplicará los criterios generales establecidos en el apartado 2 de esta norma al contrato híbrido completo.

5.1.2. *Otros contratos híbridos*

Se incluyen en esta categoría aquellos instrumentos híbridos que contienen uno o más derivados implícitos y un contrato principal que no es un activo financiero.

La empresa deberá contabilizar por separado el derivado implícito y el contrato principal si, y solo si:

a) Las características y los riesgos económicos del derivado implícito no están relacionados estrechamente con los del contrato principal.
b) Un instrumento financiero distinto con las mismas condiciones que las del derivado implícito cumpliría la definición de instrumento derivado; y
c) El contrato híbrido no se valora en su integridad a valor razonable con cambios en la cuenta de pérdidas y ganancias (es decir, por ejemplo, un derivado que se encuentre implícito en un pasivo financiero valorado al

valor razonable con cambios en la cuenta de pérdidas y ganancias, no se separa).

El derivado implícito se contabilizará como tal y el contrato principal se contabilizará de acuerdo con la norma de registro y valoración correspondiente. Si no se cumplen los requisitos enumerados en el párrafo anterior para reconocer y valorar por separado el derivado implícito y el contrato principal, la empresa aplicará al contrato híbrido en su conjunto los criterios generales de registro y valoración.

No obstante, la empresa podrá designar, en su reconocimiento inicial y de forma irrevocable, todo el contrato híbrido como a valor razonable con cambios en resultados, evitando así la segregación del derivado o derivados implícitos, a menos que se de alguna de las siguientes circunstancias:

a) El derivado o derivados implícitos no modifiquen de manera significativa los flujos de efectivo que, de otra manera, habría generado el instrumento, o
b) Al considerar por primera vez el instrumento híbrido, sea evidente que no esté permitida la separación del derivado o derivados implícitos, como sería el caso de una opción de pago anticipada implícita en un préstamo que permita a su tenedor reembolsar por anticipado el préstamo por aproximadamente su coste amortizado.

Si se requiere por esta norma que la empresa separe un derivado implícito pero no pudiera determinarse con fiabilidad el valor razonable de ese derivado implícito sobre la base de sus propias características, dicho valor se estimará por diferencia entre el valor razonable del instrumento híbrido y el del contrato principal si ambos pudieran ser determinados con fiabilidad; si ello tampoco es posible, ya sea en la fecha de adquisición o en otra posterior, la empresa tratará el contrato híbrido en su conjunto como un instrumento financiero a valor razonable con cambios en la cuenta de pérdidas y ganancias.

5.2. Instrumentos financieros compuestos

Un instrumento financiero compuesto es un instrumento financiero no derivado que incluye componentes de pasivo y de patrimonio simultáneamente.

Si la empresa hubiese emitido un instrumento financiero compuesto, reconocerá, valorará y presentará por separado sus componentes.

La empresa distribuirá el valor en libros inicial de acuerdo con los siguientes criterios que, salvo error, no será objeto de revisión posteriormente:

a) Asignará al componente de pasivo el valor razonable de un pasivo similar que no lleve asociado el componente de patrimonio.
b) Asignará al componente de patrimonio la diferencia entre el importe inicial y el valor asignado al componente de pasivo.
c) En la misma proporción distribuirá los costes de transacción.

5.3. Contratos que se mantengan con el propósito de recibir o entregar un activo no financiero

Los contratos que se mantengan con el propósito de recibir o entregar un activo no financiero de acuerdo con las necesidades de compra, venta o utilización de dichos activos por parte de la empresa, se tratarán como anticipos a cuenta o compromisos, de compras o ventas, según proceda, salvo que se puedan liquidar por diferencias y la entidad los designe como medidos a valor razonable con cambios en pérdidas y ganancias. Esta designación solo es posible al inicio del contrato y siempre y cuando con ella se elimine o reduzca de forma significativa una «asimetría contable» que surgiría en otro caso por no reconocer ese contrato a valor razonable.

No obstante, se reconocerán y valorarán según lo dispuesto en esta norma para los instrumentos financieros derivados, aquellos contratos que se mantengan con la intención de liquidar por diferencias, en efectivo o en otro instrumento financiero, o bien mediante el intercambio de instrumentos financieros o, aun cuando se liquiden mediante la entrega de un activo no financiero, la empresa tenga la práctica de venderlo en un periodo de tiempo corto e inferior al periodo normal del sector en que opere la empresa con la intención de obtener una ganancia por su intermediación o por las fluctuaciones de su precio, o el activo no financiero sea fácilmente convertible en efectivo.

Una opción emitida de compra o venta de un activo no financiero, que pueda ser liquidada por el importe neto, en efectivo o en otro instrumento financiero, o mediante el intercambio de instrumentos financieros, también se reconocerá y valorará según lo dispuesto en esta norma para los instrumentos financieros derivados porque dicho contrato no puede haberse celebrado con el objetivo de recibir o entregar una partida no financiera de acuerdo con las compras, ventas o necesidades de utilización esperadas por la empresa.

5.4. Contratos de garantía financiera

Un contrato de garantía financiera es aquel que exige que el emisor efectúe pagos específicos para reembolsar al tenedor por la pérdida en la que incurre cuando un deudor específico incumpla su obligación de pago al vencimiento de acuerdo con las condiciones, originales o modificadas, de un instrumento de deuda, tal como una fianza o un aval.

Estos contratos se valorarán inicialmente por su valor razonable, que, salvo evidencia en contrario, será igual a la prima recibida más, en su caso, el valor actual de las primas a recibir.

Con posterioridad al reconocimiento inicial, y salvo que en dicho momento se hubiese clasificado como pasivos financieros a valor razonable con cambios en la cuenta de pérdidas y ganancias o se les aplique lo dispuesto en el apartado 2.7 de esta norma por surgir en la cesión de activos financieros que no cumplan los requisitos para su baja de balance, se valorarán por el mayor de los importes siguientes:

a) El importe que resulte de aplicar la norma relativa a provisiones y contingencias.
b) El inicialmente reconocido menos, cuando proceda, la parte del mismo imputada a la cuenta de pérdidas y ganancias porque corresponda a ingresos devengados.

La empresa que recibe la garantía (empresa avalada) contabilizará el coste del aval en la cuenta pérdidas y ganancias como un gasto de la explotación, sin perjuicio de que al cierre del ejercicio deba reconocerse la correspondiente periodificación. No obstante lo anterior, en aquellos supuestos en que el aval esté directamente relacionado con una operación financiera, por ejemplo, cuando el tipo de interés dependa del otorgamiento del aval, la obtención del préstamo y la formalización del aval pueden considerarse una sola operación de financiación para la empresa, en la medida en que el aval es requisito indispensable para obtener el préstamo, circunstancia que debería llevar a incluir en el cálculo del tipo de interés efectivo de la operación todos los desembolsos derivados del aval.

5.5. Fianzas entregadas y recibidas

En las fianzas entregadas o recibidas por arrendamientos operativos o por prestación de servicios, la diferencia entre su valor razonable y el importe desembolsado (debida, por ejemplo, a que la fianza es a largo plazo y no está remunerada) se considerará como un pago o cobro anticipado por el arrendamiento o prestación del servicio, que se imputará a la cuenta de pérdidas y ganancias durante el periodo del arrendamiento, conforme a lo señalado en el apartado 2 de la norma sobre arrendamientos y otras operaciones de naturaleza similar, o durante el periodo en el que se preste el servicio, de acuerdo con la norma sobre ingresos por ventas y prestación de servicios.

Al estimar el valor razonable de las fianzas, se tomará como periodo remanente el plazo contractual mínimo comprometido durante el cual no se pueda devolver su importe, sin tomar en consideración el comportamiento estadístico de devolución.

Cuando la fianza sea a corto plazo, no será necesario realizar el descuento de flujos de efectivo si su efecto no es significativo.

6. Coberturas contables

Una cobertura es una técnica financiera mediante la que uno o varios instrumentos financieros, denominados instrumentos de cobertura, son designados para cubrir un riesgo específicamente identificado que puede tener impacto en la cuenta de pérdidas y ganancias como consecuencia de variaciones en el valor razonable o en los flujos de efectivo de una o varias partidas cubiertas.

Una cobertura contable implica que, cuando se cumpla con los requisitos exigidos en la norma, los instrumentos de cobertura y las partidas cubiertas se contabilizarán aplicando los criterios específicos establecidos en ella en lugar de los fijados con carácter general.

En todo caso para que la empresa pueda aplicar una contabilidad de coberturas se deben cumplir todas las condiciones siguientes:

a) La relación de cobertura consta solo de instrumentos de cobertura y partidas cubiertas admisibles, conforme a lo dispuesto en los apartados siguientes.
b) La relación de cobertura se designa y documenta en el momento inicial, en cuyo momento también se debe fijar su objetivo y estrategia.
c) La cobertura debe ser eficaz durante todo el plazo previsto para compensar las variaciones en el valor razonable o en los flujos de efectivo que se atribuyan al riesgo cubierto, de manera consistente con la estrategia de gestión del riesgo inicialmente documentada.

La empresa interrumpirá la contabilidad de coberturas de forma prospectiva solo cuando la relación de cobertura (o una parte de ella) deje de cumplir los criterios requeridos, después de tener en cuenta, en su caso, cualquier reequilibrio de la relación de cobertura; por ejemplo, cuando el instrumento de cobertura expire, se venda, se resuelva o se ejercite. Sin embargo, el registro y valoración de la cobertura no cesa en caso de que la empresa revoque la designación de la cobertura si se siguen cumpliendo el resto de los requisitos.

6.1. Instrumentos de cobertura

Con carácter general, los instrumentos que se pueden designar como instrumentos de cobertura son los derivados cuyo valor razonable o flujos de efectivo futuros compensen las variaciones en el valor razonable o en los flujos de efectivo futuros de partidas que cumplan los requisitos para ser calificadas como partidas cubiertas. No obstante, una opción emitida no podrá ser designada como instrumento de cobertura a menos que se designe para cubrir una opción comprada, incluyendo aquellas opciones compradas implícitas en otro instrumento financiero.

Igualmente, pueden designarse como instrumentos de cobertura los activos y pasivos financieros que no sean derivados, si se miden al valor razonable con cambios en la cuenta de pérdidas y ganancias.

En el caso de coberturas de tipo de cambio, el componente de riesgo de tasa de cambio de un activo financiero o de un pasivo financiero, que no sean derivados, puede ser designado como instrumento de cobertura.

La empresa puede designar como instrumento de cobertura una combinación de derivados o una proporción de estos y de no derivados o una proporción de estos, incluyendo aquellos casos en los que el riesgo o riesgos que surgen de algunos instrumentos de cobertura compensan los que surgen de otros.

6.2. Partidas cubiertas

Podrán ser designadas como partidas cubiertas, los activos y pasivos reconocidos, los compromisos en firme no reconocidos, las transacciones previstas altamente probables y las inversiones netas en un negocio en el extranjero, que expongan a la empresa a riesgos específicamente identificados de variaciones en el valor razonable o en los flujos de efectivo. Las transacciones previstas altamente probables solo pueden ser cubiertas cuando supongan una exposición a las variaciones en los flujos de efectivo que podría afectar a la cuenta de pérdidas y ganancias.

También podrá ser designada como partida cubierta una exposición agregada formada por la combinación de una exposición que pueda considerarse partida cubierta según el párrafo anterior y un derivado.

La partida cubierta puede ser una única partida, un componente de esta o un grupo de partidas, siempre y cuando se puedan valorar con fiabilidad.

La empresa solo podrá designar los siguientes componentes de una partida como partidas cubiertas:

a) Cambios en los flujos de efectivo o en el valor razonable de una partida atribuibles a un riesgo o riesgos específicos, siempre que, sobre la base de una evaluación dentro del contexto de la estructura de mercado concreta, el componente de riesgo sea identificable por separado y medible con fiabilidad, incluyendo los cambios en los flujos de efectivo o en el valor razonable de una partida cubierta que estén por encima o por debajo de un precio especificado u otra variable (riesgo unilateral).

b) Uno o más flujos de efectivo contractuales seleccionados.

c) Los componentes de un importe nominal, es decir una parte específica del importe de una partida (por ejemplo, el cincuenta por ciento de los flujos de efectivo contractuales de un préstamo o los próximos flujos de efectivo, por importe de diez unidades monetarias, procedentes de las ventas denominadas en una moneda extranjera después de superarse las primeras veinte unidades monetarias).

Un grupo de partidas (incluyendo un grupo de partidas que constituye una posición neta) solo será admisible como partida cubierta si:

a) Está formado por partidas, incluyendo sus componentes, que individualmente sean admisibles como partidas cubiertas;

b) Las partidas del grupo se gestionan conjuntamente a efectos de la gestión del riesgo; y

c) En el caso de una cobertura de flujos de efectivo de un grupo de partidas cuyas variaciones en los flujos de efectivo no se espera que sean aproximadamente proporcionales a la variación global en los flujos de efectivo del grupo de forma que se generen posiciones de riesgo compensadas entre sí:
   - *c*.1) Se trata de una cobertura del riesgo de tipo de cambio; y
   - *c*.2) La designación de esa posición neta especifica el ejercicio en el que se espera que las transacciones previstas afecten a la cuenta de pérdidas y ganancias, así como su naturaleza y volumen.

6.3. Documentación y eficacia de las coberturas contables

La documentación de una relación de cobertura debe incluir la identificación del instrumento de cobertura y de la partida cubierta, la naturaleza del riesgo que se va a cubrir y la forma en que la empresa evaluará si la relación de cobertura cumple los requisitos de eficacia de la cobertura (junto con su análisis de las causas de ineficacia de la cobertura y el modo de determinar la ratio de cobertura).

Para que la cobertura se califique como eficaz se deben cumplir los siguientes requisitos:

a) Existe una relación económica entre la partida cubierta y el instrumento de cobertura.

b) El riesgo de crédito no debe ejercer un efecto dominante sobre los cambios de valor resultantes de esa relación económica; y

c) La ratio de cobertura de la relación de cobertura contable, entendida como la cantidad de partida cubierta entre la cantidad de elemento de cobertura, debe ser la misma que la ratio de cobertura que se emplee a efectos de gestión. Es decir, la ratio de cobertura de la relación de cobertura es la misma que la resultante de la cantidad de la partida cubierta que la entidad realmente cubre y la cantidad del instrumento de cobertura que la entidad realmente utiliza para cubrir dicha cantidad de la partida cubierta. No obstante, esa designación no debe reflejar un desequilibrio entre las ponderaciones de la partida cubierta y del instrumento de cobertura que genere una ineficacia de cobertura, independientemente de que esté reconocida o no, que pueda dar lugar a un resultado contable contrario a la finalidad de la contabilidad de cobertura.

Cumplido el requisito de eficacia de la cobertura, la parte del instrumento de cobertura que no se utilice para cubrir un riesgo se contabilizará de acuerdo con los criterios generales. La parte del instrumento de cobertura que se ha designado como cobertura eficaz, podrá incluir una parte ineficaz residual siempre que no refleje un desequilibrio entre las ponderaciones de la partida cubierta y el instrumento. Esta parte ineficaz será igual al exceso de la variación del valor del instrumento de cobertura designado como cobertura eficaz sobre la variación del valor de la partida cubierta.

Si una relación de cobertura deja de cumplir el requisito de eficacia de la cobertura relativo a la ratio de cobertura, pero se mantiene inalterado el objetivo de gestión del riesgo para esa relación de cobertura designada, la empresa ajustará la ratio de cobertura de dicha relación de forma que cumpla de nuevo los criterios requeridos a lo que se denominará en esta norma reequilibrio.

El reequilibrio significa que, a efectos de la contabilidad de coberturas, una vez iniciada una relación de cobertura la empresa debe ajustar las cantidades del instrumento de cobertura o de la partida cubierta en respuesta a los cambios que afectan a la ratio de cobertura correspondiente. Habitualmente, ese ajuste refleja cambios en las cantidades del instrumento de cobertura y de la partida cubierta que se utilicen a efectos de gestión.

El ajuste de la ratio de cobertura puede hacerse de distintas formas:

a) Se puede aumentar la ponderación de la partida cubierta (con lo que al mismo tiempo se reduce la ponderación del instrumento de cobertura), bien aumentando el importe de la partida cubierta, bien disminuyendo el importe del instrumento de cobertura.
b) Se puede aumentar la ponderación del instrumento de cobertura (con lo que al mismo tiempo se reduce la ponderación de la partida cubierta), bien aumentando el importe del instrumento de cobertura, bien disminuyendo el importe de la partida cubierta.

Los cambios en el importe se refieren a cambios en las cantidades que formen parte de la relación de cobertura. Por consiguiente, las disminuciones del importe no significan necesariamente que las partidas o transacciones dejen de existir, o que deje de esperarse que tengan lugar, sino que no forman parte de la relación de cobertura. Por ejemplo, la disminución del importe del instrumento de cobertura puede dar lugar a que la empresa mantenga un derivado, pero solo parte de este siga siendo un instrumento de cobertura de la relación de cobertura. En ese caso, la parte del derivado que deje de formar parte de la relación de cobertura se contabilizaría al valor razonable con cambios en la cuenta de pérdidas y ganancias, a menos que se designe como instrumento de cobertura en una relación de cobertura diferente.

6.4. Tipos de cobertura y registro contable

A los efectos de su registro y valoración, las operaciones de cobertura se clasificarán en las siguientes categorías:

a) Cobertura del valor razonable: cubre la exposición a los cambios en el valor razonable de activos o pasivos reconocidos o de compromisos en firme aún no reconocidos, o de una parte concreta de los mismos, atribuible a un riesgo concreto que pueda afectar a la cuenta de pérdidas y ganancias (por ejemplo, la contratación de una permuta financiera para cubrir el riesgo de una financiación a tipo de interés fijo).

Los cambios de valor del instrumento de cobertura y de la partida cubierta atribuibles al riesgo cubierto se reconocerán en la cuenta de pérdidas y ganancias.

Cuando la partida cubierta sea un compromiso en firme no reconocido o un componente de este, el cambio acumulado en el valor razonable de la partida cubierta con posterioridad a su designación se reconocerá como un activo o un pasivo, y la ganancia o pérdida correspondiente se reflejará en la cuenta de pérdidas y ganancias.

Las modificaciones en el importe en libros de las partidas cubiertas que se valoren a coste amortizado implicarán la corrección, bien desde el momento de la modificación, bien (como tarde) desde que cese la contabilidad de coberturas, del tipo de interés efectivo del instrumento.

b) Cobertura de flujos de efectivo: cubre la exposición a la variación de los flujos de efectivo que se atribuya a un riesgo concreto asociado a la totalidad o a un componente de un activo o pasivo reconocido (tal como la contratación de una permuta financiera para cubrir el riesgo de una financiación a tipo de interés variable), o a una transacción prevista altamente probable (por ejemplo, la cobertura del riesgo de tipo de cambio relacionado con compras y ventas previstas de inmovilizados materiales, bienes y servicios en moneda extranjera), y que pueda afectar a la cuenta de pérdidas y ganancias. La cobertura del riesgo de tipo de cambio de un compromiso en firme puede ser contabilizada como una cobertura de flujos de efectivo o como una cobertura de valor razonable.

La pérdida o ganancia del instrumento de cobertura, en la parte que constituya una cobertura eficaz, se reconocerá directamente en el patrimonio neto. Así, el componente de patrimonio neto que surge como consecuencia de la cobertura se ajustará para que sea igual, en términos absolutos, al menor de los dos valores siguientes:

b.1) La pérdida o ganancia acumulada del instrumento de cobertura desde el inicio de la cobertura.

b.2) El cambio acumulado en el valor razonable de la partida cubierta (es decir, el valor actual del cambio acumulado en los flujos de efectivo futuros esperados cubiertos) desde el inicio de la cobertura.

Cualquier pérdida o ganancia restante del instrumento de cobertura o cualquier pérdida o ganancia requerida para compensar el cambio en el ajuste por cobertura de flujos de efectivo calculada de acuerdo con el párrafo anterior, representará una ineficacia de la cobertura que obligará a reconocer en el resultado del ejercicio esas cantidades.

Si una transacción prevista altamente probable cubierta da lugar posteriormente al reconocimiento de un activo no financiero o un pasivo no financiero, o una transacción prevista cubierta relativa a un activo no financiero o un pasivo no financiero pasa a ser un compromiso en firme al cual se aplica la contabilidad de coberturas del valor razonable, la empresa eliminará ese importe del ajuste por cobertura de flujos de efectivo y lo incluirá directamente en el coste inicial u otro importe en libros del activo o del pasivo. Se aplicará este mismo criterio en las coberturas del riesgo de tipo de cambio de la adquisición de una inversión en una empresa del grupo, multigrupo o asociada.

En el resto de los casos, el ajuste reconocido en patrimonio neto se transferirá a la cuenta de pérdidas y ganancias en la medida en que los flujos de efectivo futuros esperados cubiertos afecten al resultado del ejercicio (por ejemplo, en los ejercicios en que se reconozca el gasto por intereses o en que tenga lugar una venta prevista).

No obstante, si el ajuste reconocido en patrimonio neto es una pérdida y la empresa espera que todo o parte de esta no se recupere en uno o más ejercicios futuros, ese importe que no se espera recuperar se reclasificará inmediatamente en el resultado del ejercicio.

c) Cobertura de la inversión neta en negocios en el extranjero: cubre el riesgo de tipo de cambio en las inversiones en sociedades dependientes, asociadas, negocios conjuntos y sucursales, cuyas actividades estén basadas o se lleven a cabo en una moneda funcional distinta a la de la empresa que elabora las cuentas anuales.

En las operaciones de cobertura de inversiones netas en negocios conjuntos que carezcan de personalidad jurídica independiente y sucursales en el extranjero, los cambios de valor de los instrumentos de cobertura atribuibles al riesgo cubierto se reconocerán transitoriamente en el patrimonio neto, imputándose a la cuenta de pérdidas y ganancias en el ejercicio o ejercicios en que se produzca la enajenación o disposición por otra vía de la inversión neta en el negocio en el extranjero.

Las operaciones de cobertura de inversiones netas en negocios en el extranjero en sociedades dependientes, multigrupo y asociadas, se tratarán como coberturas de valor razonable por el componente de tipo de cambio.

La inversión neta en un negocio en el extranjero está compuesta, además de por la participación en el patrimonio neto, por cualquier partida monetaria a cobrar o pagar, cuya liquidación no está contemplada ni es probable que se produzca en un futuro previsible, excluidas las partidas de carácter comercial.

Los instrumentos de cobertura se valorarán y registrarán de acuerdo con su naturaleza en la medida en que no sean, o dejen de ser, coberturas eficaces.

10.ª Existencias

1. Valoración inicial

Los bienes, servicios y otros activos comprendidos en las existencias se valorarán por su coste, ya sea el precio de adquisición o el coste de producción.

Los impuestos indirectos que gravan las existencias sólo se incluirán en el precio de adquisición o coste de producción cuando no sean recuperables directamente de la Hacienda Pública.

En las existencias que necesiten un período de tiempo superior a un año para estar en condiciones de ser vendidas se incluirán en el precio de adquisición o coste de producción los gastos financieros, en los términos previstos en la norma sobre el inmovilizado material.

Los anticipos a proveedores a cuenta de suministros futuros de existencias se valorarán por su coste.

Los débitos por operaciones comerciales se valorarán de acuerdo con lo dispuesto en la norma relativa a instrumentos financieros.

1.1. Precio de adquisición

El precio de adquisición incluye el importe facturado por el vendedor después de deducir cualquier descuento, rebaja en el precio u otras partidas similares, así como los intereses incorporados al nominal de los débitos, y se añadirán todos los gastos adicionales que se produzcan hasta que los bienes se hallen ubicados para su venta, tales como transportes, aranceles de aduanas, seguros y otros directamente atribuibles a la adquisición de las existencias. No obstante lo anterior, podrán incluirse los intereses incorporados a los débitos con vencimiento no superior a un año que no tengan un tipo de interés contractual cuando el efecto de no actualizar los flujos de efectivo no sea significativo.

1.2. Coste de producción

El coste de producción se determinará añadiendo al precio de adquisición de las materias primas y otras materias consumibles los costes directamente imputables al producto. También deberá añadirse la parte que razonablemente corresponda de los costes indirectamente imputables a los productos de que se trate, en la medida en que tales costes correspondan al período de fabricación, elaboración o construcción en los que se haya incurrido al ubicarlos para su venta y se basen en el nivel de utilización de la capacidad normal de trabajo de los medios de producción.

1.3. Métodos de asignación de valor

Cuando se trate de asignar valor a bienes concretos que forman parte de un inventario de bienes intercambiables entre sí, se adoptará con carácter general el método del precio medio o coste medio ponderado. El método FIFO es aceptable y puede adoptarse si la empresa lo considerase más conveniente para su gestión. Se utilizará un único método de asignación de valor para todas las existencias que tengan una naturaleza y uso similares.

Cuando se trate de bienes no intercambiables entre sí o bienes producidos y segregados para un proyecto específico, el valor se asignará identificando el precio o los costes específicamente imputables a cada bien individualmente considerado.

1.4. Coste de las existencias en la prestación de servicios

Los criterios indicados en los apartados precedentes resultarán aplicables para determinar el coste de las existencias de los servicios. En concreto, las existencias incluirán el coste de producción de los servicios en tanto aún no se haya reconocido el ingreso por prestación de servicios correspondiente conforme a lo establecido en la norma relativa a ingresos por ventas y prestación de servicios.

2. Valoración posterior

Cuando el valor neto realizable de las existencias sea inferior a su precio de adquisición o a su coste de producción, se efectuarán las oportunas correcciones valorativas, reconociéndolas como un gasto en la cuenta de pérdidas y ganancias.

En el caso de las materias primas y otras materias consumibles en el proceso de producción, no se realizará corrección valorativa siempre que se espere que los productos terminados a los que se incorporen sean vendidos por encima del coste. Cuando proceda realizar corrección valorativa, el precio de reposición de las materias primas y otras materias consumibles puede ser la mejor medida disponible de su valor neto realizable.

Adicionalmente, los bienes o servicios que hubiesen sido objeto de un contrato de venta o de prestación de servicios en firme cuyo cumplimiento deba tener lugar posteriormente, no serán objeto de la corrección valorativa, a condición de que el precio de venta estipulado en dicho contrato cubra, como mínimo, el coste de tales bienes o servicios, más todos los costes pendientes de realizar que sean necesarios para la ejecución del contrato.

Si las circunstancias que causaron la corrección del valor de las existencias hubiesen dejado de existir, el importe de la corrección será objeto de reversión, reconociéndolo como un ingreso en la cuenta de pérdidas y ganancias.

3. Excepción a la regla general de valoración

Como excepción a la regla general, los intermediarios que comercialicen materias primas cotizadas podrán valorar sus existencias al valor razonable menos los costes de venta siempre y cuando con ello se elimine o reduzca de forma significativa una «asimetría contable» que surgiría en otro caso por no reconocer estos activos a valor razonable. En tal caso, la variación de valor se reconocerá en la cuenta de pérdidas y ganancias.

11.ª Moneda extranjera

1. Transacciones en moneda extranjera

Una transacción en moneda extranjera es aquella cuyo importe se denomina o exige su liquidación en una moneda distinta de la funcional.

La moneda funcional es la moneda del entorno económico principal en el que opera la empresa. Se presumirá, salvo prueba en contrario, que la moneda funcional de las empresas domiciliadas en España es el euro.

A los efectos de esta norma, los elementos patrimoniales se diferenciarán, según su consideración, en:

a) Partidas monetarias: son el efectivo, así como los activos y pasivos que se vayan a recibir o pagar con una cantidad determinada o determinable de unidades monetarias. Se incluyen, entre otros, los préstamos y partidas a cobrar, los débitos y partidas a pagar y las inversiones en valores representativos de deuda que cumplan los requisitos anteriores.

b) Partidas no monetarias: son los activos y pasivos que no se consideren partidas monetarias, es decir, que se vayan a recibir o pagar con una cantidad no determinada ni determinable de unidades monetarias. Se incluyen, entre otros, los inmovilizados materiales, inversiones inmobiliarias, el fondo de comercio y otros inmovilizados intangibles, las existencias, las inversiones en el patrimonio de otras empresas que cumplan los requisitos anteriores, los anticipos a cuenta de compras o ventas, así como los pasivos a liquidar mediante la entrega de un activo no monetario.

1.1. Valoración inicial

Toda transacción en moneda extranjera se convertirá a moneda funcional, mediante la aplicación al importe en moneda extranjera, del tipo de cambio de contado, es decir, del tipo de cambio utilizado en las transacciones con entrega inmediata, entre ambas monedas, en la fecha de la transacción, entendida como aquella en la que se cumplan los requisitos para su reconocimiento.

Se podrá utilizar un tipo de cambio medio del período (como máximo mensual) para todas las transacciones que tengan lugar durante ese intervalo, en cada una de las clases de moneda extranjera en que éstas se hayan realizado, salvo que dicho tipo haya sufrido variaciones significativas durante el intervalo de tiempo considerado.

1.2. Valoración posterior

1.2.1. *Partidas monetarias*

Al cierre del ejercicio se valorarán aplicando el tipo de cambio de cierre, entendido como el tipo de cambio medio de contado, existente en esa fecha.

Las diferencias de cambio, tanto positivas como negativas, que se originen en este proceso, así como las que se produzcan al liquidar dichos elementos patrimoniales, se reconocerán en la cuenta de pérdidas y ganancias del ejercicio en el que surjan.

En el caso particular de los activos financieros de carácter monetario clasificados en la categoría de valor razonable con cambios en el patrimonio neto, la determinación de las diferencias de cambio producidas por la variación del tipo de cambio entre la fecha de la transacción y la fecha del cierre del ejercicio, se realizará como si dichos activos se valorasen al coste amortizado en la moneda extranjera, de forma que las diferencias de cambio serán las resultantes de las variaciones en dicho coste amortizado como consecuencia de las variaciones en los tipos de cambio, independientemente de su valor razonable. Las diferencias de cambio así calculadas se reconocerán en la cuenta de pérdidas y ganancias del ejercicio en el que surjan, mientras que los otros cambios en el importe en libros de estos activos financieros se reconocerán directamente en el patrimonio neto de acuerdo con lo dispuesto en el apartado 2.3.2 de la norma relativa a instrumentos financieros.

1.2.2. *Partidas no monetarias*

1.2.2.1. Partidas no monetarias valoradas a coste histórico

Se valorarán aplicando el tipo de cambio de la fecha de la transacción.

Cuando un activo denominado en moneda extranjera se amortice, las dotaciones a la amortización se calcularán sobre el importe en moneda funcional aplicando el tipo de cambio de la fecha en que fue registrado inicialmente.

La valoración así obtenida no podrá exceder, en cada cierre posterior, del importe recuperable en ese momento, aplicando a este valor, si fuera necesario, el tipo de cambio de cierre; es decir, de la fecha a la que se refieren las cuentas anuales.

Cuando, de acuerdo con lo dispuesto en la norma relativa a instrumentos financieros, se deba determinar el patrimonio neto de una empresa participada corregido, en su caso, por las plusvalías tácitas existentes en la fecha de valoración, se aplicará el tipo de cambio de cierre al patrimonio neto y a las plusvalías tácitas existentes a esa fecha.

No obstante, si se tratase de empresas extranjeras que se encuentren afectadas por altas tasas de inflación, los citados valores a considerar deberán resultar de estados financieros ajustados con carácter previo a su conversión. Los ajustes se realizarán de acuerdo con los criterios incluidos sobre «Ajustes por altas tasas de inflación» en las Normas para la Formulación de las Cuentas Anuales Consolidadas, que desarrollan el Código de Comercio.

Se considera que existen altas tasas de inflación cuando se den determinadas características en el entorno económico de un país, entre las que se incluyen, de forma no exhaustiva, las siguientes:

a) La tasa acumulativa de inflación en tres años se aproxime o sobrepase el 100 por 100.
b) La población en general prefiera conservar su riqueza en activos no monetarios o en otra moneda extranjera estable.
c) Las cantidades monetarias se suelan referenciar en términos de otra moneda extranjera estable, pudiendo incluso los precios establecerse en otra moneda.
d) Las ventas y compras a crédito tengan lugar a precios que compensen la pérdida de poder adquisitivo esperada durante el aplazamiento, incluso cuando el período es corto, o
e) Los tipos de interés, salarios y precios se liguen a la evolución de un índice de precios.

1.2.2.2. Partidas no monetarias valoradas a valor razonable

Se valorarán aplicando el tipo de cambio de la fecha de determinación del valor razonable.

Cuando se reconozcan directamente en el patrimonio neto las pérdidas o ganancias derivadas de cambios en la valoración de una partida no monetaria, tal como las inversiones en instrumentos de patrimonio clasificadas como activos financieros a valor razonable con cambios en el patrimonio neto, cualquier diferencia de cambio, incluida en esas pérdidas o ganancias, también se reconocerá directamente en el patrimonio neto. Por el contrario, cuando las pérdidas o ganancias derivadas de cambios en la valoración de una partida no monetaria se reconozcan en la cuenta de pérdidas y ganancias del ejercicio, tal como las inversiones en instrumentos de patrimonio clasificadas como activos financieros a valor razonable con cambios en la cuenta de pérdidas y ganancias, cualquier diferencia de cambio, incluida en esas pérdidas o ganancias, también se reconocerá en el resultado del ejercicio.

2. Conversión de las cuentas anuales a la moneda de presentación

La moneda de presentación es la moneda en que se formulan las cuentas anuales, es decir, el euro.

Excepcionalmente, cuando la moneda o monedas funcionales de una empresa española sean distintas del euro, la conversión de sus cuentas anuales a la moneda de presentación se realizará aplicando los criterios establecidos sobre «Conversión de estados financieros en moneda funcional distinta de la moneda de presentación» en las Normas para la Formulación de las Cuentas Anuales Consolidadas, que desarrollan el Código de Comercio.

Las diferencias de conversión se registrarán directamente en el patrimonio neto.

Cuando una empresa española sea partícipe en activos o explotaciones en el extranjero controlados conjuntamente según se definen en la norma relativa a negocios conjuntos y la moneda funcional de esos negocios no sea el euro, se seguirán los procedimientos de conversión a moneda de presentación indicados anteriormente. Para los negocios conjuntos que se integren en las cuentas anuales del partícipe, las transacciones en moneda extranjera realizadas por dichos negocios se convertirán a moneda funcional aplicando las reglas contenidas en el apartado primero de esta misma norma. Estos mismos criterios serán aplicables a las sucursales de la empresa en el extranjero.

12.ª Impuesto sobre el Valor Añadido (IVA), Impuesto General Indirecto Canario (IGIC) y otros impuestos indirectos

El IVA soportado no deducible formará parte del precio de adquisición de los activos corrientes y no corrientes, así como de los servicios que sean objeto de las operaciones gravadas por el impuesto. En el caso de autoconsumo interno, esto es, producción propia con destino al inmovilizado de la empresa, el IVA no deducible se adicionará al coste de los respectivos activos no corrientes.

No alterarán las valoraciones iniciales las rectificaciones en el importe del IVA soportado no deducible, consecuencia de la regularización derivada de la prorrata definitiva, incluida la regularización por bienes de inversión.

El IVA repercutido no formará parte del ingreso derivado de las operaciones gravadas por dicho impuesto o del importe neto obtenido en la enajenación o disposición por otra vía en el caso de baja en cuentas de activos no corrientes.

Las reglas sobre el IVA soportado no deducible serán aplicables, en su caso, al IGIC y a cualquier otro impuesto indirecto soportado en la adquisición de activos o servicios que no sea recuperable directamente de la Hacienda Pública.

Las reglas sobre el IVA repercutido serán aplicables, en su caso, al IGIC y a cualquier otro impuesto indirecto que grave las operaciones realizadas por la empresa y que sea recibido por cuenta de la Hacienda Pública. Sin embargo, se contabilizarán como gastos, y, por tanto, no reducirán la cifra de negocios, aquellos tributos que para determinar la cuota a ingresar tomen como referencia la cifra de negocios u otra magnitud relacionada, pero cuyo hecho imponible no sea la operación por la que se transmiten los activos o se prestan los servicios.

13.ª Impuestos sobre beneficios

Los impuestos sobre el beneficio a los que se refiere esta norma son aquellos impuestos directos, ya sean nacionales o extranjeros, que se liquidan a partir de un resultado empresarial calculado de acuerdo con las normas fiscales que sean de aplicación.

Cuando dicho cálculo no se realice en función de las transacciones económicas reales, sino mediante la utilización de signos, índices y módulos objetivos, no se aplicará la parte de esta norma que corresponda al impuesto diferido, sin perjuicio de que cuando estos procedimientos se apliquen sólo parcialmente en el cálculo del impuesto o en la determinación de las rentas puedan surgir activos o pasivos por impuesto diferido.

1. Activos y pasivos por impuesto corriente

El impuesto corriente es la cantidad que satisface la empresa como consecuencia de las liquidaciones fiscales del impuesto o impuestos sobre el beneficio relativas a un ejercicio.

Las deducciones y otras ventajas fiscales en la cuota del impuesto, excluidas las retenciones y pagos a cuenta, así como las pérdidas fiscales compensables de ejercicios anteriores y aplicadas efectivamente en éste, darán lugar a un menor importe del impuesto corriente. No obstante, aquellas deducciones y otras ventajas fiscales en la cuota del impuesto que tengan una naturaleza económica asimilable a las subvenciones se podrán registrar de acuerdo con lo dispuesto en el apartado 4 de esta norma y en la norma relativa a subvenciones, donaciones y legados recibidos.

El impuesto corriente correspondiente al ejercicio presente y a los anteriores se reconocerá como un pasivo en la medida en que esté pendiente de pago. En caso contrario, si la cantidad ya pagada, correspondiente al ejercicio presente y a los anteriores excediese del impuesto corriente por esos ejercicios, el exceso se reconocerá como un activo.

En aquellas jurisdicciones que permitan la devolución de cuotas satisfechas en ejercicios anteriores a causa de una pérdida fiscal en el ejercicio presente, el impuesto corriente será la cuota de ejercicios anteriores que recupera la empresa como consecuencia de las liquidaciones fiscales del impuesto o impuestos sobre el beneficio relativas al ejercicio. En estos casos, el importe a cobrar por la devolución de cuotas satisfechas en ejercicios anteriores se reconocerá como un activo por impuesto corriente.

2. Activos y pasivos por impuesto diferido

2.1. Diferencias temporarias

Las diferencias temporarias son aquellas derivadas de la diferente valoración, contable y fiscal, atribuida a los activos, pasivos y determinados instrumentos de patrimonio propio de la empresa, en la medida en que tengan incidencia en la carga fiscal futura.

La valoración fiscal de un activo, pasivo o instrumento de patrimonio propio, denominada base fiscal, es el importe atribuido a dicho elemento de acuerdo con la legislación fiscal aplicable. Puede existir algún elemento que tenga base fiscal aunque carezca de valor contable y, por tanto, no figure reconocido en el balance.

Las diferencias temporarias se producen:

a) Normalmente, por la existencia de diferencias temporales entre la base imponible y el resultado contable antes de impuestos, cuyo origen se encuentra en los diferentes criterios temporales de imputación empleados para determinar ambas magnitudes y que, por tanto, revierten en períodos subsiguientes.
b) En otros casos, tales como:
   - En los ingresos y gastos registrados directamente en el patrimonio neto que no se computan en la base imponible, incluidas las variaciones de valor de los activos y pasivos, siempre que dichas variaciones difieran de las atribuidas a efectos fiscales.
   - En una combinación de negocios, cuando los elementos patrimoniales se registran por un valor contable que difiere del valor atribuido a efectos fiscales.
   - En el reconocimiento inicial de un elemento que no proceda de una combinación de negocios si su valor contable difiere del atribuido a efectos fiscales.

Las diferencias temporarias se clasifican en:

a) Diferencias temporarias imponibles, que son aquellas que darán lugar a mayores cantidades a pagar o menores cantidades a devolver por impuestos en ejercicios futuros, normalmente a medida que se recuperen los activos o se liquiden los pasivos de los que se derivan.
b) Diferencias temporarias deducibles, que son aquellas que darán lugar a menores cantidades a pagar o mayores cantidades a devolver por impuestos en ejercicios futuros, normalmente a medida que se recuperen los activos o se liquiden los pasivos de los que se derivan.

2.2. Pasivos por impuesto diferido

En general, se reconocerá un pasivo por impuesto diferido por todas las diferencias temporarias imponibles, a menos que éstas hubiesen surgido de:

a) El reconocimiento inicial de un fondo de comercio. Sin embargo, los pasivos por impuesto diferido relacionados con un fondo de comercio, se registrarán siempre que no hayan surgido de su reconocimiento inicial.
b) El reconocimiento inicial de un activo o pasivo en una transacción que no es una combinación de negocios y además no afectó ni al resultado contable ni a la base imponible del impuesto.

2.3. Activos por impuesto diferido

De acuerdo con el principio de prudencia solo se reconocerán activos por impuesto diferido en la medida en que resulte probable que la empresa disponga de ganancias fiscales futuras que permitan la aplicación de estos activos.

Siempre que se cumpla la condición anterior, se reconocerá un activo por impuesto diferido en los supuestos siguientes:

a) Por las diferencias temporarias deducibles;
b) Por el derecho a compensar en ejercicios posteriores las pérdidas fiscales;
c) Por las deducciones y otras ventajas fiscales no utilizadas, que queden pendientes de aplicar fiscalmente.

Sin perjuicio de lo anterior, no se reconocerá un activo por impuesto diferido cuando la diferencia temporaria deducible haya surgido por el reconocimiento inicial de un activo o pasivo en una transacción que no sea una combinación de negocios y además no afectó ni al resultado contable ni a la base imponible del impuesto.

En la fecha de cierre de cada ejercicio, la empresa reconsiderará los activos por impuesto diferido reconocidos y aquellos que no haya reconocido anteriormente. En ese momento, la empresa dará de baja un activo reconocido anteriormente si ya no resulta probable su recuperación, o registrará cualquier activo de esta naturaleza no reconocido anteriormente, siempre que resulte probable que la empresa disponga de ganancias fiscales futuras en cuantía suficiente que permitan su aplicación.

3. Valoración de los activos y pasivos por impuesto corriente y diferido

Los activos y pasivos por impuesto corriente se valorarán por las cantidades que se espera pagar o recuperar de las autoridades fiscales, de acuerdo con la normativa vigente o aprobada y pendiente de publicación en la fecha de cierre del ejercicio.

Los activos y pasivos por impuesto diferido se valorarán según los tipos de gravamen esperados en el momento de su reversión, según la normativa que esté vigente o aprobada y pendiente de publicación en la fecha de cierre del ejercicio, y de acuerdo con la forma en que racionalmente se prevea recuperar o pagar el activo o el pasivo.

En su caso, la modificación de la legislación tributaria —en especial la modificación de los tipos de gravamen— y la evolución de la situación económica de la empresa dará lugar a la correspondiente variación en el importe de los pasivos y activos por impuesto diferido.

Los activos y pasivos por impuesto diferido no deben ser descontados.

4. Gasto (ingreso) por impuesto sobre beneficios

El gasto (ingreso) por impuesto sobre beneficios del ejercicio comprenderá la parte relativa al gasto (ingreso) por el impuesto corriente y la parte correspondiente al gasto (ingreso) por el impuesto diferido.

El gasto o el ingreso por impuesto corriente se corresponderá con la cancelación de las retenciones y pagos a cuenta así como con el reconocimiento de los pasivos y activos por impuesto corriente.

El gasto o el ingreso por impuesto diferido se corresponderá con el reconocimiento y la cancelación de los pasivos y activos por impuesto diferido, así como, en su caso, por el reconocimiento e imputación a la cuenta de pérdidas y ganancias del ingreso directamente imputado al patrimonio neto que pueda resultar de la contabilización de aquellas deducciones y otras ventajas fiscales que tengan la naturaleza económica de subvención.

Tanto el gasto o el ingreso por impuesto corriente como diferido, se inscribirán en la cuenta de pérdidas y ganancias. No obstante, en los siguientes casos los activos y pasivos por impuesto corriente y diferido tendrán como contrapartida las que a continuación se indican:

a) Si se relacionasen con una transacción o suceso que se hubiese reconocido directamente en una partida del patrimonio neto, se reconocerán con cargo o abono a dicha partida.
b) Si hubiesen surgido a causa de una combinación de negocios, se reconocerán como los demás elementos patrimoniales del negocio adquirido, salvo que constituyan activos o pasivos de la adquirente, en cuyo caso, su reconocimiento o baja no formará parte de la combinación de negocios. El gasto por impuesto corriente que se ponga de manifiesto como consecuencia de la anulación de la participación previa en la sociedad adquirida, se inscribirá en la cuenta de pérdidas y ganancias.

Cuando la modificación de la legislación tributaria o la evolución de la situación económica de la empresa hayan dado lugar a una variación en el importe de los pasivos y activos por impuesto diferido, dichos ajustes constituirán un ingreso o gasto, según corresponda, por impuesto diferido, en la cuenta de pérdidas y ganancias, excepto en la medida en que se relacionen con partidas que por aplicación de las normas de este Plan General de Contabilidad debieron ser previamente cargadas o abonadas directamente a patrimonio neto, en cuyo caso se imputarán directamente en éste.

En el caso de combinaciones de negocios, cuando en la contabilización inicial de la combinación no se reconocieron separadamente activos por impuesto diferido de la empresa adquirida, por no cumplir los criterios de reconocimiento, y posteriormente proceda reconocer dichos activos, se actuará de la forma siguiente:

a) Los activos por impuesto diferido que se reconozcan dentro del periodo de valoración al que hace referencia el apartado 2.6 de la norma de registro y valoración sobre combinaciones de negocios, y que procedan de nueva información sobre hechos y circunstancias que existían en la fecha de adquisición, reducirán, en su caso, el importe en libros del fondo de comercio relacionado con esa adquisición. Si el importe en libros de ese fondo de comercio es nulo, cualquier activo por impuesto diferido se deberá reconocer como un ajuste a la diferencia negativa.

b) Los activos por impuesto diferido que se reconozcan después del citado periodo de valoración, o dentro del periodo de valoración pero que traigan causa de hechos o circunstancias que no existían en la fecha de adquisición, no darán lugar a ajustes en el importe en libros del fondo de comercio o de la diferencia negativa, debiendo reconocerse en resultados, o si la norma lo requiere, directamente en el patrimonio neto.

En el caso particular de una empresa en la que todas las diferencias temporarias al inicio y cierre del ejercicio hayan sido originadas por diferencias temporales entre la base imponible y el resultado contable antes de impuestos, el gasto (ingreso) por impuesto diferido se podrá valorar directamente mediante la suma algebraica de las cantidades siguientes, cada una con el signo que corresponda:

a) Los importes que resulten de aplicar el tipo de gravamen apropiado al importe de cada una de las diferencias indicadas, reconocidas o aplicadas en el ejercicio, y a las bases imponibles negativas a compensar en ejercicios posteriores, reconocidas o aplicadas en el ejercicio;

b) Los importes de las deducciones y otras ventajas fiscales pendientes de aplicar en ejercicios posteriores, reconocidas o aplicadas en el ejercicio, así como, en su caso, por el reconocimiento e imputación a la cuenta de pérdidas y ganancias del ingreso directamente imputado al patrimonio neto que pueda resultar de la contabilización de aquellas deducciones y otras ventajas fiscales en la cuota del impuesto que tengan una naturaleza económica asimilable a las subvenciones;

c) Los importes derivados de cualquier ajuste valorativo de los pasivos o activos por impuesto diferido, normalmente por cambios en los tipos de gravamen o de las circunstancias que afectan a la eliminación o reconocimiento posteriores de tales pasivos o activos.

También en este caso particular, el gasto (ingreso) total por el impuesto sobre beneficios comprenderá la parte relativa al impuesto corriente y la parte correspondiente al impuesto diferido calculado de acuerdo con lo expresado en este caso.

5. Empresarios individuales

En el caso de empresarios individuales, no deberá lucir ningún importe en la rúbrica correspondiente al impuesto sobre beneficios. A estos efectos, al final del ejercicio, las retenciones soportadas y los pagos fraccionados del Impuesto sobre la Renta de las Personas Físicas deberán ser objeto del correspondiente traspaso a la cuenta del titular de la empresa.

14.ª Ingresos por ventas y prestación de servicios

1. Aspectos comunes

Una empresa reconocerá los ingresos por el desarrollo ordinario de su actividad cuando se produzca la transferencia del control de los bienes o servicios comprometidos con los clientes. En ese momento, la empresa valorará el ingreso por el importe que refleje la contraprestación a la que espere tener derecho a cambio de dichos bienes o servicios.

Para aplicar este criterio fundamental de registro contable de ingresos, la empresa seguirá un proceso completo que consta de las siguientes etapas sucesivas:

a) Identificar el contrato (o contratos) con el cliente, entendido como un acuerdo entre dos o más partes que crea derechos y obligaciones exigibles para las mismas.
b) Identificar la obligación u obligaciones a cumplir en el contrato, representativas de los compromisos de transferir bienes o prestar servicios a un cliente.
c) Determinar el precio de la transacción, o contraprestación del contrato a la que la empresa espera tener derecho a cambio de la transferencia de bienes o de la prestación de servicios comprometida con el cliente.
d) Asignar el precio de la transacción a las obligaciones a cumplir, que deberá realizarse en función de los precios de venta individuales de cada bien o servicio distinto que se hayan comprometido en el contrato, o bien, en su caso, siguiendo una estimación del precio de venta cuando el mismo no sea observable de modo independiente.
e) Reconocer el ingreso por actividades ordinarias cuando (a medida que) la empresa cumple una obligación comprometida mediante la transferencia de un bien o la prestación de un servicio; cumplimiento que tiene lugar cuando el cliente obtiene el control de ese bien o servicio, de forma que el importe del ingreso de actividades ordinarias reconocido será el importe asignado a la obligación contractual satisfecha.

Con el fin de contabilizar los ingresos atendiendo al fondo económico de las operaciones, puede ocurrir que los componentes identificables de una misma transacción deban reconocerse aplicando criterios diversos, como una venta de bienes y los servicios anexos; a la inversa, transacciones diferentes pero ligadas entre sí se tratarán contablemente de forma conjunta.

Los créditos por operaciones comerciales se valorarán de acuerdo con lo dispuesto en la norma relativa a instrumentos financieros.

No se reconocerán ingresos en las permutas de elementos homogéneos como las permutas de productos terminados, o mercaderías intercambiables entre dos empresas con el objetivo de ser más eficaces en su labor comercial de entregar el producto a sus respectivos clientes.

2. Reconocimiento

La empresa reconocerá los ingresos derivados de un contrato cuando (o a medida que) se produzca la transferencia al cliente del control sobre los bienes o servicios comprometidos (es decir, la o las obligaciones a cumplir).

El control de un bien o servicio (un activo) hace referencia a la capacidad para decidir plenamente sobre el uso de ese elemento patrimonial y obtener sustancialmente todos sus beneficios restantes. El control incluye la capacidad de impedir que otras entidades decidan sobre el uso del activo y obtengan sus beneficios.

Para cada obligación a cumplir (entrega de bienes o prestación de servicios) que se hubiera identificado, la empresa determinará al comienzo del contrato si el compromiso asumido se cumplirá a lo largo del tiempo o en un momento determinado.

Los ingresos derivados de los compromisos (con carácter general, de prestaciones de servicios) que se cumplen a lo largo del tiempo se reconocerán en función del grado de avance o progreso hacia el cumplimiento completo de las obligaciones contractuales siempre que la empresa disponga de información fiable para realizar la medición del grado de avance.

La empresa revisará y, si es necesario, modificará las estimaciones del ingreso a reconocer, a medida que cumple con el compromiso asumido. La necesidad de tales revisiones no indica, necesariamente, que el desenlace o resultado de la operación no pueda ser estimado con fiabilidad.

Cuando, a una fecha determinada, la empresa no sea capaz de medir razonablemente el grado de cumplimiento de la obligación (por ejemplo, en las primeras etapas de un contrato), aunque espere recuperar los costes incurridos para satisfacer dicho compromiso, solo se reconocerán ingresos y la correspondiente contraprestación en un importe equivalente a los costes incurridos hasta esa fecha.

En el caso de las obligaciones contractuales que se cumplen en un momento determinado, los ingresos derivados de su ejecución se reconocerán en tal fecha. Hasta que no se produzca esta circunstancia, los costes incurridos en la producción o fabricación del producto (bienes o servicios) se contabilizarán como existencias.

Cuando existan dudas relativas al cobro del derecho de crédito previamente reconocido como ingresos por venta o prestación de servicios, la pérdida por deterioro se registrará como un gasto por corrección de valor por deterioro y no como un menor ingreso.

2.1. Cumplimiento de la obligación a lo largo del tiempo

Se entenderá que la empresa transfiere el control de un activo (con carácter general, de un servicio) a lo largo del tiempo cuando se cumple uno de los siguientes criterios:

a) El cliente recibe y consume de forma simultánea los beneficios proporcionados por la actividad de la empresa (generalmente, la prestación de un servicio) a medida que la entidad la desarrolla, como sucede en algunos servicios recurrentes (seguridad o limpieza). En tal caso, si otra empresa asumiera el contrato no necesitaría realizar nuevamente de forma sustancial el trabajo completado hasta la fecha.

b) La empresa produce o mejora un activo (tangible o intangible) que el cliente controla a medida que se desarrolla la actividad (por ejemplo, un servicio de construcción efectuado sobre un terreno del cliente).

c) La empresa elabora un activo específico para el cliente (con carácter general, un servicio o una instalación técnica compleja o un bien particular con especificaciones singulares) sin un uso alternativo y la empresa tiene un derecho exigible al cobro por la actividad que se haya completado hasta la fecha (por ejemplo, servicios de consultoría que den lugar a una opinión profesional para el cliente).

Si la transferencia del control sobre el activo no se produce a lo largo del tiempo la empresa reconocerá el ingreso siguiendo los criterios establecidos para las obligaciones que se cumplen en un momento determinado.

2.2. Indicadores de cumplimiento de la obligación en un momento del tiempo

Para identificar el momento concreto en que el cliente obtiene el control del activo (con carácter general, un bien), la empresa considerará, entre otros, los siguientes indicadores:

a) El cliente asume los riesgos y beneficios significativos inherentes a la propiedad del activo. Al evaluar este punto, la empresa excluirá cualquier riesgo que dé lugar a una obligación separada, distinta del compromiso de transferir el activo. Por ejemplo, la empresa puede haber transferido el control del activo pero no haber satisfecho la obligación de proporcionar servicios de mantenimiento durante la vida útil del activo.

b) La empresa ha transferido la posesión física del activo. Sin embargo, la posesión física puede no coincidir con el control de un activo. Así, por ejemplo, en algunos acuerdos de recompra y en algunos acuerdos de depósito, un cliente o consignatario puede tener la posesión física de un activo que controla la empresa cedente de dicho activo y, por tanto, el mismo no puede considerarse transferido. Por el contrario, en acuerdos de entrega posterior a la facturación, la empresa puede tener la posesión física de un activo que controla el cliente.

c) El cliente ha recibido (aceptado) el activo a conformidad de acuerdo con las especificaciones contractuales. Si una empresa puede determinar de forma objetiva que se ha transferido el control del bien o servicio al cliente de acuerdo con las especificaciones acordadas, la aceptación de este último es una formalidad que no afectaría a la determinación sobre la transferencia del control. Por ejemplo, si la cláusula de aceptación se basa en el cumplimiento de características de tamaño o peso especificadas, la empresa podría determinar si esos criterios se han cumplido antes de recibir confirmación de la aceptación del cliente.

Sin embargo, si la empresa no puede determinar de forma objetiva que el bien o servicio proporcionado al cliente reúne las especificaciones acordadas en el contrato no podrá concluir que el cliente ha obtenido el control hasta que reciba la aceptación del cliente.

Cuando se entregan productos (bienes o servicios) a un cliente en régimen de prueba o evaluación y este no se ha comprometido a pagar la contraprestación hasta que venza el periodo de prueba, el control del producto no se ha transferido al cliente hasta que este lo acepte o venza el citado plazo sin haber comunicado su disconformidad.

d) La empresa tiene un derecho de cobro por transferir el activo.

e) El cliente tiene la propiedad del activo. Sin embargo, cuando la empresa conserva el derecho de propiedad solo como protección contra el incumplimiento del cliente, esta circunstancia no impediría al cliente obtener el control del activo.

3. Valoración

Los ingresos ordinarios procedentes de la venta de bienes y de la prestación de servicios se valorarán por el importe monetario o, en su caso, por el valor razonable de la contrapartida, recibida o que se espere recibir, derivada de la misma, que, salvo evidencia en contrario, será el precio acordado para los activos a trasferir al cliente, deducido: el importe de cualquier descuento, rebaja en el precio u otras partidas similares que la empresa pueda conceder, así como los intereses incorporados al nominal de los créditos. No obstante, podrán incluirse los intereses incorporados a los créditos comerciales con vencimiento no superior a un año que no tengan un tipo de interés contractual, cuando el efecto de no actualizar los flujos de efectivo no sea significativo.

No formarán parte de los ingresos los impuestos que gravan las operaciones de entrega de bienes y prestación de servicios que la empresa debe repercutir a terceros como el impuesto sobre el valor añadido y los impuestos especiales, así como las cantidades recibidas por cuenta de terceros.

La empresa tomará en cuenta en la valoración del ingreso la mejor estimación de la contraprestación variable si es altamente probable que no se produzca una reversión significativa del importe del ingreso reconocido cuando posteriormente se resuelva la incertidumbre asociada a la citada contraprestación.

Por excepción a la regla general, la contraprestación variable relacionada con los acuerdos de cesión de licencias, en forma de participación en las ventas o en el uso de esos activos, solo se reconocerá cuando (o a medida que) ocurra el que sea posterior de los siguientes sucesos:

a) Tenga lugar la venta o el uso posterior; o

b) La obligación que asume la empresa en virtud del contrato y a la que se ha asignado parte o toda la contraprestación variable ha sido satisfecha (o parcialmente satisfecha).

15.ª Provisiones y contingencias

1. Reconocimiento

La empresa reconocerá como provisiones los pasivos que, cumpliendo la definición y los criterios de registro o reconocimiento contable contenidos en el Marco Conceptual de la Contabilidad, resulten indeterminados respecto a su importe o a la fecha en que se cancelarán. Las provisiones pueden venir determinadas por una disposición legal, contractual o por una obligación implícita o tácita. En este último caso, su nacimiento se sitúa en la expectativa válida creada por la empresa frente a terceros de asunción de una obligación por parte de aquélla.

En la memoria de las cuentas anuales se deberá informar sobre las contingencias que tenga la empresa relacionadas con obligaciones distintas a las mencionadas en el párrafo anterior.

2. Valoración

De acuerdo con la información disponible en cada momento, las provisiones se valorarán en la fecha de cierre del ejercicio por el valor actual de la mejor estimación posible del importe necesario para cancelar o transferir a un tercero la obligación, registrándose los ajustes que surjan por la actualización de la provisión como un gasto financiero conforme se vayan devengando. Cuando se trate de provisiones con vencimiento inferior o igual a un año, y el efecto financiero no sea significativo, no será necesario llevar a cabo ningún tipo de descuento.

La compensación a recibir de un tercero en el momento de liquidar la obligación, no supondrá una minoración del importe de la deuda, sin perjuicio del reconocimiento en el activo de la empresa del correspondiente derecho de cobro, siempre que no existan dudas de que dicho reembolso será percibido. El importe por el que se registrará el citado activo no podrá exceder del importe de la obligación registrada contablemente. Sólo cuando exista un vínculo legal o contractual, por el que se haya exteriorizado parte del riesgo, y en virtud del cual la empresa no esté obligada a responder, se tendrá en cuenta para estimar el importe por el que, en su caso, figurará la provisión.

16.ª Pasivos por retribuciones a largo plazo al personal

Tendrán la consideración de retribuciones a largo plazo al personal las prestaciones post-empleo, tales como pensiones y otras prestaciones por jubilación o retiro, así como cualquier otra prestación a largo plazo que suponga una compensación económica a satisfacer con carácter diferido, respecto al momento en el que se presta el servicio. No serán objeto de esta norma las retribuciones basadas en instrumentos de patrimonio a que se refiere la siguiente norma.

1. Retribuciones a largo plazo de aportación definida

Las retribuciones a largo plazo al personal tendrán el carácter de aportación definida cuando consistan en contribuciones de carácter predeterminado a una entidad separada —como puede ser una entidad aseguradora o un plan de pensiones—, siempre que la empresa no tenga la obligación legal, contractual o implícita de realizar contribuciones adicionales si la entidad separada no pudiera atender los compromisos asumidos.

Las contribuciones a realizar por retribuciones de aportación definida darán lugar a un pasivo por retribuciones a largo plazo al personal cuando, al cierre del ejercicio, figuren contribuciones devengadas no satisfechas.

2. Retribuciones a largo plazo de prestación definida

Las retribuciones a largo plazo al personal que no tengan el carácter de aportación definida se considerarán de prestación definida. En este caso, el importe a reconocer como provisión por retribuciones al personal a largo plazo será la diferencia entre el valor actual de las retribuciones comprometidas y el valor razonable de los eventuales activos afectos a los compromisos con los que se liquidarán las obligaciones. Asimismo, en su caso, se minorará en el importe procedente de costes por servicios pasados todavía no reconocidos en los términos indicados en esta norma. Todas las variaciones en los importes anteriores que se produzcan en el ejercicio se reconocerán en la cuenta de pérdidas y ganancias, salvo aquellas que, conforme se señala en los párrafos siguientes, se deban imputar directamente en el patrimonio neto.

Si de la aplicación del párrafo anterior surgiese un activo, su valoración no podrá superar el valor actual de las prestaciones económicas que pueden retornar a la empresa en forma de reembolsos directos o en forma de menores contribuciones futuras, más, en su caso, la parte pendiente de imputar a resultados de costes por servicios pasados. Cualquier ajuste que proceda realizar por este límite en la valoración del activo, vinculado a retribuciones post-empleo, se imputará directamente a patrimonio neto, reconociéndose como reservas.

Para estimar el importe del valor actual de las retribuciones comprometidas de prestación definida se utilizarán métodos actuariales de cálculo e hipótesis financieras y actuariales insesgadas y compatibles entre sí.

Se entenderán por activos afectos, incluidas las pólizas de seguro, aquellos que no sean propiedad de la empresa sino de un tercero separado legalmente y que sólo estén disponibles para la liquidación de las retribuciones a los empleados. Tales activos no pueden retornar a la empresa, salvo cuando los activos remanentes para cumplir con todas las obligaciones sean suficientes. Cuando se trate de pólizas de seguros, la entidad aseguradora no debe ser una parte vinculada de la empresa, según se define en la norma 15.ª de elaboración de cuentas anuales. Cuando los activos los posea un fondo de prestaciones a largo plazo para los empleados, no pueden ser instrumentos financieros intransferibles emitidos por la empresa.

La variación en el cálculo del valor actual de las retribuciones post-empleo comprometidas o, en su caso, del activo afecto, en la fecha de cierre del ejercicio, debida a pérdidas y ganancias actuariales se imputará en el ejercicio en el que surja directamente en el patrimonio neto, reconociéndose como reservas. A estos efectos, las pérdidas y ganancias actuariales son exclusivamente las variaciones que se producen como consecuencia de cambios en las hipótesis actuariales o de diferencias entre los cálculos previos realizados con base en las hipótesis actuariales utilizadas y los sucesos efectivamente ocurridos.

Si la empresa puede exigir a una entidad aseguradora el pago de una parte o de la totalidad del desembolso exigido para cancelar una obligación por prestación definida, resultando prácticamente cierto que dicha entidad aseguradora vaya a reembolsar alguno o todos de los desembolsos exigidos para cancelar dicha obligación, pero la póliza de seguro no cumple las condiciones para ser un activo afecto, la empresa reconocerá su derecho al reembolso en el activo, que, en los demás aspectos, se tratará como un activo afecto. En particular, este derecho se valorará por su valor razonable.

Los costes por servicios pasados surgidos por el establecimiento de un plan de retribuciones a largo plazo de prestación definida post-empleo o por una mejora en las condiciones del mismo serán reconocidas como gasto y se imputarán a la cuenta de pérdidas y ganancias de la siguiente forma:

a) Si se trata de derechos irrevocables, el gasto se imputará a la cuenta de pérdidas y ganancias de forma inmediata.
b) Si se trata de derechos revocables, el gasto se imputará a la cuenta de pérdidas y ganancias de forma lineal en el período medio que resta hasta que los derechos por servicios pasados sean irrevocables. No obstante, si, de acuerdo con lo dispuesto en esta norma, surgiera un activo, los derechos revocables se imputarán a la cuenta de pérdidas y ganancias de forma inmediata, salvo que se produzca una reducción en el valor actual de las prestaciones económicas, que pueden retornar a la empresa en forma de reembolsos directos o en forma de menores contribuciones futuras, en cuyo caso se imputará a la cuenta de pérdidas y ganancias de forma inmediata el exceso sobre tal reducción.

Los costes por servicios pasados surgidos en cualquier otro tipo de retribución a largo plazo al personal se reconocerán inmediatamente como gastos en la cuenta de pérdidas y ganancias por su valor actual.

17.ª Transacciones con pagos basados en instrumentos de patrimonio

Tendrán la consideración de transacciones con pagos basados en instrumentos de patrimonio aquellas que, a cambio de recibir bienes o servicios, incluidos los servicios prestados por los empleados, sean liquidadas por la empresa con instrumentos de patrimonio propio o con un importe que esté basado en el valor de instrumentos de patrimonio propio, tales como opciones sobre acciones o derechos sobre la revalorización de las acciones.

1. Reconocimiento

La empresa reconocerá, por un lado, los bienes o servicios recibidos como un activo o como un gasto atendiendo a su naturaleza, en el momento de su obtención y, por otro, el correspondiente incremento en el patrimonio neto si la transacción se liquidase con instrumentos de patrimonio, o el correspondiente pasivo si la transacción se liquidase con un importe que esté basado en el valor de instrumentos de patrimonio.

Si la empresa tuviese la opción de hacer el pago con instrumentos de patrimonio o en efectivo, deberá reconocer un pasivo en la medida en que la empresa hubiera incurrido en una obligación presente de liquidar en efectivo o con otros activos; en caso contrario, reconocerá una partida de patrimonio neto. Si la opción corresponde al prestador o proveedor de bienes o servicios, la empresa registrará un instrumento financiero compuesto, que incluirá un componente de pasivo, por el derecho de la otra parte a exigir el pago en efectivo, y un componente de patrimonio neto, por el derecho a recibir la remuneración con instrumentos de patrimonio propio.

En las transacciones en las que sea necesario completar un determinado período de servicios, el reconocimiento se efectuará a medida que tales servicios sean prestados a lo largo del citado período.

2. Valoración

En las transacciones con los empleados que se liquiden con instrumentos de patrimonio, tanto los servicios prestados como el incremento en el patrimonio neto a reconocer se valorarán por el valor razonable de los instrumentos de patrimonio cedidos, referido a la fecha del acuerdo de concesión.

Aquellas transacciones liquidadas con instrumentos de patrimonio que tengan como contrapartida bienes o servicios distintos de los prestados por los empleados se valorarán, si se puede estimar con fiabilidad, por el valor razonable de los bienes o servicios en la fecha en que se reciben. Si el valor razonable de los bienes o servicios recibidos no se puede estimar con fiabilidad, los bienes o servicios recibidos y el incremento en el patrimonio neto se valorarán al valor razonable de los instrumentos de patrimonio cedidos, referido a la fecha en que la empresa obtenga los bienes o la otra parte preste los servicios.

Una vez reconocidos los bienes y servicios recibidos, de acuerdo con lo establecido en los párrafos anteriores, así como el correspondiente incremento en el patrimonio neto, no se realizarán ajustes adicionales al patrimonio neto tras la fecha de irrevocabilidad.

En las transacciones que se liquiden en efectivo, los bienes o servicios recibidos y el pasivo a reconocer se valorarán al valor razonable del pasivo, referido a la fecha en la que se cumplan los requisitos para su reconocimiento.

Posteriormente, y hasta su liquidación, el pasivo correspondiente se valorará, por su valor razonable en la fecha de cierre de cada ejercicio, imputándose a la cuenta de pérdidas y ganancias cualquier cambio de valoración ocurrido durante el ejercicio.

18.ª Subvenciones, donaciones y legados recibidos

1. Subvenciones, donaciones y legados otorgados por terceros distintos a los socios o propietarios

1.1. Reconocimiento

Las subvenciones, donaciones y legados no reintegrables se contabilizarán inicialmente, con carácter general, como ingresos directamente imputados al patrimonio neto y se reconocerán en la cuenta de pérdidas y ganancias como ingresos sobre una base sistemática y racional de forma correlacionada con los gastos derivados de la subvención, donación o legado, de acuerdo con los criterios que se detallan en el apartado 1.3 de esta norma.

Las subvenciones, donaciones y legados que tengan carácter de reintegrables se registrarán como pasivos de la empresa hasta que adquieran la condición de no reintegrables. A estos efectos, se considerará no reintegrable cuando exista un acuerdo individualizado de concesión de la subvención, donación o legado a favor de la empresa, se hayan cumplido las condiciones establecidas para su concesión y no existan dudas razonables sobre la recepción de la subvención, donación o legado.

1.2. Valoración

Las subvenciones, donaciones y legados de carácter monetario se valorarán por el valor razonable del importe concedido, y las de carácter no monetario o en especie se valorarán por el valor razonable del bien recibido, referenciados ambos valores al momento de su reconocimiento.

1.3. Criterios de imputación a resultados

La imputación a resultados de las subvenciones, donaciones y legados que tengan el carácter de no reintegrables se efectuará atendiendo a su finalidad.

En este sentido, el criterio de imputación a resultados de una subvención, donación o legado de carácter monetario deberá ser el mismo que el aplicado a otra subvención, donación o legado recibido en especie, cuando se refieran a la adquisición del mismo tipo de activo o a la cancelación del mismo tipo de pasivo.

A efectos de su imputación en la cuenta de pérdidas y ganancias, habrá que distinguir entre los siguientes tipos de subvenciones, donaciones y legados:

a) Cuando se concedan para asegurar una rentabilidad mínima o compensar los déficit de explotación: se imputarán como ingresos del ejercicio en el que se concedan, salvo si se destinan a financiar déficit de explotación de ejercicios futuros, en cuyo caso se imputarán en dichos ejercicios.

b) Cuando se concedan para financiar gastos específicos: se imputarán como ingresos en el mismo ejercicio en el que se devenguen los gastos que estén financiando.

c) Cuando se concedan para adquirir activos o cancelar pasivos, se pueden distinguir los siguientes casos:

— Activos del inmovilizado intangible, material e inversiones inmobiliarias: se imputarán como ingresos del ejercicio en proporción a la dotación a la amortización efectuada en ese período para los citados elementos o, en su caso, cuando se produzca su enajenación, corrección valorativa por deterioro o baja en balance.

— Existencias que no se obtengan como consecuencia de un «rappel» comercial: se imputarán como ingresos del ejercicio en que se produzca su enajenación, corrección valorativa por deterioro o baja en balance.

— Activos financieros: se imputarán como ingresos del ejercicio en el que se produzca su enajenación, corrección valorativa por deterioro o baja en balance.

— Cancelación de deudas: se imputarán como ingresos del ejercicio en que se produzca dicha cancelación, salvo cuando se otorguen en relación con una financiación específica, en cuyo caso la imputación se realizará en función del elemento financiado.

d) Los importes monetarios que se reciban sin asignación a una finalidad específica se imputarán como ingresos del ejercicio en que se reconozcan.

Se considerarán en todo caso de naturaleza irreversible las correcciones valorativas por deterioro de los elementos en la parte en que éstos hayan sido financiados gratuitamente.

2. Subvenciones, donaciones y legados otorgados por socios o propietarios

Las subvenciones, donaciones y legados no reintegrables recibidos de socios o propietarios no constituyen ingresos, debiéndose registrar directamente en los fondos propios, independientemente del tipo de subvención, donación o legado de que se trate. La valoración de estas subvenciones, donaciones y legados es la establecida en el apartado 1.2 de esta norma.

No obstante, en el caso de empresas pertenecientes al sector público que reciban subvenciones, donaciones o legados de la entidad pública dominante para financiar la realización de actividades de interés público o general la contabilización de dichas ayudas públicas se efectuará de acuerdo con los criterios contenidos en el apartado anterior de esta norma.

19.ª Combinaciones de negocios

1. Ámbito y normas de aplicación

La presente norma regula la forma en que las empresas deben contabilizar las combinaciones de negocios en las que participen, entendidas como aquellas operaciones en las que una empresa adquiere el control de uno o varios negocios.

A efectos de esta norma, un negocio es un conjunto integrado de actividades y activos susceptibles de ser dirigidos y gestionados con el propósito de proporcionar propietarios o partícipes, y control es el poder de dirigir las políticas financiera y de explotación de un negocio con la finalidad de obtener beneficios económicos de sus actividades.

Para cada transacción la empresa deberá determinar si se trata de una combinación de negocios conforme a la definición del párrafo anterior; en particular, si el conjunto de elementos patrimoniales adquiridos constituye un negocio. En caso contrario, no será de aplicación el método de adquisición salvo en aquello en que no se oponga a lo previsto en la correspondiente norma de registro y valoración, debiendo contabilizarse la transacción como una adquisición de activos y, en su caso, asunción de pasivos, de acuerdo con lo que a tal efecto disponga la citada norma. En este supuesto, el coste de la transacción deberá distribuirse entre los activos identificables adquiridos y los pasivos asumidos, sobre la base de sus valores razonables relativos. Estas operaciones no darán lugar a un fondo de comercio ni a una diferencia negativa, en los términos regulados en el apartado 2.5 de esta norma.

Las combinaciones de negocios, en función de la forma jurídica empleada, pueden originarse como consecuencia de:

a) La fusión o escisión de varias empresas.
b) La adquisición de todos los elementos patrimoniales de una empresa o de una parte que constituya uno o más negocios.
c) La adquisición de las acciones o participaciones en el capital de una empresa, incluyendo las recibidas en virtud de una aportación no dineraria en la constitución de una sociedad o posterior ampliación de capital.
d) Otras operaciones o sucesos cuyo resultado es que una empresa, que posee o no previamente participación en el capital de una sociedad, adquiere el control sobre esta última sin realizar una inversión.

En las combinaciones de negocios a que se refieren las letras *a*) y *b*) anteriores, deberá aplicarse el método de adquisición descrito en el apartado siguiente de esta norma.

En las combinaciones de negocios a que se refieren las letras *c*) y *d*) anteriores, la empresa inversora, en sus cuentas anuales individuales, valorará la inversión en el patrimonio de otras empresas del grupo conforme a lo previsto para dichas empresas en el apartado 2.5 de la norma relativa a instrumentos financieros. En las cuentas anuales consolidadas, estas combinaciones de negocios se contabilizarán de acuerdo con lo que dispongan las normas de consolidación aplicables.

Salvo en los supuestos de adquisición inversa, definida en el último párrafo del apartado 2.1, y las operaciones entre empresas del grupo, las empresas adquiridas que se extingan o escindan en una combinación de negocios, deberán registrar el traspaso de los activos y pasivos integrantes del negocio transmitido cancelando las correspondientes partidas del balance y reconociendo el resultado de la operación en la cuenta de pérdidas y ganancias, por diferencia entre el valor en libros del negocio transmitido y el valor razonable de la contraprestación recibida a cambio, neta de los costes de transacción. En los supuestos de adquisición inversa, la citada diferencia se contabilizará como un ingreso o gasto en la cuenta de pérdidas y ganancias de la empresa absorbente o beneficiaria adquirida, sin perjuicio de su posterior eliminación de acuerdo con lo dispuesto en el apartado 2.2.

2. Método de adquisición

El método de adquisición supone que la empresa adquirente contabilizará, en la fecha de adquisición, los activos identificables adquiridos y los pasivos asumidos en una combinación de negocios, así como, en su caso, el correspondiente fondo de comercio o diferencia negativa. A partir de dicha fecha se registrarán los ingresos y gastos, así como los flujos de tesorería que correspondan de acuerdo con lo dispuesto en el apartado 2.2 de esta norma.

En particular, la aplicación del método de adquisición requiere:

a) Identificar la empresa adquirente;
b) Determinar la fecha de adquisición;
c) Cuantificar el coste de la combinación de negocios;
d) Reconocer y valorar los activos identificables adquiridos y los pasivos asumidos; y
e) Determinar el importe del fondo de comercio o de la diferencia negativa.

La valoración de los activos y pasivos de la empresa adquirente no se verá afectada por la combinación ni se reconocerán activos o pasivos como consecuencia de la misma.

2.1. Empresa adquirente

Empresa adquirente es aquella que obtiene el control sobre el negocio o negocios adquiridos. A los efectos de la presente norma, se considerará también empresa adquirente a la parte de una empresa, que como consecuencia de la combinación se escinde de la entidad en la que se integraba y obtiene el control sobre otro u otros negocios.

Cuando, como consecuencia de una operación de fusión, escisión o aportación no dineraria, se constituya una nueva empresa, se identificará como empresa adquirente a una de las empresas que participen en la combinación y que existían con anterioridad a ésta.

Para identificar la empresa que adquiere el control se atenderá a la realidad económica y no solo a la forma jurídica de la combinación de negocios.

Si bien, como regla general, se considerará como empresa adquirente la que entregue una contraprestación a cambio del negocio o negocios adquiridos, para determinar qué empresa es la que obtiene realmente el control también se tomarán en consideración, entre otros, los siguientes criterios:

a) Si la combinación diera lugar a que los socios o propietarios de una de las empresas o negocios que se combinan retengan o reciban la mayoría de los derechos de voto en la entidad combinada o tengan la facultad de elegir, nombrar o cesar a la mayoría de los miembros del órgano de administración de la entidad combinada, o bien representen a la mayoría de las participaciones minoritarias con voto en la entidad combinada si actúan de forma organizada sin que otro grupo de propietarios tenga una participación de voto significativa, la adquirente será generalmente dicha empresa.

b) Si la combinación diera lugar a que los socios o propietarios de una de las empresas o negocios que se combinan tenga la facultad de designar el equipo de dirección del negocio combinado, dicha empresa será normalmente la adquirente.

c) Si el valor razonable de una de las empresas o negocios es significativamente mayor que el del otro u otros que intervienen en la operación, la empresa adquirente normalmente será la de mayor valor razonable.

d) La sociedad adquirente suele ser aquella que paga una prima sobre el valor razonable de los instrumentos de patrimonio de las restantes sociedades que se combinan.

Si en la combinación de negocios participan más de dos empresas o negocios, se considerarán otros factores, tales como cuál es la empresa que inició la combinación o si el volumen de activos, ingresos o resultados de una de las empresas o negocios que se combinan es significativamente mayor que el de los otros.

Para formarse un juicio sobre cuál es la empresa adquirente, se considerará de forma preferente el criterio incluido en la letra *a*), o, en su defecto, el recogido en la letra *b*).

Puede suceder que, como consecuencia de la aplicación de los criterios anteriores, el negocio adquirido sea el de la sociedad absorbente, de la beneficiaria o de la que realiza la ampliación de capital. A los efectos de esta norma, estas operaciones se denominan adquisiciones inversas, debiéndose tener en cuenta los criterios incluidos en las Normas para la Formulación de las Cuentas Anuales Consolidadas que desarrollan el Código de Comercio, con las necesarias adaptaciones por razón del sujeto que informa.

2.2. Fecha de adquisición

La fecha de adquisición es aquella en la que la empresa adquirente adquiere el control del negocio o negocios adquiridos.

En los supuestos de fusión o escisión, con carácter general, dicha fecha será la de celebración de la Junta de accionistas u órgano equivalente de la empresa adquirida en que se apruebe la operación, siempre que el acuerdo sobre el proyecto de fusión o escisión no contenga un pronunciamiento expreso sobre la asunción de control del negocio por la adquirente en un momento posterior.

Sin perjuicio de lo anterior, las obligaciones registrales previstas en el artículo 28.2 del Código de Comercio se mantendrán en la sociedad adquirida o escindida hasta la fecha de inscripción de la fusión o escisión en el Registro Mercantil. En esta fecha, fecha de inscripción, la sociedad adquirente reconocerá los efectos retroactivos de la fusión o escisión a partir de la fecha de adquisición, circunstancia que a su vez motivará el correspondiente ajuste en el libro diario de la sociedad adquirida o escindida para dar de baja las operaciones realizadas desde la fecha de adquisición. Una vez inscrita la fusión o escisión la adquirente reconocerá los elementos patrimoniales del negocio adquirido, aplicando los criterios de reconocimiento y valoración recogidos en el apartado 2.4 de esta norma.

En las adquisiciones inversas, los efectos contables de la fusión o escisión deben mostrar el fondo económico de la operación. Por lo tanto, en la fecha de inscripción, los ingresos y gastos del negocio adquirido, es decir, la adquirente legal, devengados hasta la fecha de adquisición, deberán contabilizarse contra la cuenta prima de emisión o asunción, y los ingresos y gastos de la empresa adquirente lucirán en las cuentas anuales de la sociedad absorbente o beneficiaria de la escisión desde el inicio del ejercicio económico.

En cualquier caso, la eficacia de la fusión o escisión quedará supeditada a la inscripción de la nueva sociedad o, en su caso, a la inscripción de la absorción o escisión, y por tanto la obligación de formular cuentas anuales subsiste hasta la fecha en que las sociedades que participan en la fusión o escisión se extingan, con el contenido que de ellas proceda de acuerdo con lo expuesto anteriormente y las precisiones que se realizan a continuación. En particular, serán de aplicación las siguientes reglas:

a) Si la fecha de cierre del ejercicio social de las sociedades que participan en la operación se situase en el periodo que media entre la fecha de adquisición del control y la inscripción registral de la nueva sociedad o, en su caso, de la absorción o escisión, sus cuentas anuales recogerán los efectos contables de la fusión o escisión desde la fecha de adquisición, siempre que la inscripción se haya producido antes de que finalice el plazo previsto en la legislación mercantil para formular cuentas anuales.

En estos casos, la sociedad adquirente recogerá en sus cuentas anuales los ingresos y gastos y los flujos de efectivo correspondientes a la sociedad adquirida desde la fecha de adquisición, así como sus activos y pasivos identificables de acuerdo con el apartado 2.4 de esta norma. La sociedad adquirida recogerá en sus cuentas anuales los ingresos y gastos y los flujos de efectivo anteriores a la fecha de adquisición y dará de baja del balance, con efectos contables en dicha fecha, la totalidad de sus activos y pasivos.

En el supuesto general en el que la fusión o escisión se inicie y complete en el mismo ejercicio económico, serán de aplicación estos mismos criterios.

b) Por el contrario, si la fecha de inscripción es posterior al plazo previsto en la legislación mercantil para formular cuentas anuales, éstas no recogerán los efectos de la retrocesión a que hace referencia el párrafo tercero de este apartado. En consecuencia, la sociedad adquirente no mostrará en estas cuentas anuales los activos, pasivos, ingresos, gastos y flujos de efectivo de la adquirida, sin perjuicio de la información que sobre el proceso de fusión o escisión debe incluirse en la memoria de las sociedades que intervienen en la operación.

Una vez inscrita la fusión o escisión la sociedad adquirente deberá mostrar los efectos contables de la retrocesión, circunstancia que motivará el correspondiente ajuste en la información comparativa del ejercicio anterior.

c) En las adquisiciones inversas los criterios incluidos en las letras anteriores se aplicarán de la siguiente forma:

c_1) En el supuesto descrito en la letra *a*), las cuentas anuales de la sociedad adquirente legal no incluirán los ingresos y gastos devengados hasta la fecha de adquisición, sin perjuicio de la obligación de informar en la memoria sobre su importe y naturaleza. La sociedad adquirente, absorbida legal, no formulará cuentas anuales en la medida que sus activos y pasivos, así como sus ingresos, gastos y flujos de efectivo desde el inicio del ejercicio económico deberán lucir en las cuentas anuales de la sociedad adquirida, absorbente legal.

c_2) En el supuesto descrito en la letra *b*), las sociedades que intervienen en la operación no recogerán los efectos de la retrocesión descritos en el párrafo cuarto de este apartado. Una vez inscrita la fusión o escisión, la sociedad absorbente legal mostrará los citados efectos de acuerdo con lo indicado en la letra c_1), circunstancia que motivará el correspondiente ajuste en la información comparativa del ejercicio anterior.

Estas reglas también serán aplicables para el caso de la cesión global de activos y pasivos, con las necesarias adaptaciones.

2.3. Coste de la combinación de negocios

El coste de una combinación de negocios para la empresa adquirente vendrá determinado por la suma de:

a) Los valores razonables, en la fecha de adquisición, de los activos entregados, los pasivos incurridos o asumidos y los instrumentos de patrimonio emitidos por la adquirente. No obstante, cuando el valor razonable del negocio adquirido sea más fiable, se utilizará éste para estimar el valor razonable de la contrapartida entregada.

b) El valor razonable de cualquier contraprestación contingente que dependa de eventos futuros o del cumplimiento de ciertas condiciones, que deberá registrarse como un activo, un pasivo o como patrimonio neto de acuerdo con su naturaleza, salvo que la contraprestación diera lugar al reconocimiento de un activo contingente que motivase el registro de un ingreso en la cuenta de pérdidas y ganancias, en cuyo caso, el tratamiento contable del citado activo deberá ajustarse a lo previsto en el apartado 2.4.*c*.4) de la presente norma.

En ningún caso formarán parte del coste de la combinación los gastos relacionados con la emisión de los instrumentos de patrimonio o de los pasivos financieros entregados a cambio de los elementos patrimoniales adquiridos, que se contabilizarán de acuerdo con lo dispuesto en la norma relativa a instrumentos financieros.

Los restantes honorarios abonados a asesores legales, u otros profesionales que intervengan en la operación, se contabilizarán como un gasto en la cuenta de pérdidas y ganancias. En ningún caso se incluirán en el coste de la combinación los gastos generados internamente por estos conceptos, ni tampoco los incurridos por la entidad adquirida relacionados con la combinación.

Con carácter general y salvo que exista una valoración más fiable, el valor razonable de los instrumentos de patrimonio o de los pasivos financieros emitidos que se entreguen como contraprestación en una combinación de negocios será su precio cotizado, si dichos instrumentos están admitidos a cotización en un mercado activo. Si no lo están, en el caso particular de la fusión y escisión, dicho importe será el valor atribuido a las acciones o participaciones de la empresa adquirente a los efectos de determinar la correspondiente ecuación de canje.

Cuando el valor contable de los activos entregados por la adquirente como contraprestación no coincida con su valor razonable, en su caso, se reconocerá en la cuenta de pérdidas y ganancias el correspondiente resultado de acuerdo con lo establecido al respecto en la norma sobre permutas del inmovilizado material.

2.4. Reconocimiento y valoración de los activos identificables adquiridos y los pasivos asumidos

En la fecha de adquisición, los activos identificables adquiridos y los pasivos asumidos se reconocerán y valorarán aplicando los siguientes criterios:

a) Criterio de reconocimiento.

1. Los activos identificables adquiridos y los pasivos asumidos deben cumplir la definición de activo o pasivo incluida en el Marco Conceptual de la Contabilidad, y ser parte de lo que la adquirente y adquirida intercambian en la combinación de negocios, con independencia de que algunos de estos activos y pasivos no hubiesen sido previamente reconocidos en las cuentas anuales de la empresa adquirida o a la que perteneciese el negocio adquirido por no cumplir los criterios de reconocimiento en dichas cuentas anuales.

   En particular, si en la fecha de adquisición el negocio adquirido mantiene un contrato de arrendamiento operativo, del que es arrendatario en condiciones favorables o desfavorables respecto a las condiciones de mercado, la empresa adquirente ha de reconocer, respectivamente, un inmovilizado intangible o una provisión.
2. En la fecha de adquisición, la adquirente clasificará o designará los activos identificables adquiridos y pasivos asumidos de acuerdo con lo dispuesto en las restantes normas de registro y valoración, considerando los acuerdos contractuales, condiciones económicas, criterios contables y de explotación y otras condiciones pertinentes que existan en dicha fecha.

   Sin embargo, por excepción a lo previsto en el párrafo anterior, la clasificación de los contratos de arrendamiento y otros de naturaleza similar, se realizará sobre la base de las condiciones contractuales y otras circunstancias existentes al comienzo de los mismos o, si las condiciones han sido modificadas de forma que cambiarían su clasificación, en la fecha de dicha modificación, que puede ser la de adquisición.

b) Criterio de valoración.

La adquirente valorará los activos identificables adquiridos y los pasivos asumidos a sus valores razonables en la fecha de adquisición, siempre que dichos valores puedan determinarse con suficiente fiabilidad.

c) Excepciones a los criterios de reconocimiento y valoración.

No obstante lo anterior, en el reconocimiento y valoración de los activos identificables adquiridos y pasivos asumidos que a continuación se relacionan se seguirán las siguientes reglas:

1. Los activos no corrientes que se clasifiquen por la adquirente como mantenidos para la venta se valorarán de acuerdo con lo establecido al respecto en la norma sobre activos no corrientes y grupos enajenables de elementos, mantenidos para la venta.
2. Los activos y pasivos por impuesto diferido se reconocerán y valorarán de acuerdo con lo dispuesto en la norma relativa a impuestos sobre beneficios.
3. Los activos y pasivos asociados a retribuciones a largo plazo al personal de prestación definida se contabilizarán, en la fecha de adquisición, por el valor actual de las retribuciones comprometidas menos el valor razonable de los activos afectos a los compromisos con los que se liquidarán las obligaciones.

   El valor actual de las obligaciones incluirá en todo caso los costes de los servicios pasados que procedan de cambios en las prestaciones o de la introducción de un plan, antes de la fecha de adquisición, así como las ganancias y pérdidas actuariales que hayan surgido antes de la citada fecha.
4. En el caso de que el registro de un inmovilizado intangible identificado cuya valoración, que no puede ser calculada por referencia a un mercado activo, implicara la contabilización de un ingreso en la cuenta de pérdidas y ganancias, de acuerdo con lo previsto en el apartado 2.5 de la presente norma, dicho activo se valorará deduciendo la diferencia negativa, inicialmente calculada, del importe de su valor razonable. Si el importe de dicha diferencia negativa fuera superior al valor total del inmovilizado intangible, dicho activo no deberá ser registrado.
5. Si el adquirente recibe un activo como indemnización frente a alguna contingencia o incertidumbre relacionada con la totalidad o con parte de un activo o pasivo específico, reconocerá y valorará el activo en el mismo momento y de forma consistente con el elemento que genere la citada contingencia o incertidumbre.
6. La adquirente valorará un derecho readquirido reconocido como un inmovilizado intangible sobre la base del periodo contractual que reste hasta su finalización, con independencia de que un tercero considerase en la determinación de su valor razonable las posibles renovaciones contractuales.
7. En el caso de que el negocio adquirido incorpore obligaciones calificadas como contingencias, la empresa adquirente reconocerá como pasivo el valor razonable de asumir tales obligaciones, siempre y cuando dicho pasivo sea una obligación presente que surja de sucesos pasados y su valor razonable pueda ser medido con suficiente fiabilidad, aunque no sea probable que para liquidar la obligación vaya a producirse una salida de recursos que incorporen beneficios económicos.

2.5. Determinación del importe del fondo de comercio o de la diferencia negativa

El exceso, en la fecha de adquisición, del coste de la combinación de negocios sobre el valor de los activos identificables adquiridos menos el de los pasivos asumidos en los términos recogidos en el apartado anterior, se reconocerá como un fondo de comercio.

Al fondo de comercio le serán de aplicación los criterios contenidos en la norma relativa a normas particulares sobre el inmovilizado intangible.

En el supuesto excepcional de que el valor de los activos identificables adquiridos menos el de los pasivos asumidos, fuese superior al coste de la combinación de negocios, el exceso se contabilizará en la cuenta de pérdidas y ganancias como un ingreso.

No obstante, antes de reconocer el citado ingreso la empresa evaluará nuevamente si ha identificado y valorado correctamente tanto los activos identificables adquiridos y pasivos asumidos, como el coste de la combinación. Si en el proceso de identificación y valoración surgen activos de carácter contingente o elementos del inmovilizado intangible para los que no exista un mercado activo, no serán objeto de reconocimiento con el límite de la diferencia negativa anteriormente indicada.

2.6. Contabilidad provisional

Si en la fecha de cierre del ejercicio en que se ha producido la combinación de negocios no se pudiese concluir el proceso de valoración necesario para aplicar el método de adquisición, las cuentas anuales se elaborarán utilizando valores provisionales.

Los valores provisionales serán ajustados en el periodo necesario para obtener la información requerida para completar la contabilización inicial (en adelante, periodo de valoración). Dicho periodo en ningún caso será superior a un año desde la fecha de adquisición.

En cualquier caso, los ajustes a los valores provisionales únicamente incorporarán información relativa a los hechos y circunstancias que existían en la fecha de adquisición y que, de haber sido conocidos, hubieran afectado a los importes reconocidos en dicha fecha.

Algunos cambios en el valor razonable de una contraprestación contingente que reconozca la adquirente después de la fecha de adquisición pueden ser el resultado de información adicional que la adquirente obtenga después de esa fecha sobre hechos y circunstancias que existían en la fecha de adquisición. Estos cambios son ajustes del periodo de valoración. Por ejemplo, si se pacta una contraprestación contingente en función de los beneficios que se obtengan en los próximos tres ejercicios, en la fecha de adquisición la empresa adquirente deberá calcular la mejor estimación del citado importe, que será ajustado un año más tarde considerando la información existente en esa fecha sobre los resultados de la entidad.

Sin embargo, los cambios en la contraprestación contingente que procedan de sucesos ocurridos tras la fecha de adquisición, tales como alcanzar un precio por acción determinado o un hito concreto en un proyecto de investigación y desarrollo, no son ajustes del periodo de valoración.

Los ajustes que se reconozcan para completar la contabilización inicial se realizarán de forma retroactiva, es decir, de forma tal que los valores resultantes sean los que se derivarían de haber tenido inicialmente la información que se incorpora. Por lo tanto:

a) Los ajustes al valor inicial de los activos identificables y pasivos asumidos se considerarán realizados en la fecha de adquisición.
b) El valor del fondo de comercio o de la diferencia negativa se corregirá, con efectos desde la fecha de adquisición, por un importe igual al ajuste que se realiza al valor inicial de los activos identificables y pasivos asumidos o al coste de la combinación.
c) La información comparativa incorporará los ajustes.

Transcurrido el período mencionado en este apartado, sólo se practicarán ajustes a las valoraciones iniciales cuando proceda corregir errores conforme a lo establecido en la norma relativa a cambios en criterios contables, errores y estimaciones contables. Las restantes modificaciones que se produzcan con posterioridad se reconocerán como cambios en las estimaciones conforme a lo señalado en la citada norma relativa a cambios en criterios contables, errores y estimaciones contables.

2.7. Combinaciones de negocios realizadas por etapas

Las combinaciones de negocios realizadas por etapas son aquellas en las que la empresa adquirente obtiene el control de la adquirida mediante varias transacciones independientes realizadas en fechas diferentes.

En estos casos, el fondo de comercio o diferencia negativa se obtendrá por diferencia entre los siguientes importes:

a) El coste de la combinación de negocios, más el valor razonable en la fecha de adquisición de cualquier inversión previa de la empresa adquirente en la adquirida, y
b) El valor de los activos identificables adquiridos menos el de los pasivos asumidos en los términos recogidos en el apartado 2.4.

Cualquier beneficio o pérdida que surja como consecuencia de la valoración a valor razonable en la fecha en que se obtiene el control de la participación previa de la adquirente en la adquirida, se reconocerá en la partida 14.*b*) o 16.*b*) de la cuenta de pérdidas y ganancias. Si con anterioridad la inversión en la participada se hubiera valorado por su valor razonable, los ajustes de valoración pendientes de ser imputados al resultado del ejercicio se transferirán a la cuenta de pérdidas y ganancias.

Se presume que el coste de la combinación de negocios es el mejor referente para estimar el valor razonable en la fecha de adquisición, de cualquier participación previa en la empresa adquirida. En caso de evidencia en contrario, se utilizarán otras técnicas de valoración para determinar el valor razonable de la citada participación.

2.8. Registro y valoración de las transacciones separadas

Adquirente y adquirida pueden tener una relación previa a la combinación de negocios o pueden iniciar un acuerdo separado de la combinación de negocios de forma simultánea a ésta. En ambos casos la adquirente identificará las transacciones separadas que no formen parte de la combinación de negocios, que deberán contabilizarse de acuerdo con lo previsto en la correspondiente norma de registro y valoración y originar, en su caso, un ajuste en el coste de la combinación.

Una transacción formalizada por o en nombre de la adquirente o que beneficia principalmente a la adquirente o a la entidad combinada, en lugar de a la adquirida (o sus anteriores propietarios) antes de la combinación, constituirá probablemente una transacción separada. En particular, son ejemplos de transacciones separadas en las que el método de adquisición debe excepcionarse:

a) La cancelación de relaciones preexistentes entre la adquirente y la adquirida.

En aquellas ocasiones en las que exista una relación previa entre adquirente y adquirida, de carácter contractual o no, la empresa adquirente reconocerá un beneficio o pérdida por la cancelación de la mencionada relación previa cuyo importe se determinará como sigue:

1.1. Si la relación previa no fuera de carácter contractual (por ejemplo, un litigio), por su valor razonable; y
1.2. Si la relación preexistente fuera de carácter contractual por el menor del:
   - i) importe por el que el contrato es favorable o desfavorable para la adquirente en relación a las condiciones de mercado.
   - ii) importe de cualquier cláusula de liquidación establecida en el contrato que pueda ser ejecutada por la parte para la que el contrato sea desfavorable.

Si el segundo importe es menor que el primero, la diferencia se incluirá como parte del coste de la combinación de negocios. No obstante, si la cancelación diese lugar a la adquisición de un derecho previamente cedido por la adquirente, esta última deberá reconocer un inmovilizado intangible de acuerdo con lo dispuesto en el apartado 2.4.c.6).

En ambos casos, es decir, tanto si la cancelación es de una relación de naturaleza contractual o no, en la determinación del resultado la empresa adquirente debe considerar los activos y pasivos relacionados que hubiese reconocido previamente.

Cualquier gasto o ingreso que proceda reconocer de acuerdo con los criterios anteriores, se contabilizará empleando como contrapartida la contraprestación transferida. En consecuencia, en el importe del citado gasto o ingreso deberá minorarse o aumentarse, respectivamente, el coste de la combinación a los efectos de calcular el fondo de comercio o la diferencia negativa.

En todo caso, cualquier pérdida por deterioro previamente reconocida por la adquirente o la adquirida en relación con créditos y débitos recíprocos deberá revertir y contabilizarse como un ingreso en la cuenta de pérdidas y ganancias de la empresa que hubiera contabilizado la pérdida por deterioro. En la fecha de adquisición, los citados créditos y débitos recíprocos deberán cancelarse en la contabilidad de la empresa adquirente.

b) La sustitución de acuerdos de remuneración a los trabajadores o a los anteriores propietarios de la adquirida.

Si por causa de la combinación de negocios se sustituyen voluntaria u obligatoriamente los compromisos de pagos basados en instrumentos de patrimonio de la empresa adquirida con sus empleados, por los basados en los instrumentos de patrimonio de la adquirente, el importe de los acuerdos de sustitución que forman parte del coste de la combinación de negocios será equivalente a la parte del acuerdo mantenido por la adquirida que es atribuible a servicios anteriores a la fecha de adquisición. Este importe se determinará aplicando al valor razonable en la fecha de adquisición de los acuerdos de la adquirida, el porcentaje resultante de comparar el periodo de irrevocabilidad completado en dicha fecha y el mayor entre el periodo inicial y el nuevo periodo de irrevocabilidad resultante de los acuerdos alcanzados.

Si los nuevos acuerdos exigen que los empleados presten servicios adicionales, cualquier exceso del valor razonable del nuevo acuerdo sobre el citado coste se reconocerá como un gasto de personal conforme a lo señalado en la norma de transacciones con pagos basados en instrumentos de patrimonio. En caso contrario, cualquier exceso se reconocerá en la fecha de adquisición como un gasto de personal.

No obstante, cuando la adquirente reemplace voluntariamente acuerdos de pagos basados en instrumentos de patrimonio, que expiran por causa de la combinación de negocios, la totalidad de la valoración en la fecha de adquisición de los nuevos incentivos deberá reconocerse como gasto de personal conforme a lo señalado en la norma sobre transacciones con pagos basados en instrumentos de patrimonio. En consecuencia, en este último supuesto, los citados incentivos no formarán parte de la contraprestación transferida en la combinación de negocios.

c) La compensación por haber recibido un negocio deficitario.

Si la adquirente recibe un activo o el compromiso de recibir un activo como compensación por haber asumido un negocio deficitario, por ejemplo, para hacer frente al coste de un futuro expediente de regulación de empleo, deberá contabilizar este acuerdo como una transacción separada de la combinación de negocios, circunstancia que exigirá reconocer una provisión como contrapartida del citado activo en la fecha en que se cumplan los criterios de reconocimiento y valoración del mismo.

2.9. VALORACIÓN POSTERIOR

Con posterioridad a su registro inicial, y sin perjuicio de los ajustes exigidos por el apartado 2.6 de la presente norma, con carácter general, los pasivos e instrumentos adquiridos y pasivos asumidos en una combinación de negocios se contabilizarán de acuerdo con las normas de registro y valoración que correspondan en función de la naturaleza de la transacción o elemento patrimonial.

Sin embargo, por excepción a la citada regla, a las transacciones y elementos que a continuación se indican se les aplicarán los siguientes criterios:

a) Pasivos reconocidos como contingencias. Con posterioridad al reconocimiento inicial, y hasta que el pasivo se cancele, liquide o expire, se valorarán por el mayor de los siguientes importes:
   1. El que resulte de acuerdo con lo dispuesto en la norma relativa a provisiones y contingencias.
   2. El inicialmente reconocido menos, cuando proceda, la parte del mismo imputada a la cuenta de pérdidas y ganancias porque corresponda a ingresos devengados de acuerdo con la norma que resulte aplicable en función de la naturaleza del pasivo.

b) Activos por indemnización. Se valorarán de forma consistente con el elemento que genere la contingencia o incertidumbre, sujeto a cualquier limitación contractual sobre su importe y, para un activo por indemnización que no se valora posteriormente por su valor razonable, teniendo en consideración la evaluación de la dirección sobre las circunstancias relativas a su cobro. La adquirente los dará de baja únicamente cuando se cobre, venda o se extinga de cualquier otra forma el derecho sobre estos activos.

c) Un derecho readquirido reconocido como un inmovilizado intangible deberá amortizarse a lo largo del periodo que reste hasta la finalización del plazo correspondiente a la cesión inicial.

d) Contraprestación contingente. Una vez concluida la contabilización provisional de la combinación de negocios, se seguirá el siguiente criterio respecto a los cambios posteriores en el valor razonable de la contraprestación contingente:

1. La contraprestación contingente clasificada como patrimonio neto no deberá valorarse de nuevo y su liquidación posterior deberá contabilizarse dentro del patrimonio neto.
2. La contraprestación contingente clasificada como un activo o un pasivo que sea un instrumento financiero dentro del alcance de la norma relativa a los mismos deberá valorarse en todo caso por su valor razonable, registrando cualquier ganancia o pérdida en la cuenta de pérdidas y ganancias. Si no está dentro del alcance de la citada norma, deberá contabilizarse de acuerdo con lo previsto en la norma sobre provisiones y contingencias, o la norma que resulte aplicable en función de la naturaleza de la contraprestación.

En particular, en el caso de activos contingentes que no hayan sido reconocidos por originar una diferencia negativa, el reconocimiento y valoración posterior se realizará de forma consistente con el elemento que genere la contingencia o incertidumbre.

20.ª Negocios conjuntos

1. Ámbito de aplicación

Un negocio conjunto es una actividad económica controlada conjuntamente por dos o más personas físicas o jurídicas. A estos efectos, control conjunto es un acuerdo estatutario o contractual en virtud del cual dos o más personas, que serán denominadas en la presente norma «partícipes», convienen compartir el poder de dirigir las políticas financiera y de explotación sobre una actividad económica con el fin de obtener beneficios económicos, de tal manera que las decisiones estratégicas, tanto financieras como de explotación, relativas a la actividad requieran el consentimiento unánime de todos los partícipes.

2. Categorías de negocios conjuntos

Los negocios conjuntos pueden ser:

a) Negocios conjuntos que no se manifiestan a través de la constitución de una empresa ni el establecimiento de una estructura financiera independiente de los partícipes, como son las uniones temporales de empresas y las comunidades de bienes, y entre las que se distinguen:
   - a_1) Explotaciones controladas de forma conjunta: actividades que implican el uso de activos y otros recursos propiedad de los partícipes.
   - a_2) Activos controlados de forma conjunta: activos que son propiedad o están controlados conjuntamente por los partícipes.

b) Negocios conjuntos que se manifiestan a través de la constitución de una persona jurídica independiente o empresas controladas de forma conjunta.

2.1. Explotaciones y activos controlados de forma conjunta

El partícipe en una explotación o en activos controlados de forma conjunta registrará en su balance la parte proporcional que le corresponda, en función de su porcentaje de participación, de los activos controlados conjuntamente y de los pasivos incurridos conjuntamente, así como los activos afectos a la explotación conjunta que estén bajo su control y los pasivos incurridos como consecuencia del negocio conjunto.

Asimismo, reconocerá en su cuenta de pérdidas y ganancias la parte que le corresponda de los ingresos generados y de los gastos incurridos por el negocio conjunto, así como los gastos incurridos en relación con su participación en el negocio conjunto, y que, de acuerdo con lo dispuesto en este Plan General de Contabilidad, deban ser imputados a la cuenta de pérdidas y ganancias.

En el estado de cambios en el patrimonio neto y estado de flujos de efectivo del partícipe estará integrada igualmente la parte proporcional de los importes de las partidas del negocio conjunto que le corresponda en función del porcentaje de participación establecido en los acuerdos alcanzados.

Se deberán eliminar los resultados no realizados que pudieran existir por transacciones entre el partícipe y el negocio conjunto, en proporción a la participación que corresponda a aquél. También serán objeto de eliminación los importes de activos, pasivos, ingresos, gastos y flujos de efectivo recíprocos.

Si el negocio conjunto elabora estados financieros a efectos del control de su gestión, se podrá operar integrando los mismos en las cuentas anuales individuales de los partícipes en función del porcentaje de participación y sin perjuicio de que debe registrarse conforme a lo previsto en el artículo 28 del Código de Comercio. Dicha integración se realizará una vez efectuada la necesaria homogeneización temporal, atendiendo a la fecha de cierre y al ejercicio económico del partícipe, la homogeneización valorativa en el caso de que el negocio conjunto haya utilizado criterios valorativos distintos de los empleados por el partícipe, y las conciliaciones y reclasificaciones de partidas necesarias.

2.2. Empresas controladas de forma conjunta

El partícipe registrará su participación en una empresa controlada de forma conjunta de acuerdo con lo previsto respecto a las inversiones en el patrimonio de empresas del grupo, multigrupo y asociadas en el apartado 2.5 de la norma relativa a instrumentos financieros.

21.ª Operaciones entre empresas del grupo

1. Alcance y regla general

La presente norma será de aplicación a las operaciones realizadas entre empresas del mismo grupo, tal y como éstas quedan definidas en la norma 13.ª de elaboración de las cuentas anuales.

Las operaciones entre empresas del mismo grupo, con independencia del grado de vinculación entre las empresas del grupo participantes, se contabilizarán de acuerdo con las normas generales.

En consecuencia, con carácter general, y sin perjuicio de lo dispuesto en el apartado siguiente, los elementos objeto de la transacción se contabilizarán en el momento inicial por su valor razonable. En su caso, si el precio acordado en una operación difiriese de su valor razonable, la diferencia deberá registrarse atendiendo a la realidad económica de la operación. La valoración posterior se realizará de acuerdo con lo previsto en las correspondientes normas.

2. Normas particulares

Las normas particulares solo serán de aplicación cuando los elementos objeto de la transacción deban calificarse como un negocio. A estos efectos, las participaciones en el patrimonio neto que otorguen el control sobre una empresa que constituya un negocio, también tendrán esta calificación.

El valor en cuentas consolidadas de estas participaciones es el importe representativo de su porcentaje de participación en el valor de los activos y pasivos de la sociedad dependiente reconocidos en el balance consolidado, deducida la participación de socios externos.

2.1. Aportaciones no dinerarias

En las aportaciones no dinerarias a una empresa del grupo, el aportante valorará su inversión por el valor contable de los elementos patrimoniales entregados en las cuentas anuales consolidadas en la fecha en que se realiza la operación, según las Normas para la Formulación de las Cuentas Anuales Consolidadas, que desarrollan el Código de Comercio.

La sociedad adquirente los reconocerá por el mismo importe.

Las cuentas anuales consolidadas que deben utilizarse a estos efectos serán las del grupo o subgrupo mayor en el que se integren los elementos patrimoniales, cuya sociedad dominante sea española. En el supuesto de que las citadas cuentas no se formulasen, al amparo de cualquiera de los motivos de dispensa previstos en las normas de consolidación, se tomarán los valores existentes antes de realizarse la operación en las cuentas anuales individuales de la sociedad aportante.

2.2. Operaciones de fusión y escisión

2.2.1. *Criterios de reconocimiento y valoración*

En las operaciones de fusión y escisión, se seguirán las siguientes reglas:

a) En las operaciones entre empresas del grupo en las que intervenga la empresa dominante del mismo o la dominante de un subgrupo y su dependiente, directa o indirectamente, los elementos patrimoniales adquiridos se valorarán por el importe que correspondería a los mismos, una vez realizada la operación, en las cuentas anuales consolidadas del grupo o subgrupo según las citadas Normas para la Formulación de las Cuentas Anuales Consolidadas.

La diferencia que pudiera ponerse de manifiesto en el registro contable por la aplicación de los criterios anteriores, se registrará en una partida de reservas.

Sin perjuicio de lo anterior, cuando la vinculación dominante-dependiente, previa a la fusión, trae causa de la transmisión entre empresas del grupo de las acciones o participaciones de la dependiente, sin que esta operación origine un nuevo subgrupo obligado a consolidar, el método de adquisición se aplicará tomando como fecha de referencia aquella en que se produce la citada vinculación, siempre que la contraprestación entregada sea distinta a los instrumentos de patrimonio de la adquirente.

Se aplicará este mismo criterio en los supuestos de dominio indirecto, cuando la dominante deba compensar a otras sociedades del grupo que no participan en la operación por la pérdida que, en caso contrario, se produciría en el patrimonio neto de estas últimas.

b) En el caso de operaciones entre otras empresas del grupo, los elementos patrimoniales adquiridos también se valorarán según sus valores contables en las cuentas anuales consolidadas en la fecha en que se realiza la operación.

En el caso particular de la fusión, la diferencia que pudiera ponerse de manifiesto entre el valor neto de los activos y pasivos de la sociedad adquirida, ajustado por el saldo que deba lucir en las subagrupaciones A-2) y A-3) del patrimonio neto, y cualquier importe correspondiente al capital y prima de emisión que, en su caso, hubiera emitido la sociedad absorbente, se contabilizará en una partida de reservas.

Este mismo criterio será de aplicación en el caso de las escisiones.

Las cuentas anuales consolidadas que deben utilizarse a estos efectos serán las del grupo o subgrupo mayor en el que se integren los elementos patrimoniales, cuya sociedad dominante sea española. En el supuesto de que las citadas cuentas no se formulasen, al amparo de cualquiera de los motivos de dispensa previstos en las normas de consolidación, se tomarán los valores existentes antes de realizarse la operación en las cuentas anuales individuales de la sociedad aportante.

Sin perjuicio de lo anterior, cuando la sociedad absorbente deba compensar a otras sociedades del grupo que no participan en la operación por la pérdida que, en caso contrario, se produciría en el patrimonio neto de estas últimas, los elementos patrimoniales de la sociedad absorbida se contabilizarán aplicando las reglas generales.

2.2.2. *Fecha de efectos contables*

En las operaciones de fusión y escisión entre empresas del grupo, la fecha de efectos contables será la de inicio del ejercicio en que se aprueba la fusión siempre que sea posterior al momento en que las sociedades se hubiesen incorporado al grupo. Si una de las sociedades se ha incorporado al grupo en el ejercicio en que se produce la fusión o escisión, la fecha de efectos contables será la fecha de adquisición.

En el supuesto de que las sociedades que intervienen en la operación formasen parte del grupo con anterioridad al inicio del ejercicio inmediato anterior, la información sobre los efectos contables de la fusión no se extenderá a la información comparativa.

Si entre la fecha de aprobación de la fusión y la de inscripción en el Registro Mercantil se produce un cierre, la obligación de formular cuentas anuales subsiste para los sociedades que participan en la operación, con el contenido que de ellas proceda de acuerdo con los criterios generales recogidos en el apartado 2.2 de la norma de registro y valoración 19.ª Combinaciones de negocios.

2.3. Operaciones de reducción de capital, reparto de dividendos y disolución de sociedades

En las operaciones de reducción de capital, reparto de dividendos y disolución de sociedades se seguirán los siguientes criterios, siempre que el negocio en que se materializa la reducción de capital, se acuerda el pago del dividendo o se cancela la cuota de liquidación del socio o propietario permanezca en el grupo.

La empresa cedente contabilizará la diferencia entre el importe de la deuda con el socio o propietario y el valor contable del negocio entregado con abono a una cuenta de reservas.

La empresa cesionaria lo contabilizará aplicando los criterios establecidos en el apartado 2.2 de esta norma.

22.ª Cambios en criterios contables, errores y estimaciones contables

Cuando se produzca un cambio de criterio contable, que sólo procederá de acuerdo con lo establecido en el principio de uniformidad, se aplicará de forma retroactiva y su efecto se calculará desde el ejercicio más antiguo para el que se disponga de información.

El ingreso o gasto correspondiente a ejercicios anteriores que se derive de dicha aplicación motivará, en el ejercicio en que se produce el cambio de criterio, el correspondiente ajuste por el efecto acumulado de las variaciones de los activos y pasivos, el cual se imputará directamente en el patrimonio neto, en concreto, en una partida de reservas, salvo que afectara a un gasto o un ingreso que se imputó en los ejercicios previos directamente en otra partida del patrimonio neto. Asimismo, se modificarán las cifras afectadas en la información comparativa de los ejercicios a los que le afecte el cambio de criterio contable.

En la subsanación de errores relativos a ejercicios anteriores serán de aplicación las mismas reglas que para los cambios de criterios contables. A estos efectos, se entiende por errores las omisiones o inexactitudes en las cuentas anuales de ejercicios anteriores por no haber utilizado, o no haberlo hecho adecuadamente, información fiable que estaba disponible cuando se formularon y que la empresa podría haber obtenido y tenido en cuenta en la formulación de dichas cuentas.

Sin embargo, se calificarán como cambios en estimaciones contables aquellos ajustes en el valor contable de activos o pasivos, o en el importe del consumo futuro de un activo, que sean consecuencia de la obtención de información adicional, de una mayor experiencia o del conocimiento de nuevos hechos. El cambio de estimaciones contables se aplicará de forma prospectiva y su efecto se imputará, según la naturaleza de la operación de que se trate, como ingreso o gasto en la cuenta de pérdidas y ganancias del ejercicio o, cuando proceda, directamente al patrimonio neto. El eventual efecto sobre ejercicios futuros se irá imputando en el transcurso de los mismos.

Siempre que se produzcan cambios de criterio contable o subsanación de errores relativos a ejercicios anteriores se deberá incorporar la correspondiente información en la memoria de las cuentas anuales.

Asimismo, se informará en la memoria de los cambios en estimaciones contables que hayan producido efectos significativos en el ejercicio actual, o que vayan a producirlos en ejercicios posteriores.

23.ª Hechos posteriores al cierre del ejercicio

Los hechos posteriores que pongan de manifiesto condiciones que ya existían al cierre del ejercicio deberán tenerse en cuenta para la formulación de las cuentas anuales. Estos hechos posteriores motivarán en las cuentas anuales, en función de su naturaleza, un ajuste, información en la memoria o ambos.

Los hechos posteriores al cierre del ejercicio que pongan de manifiesto condiciones que no existían al cierre del mismo no supondrán un ajuste en las cuentas anuales. No obstante, cuando los hechos sean de tal importancia que si no se facilitara información al respecto podría distorsionarse la capacidad de evaluación de los usuarios de las cuentas anuales, se deberá incluir en la memoria información respecto a la naturaleza del hecho posterior conjuntamente con una estimación de su efecto, o, en su caso, una manifestación acerca de la imposibilidad de realizar dicha estimación.

En todo caso, en la formulación de las cuentas anuales deberá tenerse en cuenta toda información que pueda afectar a la aplicación del principio de empresa en funcionamiento. En consecuencia, las cuentas anuales no se formularán sobre la base de dicho principio si los gestores, aunque sea con posterioridad al cierre del ejercicio, determinan que tienen la intención de liquidar la empresa o cesar en su actividad o que no existe una alternativa más realista que hacerlo.

TERCERA PARTE

Cuentas anuales

I. NORMAS DE ELABORACIÓN DE LAS CUENTAS ANUALES

1.ª Documentos que integran las cuentas anuales

Las cuentas anuales comprenden el balance, la cuenta de pérdidas y ganancias, el estado de cambios en el patrimonio neto, el estado de flujos de efectivo y la memoria. Estos documentos forman una unidad y deben ser redactados de conformidad con lo previsto en el Código de Comercio, el texto refundido de la Ley de Sociedades de Capital y en este Plan General de Contabilidad; en particular, sobre la base del Marco Conceptual de la Contabilidad y con la finalidad de mostrar la imagen fiel del patrimonio, de la situación financiera y de los resultados de la empresa.

Cuando pueda formularse balance y memoria en modelo abreviado, el estado de cambios en el patrimonio neto y el estado de flujos de efectivo no serán obligatorios.

2.ª Formulación de cuentas anuales

1. Las cuentas anuales se elaborarán con una periodicidad de doce meses, salvo en los casos de constitución, modificación de la fecha de cierre del ejercicio social o disolución.
2. Las cuentas anuales deberán ser formuladas por el empresario o los administradores, quienes responderán de su veracidad en el plazo máximo de tres meses, a contar desde el cierre del ejercicio. A estos efectos, las cuentas anuales expresarán la fecha en que se hubieran formulado y deberán ser firmadas por el empresario, por todos los socios ilimitadamente responsables por las deudas sociales o por todos los administradores de la sociedad; si faltara la firma de alguno de ellos, se hará expresa indicación de la causa en cada uno de los documentos en que falte.
3. El balance, la cuenta de pérdidas y ganancias, el estado de cambios en el patrimonio neto, el estado de flujos de efectivo y la memoria deberán estar identificados, indicándose de forma clara y en cada uno de dichos documentos su denominación, la empresa a que corresponden y el ejercicio al que se refieren.
4. Las cuentas anuales se elaborarán expresando sus valores en euros; no obstante lo anterior, podrán expresarse los valores en miles o millones de euros cuando la magnitud de las cifras así lo aconseje, debiendo indicarse esta circunstancia en las cuentas anuales.

3.ª Estructura de las cuentas anuales

Las cuentas anuales de las sociedades anónimas, incluidas las laborales, de las sociedades de responsabilidad limitada, incluidas las laborales, de las sociedades en comandita por acciones y de las sociedades cooperativas deberán adaptarse al modelo normal. Las sociedades colectivas y comanditarias simples, cuando a la fecha de cierre del ejercicio todos los socios colectivos sean sociedades españolas o extranjeras, también deberán adaptarse al modelo normal.

4.ª Cuentas anuales abreviadas

1. Las sociedades señaladas en la norma anterior podrán utilizar los modelos de cuentas anuales abreviados en los siguientes casos:

   a) Balance y memoria abreviados: Las sociedades en las que a la fecha de cierre del ejercicio concurran, al menos, dos de las circunstancias siguientes:
   - Que el total de las partidas del activo no supere los cuatro millones de euros. A estos efectos, se entenderá por total activo el total que figura en el modelo del balance.
   - Que el importe neto de su cifra anual de negocios no supere los ocho millones de euros.
   - Que el número medio de trabajadores empleados durante el ejercicio no sea superior a 50.

   b) Cuenta de pérdidas y ganancias abreviada: las sociedades en las que a la fecha de cierre del ejercicio concurran, al menos, dos de las circunstancias siguientes:
   - Que el total de las partidas del activo no supere los once millones cuatrocientos mil euros. A estos efectos, se entenderá por total activo el total que figura en el modelo del balance.
   - Que el importe neto de su cifra anual de negocios no supere los veintidós millones ochocientos mil euros.
   - Que el número medio de trabajadores empleados durante el ejercicio no sea superior a 250.

   Cuando una sociedad, en la fecha de cierre del ejercicio, pase a cumplir dos de las circunstancias antes indicadas o bien cese de cumplirlas, tal situación únicamente producirá efectos en cuanto a lo señalado en este apartado si se repite durante dos ejercicios consecutivos.

Si la empresa formase parte de un grupo de empresas en los términos descritos en la norma de elaboración de las cuentas anuales 13.ª Empresas de grupo, multigrupo y asociadas contenida en esta tercera parte, para la cuantificación de los importes se tendrá en cuenta la suma del activo, del importe neto de la cifra de negocios y del número medio de trabajadores del conjunto de las entidades que conformen el grupo, teniendo en cuenta las eliminaciones e incorporaciones reguladas en las normas de consolidación aprobadas en desarrollo de los principios contenidos en el Código de Comercio. Esta regla no será de aplicación cuando la información financiera de la empresa se integre en las cuentas anuales consolidadas de la sociedad dominante.

2. Las empresas con otra forma societaria no mencionadas en la norma anterior, así como los empresarios individuales, estarán obligados a formular, como mínimo, las cuentas anuales abreviadas.
3. Las entidades calificadas como entidades de interés público en el artículo 3.5 de la Ley 22/2015, de 20 de julio, de Auditoría de Cuentas, no podrán formular cuentas anuales abreviadas.
4. Lo establecido en las normas siguientes para los modelos normales deberá adecuarse a las características propias de los modelos abreviados.
5. Cuando el contenido de la memoria abreviada que se incluye en la sección relativa a los modelos abreviados no sea suficiente para mostrar la imagen fiel del patrimonio, de la situación financiera y de los resultados de la empresa, se suministrarán las informaciones adicionales precisas para alcanzar ese resultado.

5.ª Normas comunes al balance, la cuenta de pérdidas y ganancias, el estado de cambios en el patrimonio neto y el estado de flujos de efectivo

Sin perjuicio de lo dispuesto en las normas particulares, el balance, la cuenta de pérdidas y ganancias, el estado de cambios en el patrimonio neto y el estado de flujos de efectivo se formularán teniendo en cuenta las siguientes reglas:

1. En cada partida deberán figurar, además de las cifras del ejercicio que se cierra, las correspondientes al ejercicio inmediatamente anterior. A estos efectos, cuando unas y otras no sean comparables, bien por haberse producido una modificación en la estructura, bien por realizarse un cambio de criterio contable o subsanación de error, se deberá proceder a adaptar el ejercicio precedente, a efectos de su presentación en el ejercicio al que se refieren las cuentas anuales, informando de ello detalladamente en la memoria.
2. No figurarán las partidas a las que no corresponda importe alguno en el ejercicio ni en el precedente.
3. No podrá modificarse la estructura de un ejercicio a otro, salvo casos excepcionales que se indicarán en la memoria.
4. Podrán añadirse nuevas partidas a las previstas en los modelos normales y abreviados, siempre que su contenido no esté previsto en las existentes.
5. Podrá hacerse una subdivisión más detallada de las partidas que aparecen en los modelos, tanto en el normal como en el abreviado.
6. Podrán agruparse las partidas precedidas de números árabes en el balance y estado de cambios en el patrimonio neto, o letras en la cuenta de pérdidas y ganancias y estado de flujos de efectivo, si sólo representan un importe irrelevante para mostrar la imagen fiel o si se favorece la claridad.
7. Cuando proceda, cada partida contendrá una referencia cruzada a la información correspondiente dentro de la memoria.
8. Los créditos y deudas con empresas del grupo y asociadas, así como los ingresos y gastos derivados de ellos, figurarán en las partidas correspondientes, con separación de las que no correspondan a empresas del grupo o asociadas, respectivamente. En cualquier caso, en las partidas relativas a empresas asociadas también se incluirán las relaciones con empresas multigrupo.
9. Las empresas que participen en uno o varios negocios conjuntos que no tengan personalidad jurídica (uniones temporales de empresas, comunidades de bienes, etc.) deberán presentar esta información atendiendo a lo dispuesto en la norma de registro y valora-

ción relativa a negocios conjuntos, integrando en cada partida de los modelos de los distintos estados financieros las cantidades correspondientes a los negocios conjuntos en los que participen, e informando sobre su desglose en la memoria.

10. Las cuentas anuales que resultan de una adquisición inversa, en aplicación de los criterios recogidos en la norma de registro y valoración relativa a combinaciones de negocios, se elaborarán por la empresa adquirida. En consecuencia, el capital social que debe lucir en el patrimonio neto será el correspondiente a la empresa adquirida. No obstante, se considerarán una continuación de las de la empresa adquirente, y en consecuencia:
    a) La información comparativa de periodos anteriores a la combinación estará referida a la de la empresa adquirente. A tal efecto, los fondos propios de la empresa adquirida deberán ajustarse retroactivamente para mostrar los que teóricamente hubiesen correspondido a la empresa adquirente. Este ajuste se realizará considerando que la variación relativa del capital social debe corresponderse con la que se hubiera producido en el supuesto de que la adquirente, legal y económica, fuese la misma empresa.
    b) En el ejercicio en que se realiza la operación de adquisición, la cuenta de pérdidas y ganancias y el estado de cambios en el patrimonio neto incluirá los ingresos y gastos de la empresa adquirente correspondientes a dicho ejercicio y los ingresos y gastos de la empresa adquirida desde la fecha en que tiene lugar la operación hasta el cierre. Se aplicarán estos mismos criterios en la elaboración del estado de flujos de efectivo.

6.ª Balance

El balance, que comprende, con la debida separación, el activo, el pasivo y el patrimonio neto de la empresa, se formulará teniendo en cuenta que:

1. La clasificación entre partidas corrientes y no corrientes se realizará de acuerdo con los siguientes criterios:

a) El activo corriente comprenderá:
- Los activos vinculados al ciclo normal de explotación que la empresa espera vender, consumir o realizar en el transcurso del mismo. Con carácter general, el ciclo normal de explotación no excederá de un año.
- A estos efectos se entiende por ciclo normal de explotación el período de tiempo que transcurre entre la adquisición de los activos que se incorporan al proceso productivo y la realización de los productos en forma de efectivo o equivalentes al efectivo. Cuando el ciclo normal de explotación no resulte claramente identificable, se asumirá que es de un año.
- Aquellos activos, diferentes de los citados en el inciso anterior, cuyo vencimiento, enajenación o realización se espera se produzca en el corto plazo, es decir, en el plazo máximo de un año, contado a partir de la fecha de cierre del ejercicio. En consecuencia, los activos financieros no corrientes se reclasificarán en corrientes en la parte que corresponda.
- Los activos financieros clasificados como mantenidos para negociar, excepto los derivados financieros cuyo plazo de liquidación sea superior a un año.
- El efectivo y otros activos líquidos equivalentes, cuya utilización no esté restringida, para ser intercambiados o usados para cancelar un pasivo al menos dentro del año siguiente a la fecha de cierre del ejercicio.

Los demás elementos del activo se clasificarán como no corrientes.

b) El pasivo corriente comprenderá:
- Las obligaciones vinculadas al ciclo normal de explotación señalado en la letra anterior que la empresa espera liquidar en el transcurso del mismo.
- Las obligaciones cuyo vencimiento o extinción se espera se produzca en el corto plazo, es decir, en el plazo máximo de un año, contado a partir de la fecha

de cierre del ejercicio; en particular, aquellas obligaciones para las cuales la empresa no disponga de un derecho incondicional a diferir su pago en dicho plazo. En consecuencia, los pasivos no corrientes se reclasificarán en corrientes en la parte que corresponda.

— Los pasivos financieros clasificados como mantenidos para negociar, excepto los derivados financieros cuyo plazo de liquidación sea superior a un año.

Los demás elementos del pasivo se clasificarán como no corrientes.

2. Un activo financiero y un pasivo financiero se podrán presentar en el balance por su importe neto siempre que se den simultáneamente las siguientes condiciones:

a) Que la empresa tenga en ese momento el derecho exigible de compensar los importes reconocidos, y

b) Que la empresa tenga la intención de liquidar las cantidades por el neto o de realizar el activo y cancelar el pasivo simultáneamente.

Las mismas condiciones deberán concurrir para que la empresa pueda presentar por su importe neto los activos por impuestos y los pasivos por impuestos.

Sin perjuicio de lo anterior, si se produjese una transferencia de un activo financiero que no cumpla las condiciones para su baja del balance según lo dispuesto en el apartado 2.9 de la norma de registro y valoración relativa a instrumentos financieros, el pasivo financiero asociado que se reconozca no podrá compensarse con el activo financiero relacionado.

3. Las correcciones valorativas por deterioro y las amortizaciones acumuladas minorarán la partida del activo en la que figure el correspondiente elemento patrimonial.

4. En caso de que la empresa tenga gastos de investigación activados, de acuerdo con lo establecido en la norma de registro y valoración relativa a normas particulares sobre el inmovilizado intangible, se creará una partida específica, «Investigación», dentro del epígrafe A.I, «Inmovilizado intangible» del activo del balance normal.

5. Los terrenos o construcciones que la empresa destine a la obtención de ingresos por arrendamiento o posea con la finalidad de obtener plusvalías a través de su enajenación, fuera del curso ordinario de sus operaciones se incluirán en el epígrafe A.III, «Inversiones inmobiliarias», del activo.

6. Cuando la empresa tenga inversiones en activos que cumpliendo la definición de activos financieros del apartado 2 de la norma de registro y valoración sobre instrumentos financieros no estén regulados por dicha norma y no figuren específicamente en otras partidas del balance (tal como los activos vinculados a retribuciones post-empleo de prestación definida que se deban reconocer de acuerdo con la norma de registro y valoración sobrepasivos por retribuciones a largo plazo al personal), creará la partida «Otras inversiones», que incluirá en los epígrafes A.IV, A.V, B.IV y B.V del activo del balance normal, en función de si son a largo o corto plazo y frente a empresas del grupo y asociadas o no.

7. En el caso de que la empresa tenga existencias de producción de ciclo superior a un año, las partidas del epígrafe B.II del activo, 3, «Productos en curso», y 4, «Productos terminados» del balance normal, se desglosarán para recoger separadamente las de ciclo corto y las de ciclo largo de producción.

8. Cuando la empresa tenga créditos con clientes por ventas y prestaciones de servicios con vencimiento superior a un año, esta partida del epígrafe B.III del activo del balance se desglosará para recoger separadamente los clientes a largo plazo y a corto plazo. Si el plazo de vencimiento fuera superior al ciclo normal de explotación, se creará el epígrafe A.VII en el activo no corriente, con la denominación «Deudores comerciales no corrientes».

9. El capital social y, en su caso, la prima de emisión o asunción de acciones o participaciones con naturaleza de patrimonio neto figurarán en los epígrafes A-1.I. «Capital» y A-1.II. «Prima de emisión», siempre que se hubiera producido la inscripción en el Registro Mercantil de la ejecución del acuerdo de aumento con anterioridad a la formulación de las cuentas anuales dentro del plazo establecido en el texto refundido de la Ley de

Sociedades de Capital. En caso contrario, figurarán en la partida 5. «Otros pasivos financieros» o 3. «Otras deudas a corto plazo», ambas del epígrafe C.III «Deudas a corto plazo» del pasivo corriente del modelo normal o abreviado, respectivamente.

10. Los accionistas (socios) por desembolsos no exigidos figurarán en la partida A-1.I.2, «Capital no exigido», o minorarán el importe del epígrafe «Deuda con características especiales», en función de cuál sea la calificación contable de sus aportaciones.
11. Cuando la empresa adquiera sus propios instrumentos de patrimonio, sin perjuicio de informar en la memoria, se registrarán en los siguientes epígrafes, dentro de la agrupación «Patrimonio Neto»:

    a) Si son valores de su capital, en el epígrafe A-1.IV, «Acciones y participaciones en patrimonio propias», que se mostrará con signo negativo.
    b) En otro caso, minorarán el epígrafe A-1.IX, «Otros instrumentos de patrimonio neto».

12. Cuando se emitan instrumentos financieros compuestos se clasificarán, en el importe que corresponda de acuerdo con lo dispuesto en el apartado 5.2 de la norma de registro y valoración relativa a instrumentos financieros, en las agrupaciones correspondientes a «Patrimonio Neto» y «Pasivo».
13. Cuando la empresa tenga elementos patrimoniales clasificados como «Activos no corrientes mantenidos para la venta» o como «Pasivos vinculados con activos no corrientes mantenidos para la venta», cuyos cambios de valoración deban registrarse directamente en el patrimonio neto, se creará un epígrafe específico «Activos no corrientes y pasivos vinculados, mantenidos para la venta» dentro de la subagrupación A-2. «Ajustes por cambios de valor» del patrimonio neto del balance normal».
14. Si, excepcionalmente, la moneda o monedas funcionales de la empresa fueran distintas del euro, las variaciones de valor derivadas de la conversión a la moneda de presentación de las cuentas anuales se registrarán en un epígrafe específico, «Diferencia de conversión», que se creará dentro de la subagrupación A-2, «Ajustes por cambios de valor», del patrimonio neto del balance normal. En este epígrafe figurarán los cambios de valor de los instrumentos de cobertura de inversión neta en un negocio en el extranjero que, de acuerdo con lo dispuesto en las normas de registro y valoración, deban imputarse a patrimonio neto.
15. Las subvenciones, donaciones y legados no reintegrables otorgados por terceros distintos a los socios o propietarios, que estén pendientes de imputar a resultados, formarán parte del patrimonio neto de la empresa, registrándose en la subagrupación A-3, «Subvenciones, donaciones y legados recibidos». Por su parte, las subvenciones, donaciones y legados no reintegrables otorgados por socios o propietarios formarán parte del patrimonio neto, dentro de los fondos propios, registrándose en el epígrafe A-1.VI, «Otras aportaciones de socios».
16. Cuando la empresa tenga deudas con proveedores con vencimiento superior a un año, esta partida del epígrafe C.V. del pasivo se desglosará para recoger separadamente los proveedores a largo plazo y a corto plazo. Si el plazo de vencimiento fuera superior al ciclo normal de explotación, se creará el epígrafe B.VI en el pasivo no corriente, con la denominación «Acreedores comerciales no corrientes».
17. Cuando la empresa haya emitido instrumentos financieros que deban reconocerse como pasivos financieros pero que por sus características especiales pueden producir efectos específicos en otras normativas, incorporará un epígrafe específico, tanto en el pasivo no corriente como en el corriente, denominado «Deuda con características especiales a largo plazo» y «Deuda con características especiales a corto plazo». En la memoria, se detallarán las características de estas emisiones.
18. La empresa presentará en el balance, de forma separada del resto de los activos y pasivos, los activos no corrientes mantenidos para la venta y los activos correspondientes a un grupo enajenable de elementos mante-

nidos para la venta, que figurarán en el epígrafe B.I., del activo, y los pasivos que formen parte de un grupo enajenable de elementos mantenidos para la venta, que figurarán en el epígrafe C.I, del pasivo. Estos activos y pasivos no se compensarán, ni se presentarán como un único importe.

7.ª Cuenta de pérdidas y ganancias

La cuenta de pérdidas y ganancias recoge el resultado del ejercicio, formado por los ingresos y los gastos del mismo, excepto cuando proceda su imputación directa al patrimonio neto, de acuerdo con lo previsto en las normas de registro y valoración. La cuenta de pérdidas y ganancias se formulará teniendo en cuenta que:

1. Los ingresos y gastos se clasificarán de acuerdo con su naturaleza.
2. El importe correspondiente a las ventas, prestaciones de servicios y otros ingresos de explotación se reflejará en la cuenta de pérdidas y ganancias por su importe neto de devoluciones y descuentos.
3. La partida 4.*c*), «Trabajos realizados por otras empresas», recoge los importes correspondientes a actividades realizadas por otras empresas en el proceso productivo.
4. Las subvenciones, donaciones y legados recibidos que financien activos o gastos que se incorporen al ciclo normal de explotación se reflejarán en la partida 5.*b*), «Subvenciones de explotación incorporadas al resultado del ejercicio», mientras que las subvenciones, donaciones y legados que financien activos del inmovilizado intangible, material o inversiones inmobiliarias se imputarán a resultados, de acuerdo con la norma de registro y valoración, a través de la partida 9, «Imputación de subvenciones de inmovilizado no financiero y otras». Las subvenciones, donaciones y legados concedidos para cancelar deudas que se otorguen sin una finalidad específica se imputarán igualmente a la partida 9, «Imputación de subvenciones de inmovilizado no financiero y otras». Si se financiase un gasto o un activo de naturaleza financiera, el ingreso correspondiente se incluirá en el resultado financiero, incorporándose, en caso de que sea significativa, la correspondiente partida con la denominación «Imputación de subvenciones, donaciones y legados de carácter financiero».
5. La partida 10, «Excesos de provisiones», recoge las reversiones de provisiones en el ejercicio, con la excepción de las correspondientes al personal, que se reflejan en la partida 6, «Gastos de personal», y las derivadas de operaciones comerciales, que se reflejan en la partida 7.*c*).
6. En el supuesto excepcional de que en una combinación de negocios el valor de los activos identificables adquiridos menos el de los pasivos asumidos sea superior al coste de la combinación de negocios, se creará una partida con la denominación «Diferencia negativa de combinaciones de negocio», formando parte del resultado de explotación.
7. Los ingresos y gastos originados por los instrumentos de cobertura que, de acuerdo con lo dispuesto en las normas de registro y valoración, deban imputarse a la cuenta de pérdidas y ganancias figurarán en la partida de gastos o ingresos, respectivamente, que genera la partida cubierta, informando de ello detalladamente en la memoria.
8. En su caso, los gastos asociados a una reestructuración se registrarán en las correspondientes partidas atendiendo a su naturaleza y se informará en la memoria de las cuentas anuales del importe global de los mismos y, cuando sean significativos, de los importes incluidos en cada una de las partidas.
9. En caso de que la empresa presente ingresos o gastos de carácter excepcional y cuantía significativa, como, por ejemplo, los producidos por inundaciones, incendios, multas o sanciones, se creará una partida con la denominación «Otros resultados», formando parte del resultado de explotación, e informará de ello detalladamente en la memoria.
10. En la partida 14.a) «Variación de valor razonable en instrumentos financieros. Valor razonable con cambios en pérdidas y ganancias» se reflejarán los cambios en el valor razonable de los instrumentos financieros incluidos en

las categorías de «Activos (pasivos) financieros a valor razonable con cambios en la cuenta de pérdidas y ganancias» en los términos recogidos en la norma de registro y valoración relativa a instrumentos financieros, pudiendo imputarse el importe de los intereses devengados así como el de los dividendos devengados a cobrar, en las partidas que corresponda, según su naturaleza.

11. En la partida 18, «Resultado del ejercicio procedente de operaciones interrumpidas neto de impuestos» del modelo normal de cuenta de pérdidas y ganancias, la empresa incluirá un importe único que comprenda:

— El resultado después de impuestos de las actividades interrumpidas; y
— El resultado después de impuestos reconocido por la valoración a valor razonable menos los costes de venta, o bien por la enajenación o disposición por otros medios de los activos o grupos enajenables de elementos que constituyan la actividad interrumpida.

La empresa presentará en esta partida 18 el importe del ejercicio anterior correspondiente a las actividades que tengan el carácter de interrumpidas en la fecha de cierre del ejercicio al que corresponden las cuentas anuales.

Una actividad interrumpida es todo componente de una empresa que ha sido enajenado o se ha dispuesto de él por otra vía, o bien que ha sido clasificado como mantenido para la venta, y:

a) Represente una línea de negocio o un área geográfica de la explotación, que sea significativa y pueda considerarse separada del resto.
b) Forme parte de un plan individual y coordinado para enajenar o disponer por otra vía de una línea de negocio o de un área geográfica de la explotación que sea significativa y pueda considerarse separada del resto; o
c) Sea una empresa dependiente adquirida exclusivamente con la finalidad de venderla.

A estos efectos, se entiende por componente de una empresa las actividades o flujos de efectivo que, por estar separados y ser independientes en su funcionamiento o a efectos de información financiera, se distinguen claramente del resto de la empresa, tal como una empresa dependiente o un segmento de negocio o geográfico.

12. Los ingresos y gastos generados por los activos no corrientes y grupos enajenables de elementos, mantenidos para la venta, que no cumplan los requisitos para calificarlos como operaciones interrumpidas se reconocerán en la partida de la cuenta de pérdidas y ganancias que corresponda según su naturaleza.

8.ª Estado de cambios en el patrimonio neto

El estado de cambios en el patrimonio neto tiene dos partes.

1. La primera, denominada «Estado de ingresos y gastos reconocidos», recoge los cambios en el patrimonio neto derivados de:

a) El resultado del ejercicio de la cuenta de pérdidas y ganancias.
b) Los ingresos y gastos que, según lo requerido por las normas de registro y valoración, deban imputarse directamente al patrimonio neto de la empresa.
c) Las transferencias realizadas a la cuenta de pérdidas y ganancias según lo dispuesto por este Plan General de Contabilidad.

Este documento se formulará teniendo en cuenta que:

1.1. Los importes relativos a los ingresos y gastos imputados directamente al patrimonio neto y las transferencias a la cuenta de pérdidas y ganancias se registrarán por su importe bruto, mostrándose en una partida separada su correspondiente efecto impositivo.

1.2. Si existe un elemento patrimonial clasificado como «Activos no corrientes mantenidos para la venta» o como «Pasivos vinculados con activos no corrientes mantenidos para la venta», que implique que su valoración produzca cambios que deban registrarse directamente en el patrimonio neto, se creará un epígrafe específico «Activos no corrientes y pasivos vinculados, con cambios directos en el patrimonio neto» dentro de las agrupaciones B. «Ingresos y gastos imputados directamente al patrimonio neto» y C. «Transferencias a la cuenta de pérdidas y ganancias».

1.3. Si, excepcionalmente, la moneda o monedas funcionales de la empresa fueran distintas del euro, las variaciones de valor derivadas de la conversión a la moneda de presentación de las cuentas anuales se registrarán en el patrimonio neto, para lo que se creará un epígrafe específico, «Diferencias de conversión», dentro de las agrupaciones B, «Ingresos y gastos imputados directamente al patrimonio neto», y C, «Transferencias a la cuenta de pérdidas y ganancias». En estos epígrafes figurarán los cambios de valor de los instrumentos de cobertura de inversión neta de un negocio en el extranjero que, de acuerdo con lo dispuesto en las normas de registro y valoración, deban imputarse a patrimonio neto.

2. La segunda, denominada «Estado total de cambios en el patrimonio neto», informa de todos los cambios habidos en el patrimonio neto derivados de:

a) El saldo total de los ingresos y gastos reconocidos.
b) Las variaciones originadas en el patrimonio neto por operaciones con los socios o propietarios de la empresa cuando actúen como tales.
c) Las restantes variaciones que se produzcan en el patrimonio neto.
d) También se informará de los ajustes al patrimonio neto debidos a cambios en criterios contables y correcciones de errores.

Cuando se advierta un error en el ejercicio al que se refieren las cuentas anuales que corresponda a un ejercicio anterior al comparativo, se informará en la memoria, e incluirá el correspondiente ajuste en el epígrafe A.II, del Estado total de cambios en el patrimonio neto, de forma que el patrimonio inicial de dicho ejercicio comparativo será objeto de modificación en aras de recoger la rectificación del error. En el supuesto de que el error corresponda al ejercicio comparativo, dicho ajuste se incluirá en el epígrafe C.II, del Estado total de cambios en el patrimonio neto.

Las mismas reglas se aplicarán respecto a los cambios de criterio contable. Este documento se formulará teniendo en cuenta que:

2.1. El resultado correspondiente a un ejercicio se traspasará en el ejercicio siguiente a la columna de resultados de ejercicios anteriores.

2.2. La aplicación que en un ejercicio se realiza del resultado del ejercicio anterior se reflejará en:
— La partida 4, «Distribución de dividendos», del epígrafe B.II, o D.II, «Operaciones con socios o propietarios».
— El epígrafe B.III, o D.III, «Otras variaciones del patrimonio neto», por las restantes aplicaciones que supongan reclasificaciones de partidas de patrimonio neto.

9.ª Estado de flujos de efectivo

El estado de flujos de efectivo informa sobre el origen y la utilización de los activos monetarios representativos de efectivo y otros activos líquidos equivalentes, clasificando los movimientos por actividades e indicando la variación neta de dicha magnitud en el ejercicio.

Se entiende por efectivo y otros activos líquidos equivalentes los que como tal figuran en el epígrafe B.VII del activo del balance, es decir, la tesorería depositada en la caja de la empresa, los depósitos bancarios a la vista y los instrumentos financieros que sean convertibles en efectivo y que, en el momento de su adquisición, su vencimiento no fuera superior a tres meses, siempre que no exista riesgo significativo de cambios de valor y formen parte de la política de gestión normal de la tesorería de la empresa.

Asimismo, a los efectos del estado de flujos de efectivo, se podrán incluir como un componente del efectivo los descubiertos ocasionales cuando formen parte integrante de la gestión del efectivo de la empresa.

Este documento se formulará teniendo en cuenta que:

1. Flujos de efectivo procedentes de las actividades de explotación son fundamentalmente los ocasionados por las actividades que constituyen la principal fuente de ingresos de la empresa, así como por otras actividades que no puedan ser calificadas como de inversión o financiación. La variación del flujo de efectivo ocasionada por estas actividades se mostrará por su importe neto, a excepción de los flujos de efectivo correspondientes a intereses, dividendos percibidos e impuestos sobre beneficios, de los que se informará separadamente.

   A estos efectos, el resultado del ejercicio antes de impuestos será objeto de corrección para eliminar los gastos e ingresos que no hayan producido un movimiento de efectivo e incorporar las transacciones de ejercicios anteriores cobradas o pagadas en el actual, clasificando separadamente los siguientes conceptos:

   a) Los ajustes para eliminar:
   - Correcciones valorativas, tales como amortizaciones, pérdidas por deterioro de valor o resultados surgidos por la aplicación del valor razonable, así como las variaciones en las provisiones.
   - Operaciones que deban ser clasificadas como actividades de inversión o financiación, tales como resultados por enajenación de inmovilizado o de instrumentos financieros.
   - Remuneración de activos financieros y pasivos financieros cuyos flujos de efectivo deban mostrarse separadamente conforme a lo previsto en el apartado *c*) siguiente.

   El descuento de papel comercial, o el anticipo por cualquier otro tipo de acuerdo, del importe de las ventas a clientes se tratará a los efectos del estado de flujos de efectivo como un cobro a clientes que se ha adelantado en el tiempo.

   b) Los cambios en el capital corriente que tengan su origen en una diferencia en el tiempo entre la corriente real de bienes y servicios de las actividades de explotación y su corriente monetaria.

   c) Los flujos de efectivo por intereses, incluidos los contabilizados como mayor valor de los activos, y cobros de dividendos.

   d) Los flujos de efectivo por impuesto sobre beneficios.

2. Flujos de efectivo por actividades de inversión son los pagos que tienen su origen en la adquisición de activos no corrientes y otros activos no incluidos en el efectivo y otros activos líquidos equivalentes, tales como inmovilizados intangibles, materiales, inversiones inmobiliarias o inversiones financieras, así como los cobros procedentes de su enajenación o de su amortización al vencimiento.
3. Los flujos de efectivo por actividades de financiación comprenden los cobros procedentes de la adquisición por terceros de títulos valores emitidos por la empresa o de recursos concedidos por entidades financieras o terceros en forma de préstamos u otros instrumentos de financiación, así como los pagos realizados por amortización o devolución de las cantidades aportadas por ellos. Figurarán también como flujos de efectivo por actividades de financiación los pagos a favor de los accionistas en concepto de dividendos.
4. Los cobros y pagos procedentes de activos financieros, así como los correspondientes a los pasivos financieros de rotación elevada, podrán mostrarse netos, siempre que se informe de ello en la memoria. Se considerará que el período de rotación es elevado cuando el plazo entre la fecha de adquisición y la de vencimiento no supere seis meses.
5. Los flujos procedentes de transacciones en moneda extranjera se convertirán a la moneda funcional al tipo de cambio vigente en la

fecha en que se produjo cada flujo en cuestión, sin perjuicio de poder utilizar una media ponderada representativa del tipo de cambio del período en aquellos casos en que exista un volumen elevado de transacciones efectuadas.

Si entre el efectivo y otros activos líquidos equivalentes figuran activos denominados en moneda extranjera, se informará en el estado de flujos de efectivo del efecto que en esta rúbrica haya tenido la variación de los tipos de cambio.

6. La empresa debe informar de cualquier importe significativo de sus saldos de efectivo y otros activos líquidos equivalentes al efectivo que no estén disponibles para ser utilizados.
7. Cuando exista una cobertura contable, los flujos del instrumento de cobertura se incorporarán en la misma partida que los de la partida cubierta, indicando en la memoria este efecto.
8. En el caso de operaciones interrumpidas, se detallarán en la nota correspondiente de la memoria los flujos de las distintas actividades.
9. Respecto a las transacciones no monetarias, en la memoria se informará de las operaciones de inversión y financiación significativas que, por no haber dado lugar a variaciones de efectivo, no hayan sido incluidas en el estado de flujos de efectivo (por ejemplo, conversión de deuda en instrumentos de patrimonio o adquisición de un activo mediante un arrendamiento financiero).

   En caso de existir una operación de inversión que implique una contraprestación parte en efectivo o activos líquidos equivalentes y parte en otros elementos, se deberá informar sobre la parte no monetaria independientemente de la información sobre la actividad en efectivo o equivalentes que se haya incluido en el estado de flujos de efectivo.
10. La variación de efectivo y otros activos líquidos equivalentes ocasionada por la adquisición o enajenación de un conjunto de activos y pasivos que conformen un negocio o línea de actividad se incluirá, en su caso, como una única partida en las actividades de inversión, en el epígrafe de inversiones o desinversiones, según corresponda, creándose una partida específica al efecto con la denominación «Unidad de negocio».
11. Cuando la empresa posea deuda con características especiales, los flujos de efectivo procedentes de ésta se incluirán como flujos de efectivo de las actividades de financiación en una partida específica denominada «Deudas con características especiales» dentro del epígrafe 10, «Cobros y pagos por instrumentos de pasivo financiero».

10.ª Memoria

La memoria completa, amplía y comenta la información contenida en los otros documentos que integran las cuentas anuales. Se formulará teniendo en cuenta que:

1. El modelo de la memoria recoge la información mínima a cumplimentar; no obstante, en aquellos casos en que la información que se solicita no sea significativa, no se cumplimentarán los apartados correspondientes.
2. Deberá indicarse cualquier otra información no incluida en el modelo de la memoria que sea necesaria para permitir el conocimiento de la situación y actividad de la empresa en el ejercicio, facilitando la comprensión de las cuentas anuales objeto de presentación, con el fin de que las mismas reflejen la imagen fiel del patrimonio, de la situación financiera y de los resultados de la empresa; en particular, se incluirán datos cualitativos correspondientes a la situación del ejercicio anterior cuando ello sea significativo. Adicionalmente, en la memoria se incorporará cualquier información que otra normativa exija incluir en este documento de las cuentas anuales.
3. La información cuantitativa requerida en la memoria deberá referirse al ejercicio al que corresponden las cuentas anuales, así como al ejercicio anterior del que se ofrece información comparativa, salvo que específicamente una norma contable indique lo contrario.
4. Lo establecido en la memoria en relación con las empresas asociadas deberá enten-

derse también referido a las empresas multigrupo.
5. Lo establecido en la nota 4 de la memoria se deberá adaptar para su presentación, en todo caso, de modo sintético y conforme a la exigencia de claridad.

11.ª Cifra anual de negocios

El importe neto de la cifra anual de negocios se determinará deduciendo del importe de las ventas de los productos y de las prestaciones de servicios u otros ingresos correspondientes a las actividades ordinarias de la empresa el importe de cualquier descuento (bonificaciones y demás reducciones sobre las ventas) y el del impuesto sobre el valor añadido y otros impuestos directamente relacionados con las mismas que deban ser objeto de repercusión.

12.ª Número medio de trabajadores

Para la determinación del número medio de trabajadores se considerarán todas aquellas personas que tengan o hayan tenido alguna relación laboral con la empresa durante el ejercicio, promediadas según el tiempo durante el cual hayan prestado sus servicios.

13.ª Empresas del grupo, multigrupo y asociadas

A efectos de la presentación de las cuentas anuales de una empresa o sociedad, se entenderá que otra empresa forma parte del grupo cuando ambas estén vinculadas por una relación de control, directa o indirecta, análoga a la prevista en el artículo 42 del Código de Comercio para los grupos de sociedades o cuando las empresas estén controladas por cualquier medio por una o varias personas físicas o jurídicas, que actúen conjuntamente o se hallen bajo dirección única por acuerdos o cláusulas estatutarias.

Se entenderá que una empresa es asociada cuando, sin que se trate de una empresa del grupo, en el sentido señalado anteriormente, la empresa o alguna o algunas de las empresas del grupo, en caso de existir éste, incluidas las entidades o personas físicas dominantes, ejerzan sobre tal empresa una influencia significativa por tener una participación en ella que, creando con ésta una vinculación duradera, esté destinada a contribuir a su actividad.

En este sentido, se entiende que existe influencia significativa en la gestión de otra empresa cuando se cumplan los dos requisitos siguientes:

a) La empresa o una o varias empresas del grupo, incluidas las entidades o personas físicas dominantes, participan en la empresa, y
b) Se tenga el poder de intervenir en las decisiones de política financiera y de explotación de la participada, sin llegar a tener el control.

Asimismo, la existencia de influencia significativa se podrá evidenciar a través de cualquiera de las siguientes vías:

1. Representación en el consejo de administración u órgano equivalente de dirección de la empresa participada.
2. Participación en los procesos de fijación de políticas.
3. Transacciones de importancia relativa con la participada.
4. Intercambio de personal directivo; o
5. Suministro de información técnica esencial.

Se presumirá, salvo prueba en contrario, que existe influencia significativa cuando la empresa o una o varias empresas del grupo, incluidas las entidades o personas físicas dominantes, posean, al menos, el 20 por 100 de los derechos de voto de otra sociedad.

Se entenderá por empresa multigrupo aquella que esté gestionada conjuntamente por la empresa o alguna o algunas de las empresas del grupo, en caso de existir éste, incluidas las entidades o personas físicas dominantes, y uno o varios terceros ajenos al grupo de empresas.

14.ª Estados financieros intermedios

Los estados financieros intermedios se presentarán con la forma y los criterios establecidos para las cuentas anuales.

15.ª Partes vinculadas

1. Una parte se considera vinculada a otra cuando una de ellas, o un conjunto que actúa en concierto, ejerce o tiene la posibilidad de ejercer, directa o indirectamente, o

en virtud de pactos o acuerdos entre accionistas o partícipes, el control sobre otra o una influencia significativa en la toma de decisiones financieras y de explotación de la otra.

2. En cualquier caso, se considerarán partes vinculadas:

   a) Las empresas que tengan la consideración de empresa del grupo, asociada o multigrupo, en el sentido indicado en la anterior norma decimotercera de elaboración de las cuentas anuales.

   No obstante, una empresa estará exenta de incluir la información recogida en el apartado de la memoria relativo a las operaciones con partes vinculadas cuando la primera esté controlada o influida de forma significativa por una Administración Pública estatal, autonómica o local y la otra empresa también esté controlada o influida de forma significativa por la misma Administración Pública, siempre que no existan indicios de una influencia entre ambas. Se entenderá que existe dicha influencia, entre otros casos, cuando las operaciones no se realicen en condiciones normales de mercado (salvo que dichas condiciones vengan impuestas por una regulación específica).

   b) Las personas físicas que posean directa o indirectamente alguna participación en los derechos de voto de la empresa, o en la entidad dominante de la misma, de manera que les permita ejercer sobre una u otra una influencia significativa. Quedan también incluidos los familiares próximos de las citadas personas físicas.

   c) El personal clave de la compañía o de su dominante, entendiendo por tal las personas físicas con autoridad y responsabilidad sobre la planificación, dirección y control de las actividades de la empresa, ya sea directa o indirectamente, entre las que se incluyen los administradores y los directivos. Quedan también incluidos los familiares próximos de las citadas personas físicas.

   d) Las empresas sobre las que cualquiera de las personas mencionadas en las letras *b*) y *c*) pueda ejercer una influencia significativa.

   e) Las empresas que compartan algún consejero o directivo con la empresa, salvo que éste no ejerza una influencia significativa en las políticas financiera y de explotación de ambas.

   f) Las personas que tengan la consideración de familiares próximos del representante del administrador de la empresa, cuando el mismo sea persona jurídica.

   g) Los planes de pensiones para los empleados de la propia empresa o de alguna otra que sea parte vinculada de ésta.

3. A los efectos de esta norma, se entenderá por familiares próximos a aquellos que podrían ejercer influencia en, o ser influidos por, esa persona en sus decisiones relacionadas con la empresa. Entre ellos, se incluirán:

   a) El cónyuge o persona con análoga relación de afectividad.

   b) Los ascendientes, descendientes y hermanos y los respectivos cónyuges o personas con análoga relación de afectividad.

   c) Los ascendientes, descendientes y hermanos del cónyuge o persona con análoga relación de afectividad; y

   d) Las personas a su cargo o a cargo del cónyuge o persona con análoga relación de afectividad.

MODELOS NORMALES DE CUENTAS ANUALES

BALANCE AL CIERRE DEL EJERCICIO 200X

Número de cuenta	ACTIVO	Notas de la memoria	200X	200X-1
	A) ACTIVO NO CORRIENTE			
	I. Inmovilizado intangible.			
201, (2801), (2901)	1. Desarrollo.			
202, (2802), (2902)	2. Concesiones.			
203, (2803), (2903)	3. Patentes, licencias, marcas y similares.			
204, (2804)*	4. Fondo de comercio.			
206, (2806), (2906)	5. Aplicaciones informáticas.			
205, 209, (2805), (2905)	6. Otro inmovilizado intangible.			
	II. Inmovilizado material.			
210, 211, (2811), (2910), (2911)	1. Terrenos y construcciones.			
212, 213, 214, 215, 216, 217, 218, 219, (2812), (2813), (2814), (2815), (2816), (2817), (2818), (2819), (2912), (2913), (2914), (2915), (2916), (2917), (2918), (2919)	2. Instalaciones técnicas, y otro inmovilizado material.			
23	3. Inmovilizado en curso y anticipos.			
	III. Inversiones inmobiliarias.			
220, (2920)	1. Terrenos.			
221, (282), (2921)	2. Construcciones.			
	IV. Inversiones en empresas del grupo y asociadas a largo plazo.			
2403, 2404, (2493), (2494), (293)	1. Instrumentos de patrimonio.			
2423, 2424, (2953), (2954)	2. Créditos a empresas.			
2413, 2414, (2943), (2944)	3. Valores representativos de deuda.			
	4. Derivados.			
	5. Otros activos financieros.			
	V. Inversiones financieras a largo plazo.			
2405, (2495), 250, (259)	1. Instrumentos de patrimonio.			
2425, 252, 253, 254, (2955), (298)	2. Créditos a terceros.			
2415, 251, (2945), (297)	3. Valores representativos de deuda.			
255	4. Derivados.			
258, 26	5. Otros activos financieros.			
474	VI. Activos por impuesto diferido.			
	B) ACTIVO CORRIENTE			
580, 581, 582, 583, 584, (599)	I. Activos no corrientes mantenidos para la venta.			
	II. Existencias.			
30, (390)	1. Comerciales.			
31, 32, (391), (392)	2. Materias primas y otros aprovisionamientos.			
33, 34, (393), (394)	3. Productos en curso.			
35, (395)	4. Productos terminados.			
36, (396)	5. Subproductos, residuos y materiales recuperados.			
407	6. Anticipos a proveedores.			
	III. Deudores comerciales y otras cuentas a cobrar.			
430, 431, 432, 435, 436, (437), (490), (4935)	1. Clientes por ventas y prestaciones de servicios.			
433, 434, (4933), (4934)	2. Clientes, empresas del grupo y asociadas.			
44	3. Deudores varios.			
460, 544	4. Personal.			
4709	5. Activos por impuesto corriente.			
4700, 4708, 471, 472	6. Otros créditos con las Administraciones Públicas.			
5580	7. Accionistas (socios) por desembolsos exigidos.			
	IV. Inversiones en empresas del grupo y asociadas a corto plazo.			
5303, 5304, (5393), (5394), (593)	1. Instrumentos de patrimonio.			
5323, 5324, 5343, 5344, (5953), (5954)	2. Créditos a empresas.			
5313, 5314, 5333, 5334, (5943), (5944)	3. Valores representativos de deuda.			
	4. Derivados.			
5353, 5354, 5523, 5524	5. Otros activos financieros.			
	V. Inversiones financieras a corto plazo.			
5305, 540, (5395), (549)	1. Instrumentos de patrimonio.			
5325, 5345, 542, 543, 547, (5955), (598)	2. Créditos a empresas.			
5315, 5335, 541, 546, (5945), (597)	3. Valores representativos de deuda.			
5590, 5593	4. Derivados.			
5355, 545, 548, 551, 5525, 565, 566	5. Otros activos financieros.			
480, 567	VI. Periodificaciones a corto plazo.			
	VII. Efectivo y otros activos líquidos equivalentes.			
570, 571, 572, 573, 574, 575	1. Tesorería.			
576	2. Otros activos líquidos equivalentes.			
	TOTAL ACTIVO (A + B)			

* Introducido por el artículo 1.° 6 del RD 602/2016, para los ejercicios comenzados desde el 1 de enero de 2016.

Número de cuenta	PATRIMONIO NETO Y PASIVO	Notas de la memoria	200X	200X-1
	A) PATRIMONIO NETO			
	A-1) Fondos propios.			
	I. Capital.			
100, 101, 102	1. Capital escriturado.			
(1030), (1040)	2. (Capital no exigido).			
110	II. Prima de emisión.			
	III. Reservas.			
112, 1141	1. Legal y estatutarias.			
113, 1140, 1142, 1143, 1144, 115, 119	2. Otras reservas.			
(108), (109)	IV. (Acciones y participaciones en patrimonio propias).			
	V. Resultados de ejercicios anteriores.			
120	1. Remanente.			
(121)	2. (Resultados negativos de ejercicios anteriores).			
118	VI. Otras aportaciones de socios.			
129	VII. Resultado del ejercicio.			
(557)	VIII. (Dividendo a cuenta).			
111	IX. Otros instrumentos de patrimonio neto.			
	A-2) Ajustes por cambios de valor.			
133	I. Activos financieros a valor razonable con cambios en el patrimonio neto.			
1340	II. Operaciones de cobertura.			
137	III. Otros.			
130, 131, 132	A-3) Subvenciones, donaciones y legados recibidos.			
	B) PASIVO NO CORRIENTE			
	I. Provisiones a largo plazo.			
140	1. Obligaciones por prestaciones a largo plazo al personal.			
145	2. Actuaciones medioambientales.			
146	3. Provisiones por reestructuración.			
141, 142, 143, 147	4. Otras provisiones.			
	II. Deudas a largo plazo.			
177, 178, 179	1. Obligaciones y otros valores negociables.			
1605, 170	2. Deudas con entidades de crédito.			
1625, 174	3. Acreedores por arrendamiento financiero.			
176	4. Derivados.			
1615, 1635, 171, 172, 173, 175, 180, 185, 189	5. Otros pasivos financieros.			
1603, 1604, 1613, 1614, 1623, 1624, 1633, 1634	III. Deudas con empresas del grupo y asociadas a largo plazo.			
479	IV. Pasivos por impuesto diferido.			
181	V. Periodificaciones a largo plazo.			
	C) PASIVO CORRIENTE			
585, 586, 587, 588, 589	I. Pasivos vinculados con activos no corrientes mantenidos para la venta.			
499, 529	II. Provisiones a corto plazo.			
	III. Deudas a corto plazo.			
500, 501, 505, 506	1. Obligaciones y otros valores negociables.			
5105, 520, 527	2. Deudas con entidades de crédito.			
5125, 524	3. Acreedores por arrendamiento financiero.			
5595, 5598	4. Derivados.			
(1034), (1044), (190), (192), 194, 509, 5115, 5135, 5145, 521, 522, 523, 525, 526, 528, 551, 5525, 555, 5565, 5566, 560, 561, 569	5. Otros pasivos financieros.			
5103, 5104, 5113, 5114, 5123, 5124, 5133, 5134, 5143, 5144, 5523, 5524, 5563, 5564	IV. Deudas con empresas del grupo y asociadas a corto plazo.			
	V. Acreedores comerciales y otras cuentas a pagar.			
400, 401, 405, (406)	1. Proveedores			
403, 404	2. Proveedores, empresas del grupo y asociadas.			
41	3. Acreedores varios.			
465, 466	4. Personal (remuneraciones pendientes de pago).			
4752	5. Pasivos por impuesto corriente.			
4750, 4751, 4758, 476, 477	6. Otras deudas con las Administraciones Públicas.			
438	7. Anticipos de clientes.			
485, 568	VI. Periodificaciones a corto plazo.			
	TOTAL PATRIMONIO NETO Y PASIVO (A + B + C)..			

CUENTA DE PÉRDIDAS Y GANANCIAS CORRESPONDIENTE AL EJERCICIO TERMINADO EL ... DE 200X

Número de cuenta		Nota	(Debe) Haber 200X	(Debe) Haber 200X-1
	A) OPERACIONES CONTINUADAS			
	1. Importe neto de la cifra de negocios.			
700, 701, 702, 703, 704, (706), (708), (709)	*a*) Ventas.			
705	*b*) Prestaciones de servicios.			
(6930), 71*, 7930	2. Variación de existencias de productos terminados y en curso de fabricación.			
73	3. Trabajos realizados por la empresa para su activo.			
	4. Aprovisionamientos.			
(600), 6060, 6080, 6090, 610*	*a*) Consumo de mercaderías.			
(601), (602), 6061, 6062, 6081, 6082, 6091, 6092, 611*, 612*	*b*) Consumo de materias primas y otras materias consumibles.			
(607)	*c*) Trabajos realizados por otras empresas.			
(6931), (6932), (6933), 7931, 7932, 7933	*d*) Deterioro de mercaderías, materias primas y otros aprovisionamientos.			
	5. Otros ingresos de explotación.			
75	*a*) Ingresos accesorios y otros de gestión corriente.			
740, 747	*b*) Subvenciones de explotación incorporadas al resultado del ejercicio.			
	6. Gastos de personal.			
(640), (641), (6450)	*a*) Sueldos, salarios y asimilados.			
(642), (643), (649)	*b*) Cargas sociales.			
(644), (6457), 7950, 7957	*c*) Provisiones.			
	7. Otros gastos de explotación.			
(62)	*a*) Servicios exteriores.			
(631), (634), 636, 639	*b*) Tributos.			
(650), (694), (695), 794, 7954	*c*) Pérdidas, deterioro y variación de provisiones por operaciones comerciales.			
(651), (659)	*d*) Otros gastos de gestión corriente.			
(68)	8. Amortización del inmovilizado.			
746	9. Imputación de subvenciones de inmovilizado no financiero y otras.			
7951, 7952, 7955, 7956	10. Excesos de provisiones.			
	11. Deterioro y resultado por enajenaciones del inmovilizado.			
(690), (691), (692), 790, 791, 792	*a*) Deterioros y pérdidas.			
(670), (671), (672), 770, 771, 772	*b*) Resultados por enajenaciones y otras.			
	A.1) RESULTADO DE EXPLOTACIÓN (1 + 2 + 3 + 4 + 5 + 6 + 7 + 8 + 9 + 10 + 11)			
	12. Ingresos financieros.			
	a) De participaciones en instrumentos de patrimonio.			
7600, 7601	a_1) En empresas del grupo y asociadas.			
7602, 7603	a_2) En terceros.			
	b) De valores negociables y otros instrumentos financieros.			
7610, 7611, 76200, 76201, 76210, 76211	b_1) De empresas del grupo y asociadas.			
7612, 7613, 76202, 76203, 76212, 76213, 769	b_2) De terceros.			
	13. Gastos financieros.			
(6610), (6611), (6615), (6616), (6620), (6621), (6640), (6641), (6650), (6651), (6654), (6655)	*a*) Por deudas con empresas del grupo y asociadas.			
(6612), (6613), (6617), (6618), (6622), (6623), (6624), (6642), (6643), (6652), (6653), (6656), (6657), (669)	*b*) Por deudas con terceros.			
(660)	*c*) Por actualización de provisiones.			
	14. Variación de valor razonable en instrumentos financieros.			
	a) Valor razonable con cambios en pérdidas y ganancias.			
	b) Transferencia de ajustes de valor razonable con cambios en el patrimonio neto.			
(6630), (6631), (6633), 7630, 7631, 7633	15. Diferencias de cambio.			
(6632), 7632	16. Deterioro y resultado por enajenaciones de instrumentos financieros.			
(668), 768	*a*) Deterioros y pérdidas.			
	b) Resultados por enajenaciones y otras.			
(696), (697), (698), (699), 796, 797, 798, 799	**A.2) RESULTADO FINANCIERO (12 + 13 + 14 + 15 + 16)**			
(666), (667), (673), (675), 766, 773, 775	**A.3) RESULTADO ANTES DE IMPUESTOS (A.1 + A.2)**			
	17. Impuestos sobre beneficios.			
(6300)*, 6301*, (633), 638	**A.4) RESULTADO DEL EJERCICIO PROCEDENTE DE OPERACIONES CONTINUADAS (A.3 + 17)**			
	B) OPERACIONES INTERRUMPIDAS			
	18. Resultado del ejercicio procedente de operaciones interrumpidas neto de impuestos.			
	A.5) RESULTADO DEL EJERCICIO (A.4 + 18)			

* Su signo puede ser positivo o negativo.

ESTADO DE CAMBIOS EN EL PATRIMONIO NETO CORRESPONDIENTE AL EJERCICIO TERMINADO EL ... DE 200X

A) ESTADO DE INGRESOS Y GASTOS RECONOCIDOS CORRESPONDIENTE AL EJERCICIO TERMINADO EL ... DE 200X

Número de cuenta		Notas en la memoria	200X	200X-1
	A) RESULTADO DE LA CUENTA DE PÉRDIDAS Y GANANCIAS			
	INGRESOS Y GASTOS IMPUTADOS DIRECTAMENTE AL PATRIMONIO NETO			
	I. Por valoración de instrumentos financieros.			
(800), (89), 900, 991, 992	1. Activos financieros a valor razonable con cambios en el patrimonio neto.			
(810), 910	2. Otros ingresos/gastos.			
94	II. Por coberturas de flujos de efectivo.			
(85), 95	III. Subvenciones, donaciones y legados recibidos.			
(8300)*, 8301*, (833), 834, 835, 838	IV. Por ganancias y pérdidas actuariales y otros ajustes.			
	V. Efecto impositivo.			
	B) TOTAL INGRESOS Y GASTOS IMPUTADOS DIRECTAMENTE EN EL PATRIMONIO NETO (I + II + III + IV + V)			
	TRANSFERENCIAS A LA CUENTA DE PÉRDIDAS Y GANANCIAS			
	VI. Por valoración de instrumentos financieros.			
(802), 902, 993, 994	1. Activos financieros a valor razonable con cambios en el patrimonio neto.			
(812), 912	2. Otros ingresos/gastos.			
(84)	VII. Por coberturas de flujos de efectivo.			
8301*, (836), (837)	VIII. Subvenciones, donaciones y legados recibidos.			
	IX. Efecto impositivo.			
	C) TOTAL TRANSFERENCIAS A LA CUENTA DE PÉRDIDAS Y GANANCIAS (VI + VII + VIII + IX)			
	TOTAL DE INGRESOS Y GASTOS RECONOCIDOS (A + B + C)			

* Su signo puede ser positivo o negativo.

B) ESTADO TOTAL DE CAMBIOS EN EL PATRIMONIO NE

	Capital		Prim de emisi
	Escriturado	No exigido	
A. SALDO, FINAL DEL AÑO 200X-2			
I. Ajustes por cambios de criterio 200X-2 y anteriores.			
II. Ajustes por errores 200X-2 y anteriores.			
B. SALDO AJUSTADO, INICIO DEL AÑO 200X-1			
I. Total ingresos y gastos reconocidos.			
II. Operaciones con socios o propietarios.			
1. Aumentos de capital. 2. (–) Reducciones de capital. 3. Conversión de pasivos financieros en patrimonio neto (conversión obligaciones, condonaciones de deudas). 4. (–) Distribución de dividendos. 5. Operaciones con acciones o participaciones propias (netas). 6. Incremento (reducción) de patrimonio neto resultante de una combinación de negocios. 7. Otras operaciones con socios o propietarios.			
III. Otras variaciones del patrimonio neto.			
C. SALDO, FINAL DEL AÑO 200X-1			
I. Ajustes por cambios de criterio 200X-1.			
II. Ajustes por errores 200X-1.			
D. SALDO AJUSTADO, INICIO DEL AÑO 200X			
I. Total ingresos y gastos reconocidos.			
II. Operaciones con socios o propietarios.			
1. Aumentos de capital. 2. (–) Reducciones de capital. 3. Conversión de pasivos financieros en patrimonio neto (conversión obligaciones, condonaciones de deudas). 4. (–) Distribución de dividendos. 5. Operaciones con acciones o participaciones propias (netas). 6. Incremento (reducción) de patrimonio neto resultante de una combinación de negocios. 7. Otras operaciones con socios o propietarios.			
III. Otras variaciones del patrimonio neto.			
E. SALDO, FINAL DEL AÑO 200X			

RRESPONDIENTE AL EJERCICIO TERMINADO EL… DE 200X

ervas	(Acciones y participaciones en patrimonio propias)	Resultados de ejercicios anteriores	Otras aportaciones de socios	Resultado del ejercicio	(Dividendo a cuenta)	Otros instrumentos de patrimonio neto	Ajustes por cambios de valor	Subvenciones donaciones y legados recibidos	TOTAL

ESTADO DE FLUJOS DE EFECTIVO EN EL EJERCICIO CON CIERRE EL ... DE 200X

	Notas	200X	200X-1
A) FLUJOS DE EFECTIVO DE LAS ACTIVIDADES DE EXPLOTACIÓN			
1. Resultado del ejercicio antes de impuestos.			
2. Ajustes del resultado.			
a) Amortización del inmovilizado (+).			
b) Correcciones valorativas por deterioro (+/–).			
c) Variación de provisiones (+/–).			
d) Imputación de subvenciones (–)			
e) Resultados por bajas y enajenaciones del inmovilizado (+/–).			
f) Resultados por bajas y enajenaciones de instrumentos financieros (+/–).			
g) Ingresos financieros (–).			
h) Gastos financieros (+).			
i) Diferencias de cambio (+/–).			
j) Variación de valor razonable en instrumentos financieros (+/–).			
k) Otros ingresos y gastos (-/+).			
3. Cambios en el capital corriente.			
a) Existencias (+/–).			
b) Deudores y otras cuentas a cobrar (+/–).			
c) Otros activos corrientes (+/–).			
d) Acreedores y otras cuentas a pagar (+/–).			
e) Otros pasivos corrientes (+/–).			
f) Otros activos y pasivos no corrientes (+/–).			
4. Otros flujos de efectivo de las actividades de explotación.			
a) Pagos de intereses (–).			
b) Cobros de dividendos (+).			
c) Cobros de intereses (+).			
d) Cobros (pagos) por impuesto sobre beneficios (+/–).			
e) Otros pagos (cobros) (–/+)			
5. Flujos de efectivo de las actividades de explotación (+/–1+/–2+/–3+/–4).			
B) FLUJOS DE EFECTIVO DE LAS ACTIVIDADES DE INVERSIÓN			
6. Pagos por inversiones (–).			
a) Empresas del grupo y asociadas.			
b) Inmovilizado intangible.			
c) Inmovilizado material.			
d) Inversiones inmobiliarias.			
e) Otros activos financieros.			
f) Activos no corrientes mantenidos para venta.			
g) Otros activos.			
7. Cobros por desinversiones (+).			
a) Empresas del grupo y asociadas.			
b) Inmovilizado intangible.			
c) Inmovilizado material.			
d) Inversiones inmobiliarias.			
e) Otros activos financieros.			
f) Activos no corrientes mantenidos para venta.			
g) Otros activos.			
8. Flujos de efectivo de las actividades de inversión (7-6)			
C) FLUJOS DE EFECTIVO DE LAS ACTIVIDADES DE FINANCIACIÓN			
9. Cobros y pagos por instrumentos de patrimonio.			
a) Emisión de instrumentos de patrimonio (+).			
b) Amortización de instrumentos de patrimonio (–).			
c) Adquisición de instrumentos de patrimonio propio (–).			
d) Enajenación de instrumentos de patrimonio propio (+).			
e) Subvenciones, donaciones y legados recibidos (+).			
10. Cobros y pagos por instrumentos de pasivo financiero.			
a) Emisión:			
1. Obligaciones y otros valores negociables (+).			
2. Deudas con entidades de crédito (+).			
3. Deudas con empresas del grupo y asociadas (+).			
4. Otras deudas (+).			
b) Devolución y amortización de:			
1. Obligaciones y valores negociables (–).			
2. Deudas con entidades de crédito (–).			
3. Deudas con empresas del grupo y asociadas (–).			
4. Otras deudas (–).			
11. Pagos por dividendos y remuneraciones de otros instrumentos de patrimonio.			
a) Dividendos (–).			
b) Remuneración de otros instrumentos de patrimonio (–).			
12. Flujos de efectivo de las actividades de financiación (+/–9+/–10–11)			
D) EFECTO DE LAS VARIACIONES DE LOS TIPOS DE CAMBIO			
E) AUMENTO/DISMINUCIÓN NETA DEL EFECTIVO O EQUIVALENTES (+/–5+/–8+/–12+/–D)			
Efectivo o equivalentes al comienzo del ejercicio.			
Efectivo o equivalentes al final del ejercicio.			

Contenido de la memoria

1. Actividad de la empresa

En este apartado se describirá el objeto social de la empresa y la actividad o actividades a que se dedique. En particular:

1. Domicilio y forma legal de la empresa, así como el lugar donde desarrolle las actividades, si fuese diferente de la sede social.
2. Una descripción de la naturaleza de la explotación de la empresa, así como de sus principales actividades.
3. Obligación de consolidar.
   - 3.1. En el caso de ser la empresa dominante de un grupo, en los términos previstos en el artículo 42 del Código de Comercio, se informará sobre la formulación de cuentas anuales consolidadas o, en su caso, sobre el tipo de dispensa que justifica la falta de formulación de las mismas, de entre los contemplados en el artículo 43 del susodicho Código.
   - 3.2. En el caso de pertenecer a un grupo de sociedades, en los términos previstos en el artículo 42 del Código de Comercio, incluso cuando la sociedad dominante esté domiciliada fuera del territorio español, se informará sobre su nombre, así como el de la sociedad dominante directa y de la dominante última del grupo, la residencia de estas sociedades y el Registro Mercantil donde estén depositadas las cuentas anuales consolidadas, la fecha de formulación de las mismas o, si procediera, las circunstancias que eximan de la obligación de consolidar.
4. Cuando exista una moneda funcional distinta del euro, se pondrá claramente de manifiesto esta circunstancia, indicando los criterios tenidos en cuenta para su determinación.

2. Bases de presentación de las cuentas anuales

1. Imagen fiel:

a) La empresa deberá hacer una declaración explícita de que las cuentas anuales reflejan la imagen fiel del patrimonio, de la situación financiera y de los resultados de la empresa, así como de la veracidad de los flujos incorporados en el estado de flujos de efectivo.

b) Razones excepcionales por las que, para mostrar la imagen fiel, no se han aplicado disposiciones legales en materia contable, con indicación de la disposición legal no aplicada, e influencia cualitativa y cuantitativa para cada ejercicio para el que se presenta información, de tal proceder sobre el patrimonio, la situación financiera y los resultados de la empresa.

c) Informaciones complementarias, indicando su ubicación en la memoria, que resulte necesario incluir cuando la aplicación de las disposiciones legales no sea suficiente para mostrar la imagen fiel.

2. Principios contables no obligatorios aplicados.
3. Aspectos críticos de la valoración y estimación de la incertidumbre:

a) Sin perjuicio de lo indicado en cada nota específica, en este apartado se informará sobre los supuestos clave acerca del futuro, así como de otros datos relevantes sobre la estimación de la incertidumbre en la fecha de cierre del ejercicio, siempre que lleven asociado un riesgo importante que pueda suponer cambios significativos en el valor de los activos o pasivos en el ejercicio siguiente. Respecto de tales activos y pasivos, se incluirá información sobre su naturaleza y su valor contable en la fecha de cierre.

b) Se indicará la naturaleza y el importe de cualquier cambio en una estimación contable que sea significativo y que afecte al ejercicio actual o que se espera pueda afectar a los ejercicios futuros. Cuando sea impracticable realizar una estimación del efecto en ejercicios futuros, se revelará este hecho.

c) Cuando la dirección sea consciente de la existencia de incertidumbres importantes, relativas a eventos o condiciones que puedan aportar dudas significativas sobre la posibilidad de que la empresa siga funcionando normalmente, procederá a revelarlas en este apartado. En el caso de que las cuentas anuales no se elaboren bajo el principio de empresa en funcionamiento, tal hecho será objeto de revelación explícita, junto con las hipótesis alternativas sobre las que hayan sido elaboradas, así como las razones por las que la empresa no pueda ser considerada como una empresa en funcionamiento.

4. Comparación de la información.

   Sin perjuicio de lo indicado en los apartados siguientes respecto a los cambios en criterios contables y corrección de errores, en este apartado se incorporará la siguiente información:

a) Razones excepcionales que justifican la modificación de la estructura del balance, de la cuenta de pérdidas y ganancias, del estado de cambios en el patrimonio neto y del estado de flujos de efectivo del ejercicio anterior.
b) Explicación de las causas que impiden la comparación de las cuentas anuales del ejercicio con las del precedente.
c) Explicación de la adaptación de los importes del ejercicio precedente para facilitar la comparación y, en caso contrario, las razones excepcionales que han hecho impracticable la reexpresión de las cifras comparativas.

5. Agrupación de partidas.

   Se informará del desglose de las partidas que han sido objeto de agrupación en el balance, en la cuenta de pérdidas y ganancias, en el estado de cambios en el patrimonio neto o en el estado de flujos de efectivo.

   No será necesario presentar la información anterior si dicha desagregación figura en otros apartados de la memoria.

6. Elementos recogidos en varias partidas.

   Identificación de los elementos patrimoniales, con su importe, que estén registrados en dos o más partidas del balance, con indicación de éstas y del importe incluido en cada una de ellas.

7. Cambios en criterios contables.

   Explicación detallada de los ajustes por cambios en criterios contables realizados en el ejercicio. En particular, deberá suministrarse información sobre:

a) Naturaleza y descripción del cambio producido y las razones por las cuales el cambio permite una información más fiable y relevante.
b) Importe de la corrección para cada una de las partidas que correspondan de los documentos que integran las cuentas anuales afectadas en cada uno de los ejercicios presentados a efectos comparativos, y
c) Si la aplicación retroactiva fuera impracticable, se informará sobre tal hecho, las circunstancias que lo explican y desde cuándo se ha aplicado el cambio en el criterio contable.

Cuando el cambio de criterio se deba a la aplicación de una nueva norma, se indicará y se estará a lo dispuesto en la misma, informando de su efecto sobre ejercicios futuros.

No será necesario incluir información comparativa en este apartado.

8. Corrección de errores.

   Explicación detallada de los ajustes por corrección de errores realizados en el ejercicio. En particular, deberá suministrarse información sobre:

a) Naturaleza del error y el ejercicio o ejercicios en que se produjo.
b) Importe de la corrección para cada una de las partidas que correspondan de los documentos que integran las cuentas anuales afectadas en cada uno de los ejercicios presentados a efectos comparativos, y
c) Si la aplicación retroactiva fuera impracticable, se informará sobre tal hecho, las circunstancias que lo explican y desde cuándo se ha corregido el error.

No será necesario incluir información comparativa en este apartado.

3. Aplicación de resultados

1. Información sobre la propuesta de aplicación del resultado del ejercicio, de acuerdo con el siguiente esquema:

Base de reparto	*Importe*
Saldo de la cuenta de pérdidas y ganancias	
Remanente	
Reservas voluntarias	
Otras reservas de libre disposición	....
Total	....

Aplicación	*Importe*
A reserva legal	
A reserva por fondo de comercio	
A reservas especiales	
A reservas voluntarias	
A ...	
A dividendos	
A ...	
A compensación de pérdidas de ejercicios anteriores	....
Total	....

2. En el caso de distribución de dividendos a cuenta en el ejercicio, se deberá indicar el importe de los mismos e incorporar el estado contable previsional formulado preceptivamente para poner de manifiesto la existencia de liquidez suficiente. Dicho estado contable deberá abarcar un período de un año desde que se acuerde la distribución del dividendo a cuenta.
3. Limitaciones para la distribución de dividendos.

4. Normas de registro y valoración

Se indicarán los criterios contables aplicados en relación con las siguientes partidas:

1. Inmovilizado intangible; indicando los criterios utilizados de capitalización o activación, amortización y correcciones valorativas por deterioro.

   En su caso, deberá indicarse de forma detallada el criterio de valoración seguido para calcular el importe recuperable de las unidades generadoras de efectivo a las que se haya asignado el fondo de comercio.
2. Inmovilizado material, indicando los criterios sobre amortización, correcciones valorativas por deterioro y reversión de las mismas, capitalización de gastos financieros, costes de ampliación, modernización y mejoras, costes de desmantelamiento o retiro, así como los costes de rehabilitación del lugar donde se asiente un activo y los criterios sobre la determinación del coste de los trabajos efectuados por la empresa para su inmovilizado.
3. Se señalará el criterio para calificar los terrenos y construcciones como inversiones inmobiliarias, especificando para éstas los criterios señalados en el apartado anterior.
4. Arrendamientos, indicando los criterios de contabilización de contratos de arrendamiento financiero y otras operaciones de naturaleza similar.
5. Permutas, indicando el criterio seguido y la justificación de su aplicación; en particular, las circunstancias que han llevado a calificar a una permuta de carácter comercial.
6. Instrumentos financieros; se indicará:

   a) Criterios empleados para la calificación y valoración de las diferentes categorías de activos financieros y pasivos financieros, así como para el reconocimiento de cambios de valor razonable; en particular, las razones por las que los valores emitidos por la empresa que, de acuerdo con el instrumento jurídico empleado, en principio, debieran haberse clasificado como instrumentos de patrimonio han sido contabilizados como pasivos financieros.

   b) La naturaleza de los activos financieros y pasivos financieros designados inicialmente como a valor razonable con cambios en la cuenta de pérdidas y ganancias, así como los criterios aplicados en dicha designación y una explicación de cómo la empresa ha cumplido con los requerimientos señalados en la norma de registro y valoración relativa a instrumentos financieros.

   c) Los criterios aplicados para determinar la existencia de evidencia objetiva de deterioro, así como el registro de la corrección de valor y su reversión y la baja definitiva de activos financieros deteriorados. En particular, se destacarán los criterios utilizados para calcular las correcciones valorativas relativas a los deudores comerciales y otras cuentas a co-

brar. Asimismo, se indicarán los criterios contables aplicados a los activos financieros cuyas condiciones hayan sido renegociadas y que, de otro modo, estarían vencidos o deteriorados.

d) Criterios empleados para el registro de la baja de activos financieros y pasivos financieros.

e) Instrumentos financieros híbridos, indicando los criterios que se hayan seguido para valorar de forma separada los instrumentos que los integren, sobre la base de sus características y riesgos económicos, o, en su caso, la imposibilidad de efectuar dicha separación. Asimismo, se detallarán los criterios de valoración seguidos con especial referencia a las correcciones valorativas por deterioro.

f) Instrumentos financieros compuestos; deberá indicarse el criterio de valoración seguido para cuantificar el componente de estos instrumentos que deba calificarse como pasivo financiero.

g) Contratos de garantías financieras, indicando el criterio seguido, tanto en la valoración inicial como en la posterior.

h) Inversiones en empresas del grupo, multigrupo y asociadas; se informará sobre el criterio seguido en la valoración de estas inversiones, así como el aplicado para registrar las correcciones valorativas por deterioro.

i) Los criterios empleados en la determinación de los ingresos o gastos procedentes de las distintas categorías de instrumentos financieros: intereses, primas o descuentos, dividendos, etc.

j) Instrumentos de patrimonio propio en poder de la empresa, indicando los criterios de valoración y registro empleados.

7. Coberturas contables, indicando los criterios de valoración aplicados por la empresa en sus operaciones de cobertura y distinguiendo entre coberturas de valor razonable, de flujos de efectivo y de inversiones netas en negocios en el extranjero, así como los criterios de valoración aplicados para el registro de los efectos contables de su interrupción y los motivos que la han originado.
8. Existencias, indicando los criterios de valoración y, en particular, precisando los seguidos sobre correcciones valorativas por deterioro y capitalización de gastos financieros.
9. Transacciones en moneda extranjera, indicando:

   a) Criterios de valoración de las transacciones en moneda extranjera y criterios de imputación de las diferencias de cambio.

   b) Cuando se haya producido un cambio en la moneda funcional, se pondrá de manifiesto, así como la razón de dicho cambio.

   c) Para los elementos contenidos en las cuentas anuales que en la actualidad o en su origen hubieran sido expresados en moneda extranjera, se indicará el procedimiento empleado para calcular el tipo de cambio a euros.

   d) Criterio empleado para la conversión a la moneda de presentación.

10. Impuestos sobre beneficios, indicando los criterios utilizados para el registro y valoración de activos y pasivos por impuesto diferido.
11. Ingresos y gastos; indicando los criterios generales aplicados. En particular, en relación con los ingresos por entrega de bienes y prestación de servicios el criterio seguido para concluir que las obligaciones asumidas por la empresa se cumplen a lo largo del tiempo o en un momento determinado; en concreto, en relación con las que se cumplen a lo largo del tiempo, se señalarán los métodos empleados para determinar el grado de avance y se informará en caso de que su cálculo hubiera sido impracticable.
12. Provisiones y contingencias, indicando el criterio de valoración, así como, en su caso, el tratamiento de las compensaciones a recibir de un tercero en el momento de liquidar la obligación. En particular, en relación con las provisiones, deberá realizarse una descripción general del método de estimación y cálculo de cada uno de los riesgos.
13. Elementos patrimoniales de naturaleza medioambiental, indicando:

   a) Criterios de valoración, así como de imputación a resultados de los importes destinados a los fines medioambientales. En particular, se indicará el criterio seguido para considerar estos importes como gastos del ejercicio o como mayor valor del activo correspondiente.

b) Descripción del método de estimación y cálculo de las provisiones derivadas del impacto medioambiental.

14. Criterios empleados para el registro y valoración de los gastos de personal; en particular, el referido a compromisos por pensiones.
15. Pagos basados en acciones, indicando los criterios empleados para su contabilización.
16. Subvenciones, donaciones y legados, indicando el criterio empleado para su clasificación y, en su caso, su imputación a resultados.
17. Combinaciones de negocios, indicando los criterios de registro y valoración empleados.
18. Negocios conjuntos, indicando los criterios seguidos por la empresa para integrar en sus cuentas anuales los saldos correspondientes al negocio conjunto en que participe.
19. Criterios empleados en transacciones entre partes vinculadas.
20. Activos no corrientes mantenidos para la venta; se indicarán los criterios seguidos para calificar y valorar dichos activos o grupos de elementos como mantenidos para la venta, incluyendo los pasivos asociados.
21. Operaciones interrumpidas; criterios para identificar y calificar una actividad como interrumpida, así como los ingresos y gastos que originan.

5. Inmovilizado material

1. Análisis del movimiento durante el ejercicio de cada partida del balance incluida en este epígrafe y de sus correspondientes amortizaciones acumuladas y correcciones valorativas por deterioro acumuladas, indicando lo siguiente:

   a) Saldo inicial.
   b) Entradas o dotaciones, especificando las adquisiciones realizadas mediante combinaciones de negocios y las aportaciones no dinerarias, así como las que se deban a ampliaciones o mejoras.
   c) Reversión de correcciones valorativas por deterioro.
   d) Aumentos/disminuciones por transferencias o traspasos de otras partidas; en particular, a activos no corrientes mantenidos para la venta u operaciones interrumpidas.
   e) Salidas, bajas o reducciones.
   f) Correcciones valorativas por deterioro, diferenciando las reconocidas en el ejercicio de las acumuladas.
   g) Amortizaciones, diferenciando las reconocidas en el ejercicio de las acumuladas.
   h) Saldo final.

2. Información sobre:

   a) Costes estimados de desmantelamiento, retiro o rehabilitación incluidos como mayor valor de los activos, especificando las circunstancias que se han tenido en cuenta para su valoración.
   b) Vidas útiles o coeficientes de amortización utilizados por clases de elementos, así como los métodos de amortización empleados, informando de la amortización del ejercicio y la acumulada que corresponda a cada elemento significativo de este epígrafe.
   c) Siempre que tenga incidencia significativa en el ejercicio presente o en ejercicios futuros, se informará de los cambios de estimación que afecten a valores residuales, a los costes estimados de desmantelamiento, retiro o rehabilitación, vidas útiles y métodos de amortización.
   d) Características de las inversiones en inmovilizado material adquiridas a empresas del grupo y asociadas, con indicación de su valor contable, amortización y correcciones valorativas por deterioro acumuladas.
   e) Características de las inversiones en inmovilizado material situadas fuera del territorio español, con indicación de su valor contable, amortización y correc-

ciones valorativas por deterioro acumuladas.

f) Importe de los gastos financieros capitalizados en el ejercicio, así como los criterios seguidos para su determinación.

g) Para cada corrección valorativa por deterioro de cuantía significativa, reconocida o revertida durante el ejercicio para un inmovilizado material individual, se indicará:
  - Naturaleza del inmovilizado material.
  - Importe, sucesos y circunstancias que han llevado al reconocimiento y reversión de la pérdida por deterioro.
  - Criterio empleado para determinar el valor razonable menos los costes de venta, en su caso, y
  - Si el método empleado fuera el valor en uso, se señalará el tipo o tipos de actualización utilizados en las estimaciones actuales y en las anteriores, una descripción de las hipótesis clave sobre las que se han basado las proyecciones de flujos de efectivo y de cómo se han determinado sus valores, el período que abarca la proyección de los flujos de efectivo y la tasa de crecimiento de éstos a partir del quinto año.

h) Respecto a las pérdidas y reversiones por deterioro agregadas para las que no se revela la información señalada en la letra anterior, las principales clases de inmovilizados afectados por las pérdidas y reversiones por deterioro y los principales sucesos y circunstancias que han llevado al reconocimiento y la reversión de tales correcciones valorativas por deterioro.

i) Se informará del importe de las compensaciones de terceros que se incluyan en el resultado del ejercicio por elementos de inmovilizado material cuyo valor se hubiera deteriorado, se hubieran perdido o se hubieran retirado.

j) Si el inmovilizado material está incluido en una unidad generadora de efectivo, la información de la pérdida por deterioro se dará de acuerdo con lo establecido en el apartado 2 de la nota 7.

k) Características del inmovilizado material no afecto directamente a la explotación, indicando su valor contable, amortización y correcciones valorativas por deterioro acumuladas.

l) Importe y características de los bienes totalmente amortizados en uso, distinguiendo entre construcciones y resto de elementos.

m) Bienes afectos a garantías y reversión, así como la existencia y los importes de restricciones a la titularidad.

n) Subvenciones, donaciones y legados recibidos relacionados con el inmovilizado material, indicando también el importe de dichos activos.

o) Compromisos firmes de compra y fuentes previsibles de financiación, así como los compromisos firmes de venta.

p) Cualquier otra circunstancia de carácter sustantivo que afecte a bienes del inmovilizado material, tal como: arrendamientos, seguros, litigios, embargos y situaciones análogas.

q) Arrendamientos financieros y otras operaciones de naturaleza similar sobre bienes del inmovilizado material, sin perjuicio de la información requerida en otras partes de la memoria.

r) En el caso de inmuebles, se indicará de forma separada el valor de la construcción y del terreno.

s) El resultado del ejercicio derivado de la enajenación o disposición por otros medios de elementos del inmovilizado material.

6. Inversiones inmobiliarias

Además de la información requerida en la nota anterior, se describirán los inmuebles clasificados como inversiones inmobiliarias, y se informará de:

1. Tipos de inversiones inmobiliarias y destino que se dé a las mismas.
2. Ingresos provenientes de estas inversiones así como los gastos para su explotación; se diferenciarán las inversiones que generan ingresos de aquellas que no lo hacen.
3. La existencia e importe de las restricciones

a la realización de inversiones inmobiliarias, al cobro de los ingresos derivados de las mismas o de los recursos obtenidos por su enajenación o disposición por otros medios, y

4. Obligaciones contractuales para adquisición, construcción o desarrollo de inversiones inmobiliarias o para reparaciones, mantenimiento o mejoras.

7. Inmovilizado intangible

7.1. General

Salvo en relación con el fondo de comercio, respecto al cual deberá suministrarse la información referida en el apartado 2 de esta nota, se incluirá la siguiente información:

1. Análisis del movimiento durante el ejercicio de cada partida del balance incluida en este epígrafe y de sus correspondientes amortizaciones acumuladas y correcciones valorativas por deterioro de valor acumuladas; indicando lo siguiente:

   a) Saldo inicial.
   b) Entradas o dotaciones, especificando los activos generados internamente y los adquiridos mediante combinaciones de negocios y aportaciones no dinerarias.
   c) Reversión de correcciones valorativas por deterioro.
   d) Aumentos/disminuciones por transferencias o traspaso de otra partida; en particular, a activos no corrientes mantenidos para la venta.
   e) Salidas, bajas o reducciones.
   f) Correcciones valorativas por deterioro, diferenciando las reconocidas en el ejercicio de las acumuladas.
   g) Amortizaciones, diferenciando las reconocidas en el ejercicio de las acumuladas.
   h) Saldo final.

2. Información sobre:

   a) Activos afectos a garantías y reversión, así como la existencia y los importes de restricciones a la titularidad.
   b) Vidas útiles o coeficientes de amortización utilizados por clases de elementos, así como los métodos de amortización empleados, informando de la amortización del ejercicio y la acumulada que corresponda a cada elemento significativo de este epígrafe.
   c) Siempre que tenga incidencia significativa en el ejercicio presente o en ejercicios futuros, se informará de los cambios de estimación que afectan a valores residuales, vidas útiles y métodos de amortización.
   d) Características de las inversiones en inmovilizado intangible adquiridas a empresas del grupo y asociadas, con indicación de su valor contable, amortización y correcciones valorativas por deterioro acumuladas.
   e) Características de las inversiones en inmovilizado intangible cuyos derechos pudieran ejercitarse fuera del territorio español o estuviesen relacionadas con inversiones situadas fuera del territorio español, con indicación de su valor contable, amortización y correcciones valorativas por deterioro acumuladas.
   f) Importe de los gastos financieros capitalizados en el ejercicio, así como los criterios seguidos para su determinación.
   g) Para cada corrección valorativa por deterioro de cuantía significativa, reconocida o revertida durante el ejercicio para un inmovilizado intangible individual, se indicará:
      — Naturaleza del inmovilizado intangible.
      — Importe, sucesos y circunstancias que han llevado al reconocimiento y reversión de la pérdida por deterioro.
      — Criterio empleado para determinar el valor razonable menos los costes de venta, en su caso, y
      — Si el método empleado fuera el valor en uso, se señalará el tipo o tipos de actualización utilizados en las estimaciones actuales y en las anteriores, una descripción de las hipótesis clave sobre las que se han basado las proyecciones de flujos de efectivo y de cómo se han determinado sus valo-

res, el período que abarca la proyección de los flujos de efectivo y la tasa de crecimiento de éstos a partir del quinto año.

h) Respecto a las pérdidas y reversiones por deterioro agregadas para las que no se revela la información señalada en la letra anterior, las principales clases de inmovilizados afectados por las pérdidas y reversiones por deterioro y los principales sucesos y circunstancias que han llevado al reconocimiento y la reversión de tales correcciones valorativas por deterioro.

i) Si el inmovilizado intangible está incluido en una unidad generadora de efectivo, la información de la pérdida por deterioro se dará de acuerdo con lo establecido en el apartado 2 de esta nota.

j) Características del inmovilizado intangible no afecto directamente a la explotación, indicando su valor contable, amortización y correcciones valorativas por deterioro acumuladas.

k) Importe y características de los inmovilizados intangibles totalmente amortizados en uso.

l) Subvenciones, donaciones y legados recibidos relacionados con el inmovilizado intangible, indicando también el importe de dichos activos.

m) Compromisos firmes de compra y fuentes previsibles de financiación, así como los compromisos firmes de venta.

n) El resultado del ejercicio derivado de la enajenación o disposición por otros medios de elementos del inmovilizado intangible.

o) El importe agregado de los desembolsos por investigación y desarrollo que se hayan reconocido como gastos durante el ejercicio, así como la justificación de las circunstancias que soportan la capitalización de gastos de investigación y desarrollo.

p) Se detallarán los inmovilizados cuya vida útil no se puede determinar con fiabilidad, señalando su importe, naturaleza y las circunstancias que provocan la falta de fiabilidad en la estimación de dicha vida útil.

q) Cualquier otra circunstancia de carácter sustantivo que afecte al inmovilizado intangible, tal como: arrendamientos, seguros, litigios, embargos y situaciones análogas.

7.2. Fondo de comercio

Se incluirá en este apartado la siguiente información:

1. Para cada combinación de negocios que se haya realizado en el ejercicio, se expresará la cifra del fondo de comercio, desglosándose las correspondientes a las distintas combinaciones de negocios.

   Tratándose de combinaciones de negocios que individualmente carezcan de importancia relativa, la información anterior se mostrará de forma agregada.

   Esta información también deberá expresarse para las combinaciones de negocios efectuadas entre la fecha de cierre de las cuentas anuales y la de su formulación, a menos que no sea posible, señalándose, en este caso, las razones por las que esta información no puede proporcionarse.

2. La empresa realizará una conciliación entre el importe en libros del fondo de comercio al principio y al final del ejercicio, mostrando por separado:

   a) El importe bruto del mismo, las amortizaciones practicadas y las correcciones valorativas por deterioro acumuladas al principio del ejercicio.

   b) El fondo de comercio adicional reconocido durante el periodo, diferenciando el fondo de comercio incluido en un grupo enajenable de elementos que se haya clasificado como mantenido para la venta, de acuerdo con las normas de registro y valoración. Asimismo se informará sobre el fondo de comercio dado de baja durante el periodo sin que hubiera sido incluido previamente en ningún grupo enajenable de elementos clasificado como mantenido para la venta.

   c) Las correcciones valorativas por deterioro reconocidas durante el ejercicio.

d) Cualesquiera otros cambios en el importe en libros durante el ejercicio, y
e) El importe bruto del fondo de comercio y las correcciones valorativas por deterioro acumuladas al final del ejercicio.
f) El importe bruto del fondo de comercio, las amortizaciones practicadas y las correcciones valorativas por deterioro acumuladas al final del ejercicio.

3. Descripción de los factores que hayan contribuido al registro del fondo de comercio y justificación e importe del fondo de comercio y de otros inmovilizados intangibles atribuidos a cada unidad generadora de efectivo.

   En particular se informará sobre las estimaciones realizadas para determinar la vida útil del fondo de comercio y el método de amortización empleado.
4. Para cada pérdida por deterioro de cuantía significativa del fondo de comercio, se informará de lo siguiente:

   a) Descripción de la unidad generadora de efectivo que incluya el fondo de comercio, así como otros inmovilizados intangibles o materiales y la forma de realizar la agrupación para identificar una unidad generadora de efectivo cuando sea diferente a la llevada a cabo en ejercicios anteriores.
   b) Importe, sucesos y circunstancias que han llevado al reconocimiento de una corrección valorativa por deterioro.
   c) Criterio empleado para determinar el valor razonable menos los costes de venta, en su caso, y
   d) Si el método empleado fuera el valor en uso, se señalará el tipo o tipos de actualización utilizados en las estimaciones actuales y en las anteriores, una descripción de las hipótesis clave sobre las que se han basado las proyecciones de flujos de efectivo y de cómo se han determinado sus valores, el período que abarca la proyección de los flujos de efectivo y la tasa de crecimiento de éstos a partir del quinto año.

5. Respecto a las pérdidas por deterioro agregadas para las que no se revela la información señalada en el número anterior, los principales sucesos y circunstancias que han llevado al reconocimiento de tales correcciones valorativas por deterioro.
6. Las hipótesis utilizadas para la determinación del importe recuperable de los activos o de las unidades generadoras de efectivo.

8. Arrendamientos y otras operaciones de naturaleza similar

La información que se requiere a continuación para las operaciones de arrendamiento también deberá suministrarse cuando la empresa realice otras operaciones de naturaleza similar.

8.1. Arrendamientos financieros

1. Los arrendadores informarán de:

   a) Una conciliación entre la inversión bruta total en los arrendamientos clasificados como financieros (señalando, en su caso, la opción de compra) y su valor actual al cierre del ejercicio. Se informará, además, de los cobros mínimos a recibir por dichos arrendamientos y de su valor actual en cada uno de los siguientes plazos:
   — Hasta un año.
   — Entre uno y cinco años.
   — Más de cinco años.
   b) Una conciliación entre el importe total de los contratos de arrendamiento financiero al principio y al final del ejercicio.
   c) Una descripción general de los acuerdos significativos de arrendamiento financiero.
   d) Los ingresos financieros no devengados y el criterio de distribución del componente financiero de la operación.
   e) El importe de las cuotas contingentes reconocidas como ingresos del ejercicio.
   f) La corrección de valor por deterioro que cubra las insolvencias por cantidades derivadas del arrendamiento pendientes de cobro.

2. Los arrendatarios informarán de:

   a) Para cada clase de activos, el importe por el que se ha reconocido inicialmente el activo, indicando si éste corresponde al valor razonable del activo o, en su caso, al valor actual de los pagos mínimos a realizar.

b) Una conciliación entre el importe total de los pagos futuros mínimos por arrendamiento (señalando, en su caso, la opción de compra) y su valor actual al cierre del ejercicio. Se informará, además, de los pagos mínimos por arrendamiento y de su valor actual en cada uno de los siguientes plazos:
— Hasta un año.
— Entre uno y cinco años.
— Más de cinco años.

c) El importe de las cuotas contingentes reconocidas como gasto del ejercicio.

d) El importe total de los pagos futuros mínimos que se esperan recibir, al cierre del ejercicio, por subarriendos financieros no cancelables.

e) Una descripción general de los acuerdos significativos de arrendamiento financiero, donde se informará de:
— Las bases para la determinación de cualquier cuota de carácter contingente que se haya pactado.
— La existencia y, en su caso, los plazos de renovación de los contratos, así como de las opciones de compra y las cláusulas de actualización o escalonamiento de precios, y
— Las restricciones impuestas a la empresa en virtud de los contratos de arrendamiento, tales como las que se refieran a la distribución de dividendos, al endeudamiento adicional o a nuevos contratos de arrendamiento.

f) A los activos que surjan de estos contratos les será de aplicación la información a incluir en memoria correspondiente a la naturaleza de los mismos, establecidas en las notas anteriores, relativas a inmovilizado material, inversiones inmobiliarias e intangible.

8.2. Arrendamientos operativos

1. Los arrendadores informarán de:

a) El importe total de los cobros futuros mínimos del arrendamiento correspondientes a los arrendamientos operativos no cancelables, así como los importes que correspondan a los siguientes plazos:
— Hasta un año.
— Entre uno y cinco años.
— Más de cinco años.

b) Una descripción general de los bienes y de los acuerdos significativos de arrendamiento.

c) El importe de las cuotas contingentes reconocidas como ingresos del ejercicio.

2. Los arrendatarios informarán de:

a) El importe total de los pagos futuros mínimos del arrendamiento correspondientes a los arrendamientos operativos no cancelables, así como los importes que correspondan a los siguientes plazos:
— Hasta un año.
— Entre uno y cinco años.
— Más de cinco años.

b) El importe total de los pagos futuros mínimos que se esperan recibir, al cierre del ejercicio, por subarriendos operativos no cancelables.

c) Las cuotas de arrendamientos y subarrendamientos operativos reconocidas como gastos e ingresos del ejercicio, diferenciando entre: importes de los pagos mínimos por arrendamiento, cuotas contingentes y cuotas de subarrendamiento.

d) Una descripción general de los acuerdos significativos de arrendamiento, donde se informará de:
— Las bases para la determinación de cualquier cuota de carácter contingente que se haya pactado.
— La existencia y, en su caso, los plazos de renovación de los contratos, así como de las opciones de compra y las cláusulas de actualización o escalonamiento de precios, y
— Las restricciones impuestas a la empresa en virtud de los contratos de arrendamiento, tales como las que se refieran a la distribución de dividendos, al endeudamiento adicional o a nuevos contratos de arrendamiento.

9. INSTRUMENTOS FINANCIEROS

9.1. Consideraciones generales y objetivo

La información requerida en los apartados siguientes será de aplicación a los instrumentos financieros incluidos en el alcance de la norma de registro y valoración novena.

El objetivo de esta nota es requerir a las empresas que, en sus cuentas anuales, incluyan información que permita a los usuarios evaluar:

a) La relevancia de los instrumentos financieros en la situación financiera y los resultados de la empresa, y

b) La naturaleza y alcance de los riesgos procedentes de los instrumentos financieros a los que la entidad se haya expuesto durante el periodo sobre el que se informa y a los que la empresa esté expuesta al cierre del ejercicio, así como la forma de gestionar dichos riesgos.

A los efectos de su presentación en la memoria, cierta información se deberá suministrar por clases de instrumentos financieros. Éstas se definirán tomando en consideración la naturaleza de los instrumentos financieros y las categorías establecidas en la norma de registro y valoración novena. Se deberá informar sobre las clases definidas por la empresa.

9.2. Información sobre la relevancia de los instrumentos financieros en la situación financiera y en los resultados de la empresa

9.2.1. INFORMACIÓN RELACIONADA CON EL BALANCE

a) *Categorías de activos financieros y pasivos financieros*

Se revelará el valor en libros de cada una de las categorías de activos financieros y pasivos financieros señalados en la norma de registro y valoración novena, de acuerdo con la siguiente estructura.

a.1) Activos financieros, salvo inversiones en el patrimonio de empresas del grupo, multigrupo y asociadas.

CLASES / CATEGORÍAS	Instrumentos financieros a largo plazo						Instrumentos financieros a corto plazo						Total	
	Instrumentos de patrimonio		Valores representativos de deuda		Créditos Derivados Otros		Instrumentos de patrimonio		Valores representativos de deuda		Créditos Derivados Otros			
	Ej x	Ej x-1	Ej x	Ej x-1	Ej x	Ej x-1	Ej x	Ej x-1	Ej x	Ej x-1	Ej x	Ej x-1	Ej x	Ej x-1
Activos a valor razonable con cambios en pérdidas y ganancias: — Cartera de negociación. — Designados. — Otros.														
Activos financieros a coste amortizado.														
Activos financieros a coste.														
Activos a valor razonable con cambios en el patrimonio neto.														
Derivados de cobertura														
Total														

a.2) Pasivos financieros.

CLASES / CATEGORÍAS	Instrumentos financieros a largo plazo						Instrumentos financieros a corto plazo						Total	
	Deudas con entidades de crédito		Obligaciones y otros valores negociables		Derivados Otros		Deudas con entidades de crédito		Obligaciones y otros valores negociables		Derivados Otros			
	Ej x	Ej x-1	Ej x	Ej x-1	Ej x	Ej x-1	Ej x	Ej x-1	Ej x	Ej x-1	Ej x	Ej x-1	Ej x	Ejx-1
Pasivos financieros a coste amortizado o coste.														
Pasivos a valor razonable con cambios en pérdidas y ganancias. — Cartera de negociación. — Designados. — Otros.														
Derivados de cobertura														
Total														

b) *Activos financieros y pasivos financieros valorados a valor razonable con cambios en la cuenta de pérdidas y ganancias*

Se informará sobre el importe de la variación en el valor razonable, durante el ejercicio y la acumulada desde su designación, e indicará el método empleado para realizar dicho cálculo.

Con respecto a los instrumentos financieros derivados, distintos de los que se califiquen como instrumentos de cobertura, se informará sobre la naturaleza de los instrumentos y las condiciones importantes que puedan afectar al importe, al calendario y a la certidumbre de los futuros flujos de efectivo.

En caso de que la empresa haya designado activos financieros o pasivos financieros para valorarlos a valor razonable con cambios en la cuenta de pérdidas y ganancias, informará sobre el uso de esta opción, especificando el cumplimiento de los requisitos exigidos en la norma de registro y valoración.

Si la empresa ha designado un pasivo financiero en ejercicio de la opción del valor razonable con cambios en la cuenta de pérdidas y ganancias, se informará sobre:

1. El importe del cambio, durante el periodo y de forma acumulada, en el valor razonable del pasivo que es atribuible a cambios en el riesgo de crédito.
2. La diferencia entre el importe en libros del pasivo y el importe que la empresa estaría obligada a pagar en el momento del vencimiento.

c) *Reclasificaciones*

Si de acuerdo con lo establecido en la norma de registro y valoración novena se hubiese reclasificado un activo financiero se informará sobre los importes de dicha reclasificación por cada categoría de activos financieros y se incluirá una justificación de la misma. En particular, se dará una explicación detallada del cambio en la gestión de los activos financieros y se hará una descripción cualitativa de su efecto en las cuentas anuales de la empresa.

d) *Compensación de activos y pasivos financieros*

La empresa deberá incluir información para permitir a los usuarios de las cuentas anuales comprender el efecto o efecto potencial sobre su situación financiera de los acuerdos de compensación a que se refiere el apartado 2 de la norma de elaboración de las cuentas anuales 6.ª Balance.

Para cumplir con este objetivo, la empresa incluirá de forma separada para los activos financieros reconocidos y los pasivos financieros reconocidos la siguiente información:

1. Los importes brutos de los activos financieros reconocidos y los pasivos financieros reconocidos.
2. Los importes que están compensados de acuerdo con los criterios del mencionado apartado 2.
3. Los importes netos presentados en el balance.

e) Activos cedidos y aceptados en garantía

Se informará del valor en libros de los activos financieros entregados como garantía, de la clase a la que pertenecen, así como de los plazos y condiciones relacionados con dicha operación de garantía.

Si la empresa mantuviese activos de terceros en garantía, ya sean financieros o no, de los que pueda disponer, aunque no se hubiese producido el impago, informará sobre:

1. El valor razonable del activo recibido en garantía.
2. El valor razonable de cualquier activo recibido en garantía del que la empresa haya dispuesto y si tiene la obligación de devolverlo o no, y
3. Los plazos y condiciones relativos al uso, por parte de la empresa, de los activos recibidos en garantía.

f) Instrumentos financieros compuestos con múltiples derivados implícitos

Cuando una empresa haya emitido un instrumento que contiene un componente de pasivo y otro de patrimonio, y el instrumento incorpore varios derivados implícitos cuyos valores fueran interdependientes (como es el caso de un instrumento de deuda convertible con una opción de rescate), informará sobre la existencia de esas características.

g) Correcciones por deterioro del valor originadas por el riesgo de crédito

Se presentará, para cada clase de activos financieros, un análisis del movimiento de las cuentas correctoras representativas de las pérdidas por deterioro originadas por el riesgo de crédito.

h) Impago e incumplimiento de condiciones contractuales

En relación con los préstamos recibidos y pendientes de pago al cierre del ejercicio, se informará de:

1. Los detalles de cualquier impago del principal o intereses que se haya producido durante el ejercicio.
2. El valor en libros en la fecha de cierre del ejercicio de aquellos préstamos en los que se hubiese producido un incumplimiento por impago, y
3. Si el impago ha sido subsanado o se han renegociado las condiciones del préstamo, antes de la fecha de formulación de las cuentas anuales.

Si durante el ejercicio se hubiese producido un incumplimiento contractual distinto del impago y siempre que este hecho otorgase al prestamista el derecho a reclamar el pago anticipado, se suministrará una información similar a la descrita, excepto si el incumplimiento se hubiese subsanado o las condiciones se hubiesen renegociado antes de la fecha de cierre del ejercicio.

i) Deudas con características especiales

Cuando la empresa tenga contraídas deudas con características especiales, informará de la naturaleza de las deudas, sus importes y características, desglosando cuando proceda si son con empresas del grupo o asociadas.

9.2.2. Información relacionada con la cuenta de pérdidas y ganancias y el patrimonio neto

Se informará de:

1. Las pérdidas o ganancias netas procedentes de las distintas categorías de instrumentos financieros definidas en la norma de registro y valoración novena.
2. La ganancia o pérdida reconocida en la cuenta de pérdidas y ganancias que surge de la baja de activos financieros medidos al coste amortizado, mostrando por separado las ganancias y las pérdidas surgidas de la baja de dichos activos financieros. Esta información incluirá las razones para dar de baja en cuentas a esos activos financieros.
3. Los ingresos y gastos financieros calculados por aplicación del método del tipo de interés efectivo.

9.2.3. Otra información a incluir en la memoria

9.2.3.1. *Contabilidad de coberturas*

El objetivo de la información a incluir sobre contabilidad de coberturas es proporcionar al usuario de las cuentas anuales información relevante y fiable sobre:

1. La estrategia de gestión del riesgo de la empresa y la forma en que se aplica para gestionar el riesgo,
2. La forma en que las actividades de cobertura de la empresa pueden afectar al importe, calendario e incertidumbre de sus flujos de efectivo futuros, y
3. El efecto que la contabilidad de coberturas ha tenido sobre el balance, la cuenta de pérdidas y ganancias y el estado de cambios en el patrimonio neto.

Para cumplir este objetivo, la empresa deberá incluir, por clases de cobertura contable, una descripción detallada de las operaciones de cobertura que realice, de los instrumentos financieros designados como instrumentos de cobertura, así como de sus valores razonables en la fecha de cierre de ejercicio y de la naturaleza de los riesgos que han sido cubiertos.

La empresa deberá justificar que se cumplen los requisitos exigidos en la norma de registro y valoración novena, y, en particular, deberá incluir una descripción de:

1. Cómo determina la relación económica entre la partida cubierta y el instrumento de cobertura a efectos de evaluar la eficacia de la cobertura, y
2. Cómo establece la ratio de cobertura y cuáles son los orígenes de la ineficacia de la cobertura.

Adicionalmente, en las coberturas de flujos de efectivo, la empresa informará sobre:

1. Los ejercicios en los cuales se espera que ocurran los flujos de efectivo y los ejercicios en los cuales se espera que afecten a la cuenta de pérdidas y ganancias.
2. El importe reconocido en el patrimonio neto durante el ejercicio y el importe que ha sido imputado a la cuenta de pérdidas y ganancias desde el patrimonio neto, detallando los importes incluidos en cada partida de la cuenta de pérdidas y ganancias.
3. El importe que se haya reducido del patrimonio neto durante el ejercicio y se haya incluido en la valoración inicial del precio de adquisición o del valor en libros de un activo o pasivo no financiero, cuando la partida cubierta sea una transacción prevista altamente probable, y
4. Todas las transacciones previstas para las que previamente se haya aplicado contabilidad de coberturas, pero que no se espera que vayan a ocurrir.

En las coberturas de valor razonable también se informará sobre el importe de las pérdidas o ganancias del instrumento de cobertura y de las pérdidas o ganancias de la partida cubierta atribuibles al riesgo cubierto.

Asimismo, se revelará el importe de la ineficacia registrada en la cuenta de pérdidas y ganancias en relación con la cobertura de los flujos de efectivo y con la cobertura de la inversión neta en negocios en el extranjero.

9.2.3.2. *Valor razonable*

a) Objetivo de la información.

Para los instrumentos financieros valorados a valor razonable, se informará:

1. De las técnicas de valoración y de las variables utilizadas para desarrollar dichas valoraciones con posterioridad al reconocimiento inicial;
2. Del efecto en la cuenta de pérdidas y ganancias o en el estado de ingresos y gastos reconocidos de las valoraciones recurrentes que utilicen variables de nivel 3 significativas.

b) Para lograr este objetivo la empresa deberá informar, entre otros, de los siguientes aspectos:

1. Del valor razonable de cada clase de instrumentos financieros y de la comparación con su correspondiente valor en libros. No será necesario

incluir el valor razonable en los siguientes supuestos:

1.º Cuando el valor en libros constituya una aproximación aceptable del valor razonable; por ejemplo, en el caso de los créditos y débitos por operaciones comerciales a corto plazo.

2.º Cuando se trate de instrumentos financieros no cotizados en un mercado activo y los derivados que tengan a estos por subyacente, que, según lo establecido en la norma de registro y valoración novena, se valoren por su coste.

En este caso, la empresa revelará este hecho y describirá el instrumento financiero, su valor en libros y la explicación de las causas que impiden la determinación fiable de su valor razonable. Igualmente, se informará sobre si la empresa tiene o no la intención de enajenarlo y cuándo.

En el caso de baja del balance del instrumento financiero durante el ejercicio, se revelará este hecho, así como el valor en libros y el importe de la pérdida o ganancia reconocida en el momento de la baja.

2. El nivel de jerarquía de valor razonable dentro del cual se clasifican las valoraciones considerando que el instrumento financiero se incluirá íntegramente en un solo nivel.

Nivel 1: estimaciones que utilizan precios cotizados sin ajustar en mercados activos para activos o pasivos idénticos, a los que la empresa pueda acceder en la fecha de valoración.

Nivel 2: estimaciones que utilizan precios cotizados en mercados activos para instrumentos similares u otras metodologías de valoración en las que todas las variables significativas están basadas en datos de mercado observables directa o indirectamente.

Nivel 3: estimaciones en las que alguna variable significativa no está basada en datos de mercado observables.

Una estimación del valor razonable se clasifica en el mismo nivel de jerarquía de valor razonable que la variable de menor nivel que sea significativa para el resultado de la valoración. A estos efectos, una variable significativa es aquella que tiene una influencia decisiva sobre el resultado de la estimación. En la evaluación de la importancia de una variable concreta para la estimación se tendrán en cuenta las condiciones específicas del activo o pasivo que se valora.

3. Los importes de las transferencias entre el nivel 1 y 2 de los instrumentos financieros que se valoren a valor razonable de forma recurrente y siempre que se mantengan al final del ejercicio; las razones de las transferencias, y la política de la entidad para determinarlo, distinguiendo las entradas de las salidas de cada nivel.

4. Una descripción de las técnicas de valoración, los cambios en dichas técnicas, y las variables utilizadas en la determinación del valor razonable, para los instrumentos financieros clasificados en los niveles 2 y 3.

5. Información cuantitativa sobre las variables no observables significativas utilizadas en la determinación del valor razonable de los instrumentos financieros clasificados en el nivel 3.

6. Conciliación de los saldos iniciales y finales de los instrumentos financieros cuyas valoraciones estén clasificadas en el nivel 3, distinguiendo las partidas en que se encuentran ubicados, las compras, ventas, emisiones y liquidaciones, así como los importes de las transferencias hacia o desde el nivel 3. La empresa distinguirá los importes reconocidos en la cuenta de pérdidas y ganancias que hayan sido realizados de los que no. En particular, se desglosará la política y los motivos para dichas transferencias hacia o desde el nivel 3.

7. Una descripción de los procesos de valoración utilizados en las valoraciones que se clasifiquen en el nivel 3.

8. Para las valoraciones recurrentes clasificadas en el nivel 3, una descripción de la sensibilidad de dichas valoraciones a cambios en las variables no observables si un cambio en estas variables puede dar lugar a una valoración significativamente distinta. Si estas variables están relacionadas con otras no observables utilizadas en la valoración, se proporcionará una descripción de estas relaciones y de la forma en que pueden afectar a la valoración.

9. Para las valoraciones de valor razonable de instrumentos financieros clasificados en el nivel 3, la empresa informará acerca de si un cambio en una o más variables no observables para reflejar supuestos alternativos razonablemente posibles cambiaría de forma significativa el valor razonable

y el efecto de estos cambios. A estos efectos, la relevancia se juzgará con respecto al resultado del ejercicio, activos o pasivos totales o total del patrimonio neto.

9.2.3.3. *Empresas del grupo, multigrupo y asociadas*

Se detallará información sobre las empresas del grupo, multigrupo y asociadas, incluyendo:

a) Denominación, domicilio y forma jurídica de las empresas del grupo, especificando para cada una de ellas:

1. Actividades que ejercen.
2. Fracción de capital y de los derechos de voto que se posee directa e indirectamente, distinguiendo entre ambos.
3. Importe del capital, reservas, otras partidas del patrimonio neto y resultado del último ejercicio que se derive de los criterios incluidos en el Código de Comercio y sus normas de desarrollo, diferenciando el resultado de explotación y desglosando el de operaciones continuadas y el de operaciones interrumpidas, en caso de que la empresa del grupo esté obligada a dar esta información en sus cuentas anuales individuales.
4. Valor según libros de la participación en capital.
5. Dividendos recibidos en el ejercicio.
6. Indicación de si las acciones cotizan o no en un mercado regulado y, en su caso, cotización media del último trimestre del ejercicio y cotización al cierre del ejercicio.

b) La misma información que la del punto anterior respecto de las empresas multigrupo, asociadas, las empresas en las que aun poseyendo más del 20% del capital la empresa no ejerza influencia significativa y aquellas en las que la sociedad sea socio colectivo. Asimismo, se informará sobre las contingencias en las que se haya incurrido en relación con dichas empresas. Si la empresa ejerce influencia significativa sobre otra poseyendo un porcentaje inferior al 20% del capital o si poseyendo más del 20% no se ejerce influencia significativa, se explicarán las circunstancias que afectan a dichas relaciones.

c) Se detallarán las adquisiciones realizadas durante el ejercicio que hayan llevado a calificar a una empresa como dependiente, indicándose la fracción de capital y el porcentaje de derechos de voto adquiridos.

d) Notificaciones efectuadas, en cumplimiento de lo dispuesto en el artículo 155 del texto refundido de la Ley de Sociedades de Capital, a las sociedades participadas, directa o indirectamente, en más de un 10%.

e) Importe de las correcciones valorativas por deterioro registradas en las distintas participaciones, diferenciando las reconocidas en el ejercicio de las acumuladas. Asimismo, se informará en su caso, sobre las dotaciones y reversiones de las correcciones valorativas por deterioro cargadas y abonadas, respectivamente, contra la partida del patrimonio neto que recoja los ajustes valorativos, en los términos indicados en la norma de registro y valoración.

f) El resultado derivado de la enajenación o disposición por otro medio, de inversiones en empresas del grupo, multigrupo y asociadas.

9.2.3.4. *Otro tipo de información*

Se deberá incluir información sobre:

1. Los compromisos firmes de compra de activos financieros y fuentes previsibles de financiación, así como los compromisos firmes de venta.
2. Los contratos de compra o venta de activos no financieros, que de acuerdo con el apartado 5.3 de la norma de registro y valoración novena, se reconozcan y valoren según lo dispuesto en dicha norma.
3. Cualquier otra circunstancia de carácter sustantivo que afecte a los activos financieros, tal como litigios, embargos o situaciones similares.
4. El importe disponible en las líneas de descuento, así como las pólizas de crédito concedidas a la empresa con sus límites respectivos, precisando la parte dispuesta.
5. El importe de las deudas con garantía real, con indicación de su forma y naturaleza.

9.3. Información sobre la naturaleza y el nivel de riesgo procedente de instrumentos financieros

9.3.1. *Información cualitativa*

Para cada tipo de riesgo: riesgo de crédito, riesgo de liquidez y riesgo de mercado (este último comprende el riesgo de tipo de cambio, de tipo de interés y otros riesgos de precio), se informará de la exposición al riesgo y cómo se produce este, y se describirán los objetivos, políticas y procedimientos de gestión del riesgo y los métodos que se utilizan para su medición.

Si hubiera cambios en estos extremos de un ejercicio a otro, deberán explicarse.

9.3.2. Información cuantitativa

9.3.2.1. *Para cada tipo de riesgo se incluirá un resumen de la información cuantitativa respecto a la exposición al riesgo en la fecha de cierre del ejercicio. Esta información se basará en la utilizada internamente por el consejo de administración de la empresa u órgano de gobierno equivalente.*

En particular, para cada tipo de riesgo se incluirá, al menos, la información que a continuación se indica:

a) Riesgo de crédito.

En todo caso, se informará sobre:

1. Las definiciones de incumplimiento que la empresa utiliza, incluyendo las razones para seleccionar dichas definiciones.
2. La forma en que se agruparon los instrumentos si las pérdidas por deterioro se miden sobre una base colectiva.
3. Las principales características de las modificaciones o reestructuraciones de créditos que se hayan producido en el ejercicio.
4. La política de cancelaciones o baja de balance de la empresa, incluyendo los indicadores de que no hay expectativas razonables de recuperación, así como información sobre la política para activos financieros que se cancelan, pero que todavía están sujetos a una actividad de exigencia de cumplimiento.

Para cada clase de activos financieros en mora o deteriorados, se informará sobre:

1. La antigüedad de los activos financieros en mora al final del ejercicio sobre el que se informa.
2. El importe de las correcciones valorativas por deterioro, así como el importe de cualquier ingreso financiero reconocido en la cuenta de pérdidas y ganancias relacionado con tales activos.
3. El importe que mejor representa su máximo nivel de exposición al riesgo de crédito al final del ejercicio sobre el que se informa y una descripción de las garantías de que disponga la empresa y de otras mejoras crediticias, así como de su efecto financiero (por ejemplo, una cuantificación de la medida en que las garantías y otras mejoras crediticias atenúan el riesgo de crédito), en relación con el importe que mejor representa el máximo nivel de exposición al riesgo de crédito.

Cuando una empresa haya obtenido durante el ejercicio, activos financieros o no financieros al ejecutar las garantías que aseguraban el cobro, o al ejecutar otras mejoras crediticias (por ejemplo, avales), y tales activos cumplan los criterios de reconocimiento, la entidad revelará, respecto de tales activos mantenidos al cierre del ejercicio:

1. La naturaleza e importe en libros de los activos.
2. Cuando los activos no sean fácilmente convertibles en efectivo, sus políticas para enajenar o disponer por otra vía de tales activos, o para utilizarlos en sus actividades.

b) Riesgo de liquidez.

Para los pasivos financieros que tengan un vencimiento determinado o determinable, se deberá informar sobre los importes que venzan en cada uno de los cinco años siguientes al cierre del ejercicio y del resto hasta su último vencimiento. Estas indicaciones figurarán separadamente para cada una de las partidas de pasivos financieros conforme al modelo de balance.

Adicionalmente la empresa deberá incluir una explicación de cómo gestiona el riesgo de liquidez inherente en los citados pasivos.

c) Riesgo de mercado.

Salvo que una entidad cumpla lo establecido en el párrafo siguiente, se informará sobre:

1. Un análisis de sensibilidad para cada tipo de riesgo de mercado al que la entidad esté expuesta al cierre del ejercicio, mostrando cómo podría verse afectado el resultado del período y el patrimonio debido a cambios en la variable relevante de riesgo, que sean razonablemente posibles en dicha fecha.
2. Los métodos e hipótesis utilizados al elaborar el análisis de sensibilidad.
3. Los cambios habidos desde el período anterior en los métodos e hipótesis utilizados, así como las razones de tales cambios.

Si una empresa elaborase un análisis de sensibilidad, tal como el del valor en riesgo, que reflejase las interdependencias entre las variables de riesgo (por ejemplo, entre las tasas de interés y de cambio) y lo utilizase para gestionar riesgos financieros, podrá utilizar ese análisis de sensibilidad en lugar del especificado en el párrafo anterior. En tal caso, se incluirá también:

1. Una explicación del método utilizado al elaborar dicho análisis de sensibilidad, así como de los principales parámetros e hipótesis subyacentes en los datos suministrados.
2. Una explicación del objetivo del método utilizado, así como de las limitaciones que pudieran hacer que la información no reflejase plenamente el valor razonable de los activos y pasivos implicados.

9.3.2.2. *Para cada tipo de riesgo se incluirá información sobre las concentraciones de riesgo, que incluirá una descripción de la forma de determinar la concentración, las características comunes de cada concentración (área geográfica, divisa, mercado, contrapartida, etc.), y el importe de las exposiciones al riesgo asociado a los instrumentos financieros que compartan tales características.*

9.4. Transferencias de activos financieros

A efectos de la aplicación de los requerimientos que se recogen a continuación una empresa transfiere total o parcialmente un activo financiero (el activo financiero transferido) si y solo si se da, al menos, una de las siguientes condiciones:

1. Transfiere los derechos contractuales a recibir los flujos de efectivo de ese activo financiero; o
2. Retiene los derechos contractuales a recibir los flujos de efectivo de ese activo financiero, pero asume en un acuerdo, una obligación contractual de pagar dichos flujos de efectivo a uno o más receptores.

Cuando la empresa hubiese realizado cesiones de activos financieros de tal forma que una parte de los mismos, o su totalidad, no cumpla las condiciones para la baja del balance, señaladas en el apartado 2.7 de la norma de registro y valoración novena, proporcionará la siguiente información agrupada por clases de activos:

1. La naturaleza de los activos cedidos.
2. La naturaleza de los riesgos y beneficios inherentes a la propiedad a los que la empresa permanece expuesta.
3. El valor en libros de los activos cedidos y los pasivos asociados, que la empresa mantenga registrados, y
4. Cuando la empresa reconozca los activos en función de su implicación continuada, el valor en libros de los activos que inicialmente figuraban en el balance, el valor en libros de los activos que la empresa continúa reconociendo y el valor en libros de los pasivos asociados.

9.5. Fondos propios

Se informará sobre:

a) Número de acciones o participaciones en el capital y valor nominal de cada una de ellas, distinguiendo por clases, así como los derechos otorgados a las mismas y las restricciones que puedan tener. También, en su caso, se indicará para cada clase los desembolsos pendientes, así como la fecha de exigibilidad. Y, en su caso, los desembolsos exigidos pendientes y en situación de mora, así como las actuaciones seguidas por la empresa en el marco de la legislación mercantil para recuperar los desembolsos exigidos. Esta misma información se requerirá respecto a otros instrumentos de patrimonio distintos del capital.

b) Ampliación de capital en curso indicando el número de acciones o participaciones a suscribir, su valor nominal, la prima de emisión, el desembolso inicial, los derechos que incorporarán y restricciones que tendrán; así como la existencia o no de derechos preferentes de suscripción a favor de socios, accionistas u obligacionistas; y el plazo concedido para la suscripción.

c) Importe del capital autorizado por la junta de accionistas para que los administradores lo pongan en circulación, indicando el periodo al que se extiende la autorización.

d) Derechos incorporados a las partes de fundador, bonos de disfrute, obligaciones convertibles e instrumentos financieros similares, con indicación de su número y de la extensión de los derechos que confieren.

e) Circunstancias específicas que restringen la disponibilidad de las reservas.

f) Número, valor nominal y precio medio de adquisición de las acciones o participaciones propias en poder de la sociedad o de un tercero que obre por cuenta de esta, especificando su destino final previsto e importe de la reserva por adquisición de acciones de la sociedad dominante. También se informará sobre el número, valor nominal e importe de la reserva correspondiente a las acciones propias aceptadas en garantía. En su caso, se informará igualmente en lo que corresponda, respecto a otros instrumentos de patrimonio distintos del capital.

g) La parte de capital que, en su caso, es poseído por otra empresa, directamente o por medio de sus filiales, cuando sea igual o superior al 10%.

h) Acciones de la sociedad admitidas a cotización.

i) Opciones de compra o de venta emitidas por la sociedad u otros contratos sobre sus propias acciones, que deban calificarse como fondos propios, describiendo sus condiciones e importes correspondientes.

j) Circunstancias específicas relativas a subvenciones, donaciones y legados recibidos por la empresa y otorgados por socios o propietarios.

10. Existencias

Se informará sobre:

a) Las circunstancias que han motivado las correcciones valorativas por deterioro de las existencias y, en su caso, la reversión de dichas correcciones, reconocidas en el ejercicio, así como su importe.

b) El importe de los gastos financieros capitalizados durante el ejercicio en las existencias de ciclo de producción superior a un año, así como los criterios seguidos para su determinación.

c) Compromisos firmes de compra y venta, así como información sobre contratos de futuro o de opciones relativos a existencias.

d) Limitaciones en la disponibilidad de las existencias por garantías, pignoraciones, fianzas y otras razones análogas, indicando las partidas a que afectan, su importe y proyección temporal.

e) Cualquiera otra circunstancia de carácter sustantivo que afecte a la titularidad, disponibilidad o valoración de las existencias, tal como: litigios, seguros, embargos, etc.

11. Moneda extranjera

1. Importe global de los elementos de activo y pasivo denominados en moneda extranjera, incluyendo un desglose de activos y pasivos más significativos clasificados por monedas. También se indicarán los importes correspondientes a compras, ventas y servicios recibidos y prestados.
2. La empresa revelará la siguiente información:

   a) El importe de las diferencias de cambio reconocidas en el resultado del ejercicio por clases de instrumentos financieros, presentando por separado las que provienen de transacciones que se han liquidado a lo largo del período de las que están vivas o pendientes de vencimiento a la fecha de cierre del ejercicio, con excepción de las procedentes de los instrumentos financieros que se valoren a valor razonable con cambios en la cuenta de pérdidas y ganancias, y

b) Las diferencias de conversión clasificadas como un componente separado del patrimonio neto, dentro del epígrafe «Diferencias de conversión», así como una conciliación entre los importes de estas diferencias al principio y al final del ejercicio.

3. Cuando se haya producido un cambio en la moneda funcional, ya sea de la empresa que informa o de algún negocio significativo en el extranjero, se revelará este hecho, así como la razón de dicho cambio.
4. En el caso excepcional de que la empresa utilice más de una moneda funcional, deberá revelar el importe de los activos, cifra de negocios y resultados que han sido expresados en cada una de esas monedas funcionales.
5. En su caso, la moneda funcional de un negocio en el extranjero, especificando la inversión neta en el mismo, cuando sea distinta a la moneda de presentación de las cuentas anuales.
6. Cuando la empresa tenga negocios en el extranjero y estén sometidos a altas tasas de inflación, informará sobre:

a) El hecho de que las cuentas anuales, así como las cifras correspondientes a ejercicios anteriores, han sido ajustadas para considerar los cambios en el poder adquisitivo general de la moneda funcional y que, como resultado de ello, están expresadas en la unidad monetaria corriente a la fecha de cierre del ejercicio, y

b) La identificación y valor del índice general de precios a la fecha de cierre del ejercicio, así como el movimiento del mismo durante el ejercicio corriente y el anterior.

12. Situación fiscal

12.1. Impuestos sobre beneficios

Explicación de la diferencia que exista entre el importe neto de los ingresos y gastos del ejercicio y la base imponible (resultado fiscal). Con este objeto, se incluirá la siguiente conciliación, teniendo en cuenta que aquellas diferencias entre dichas magnitudes que no se identifican como temporarias, de acuerdo con la norma de registro y valoración, se calificarán como diferencias permanentes.

CONCILIACIÓN DEL IMPORTE NETO DE INGRESOS Y GASTOS DEL EJERCICIO CON LA BASE IMPONIBLE DEL IMPUESTO SOBRE BENEFICIOS

	Cuenta de pérdidas y ganancias		Ingresos y gastos directamente imputados al patrimonio neto	
Saldo de ingresos y gastos del ejercicio	....		....	
	Aumentos	Disminuciones	Aumentos	Disminuciones
Impuesto sobre Sociedades	....	....	....	....
Diferencias permanentes	....	....	....	....
Diferencias temporarias:				
— Con origen en el ejercicio	....	....	....	....
— Con origen en ejercicios anteriores	....	....	....	....
Compensación de bases imponibles negativas de ejercicios anteriores		(..............)		
Base imponible (resultado fiscal)		....		

Explicación y conciliación numérica entre el gasto/ingreso por impuestos sobre beneficios y el resultado de multiplicar los tipos de gravamen aplicables al total de ingresos y gastos reconocidos, diferenciando el saldo de la cuenta de pérdidas y ganancias.

Además, deberá indicarse la siguiente información:

1. Desglose del gasto o ingreso por impuestos sobre beneficios, diferenciando el impuesto corriente y la variación de impuestos diferidos, que se imputa al resultado de la cuenta de pérdidas y ganancias —distinguiendo el correspondiente a las operaciones continuadas y a operaciones interrumpidas, si las hubiera, y siempre que la empresa deba informar separadamente de los resultados procedentes de operaciones interrumpidas—, así como el directamente imputado al patrimonio neto, diferenciando el que afecte a cada epígrafe del estado de ingresos y gastos reconocidos.
2. En relación con los impuestos diferidos, se deberá desglosar esta diferencia, distinguiendo entre activos (diferencias temporarias, créditos por bases imponibles negativas y otros créditos) y pasivos (diferencias temporarias).
3. El importe y plazo de aplicación de diferencias temporarias deducibles, bases imponibles negativas y otros créditos fiscales, cuando no se haya registrado en el balance el correspondiente activo por impuesto diferido.
4. El importe de los activos por impuesto diferido, indicando la naturaleza de la evidencia utilizada para su reconocimiento, incluida, en su caso, la planificación fiscal, cuando la realización del activo depende de ganancias futuras superiores a las que corresponden a la reversión de las diferencias temporarias imponibles, o cuando la empresa haya experimentado una pérdida, ya sea en el presente ejercicio o en el anterior, en el país con el que se relaciona el activo por impuesto diferido.
5. Naturaleza, importe y compromisos adquiridos en relación con los incentivos fiscales aplicados durante el ejercicio, tales como beneficios, deducciones y determinadas diferencias permanentes, así como los pendientes de deducir. En particular, se informará sobre incentivos fiscales objeto de periodificación, señalando el importe imputado al ejercicio y el que resta por imputar.
6. Se informará adicionalmente del impuesto a pagar a las distintas jurisdicciones fiscales, detallando las retenciones y pagos a cuenta efectuados.
7. Se identificarán el resto de diferencias permanentes, señalando su importe y naturaleza.
8. Cambios en los tipos impositivos aplicables respecto a los del ejercicio anterior. Se indicará el efecto en los impuestos diferidos registrados en ejercicios anteriores.
9. Información relativa a las provisiones derivadas del impuesto sobre beneficios así como sobre las contingencias de carácter fiscal y sobre acontecimientos posteriores al cierre que supongan una modificación de la normativa fiscal que afecta a los activos y pasivos fiscales registrados. En particular, se informará de los ejercicios pendientes de comprobación.
10. Cualquier otra circunstancia de carácter sustantivo en relación con la situación fiscal.

12.2. Otros tributos

Se informará sobre cualquier circunstancia de carácter significativo en relación con otros tributos; en particular cualquier contingencia de carácter fiscal, así como los ejercicios pendientes de comprobación.

13. Ingresos y gastos

13.1. Consideraciones generales y objetivo

1. El objetivo de los requerimientos de información a incluir en esta nota de la memoria en relación con los ingresos es que la empresa proporcione información suficiente que permita a los usuarios de las cuentas anuales comprender la naturaleza, importe, calendario e incertidumbre de los ingresos de actividades ordinarias y flujos de efectivo que surgen de contratos con clientes. Para lograr este objetivo, la empresa suministrará información cualitativa y cuantitativa sobre los siguientes aspectos:

a) Contratos con clientes,

b) Juicios significativos, y cambios en dichos juicios, realizados sobre dichos contratos, y
c) Activos reconocidos por los costes para obtener o cumplir un contrato con un cliente.

2. A la hora de proporcionar esta información, la empresa considerará el nivel de detalle necesario para satisfacer el objetivo de información a revelar y cuánto énfasis poner en cada uno de los diversos requerimientos. Para ello, agregará o desagregará la información a revelar de forma que la información útil no se enmascare por la inclusión de un gran volumen de detalles insignificantes o por la agregación de partidas que tengan sustancialmente diferentes características.

13.2. Información sobre los contratos con clientes

1. Desagregación de los ingresos de actividades ordinarias.

a) La empresa desagregará los ingresos reconocidos de actividades ordinarias procedentes de contratos con clientes en categorías que representen la forma en que la naturaleza, importe e incertidumbre de los ingresos de actividades ordinarias y flujos de efectivo se ven afectados por factores económicos.
b) Al seleccionar el tipo de categoría (o categorías) a utilizar para desagregar los ingresos de actividades ordinarias, la empresa considerará la forma en que se ha presentado la información sobre los ingresos de actividades ordinarias para otros propósitos, incluyendo los siguientes:

1.º Información a revelar presentada fuera de las cuentas anuales.
2.º Información regularmente revisada por la máxima autoridad en la toma de decisiones para evaluar el rendimiento financiero de los segmentos de operación.
3.º Otra información que sea similar a los tipos de información identificados en los párrafos anteriores y que utiliza la empresa o los usuarios de las cuentas anuales para evaluar el rendimiento financiero de la empresa o tomar decisiones sobre asignación de recursos.

c) Algunas de las categorías que puede ser apropiado incluir, podrían ser las siguientes:

1.º Tipo de bien o servicio (por ejemplo, líneas de productos principales).
2.º Región geográfica (por ejemplo, país o región).
3.º Mercado o tipo de cliente (por ejemplo, clientes de la Administración Pública y otros clientes).
4.º Tipo de contrato (por ejemplo, contratos a precio fijo y por tiempo y por materiales).
5.º Duración del contrato (por ejemplo, contratos a corto y a largo plazo).
6.º Calendario de transferencia de bienes o servicios (por ejemplo, ingresos de actividades ordinarias procedentes de bienes o servicios transferidos a clientes en un momento determinado e ingresos de actividades ordinarias procedentes de bienes o servicios transferidos a lo largo del tiempo).
7.º Canales de ventas (por ejemplo, bienes vendidos directamente a clientes y bienes vendidos a través de intermediarios).

2. Saldos del contrato.

La empresa informará sobre los saldos de apertura y cierre de las cuentas por cobrar, activos del contrato y pasivos del contrato derivados de acuerdos con clientes, en caso de que no se presenten por separado en el balance. En particular, se desglosarán las contrapartidas contabilizadas por el reconocimiento de ingresos distintas a un derecho de cobro o efectivo.

3. Obligaciones a cumplir.

La empresa revelará información sobre las obligaciones asumidas frente al cliente, incluyendo una descripción de los aspectos siguientes:

a) Cuando cumple la empresa las obligaciones frente al cliente (por ejemplo, en el momento del envío, en el momento de la entrega, a medida que se presta o en el momento en que se completa el servicio), incluyendo cuando se cumplen las obligaciones en un acuerdo de entrega posterior a la facturación.
b) Los términos de pago significativos (por ejemplo, cuando se exige habitualmente el

pago, si el contrato tiene un componente de financiación significativo, si el importe de la contraprestación es variable y si la estimación de la contraprestación variable está restringida por las limitaciones existentes para su estimación).

c) La naturaleza de los bienes o servicios que la empresa se ha comprometido a transferir, destacando cualquier obligación de organizar para un tercero la transferencia de bienes o servicios, es decir, si la empresa está actuando como un agente o comisionista.

d) Las obligaciones de devolución, reembolso y otras obligaciones similares.

e) Los tipos de garantías y obligaciones relacionadas.

13.3. Información sobre los juicios significativos en la aplicación de la norma de registro y valoración

La empresa revelará los juicios y cambios de juicios realizados en aplicación de la norma de registro y valoración sobre ingresos por ventas y prestación de servicios que afecten de forma significativa a la determinación del importe y calendario de los ingresos de actividades ordinarias de los contratos con clientes. En concreto, la empresa explicará los juicios y cambios en los juicios, utilizados al determinar los aspectos siguientes:

1. El calendario en que se estima cumplir las obligaciones asumidas por la empresa frente al cliente.

a) Para las obligaciones asumidas que la empresa satisface a lo largo del tiempo, la empresa revelará los siguientes aspectos:

1.º Los métodos utilizados para determinar el grado de avance y reconocer los ingresos de actividades ordinarias (por ejemplo, una descripción de los métodos de producto o de los métodos de recursos utilizados y la forma en que se han aplicado).

2.º Una explicación de por qué los métodos utilizados proporcionan una representación fiel de la transferencia de los bienes o servicios.

b) Para obligaciones que se satisfacen en un momento determinado, la empresa revelará los juicios significativos realizados para evaluar cuándo obtiene un cliente el control de los bienes o servicios comprometidos.

2. El precio de la transacción y los importes asignados a cada obligación.

La empresa incluirá información sobre los métodos, datos de entrada y supuestos utilizados para todos los extremos siguientes:

a) Determinación del precio de la transacción, que incluye, pero no se limita a la estimación de la contraprestación variable, el ajuste a la contraprestación por los efectos del valor temporal del dinero y la medición de la contraprestación distinta al efectivo,

b) Evaluación de si la estimación de la contraprestación variable está restringida,

c) Asignación del precio de la transacción, incluyendo la estimación de los precios de venta independientes de los bienes y servicios comprometidos y la distribución de descuentos y contraprestación variable a una parte específica del contrato (si fuera aplicable), y

d) Estimación del impacto monetario de las obligaciones de devolución, reembolso y otras obligaciones similares.

13.4. Información sobre los activos reconocidos por los costes para obtener o cumplir un contrato con un cliente

La empresa incluirá la siguiente información:

a) Los juicios realizados para determinar el importe de los costes incurridos para obtener o cumplir un contrato con un cliente.

b) El método que utiliza para determinar la imputación a la cuenta de pérdidas y ganancias o la amortización para cada ejercicio.

c) Los saldos de cierre de los activos reconocidos por los costes incurridos para obtener o cumplir un contrato con un cliente, por categoría principal de activo.

d) El importe del gasto por imputación a la cuenta de pérdidas y ganancias o amortización y cualquier pérdida por deterioro de valor reconocida en el ejercicio.

13.5. Información sobre determinados gastos

Se deberá incluir la siguiente información:

a) El desglose de las partidas 4.a) y 4.b) de la cuenta de pérdidas y ganancias «Consumo de mercaderías» y «Consumo de materias primas y otras materias consumibles», distinguiendo entre compras y variación de existencias. Asimismo, se diferenciarán las compras nacionales, las adquisiciones intracomunitarias y las importaciones.
b) Desglose de la partida 6.b) de la cuenta de pérdidas y ganancias «Cargas sociales», distinguiendo entre aportaciones y dotaciones para pensiones y otras cargas sociales.
c) En el caso de que la empresa formule la cuenta de pérdidas y ganancias abreviada deberá incluir en este apartado los desgloses antes indicados en relación con las partidas 4. «Aprovisionamientos» y 6. «Gastos de personal», del modelo abreviado de dicha cuenta.

13.6. Otros resultados

Se deberá informar de los resultados originados fuera de la actividad normal de la empresa incluidos en la partida «Otros resultados».

14. Provisiones y contingencias

1. Para cada provisión reconocida en el balance, deberá indicarse:

   a) Análisis del movimiento de cada partida del balance durante el ejercicio, indicando:

   — Saldo inicial.
   — Dotaciones.
   — Aplicaciones.
   — Otros ajustes realizados (combinaciones de negocios, etc.).
   — Saldo final.

   No será necesario incluir información comparativa en este apartado.

   b) Información acerca del aumento, durante el ejercicio, en los saldos actualizados al tipo de descuento por causa del paso del tiempo, así como el efecto que haya podido tener cualquier cambio en el tipo de descuento.

   No será necesario incluir información comparativa en este apartado.

   c) Una descripción de la naturaleza de la obligación asumida.
   d) Una descripción de las estimaciones y procedimientos de cálculo aplicados para la valoración de los correspondientes importes, así como de las incertidumbres que pudieran aparecer en dichas estimaciones. En su caso, se justificarán los ajustes que haya procedido realizar.
   e) Indicación de los importes de cualquier derecho de reembolso, señalando las cantidades que, en su caso, se hayan reconocido en el activo de balance por estos derechos.

2. A menos que sea remota la salida de recursos, para cada tipo de contingencia, se indicará:

   a) Una breve descripción de su naturaleza.
   b) Evolución previsible, así como los factores de los que depende.
   c) Una estimación cuantificada de los posibles efectos en los estados financieros y, en caso de no poder realizarse, información sobre dicha imposibilidad e incertidumbres que la motivan, señalándose los riesgos máximos y mínimos.
   d) La existencia de cualquier derecho de reembolso.
   e) En el caso excepcional en que una provisión no se haya podido registrar en el balance debido a que no puede ser valorada de forma fiable, adicionalmente, se explicarán los motivos por los que no se puede hacer dicha valoración.

3. En el caso de que sea probable la entrada de beneficios o rendimientos económicos para la empresa procedentes de activos que no cumplan los criterios de reconocimiento, se indicará:

a) Una breve descripción de su naturaleza.
b) Evolución previsible, así como los factores de los que depende.
c) Información sobre los criterios utilizados para su estimación, así como los posibles efectos en los estados financieros y, en caso de no poder realizarse, información sobre dicha imposibilidad e incertidumbres que la motivan.

4. Excepcionalmente, en los casos en que, mediando litigio con un tercero, la información exigida en los apartados anteriores perjudique seriamente la posición de la empresa, no será preciso que se suministre dicha información, pero se describirá la naturaleza del litigio e informará de la omisión de esta información y de las razones que han llevado a tomar tal decisión.

15. Información sobre medio ambiente

Se facilitará información sobre:

a) Descripción y características de los sistemas, equipos e instalaciones más significativos incorporados al inmovilizado material cuyo fin sea la minimización del impacto medioambiental y la protección y mejora del medio ambiente, indicando su naturaleza y destino, así como el valor contable y la correspondiente amortización acumulada de los mismos, siempre que pueda determinarse de forma individualizada, y las correcciones valorativas por deterioro, diferenciando las reconocidas en el ejercicio, de las acumuladas.
b) Gastos incurridos en el ejercicio cuyo fin sea la protección y mejora del medio ambiente, indicando su destino.
c) Riesgos cubiertos por las provisiones correspondientes a actuaciones medioambientales, con especial indicación de los derivados de litigios en curso, indemnizaciones y otros; se señalará para cada provisión la información requerida para las provisiones reconocidas en el balance en el apartado 1 de la nota 14.
d) Contingencias relacionadas con la protección y mejora del medio ambiente, incluyendo la información exigida en el apartado 2 de la nota 14.
e) Inversiones realizadas durante el ejercicio por razones medioambientales.
f) Compensaciones a recibir de terceros.

16. Retribuciones a largo plazo al personal

1. Cuando la empresa otorgue retribuciones a largo plazo al personal de aportación o prestación definida, deberá incluir una descripción general del tipo de plan de que se trate.
2. Para el caso de retribuciones a largo plazo al personal de prestación definida, adicionalmente, se incluirá la información requerida para las provisiones reconocidas en el balance en el apartado 1 de la nota 14, así como se detallará:

   a) Una conciliación entre los activos y pasivos reconocidos en el balance.
   b) Importe de las partidas incluidas en el valor razonable de los activos afectos al plan.
   c) Principales hipótesis actuariales utilizadas, con sus valores a la fecha de cierre del ejercicio.

17. Transacciones con pagos basados en instrumentos de patrimonio

Para cada acuerdo de pagos basados en instrumentos de patrimonio, deberá indicarse:

1. Descripción de cada tipo de acuerdo de pagos basados en instrumentos de patrimonio que haya existido a lo largo del ejercicio, con indicación del beneficiario. Si dichos acuerdos tienen características similares, se podrá informar sobre los mismos de forma conjunta, siempre que dicha información permita comprender la naturaleza y el alcance de dichos acuerdos.
2. Cuando proceda registrar pasivos en las transacciones con pagos basados en instrumentos de patrimonio, se incluirá la información requerida para las provisiones reconocidas en el balance en el apartado 1 de la nota 14.

3. Cuando las transacciones consistan en pagos basados en opciones sobre acciones, se informará sobre:

   a) El número y la media ponderada de los precios de ejercicio de las opciones existentes al comienzo y al final del ejercicio, las concedidas, y anuladas durante el mismo, así como las que hayan caducado a lo largo de ejercicio. Por último se proporcionará la misma información sobre las ejercitables al final de período.
   b) Para las opciones sobre acciones ejercitadas durante el ejercicio, se indicará el precio medio ponderado de las acciones en la fecha de ejercicio, pudiéndose señalar el precio medio ponderado de la acción durante el período.
   c) Para las opciones existentes al final del ejercicio, el rango de precios de ejercicio y la vida media ponderada pendiente de las mismas.

   Se deberá indicar cómo se ha determinado durante el ejercicio el valor razonable de los bienes o servicios recibidos o el valor razonable de los instrumentos de patrimonio concedidos.

   Se deberá indicar el efecto que hayan tenido las transacciones con pagos basados en instrumentos de patrimonio sobre la situación financiera y el resultado de la empresa.

4. Cuando no se pueda estimar con fiabilidad el valor razonable de los bienes y servicios recibidos, según se establece en la norma de registro y valoración, se informará sobre este hecho, explicando los motivos de dicha imposibilidad.

18. Subvenciones, donaciones y legados

Se informará sobre:

1. El importe y características de las subvenciones, donaciones y legados recibidos que aparecen en el balance, así como los imputados en la cuenta de pérdidas y ganancias.
2. Análisis del movimiento del contenido de la subagrupación correspondiente del balance, indicando el saldo inicial y final, así como los aumentos y disminuciones. En particular, se informará sobre los importes recibidos y, en su caso, devueltos.
3. Información sobre el origen de las subvenciones, donaciones y legados, indicando, para las primeras, el Ente público que las concede, precisando si la otorgante de las mismas es Administración local, autonómica, estatal o internacional.
4. Información sobre el cumplimiento o no de las condiciones asociadas a las subvenciones, donaciones y legados.

19. Combinaciones de negocios

1. La empresa adquirente indicará, para cada una de las combinaciones de negocios que tenga lugar durante el ejercicio, la siguiente información:

   a) El nombre y descripción de la empresa o empresas adquiridas.
   b) La fecha de adquisición.
   c) La forma jurídica empleada para llevar a cabo la combinación.
   d) Las razones principales que han motivado la combinación de negocios, así como una descripción cualitativa de los factores que dan lugar al reconocimiento del fondo de comercio, tales como sinergias esperadas de las operaciones de combinación de la adquirida y la adquirente, inmovilizados intangibles que no cumplen las condiciones para su reconocimiento por separado u otros factores.
   e) El valor razonable en la fecha de adquisición del total de la contraprestación transferida y de cada clase principal de contraprestación, tales como:
      — Efectivo.
      — Otros activos materiales o intangibles, incluyendo un negocio o una dependiente de la adquirente.
      — Importe de la contraprestación contingente; la descripción del acuerdo deberá suministrarse en la letra *g*).
      — Instrumentos de deuda.
      — Participación en el patrimonio de la adquirente, incluyendo el número de instrumentos de patrimonio emitidos

o a emitir y el método para estimar su valor razonable.

Adicionalmente se informará de las participaciones previas en el patrimonio de la empresa adquirida que no hayan dado lugar al control de la misma, en las combinaciones de negocio por etapas.

f) Los importes reconocidos, en la fecha de adquisición, para cada clase de activos y pasivos de la empresa adquirida, indicando aquellos que de acuerdo con la norma de registro y valoración no se recogen por su valor razonable.

g) Para cualquier contraprestación contingente que dependa de eventos futuros así como para los activos recibidos como indemnización frente a alguna contingencia o incertidumbre: importe reconocido en la fecha de adquisición, descripción del acuerdo y una estimación del intervalo de posibles resultados así como del importe máximo potencial de los pagos futuros que la adquirente pudiera estar obligada a realizar conforme a las condiciones de la adquisición, o si no pueden ser estimados se comunicará esta circunstancia así como los motivos por los que no pueden ser estimados.

Se proporcionará esta misma información sobre los activos contingentes o activos por indemnización; por ejemplo, cuando en el acuerdo se incluya una cláusula en cuya virtud la adquirente deba ser indemnizada de la responsabilidad que se pudiera derivar por litigios pendientes de la adquirida.

h) Valor razonable de las cuentas a cobrar adquiridas, los importes contractuales brutos a cobrar, y la mejor estimación en la fecha de adquisición de los flujos de efectivo contractuales que no se espera cobrar. La información a revelar deberá proporcionarse por clase principal de cuenta a cobrar, tales como préstamos, arrendamientos financieros directos y cualquier otra clase de cuentas a cobrar.

i) Respecto al fondo de comercio que pueda haber surgido en las combinaciones de negocio, la empresa deberá suministrar la información solicitada en el apartado 2 de la nota 7. Asimismo, deberá informarse del importe total del fondo de comercio que se espera que sea deducible fiscalmente.

j) Para aquellos casos de «relación preexistente» donde la adquirida y adquirente mantuvieran una relación que existía antes de que se produjera la combinación de negocios: una descripción de la transacción, el importe reconocido de cada transacción, y si la transacción es la cancelación efectiva de una relación preexistente, el método utilizado para determinar el importe de dicha cancelación.

2. En las combinaciones de negocios en las que el coste de la combinación resulte inferior al valor de los activos identificables adquiridos menos el de los pasivos asumidos, el importe y la naturaleza de cualquier exceso que se reconozca en la cuenta de pérdidas y ganancias de acuerdo con lo establecido en la norma de registro y valoración, así como una descripción de las razones por las que la transacción dio lugar a una ganancia. Asimismo, en su caso, se describirán los inmovilizados intangibles y activos contingentes que no hayan podido ser registrados por no poder calcularse su valoración por referencia a un mercado activo.

3. En una combinación de negocios realizada por etapas:

   a) El valor razonable en la fecha de adquisición de las participaciones en el patrimonio de la adquirida, mantenidas por la adquirente inmediatamente antes de la fecha de adquisición.

   b) El importe de cualquier ganancia o pérdida reconocida procedente de valorar nuevamente a valor razonable la participación en el patrimonio de la adquirida mantenida por la adquirente antes de la combinación de negocios y la partida de la cuenta de pérdidas y ganancias en la que está reconocida dicha ganancia o pérdida.

4. La información requerida en el apartado 1 se revelará de forma agregada para las combinaciones de negocios, efectuadas durante el

ejercicio económico, que individualmente carezcan de importancia relativa.

Adicionalmente, la empresa adquirente proporcionará la información contenida en el apartado primero de esta nota para cada una de las combinaciones de negocios efectuadas o en curso entre la fecha de cierre de las cuentas anuales y la de su formulación, a menos que esto no sea posible. En este caso se señalarán las razones por las que esta información no puede ser proporcionada.

La sociedad o negocio adquirido deberá informar en sus cuentas anuales de los aspectos más significativos del proceso en marcha.

5. La empresa adquirente revelará, de forma separada para cada combinación de negocios efectuada durante el ejercicio, o agregadamente para las que carezcan individualmente de importancia relativa, la parte de los ingresos y el resultado imputable a la combinación desde la fecha de adquisición. También indicará los ingresos y el resultado del ejercicio que hubiera obtenido la empresa resultante de la combinación de negocios bajo el supuesto de que todas las combinaciones de negocio realizadas en el ejercicio se hubiesen efectuado en la fecha de inicio del mismo.

   En el caso de que esta información no pudiese ser suministrada, se señalará este hecho y se motivará.

6. Se indicará la siguiente información en relación con las combinaciones de negocios efectuadas durante el ejercicio o en los ejercicios anteriores:

   a) Si el importe reconocido en cuentas se ha determinado provisionalmente, se señalarán los motivos por los que el reconocimiento inicial no es completo, los activos adquiridos y compromisos asumidos para los que el periodo de valoración está abierto y el importe y naturaleza de cualquier ajuste en la valoración efectuado durante el ejercicio.

   b) Una descripción de los hechos o circunstancias posteriores a la adquisición que han dado lugar al reconocimiento durante el ejercicio de impuestos diferidos adquiridos como parte de la combinación de negocios.

   c) El importe y una justificación de cualquier ganancia o pérdida reconocida en el ejercicio que esté relacionada con los activos adquiridos o pasivos asumidos y sea de tal importe, naturaleza o incidencia que esta información sea relevante para comprender las cuentas anuales de la empresa resultante de la combinación de negocios.

   d) Hasta que la entidad cobre, enajene o pierda de cualquier otra forma el derecho a un activo por una contraprestación contingente, o hasta que la entidad liquide un pasivo derivado de una contraprestación contingente o se cancele el pasivo o expire, se señalarán todos los cambios en los importes reconocidos incluyendo las diferencias que surjan en la liquidación, todos los cambios en el rango de resultados posibles sin descontar y sus razones de cambio, y las técnicas de valoración para valorar la contraprestación contingente.

20. Negocios conjuntos

1. La empresa indicará y describirá los intereses significativos en negocios conjuntos realizando un detalle de la forma que adopta el negocio, distinguiendo entre:

   a) Explotaciones controladas conjuntamente, y

   b) Activos controlados conjuntamente.

2. Sin perjuicio de la información requerida en el apartado 2 de la nota 14, se deberá informar de forma separada sobre el importe agregado de las contingencias siguientes, a menos que la probabilidad de pérdida sea remota:

   a) Cualquier contingencia en que la empresa, como partícipe, haya incurrido en relación con las inversiones en negocios conjuntos y su parte en cada una de las contingencias que hayan sido incurridas conjuntamente con otros partícipes.

   b) Su parte de las contingencias de los negocios conjuntos en los que puede ser responsable, y *c*) Aquellas contingencias que surgen debido a que la empresa, como partícipe, puede ser responsable de los pasivos de otros partícipes de un negocio conjunto.

3. La empresa informará separadamente del importe total de los siguientes compromisos:

a) Cualquier compromiso de inversión de capital que haya asumido en relación con su participación en negocios conjuntos, así como su parte de los compromisos de inversión de capital asumidos conjuntamente con otros partícipes, y
b) Su participación en los compromisos de inversión de capital asumidos por los propios negocios conjuntos.

4. Se desglosará para cada partida significativa del balance, de la cuenta de pérdidas y ganancias, del estado de flujos de efectivo y del estado de cambios en el patrimonio neto, los importes correspondientes a los negocios conjuntos. Esta información se incluirá de forma agregada para el total de negocios conjuntos en los que participa la empresa.

21. Activos no corrientes mantenidos para la venta y operaciones interrumpidas

1. Para cada actividad que deba ser clasificada como interrumpida, deberá indicarse:

a) Los ingresos, los gastos y el resultado antes de impuestos de las actividades interrumpidas, reconocidos en la cuenta de pérdidas y ganancias.
b) El gasto por impuesto sobre beneficios relativo al anterior resultado.
c) Los flujos netos de efectivo atribuibles a las actividades de explotación, de inversión y financiación de las actividades interrumpidas.
d) Una descripción detallada de los elementos patrimoniales afectos a la citada actividad, indicando su importe y las circunstancias que han motivado dicha clasificación.
e) Los ajustes que se efectúen en el ejercicio corriente a los importes presentados previamente que se refieran a las actividades interrumpidas y que estén directamente relacionados con la enajenación o disposición por otra vía de las mismas en un ejercicio anterior, o, en su caso, los originados por no haberse producido dicha enajenación.
f) Los resultados relativos a la actividad que se hayan presentado previamente como actividades interrumpidas y que, sin embargo, finalmente, no hayan sido enajenadas.

2. Para cada activo no corriente o grupo enajenable de elementos que deba calificarse como mantenido para la venta, incluyendo los de actividades interrumpidas, deberá indicarse:

a) Una descripción detallada de los elementos patrimoniales, indicando su importe y las circunstancias que han motivado dicha clasificación.
b) El resultado reconocido en la cuenta de pérdidas y ganancias o en el estado de cambios en el patrimonio neto, para cada elemento significativo.
c) Los ajustes que se efectúen en el ejercicio corriente a los importes presentados previamente que se refieran a los activos no corrientes o grupos enajenables de elementos mantenidos para la venta y que estén directamente relacionados con la enajenación o disposición por otra vía de los mismos en un ejercicio anterior, o, en su caso, los originados por no haberse producido dicha enajenación.

3. Cuando los requisitos para calificar un activo no corriente o un grupo enajenable de elementos como mantenidos para la venta se cumplan después de la fecha de cierre del ejercicio, pero antes de la formulación de las cuentas anuales, la empresa no los calificará como mantenidos para la venta en las cuentas anuales que formule. No obstante, deberá suministrar, en relación con los mismos la información descrita en la letra *a*) del apartado anterior.

22. Hechos posteriores al cierre

La empresa informará de:

1. Los hechos posteriores que pongan de manifiesto circunstancias que ya existían en la fecha de cierre del ejercicio que no hayan supuesto, de acuerdo con su naturaleza, la inclusión de un ajuste en las cifras contenidas en las cuentas anuales, pero la información contenida en la memoria debe ser modificada de acuerdo con dicho hecho posterior.
2. Los hechos posteriores que muestren condiciones que no existían al cierre del ejercicio y que sean de tal importancia que, si no se suministra información al respecto, podría afectar a la capacidad de evaluación de los usuarios de las cuentas anuales. En particular, se describirá el hecho posterior y se incluirá la estimación de sus efectos. En el supuesto de que no sea posible estimar los efectos del citado hecho, se incluirá una manifestación expresa sobre este extremo, conjuntamente con los motivos y condiciones que provocan dicha imposibilidad de estimación.
3. Hechos acaecidos con posterioridad al cierre de las cuentas anuales que afecten a la aplicación del principio de empresa en funcionamiento, informando de:

   a) Descripción del hecho posterior y su naturaleza (factor que genera duda respecto a la aplicación del principio de empresa en funcionamiento).
   b) Potencial impacto del hecho posterior sobre la situación de la empresa.
   c) Factores mitigantes relacionados, en su caso, con el hecho posterior.

23. Operaciones con partes vinculadas

1. La información sobre operaciones con partes vinculadas se suministrará separadamente para cada una de las siguientes categorías:

   a) Entidad dominante.
   b) Otras empresas del grupo.
   c) Negocios conjuntos en los que la empresa sea uno de los partícipes.
   d) Empresas asociadas.
   e) Empresas con control conjunto o influencia significativa sobre la empresa.
   f) Personal clave de la dirección de la empresa o de la entidad dominante.
   g) Otras partes vinculadas.

2. La empresa facilitará información suficiente para comprender las operaciones con partes vinculadas que haya efectuado y los efectos de las mismas sobre sus estados financieros, incluyendo, entre otros, los siguientes aspectos:

   a) Identificación de las personas o empresas con las que se han realizado las operaciones vinculadas, expresando la naturaleza de la relación con cada parte implicada.
   b) Detalle de la operación y su cuantificación, expresando la política de precios seguida, poniéndola en relación con las que la empresa utiliza respecto a operaciones análogas realizadas con partes que no tengan la consideración de vinculadas. Cuando no existan operaciones análogas realizadas con partes que no tengan la consideración de vinculadas, los criterios o métodos seguidos para determinar la cuantificación de la operación.
   c) Beneficio o pérdida que la operación haya originado en la empresa y descripción de las funciones y riesgos asumidos por cada parte vinculada respecto de la operación.
   d) Importe de los saldos pendientes, tanto activos como pasivos, sus plazos y condiciones, naturaleza de la contraprestación establecida para su liquidación, agrupando los activos y pasivos por tipo de instrumento financiero (con la estructura que aparece en el balance de la empresa) y garantías otorgadas o recibidas.
   e) Correcciones valorativas por deudas de dudoso cobro relacionadas con los saldos pendientes anteriores.
   f) Gastos reconocidos en el ejercicio como consecuencia de deudas incobrables o de dudoso cobro de partes vinculadas.

3. En todo caso, deberá informarse de los siguientes tipos de operaciones con partes vinculadas:

   a) Ventas y compras de activos corrientes y no corrientes.
   b) Prestación y recepción de servicios.
   c) Contratos de arrendamiento financiero.
   d) Transferencias de investigación y desarrollo.
   e) Acuerdos sobre licencias.
   f) Acuerdos de financiación, incluyendo préstamos y aportaciones de capital, ya sean en efectivo o en especie. En las operaciones de adquisición y enajenación de instrumentos de patrimonio, se especificará el número, valor nominal, precio medio y resultado de las mismas, especificando el destino final previsto en el caso de adquisición.
   g) Intereses abonados y cargados, así como aquellos devengados pero no pagados o cobrados.
   h) Dividendos y otros beneficios distribuidos.
   i) Garantías y avales.
   j) Remuneraciones e indemnizaciones.
   k) Aportaciones a planes de pensiones y seguros de vida.
   l) Prestaciones a compensar con instrumentos financieros propios.
   m) Compromisos en firme por opciones de compra o de venta u otros instrumentos que puedan implicar una transmisión de recursos o de obligaciones entre la empresa y la parte vinculada.
   n) Acuerdo de reparto de costes en relación con la producción de bienes y servicios que serán utilizados por varias partes vinculadas.
   o) Acuerdos de gestión de tesorería, y
   p) Acuerdos de condonación de deudas y prescripción de las mismas.

4. La información anterior podrá presentarse de forma agregada cuando se refiera a partidas de naturaleza similar. En todo caso, se facilitará información de carácter individualizado sobre las operaciones vinculadas que fueran significativas por su cuantía o relevantes para una adecuada comprensión de las cuentas anuales.
5. No será necesario informar en el caso de operaciones que, perteneciendo al tráfico ordinario de la empresa, se efectúen en condiciones normales de mercado, sean de escasa importancia cuantitativa y carezcan de relevancia para expresar la imagen fiel del patrimonio, de la situación financiera y de los resultados de la empresa.
6. No obstante, en todo caso deberá informarse sobre el importe de los sueldos, dietas y remuneraciones de cualquier clase devengados en el curso del ejercicio por el personal de alta dirección y los miembros del órgano de administración, cualquiera que sea su causa, así como de las obligaciones contraídas en materia de pensiones o de pago de primas de seguros de vida respecto de los miembros antiguos y actuales del órgano de administración y personal de alta dirección. Asimismo, se incluirá información sobre indemnizaciones por cese y pagos basados en instrumentos de patrimonio. Estos requerimientos serán aplicables igualmente cuando los miembros del órgano de administración sean personas jurídicas, en cuyo caso además de informar de la retribución satisfecha a la persona jurídica administradora, esta última deberá informar en sus cuentas anuales de la concreta remuneración que corresponde a la persona física que la represente. Estas informaciones se podrán dar de forma global por concepto retributivo, recogiendo separadamente los correspondientes al personal de alta dirección de los relativos a los miembros del órgano de administración.

   En el caso de que la empresa hubiera satisfecho, total o parcialmente, la prima del seguro de responsabilidad civil de todos los administradores o de alguno de ellos por daños ocasionados por actos u omisiones en el ejercicio del cargo, se indicará expresamente con indicación de la cuantía de la prima.

   También deberá informarse sobre el importe de los anticipos y créditos concedidos al personal de alta dirección y a los miembros de los órganos de administración, con indicación del tipo de interés, sus características esenciales y los importes eventualmente devueltos, así como las obligaciones asumidas por cuenta de ellos a título de garantía. Estos requerimientos serán aplicables igualmente cuando los miembros del órgano de administración sean personas jurídicas, en cuyo caso además de informar de los anticipos y créditos concedidos a la persona jurídica administradora, esta última deberá informar en sus cuentas anuales de la concreta participación que corresponde a la persona física que la represente. Estas informaciones se podrán dar de forma global por cada categoría, recogiendo separadamente los correspondientes al personal de alta dirección de los relativos a los miembros del órgano de administración.

7. Las empresas que se organicen bajo la forma jurídica de sociedad de capital deberán informar de las situaciones de conflicto de interés en que incurran los administradores o las personas vinculadas a ellos, en los términos regulados en el artículo 229 del texto refundido de la Ley de Sociedades de Capital.
8. En el caso de pertenecer a un grupo de empresas, se describirá la estructura financiera del grupo.

24. Otra información

Se incluirá información sobre:

1. El número medio de personas empleadas en el curso del ejercicio, expresado por categorías.

   La distribución por sexos al término del ejercicio del personal de la sociedad, desglosado en un número suficiente de categorías y niveles, entre los que figurarán el de altos directivos y el de consejeros.

   El número medio de personas empleadas en el curso del ejercicio con discapacidad mayor o igual al treinta y tres por ciento, indicando las categorías a que pertenecen.
2. Las sociedades que hayan emitido valores admitidos a cotización en un mercado regulado de cualquier Estado miembro de la Unión Europea, y que, de acuerdo con la normativa en vigor, únicamente publiquen cuentas anuales individuales, vendrán obligadas a informar sobre las principales variaciones que se originarían en el patrimonio neto y en la cuenta de pérdidas y ganancias si se hubieran aplicado las normas internacionales de información financiera adoptadas por los Reglamentos de la Unión Europea, indicando los criterios de valoración que hayan aplicado.
3. El importe recibido por los auditores de cuentas desglosado en honorarios percibidos por la prestación del servicio de auditoría y otros servicios distintos, diferenciando dentro de estos últimos, por un lado, los servicios fiscales que pudieran realizarse de acuerdo con la normativa aplicable y, por otro lado, aquellos que correspondan a los servicios cuya prestación por los auditores de cuentas se exija por la normativa aplicable.

   El mismo desglose de información se dará de los honorarios correspondientes a servicios prestados por cualquier empresa perteneciente a la misma red a la que perteneciese el auditor de cuentas, de acuerdo con la normativa reguladora de la actividad de auditoría de cuentas.
4. La naturaleza y el propósito de negocio de los acuerdos de la empresa que no figuren en balance y sobre los que no se haya incorporado información en otra nota de la memoria, así como su posible impacto financiero, siempre que esta información sea significativa y de ayuda para la determinación de la posición financiera de la empresa.
5. Cuando la sociedad sea la de mayor activo del conjunto de sociedades domiciliadas en España, sometidas a una misma unidad de decisión, porque estén controladas por cualquier medio por una o varias personas físicas o jurídicas, no obligadas a consolidar, que actúen conjuntamente, o porque se hallen bajo dirección única por acuerdos o cláusulas estatutarias, deberá incluir una descripción de las citadas sociedades, señalando el motivo por el que se encuentran bajo una misma unidad de decisión, e informará sobre el importe agregado de los activos, pasivos, patrimonio neto, cifra de negocios y resultado del conjunto de las citadas sociedades.

   Se entiende por sociedad de mayor activo aquella que en el momento de su incorporación a la unidad de decisión presente una cifra mayor en el total activo del modelo del balance.
6. Cuando la sociedad no sea la de mayor activo del conjunto de sociedades sometidas a una unidad de decisión en los términos

señalados en el punto anterior, indicará la unidad de decisión a la que pertenece y el Registro Mercantil donde estén depositadas las cuentas anuales de la sociedad que contiene la información exigida en el punto anterior.

7. La conclusión, la modificación o la extinción anticipada de cualquier contrato entre una sociedad mercantil y cualquiera de sus socios o administradores o persona que actúe por cuenta de ellos, cuando se trate de una operación ajena al tráfico ordinario de la sociedad o que no se realice en condiciones normales.

25. Información segmentada

La empresa informará de la distribución del importe neto de la cifra de negocios correspondiente a sus actividades ordinarias, por categorías de actividades, así como por mercados geográficos, en la medida en que, desde el punto de vista de la organización de la venta de productos y de la prestación de servicios u otros ingresos correspondientes a las actividades ordinarias de la empresa, esas categorías y mercados difieran entre sí de una forma considerable.

Las empresas que puedan formular cuenta de pérdidas y ganancias abreviada podrán omitir esta información.

MODELOS ABREVIADOS DE CUENTAS ANUALES

BALANCE ABREVIADO AL CIERRE DEL EJERCICIO 200X

Número de cuenta	ACTIVO	Notas de la memoria	200X	200X-1
	A) ACTIVO NO CORRIENTE			
20, (280), (290)	I. Inmovilizado intangible.			
21, (281), (291), 23	II. Inmovilizado material.			
22, (282), (292)	III. Inversiones inmobiliarias.			
2403, 2404, 2413, 2414, 2423, 2424, (2493), (2494), (293), (2943), (2944), (2953), (2954)	IV. Inversiones en empresas del grupo y asociadas a largo plazo.			
2405, 2415, 2425, (2495), 250, 251, 252, 253, 254, 255, 257, 258, (259), 26, (2945), (2955), (297), (298)	V. Inversiones financieras a largo plazo.			
474	VI. Activos por impuesto diferido.			
	B) ACTIVO CORRIENTE			
580, 581, 582, 583, 584, (599)	I. Activos no corrientes mantenidos para la venta.			
30, 31, 32, 33, 34, 35, 36, (39), 407	II. Existencias.			
	III. Deudores comerciales y otras cuentas a cobrar.			
430, 431, 432, 433, 434, 435, 436, (437), (490), (493)	1. Clientes por ventas y prestaciones de servicios.			
5580	2. Accionistas (socios) por desembolsos exigidos.			
44, 460, 470, 471, 472, 544	3. Otros deudores.			
5303, 5304, 5313, 5314, 5323, 5324, 5333, 5334, 5343, 5344, 5353, 5354, (5393), (5394), 5523, 5524, (593), (5943), (5944), (5953), (5954)	IV. Inversiones en empresas del grupo y asociadas a corto plazo.			
5305, 5315, 5325, 5335, 5345, 5355, (5395), 540, 541, 542, 543, 545, 546, 547, 548, (549), 551, 5525, 5590, 5593, 565, 566, (5945), (5955), (597), (598)	V. Inversiones financieras a corto plazo.			
480, 567	VI. Periodificaciones a corto plazo.			
57	VII. Efectivo y otros activos líquidos equivalentes.			
	TOTAL ACTIVO (A + B)			

Número de cuenta	PATRIMONIO NETO Y PASIVO	Notas de la memoria	200X	200X-1
	A) PATRIMONIO NETO			
	A-1) Fondos propios.			
	I. Capital.			
100, 101, 102	1. Capital escriturado.			
(1030), (1040)	2. (Capital no exigido).			
110	II. Prima de emisión.			
112, 113, 114, 115, 119	III. Reservas.			
(108), (109)	IV. (Acciones y participaciones en patrimonio propias).			
120, (121)	V. Resultados de ejercicios anteriores.			
118	VI. Otras aportaciones de socios.			
129	VII. Resultado del ejercicio.			
(557)	VIII. (Dividendo a cuenta).			
111	IX. Otros instrumentos de patrimonio neto.			
133, 1340, 137	A-2) Ajustes por cambios de valor.			
130, 131, 132	A-3) Subvenciones, donaciones y legados recibidos.			
	B) PASIVO NO CORRIENTE			
14	I. Provisiones a largo plazo.			
	II. Deudas a largo plazo.			
1605, 170	1. Deudas con entidades de crédito.			
1625, 174	2. Acreedores por arrendamiento financiero.			
1615, 1635, 171, 172, 173, 175, 176, 177, 178, 179, 180, 185, 189	3. Otras deudas a largo plazo.			
1603, 1604, 1613, 1614, 1623, 1624, 1633, 1634	III. Deudas con empresas del grupo y asociadas a largo plazo.			
479	IV. Pasivos por impuesto diferido.			
181	V. Periodificación a largo plazo.			
	C) PASIVO CORRIENTE			
585, 586, 587, 588, 589	I. Pasivos vinculados con activos no corrientes mantenidos para la venta.			
499, 529	II. Provisiones a corto plazo.			
	III. Deudas a corto plazo.			
5105, 520, 527	1. Deudas con entidades de crédito.			
5125, 524	2. Acreedores por arrendamiento financiero.			
(1034), (1044), (190), (192), 194, 500, 501, 505, 506, 509, 5115, 5135, 5145, 521, 522, 523, 525, 526, 528, 551, 5525, 555, 5565, 5566, 5595, 5598, 560, 561, 569	3. Otras deudas a corto plazo.			
5103, 5104, 5113, 5114, 5123, 5124, 5133, 5134, 5143, 5144, 5523, 5524, 5563, 5564	IV. Deudas con empresas del grupo y asociadas a corto plazo.			
	V. Acreedores comerciales y otras cuentas a pagar.			
400, 401, 403, 404, 405, (406)	1. Proveedores.			
41, 438, 465, 466, 475, 476, 477	2. Otros acreedores.			
485, 568	VI. Periodificaciones a corto plazo.			
	TOTAL PATRIMONIO NETO Y PASIVO (A + B + C)			

CUENTA DE PÉRDIDAS Y GANANCIAS ABREVIADA CORRESPONDIENTE AL EJERCICIO TERMINADO EL … DE 200X

Número de cuenta		Nota	(Debe) Haber	
			200X	200X-1
700, 701, 702, 703, 704, 705, (706), (708), (709)	1. Importe neto de la cifra de negocios.			
(6930), 71*, 7930	2. Variación de existencias de productos terminados y en curso de fabricación.			
73	3. Trabajos realizados por la empresa para su activo.			
(600), (601), (602), 606, (607), 608, 609, 61*, (6931), (6932), (6933), 7931, 7932, 7933	4. Aprovisionamientos.			
740, 747, 75	5. Otros ingresos de explotación.			
(64), 7950, 7957	6. Gastos de personal.			
(62), (631), (634), 636, 639, (65), (694), (695), 794, 7954	7. Otros gastos de explotación.			
(68)	8. Amortización del inmovilizado.			
746	9. Imputación de subvenciones de inmovilizado no financiero y otras.			
7951, 7952, 7955, 7956	10. Excesos de provisiones.			
(670), (671), (672), (690), (691), (692), 770, 771, 772, 790, 791, 792	11. Deterioro y resultado por enajenaciones del inmovilizado.			
	A) RESULTADO DE EXPLOTACIÓN (1 + 2 + 3 + 4 + 5 + 6 + 7 + 8 + 9 + 10 + 11)			
760, 761, 762, 769	12. Ingresos financieros.			
(660), (661), (662), (664), (665), (669)	13. Gastos financieros.			
(663), 763	14. Variación de valor razonable en instrumentos financieros.			
(668), 768	15. Diferencias de cambio.			
(666), (667), (673), (675), (696), (697), (698), (699), 766, 773, 775, 796, 797, 798, 799	16. Deterioro y resultado por enajenaciones de instrumentos financieros.			
	B) RESULTADO FINANCIERO (12 + 13 + 14 + 15 + 16)			
	C) RESULTADO ANTES DE IMPUESTOS (A + B)			
(6300)*, 6301*, (633), 638	17. Impuestos sobre beneficios.			
	D) RESULTADO DEL EJERCICIO (C + 17)			

* Su signo puede ser positivo o negativo.

ESTADO ABREVIADO DE CAMBIOS EN EL PATRIMONIO NETO CORRESPONDIENTE AL EJERCICIO TERMINADO EL ... DE 200X

A) ESTADO ABREVIADO DE INGRESOS Y GASTOS RECONOCIDOS CORRESPONDIENTE AL EJERCICIO TERMINADO EL ... DE 200X

Número de cuenta		Notas en la memoria	200X	200X-1
	A) RESULTADO DE LA CUENTA DE PÉRDIDAS Y GANANCIAS			
	INGRESOS Y GASTOS IMPUTADOS DIRECTAMENTE AL PATRIMONIO NETO			
(800), (89), 900, 991, 992	I. Por valoración de instrumentos financieros.			
(810), 910	II. Por coberturas de flujos de efectivo.			
94	III. Subvenciones, donaciones y legados recibidos.			
(85), 95	IV. Por ganancias y pérdidas actuariales y otros ajustes.			
(8300)*, 8301*, (833), 834, 835, 838	V. Efecto impositivo.			
	B) TOTAL INGRESOS Y GASTOS IMPUTADOS DIRECTAMENTE AL PATRIMONIO NETO (I + II + III + IV + V)			
	TRANSFERENCIAS A LA CUENTA DE PÉRDIDAS Y GANANCIAS			
(802), 902, 993, 994	VI. Por valoración de instrumentos financieros.			
(812), 912	VII. Por coberturas de flujos de efectivo.			
(84)	VIII. Subvenciones, donaciones y legados recibidos.			
8301*, (836), (837)	IX. Efecto impositivo.			
	C) TOTAL TRANSFERENCIAS A LA CUENTA DE PÉRDIDAS Y GANANCIAS (VI + VII + VIII + IX)			
	TOTAL DE INGRESOS Y GASTOS RECONOCIDOS (A + B + C)			

* Su signo puede ser positivo o negativo.

B) ESTADO ABREVIADO TOTAL DE CAMBIOS EN EL PATRIMONIO NE

	Capital		Prima de emisió
	Escriturado	No exigido	
A. SALDO, FINAL DEL AÑO 200X-2			
I. Ajustes por cambios de criterio 200X-2 y anteriores.			
II. Ajustes por errores 200X-2 y anteriores.			
B. SALDO AJUSTADO, INICIO DEL AÑO 200X-1			
I. Total ingresos y gastos reconocidos.			
II. Operaciones con socios o propietarios.			
1. Aumentos de capital. 2. (–) Reducciones de capital. 3. Otras operaciones con socios o propietarios.			
III. Otras variaciones del patrimonio neto.			
C. SALDO, FINAL DEL AÑO 200X-1			
I. Ajustes por cambios de criterio 200X-1.			
II. Ajustes por errores 200X-1.			
D. SALDO AJUSTADO, INICIO DEL AÑO 200X			
I. Total ingresos y gastos reconocidos.			
II. Operaciones con socios o propietarios.			
1. Aumentos de capital. 2. (–) Reducciones de capital. 3. Otras operaciones con socios o propietarios.			
III. Otras variaciones del patrimonio neto.			
E. SALDO, FINAL DEL AÑO 200X			

RRESPONDIENTE AL EJERCICIO TERMINADO EL… DE 200X

ervas	(Acciones y participaciones en patrimonio propias)	Resultados de ejercicios anteriores	Otras aportaciones de socios	Resultado del ejercicio	(Dividendo a cuenta)	Otros instrumentos de patrimonio neto	Ajustes por cambios de valor	Subvenciones donaciones y legados recibidos	TOTAL

Contenido de la memoria abreviada

1. Actividad de la empresa

En este apartado se describirá el objeto social de la empresa y la actividad o actividades a que se dedique. En particular:

1. Domicilio y forma legal de la empresa, así como el lugar donde desarrolle las actividades, si fuese diferente de la sede social.
2. Una descripción de la naturaleza de la explotación de la empresa, así como de sus principales actividades.
3. En el caso de pertenecer a un grupo de sociedades en los términos previstos en el artículo 42 del Código de Comercio, incluso cuando la sociedad dominante esté domiciliada fuera del territorio español, se informará sobre el nombre y domicilio de la sociedad dominante que haya formulado las cuentas consolidadas del grupo menor de empresas del que forme parte la sociedad en calidad de sociedad dependiente.
4. Cuando exista una moneda funcional distinta del euro, se pondrá claramente de manifiesto esta circunstancia, indicando los criterios tenidos en cuenta para su determinación.

2. Bases de presentación de las cuentas anuales

1. Imagen fiel:

   a) La empresa deberá hacer una declaración explícita de que las cuentas anuales reflejan la imagen fiel del patrimonio, de la situación financiera y de los resultados de la empresa, así como en el caso de confeccionar el estado de flujos de efectivo, la veracidad de los flujos incorporados.

   b) Razones excepcionales por las que, para mostrar la imagen fiel, no se han aplicado disposiciones legales en materia contable, con indicación de la disposición legal no aplicada, e influencia cualitativa y cuantitativa para cada ejercicio para el que se presenta información de tal proceder sobre el patrimonio, la situación financiera y los resultados de la empresa.

   c) Informaciones complementarias, indicando su ubicación en la memoria, que resulte necesario incluir cuando la aplicación de las disposiciones legales no sea suficiente para mostrar la imagen fiel.

2. Principios contables no obligatorios aplicados.
3. Aspectos críticos de la valoración y estimación de la incertidumbre:

   a) Sin perjuicio de lo indicado en cada nota específica, en este apartado se informará sobre los supuestos clave acerca del futuro, así como de otros datos relevantes sobre la estimación de la incertidumbre en la fecha de cierre del ejercicio, siempre que lleven asociado un riesgo importante que pueda suponer cambios significativos en el valor de los activos o pasivos en el ejercicio siguiente.

   Respecto de tales activos y pasivos, se incluirá información sobre su naturaleza y su valor contable en la fecha de cierre.

   b) Se indicará la naturaleza y el importe de cualquier cambio en una estimación contable que sea significativo y que afecte al ejercicio actual o que se espera que pueda afectar a los ejercicios futuros. Cuando sea impracticable realizar una estimación del efecto en ejercicios futuros, se revelará este hecho.

   c) Cuando la dirección sea consciente de la existencia de incertidumbres importantes, relativas a eventos o condiciones que puedan aportar dudas significativas sobre la posibilidad de que la empresa siga funcionando normalmente, procederá a revelarlas en este apartado. En el caso de que las cuentas anuales no se elaboren bajo el principio de empresa en funcionamiento, tal hecho será objeto de revelación explícita, junto con las hipótesis alternativas sobre las que hayan sido elaboradas, así como las razones por las que la empresa no pueda ser considerada como una empresa en funcionamiento.

4. Comparación de la información. Sin perjuicio de lo indicado en los apartados siguientes

respecto a los cambios en criterios contables y corrección de errores, en este apartado se incorporará la siguiente información:

a) Razones excepcionales que justifican la modificación de la estructura del balance, de la cuenta de pérdidas y ganancias y, en caso de confeccionarse, del estado de cambios en el patrimonio neto y del estado de flujos de efectivo del ejercicio anterior.
b) Explicación de las causas que impiden la comparación de las cuentas anuales del ejercicio con las del precedente.
c) Explicación de la adaptación de los importes del ejercicio precedente para facilitar la comparación y, en caso contrario, las razones excepcionales que han hecho impracticable la reexpresión de las cifras comparativas.

5. Elementos recogidos en varias partidas. Identificación de los elementos patrimoniales, con su importe, que estén registrados en dos o más partidas del balance, con indicación de éstas y del importe incluido en cada una de ellas.
6. Cambios en criterios contables. Explicación detallada de los ajustes por cambios en criterios contables realizados en el ejercicio, señalándose las razones por las cuales el cambio permite una información más fiable y relevante.

   Si la aplicación retroactiva fuera impracticable, se informará sobre tal hecho, las circunstancias que lo explican y desde cuándo se ha aplicado el cambio en el criterio contable.

   No será necesario incluir información comparativa en este apartado.
7. Corrección de errores. Explicación detallada de los ajustes por corrección de errores realizados en el ejercicio, indicándose la naturaleza del error.

   Si la aplicación retroactiva fuera impracticable, se informará sobre tal hecho, las circunstancias que lo explican y desde cuándo se ha corregido el error.

   No será necesario incluir información comparativa en este apartado.

3. Normas de registro y valoración

Se indicarán los criterios contables aplicados en relación con las siguientes partidas:

1. Inmovilizado intangible; indicando los criterios utilizados de capitalización o activación, amortización y correcciones valorativas por deterioro.
2. Inmovilizado material; indicando los criterios sobre amortización, correcciones valorativas por deterioro y reversión de las mismas, capitalización de gastos financieros, costes de ampliación, modernización y mejoras, costes de desmantelamiento o retiro, así como los costes de rehabilitación del lugar donde se asiente un activo y los criterios sobre la determinación del coste de los trabajos efectuados por la empresa para su inmovilizado.

   Además se precisarán los criterios de contabilización de contratos de arrendamiento financiero y otras operaciones de naturaleza similar.
3. Se señalará el criterio para calificar los terrenos y construcciones como inversiones inmobiliarias, especificando para éstas los criterios señalados en el apartado anterior.

   Además se precisarán los criterios de contabilización de contratos de arrendamiento financiero y otras operaciones de naturaleza similar.
4. Permutas; indicando el criterio seguido y la justificación de su aplicación, en particular, las circunstancias que han llevado a calificar una permuta de carácter comercial.
5. Activos financieros y pasivos financieros; se indicará:

   a) Criterios empleados para la calificación y valoración de las diferentes categorías de activos financieros y pasivos financieros, así como para el reconocimiento de cambios de valor razonable; en particular, las razones por las que valores emitidos por la empresa que, de acuerdo con el instrumento jurídico empleado, en principio debieran haberse clasificado como instrumentos de patrimonio, han sido contabilizados como pasivos financieros.

b) La naturaleza de los activos financieros y pasivos financieros designados inicialmente como a valor razonable con cambios en la cuenta de pérdidas y ganancias, así como los criterios aplicados en dicha designación y una explicación de cómo la empresa ha cumplido con los requerimientos señalados en la norma de registro y valoración relativa a instrumentos financieros.

c) Los criterios aplicados para determinar la existencia de evidencia objetiva de deterioro, así como el registro de la corrección de valor y su reversión y la baja definitiva de activos financieros deteriorados. En particular, se destacarán los criterios utilizados para calcular las correcciones valorativas relativas a los deudores comerciales y otras cuentas a cobrar. Asimismo, se indicarán los criterios contables aplicados a los activos financieros cuyas condiciones hayan sido renegociadas y que, de otro modo, estarían vencidos o deteriorados.

d) Criterios empleados para el registro de la baja de activos financieros y pasivos financieros.

e) Inversiones en empresas del grupo, multigrupo y asociadas; se informará sobre el criterio seguido en la valoración de estas inversiones, así como el aplicado para registrar las correcciones valorativas por deterioro.

f) Los criterios empleados en la determinación de los ingresos o gastos procedentes de las distintas categorías de activos y pasivos financieros: intereses, primas o descuentos, dividendos, etc.

g) Instrumentos de patrimonio propio en poder de la empresa; indicando los criterios de valoración y registro de empleados.

6. Existencias; indicando los criterios de valoración y, en particular, precisando los seguidos sobre correcciones valorativas por deterioro y capitalización de gastos financieros.
7. Transacciones en moneda extranjera; indicando:

a) Criterios de valoración de las transacciones en moneda extranjera y criterios de imputación de las diferencias de cambio.

b) Cuando se haya producido un cambio en la moneda funcional, se pondrá de manifiesto, así como la razón de dicho cambio.

c) Para los elementos contenidos en las cuentas anuales que en la actualidad o en su origen hubieran sido expresados en moneda extranjera, se indicará el procedimiento empleado para calcular el tipo de cambio a euros.

8. Impuestos sobre beneficios; indicando los criterios utilizados para el registro y valoración de activos y pasivos por impuesto diferido.
9. Ingresos y gastos; indicando los criterios generales aplicados. En particular, en relación con las prestaciones de servicios realizadas por la empresa se indicarán los criterios utilizados para la determinación de los ingresos; en concreto, se señalarán los métodos empleados para determinar el porcentaje de realización en la prestación de servicios y se informará en caso de que su aplicación hubiera sido impracticable.
10. Provisiones y contingencias; indicando el criterio de valoración, así como, en su caso, el tratamiento de las compensaciones a recibir de un tercero en el momento de liquidar la obligación. En particular, en relación con las provisiones deberá realizarse una descripción general del método de estimación y cálculo de cada uno de los riesgos.
11. Criterios empleados para el registro de los gastos de personal; en particular, el referido a los compromisos por pensiones.
12. Subvenciones, donaciones y legados; indicando el criterio empleado para su clasificación y, en su caso, su imputación a resultados.
13. Combinaciones de negocios; indicando los criterios de registro y valoración empleados.
14. Negocios conjuntos; indicando los criterios seguidos por la empresa para integrar en sus cuentas anuales los saldos correspondientes al negocio conjunto en que participe.
15. Criterios empleados en las transacciones entre partes vinculadas.

4. Inmovilizado material, intangible e inversiones inmobiliarias

1. Análisis del movimiento durante el ejercicio de cada uno de estos epígrafes del balance y de sus correspondientes amortizaciones acumuladas y correcciones valorativas por deterioro de valor acumuladas; indicando lo siguiente:

   a) Saldo inicial.
   b) Entradas.
   c) Salidas.
   d) Saldo final.

   Se especificará la información relativa a inversiones inmobiliarias, incluyéndose además una descripción de las mismas.

   Si hubiera algún epígrafe significativo, por su naturaleza o por su importe, se facilitará la pertinente información adicional.
2. Arrendamientos financieros y otras operaciones de naturaleza similar sobre activos no corrientes. En particular, se precisará de acuerdo con las condiciones del contrato: el coste del bien en origen, la duración del contrato, los años transcurridos, las cuotas satisfechas en años anteriores y en el ejercicio, las cuotas pendientes y, en su caso, el valor de la opción de compra.

5. Activos financieros

1. Se presentará para cada clase de activos financieros no corrientes un análisis del movimiento durante el ejercicio y de las cuentas correctoras de valor originadas por el riesgo de crédito.
2. Cuando los activos financieros se hayan valorado por su valor razonable, se indicará:

   a) Si el valor razonable se determina, en su totalidad o en parte, tomando como referencia los precios cotizados en mercados activos o se estima utilizando modelos y técnicas de valoración. En este último caso, se señalarán los principales supuestos en que se basan los citados modelos y técnicas de valoración.
   b) Por categoría de activos financieros, el valor razonable y las variaciones en el valor registradas, en su caso, en la cuenta de pérdidas y ganancias, así como las consignadas directamente en el patrimonio neto.
   c) Con respecto a los instrumentos financieros derivados, se informará sobre la naturaleza de los instrumentos y las condiciones importantes que puedan afectar al importe, al calendario y a la certidumbre de los futuros flujos de efectivo.
   d) Un cuadro que refleje los movimientos del patrimonio en el ejercicio como consecuencia de los cambios de valor razonable de los instrumentos financieros.

3. Empresas del grupo, multigrupo y asociadas.

   Importe de las correcciones valorativas por deterioro registradas en las distintas participaciones, diferenciando las reconocidas en el ejercicio de las acumuladas. Asimismo se informará, en su caso, sobre las dotaciones y reversiones de las correcciones valorativas por deterioro cargadas y abonadas, respectivamente, contra la partida de patrimonio neto que recoja los ajustes valorativos, en los términos indicados en la norma de registro y valoración

6. Pasivos financieros

Se revelará información sobre:

a) El importe de las deudas que venzan en cada uno de los cinco años siguientes al cierre del ejercicio y del resto hasta su último vencimiento. Estas indicaciones figurarán separadamente para cada uno de los epígrafes y partidas relativos a deudas, conforme al modelo de balance.
b) El importe de las deudas con garantía real, con indicación de su forma y naturaleza.
c) En relación con los préstamos pendientes de pago al cierre del ejercicio, se informará de:
   - Los detalles de cualquier impago del principal o de los intereses que se haya producido durante el ejercicio.
   - El valor en libros en la fecha de cierre del ejercicio de aquellos préstamos en los que se hubiese producido

un incumplimiento por impago, y, en su caso,

— Si el impago ha sido subsanado, o se han renegociado las condiciones del préstamo, antes de la fecha de formulación de las cuentas anuales.

7. Fondos propios

Se informará sobre:

1. En caso de sociedades anónimas, importe del capital autorizado por la junta de accionistas para que los administradores lo pongan en circulación, indicando el periodo al que se extiende la autorización.
2. Número, valor nominal y precio medio de adquisición de las acciones o participaciones propias en poder de la sociedad o de un tercero que obre por cuenta de ésta, especificando su destino final previsto.

8. Situación fiscal

Se informará sobre:

1. El gasto por impuesto sobre beneficios corriente.
2. Cualquier otra información cuya publicación venga exigida por la norma tributaria.

9. Operaciones con partes vinculadas

1. A los efectos de la información a incluir en este apartado, se considerarán únicamente las operaciones realizadas con:

   a) Entidad dominante.
   b) Empresas dependientes.
   c) Negocios conjuntos en los que la empresa sea uno de los partícipes.
   d) Empresas asociadas.
   e) Empresas con control conjunto o influencia significativa sobre la empresa.
   f) Miembros de los órganos de administración y personal clave de la dirección de la empresa.

2. La empresa facilitará información suficiente para comprender las operaciones con partes vinculadas que haya efectuado y los efectos de las mismas sobre sus estados financieros, incluyendo separadamente para cada una de las citadas categorías, entre otros, los siguientes aspectos:

   a) Identificación de las personas o empresas con las que se han realizado las operaciones vinculadas, expresando la naturaleza de la relación con cada parte implicada.
   b) Detalle de la operación y su cuantificación, informando de los criterios o métodos seguidos para determinar su valor.
   c) Beneficio o pérdida que la operación haya originado en la empresa y descripción de las funciones y riesgos asumidos por cada parte vinculada respecto de la operación.
   d) Importe de los saldos pendientes, tanto activos como pasivos, sus plazos y condiciones, naturaleza de la contraprestación establecida para su liquidación, agrupando los activos y pasivos en los epígrafes que aparecen en el balance de la empresa y garantías otorgadas o recibidas.
   e) Correcciones valorativas por deudas de dudoso cobro o incobrables relacionadas con los saldos pendientes anteriores.

3. La información anterior podrá presentarse de forma agregada cuando se refiera a partidas de naturaleza similar. En todo caso, se facilitará información de carácter individualizado sobre las operaciones vinculadas que fueran significativas por su cuantía o relevantes para una adecuada comprensión de las cuentas anuales, así como de los compromisos financieros con empresas vinculadas.
4. No será necesario informar en el caso de operaciones que, perteneciendo al tráfico ordinario de la empresa, se efectúen en condiciones normales de mercado, sean de escasa importancia cuantitativa y carezcan de relevancia para expresar la imagen fiel del patrimonio, de la situación financiera y de los resultados de la empresa.
5. Deberá informarse sobre el importe de los

anticipos y créditos concedidos al personal de alta dirección y a los miembros de los órganos de administración, con indicación del tipo de interés, sus características esenciales y los importes eventualmente devueltos o a los que se haya renunciado, así como las obligaciones asumidas por cuenta de ellos a título de garantía. Estos requerimientos serán aplicables igualmente cuando los miembros del órgano de administración sean personas jurídicas, en cuyo caso además de informar de los anticipos y créditos concedidos a la persona jurídica administradora, esta última deberá informar en sus cuentas anuales de la concreta participación que corresponde a la persona física que la represente. Estas informaciones se podrán dar de forma global por cada categoría, recogiendo separadamente los correspondientes al personal de alta dirección de los relativos a los miembros del órgano de administración.

10. Otra información

Se incluirá información sobre:

1. El número medio de personas empleadas en el curso del ejercicio.
2. La naturaleza y el propósito de negocio de los acuerdos de la empresa que no figuren en balance y sobre los que no se haya incorporado información en otra nota de la memoria, siempre que esta información sea significativa y de ayuda para la determinación de la posición financiera de la empresa.
3. El importe y la naturaleza de determinadas partidas de ingresos o de gastos cuya cuantía o incidencia sean excepcionales. En particular, se informará de las subvenciones, donaciones o legados recibidos, indicando para las primeras el ente público que las concede, precisando si la otorgante de las mismas es la Administración local, autonómica, estatal o internacional.
4. El importe global de los compromisos financieros, garantías o contingencias que no figuren en el balance, con indicación de la naturaleza y la forma de las garantías reales proporcionadas; los compromisos existentes en materia de pensiones deberán consignarse por separado.
5. La naturaleza y consecuencias financieras de las circunstancias de importancia relativa significativa que se produzcan tras la fecha de cierre de balance y que no se reflejen en la cuenta de pérdidas y ganancias o en el balance, y el efecto financiero de tales circunstancias.
6. Cualquier otra información que, a juicio de los responsables de elaborar las cuentas anuales, fuese preciso proporcionar para que éstas, en su conjunto, puedan mostrar la imagen fiel del patrimonio, de los resultados y de la situación financiera de la empresa, así como cualquier otra información que la empresa considere oportuno suministrar de forma voluntaria.

CUARTA PARTE

Cuadro de cuentas

GRUPO 1

FINANCIACIÓN BÁSICA

10. CAPITAL.
    - 100. Capital social.
    - 101. Fondo social.
    - 102. Capital.
    - 103. Socios por desembolsos no exigidos.
        - 1030. Socios por desembolsos no exigidos, capital social.
        - 1034. Socios por desembolsos no exigidos, capital pendiente de inscripción.
    - 104. Socios por aportaciones no dinerarias pendientes.
        - 1040. Socios por aportaciones no dinerarias pendientes, capital social.
        - 1044. Socios por aportaciones no dinerarias pendientes, capital pendiente de inscripción.
    - 108. Acciones o participaciones propias en situaciones especiales.
    - 109. Acciones o participaciones propias para reducción de capital.

11. RESERVAS Y OTROS INSTRUMENTOS DE PATRIMONIO.
  110. Prima de emisión o asunción.
  111. Otros instrumentos de patrimonio neto.
    1110. Patrimonio neto por emisión de instrumentos financieros compuestos.
    1111. Resto de instrumentos de patrimonio neto.
  112. Reserva legal.
  113. Reservas voluntarias.
  114. Reservas especiales.
    1140. Reservas para acciones o participaciones de la sociedad dominante.
    1141. Reservas estatutarias.
    1142. Reserva por capital amortizado.
    1143. Reserva por fondo de comercio.
    1144. Reservas por acciones propias aceptadas en garantía.
  115. Reservas por pérdidas y ganancias actuariales y otros ajustes.
  118. Aportaciones de socios o propietarios.
  119. Diferencias por ajuste del capital a euros.

12. RESULTADOS PENDIENTES DE APLICACIÓN.
  120. Remanente.
  121. Resultados negativos de ejercicios anteriores.
  129. Resultado del ejercicio.

13. SUBVENCIONES, DONACIONES Y AJUSTES POR CAMBIOS DE VALOR.
  130. Subvenciones oficiales de capital.
  131. Donaciones y legados de capital.
  132. Otras subvenciones, donaciones y legados.
  133. Ajustes por valoración en activos financieros a valor razonable con cambios en el patrimonio neto.
  134. Operaciones de cobertura.
    1340. Cobertura de flujos de efectivo.
    1341. Cobertura de una inversión neta en un negocio en el extranjero.
  135. Diferencias de conversión.
  136. Ajustes por valoración en activos no corrientes y grupos enajenables de elementos, mantenidos para la venta.
  137. Ingresos fiscales a distribuir en varios ejercicios.
    1370. Ingresos fiscales por diferencias permanentes a distribuir en varios ejercicios.
    1371. Ingresos fiscales por deducciones y bonificaciones a distribuir en varios ejercicios.

14. PROVISIONES.
  140. Provisión por retribuciones a largo plazo al personal.
  141. Provisión para impuestos.
  142. Provisión para otras responsabilidades.
  143. Provisión por desmantelamiento, retiro o rehabilitación del inmovilizado.
  145. Provisión para actuaciones medioambientales.
  146. Provisión para reestructuraciones.
  147. Provisión por transacciones con pagos basados en instrumentos de patrimonio.

15. DEUDAS A LARGO PLAZO CON CARACTERÍSTICAS ESPECIALES.
  150. Acciones o participaciones a largo plazo consideradas como pasivos financieros.
  153. Desembolsos no exigidos por acciones o participaciones consideradas como pasivos financieros.
    1533. Desembolsos no exigidos, empresas del grupo.
    1534. Desembolsos no exigidos, empresas asociadas.
    1535. Desembolsos no exigidos, otras partes vinculadas.
    1536. Otros desembolsos no exigidos.
  154. Aportaciones no dinerarias pendientes por acciones o participaciones consideradas como pasivos financieros.
    1543. Aportaciones no dinerarias pendientes, empresas del grupo.
    1544. Aportaciones no dinerarias pendientes, empresas asociadas.
    1545. Aportaciones no dinerarias pendientes, otras partes vinculadas.
    1546. Otras aportaciones no dinerarias pendientes.

16. DEUDAS A LARGO PLAZO CON PARTES VINCULADAS.
  160. Deudas a largo plazo con entidades de crédito vinculadas.

- 1603. Deudas a largo plazo con entidades de crédito, empresas del grupo.
- 1604. Deudas a largo plazo con entidades de crédito, empresas asociadas.
- 1605. Deudas a largo plazo con otras entidades de crédito vinculadas.

161. Proveedores de inmovilizado a largo plazo, partes vinculadas.
- 1613. Proveedores de inmovilizado a largo plazo, empresas del grupo.
- 1614. Proveedores de inmovilizado a largo plazo, empresas asociadas.
- 1615. Proveedores de inmovilizado a largo plazo, otras partes vinculadas.

162. Acreedores por arrendamiento financiero a largo plazo, partes vinculadas.
- 1623. Acreedores por arrendamiento financiero a largo plazo, empresas de grupo.
- 1624. Acreedores por arrendamiento financiero a largo plazo, empresas asociadas.
- 1625. Acreedores por arrendamiento financiero a largo plazo, otras partes vinculadas.

163. Otras deudas a largo plazo con partes vinculadas.
- 1633. Otras deudas a largo plazo, empresas del grupo.
- 1634. Otras deudas a largo plazo, empresas asociadas.
- 1635. Otras deudas a largo plazo, con otras partes vinculadas.

17. DEUDAS A LARGO PLAZO POR PRÉSTAMOS RECIBIDOS, EMPRÉSTITOS Y OTROS CONCEPTOS.
- 170. Deudas a largo plazo con entidades de crédito.
- 171. Deudas a largo plazo.
- 172. Deudas a largo plazo transformables en subvenciones, donaciones y legados.
- 173. Proveedores de inmovilizado a largo plazo.
- 174. Acreedores por arrendamiento financiero a largo plazo.
- 175. Efectos a pagar a largo plazo.
- 176. Pasivos por derivados financieros a largo plazo.
  - 1765. Pasivos por derivados financieros a largo plazo, cartera de negociación.
  - 1768. Pasivos por derivados financieros a largo plazo, instrumentos de cobertura.
- 177. Obligaciones y bonos.
- 178. Obligaciones y bonos convertibles.
- 179. Deudas representadas en otros valores negociables.

18. PASIVOS POR FIANZAS, GARANTÍAS Y OTROS CONCEPTOS A LARGO PLAZO.
- 180. Fianzas recibidas a largo plazo.
- 181. Anticipos recibidos por ventas o prestaciones de servicios a largo plazo.
- 185. Depósitos recibidos a largo plazo.
- 189. Garantías financieras a largo plazo.

19. SITUACIONES TRANSITORIAS DE FINANCIACIÓN.
- 190. Acciones o participaciones emitidas.
- 192. Suscriptores de acciones.
- 194. Capital emitido pendiente de inscripción.
- 195. Acciones o participaciones emitidas consideradas como pasivos financieros.
- 197. Suscriptores de acciones consideradas como pasivos financieros.
- 199. Acciones o participaciones emitidas consideradas como pasivos financieros pendientes de inscripción.

GRUPO 2

ACTIVO NO CORRIENTE

20. INMOVILIZACIONES INTANGIBLES.
- 200. Investigación.
- 201. Desarrollo.
- 202. Concesiones administrativas.
- 203. Propiedad industrial.
- 204. Fondo de comercio.
- 205. Derechos de traspaso.
- 206. Aplicaciones informáticas.
- 209. Anticipos para inmovilizaciones intangibles.

21. INMOVILIZACIONES MATERIALES.
    210. Terrenos y bienes naturales.
    211. Construcciones.
    212. Instalaciones técnicas.
    213. Maquinaria.
    214. Utillaje.
    215. Otras instalaciones.
    216. Mobiliario.
    217. Equipos para procesos de información.
    218. Elementos de transporte.
    219. Otro inmovilizado material.

22. INVERSIONES INMOBILIARIAS.
    220. Inversiones en terrenos y bienes naturales.
    221. Inversiones en construcciones.

23. INMOVILIZACIONES MATERIALES EN CURSO.
    230. Adaptación de terrenos y bienes naturales.
    231. Construcciones en curso.
    232. Instalaciones técnicas en montaje.
    233. Maquinaria en montaje.
    237. Equipos para procesos de información en montaje.
    239. Anticipos para inmovilizaciones materiales.

24. INVERSIONES FINANCIERAS A LARGO PLAZO EN PARTES VINCULADAS.
    240. Participaciones a largo plazo en partes vinculadas.
        2403. Participaciones a largo plazo en empresas del grupo.
        2404. Participaciones a largo plazo en empresas asociadas.
        2405. Participaciones a largo plazo en otras partes vinculadas.
    241. Valores representativos de deuda a largo plazo de partes vinculadas.
        2413. Valores representativos de deuda a largo plazo de empresas del grupo.
        2414. Valores representativos de deuda a largo plazo de empresas asociadas.
        2415. Valores representativos de deuda a largo plazo de otras partes vinculadas.
    242. Créditos a largo plazo a partes vinculadas.
        2423. Créditos a largo plazo a empresas del grupo.
        2424. Créditos a largo plazo a empresas asociadas.
        2425. Créditos a largo plazo a otras partes vinculadas.
    249. Desembolsos pendientes sobre participaciones a largo plazo en partes vinculadas.
        2493. Desembolsos pendientes sobre participaciones a largo plazo en empresas del grupo.
        2494. Desembolsos pendientes sobre participaciones a largo plazo en empresas asociadas.
        2495. Desembolsos pendientes sobre participaciones a largo plazo en otras partes vinculadas.

25. OTRAS INVERSIONES FINANCIERAS A LARGO PLAZO.
    250. Inversiones financieras a largo plazo en instrumentos de patrimonio.
    251. Valores representativos de deuda a largo plazo.
    252. Créditos a largo plazo.
    253. Créditos a largo plazo por enajenación de inmovilizado.
    254. Créditos a largo plazo al personal.
    255. Activos por derivados financieros a largo plazo.
        2550. Activos por derivados financieros a largo plazo, cartera de negociación.
        2553. Activos por derivados financieros a largo plazo, instrumentos de cobertura.
    257. Derechos de reembolso derivados de contratos de seguro relativos a retribuciones a largo plazo al personal.
    258. Imposiciones a largo plazo.
    259. Desembolsos pendientes sobre participaciones en el patrimonio neto a largo plazo.

26. FIANZAS Y DEPÓSITOS CONSTITUIDOS A LARGO PLAZO.
    260. Fianzas constituidas a largo plazo.
    265. Depósitos constituidos a largo plazo.

28. AMORTIZACIÓN ACUMULADA DEL INMOVILIZADO.
    - 280. Amortización acumulada del inmovilizado intangible.
        - 2800. Amortización acumulada de investigación.
        - 2801. Amortización acumulada de desarrollo.
        - 2802. Amortización acumulada de concesiones administrativas.
        - 2803. Amortización acumulada de propiedad industrial.
        - 2804. Amortización acumulada del fondo de comercio.
        - 2805. Amortización acumulada de derechos de traspaso.
        - 2806. Amortización acumulada de aplicaciones informáticas.
    - 281. Amortización acumulada del inmovilizado material.
        - 2811. Amortización acumulada de construcciones.
        - 2812. Amortización acumulada de instalaciones técnicas.
        - 2813. Amortización acumulada de maquinaria.
        - 2814. Amortización acumulada de utillaje.
        - 2815. Amortización acumulada de otras instalaciones.
        - 2816. Amortización acumulada de mobiliario.
        - 2817. Amortización acumulada de equipos para procesos de información.
        - 2818. Amortización acumulada de elementos de transporte.
        - 2819. Amortización acumulada de otro inmovilizado material.
    - 282. Amortización acumulada de las inversiones inmobiliarias.

29. DETERIORO DE VALOR DE ACTIVOS NO CORRIENTES.
    - 290. Deterioro de valor del inmovilizado intangible.
        - 2900. Deterioro de valor de investigación.
        - 2901. Deterioro del valor de desarrollo.
        - 2902. Deterioro de valor de concesiones administrativas.
        - 2903. Deterioro de valor de propiedad industrial.
        - 2905. Deterioro de valor de derechos de traspaso.
        - 2906. Deterioro de valor de aplicaciones informáticas.
    - 291. Deterioro de valor del inmovilizado material.
        - 2910. Deterioro de valor de terrenos y bienes naturales.
        - 2911. Deterioro de valor de construcciones.
        - 2912. Deterioro de valor de instalaciones técnicas.
        - 2913. Deterioro de valor de maquinaria.
        - 2914. Deterioro de valor de utillaje.
        - 2915. Deterioro de valor de otras instalaciones.
        - 2916. Deterioro de valor de mobiliario.
        - 2917. Deterioro de valor de equipos para procesos de información.
        - 2918. Deterioro de valor de elementos de transporte.
        - 2919. Deterioro de valor de otro inmovilizado material.
    - 292. Deterioro de valor de las inversiones inmobiliarias.
        - 2920. Deterioro de valor de los terrenos y bienes naturales.
        - 2921. Deterioro de valor de construcciones.
    - 293. Deterioro de valor de participaciones a largo plazo.
        - 2933. Deterioro de valor de participaciones a largo plazo en empresas del grupo.
        - 2934. Deterioro de valor de participaciones a largo plazo en empresas asociadas.
        - 2935. Deterioro de valor de participaciones a largo plazo en otras partes vinculadas.
        - 2936. Deterioro de valor de participaciones a largo plazo en otras empresas.
    - 294. Deterioro de valor de valores representativos de deuda a largo plazo de partes vinculadas.

2943. Deterioro de valor de valores representativos de deuda a largo plazo de empresas del grupo.
2944. Deterioro de valor de valores representativos de deuda a largo plazo de empresas asociadas.
2945. Deterioro de valor de valores representativos de deuda a largo plazo de otras partes vinculadas.
295. Deterioro de valor de créditos a largo plazo a partes vinculadas.
2953. Deterioro de valor de créditos a largo plazo a empresas del grupo.
2954. Deterioro de valor de créditos a largo plazo a empresas asociadas.
2955. Deterioro de valor de créditos a largo plazo a otras partes vinculadas.
297. Deterioro de valor de valores representativos de deuda a largo plazo.
298. Deterioro de valor de créditos a largo plazo.

GRUPO 3

EXISTENCIAS

30. COMERCIALES.
300. Mercaderías A.
301. Mercaderías B.

31. MATERIAS PRIMAS.
310. Materias primas A.
311. Materias primas B.

32. OTROS APROVISIONAMIENTOS.
320. Elementos y conjuntos incorporables.
321. Combustibles.
322. Repuestos.
325. Materiales diversos.
326. Embalajes.
327. Envases.
328. Material de oficina.

33. PRODUCTOS EN CURSO.
330. Productos en curso A.
331. Productos en curso B.

34. PRODUCTOS SEMITERMINADOS.
340. Productos semiterminados A
341. Productos semiterminados B.

35. PRODUCTOS TERMINADOS.
350. Productos terminados A.
351. Productos terminados B.

36. SUBPRODUCTOS, RESIDUOS Y MATERIALES RECUPERADOS.
360. Subproductos A
361. Subproductos B.
365. Residuos A
366. Residuos B.
368. Materiales recuperados A
369. Materiales recuperados B.

39. DETERIORO DE VALOR DE LAS EXISTENCIAS.
390. Deterioro de valor de las mercaderías.
391. Deterioro de valor de las materias primas.
392. Deterioro de valor de otros aprovisionamientos.
393. Deterioro de valor de los productos en curso.
394. Deterioro de valor de los productos semiterminados.
395. Deterioro de valor de los productos terminados.
396. Deterioro de valor de los subproductos, residuos y materiales recuperados.

GRUPO 4

ACREEDORES Y DEUDORES POR OPERACIONES COMERCIALES

40. PROVEEDORES.
400. Proveedores.
4000. Proveedores (euros).
4004. Proveedores (moneda extranjera).
4009. Proveedores, facturas pendientes de recibir o de formalizar.
401. Proveedores, efectos comerciales a pagar.
403. Proveedores, empresas del grupo.
4030. Proveedores, empresas del grupo (euros).
4031. Efectos comerciales a pagar, empresas del grupo.
4034. Proveedores, empresas del grupo (moneda extranjera).

4036. Envases y embalajes a devolver a proveedores, empresas del grupo.
4039. Proveedores, empresas del grupo, facturas pendientes de recibir o de formalizar.
404. Proveedores, empresas asociadas.
405. Proveedores, otras partes vinculadas.
406. Envases y embalajes a devolver a proveedores.
407. Anticipos a proveedores.

41. ACREEDORES VARIOS.
410. Acreedores por prestaciones de servicios.
4100. Acreedores por prestaciones de servicios (euros).
4104. Acreedores por prestaciones de servicios, (moneda extranjera).
4109. Acreedores por prestaciones de servicios, facturas pendientes de recibir o de formalizar.
411. Acreedores, efectos comerciales a pagar.
419. Acreedores por operaciones en común.

43. CLIENTES.
430. Clientes.
4300. Clientes (euros).
4304. Clientes (moneda extranjera).
4309. Clientes, facturas pendientes de formalizar.
431. Clientes, efectos comerciales a cobrar.
4310. Efectos comerciales en cartera.
4311. Efectos comerciales descontados.
4312. Efectos comerciales en gestión de cobro.
4315. Efectos comerciales impagados.
432. Clientes, operaciones de «factoring».
433. Clientes, empresas del grupo.
4330. Clientes empresas del grupo (euros).
4331. Efectos comerciales a cobrar, empresas del grupo.
4332. Clientes empresas del grupo, operaciones de «factoring».
4334. Clientes empresas del grupo (moneda extranjera).
4336. Clientes empresas del grupo de dudoso cobro.
4337. Envases y embalajes a devolver a clientes, empresas del grupo.
4339. Clientes empresas del grupo, facturas pendientes de formalizar.
434. Clientes, empresas asociadas.
435. Clientes, otras partes vinculadas.
436. Clientes de dudoso cobro.
437. Envases y embalajes a devolver por clientes.
438. Anticipos de clientes.

44. DEUDORES VARIOS.
440. Deudores.
4400. Deudores (euros).
4404. Deudores (moneda extranjera).
4409. Deudores, facturas pendientes de formalizar.
441. Deudores, efectos comerciales a cobrar.
4410. Deudores, efectos comerciales en cartera.
4411. Deudores, efectos comerciales descontados.
4412. Deudores, efectos comerciales en gestión de cobro.
4415. Deudores, efectos comerciales impagados.
446. Deudores de dudoso cobro.
449. Deudores por operaciones en común.

46. PERSONAL.
460. Anticipos de remuneraciones.
465. Remuneraciones pendientes de pago.
466. Remuneraciones mediante sistemas de aportación definida pendientes de pago.

47. ADMINISTRACIONES PÚBLICAS.
470. Hacienda Pública, deudora por diversos conceptos.
4700. Hacienda Pública, deudora por IVA.
4708. Hacienda Pública, deudora por subvenciones concedidas.
4709. Hacienda Pública, deudora por devolución de impuestos.
471. Organismos de la Seguridad Social, deudores.
472. Hacienda Pública, IVA soportado.
473. Hacienda Pública, retenciones y pagos a cuenta.
474. Activos por impuesto diferido.

4740. Activos por diferencias temporarias deducibles.
4742. Derechos por deducciones y bonificaciones pendientes de aplicar.
4745. Crédito por pérdidas a compensar del ejercicio.
475. Hacienda Pública, acreedora por conceptos fiscales.
4750. Hacienda Pública, acreedora por IVA.
4751. Hacienda Pública, acreedora por retenciones practicadas.
4752. Hacienda Pública, acreedora por impuesto sobre sociedades.
4758. Hacienda Pública, acreedora por subvenciones a reintegrar.
476. Organismos de la Seguridad Social, acreedores.
477. Hacienda Pública, IVA repercutido.
479. Pasivos por diferencias temporarias imponibles.

48. AJUSTES POR PERIODIFICACIÓN.
480. Gastos anticipados.
485. Ingresos anticipados.

49. DETERIORO DE VALOR DE CRÉDITOS COMERCIALES Y PROVISIONES A CORTO PLAZO.
490. Deterioro de valor de créditos por operaciones comerciales.
493. Deterioro de valor de créditos por operaciones comerciales con partes vinculadas.
4933. Deterioro de valor de créditos por operaciones comerciales con empresas del grupo.
4934. Deterioro de valor de créditos por operaciones comerciales con empresas asociadas.
4935. Deterioro de valor de créditos por operaciones comerciales con otras partes vinculadas.
499. Provisiones por operaciones comerciales.
4994. Provisión por contratos onerosos.
4999. Provisión para otras operaciones comerciales.

GRUPO 5

CUENTAS FINANCIERAS

50. EMPRÉSTITOS, DEUDAS CON CARACTERÍSTICAS ESPECIALES Y OTRAS EMISIONES ANÁLOGAS A CORTO PLAZO.
500. Obligaciones y bonos a corto plazo.
501. Obligaciones y bonos convertibles a corto plazo.
502. Acciones o participaciones a corto plazo consideradas como pasivos financieros.
505. Deudas representadas en otros valores negociables a corto plazo.
506. Intereses a corto plazo de empréstitos y otras emisiones análogas.
507. Dividendos de acciones o participaciones consideradas como pasivos financieros.
509. Valores negociables amortizados.
5090. Obligaciones y bonos amortizados.
5091. Obligaciones y bonos convertibles amortizados.
5095. Otros valores negociables amortizados.

51. DEUDAS A CORTO PLAZO CON PARTES VINCULADAS.
510. Deudas a corto plazo con entidades de crédito vinculadas.
5103. Deudas a corto plazo con entidades de crédito, empresas del grupo.
5104. Deudas a corto plazo con entidades de crédito, empresas asociadas.
5105. Deudas a corto plazo con otras entidades de crédito vinculadas.
511. Proveedores de inmovilizado a corto plazo, partes vinculadas.
5113. Proveedores de inmovilizado a corto plazo, empresas del grupo.
5114. Proveedores de inmovilizado a corto plazo, empresas asociadas.
5115. Proveedores de inmovilizado a corto plazo, otras partes vinculadas.
512. Acreedores por arrendamiento financiero a corto plazo, partes vinculadas.

5123. Acreedores por arrendamiento financiero a corto plazo, empresas del grupo.
5124. Acreedores por arrendamiento financiero a corto plazo, empresas asociadas.
5125. Acreedores por arrendamiento financiero a corto plazo, otras partes vinculadas.

513. Otras deudas a corto plazo con partes vinculadas.
5133. Otras deudas a corto plazo con empresas del grupo.
5134. Otras deudas a corto plazo con empresas asociadas.
5135. Otras deudas a corto plazo con otras partes vinculadas.

514. Intereses a corto plazo de deudas con partes vinculadas.
5143. Intereses a corto plazo de deudas, empresas del grupo.
5144. Intereses a corto plazo de deudas, empresas asociadas.
5145. Intereses a corto plazo de deudas, otras partes vinculadas.

52. DEUDAS A CORTO PLAZO POR PRÉSTAMOS RECIBIDOS Y OTROS CONCEPTOS.

520. Deudas a corto plazo con entidades de crédito.
5200. Préstamos a corto plazo de entidades de crédito.
5201. Deudas a corto plazo por crédito dispuesto.
5208. Deudas por efectos descontados.
5209. Deudas por operaciones de «factoring».

521. Deudas a corto plazo.
522. Deudas a corto plazo transformables en subvenciones, donaciones y legados.
523. Proveedores de inmovilizado a corto plazo.
524. Acreedores por arrendamiento financiero a corto plazo.
525. Efectos a pagar a corto plazo.
526. Dividendo activo a pagar.
527. Intereses a corto plazo de deudas con entidades de crédito.
528. Intereses a corto plazo de deudas.
529. Provisiones a corto plazo.
5290. Provisión a corto plazo por retribuciones al personal.
5291. Provisión a corto plazo para impuestos.
5292. Provisión a corto plazo para otras responsabilidades.
5293. Provisión a corto plazo por desmantelamiento, retiro o rehabilitación del inmovilizado.
5295. Provisión a corto plazo para actuaciones medioambientales.
5296. Provisión a corto plazo para reestructuraciones.
5297. Provisión a corto plazo por transacciones con pagos basados en instrumentos de patrimonio.

53. INVERSIONES FINANCIERAS A CORTO PLAZO EN PARTES VINCULADAS.

530. Participaciones a corto plazo en partes vinculadas.
5303. Participaciones a corto plazo, en empresas del grupo.
5304. Participaciones a corto plazo, en empresas asociadas.
5305. Participaciones a corto plazo, en otras partes vinculadas.

531. Valores representativos de deuda a corto plazo de partes vinculadas.
5313. Valores representativos de deuda a corto plazo de empresas del grupo.
5314. Valores representativos de deuda a corto plazo de empresas asociadas.
5315. Valores representativos de deuda a corto plazo de otras partes vinculadas.

532. Créditos a corto plazo a partes vinculadas.
5323. Créditos a corto plazo a empresas del grupo.
5324. Créditos a corto plazo a empresas asociadas.
5325. Créditos a corto plazo a otras partes vinculadas.

533. Intereses a corto plazo de valores representativos de deuda de partes vinculadas.

5333. Intereses a corto plazo de valores representativos de deuda de empresas del grupo.
5334. Intereses a corto plazo de valores representativos de deuda de empresas asociadas.
5335. Intereses a corto plazo de valores representativos de deuda de otras partes vinculadas.
534. Intereses a corto plazo de créditos a partes vinculadas.
5343. Intereses a corto plazo de créditos a empresas del grupo.
5344. Intereses a corto plazo de créditos a empresas asociadas.
5345. Intereses a corto plazo de créditos a otras partes vinculadas.
535. Dividendo a cobrar de inversiones financieras en partes vinculadas.
5353. Dividendo a cobrar de empresas del grupo.
5354. Dividendo a cobrar de empresas asociadas.
5355. Dividendo a cobrar de otras partes vinculadas.
539. Desembolsos pendientes sobre participaciones a corto plazo en partes vinculadas.
5393. Desembolsos pendientes sobre participaciones a corto plazo en empresas del grupo.
5394. Desembolsos pendientes sobre participaciones a corto plazo en empresas asociadas.
5395. Desembolsos pendientes sobre participaciones a corto plazo en otras partes vinculadas.

54. OTRAS INVERSIONES FINANCIERAS A CORTO PLAZO.
540. Inversiones financieras a corto plazo en instrumentos de patrimonio.
541. Valores representativos de deuda a corto plazo.
542. Créditos a corto plazo.
543. Créditos a corto plazo por enajenación de inmovilizado.
544. Créditos a corto plazo al personal.
545. Dividendo a cobrar.
546. Intereses a corto plazo de valores representativos de deudas.
547. Intereses a corto plazo de créditos.
548. Imposiciones a corto plazo.
549. Desembolsos pendientes sobre participaciones en el patrimonio neto a corto plazo.

55. OTRAS CUENTAS NO BANCARIAS.
550. Titular de la explotación.
551. Cuenta corriente con socios y administradores.
552. Cuenta corriente con otras personas y entidades vinculadas.
5523. Cuenta corriente con empresas del grupo.
5524. Cuenta corriente con empresas asociadas.
5525. Cuenta corriente con otras partes vinculadas.
553. Cuentas corrientes en fusiones y escisiones.
5530. Socios de sociedad disuelta.
5531. Socios, cuenta de fusión.
5532. Socios de sociedad escindida.
5533. Socios, cuenta de escisión.
554. Cuenta corriente con uniones temporales de empresas y comunidades de bienes.
555. Partidas pendientes de aplicación.
556. Desembolsos exigidos sobre participaciones en el patrimonio neto.
5563. Desembolsos exigidos sobre participaciones, empresas del grupo.
5564. Desembolsos exigidos sobre participaciones, empresas asociadas.
5565. Desembolsos exigidos sobre participaciones, otras partes vinculadas.
5566. Desembolsos exigidos sobre participaciones de otras empresas.
557. Dividendo activo a cuenta.
558. Socios por desembolsos exigidos.
5580. Socios por desembolsos exigidos sobre acciones o participaciones ordinarias.
5585. Socios por desembolsos exigidos sobre acciones o participaciones consideradas como pasivos financieros.
559. Derivados financieros a corto plazo.

5590. Activos por derivados financieros a corto plazo, cartera de negociación.
5593. Activos por derivados financieros a corto plazo, instrumentos de cobertura.
5595. Pasivos por derivados financieros a corto plazo, cartera de negociación.
5598. Pasivos por derivados financieros a corto plazo, instrumentos de cobertura.

56. FIANZAS Y DEPÓSITOS RECIBIDOS Y CONSTITUIDOS A CORTO PLAZO Y AJUSTES POR PERIODIFICACIÓN.
560. Fianzas recibidas a corto plazo.
561. Depósitos recibidos a corto plazo.
565. Fianzas constituidas a corto plazo.
566. Depósitos constituidos a corto plazo.
567. Intereses pagados por anticipado.
568. Intereses cobrados por anticipado.
569. Garantías financieras a corto plazo.

57. TESORERÍA.
570. Caja, euros.
571. Caja, moneda extranjera.
572. Bancos e instituciones de crédito c/c vista, euros.
573. Bancos e instituciones de crédito c/c vista, moneda extranjera.
574. Bancos e instituciones de crédito, cuentas de ahorro, euros.
575. Bancos e instituciones de crédito, cuentas de ahorro, moneda extranjera.
576. Inversiones a corto plazo de gran liquidez.

58. ACTIVOS NO CORRIENTES MANTENIDOS PARA LA VENTA Y ACTIVOS Y PASIVOS ASOCIADOS.
580. Inmovilizado.
581. Inversiones con personas y entidades vinculadas.
582. Inversiones financieras.
583. Existencias, deudores comerciales y otras cuentas a cobrar.
584. Otros activos.
585. Provisiones.
586. Deudas con características especiales.
587. Deudas con personas y entidades vinculadas.
588. Acreedores comerciales y otras cuentas a pagar.
589. Otros pasivos.

59. DETERIORO DEL VALOR DE INVERSIONES FINANCIERAS A CORTO PLAZO Y DE ACTIVOS NO CORRIENTES MANTENIDOS PARA LA VENTA.
593. Deterioro de valor de participaciones a corto plazo.
5933. Deterioro de valor de participaciones a corto plazo en empresas del grupo.
5934. Deterioro de valor de participaciones a corto plazo en empresas asociadas.
5935. Deterioro de valor de participaciones a corto plazo en otras partes vinculadas.
5936. Deterioro de valor de participaciones a corto plazo en otras empresas.
594. Deterioro de valor de valores representativos de deuda a corto plazo de partes vinculadas.
5943. Deterioro de valor de valores representativos de deuda a corto plazo de empresas del grupo.
5944. Deterioro de valor de valores representativos de deuda a corto plazo de empresas asociadas.
5945. Deterioro de valor de valores representativos de deuda a corto plazo de otras partes vinculadas.
595. Deterioro de valor de créditos a corto plazo a partes vinculadas.
5953. Deterioro de valor de créditos a corto plazo a empresas del grupo.
5954. Deterioro de valor de créditos a corto plazo a empresas asociadas.
5955. Deterioro de valor de créditos a corto plazo a otras partes vinculadas.
597. Deterioro de valor de valores representativos de deuda a corto plazo.
598. Deterioro de valor de créditos a corto plazo.
599. Deterioro de valor de activos no corrientes mantenidos para la venta.

5990. Deterioro de valor de inmovilizado no corriente mantenido para la venta.
5991. Deterioro de valor de inversiones con personas y entidades vinculadas no corrientes mantenidas para la venta.
5992. Deterioro de valor de inversiones financieras no corrientes mantenidas para la venta.
5993. Deterioro de valor de existencias, deudores comerciales y otras cuentas a cobrar integrados en un grupo enajenable mantenido para la venta.
5994. Deterioro de valor de otros activos mantenidos para la venta.

GRUPO 6

COMPRAS Y GASTOS

60. COMPRAS.
600. Compras de mercaderías.
601. Compras de materias primas.
602. Compras de otros aprovisionamientos.
606. Descuentos sobre compras por pronto pago.
6060. Descuentos sobre compras por pronto pago de mercaderías.
6061. Descuentos sobre compras por pronto pago de materias primas.
6062. Descuentos sobre compras por pronto pago de otros aprovisionamientos.
607. Trabajos realizados por otras empresas.
608. Devoluciones de compras y operaciones similares.
6080. Devoluciones de compras de mercaderías.
6081. Devoluciones de compras de materias primas.
6082. Devoluciones de compras de otros aprovisionamientos.
609. «Rappels» por compras.
6090. «Rappels» por compras de mercaderías.
6091. «Rappels» por compras de materias primas.
6092. «Rappels» por compras de otros aprovisionamientos.

61. VARIACIÓN DE EXISTENCIAS.
610. Variación de existencias de mercaderías.
611. Variación de existencias de materias primas.
612. Variación de existencias de otros aprovisionamientos.

62. SERVICIOS EXTERIORES.
620. Gastos en investigación y desarrollo del ejercicio.
621. Arrendamientos y cánones.
622. Reparaciones y conservación.
623. Servicios de profesionales independientes.
624. Transportes.
625. Primas de seguros.
626. Servicios bancarios y similares.
627. Publicidad, propaganda y relaciones públicas.
628. Suministros.
629. Otros servicios.

63. TRIBUTOS.
630. Impuesto sobre beneficios.
6300. Impuesto corriente.
6301. Impuesto diferido.
631. Otros tributos.
633. Ajustes negativos en la imposición sobre beneficios.
634. Ajustes negativos en la imposición indirecta.
6341. Ajustes negativos en IVA de activo corriente.
6342. Ajustes negativos en IVA de inversiones.
636. Devolución de impuestos.
638. Ajustes positivos en la imposición sobre beneficios.
639. Ajustes positivos en la imposición indirecta.
6391. Ajustes positivos en IVA de activo corriente.
6392. Ajustes positivos en IVA de inversiones.

64. GASTOS DE PERSONAL.
640. Sueldos y salarios.
641. Indemnizaciones.
642. Seguridad Social a cargo de la empresa.

643. Retribuciones a largo plazo mediante sistemas de aportación definida.
644. Retribuciones a largo plazo mediante sistemas de prestación definida.
    6440. Contribuciones anuales.
    6442. Otros costes.
645. Retribuciones al personal mediante instrumentos de patrimonio.
    6450. Retribuciones al personal liquidados con instrumentos de patrimonio.
    6457. Retribuciones al personal liquidados en efectivo basado en instrumentos de patrimonio.
649. Otros gastos sociales.

65. OTROS GASTOS DE GESTIÓN.
650. Pérdidas de créditos comerciales incobrables.
651. Resultados de operaciones en común.
    6510. Beneficio transferido (gestor).
    6511. Pérdida soportada (partícipe o asociado no gestor).
659. Otras pérdidas en gestión corriente.

66. GASTOS FINANCIEROS.
660. Gastos financieros por actualización de provisiones.
661. Intereses de obligaciones y bonos.
    6610. Intereses de obligaciones y bonos a largo plazo, empresas del grupo.
    6611. Intereses de obligaciones y bonos a largo plazo, empresas asociadas.
    6612. Intereses de obligaciones y bonos a largo plazo, otras partes vinculadas.
    6613. Intereses de obligaciones y bonos a largo plazo, otras empresas.
    6615. Intereses de obligaciones y bonos a corto plazo, empresas del grupo.
    6616. Intereses de obligaciones y bonos a corto plazo, empresas asociadas.
    6617. Intereses de obligaciones y bonos a corto plazo, otras partes vinculadas.
    6618. Intereses de obligaciones y bonos a corto plazo, otras empresas.
662. Intereses de deudas.
    6620. Intereses de deudas, empresas del grupo.
    6621. Intereses de deudas, empresas asociadas.
    6622. Intereses de deudas, otras partes vinculadas.
    6623. Intereses de deudas con entidades de crédito.
    6624. Intereses de deudas, otras empresas.
663. Pérdidas por valoración de instrumentos financieros por su valor razonable.
    6630. Pérdidas de cartera de negociación.
    6631. Pérdidas de designados por la empresa.
    6632. Pérdidas de activos financieros a valor razonable con cambios en el patrimonio neto.
    6633. Pérdidas de instrumentos de cobertura.
    6634. Pérdidas de otros instrumentos financieros.
664. Gastos por dividendos de acciones o participaciones consideradas como pasivos financieros.
    6640. Dividendos de pasivos, empresas del grupo.
    6641. Dividendos de pasivos, empresas asociadas.
    6642. Dividendos de pasivos, otras partes vinculadas.
    6643. Dividendos de pasivos, otras empresas.
665. Intereses por descuento de efectos y operaciones de «factoring».
    6650. Intereses por descuento de efectos en entidades de crédito del grupo.
    6651. Intereses por descuento de efectos en entidades de crédito asociadas.
    6652. Intereses por descuento de efectos en otras entidades de crédito vinculadas.
    6653. Intereses por descuento de efectos en otras entidades de crédito.
    6654. Intereses por operaciones de «factoring» con entidades de crédito del grupo.

6655. Intereses por operaciones de «factoring» con entidades de crédito asociadas.
6656. Intereses por operaciones de «factoring» con otras entidades de crédito vinculadas.
6657. Intereses por operaciones de «factoring» con otras entidades de crédito.

666. Pérdidas en participaciones y valores representativos de deuda.
6660. Pérdidas en valores representativos de deuda a largo plazo, empresas del grupo.
6661. Pérdidas en valores representativos de deuda a largo plazo, empresas asociadas.
6662. Pérdidas en valores representativos de deuda a largo plazo, otras partes vinculadas.
6663. Pérdidas en participaciones y valores representativos de deuda a largo plazo, otras empresas.
6665. Pérdidas en participaciones y valores representativos de deuda a corto plazo, empresas del grupo.
6666. Pérdidas en participaciones y valores representativos de deuda a corto plazo, empresas asociadas.
6667. Pérdidas en valores representativos de deuda a corto plazo, otras partes vinculadas.
6668. Pérdidas en valores representativos de deuda a corto plazo, otras empresas.

667. Pérdidas de créditos no comerciales.
6670. Pérdidas de créditos a largo plazo, empresas del grupo.
6671. Pérdidas de créditos a largo plazo, empresas asociadas.
6672. Pérdidas de créditos a largo plazo, otras partes vinculadas.
6673. Pérdidas de créditos a largo plazo, otras empresas.
6675. Pérdidas de créditos a corto plazo, empresas del grupo.
6676. Pérdidas de créditos a corto plazo, empresas asociadas.
6677. Pérdidas de créditos a corto plazo, otras partes vinculadas.
6678. Pérdidas de créditos a corto plazo, otras empresas.

668. Diferencias negativas de cambio.

669. Otros gastos financieros.

67. PÉRDIDAS PROCEDENTES DE ACTIVOS NO CORRIENTES Y GASTOS EXCEPCIONALES.

670. Pérdidas procedentes del inmovilizado intangible.

671. Pérdidas procedentes del inmovilizado material.

672. Pérdidas procedentes de las inversiones inmobiliarias.

673. Pérdidas procedentes de participaciones a largo plazo en partes vinculadas.
6733. Pérdidas procedentes de participaciones a largo plazo, empresas del grupo.
6734. Pérdidas procedentes de participaciones a largo plazo, empresas asociadas.
6735. Pérdidas procedentes de participaciones a largo plazo, otras partes vinculadas.

675. Pérdidas por operaciones con obligaciones propias.

678. Gastos excepcionales.

68. DOTACIONES PARA AMORTIZACIONES.

680. Amortización del inmovilizado intangible.

681. Amortización del inmovilizado material.

682. Amortización de las inversiones inmobiliarias.

69. PÉRDIDAS POR DETERIORO Y OTRAS DOTACIONES.

690. Pérdidas por deterioro del inmovilizado intangible.

691. Pérdidas por deterioro del inmovilizado material.

692. Pérdidas por deterioro de las inversiones inmobiliarias.

693. Pérdidas por deterioro de existencias.
6930. Pérdidas por deterioro de productos terminados y en curso de fabricación.
6931. Pérdidas por deterioro de mercaderías.
6932. Pérdidas por deterioro de materias primas.

6933. Pérdidas por deterioro de otros aprovisionamientos.

694. Pérdidas por deterioro de créditos por operaciones comerciales.

695. Dotación a la provisión por operaciones comerciales.

6954. Dotación a la provisión por contratos onerosos.

6959. Dotación a la provisión para otras operaciones comerciales.

696. Pérdidas por deterioro de participaciones y valores representativos de deuda a largo plazo.

6960. Pérdidas por deterioro de participaciones en instrumentos de patrimonio neto a largo plazo, empresas del grupo.

6961. Pérdidas por deterioro de participaciones en instrumentos de patrimonio neto a largo plazo, empresas asociadas.

6962. Pérdidas por deterioro de participaciones en instrumentos de patrimonio neto a largo plazo, otras partes vinculadas.

6963. Pérdidas por deterioro de participaciones en instrumentos de patrimonio neto a largo plazo, otras empresas.

6965. Pérdidas por deterioro en valores representativos de deuda a largo plazo, empresas del grupo.

6966. Pérdidas por deterioro en valores representativos de deuda a largo plazo, empresas asociadas.

6967. Pérdidas por deterioro en valores representativos de deuda a largo plazo, otras partes vinculadas.

6968. Pérdidas por deterioro en valores representativos de deuda a largo plazo, de otras empresas.

697. Pérdidas por deterioro de créditos a largo plazo.

6970. Pérdidas por deterioro de créditos a largo plazo, empresas del grupo.

6971. Pérdidas por deterioro de créditos a largo plazo, empresas asociadas.

6972. Pérdidas por deterioro de créditos a largo plazo, otras partes vinculadas.

6973. Pérdidas por deterioro de créditos a largo plazo, otras empresas.

698. Pérdidas por deterioro de participaciones y valores representativos de deuda a corto plazo.

6980. Pérdidas por deterioro de participaciones en instrumentos de patrimonio neto a corto plazo, empresas del grupo.

6981. Pérdidas por deterioro de participaciones en instrumentos de patrimonio neto a corto plazo, empresas asociadas.

6985. Pérdidas por deterioro en valores representativos de deuda a corto plazo, empresas del grupo.

6986. Pérdidas por deterioro en valores representativos de deuda a corto plazo, empresas asociadas.

6987. Pérdidas por deterioro en valores representativos de deuda a corto plazo, otras partes vinculadas.

6988. Pérdidas por deterioro en valores representativos de deuda a corto plazo, de otras empresas.

699. Pérdidas por deterioro de créditos a corto plazo.

6990. Pérdidas por deterioro de créditos a corto plazo, empresas del grupo.

6991. Pérdidas por deterioro de créditos a corto plazo, empresas asociadas.

6992. Pérdidas por deterioro de créditos a corto plazo, otras partes vinculadas.

6993. Pérdidas por deterioro de créditos a corto plazo, otras empresas.

GRUPO 7

VENTAS E INGRESOS

70. VENTAS DE MERCADERÍAS, DE PRODUCCIÓN PROPIA, DE SERVICIOS, ETC.

700. Ventas de mercaderías.

701. Ventas de productos terminados.

702. Ventas de productos semiterminados.

703. Ventas de subproductos y residuos.
704. Ventas de envases y embalajes.
705. Prestaciones de servicios.
706. Descuentos sobre ventas por pronto pago.
    7060. Descuentos sobre ventas por pronto pago de mercaderías.
    7061. Descuentos sobre ventas por pronto pago de productos terminados.
    7062. Descuentos sobre ventas por pronto pago de productos semiterminados.
    7063. Descuentos sobre ventas por pronto pago de subproductos y residuos.
708. Devoluciones de ventas y operaciones similares.
    7080. Devoluciones de ventas de mercaderías.
    7081. Devoluciones de ventas de productos terminados.
    7082. Devoluciones de ventas de productos semiterminados.
    7083. Devoluciones de ventas de subproductos y residuos.
    7084. Devoluciones de ventas de envases y embalajes.
709. «Rappels» sobre ventas.
    7090. «Rappels» sobre ventas de mercaderías.
    7091. «Rappels» sobre ventas de productos terminados.
    7092. «Rappels» sobre ventas de productos semiterminados.
    7093. «Rappels» sobre ventas de subproductos y residuos.
    7094. «Rappels» sobre ventas de envases y embalajes.

71. VARIACIÓN DE EXISTENCIAS.
710. Variación de existencias de productos en curso.
711. Variación de existencias de productos semiterminados.
712. Variación de existencias de productos terminados.
713. Variación de existencias de subproductos, residuos y materiales recuperados.

73. TRABAJOS REALIZADOS PARA LA EMPRESA.
730. Trabajos realizados para el inmovilizado intangible.
731. Trabajos realizados para el inmovilizado material.
732. Trabajos realizados en inversiones inmobiliarias.
733. Trabajos realizados para el inmovilizado material en curso.

74. SUBVENCIONES, DONACIONES Y LEGADOS.
740. Subvenciones, donaciones y legados a la explotación.
746. Subvenciones, donaciones y legados de capital transferidos al resultado del ejercicio.
747. Otras subvenciones, donaciones y legados transferidos al resultado del ejercicio.

75. OTROS INGRESOS DE GESTIÓN.
751. Resultados de operaciones en común.
    7510. Pérdida transferida (gestor).
    7511. Beneficio atribuido (partícipe o asociado no gestor).
752. Ingresos por arrendamientos.
753. Ingresos de propiedad industrial cedida en explotación.
754. Ingresos por comisiones.
755. Ingresos por servicios al personal.
759. Ingresos por servicios diversos.

76. INGRESOS FINANCIEROS.
760. Ingresos de participaciones en instrumentos de patrimonio.
    7600. Ingresos de participaciones en instrumentos de patrimonio, empresas del grupo.
    7601. Ingresos de participaciones en instrumentos de patrimonio, empresas asociadas.
    7602. Ingresos de participaciones en instrumentos de patrimonio, otras partes vinculadas.
    7603. Ingresos de participaciones en instrumentos de patrimonio, otras empresas.
761. Ingresos de valores representativos de deuda.

7610. Ingresos de valores representativos de deuda, empresas del grupo.
7611. Ingresos de valores representativos de deuda, empresas asociadas.
7612. Ingresos de valores representativos de deuda, otras partes vinculadas.
7613. Ingresos de valores representativos de deuda, otras empresas.

762. Ingresos de créditos.
7620. Ingresos de créditos a largo plazo.
76200. Ingresos de créditos a largo plazo, empresas del grupo.
76201. Ingresos de créditos a largo plazo, empresas asociadas.
76202. Ingresos de créditos a largo plazo, otras partes vinculadas.
76203. Ingresos de créditos a largo plazo, otras empresas.
7621. Ingresos de créditos a corto plazo.
76210. Ingresos de créditos a corto plazo, empresas del grupo.
76211. Ingresos de créditos a corto plazo, empresas asociadas.
76212. Ingresos de créditos a corto plazo, otras partes vinculadas.
76213. Ingresos de créditos a corto plazo, otras empresas.

763. Beneficios por valoración de instrumentos financieros por su valor razonable.
7630. Beneficios de cartera de negociación.
7631. Beneficios de designados por la empresa.
7632. Beneficios de activos financieros a valor razonable con cambios en el patrimonio neto.
7633. Beneficios de instrumentos de cobertura.
7634. Beneficios de otros instrumentos financieros.

766. Beneficios en participaciones y valores representativos de deuda.
7660. Beneficios en valores representativos de deuda a largo plazo, empresas del grupo.
7661. Beneficios en valores representativos de deuda a largo plazo, empresas asociadas.
7662. Beneficios en valores representativos de deuda a largo plazo, otras partes vinculadas.
7663. Beneficios en participaciones y valores representativos de deuda a largo plazo, otras empresas.
7665. Beneficios en participaciones y valores representativos de deuda a corto plazo, empresas del grupo.
7666. Beneficios en participaciones y valores representativos de deuda a corto plazo, empresas asociadas.
7667. Beneficios en valores representativos de deuda a corto plazo, otras partes vinculadas.
7668. Beneficios en valores representativos de deuda a corto plazo, otras empresas.

767. Ingresos de activos afectos y de derechos de reembolso relativos a retribuciones a largo plazo.

768. Diferencias positivas de cambio.

769. Otros ingresos financieros.

77. BENEFICIOS PROCEDENTES DE ACTIVOS NO CORRIENTES E INGRESOS EXCEPCIONALES.

770. Beneficios procedentes del inmovilizado intangible.

771. Beneficios procedentes del inmovilizado material.

772. Beneficios procedentes de las inversiones inmobiliarias.

773. Beneficios procedentes de participaciones a largo plazo en partes vinculadas.
7733. Beneficios procedentes de participaciones a largo plazo, empresas del grupo.
7734. Beneficios procedentes de participaciones a largo plazo, empresas asociadas.
7735. Beneficios procedentes de participaciones a largo plazo, otras partes vinculadas.

774. Diferencia negativa en combinaciones de negocios.

775. Beneficios por operaciones con obligaciones propias.
778. Ingresos excepcionales.

79. EXCESOS Y APLICACIONES DE PROVISIONES Y DE PÉRDIDAS POR DETERIORO.
790. Reversión del deterioro del inmovilizado intangible.
791. Reversión del deterioro del inmovilizado material.
792. Reversión del deterioro de las inversiones inmobiliarias.
793. Reversión del deterioro de existencias.
7930. Reversión del deterioro de productos terminados y en curso de fabricación.
7931. Reversión del deterioro de mercaderías.
7932. Reversión del deterioro de materias primas.
7933. Reversión del deterioro de otros aprovisionamientos.
794. Reversión del deterioro de créditos por operaciones comerciales.
795. Exceso de provisiones.
7950. Exceso de provisión por retribuciones al personal.
7951. Exceso de provisión para impuestos.
7952. Exceso de provisión para otras responsabilidades.
7954. Exceso de provisión por operaciones comerciales.
79544. Exceso de provisión por contratos onerosos.
79549. Exceso de provisión para otras operaciones comerciales.
7955. Exceso de provisión para actuaciones medioambientales.
7956. Exceso de provisión para reestructuraciones.
7957. Exceso de provisión por transacciones con pagos basados en instrumentos de patrimonio.
796. Reversión del deterioro de participaciones y valores representativos de deuda a largo plazo.
7960. Reversión del deterioro de participaciones en instrumentos de patrimonio neto a largo plazo, empresas del grupo.
7961. Reversión del deterioro de participaciones en instrumentos de patrimonio neto a largo plazo, empresas asociadas.
7965. Reversión del deterioro de valores representativos de deuda a largo plazo, empresas del grupo.
7966. Reversión del deterioro de valores representativos de deuda a largo plazo, empresas asociadas.
7967. Reversión del deterioro de valores representativos de deuda a largo plazo, otras partes vinculadas.
7968. Reversión del deterioro de valores representativos de deuda a largo plazo, otras empresas.
797. Reversión del deterioro de créditos a largo plazo.
7970. Reversión del deterioro de créditos a largo plazo, empresas del grupo.
7971. Reversión del deterioro de créditos a largo plazo, empresas asociadas.
7972. Reversión del deterioro de créditos a largo plazo, otras partes vinculadas.
7973. Reversión del deterioro de créditos a largo plazo, otras empresas.
798. Reversión del deterioro de participaciones y valores representativos de deuda a corto plazo.
7980. Reversión del deterioro de participaciones en instrumentos de patrimonio neto a corto plazo, empresas del grupo.
7981. Reversión del deterioro de participaciones en instrumentos de patrimonio neto a corto plazo, empresas asociadas.
7985. Reversión del deterioro en valores representativos de deuda a corto plazo, empresas del grupo.
7986. Reversión del deterioro en valores representativos de deuda a corto plazo, empresas asociadas.

7987. Reversión del deterioro en valores representativos de deuda a corto plazo, otras partes vinculadas.
7988. Reversión del deterioro en valores representativos de deuda a corto plazo, otras empresas.

799. Reversión del deterioro de créditos a corto plazo.
7990. Reversión del deterioro de créditos a corto plazo, empresas del grupo.
7991. Reversión del deterioro de créditos a corto plazo, empresas asociadas.
7992. Reversión del deterioro de créditos a corto plazo, otras partes vinculadas.
7993. Reversión del deterioro de créditos a corto plazo, otras empresas.

GRUPO 8

GASTOS IMPUTADOS AL PATRIMONIO NETO

80. GASTOS FINANCIEROS POR VALORACIÓN DE ACTIVOS Y PASIVOS.
800. Pérdidas en activos financieros a valor razonable con cambios en el patrimonio neto.
802. Transferencia de beneficios en activos financieros a valor razonable con cambios en el patrimonio neto.

81. GASTOS EN OPERACIONES DE COBERTURA.
810. Pérdidas por coberturas de flujos de efectivo.
811. Pérdidas por coberturas de inversiones netas en un negocio en el extranjero.
812. Transferencia de beneficios por coberturas de flujos de efectivo.
813. Transferencia de beneficios por coberturas de inversiones netas en un negocio en el extranjero.

82. GASTOS POR DIFERENCIAS DE CONVERSIÓN.
820. Diferencias de conversión negativas.
821. Transferencia de diferencias de conversión positivas.

83. IMPUESTO SOBRE BENEFICIOS.
830. Impuesto sobre beneficios.
8300. Impuesto corriente.
8301. Impuesto diferido.
833. Ajustes negativos en la imposición sobre beneficios.
834. Ingresos fiscales por diferencias permanentes.
835. Ingresos fiscales por deducciones y bonificaciones.
836. Transferencia de diferencias permanentes.
837. Transferencia de deducciones y bonificaciones.
838. Ajustes positivos en la imposición sobre beneficios.

84. TRANSFERENCIAS DE SUBVENCIONES, DONACIONES Y LEGADOS.
840. Transferencia de subvenciones oficiales de capital.
841. Transferencia de donaciones y legados de capital.
842. Transferencia de otras subvenciones, donaciones y legados.

85. GASTOS POR PÉRDIDAS ACTUARIALES Y AJUSTES EN LOS ACTIVOS POR RETRIBUCIONES A LARGO PLAZO DE PRESTACIÓN DEFINIDA.
850. Pérdidas actuariales.
851. Ajustes negativos en activos por retribuciones a largo plazo de prestación definida.

86. GASTOS POR ACTIVOS NO CORRIENTES EN VENTA.
860. Pérdidas en activos no corrientes y grupos enajenables de elementos mantenidos para la venta.
862. Transferencia de beneficios en activos no corrientes y grupos enajenables de elementos mantenidos para la venta.

89. GASTOS DE PARTICIPACIONES EN EMPRESAS DEL GRUPO O ASOCIADAS CON AJUSTES VALORATIVOS POSITIVOS PREVIOS.
891. Deterioro de participaciones en el patrimonio, empresas del grupo.

892. Deterioro de participaciones en el patrimonio, empresas asociadas.

GRUPO 9

INGRESOS IMPUTADOS AL PATRIMONIO NETO

90. INGRESOS FINANCIEROS POR VALORACIÓN DE ACTIVOS Y PASIVOS
    900. Beneficios en activos financieros a valor razonable con cambios en el patrimonio neto.
    902. Transferencia de pérdidas de activos financieros a valor razonable con cambios en el patrimonio neto.

91. INGRESOS EN OPERACIONES DE COBERTURA.
    910. Beneficios por coberturas de flujos de efectivo.
    911. Beneficios por coberturas de una inversión neta en un negocio en el extranjero.
    912. Transferencia de pérdidas por coberturas de flujos de efectivo.
    913. Transferencia de pérdidas por coberturas de una inversión neta en un negocio en el extranjero.

92. INGRESOS POR DIFERENCIAS DE CONVERSIÓN.
    920. Diferencias de conversión positivas.
    921. Transferencia de diferencias de conversión negativas.

94. INGRESOS POR SUBVENCIONES, DONACIONES Y LEGADOS.
    940. Ingresos de subvenciones oficiales de capital.
    941. Ingresos de donaciones y legados de capital.
    942. Ingresos de otras subvenciones, donaciones y legados.

95. INGRESOS POR GANANCIAS ACTUARIALES Y AJUSTES EN LOS ACTIVOS POR RETRIBUCIONES A LARGO PLAZO DE PRESTACIÓN DEFINIDA.
    950. Ganancias actuariales.
    951. Ajustes positivos en activos por retribuciones a largo plazo de prestación definida.

96. INGRESOS POR ACTIVOS NO CORRIENTES EN VENTA.
    960. Beneficios en activos no corrientes y grupos enajenables de elementos mantenidos para la venta.
    962. Transferencia de pérdidas en activos no corrientes y grupos enajenables de elementos mantenidos para la venta.

99. INGRESOS DE PARTICIPACIONES EN EMPRESAS DEL GRUPO O ASOCIADAS CON AJUSTES VALORATIVOS NEGATIVOS PREVIOS.
    991. Recuperación de ajustes valorativos negativos previos, empresas del grupo.
    992. Recuperación de ajustes valorativos negativos previos, empresas asociadas.
    993. Transferencia por deterioro de ajustes valorativos negativos previos, empresas del grupo.
    994. Transferencia por deterioro de ajustes valorativos negativos previos, empresas asociadas.

QUINTA PARTE

Definiciones y relaciones contables

GRUPO 1

FINANCIACIÓN BÁSICA

Comprende el patrimonio neto y la financiación ajena a largo plazo de la empresa destinados, en general, a financiar el activo no corriente y a cubrir un margen razonable del corriente; incluye también situaciones transitorias de financiación.

En particular, se aplicarán las siguientes reglas:

a) Los pasivos financieros incluidos en este grupo se clasificarán, con carácter general, a efectos de su valoración, en la categoría de «Pasivos financieros a coste amortizado». No obstante, también pueden incluirse en la categoría de «Pasivos financieros a valor razonable con cambios en la cuenta de pérdidas y ganancias» en los términos establecidos en las normas de registro y valoración. En este grupo también se incluyen los derivados financieros tanto de cobertura como de negociación cuando su liquidación sea superior a un año.

b) De acuerdo con lo dispuesto en las normas de elaboración de las cuentas anuales, en este grupo no se pueden incluir los pasivos financieros a largo plazo que, excepcionalmente, cumplan la definición de pasivos que se mantienen para negociar, salvo los derivados financieros cuyo plazo de liquidación sea superior a un año.

c) Si los pasivos financieros se clasifican a efectos de su valoración en más de una categoría, se desarrollarán las cuentas de cuatro o más cifras que sean necesarias para diferenciar la categoría en la que se hayan incluido.

d) Si se emiten o asumen pasivos financieros híbridos que de acuerdo con lo establecido en las normas de registro y valoración se valoren en su conjunto por su valor razonable, se incluirán en la cuenta que corresponda a la naturaleza del contrato principal, para lo que se crearán con el debido desglose, cuentas de cuatro o más cifras que identifiquen que se trata de un pasivo financiero híbrido a largo plazo valorado conjuntamente. Cuando se reconozcan separadamente el contrato principal y el derivado implícito, este último se tratará como si se hubiese contratado de forma independiente, por lo que se incluirá en la cuenta de los grupos 1, 2 ó 5 que proceda y el contrato principal se recogerá en la cuenta que corresponda a su naturaleza, desarrollándose con el debido desglose cuentas de cuatro o más cifras que identifiquen que se trata de un contrato principal financiero híbrido a largo plazo.

e) Una cuenta que recoja pasivos financieros clasificados en la categoría de Pasivos financieros a valor razonable con cambios en la cuenta de pérdidas y ganancias», se abonará o cargará, por las variaciones en su valor razonable, con cargo o abono, respectivamente, a las cuentas 663 y 763.

f) Una cuenta que recoja pasivos financieros que, de acuerdo con lo establecido en las normas de registro y valoración, formen parte de un grupo enajenable de elementos mantenidos para la venta, se cargará en el momento en que se cumplan las condiciones para su clasificación con abono a la respectiva cuenta del subgrupo 58.

g) La diferencia entre el valor por el que se reconocen inicialmente los pasivos financieros y su valor de reembolso, se registrará como un abono (o, cuando proceda, como un cargo) en la cuenta donde esté registrado el pasivo financiero con cargo (o abono) a la cuenta del subgrupo 66 que corresponda según la naturaleza del instrumento.

10. CAPITAL.
 - 100. Capital social.
 - 101. Fondo social.
 - 102. Capital.
 - 103. Socios por desembolsos no exigidos.
   - 1030. Socios por desembolsos no exigidos, capital social.
   - 1034. Socios por desembolsos no exigidos, capital pendiente de inscripción.
 - 104. Socios por aportaciones no dinerarias pendientes.
   - 1040. Socios por aportaciones no dinerarias pendientes, capital social.
   - 1044. Socios por aportaciones no dinerarias pendientes, capital pendiente de inscripción.
 - 108. Acciones o participaciones propias en situaciones especiales.
 - 109. Acciones o participaciones propias para reducción de capital.

Las cuentas de este subgrupo figurarán en el patrimonio neto del balance formando parte de los fondos propios, con las excepciones establecidas en las cuentas 103 y 104.

100. *Capital social*

Capital escriturado en las sociedades que revistan forma mercantil, salvo cuando, atendiendo a las características económicas de la emisión, deba contabilizarse como pasivo financiero.

Hasta el momento de su inscripción registral, y tratándose de sociedades anónimas, sociedades de responsabilidad limitada y comanditarias por acciones, la emisión y suscripción o asunción, de acciones o participaciones, respectivamente, se registrará de conformidad con lo dispuesto en el subgrupo 19.

Su movimiento es el siguiente:

a) Se abonará por el capital inicial y las sucesivas ampliaciones en el momento de su inscripción en el Registro Mercantil, con cargo a la cuenta 194.
b) Se cargará por las reducciones del mismo y a la extinción de la sociedad.

101. *Fondo social*

Capital de las entidades sin forma mercantil.

Su movimiento es análogo al señalado para la cuenta 100.

102. *Capital*

Corresponde a las empresas individuales.

Su movimiento es el siguiente:

a) Se abonará:
   a_1) Por el capital inicial.
   a_2) Por los resultados positivos capitaliza dos, con cargo a la cuenta 129.
b) Se cargará:
   b_1) Por la cesión de los negocios o el cese de los mismos.
   b_2) Por los resultados negativos que no se carguen para su saneamiento en la cuenta 121, con abono a la cuenta 129.
c) Se abonará o cargará, al final del ejercicio, por el saldo de la cuenta 550, con cargo o abono a dicha cuenta.

103. *Socios por desembolsos no exigidos*

Capital social escriturado pendiente de desembolso no exigido a los socios o accionistas, excepto los desembolsos no exigidos correspondientes a los instrumentos financieros cuya calificación contable sea la de pasivo financiero.

Figurarán en el patrimonio neto, con signo negativo, minorando la partida de capital social, excepto las cantidades que correspondan a capital emitido pendiente de inscripción que figurarán minorando la partida del pasivo corriente en la que éste se incluye.

1030. *Socios por desembolsos no exigidos, capital social*

Su movimiento es el siguiente:

a) Se cargará por el valor nominal no desembolsado de las acciones suscritas o participaciones en el momento de su inscripción en el Registro Mercantil, con abono a la cuenta 1034.
b) Se abonará a medida que se vayan exigiendo los desembolsos, con cargo a la cuenta 5580.

1034. *Socios por desembolsos no exigidos, capital pendiente de inscripción*

Su movimiento es el siguiente:

a) Se cargará por el valor nominal no desembolsado de las acciones suscritas o participaciones asumidas, con abono, generalmente, a las cuentas 190 o 192.
b) Se abonará en el momento de la inscripción en el Registro Mercantil, con cargo a la cuenta 1030.

104. *Socios por aportaciones no dinerarias pendientes*

Capital social escriturado pendiente de desembolso que corresponde a aportaciones no dinerarias, excepto las aportaciones pendientes que correspondan a instrumentos financieros cuya calificación contable sea la de pasivo financiero.

Figurarán en el patrimonio neto, con signo negativo, minorando la partida de capital social, excepto las cantidades que correspondan a capital emitido pendiente de inscripción que figurarán minorando la partida del pasivo corriente en la que éste se incluye.

1040. *Socios por aportaciones no dinerarias pendientes, capital social*

Su movimiento es el siguiente:

a) Se cargará por el valor nominal no desembolsado de las acciones suscritas o participaciones en el momento de su inscripción en el Registro Mercantil, con abono a la cuenta 1044.

b) Se abonará cuando se realicen los desembolsos, con cargo a las cuentas representativas de los bienes no dinerarios aportados.

1044. *Socios por aportaciones no dinerarias pendientes, capital pendiente de inscripción*

Su movimiento es el siguiente:

a) Se cargará por el valor nominal no desembolsado de las acciones suscritas o participaciones asumidas, con abono, generalmente, a las cuentas 190 o 192.

b) Se abonará en el momento de la inscripción en el Registro Mercantil, con cargo a la cuenta 1040.

108. *Acciones o participaciones propias en situaciones especiales*

Acciones o participaciones propias adquiridas por la empresa (sección cuarta del capítulo IV del Texto Refundido de la Ley de Sociedades Anónimas y de la Ley de Sociedades de Responsabilidad Limitada).

Figurarán en el patrimonio neto con signo negativo.

Su movimiento es el siguiente:

a) Se cargará por el importe de la adquisición de las acciones o participaciones, con abono, generalmente, a cuentas del subgrupo 57.

b) Se abonará:

b_1) Por la enajenación de las acciones o participaciones, con cargo, generalmente, a cuentas del subgrupo 57. La diferencia entre la cantidad obtenida en la enajenación de las acciones o participaciones propias y su valor contable se cargará o abonará, según proceda, a cuentas del subgrupo 11.

b_2) Por la reducción de capital, con cargo a la cuenta 100, por el importe del nominal de las acciones o participaciones. La diferencia entre el importe de adquisición de las acciones o participaciones y su valor nominal se cargará o abonará, según proceda, a cuentas del subgrupo 11.

109. *Acciones o participaciones propias para reducción de capital*

Acciones o participaciones propias adquiridas por la empresa en ejecución de un acuerdo de reducción de capital adoptado por la Junta General (artículo 170 del Texto Refundido de la Ley de Sociedades Anónimas y artículo 40 de la Ley de Sociedades de Responsabilidad Limitada).

Figurarán en el patrimonio neto, con signo negativo.

Su movimiento es el siguiente:

a) Se cargará por el importe de la adquisición de las acciones, con abono, generalmente, a cuentas del subgrupo 57.

b) Se abonará por la reducción de capital, con cargo a la cuenta 100 por el importe del nominal de las acciones o participaciones. La diferencia entre el importe de adquisición de las acciones o participaciones y su valor nominal se cargará o abonará, según proceda, a cuentas del subgrupo 11.

11. RESERVAS Y OTROS INSTRUMENTOS DE PATRIMONIO NETO .

- 110. Prima de emisión o asunción.
- 111. Otros instrumentos de patrimonio neto.
  - 1110. Patrimonio neto por emisión de instrumentos financieros compuestos.
  - 1111. Resto de instrumentos de patrimonio neto.
- 112. Reserva legal.
- 113. Reservas voluntarias.
- 114. Reservas especiales.
  - 1140. Reservas para acciones o participaciones de la sociedad dominante.
  - 1141. Reservas estatutarias.
  - 1142. Reserva por capital amortizado.
  - 1143. Reserva por fondo de comercio.
  - 1144. Reservas por acciones propias aceptadas en garantía.
- 115. Reservas por pérdidas y ganancias actuariales y otros ajustes.

118. Aportaciones de socios o propietarios.
119. Diferencias por ajuste del capital a euros.

Las cuentas de este subgrupo figurarán en el patrimonio neto del balance formando parte de los fondos propios.

110. *Prima de emisión o asunción*

Aportación realizada por los accionistas o socios en el caso de emisión y colocación de acciones o participaciones a un precio superior a su valor nominal. En particular, incluye las diferencias que pudieran surgir entre los valores de escritura y los valores por los que deben registrarse los bienes recibidos en concepto de aportación no dineraria, de acuerdo con lo dispuesto en las normas de registro y valoración.

Su movimiento es el siguiente:

a) Se abonará, con cargo, generalmente, a la cuenta 111 o 194.
b) Se cargará por la disposición que de la prima pueda realizarse.

Cuando se produzca una adquisición inversa, de acuerdo con lo dispuesto en la norma de registro y valoración relativa a combinaciones de negocios, en la fecha de inscripción de la fusión o escisión, los ingresos y gastos del negocio adquirido, es decir, la adquirente legal, devengados hasta la fecha de adquisición, deberán cancelarse, cargando o abonando, según proceda, esta cuenta.

111. *Otros instrumentos de patrimonio neto*

1110. *Patrimonio neto por emisión de instrumentos financieros compuestos*

Componente del patrimonio neto que surge por la emisión de un instrumento financiero compuesto. En particular, por la emisión de obligaciones convertibles en acciones.

Su movimiento es el siguiente:

a) Se abonará por el componente de patrimonio neto del instrumento financiero, con cargo, generalmente, a cuentas del subgrupo 57.
b) Se cargará con abono a las cuentas 100 o 110, cuando se produzca la conversión.

1111. *Resto de instrumentos de patrimonio neto*

Esta cuenta recoge el resto de instrumentos de patrimonio neto que no tienen cabida en otras, tales como las opciones sobre acciones propias.

Su movimiento es el siguiente:

a) Se abonará por el importe del instrumento calificado como patrimonio neto, con cargo, generalmente, a cuentas del grupo 6 o del subgrupo 57.
b) Se cargará cuando se entreguen otros instrumentos de patrimonio neto, con abono a la cuenta de patrimonio neto que corresponda.

112. *Reserva legal*

Esta cuenta registrará la reserva establecida por el artículo 214 del Texto Refundido de la Ley de Sociedades Anónimas.

Su movimiento es el siguiente:

a) Se abonará, generalmente, con cargo a la cuenta 129.
b) Se cargará por la disposición que se haga de esta reserva.

113. *Reservas voluntarias*

Son las constituidas libremente por la empresa. Su movimiento es análogo al señalado para la cuenta 112, sin perjuicio de lo indicado en los siguientes párrafos:

Cuando se produzca un cambio de criterio contable o la subsanación de un error, el ajuste por el efecto acumulado calculado al inicio del ejercicio, de las variaciones de los elementos patrimoniales afectados por la aplicación retroactiva del nuevo criterio o la corrección del error, se imputará a reservas de libre disposición. Con carácter general, se imputará a las reservas voluntarias, registrándose del modo siguiente:

a) Se abonará por el importe resultante del efecto neto acreedor de los cambios experimentados por la aplicación de un nuevo criterio contable comparado con el antiguo o por la corrección del error, con cargo y abono, en su caso, a las respectivas cuentas representativas de los elementos patrimoniales afectados por este hecho, incluyendo las relacionadas con la contabilización del efecto impositivo del ajuste.

b) Se cargará por el importe resultante del efecto neto deudor de los cambios experimentados por la aplicación de un nuevo criterio contable comparado con el antiguo o por la corrección de un error contable, con abono o cargo, en su caso, a las respectivas cuentas representativas de los elementos patrimoniales afectados por este hecho, incluyendo las relacionadas con la contabilización del efecto impositivo del ajuste.

Los gastos de transacción de instrumentos de patrimonio propio se imputarán a reservas de libre disposición. Con carácter general, se imputarán a las reservas voluntarias, registrándose del modo siguiente:

a) Se cargará por el importe de los gastos, con abono a cuentas del subgrupo 57.
b) Se abonará por el gasto por impuesto sobre beneficios relacionado con los gastos de transacción, con cargo a la cuenta 6301.

114. *Reservas especiales.*

Las establecidas por cualquier disposición legal con carácter obligatorio, distintas de las incluidas en otras cuentas de este subgrupo.

En particular, se incluye la reserva por participaciones recíprocas establecida en el artículo 84 del Texto Refundido de la Ley de Sociedades Anónimas.

Con carácter general, el contenido y movimiento de las cuentas citadas de cuatro cifras es el siguiente:

1140. *Reservas para acciones o participaciones de la sociedad dominante*

Las constituidas obligatoriamente en caso de adquisición de acciones o participaciones de la sociedad dominante y en tanto éstas no sean enajenadas (artículo 79.3.ª del Texto Refundido de la Ley de Sociedades Anónimas y artículo 40.bis de la Ley de Sociedades de Responsabilidad Limitada). Esta cuenta también recogerá, con el debido desglose en cuentas de cinco cifras, las reservas que deban ser constituidas en caso de aceptación de las acciones de la sociedad dominante en garantía (artículo 80.1 del Texto Refundido de la Ley de Sociedades Anónimas). Mientras duren estas situaciones, dichas reservas serán indisponibles.

Su movimiento es el siguiente:

a) Se abonará por el importe de adquisición de las acciones o participaciones de la sociedad dominante o por el importe a que ascienda la cantidad garantizada mediante sus acciones, con cargo a cualesquiera de las cuentas de reservas disponibles, o a la cuenta 129.
b) Se cargará, por el mismo importe, cuando dichas acciones o participaciones se enajenen o cuando cese la garantía, con abono a la cuenta 113.

1141. *Reservas estatutarias*

Son las establecidas en los estatutos de la sociedad. Su movimiento es análogo al señalado para la cuenta 112.

1142. *Reserva por capital amortizado*

Nominal de las acciones o participaciones de la propia empresa adquiridas por ésta y amortizadas con cargo a beneficios o a reservas disponibles. También se incluirá el nominal de las acciones o participaciones de la propia empresa amortizadas, si han sido adquiridas por ésta a título gratuito. La dotación y disponibilidad de esta cuenta se regirá por lo establecido en el artículo 167.3 del Texto Refundido de la Ley de Sociedades Anónimas y 80.4 de la Ley de Sociedades de Responsabilidad Limitada, respectivamente.

Su movimiento es el siguiente:

a) Se abonará con cargo a cualesquiera de las cuentas de reservas disponibles, o a la cuenta 129.
b) Se cargará por las reducciones que de la misma se realicen.

1143. *Reserva por fondo de comercio*

La constituida obligatoriamente en caso de que exista fondo de comercio en el activo del balance (artículo 213.4 del Texto Refundido de la Ley de

Sociedades Anónimas). Mientras dure esta situación esta reserva será indisponible.

Su movimiento es el siguiente:

a) Se abonará con cargo a cualesquiera de las cuentas de reservas disponibles, o a la cuenta 129.
b) Se cargará por la disposición que pueda hacerse de esta reserva.

1144. *Reservas por acciones propias aceptadas en garantía*

Reservas que deban ser constituidas en caso de aceptación de acciones propias en garantía (artículo 80.1 del Texto Refundido de la Ley de Sociedades Anónimas). Mientras dure esta situación, estas reservas serán indisponibles.

Su movimiento es el siguiente:

a) Se abonará por el importe al que ascienda la cantidad garantizada mediante acciones propias, con cargo a cualesquiera de las cuentas de reservas disponibles, o a la cuenta 129.
b) Se cargará, por el mismo importe, cuando cese la garantía, con abono a la cuenta 113.

115. *Reservas por pérdidas y ganancias actuariales y otros ajustes*

Componente del patrimonio neto que surge del reconocimiento de pérdidas y ganancias actuariales y de los ajustes en el valor de los activos por retribuciones post-empleo al personal de prestación definida, de acuerdo con lo dispuesto en las normas de registro y valoración.

Su movimiento es el siguiente:

a) Se abonará:
   a_1) Al cierre del ejercicio, por el importe de la ganancia reconocida, con cargo a cuentas del subgrupo 95.
   a_2) Por el gasto por impuesto sobre beneficios relacionado con estos aspectos, con cargo a las cuentas del subgrupo 83.
b) Se cargará:
   b_1) Al cierre del ejercicio, por el importe de la pérdida reconocida, con abono a cuentas del subgrupo 85.
   b_2) Por el gasto por impuesto sobre beneficios relacionado con estos aspectos, con abono a las cuentas del subgrupo 83.

118. *Aportaciones de socios o propietarios*

Elementos patrimoniales entregados por los socios o propietarios de la empresa cuando actúen como tales en virtud de operaciones no descritas en otras cuentas. Es decir, siempre que no constituyan contraprestación por la entrega de bienes o la prestación de servicios realizados por la empresa, ni tengan la naturaleza de pasivo. En particular, incluye las cantidades entregadas por los socios o propietarios para compensación de pérdidas.

Su movimiento es el siguiente:

a) Se abonará con cargo, generalmente, a cuentas del subgrupo 57 o a las cuentas representativas de los bienes no dinerarios aportados.
b) Se cargará:
   b_1) Generalmente, con abono a la cuenta 121.
   b_2) Por la disposición que de la aportación pueda realizarse.

119. *Diferencias por ajuste del capital a euros*

Diferencias originadas como consecuencia de la conversión a euros de la cifra de capital de acuerdo con el contenido de la Ley 46/1998, de 17 de diciembre, sobre Introducción del Euro.

12. RESULTADOS PENDIENTES DE APLICACIÓN.
   120. Remanente.
   121. Resultados negativos de ejercicios anteriores.
   129. Resultado del ejercicio.

Las cuentas de este subgrupo figurarán en el patrimonio neto del balance, formando parte de los fondos propios, con signo positivo o negativo, según corresponda.

120. *Remanente*

Beneficios no repartidos ni aplicados específicamente a ninguna otra cuenta tras la aprobación de las cuentas anuales y de la distribución de resultados.

Su movimiento es el siguiente:

a) Se abonará con cargo a la cuenta 129.
b) Se cargará:
   b_1) Por su aplicación o disposición, con abono, generalmente, a cuentas del subgrupo 57.
   b_2) Por su traspaso, con abono a cuentas del subgrupo 11.

121. *Resultados negativos de ejercicios anteriores*

Resultados negativos de ejercicios anteriores. Su movimiento es el siguiente:

a) Se cargará con abono a la cuenta 129.
b) Se abonará con cargo a la cuenta o cuentas con las que se cancele su saldo.

La empresa desarrollará en cuentas de cuatro cifras el resultado negativo de cada ejercicio.

129. *Resultado del ejercicio*

Resultado, positivo o negativo, del último ejercicio cerrado, pendiente de aplicación. Su movimiento es el siguiente:

a) Se abonará:
   a_1) Para determinar el resultado del ejercicio, con cargo a las cuentas de los grupos 6 y 7 que presenten al final del ejercicio saldo acreedor.
   a_2) Por el traspaso del resultado negativo, con cargo a la cuenta 121.
b) Se cargará:
   b_1) Para determinar el resultado del ejercicio, con abono a las cuentas de los grupos 6 y 7 que presenten al final del ejercicio saldo deudor.
   b_2) Cuando se aplique el resultado positivo conforme al acuerdo de distribución del resultado, con abono a las cuentas que correspondan.

13. SUBVENCIONES, DONACIONES Y AJUSTES POR CAMBIOS DE VALOR.
   130. Subvenciones oficiales de capital.
   131. Donaciones y legados de capital.
   132. Otras subvenciones, donaciones y legados.
   133. Ajustes por valoración en activos financieros a valor razonable con cambios en el patrimonio neto.
   134. Operaciones de cobertura.
      1340. Cobertura de flujos de efectivo.
      1341. Cobertura de una inversión en un negocio en el extranjero.
   135. Diferencias de conversión.
   136. Ajustes por valoración en activos no corrientes y grupos enajenables de elementos mantenidos para la venta.
   137. Ingresos fiscales a distribuir en varios ejercicios.
      1370. Ingresos fiscales por diferencias permanentes a distribuir en varios ejercicios.
      1371. Ingresos fiscales por deducciones y bonificaciones a distribuir en varios ejercicios.

Subvenciones donaciones y legados no reintegrables otorgados por terceros distintos a los socios o propietarios, recibidos por la empresa, y otros ingresos y gastos contabilizados directamente en el patrimonio neto, hasta que, de conformidad con lo previsto en las normas de registro y valoración, se produzca, en su caso, su transferencia o imputación a la cuenta de pérdidas y ganancias.

Las cuentas de este subgrupo figurarán en el patrimonio neto.

130. *Subvenciones oficiales de capital*

Las concedidas por las Administraciones Públicas, tanto nacionales como internacionales, para el establecimiento o estructura fija de la empresa (activos no corrientes) cuando no sean reintegrables, de acuerdo con los criterios establecidos en las normas de registro y valoración.

Su movimiento es el siguiente:

a) Se abonará:
   a_1) Al cierre del ejercicio, por la subvención concedida, con cargo a la correspondiente cuenta del subgrupo 94.
   a_2) Por el gasto por impuesto sobre beneficios vinculado a la subvención imputada o transferida a la cuenta de pérdidas y ganancias, con cargo a las cuentas del subgrupo 83.

b) Se cargará:

b_1) Al cierre del ejercicio, por la imputación a la cuenta de pérdidas y ganancias de la subvención recibida, con abono a la correspondiente cuenta del subgrupo 84.

b_2) Por el gasto por impuesto sobre beneficios vinculado a la subvención imputada directamente en el patrimonio neto, con abono a las cuentas del subgrupo 83.

131. *Donaciones y legados de capital*

Las donaciones y legados concedidos por empresas o particulares para el establecimiento o estructura fija de la empresa (activos no corrientes) cuando no sean reintegrables, de acuerdo con los criterios establecidos en las normas de registro y valoración.

Su movimiento es análogo al señalado para la cuenta 130.

132. *Otras subvenciones, donaciones y legados*

Las subvenciones, donaciones y legados concedidos que no figuran en las cuentas anteriores, cuando no sean reintegrables y se encuentren pendientes de imputar al resultado, de acuerdo con los criterios establecidos en las normas de registro y valoración. Es el caso de las subvenciones concedidas para financiar programas que generarán gastos futuros.

Su movimiento es análogo al señalado para la cuenta 130.

133. *Ajustes por valoración en activos financieros a valor razonable con cambios en el patrimonio neto*

Ajustes producidos por la valoración a valor razonable de los activos financieros clasificados en la categoría de disponibles para la venta, de acuerdo con la norma de registro y valoración relativa a los instrumentos financieros.

Con carácter general, su movimiento es el siguiente:

a) Se abonará:

a_1) Al cierre del ejercicio, por las variaciones positivas en el valor razonable de los activos financieros a valor razonable con cambios en el patrimonio neto, con cargo a la cuenta 900.

a_2) Al cierre del ejercicio, por las transferencias de pérdidas de activos financieros a valor razonable con cambios en el patrimonio neto, con cargo a la cuenta 902.

a_3) Al cierre del ejercicio, cuando se hubieran realizado inversiones previas a la consideración de participaciones en el patrimonio de empresas del grupo, multigrupo o asociadas, por la recuperación o la transferencia a la cuenta de pérdidas y ganancias por deterioro de los ajustes valorativos por reducciones de valor imputados directamente en el patrimonio neto con cargo a las correspondientes cuentas del subgrupo 99.

a_4) Por el gasto por impuesto sobre beneficios originado por estos ajustes, con cargo a las cuentas del subgrupo 83.

b) Se cargará:

b_1) Al cierre del ejercicio, por las variaciones negativas en el valor razonable de los activos financieros a valor razonable con cambios en el patrimonio neto, con abono a la cuenta 800.

b_2) Al cierre del ejercicio, por la transferencia de beneficios en activos financieros a valor razonable con cambios en el patrimonio neto, con abono a la cuenta 802.

b_3) Al cierre del ejercicio, por el deterioro en inversiones en el patrimonio de empresas del grupo, multigrupo y asociadas que previamente hubieran ocasionado ajustes valorativos por aumento de valor, con abono a las correspondientes cuentas del subgrupo 89.

b_4) Por el gasto por impuesto sobre beneficios originado por estos ajustes, con abono a las cuentas del subgrupo 83.

134. *Operaciones de cobertura*

Importe de la pérdida o ganancia del instrumento de cobertura que se haya determinado como cobertura eficaz, en el caso de coberturas de flujos de efectivo o de cobertura de una inversión neta en un negocio en el extranjero.

1340. *Cobertura de flujos de efectivo*

Con carácter general, su movimiento es el siguiente:

a) Se abonará:
- a_1) Al cierre del ejercicio, por los beneficios por coberturas de flujos de efectivo, con cargo a la cuenta 910.
- a_2) Al cierre del ejercicio, por las pérdidas transferidas en coberturas de flujos de efectivo con cargo a la cuenta 912.
- a_3) Por el gasto por impuesto sobre beneficios que surja en estas operaciones, con cargo a las cuentas del subgrupo 83.

b) Se cargará:
- b_1) Al cierre del ejercicio, por las pérdidas por coberturas de flujos de efectivo, con abono a la cuenta 810.
- b_2) Al cierre del ejercicio, por los beneficios transferidos en coberturas de flujos de efectivo, con abono a la cuenta 812.
- b_3) Por el gasto por impuesto sobre beneficios que surja en estas operaciones, con abono a las cuentas del subgrupo 83.

1341. *Cobertura de una inversión neta en un negocio en el extranjero*

La cobertura de una inversión neta en un negocio en el extranjero incluye la cobertura de una partida monetaria que se considere como parte de la citada inversión neta, por no contemplarse ni ser probable la liquidación de dicha partida en un futuro previsible en los términos previstos en la norma de registro y valoración.

Su movimiento es análogo al señalado para la cuenta 1340.

135. *Diferencias de conversión*

Diferencia que surge al convertir a la moneda de presentación, euro, las partidas del balance y de la cuenta de pérdidas y ganancias en el caso de que la moneda funcional sea distinta de la moneda de presentación.

Con carácter general, su movimiento es el siguiente:

a) Se abonará:
- a_1) Al cierre del ejercicio, por los ingresos por diferencias de conversión, con cargo a la cuenta 920.
- a_2) Al cierre del ejercicio, por la transferencia de diferencias de conversión negativas, con cargo a la cuenta 921.
- a_3) Por el gasto por impuesto sobre beneficios vinculado a la diferencia de conversión, con cargo a las cuentas del subgrupo 83.

b) Se cargará:
- b_1) Al cierre del ejercicio, por los gastos por diferencias de conversión, con abono a la cuenta 820.
- b_2) Al cierre del ejercicio, por la transferencia de diferencias de conversión positivas, con abono a la cuenta 821.
- b_3) Por el gasto por impuesto sobre beneficios vinculado a la diferencia de conversión, con abono a las cuentas del subgrupo 83.

136. *Ajustes por valoración en activos no corrientes y grupos enajenables de elementos, mantenidos para la venta*

Ajustes por valor razonable de activos no corrientes clasificados como mantenidos para la venta, y de activos y pasivos directamente asociados, clasificados como grupos enajenables de elementos mantenidos para la venta, cuyas variaciones de valor, previamente a su clasificación en esta categoría, ya se imputaban a otra cuenta del subgrupo 13.

Con carácter general, su movimiento es el siguiente:

a) En el momento de su clasificación en esta categoría, se abonará o cargará, por la variación de valor imputada directamente al patrimonio neto hasta dicho momento, con cargo o abono a las correspondientes cuentas de este subgrupo 13.

b) Posteriormente, se abonará o cargará, por la variación en el valor de los activos no corrientes mantenidos para la venta y de activos y pasivos directamente asociados clasificados como grupos enajenables de elementos mantenidos para la venta, con cargo o abono, respectivamente, a las cuentas de los grupos 96 y 86.

c) Los motivos de cargo y abono correspondientes al efecto impositivo, son análogos a los señalados para la cuenta 133.

137. *Ingresos fiscales a distribuir en varios ejercicios*

Ventajas fiscales materializadas en diferencias permanentes y deducciones y bonificaciones que, por tener una naturaleza económica asimilable a las subvenciones, son objeto de imputación a la cuenta de pérdidas y ganancias en varios ejercicios.

A estos efectos, las diferencias permanentes se materializan, con carácter general, en ingresos que no se incorporan en la determinación de la base imponible del impuesto sobre beneficios y que no revierten en períodos posteriores.

El movimiento de las cuentas citadas de cuatro cifras es el siguiente:

1370. *Ingresos fiscales por diferencias permanentes a distribuir en varios ejercicios*

a) Se abonará, al cierre del ejercicio, por el importe del efecto impositivo de las diferencias permanentes a imputar en varios ejercicios, con cargo a la cuenta 834.

b) Se cargará, al cierre del ejercicio, por la parte imputada en el ejercicio del efecto impositivo de la diferencia permanente, con abono a la cuenta 836.

1371. *Ingresos fiscales por deducciones y bonificaciones a distribuir en varios ejercicios*

Su movimiento es análogo al señalado para la cuenta 1370.

14. PROVISIONES.
    140. Provisión por retribuciones a largo plazo al personal.
    141. Provisión para impuestos.
    142. Provisión para otras responsabilidades.
    143. Provisión por desmantelamiento, retiro o rehabilitación del inmovilizado.
    145. Provisión para actuaciones medioambientales.
    146. Provisión para reestructuraciones.
    147. Provisión por transacciones con pagos basados en instrumentos de patrimonio.

Obligaciones expresas o tácitas a largo plazo, claramente especificadas en cuanto a su naturaleza, pero que, en la fecha de cierre del ejercicio, son indeterminadas en cuanto a su importe exacto o a la fecha en que se producirán.

Las cuentas de este subgrupo figurarán en el pasivo no corriente del balance.

La parte de las provisiones cuya cancelación se prevea en el corto plazo deberá figurar en el pasivo corriente del balance, en el epígrafe «Provisiones a corto plazo»; a estos efectos, se traspasará el importe que representen las provisiones con vencimiento a corto a las cuentas de cuatro cifras correspondientes de la cuenta 529.

140. *Provisión por retribuciones a largo plazo al personal*

Obligaciones legales, contractuales o implícitas con el personal de la empresa, distintas de las recogidas en las cuentas 146 y 147, sobre las que existe incertidumbre acerca de su cuantía o vencimiento, tales como retribuciones post-empleo de prestación definida o prestaciones por incapacidad.

La provisión correspondiente a retribuciones a largo plazo de prestación definida se cuantificará teniendo en cuenta los eventuales activos afectos, en los términos recogidos en la norma de registro y valoración.

Si de la aplicación de lo dispuesto en esta norma surgiese un activo, la empresa creará la correspondiente cuenta en el grupo 2, que figurará en el activo no corriente del balance en la partida «Otras inversiones».

Los motivos de cargo y abono de este activo serán análogos a los señaladas para la presente cuenta 140.

Su movimiento es el siguiente:

a) Se abonará:
   - a_1) Por las estimaciones de los devengos anuales, con cargo a cuentas del subgrupo 64.
   - a_2) Por el reconocimiento de pérdidas actuariales, con cargo a la cuenta 850, en caso de tratarse de retribuciones post-empleo, debiendo cargarse a una cuenta del subgrupo 64 en las restantes retribuciones a largo plazo al personal.
   - a_3) Por el importe de los ajustes que surjan

por la actualización de valores, con cargo a la cuenta 660.

a_4) Por el importe imputado a la cuenta de pérdidas y ganancias de los costes por servicios pasados, con cargo a la cuenta 6442.

b) Se cargará:

b_1) Por la disposición que se realice de la provisión, con abono, generalmente, a cuentas del subgrupo 57.

b_2) Por el reconocimiento de ganancias actuariales, con abono a la cuenta 950, en caso de tratarse de retribuciones post-empleo, debiendo abonarse a una cuenta del subgrupo 64 en las restantes retribuciones a largo plazo al personal.

b_3) Por el rendimiento esperado de los activos afectos, con abono a la cuenta 767.

b_4) Por el exceso de provisión, con abono a la cuenta 7950.

141. *Provisión para impuestos*

Importe estimado de deudas tributarias cuyo pago está indeterminado en cuanto a su importe exacto o a la fecha en que se producirá, dependiendo del cumplimiento o no de determinadas condiciones. Su movimiento es el siguiente:

a) Se abonará por la estimación del devengo anual, con cargo a las cuentas de gasto correspondientes a los distintos componentes que las integren. En particular:

a_1) A cuentas del subgrupo 63, por la parte de la provisión correspondiente a la cuota del ejercicio.

a_2) A cuentas del subgrupo 66, por los intereses de demora correspondientes al ejercicio.

a_3) A la cuenta 678, en su caso, por la sanción asociada.

a_4) A la cuenta 113, por la cuota y los intereses correspondientes a ejercicios anteriores.

b) Se cargará:

b_1) Cuando se aplique la provisión, con abono a cuentas del subgrupo 47.

b_2) Por el exceso de provisión, con abono a la cuenta 7951.

142. *Provisión para otras responsabilidades*

Pasivos no financieros surgidos por obligaciones de cuantía indeterminada no incluidas en ninguna de las restantes cuentas de este subgrupo; entre otras, las procedentes de litigios en curso, indemnizaciones u obligaciones derivados de avales y otras garantías similares a cargo de la empresa.

Su movimiento es el siguiente:

a) Se abonará:

a_1) Al nacimiento de la obligación que determina la indemnización o pago, o por cambios posteriores en su importe que supongan un incremento de la provisión, con cargo, a las cuentas del grupo 6 que correspondan.

a_2) Por el importe de los ajustes que surjan por la actualización de valores, con cargo a la cuenta 660.

b) Se cargará:

b_1) A la resolución firme del litigio, o cuando se conozca el importe definitivo de la indemnización o el pago, con abono, generalmente, a cuentas del subgrupo 57.

b_2) Por el exceso de provisión, con abono a la cuenta 7952.

143. *Provisión por desmantelamiento, retiro o rehabilitación del inmovilizado*

Importe estimado de los costes de desmantelamiento o retiro del inmovilizado, así como la rehabilitación del lugar sobre el que se asienta. La empresa puede incurrir en estas obligaciones en el momento de adquirir el inmovilizado o para poder utilizar el mismo durante un determinado período de tiempo.

Cuando se incurra en esta obligación en el momento de adquirir el inmovilizado o surja como consecuencia de utilizar el inmovilizado con propósito distinto a la producción de existencias, su movimiento es el siguiente:

a) Se abonará:

a_1) Al nacimiento de la obligación, o por cambios posteriores en su importe que supongan un incremento de la provisión, con cargo, generalmente, a cuentas del subgrupo 21.

a_2) Por el importe de los ajustes que surjan por la actualización de valores, con cargo a la cuenta 660.

b) Se cargará:

b_1) Al cierre del ejercicio, por las disminuciones en el importe de la provisión originadas por una nueva estimación de su importe, con abono, generalmente, a cuentas del subgrupo 21.

b_2) Cuando se aplique la provisión, con abono, generalmente, a cuentas del subgrupo 57.

Cuando se incurra en la obligación como consecuencia de haber utilizado el inmovilizado para producir existencias, su movimiento es análogo al señalado para la cuenta 142.

145. *Provisión para actuaciones medioambientales*

Obligaciones legales, contractuales o implícitas de la empresa o compromisos adquiridos por la misma, de cuantía indeterminada, para prevenir o reparar daños sobre el medio ambiente, salvo las que tengan su origen en el desmantelamiento, retiro o rehabilitación del inmovilizado, que se contabilizarán según lo establecido en la cuenta 143.

Su movimiento es el siguiente:

a) Se abonará:

a_1) Al nacimiento de la obligación o por cambios posteriores en su importe que supongan un incremento de la provisión, con cargo a las cuentas 622 o 623.

a_2) Por el importe de los ajustes que surjan por la actualización de valores, con cargo a la cuenta 660.

b) Se cargará:

b_1) Cuando se aplique la provisión, con abono, generalmente, a cuentas del subgrupo 57.

b_2) Por el exceso de provisión, con abono a la cuenta 7955.

146. *Provisión para reestructuraciones*

Importe estimado de los costes que surjan directamente de una reestructuración, siempre y cuando se cumplan las dos condiciones siguientes:

— Estén necesariamente impuestos por la reestructuración.
— No estén asociados con las actividades que continúan en la empresa.

A estos efectos, se entiende por reestructuración un programa de actuación planificado y controlado por la empresa que produzca un cambio significativo en:

— El alcance de la actividad llevado a cabo por la empresa, o
— La manera de llevar la gestión de su actividad.

Con carácter general, su movimiento es el siguiente:

a) Se abonará:

a_1) Al nacimiento de la obligación o por cambios posteriores en su importe que supongan un incremento de la provisión, con cargo, generalmente, a cuentas de los subgrupos 62 y 64.

a_2) Por el importe de los ajustes que surjan por la actualización de valores, con cargo a la cuenta 660.

b) Se cargará:

b_1) Cuando se aplique la provisión, con abono, generalmente, a cuentas del subgrupo 57.

b_2) Por el exceso de la provisión, con abono a la cuenta 7956.

147. *Provisión por transacciones con pagos basados en instrumentos de patrimonio*

Importe estimado de la obligación asumida por la empresa como consecuencia de una transacción con pagos basados en instrumentos de patrimonio que se liquiden con un importe efectivo que esté basado en el valor de dichos instrumentos.

Su movimiento es el siguiente:

a) Se abonará:

a_1) Al nacimiento de la obligación o por cambios posteriores en su importe que supongan un incremento de la provisión, con cargo, generalmente, a cuentas de los subgrupos 62 o 64.

a_2) Por el importe de los ajustes que surjan

por la actualización de valores, con cargo a la cuenta 660.

b) Se cargará:

b_1) Cuando se aplique la provisión, con abono, generalmente, a cuentas del subgrupo 57.

b_2) Por el exceso de provisión, con abono a la cuenta 7957.

15. DEUDAS A LARGO PLAZO CON CARACTERÍSTICAS ESPECIALES.

150. Acciones o participaciones a largo plazo consideradas como pasivos financieros.

153. Desembolsos no exigidos por acciones o participaciones consideradas como pasivos financieros.

1533. Desembolsos no exigidos, empresas del grupo.

1534. Desembolsos no exigidos, empresas asociadas.

1535. Desembolsos no exigidos, otras partes vinculadas.

1536. Otros desembolsos no exigidos.

154. Aportaciones no dinerarias pendientes por acciones o participaciones consideradas como pasivos financieros.

1543. Aportaciones no dinerarias pendientes, empresas del grupo.

1544. Aportaciones no dinerarias pendientes, empresas asociadas.

1545. Aportaciones no dinerarias pendientes, otras partes vinculadas.

1546. Otras aportaciones no dinerarias pendientes.

Acciones u otras participaciones en el capital de la empresa que, atendiendo a las características económicas de la emisión, deban considerarse como pasivo financiero.

La parte de las deudas a largo plazo con características especiales que tenga vencimiento a corto deberá figurar en el pasivo corriente del balance, en el epígrafe «Deudas con características especiales a corto plazo»; a estos efectos, se traspasará el importe que representen estas deudas a largo plazo con vencimiento a corto a la cuenta 502.

150. *Acciones o participaciones a largo plazo consideradas como pasivos financieros*

Capital social escriturado y, en su caso, prima de emisión o asunción en las sociedades que revistan forma mercantil que, atendiendo a las características de la emisión, deba contabilizarse como pasivo financiero. En particular, determinadas acciones rescatables y acciones o participaciones sin voto.

Figurarán en el pasivo no corriente del balance en el epígrafe «Deudas con características especiales a largo plazo».

Su movimiento es el siguiente:

a) Se abonará por el capital inicial y las sucesivas ampliaciones en el momento de su inscripción en el Registro Mercantil, con cargo a la cuenta 199.

b) Se cargará por la cancelación o reducciones del mismo y a la extinción de la sociedad, una vez transcurrido el período de liquidación.

153. *Desembolsos no exigidos por acciones o participaciones consideradas como pasivos financieros*

Capital social escriturado no exigido correspondiente a los instrumentos financieros cuya calificación contable sea la de pasivo financiero.

Figurarán en el pasivo no corriente del balance con signo negativo, minorando el epígrafe «Deudas con características especiales a largo plazo».

El movimiento de las cuentas citadas de cuatro cifras es el siguiente:

1533/1534/1535/1536

a) Se cargarán por el valor nominal no desembolsado de las acciones suscritas o participaciones asumidas, con abono, generalmente, a las cuentas 195 o 197.

b) Se abonarán por los desembolsos exigidos, con cargo a la cuenta 5585.

154. *Aportaciones no dinerarias pendientes por acciones o participaciones consideradas como pasivos financieros*

Capital social escriturado pendiente de desembolso por aportaciones no dinerarias correspondiente a los instrumentos financieros cuya calificación contable sea la de pasivo financiero.

Figurarán en el pasivo no corriente del balance, con signo negativo, minorando el epígrafe «Deudas con características especiales a largo plazo».

El movimiento de las cuentas citadas de cuatro cifras es el siguiente:

1543/1544/1545/1546

a) Se cargarán por el valor nominal no desembolsado de las acciones suscritas o participaciones asumidas, con abono, generalmente, a las cuentas 195 o 197.

b) Se abonarán cuando se realicen los desembolsos, con cargo a las cuentas representativas de los bienes no dinerarios aportados.

16. DEUDAS A LARGO PLAZO CON PARTES VINCULADAS.
    - 160. Deudas a largo plazo con entidades de crédito vinculadas.
        - 1603. Deudas a largo plazo con entidades de crédito, empresas del grupo.
        - 1604. Deudas a largo plazo con entidades de crédito, empresas asociadas.
        - 1605. Deudas a largo plazo con otras entidades de crédito vinculadas.
    - 161. Proveedores de inmovilizado a largo plazo, partes vinculadas.
        - 1613. Proveedores de inmovilizado a largo plazo, empresas del grupo.
        - 1614. Proveedores de inmovilizado a largo plazo, empresas asociadas.
        - 1615. Proveedores de inmovilizado a largo plazo, otras partes vinculadas.
    - 162. Acreedores por arrendamiento financiero a largo plazo, partes vinculadas.
        - 1623. Acreedores por arrendamiento financiero a largo plazo, empresas del grupo.
        - 1624. Acreedores por arrendamiento financiero a largo plazo, empresas asociadas.
        - 1625. Acreedores por arrendamiento financiero a largo plazo, otras partes vinculadas.
    - 163. Otras deudas a largo plazo con partes vinculadas.
        - 1633. Otras deudas a largo plazo, empresas del grupo.
        - 1634. Otras deudas a largo plazo, empresas asociadas.
        - 1635. Otras deudas a largo plazo, con otras partes vinculadas.

Deudas cuyo vencimiento vaya a producirse en un plazo superior a un año contraídas con empresas del grupo, multigrupo, asociadas y otras partes vinculadas, incluidos los intereses devengados con vencimiento superior a un año. En este subgrupo se recogerán, en las cuentas de tres o más cifras que se desarrollen, las deudas que por su naturaleza debieran figurar en los subgrupos 17 o 18.

En caso de que las deudas devenguen intereses explícitos con vencimiento superior a un año, se crearán las cuentas necesarias para identificarlos, debiendo figurar en el balance en la misma partida en la que se incluya el pasivo que los genera.

Las cuentas de este subgrupo figurarán en el pasivo no corriente del balance.

La parte de las deudas a largo plazo que tenga vencimiento a corto deberá figurar en el pasivo corriente del balance, en el epígrafe «Deudas con empresas del grupo y asociadas a corto plazo»; a estos efectos, se traspasará el importe que representen las deudas a largo plazo con vencimiento a corto a las cuentas correspondientes del subgrupo 51.

160. *Deudas a largo plazo con entidades de crédito vinculadas*

Las contraídas con entidades de crédito vinculadas por préstamos recibidos y otros débitos, con vencimiento superior a un año.

El movimiento de las cuentas citadas de cuatro cifras es el siguiente:

1603/1604/1605

a) Se abonarán:

a_1) A la formalización de la deuda o préstamo, por el importe recibido, minorado en los costes de la transacción, con cargo, generalmente, a cuentas del subgrupo 57.

a_2) Por el gasto financiero devengado hasta alcanzar el valor de reembolso de la deuda, con cargo, generalmente, a la cuenta 662.

b) Se cargarán por el reintegro anticipado, total o parcial, con abono, a cuentas del subgrupo 57.

Se incluirá, con el debido desarrollo, en cuentas de cinco o más cifras, el importe de las deudas a largo plazo por efectos descontados.

161. *Proveedores de inmovilizado a largo plazo, partes vinculadas*

Deudas con partes vinculadas en calidad de suministradores de bienes definidos en el grupo 2, incluidas las formalizadas en efectos de giro, con vencimiento superior a un año.

El movimiento de las cuentas citadas de cuatro cifras es el siguiente:

1613/1614/1615

a) Se abonarán:

a_1) Por la recepción a conformidad de los bienes suministrados, con cargo a cuentas del grupo 2.

a_2) Por el gasto financiero devengado hasta alcanzar el valor de reembolso de la deuda, con cargo, generalmente, a la cuenta 662.

b) Se cargarán por la cancelación anticipada, total o parcial, de las deudas, con abono, generalmente, a cuentas del subgrupo 57.

162. *Acreedores por arrendamiento financiero a largo plazo, partes vinculadas*

Deudas con vencimiento superior a un año con partes vinculadas en calidad de cedentes del uso de bienes en acuerdos que deban calificarse como arrendamientos financieros en los términos recogidos en las normas de registro y valoración.

El movimiento de las cuentas citadas de cuatro cifras es el siguiente:

1623/1624/1625

a) Se abonarán:

a_1) Por la recepción a conformidad del derecho de uso sobre los bienes suministrados, con cargo a cuentas del grupo 2.

a_2) Por el gasto financiero devengado hasta alcanzar el valor de reembolso de la deuda, con cargo, generalmente, a la cuenta 662.

b) Se cargarán por la cancelación anticipada, total o parcial, de las deudas, con abono, generalmente, a cuentas del subgrupo 57.

163. *Otras deudas a largo plazo con partes vinculadas*

Las contraídas con partes vinculadas por préstamos recibidos y otros débitos no incluidos en otras cuentas de este subgrupo, con vencimiento superior a un año.

1633/1634/1635

El movimiento de las cuentas citadas de cuatro cifras es análogo al señalado para la cuenta 160.

17. DEUDAS A LARGO PLAZO POR PRÉSTAMOS RECIBIDOS, EMPRÉSTITOS Y OTROS CONCEPTOS.
   - 170. Deudas a largo plazo con entidades de crédito.
   - 171. Deudas a largo plazo.
   - 172. Deudas a largo plazo transformables en subvenciones, donaciones y legados.
   - 173. Proveedores de inmovilizado a largo plazo.
   - 174. Acreedores por arrendamiento financiero a largo plazo.
   - 175. Efectos a pagar a largo plazo.
   - 176. Pasivos por derivados financieros a largo plazo.
     - 1765. Pasivos por derivados financieros a largo plazo, cartera de negociación.
     - 1768. Pasivos por derivados financieros a largo plazo, instrumentos de cobertura.
   - 177. Obligaciones y bonos.
   - 178. Obligaciones y bonos convertibles.
   - 179. Deudas representadas en otros valores negociables.

Financiación ajena a largo plazo contraída con terceros que no tengan la calificación de partes vinculadas, incluyendo los intereses devengados con vencimiento superior a un año. La emisión y suscripción de los valores negociables se registrarán en la forma que las empresas tengan por conveniente mientras se encuentran los valores en período de suscripción.

En caso de que las deudas devenguen intereses explícitos con vencimiento superior a un año, se crearán las cuentas necesarias para identificarlos, debiendo figurar en el balance en la misma partida en la que se incluya el pasivo que los genera.

Las cuentas de este subgrupo figurarán en el pasivo no corriente del balance.

La parte de las deudas a largo plazo que tenga vencimiento a corto deberá figurar en el pasivo corriente del balance, en el epígrafe «Deudas a corto plazo»; a estos efectos, se traspasará el importe que representen las deudas a largo plazo con vencimiento a corto a las cuentas correspondientes de los subgrupos 50 y 52.

170. *Deudas a largo plazo con entidades de crédito*

Las contraídas con entidades de crédito por préstamos recibidos y otros débitos, con vencimiento superior a un año.

Su movimiento es el siguiente:

a) Se abonará:
   - a_1) A la formalización de la deuda o préstamo, por el importe recibido, minorado en los costes de la transacción, con cargo, generalmente, a cuentas del subgrupo 57.
   - a_2) Por el gasto financiero devengado hasta alcanzar el valor de reembolso de la deuda, con cargo, generalmente, a la cuenta 662.

b) Se cargará por el reintegro anticipado, total o parcial, con abono, generalmente, a cuentas del subgrupo 57.

Se incluirá, con el debido desarrollo, en cuentas de cuatro o más cifras, el importe de las deudas por efectos descontados.

171. *Deudas a largo plazo*

Las contraídas con terceros por préstamos recibidos y otros débitos no incluidos en otras cuentas de este subgrupo, con vencimiento superior a un año.

Su movimiento es el siguiente:

a) Se abonará:
   - a_1) A la formalización de la deuda o préstamo, por el importe recibido, minorado en los costes de la transacción, con cargo, generalmente, a cuentas del subgrupo 57.
   - a_2) Por el gasto financiero devengado hasta alcanzar el valor de reembolso de la deuda, con cargo, generalmente, a la cuenta 662.

b) Se cargará:
   - b_1) Por la aceptación de efectos a pagar, con abono a la cuenta 175.
   - b_2) Por la cancelación anticipada, total o parcial, de las deudas, con abono, generalmente, a cuentas del subgrupo 57.

172. *Deudas a largo plazo transformables en subvenciones, donaciones y legados*

Cantidades concedidas por las Administraciones Públicas, tanto nacionales como internacionales, empresas o particulares con carácter de subvención, donación o legado reintegrable, con vencimiento superior a un año.

Su movimiento es el siguiente:

a) Se abonará por las cantidades concedidas a la empresa con cargo, generalmente, a cuentas de los subgrupos 47 o 57.

b) Se cargará:
   - b_1) Por cualquier circunstancia que determine la reducción total o parcial de las mismas, con arreglo a los términos de su concesión, con abono, generalmente, a la cuenta 4758.
   - b_2) Si pierde su carácter de reintegrable, con abono de su saldo a las cuentas 940, 941 o 942, o a cuentas del subgrupo 74.

173. *Proveedores de inmovilizado a largo plazo*

Deudas con suministradores de bienes definidos en el grupo 2, con vencimiento superior a un año.

Su movimiento es el siguiente:

a) Se abonará:

a_1) Por la recepción a conformidad de los bienes suministrados, con cargo a cuentas del grupo 2.

a_2) Por el gasto financiero devengado hasta alcanzar el valor de reembolso de la deuda, con cargo, generalmente, a la cuenta 662.

b) Se cargará:

b_1) Por la aceptación de efectos a pagar, con abono a la cuenta 175.

b_2) Por la cancelación anticipada, total o parcial, de las deudas, con abono, generalmente, a cuentas del subgrupo 57.

174. *Acreedores por arrendamiento financiero a largo plazo*

Deudas con vencimiento superior a un año con otras entidades en calidad de cedentes del uso de bienes, en acuerdos que deban calificarse como arrendamientos financieros en los términos recogidos en las normas de registro y valoración.

a) Se abonará:

a_1) Por la recepción a conformidad del derecho de uso sobre los bienes suministrados, con cargo a cuentas del grupo 2.

a_2) Por el gasto financiero devengado hasta alcanzar el valor de reembolso de la deuda, con cargo, generalmente, a la cuenta 662.

b) Se cargará por la cancelación anticipada, total o parcial, de las deudas, con abono, generalmente, a cuentas del subgrupo 57.

175. *Efectos a pagar a largo plazo*

Deudas contraídas por préstamos recibidos y otros débitos con vencimiento superior a un año, instrumentadas mediante efectos de giro, incluidas aquellas que tengan su origen en suministros de bienes de inmovilizado.

Su movimiento es el siguiente:

a) Se abonará:

a_1) Cuando la empresa acepte los efectos, con cargo, generalmente, a cuentas de este subgrupo.

a_2) Por el gasto financiero devengado hasta alcanzar el valor de reembolso de la deuda, con cargo, generalmente, a la cuenta 662.

b) Se cargará por el pago anticipado de los efectos, con abono, generalmente, a cuentas del subgrupo 57.

176. *Pasivos por derivados financieros a largo plazo*

Importe correspondiente a las operaciones con derivados financieros con valoración desfavorable para la empresa cuyo plazo de liquidación sea superior a un año. También se incluyen los derivados implícitos de instrumentos financieros híbridos adquiridos, emitidos o asumidos que cumplan los criterios para su inclusión en esta cuenta, creándose en caso necesario cuentas de cuatro o más cifras que identifiquen que se trata de un derivado implícito.

En particular, se recogerán en esta cuenta las primas cobradas en operaciones con opciones, así como, con carácter general, las variaciones en el valor razonable de los pasivos por derivados financieros con los que opere la empresa: opciones, futuros, permutas financieras, compraventa a plazo de moneda extranjera, etc.

1765. *Pasivos por derivados financieros a largo plazo, cartera de negociación*

Su movimiento es el siguiente:

a) Se abonará:

a_1) Por el importe recibido en el momento de la contratación, con cargo, generalmente, a cuentas del subgrupo 57.

a_2) Por las pérdidas que se generen en el ejercicio, con cargo a la cuenta 6630.

b) Se cargará:

b_1) Por las ganancias que se generen en el ejercicio hasta el límite del importe por el que figurara registrado el derivado en el pasivo en el ejercicio anterior, con abono a la cuenta 7630.

b_2) Por las cantidades satisfechas en el momento de la liquidación, con abono, generalmente, a cuentas del subgrupo 57.

1768. *Pasivos por derivados financieros a largo plazo, instrumentos de cobertura.*

Su movimiento es el siguiente:

a) Se abonará por el importe recibido en el momento de la contratación, con cargo, generalmente, a cuentas del subgrupo 57.
b) Cuando el derivado se utilice como instrumento de cobertura, en una cobertura de valor razonable:
  b_1) Se cargará:
    i) Por las ganancias que se generen en el ejercicio al aplicar las reglas que rigen la contabilidad de coberturas, hasta el límite del importe por el que figurara registrado el derivado en el pasivo en el ejercicio anterior, con abono a una cuenta que se imputará a la cuenta de pérdidas y ganancias en la misma partida en la que se incluyan las pérdidas que se generen en las partidas cubiertas al valorar el riesgo cubierto por su valor razonable.
    ii) En el momento en que se adquiera el activo o se asuma el pasivo cubiertos, con abono a las cuentas en que se contabilicen dichos elementos patrimoniales.
  b_2) Se abonará por las pérdidas que se generen en el ejercicio al aplicar las reglas que rigen la contabilidad de coberturas, con cargo a una cuenta que se imputará a la cuenta de pérdidas y ganancias en la misma partida en la que se incluyan las ganancias que se generen en las partidas cubiertas al valorar el riesgo cubierto por su valor razonable.
c) Cuando el derivado se utilice como instrumento de cobertura, en otras operaciones de cobertura, por la parte eficaz, se cargará o abonará, por la ganancia o pérdida que se generen en el ejercicio al aplicar las reglas que rigen la contabilidad de coberturas, con abono o cargo a las cuentas de los subgrupos 91 y 81, respectivamente, y por la parte ineficaz, a las cuentas 7633 y 6633.
d) Se cargará por las cantidades satisfechas en el momento de la liquidación, con abono, generalmente, a cuentas del subgrupo 57.

177. *Obligaciones y bonos*

Obligaciones y bonos en circulación no convertibles en acciones.

Su movimiento es el siguiente:

a) Se abonará:
  a_1) En el momento de la emisión, por el importe recibido, minorado en los costes de la transacción, con cargo a cuentas del subgrupo 57.
  a_2) Por el gasto financiero devengado hasta alcanzar el valor de reembolso de la deuda, con cargo, generalmente, a la cuenta 661.
b) Se cargará por el importe a reembolsar de los valores a la amortización anticipada, total o parcial, de los mismos, con abono, generalmente, a la cuenta 509 y, en su caso, a la cuenta 775.

178. *Obligaciones y bonos convertibles*

Componente de pasivo financiero de las obligaciones y bonos convertibles en acciones que se califican como instrumentos financieros compuestos.

Su movimiento es análogo al señalado para la cuenta 177.

179. *Deudas representadas en otros valores negociables*

Otros pasivos financieros representados en valores negociables, ofrecidos al ahorro público, distintos de los anteriores.

Su contenido y movimiento es análogo al señalado para las cuentas 178 o 177, dependiendo de si se trata de un instrumento financiero compuesto o no.

18. PASIVOS POR FIANZAS, GARANTÍAS Y OTROS CONCEPTOS A LARGO PLAZO.

180. Fianzas recibidas a largo plazo.
181. Anticipos recibidos por ventas o prestaciones de servicios a largo plazo.
185. Depósitos recibidos a largo plazo.
189. Garantías financieras a largo plazo.

Las cuentas de este subgrupo figurarán en el pasivo no corriente del balance.

La parte de fianzas, anticipos y depósitos recibidos y garantías financieras concedidas a largo plazo cuyo vencimiento o extinción se espere a corto plazo deberá figurar en el pasivo corriente del balance, en los epígrafes «Deudas a corto plazo» o «Periodificaciones a corto plazo», según corresponda; a estos efectos se traspasará el importe que representen las fianzas, anticipos, depósitos recibidos y garantías financieras concedidas a largo plazo con vencimiento a corto a las cuentas correspondientes de los subgrupos 48 o 56.

180. *Fianzas recibidas a largo plazo*

Efectivo recibido como garantía del cumplimiento de una obligación, a plazo superior a un año.

Con carácter general, su movimiento es el siguiente:

a) Se abonará:
  a_1) A la constitución, por el valor razonable del pasivo financiero, con cargo a cuentas del subgrupo 57.
  a_2) Por el gasto financiero devengado hasta alcanzar el valor de reembolso de la fianza, con cargo, generalmente, a la cuenta 662.
b) Se cargará:
  b_1) A la cancelación anticipada, con abono a cuentas del subgrupo 57.
  b_2) Por incumplimiento de la obligación afianzada que determine pérdidas en la fianza, con abono a la cuenta 759.

181. *Anticipos recibidos por ventas o prestaciones de servicios a largo plazo*

Importe recibido «a cuenta» de futuras ventas o prestaciones de servicios.

Con carácter general, su movimiento es el siguiente:

a) Se abonará:
  a_1) Por el importe recibido con cargo a cuentas del subgrupo 57.
  a_2) Por el importe de los ajustes que surjan por la actualización de su valor, con cargo, generalmente, a la cuenta 662.
b) Se cargará cuando se devengue el ingreso, con abono a cuentas del subgrupo 70.

185. *Depósitos recibidos a largo plazo*

Efectivo recibido en concepto de depósito irregular, a plazo superior a un año.

Con carácter general, su movimiento es el siguiente:

a) Se abonará:
  a_1) A la constitución, por el valor razonable del pasivo financiero, con cargo a cuentas del subgrupo 57.
  a_2) Por el gasto financiero devengado hasta alcanzar el valor de reembolso del depósito, con cargo, generalmente, a la cuenta 662.
b) Se cargará a la cancelación anticipada, con abono a cuentas del subgrupo 57.

189. *Garantías financieras a largo plazo*

Garantías financieras concedidas por la empresa a plazo superior a un año. En particular, avales otorgados, siempre y cuando no proceda su registro en el subgrupo 14.

Con carácter general, su movimiento es el siguiente:

a) Se abonará:
  a_1) A la constitución, por el valor razonable del pasivo financiero, con cargo a cuentas del subgrupo 57.
  a_2) Por el gasto financiero devengado, con cargo, generalmente, a la cuenta 662.
  a_3) Por el aumento de la obligación, con cargo a la cuenta 669.
b) Se cargará:
  b_1) Por la disminución de la obligación y por los ingresos devengados, con abono a la cuenta 769.
  b_2) A la cancelación anticipada, con abono a cuentas del subgrupo 57.

19. SITUACIONES TRANSITORIAS DE FINANCIACIÓN.
  190. Acciones o participaciones emitidas.
  192. Suscriptores de acciones.
  194. Capital emitido pendiente de inscripción.
  195. Acciones o participaciones emitidas consideradas como pasivos financieros.

197. Suscriptores de acciones consideradas como pasivos financieros.
199. Acciones o participaciones emitidas consideradas como pasivos financieros pendientes de inscripción.

190. *Acciones o participaciones emitidas*

Capital social y, en su caso, prima de emisión o asunción de acciones o participaciones con naturaleza de patrimonio neto emitidas y pendientes de suscripción.

Figurará en el pasivo corriente del balance, con signo negativo, dentro del epígrafe «Deudas a corto plazo». Su movimiento es el siguiente:

a) Se cargará por el valor nominal y, en su caso, la prima de emisión o asunción de las acciones o participaciones emitidas y pendientes de suscripción, con abono a la cuenta 194.
b) Se abonará a medida que se suscriban o asuman las acciones o participaciones:
   b_1) En los supuestos de fundación simultánea, con cargo, generalmente, a cuentas del subgrupo 57, o a las cuentas 1034 y 1044.
   b_2) En los supuestos de fundación sucesiva, con cargo a la cuenta 192.
   b_3) En los supuestos en que no se suscriban acciones o participaciones emitidas, con cargo a la cuenta 194.

192. *Suscriptores de acciones*

Derecho de la sociedad a exigir de los suscriptores el importe de las acciones suscritas que tengan naturaleza de patrimonio neto.

Figurará en el pasivo corriente del balance, con signo negativo, dentro del epígrafe «Deudas a corto plazo». Su movimiento es el siguiente:

a) Se cargará por el valor nominal y, en su caso, la prima de emisión de las acciones suscritas, con abono a la cuenta 190.
b) Se abonará cuando se dé conformidad a la suscripción de las acciones, con cargo, generalmente, a cuentas del subgrupo 57, o a las cuentas 1034 y 1044.

194. *Capital emitido pendiente de inscripción*

Capital social y, en su caso, prima de emisión o asunción de acciones o participaciones con naturaleza de patrimonio neto emitidas y pendientes de inscripción en el Registro Mercantil.

Figurará en el pasivo corriente del balance si en la fecha de formulación de las cuentas anuales no se hubiera producido la inscripción en el Registro Mercantil.

Su movimiento es el siguiente:

a) Se abonará por el valor nominal y, en su caso, la prima de emisión o asunción de las acciones o participaciones emitidas y pendientes de inscripción, con cargo a la cuenta 190.
b) Se cargará;.
   b_1) En el momento de la inscripción del capital en el Registro Mercantil, con abono a las cuentas 100 y 110.
   b_2) En los supuestos en que no se suscriban acciones o participaciones emitidas, con abono a la cuenta 190.

195. *Acciones o participaciones emitidas consideradas como pasivos financieros*

Capital social y, en su caso, prima de emisión o asunción de acciones o participaciones emitidas consideradas como pasivo financiero y pendientes de suscripción.

Figurará en el pasivo corriente del balance, con signo negativo, dentro del epígrafe «Deudas a corto plazo con características especiales».

Su movimiento es el siguiente:

a) Se cargará por el valor nominal y, en su caso, la prima de emisión o asunción de las acciones o participaciones emitidas y pendientes de suscripción, con abono a la cuenta 199.
b) Se abonará a medida que se suscriban o asuman las acciones o participaciones:
   b_1) En los supuestos de fundación simultánea, con cargo, generalmente, a cuentas del subgrupo 57 o a las cuentas 153 y 154.
   b_2) En los supuestos de fundación sucesiva, con cargo a la cuenta 197.
   b_3) En los supuestos en que no se suscriban acciones o participaciones emitidas, con cargo a la cuenta 199.

197. *Suscriptores de acciones consideradas como pasivos financieros*

Derecho de la sociedad a exigir a los suscriptores el importe de las acciones suscritas consideradas como pasivo financiero.

Figurará en el pasivo corriente del balance, con signo negativo, dentro del epígrafe «Deudas a corto plazo con características especiales».

Su movimiento es el siguiente:

a) Se cargará por el valor nominal y, en su caso, la prima de emisión de las acciones suscritas, con abono a la cuenta 195.
b) Se abonará cuando se dé conformidad a la suscripción de las acciones, con cargo, generalmente, a cuentas del subgrupo 57, o a las cuentas 153 y 154.

199. *Acciones o participaciones emitidas consideradas como pasivos financieros pendientes de inscripción*

Capital social y, en su caso, prima de emisión o asunción de acciones o participaciones consideradas como pasivo financiero emitidas y pendientes de inscripción en el Registro Mercantil.

Figurará en el pasivo corriente del balance, dentro del epígrafe «Deudas a corto plazo con características especiales».

Su movimiento es el siguiente:

a) Se abonará por el valor nominal y, en su caso, la prima de emisión o asunción de las acciones o participaciones emitidas y pendientes de inscripción, con cargo, a la cuenta 195.
b) Se cargará:
   b_1) En el momento de la inscripción del capital en el Registro Mercantil, con abono a las cuentas 150 y 502.
   b_2) En los supuestos en que no se suscriban acciones o participaciones emitidas, con abono a la cuenta 195.

GRUPO 2

ACTIVO NO CORRIENTE

Comprende los activos destinados a servir de forma duradera en las actividades de la empresa, incluidas las inversiones financieras cuyo vencimiento, enajenación o realización se espera habrá de producirse en un plazo superior a un año.

En particular, se aplicarán las siguientes reglas:

a) En este grupo también se incluyen los derivados financieros con valoración favorable para la empresa tanto de cobertura como de negociación cuando su liquidación sea superior a un año.
b) De acuerdo con lo dispuesto en las normas de elaboración de las cuentas anuales, en este grupo no se pueden incluir los activos financieros a largo plazo que cumplan la definición de activos que se mantengan para negociar, salvo los derivados financieros cuyo plazo de liquidación sea superior a un año.
c) Se desarrollarán las cuentas de cuatro o más cifras que sean necesarias para diferenciar las distintas categorías en las que se hayan incluido los activos financieros de acuerdo con lo establecido en las normas de registro y valoración.
d) Si se adquieren activos financieros híbridos que de acuerdo con lo establecido en las normas de registro y valoración se valoren en su conjunto por su valor razonable, se incluirán en la cuenta que corresponda a la naturaleza del contrato principal, para lo que se crearán con el debido desglose, cuentas de cuatro o más cifras que identifiquen que se trata de un activo o pasivo financiero híbrido a largo plazo valorado conjuntamente.
e) Una cuenta que recoja activos financieros clasificados en la categoría de «Activos financieros a valor razonable con cambios en la cuenta de pérdidas y ganancias», se cargará o abonará, por las variaciones en su valor razonable, con abono o cargo, respectivamente, a las cuentas 763 y 663.
f) Una cuenta que recoja un activo no corriente que, de acuerdo con lo establecido en las normas de registro y valoración, deba clasificarse como mantenido para la venta o forme parte de un grupo enajenable de elementos mantenidos para la venta, se abonará en el momento en que se cumplan las condiciones para su clasificación, con cargo a la respectiva cuenta del subgrupo 58.

g) La diferencia entre el valor por el que se reconocen inicialmente los activos financieros y su valor de reembolso se registrará como un cargo (o, cuando proceda, como un abono) en la cuenta donde esté registrado el activo financiero con abono (o cargo) a la cuenta del subgrupo 76 que corresponda según la naturaleza del instrumento.

20. INMOVILIZACIONES INTANGIBLES.

200. Investigación.
201. Desarrollo.
202. Concesiones administrativas.
203. Propiedad industrial.
204. Fondo de comercio.
205. Derechos de traspaso.
206. Aplicaciones informáticas.
209. Anticipos para inmovilizaciones intangibles.

Las inmovilizaciones intangibles son activos no monetarios sin apariencia física susceptibles de valoración económica, así como los anticipos a cuenta entregados a proveedores de estos inmovilizados.

Además de los elementos intangibles mencionados, existen otros elementos de esta naturaleza que serán reconocidos como tales en balance, siempre y cuando cumplan las condiciones señaladas en el Marco Conceptual de la Contabilidad, así como los requisitos especificados en las normas de registro y valoración. Entre otros, los siguientes: derechos comerciales, propiedad intelectual o licencias. Para su registro, se abrirá una cuenta en este subgrupo cuyo movimiento será similar al descrito a continuación para las restantes cuentas del inmovilizado intangible.

Las cuentas de este subgrupo figurarán en el activo no corriente del balance.

200. *Investigación*

Es la indagación original y planificada que persigue descubrir nuevos conocimientos y superior comprensión de los existentes en los terrenos científico o técnico. Contiene los gastos de investigación activados por la empresa, de acuerdo con lo establecido en las normas de registro y valoración de este texto.

Su movimiento es el siguiente:

a) Se cargará por el importe de los gastos que deban figurar en esta cuenta, con abono a la cuenta 730.
b) Se abonará por la baja del activo, en su caso, con cargo a la cuenta 670.

Cuando se trate de investigación por encargo a otras empresas o a Universidades u otras Instituciones dedicadas a la investigación científica o tecnológica, el movimiento de la cuenta 200 es también el que se ha indicado.

201. *Desarrollo*

Es la aplicación concreta de los logros obtenidos de la investigación o de cualquier otro tipo de conocimiento científico, a un plan o diseño en particular para la producción de materiales, productos, métodos, procesos o sistemas nuevos, o sustancialmente mejorados, hasta que se inicia la producción comercial.

Contiene los gastos de desarrollo activados por la empresa de acuerdo con lo establecido en las normas de registro y valoración de este texto.

Su movimiento es el siguiente:

a) Se cargará por el importe de los gastos que deban figurar en esta cuenta, con abono a la cuenta 730.
b) Se abonará:
   b_1) Por la baja del activo, en su caso, con cargo a la cuenta 670.
   b_2) Por los resultados positivos y, en su caso, inscritos en el correspondiente Registro Público, con cargo a las cuentas 203 o 206, según proceda.

Cuando se trate de desarrollo por encargo a otras empresas o a Universidades u otras Instituciones dedicadas a la investigación científica o tecnológica, el movimiento de la cuenta 201 es también el que se ha indicado.

202. *Concesiones administrativas*

Gastos efectuados para la obtención de derechos de investigación o de explotación otorgados por el Estado u otras Administraciones Públicas, o el precio de adquisición de aquellas concesiones susceptibles de transmisión.

Su movimiento es el siguiente:

a) Se cargará por los gastos originados para obtener la concesión, o por el precio de adquisición, con abono, generalmente, a cuentas del subgrupo 57.
b) Se abonará por las enajenaciones y en general por su baja del activo, con cargo, generalmente, a cuentas del subgrupo 57 y en caso de pérdidas a la cuenta 670.

203. *Propiedad industrial*

Importe satisfecho por la propiedad o por el derecho al uso o a la concesión del uso de las distintas manifestaciones de la propiedad industrial, en los casos en que, por las estipulaciones del contrato, deban inventariarse por la empresa adquirente. Este concepto incluye, entre otras, las patentes de invención, los certificados de protección de modelos de utilidad pública y las patentes de introducción.

Esta cuenta comprenderá también los gastos realizados en desarrollo cuando los resultados de los respectivos proyectos emprendidos por la empresa fuesen positivos y, cumpliendo los necesarios requisitos legales, se inscriban en el correspondiente Registro.

Su movimiento es el siguiente:

a) Se cargará:
  a_1) Por la adquisición a otras empresas, con abono, generalmente, a cuentas del subgrupo 57.
  a_2) Por ser positivos e inscritos en el correspondiente Registro Público, los resultados de desarrollo, con abono a la cuenta 201.
  a_3) Por los desembolsos exigidos para la inscripción en el correspondiente Registro, con abono, generalmente, a cuentas del subgrupo 57.
b) Se abonará por las enajenaciones y, en general, por la baja del activo, con cargo, generalmente, a cuentas del subgrupo 57 y en caso de pérdidas a la cuenta 670.

204. *Fondo de comercio*

Es el exceso, en la fecha de adquisición, del coste de la combinación de negocios sobre el correspondiente valor de los activos identificables adquiridos menos el de los pasivos asumidos. En consecuencia, el fondo de comercio sólo se reconocerá cuando haya sido adquirido a título oneroso y corresponda a los beneficios económicos futuros procedentes de activos que no han podido ser identificados individualmente y reconocidos por separado.

Su movimiento es el siguiente:

a) Se cargará por el importe resultante de la aplicación del método de la adquisición, con abono, generalmente, a cuentas del subgrupo 57, o a la cuenta 553.
b) Se abonará:
  b_1) Por el importe del deterioro estimado, con cargo a la cuenta 690.
  b_2) Por las enajenaciones y, en general, por la baja del activo, con cargo, generalmente, a cuentas del subgrupo 57 y en caso de pérdidas a la cuenta 670.

205. *Derechos de traspaso*

Importe satisfecho por los derechos de arrendamiento de locales en los que el adquirente y nuevo arrendatario se subroga en los derechos y obligaciones del transmitente y antiguo arrendatario derivados de un contrato anterior.

Su movimiento es el siguiente:

a) Se cargará por el importe de su adquisición, con abono, generalmente, a cuentas del subgrupo 57.
b) Se abonará por las enajenaciones y, en general, por su baja del activo, con cargo, generalmente, a cuentas del subgrupo 57 y en caso de pérdidas a la cuenta 670.

206. *Aplicaciones informáticas*

Importe satisfecho por la propiedad o por el derecho al uso de programas informáticos, tanto adquiridos a terceros como elaborados por la propia empresa. También incluye los gastos de desarrollo de las páginas web, siempre que su utilización esté prevista durante varios ejercicios.

Su movimiento es el siguiente:

a) Se cargará:
  a_1) Por la adquisición a otras empresas, con abono, generalmente, a cuentas del subgrupo 57.

a_2) Por la elaboración propia, con abono a la cuenta 730 y, en su caso, a la cuenta 201.

b) Se abonará por las enajenaciones y, en general, por su baja del activo, con cargo, generalmente, a cuentas del subgrupo 57 y en caso de pérdidas a la cuenta 670.

209. *Anticipos para inmovilizaciones intangibles*

Entregas a proveedores y otros suministradores de elementos de inmovilizado intangible, normalmente en efectivo, en concepto de «a cuenta» de suministros o de trabajos futuros.

Con carácter general, su movimiento es el siguiente:

a) Se cargará por las entregas de efectivo a los proveedores, con abono a cuentas del subgrupo 57.

b) Se abonará por las correspondientes entregas a conformidad, con cargo, generalmente, a cuentas de este subgrupo.

21. INMOVILIZACIONES MATERIALES.
    - 210. Terrenos y bienes naturales.
    - 211. Construcciones.
    - 212. Instalaciones técnicas.
    - 213. Maquinaria.
    - 214. Utillaje.
    - 215. Otras instalaciones.
    - 216. Mobiliario.
    - 217. Equipos para procesos de información.
    - 218. Elementos de transporte.
    - 219. Otro inmovilizado material.

Elementos del activo tangibles representados por bienes, muebles o inmuebles, excepto los que deban ser clasificados en otros subgrupos, en particular en el subgrupo 22.

Las cuentas de este subgrupo figurarán en el activo no corriente del balance.

Su movimiento es el siguiente:

a) Se cargarán por el precio de adquisición o coste de producción o por su cambio de uso, con abono, generalmente, a cuentas de los subgrupos 22 o 57, a la cuenta 731 o, en su caso, a cuentas del subgrupo 23.

b) Se abonarán por las enajenaciones, por su cambio de uso y, en general, por su baja del activo, con cargo, generalmente, a cuentas de los subgrupos 22 o 57 y en caso de pérdidas a la cuenta 671.

210. *Terrenos y bienes naturales*

Solares de naturaleza urbana, fincas rústicas, otros terrenos no urbanos, minas y canteras.

211. *Construcciones*

Edificaciones en general, cualquiera que sea su destino dentro de la actividad productiva de la empresa.

212. *Instalaciones técnicas*

Unidades complejas de uso especializado en el proceso productivo que comprenden: edificaciones, maquinaria, material, piezas o elementos, incluidos los sistemas informáticos que, aun siendo separables por naturaleza, están ligados de forma definitiva para su funcionamiento y sometidos al mismo ritmo de amortización; se incluirán, asimismo, los repuestos o recambios válidos exclusivamente para este tipo de instalaciones.

213. *Maquinaria*

Conjunto de máquinas o bienes de equipo mediante las cuales se realiza la extracción o elaboración de los productos.

En esta cuenta figurarán todos aquellos elementos de transporte interno que se destinen al traslado de personal, animales, materiales y mercaderías dentro de factorías, talleres, etc., sin salir al exterior.

214. *Utillaje*

Conjunto de utensilios o herramientas que se pueden utilizar autónomamente o conjuntamente con la maquinaria, incluidos los moldes y plantillas.

La regularización anual (por recuento físico) a la que se refieren las normas de registro y valoración exigirá el abono de esta cuenta, con cargo a la cuenta 659.

215. *Otras instalaciones*

Conjunto de elementos ligados de forma definitiva para su funcionamiento y sometidos al mismo ritmo de amortización, distintos de los señalados en la cuenta 212; incluirá, asimismo, los repuestos o recambios cuya validez es exclusiva para este tipo de instalaciones.

216. *Mobiliario*

Mobiliario, material y equipos de oficina, con excepción de los que deban figurar en la cuenta 217.

217. *Equipos para procesos de información*

Ordenadores y demás conjuntos electrónicos.

218. *Elementos de transporte*

Vehículos de todas clases utilizables para el transporte terrestre, marítimo o aéreo de personas, animales, materiales o mercaderías, excepto los que se deban registrar en la cuenta 213.

219. *Otro inmovilizado material*

Cualesquiera otras inmovilizaciones materiales no incluidas en las demás cuentas del subgrupo 21. Se incluirán en esta cuenta los envases y embalajes que por sus características deban considerase como inmovilizado y los repuestos para inmovilizado cuyo ciclo de almacenamiento sea superior a un año.

22. INVERSIONES INMOBILIARIAS.
  220. Inversiones en terrenos y bienes naturales.
  221. Inversiones en construcciones.

Activos no corrientes que sean inmuebles y que se posean para obtener rentas, plusvalías o ambas, en lugar de para:

— Su uso en la producción o suministro de bienes o servicios, o bien para fines administrativos; o.
— Su venta en el curso ordinario de las operaciones.

Las cuentas de este subgrupo figurarán en el activo no corriente del balance.

Su movimiento es el siguiente:

a) Se cargarán por el precio de adquisición o coste de producción o por su cambio de uso, con abono, generalmente, a cuentas de los subgrupos 21 o 57 o a la cuenta 732.
b) Se abonarán por las enajenaciones, por su cambio de uso y en general por su baja del activo, con cargo, generalmente, a cuentas de los subgrupos 21 o 57 y en caso de pérdidas a la cuenta 672.

23. INMOVILIZACIONES MATERIALES EN CURSO.
  230. Adaptación de terrenos y bienes naturales.
  231. Construcciones en curso.
  232. Instalaciones técnicas en montaje.
  233. Maquinaria en montaje.
  237. Equipos para procesos de información en montaje.
  239. Anticipos para inmovilizaciones materiales.

Las cuentas de este subgrupo figurarán en el activo no corriente del balance.

230/237

Trabajos de adaptación, construcción o montaje al cierre del ejercicio realizados con anterioridad a la puesta en condiciones de funcionamiento de los distintos elementos del inmovilizado material, incluidos los realizados en inmuebles.

Su movimiento es el siguiente:

a) Se cargarán:
  a_1) Por la recepción de obras y trabajos que corresponden a las inmovilizaciones en curso.
  a_2) Por las obras y trabajos que la empresa lleve a cabo para sí misma, con abono a la cuenta 733.
b) Se abonarán una vez terminadas dichas obras y trabajos, con cargo a cuentas del subgrupo 21.

239. *Anticipos para inmovilizaciones materiales*

Entregas a proveedores y otros suministradores de elementos de inmovilizado material, normalmente en efectivo, en concepto de «a cuenta» de suministros o de trabajos futuros.

Con carácter general, su movimiento es el siguiente:

a) Se cargará por las entregas de efectivo a los proveedores, con abono, generalmente, a cuentas del subgrupo 57.
b) Se abonará por las correspondientes entregas a conformidad, con cargo, generalmente, a las cuentas de este subgrupo y del subgrupo 21.

24. INVERSIONES FINANCIERAS A LARGO PLAZO EN PARTES VINCULADAS.
    240. Participaciones a largo plazo en partes vinculadas.
        2403. Participaciones a largo plazo en empresas del grupo.
        2404. Participaciones a largo plazo en empresas asociadas.
        2405. Participaciones a largo plazo en otras partes vinculadas.
    241. Valores representativos de deuda a largo plazo de partes vinculadas.
        2413. Valores representativos de deuda a largo plazo de empresas del grupo.
        2414. Valores representativos de deuda a largo plazo de empresas asociadas.
        2415. Valores representativos de deuda a largo plazo de otras partes vinculadas.
    242. Créditos a largo plazo a partes vinculadas.
        2423. Créditos a largo plazo a empresas del grupo.
        2424. Créditos a largo plazo a empresas asociadas.
        2425. Créditos a largo plazo a otras partes vinculadas.
    249. Desembolsos pendientes sobre participaciones a largo plazo en partes vinculadas.
        2493. Desembolsos pendientes sobre participaciones a largo plazo en empresas del grupo.
        2494. Desembolsos pendientes sobre participaciones a largo plazo en empresas asociadas.
        2495. Desembolsos pendientes sobre participaciones a largo plazo en otras partes vinculadas.

Inversiones financieras a largo plazo en empresas del grupo, multigrupo, asociadas y otras partes vinculadas, cualquiera que sea su forma de instrumentación, incluidos los intereses devengados, con vencimiento superior a un año o sin vencimiento (como los instrumentos de patrimonio), cuando la empresa no tenga la intención de venderlos en el corto plazo. También se incluirán en este subgrupo las fianzas y depósitos a largo plazo constituidos y demás tipos de activos financieros e inversiones a largo plazo con estas personas o entidades. Estas inversiones se recogerán en las cuentas de tres o más cifras que se desarrollen.

En caso de que los valores representativos de deuda o los créditos devenguen intereses explícitos con vencimiento superior a un año, se crearán las cuentas necesarias para identificarlos, debiendo figurar en el balance en la misma partida en la que se incluya el activo que los genera.

La parte de las inversiones a largo plazo, con personas o entidades vinculadas, que tenga vencimiento a corto deberá figurar en el activo corriente del balance, en el epígrafe «Inversiones en empresas del grupo y asociadas a corto plazo»; a estos efectos, se traspasará el importe que represente la inversión a largo plazo con vencimiento a corto plazo, incluidos en su caso los intereses devengados, a las cuentas correspondientes del subgrupo 53.

240. *Participaciones a largo plazo en partes vinculadas*

Inversiones a largo plazo en derechos sobre el patrimonio neto —con o sin cotización en un mercado regulado— de partes vinculadas, generalmente, acciones emitidas por una sociedad anónima o participaciones en sociedades de responsabilidad limitada.

Figurará en el activo no corriente del balance.

2403/2404 *Participaciones a largo plazo en empresas del grupo/en empresas asociadas*

El movimiento de las cuentas citadas de cuatro cifras es el siguiente:

a) Se cargarán:

a_1) A la suscripción o compra, con abono, generalmente, a cuentas del subgrupo 57 y, en su caso, a la cuenta 249.

a_2) En su caso, en el momento en que el importe recuperable sea superior al valor contable de las inversiones, hasta el límite de los ajustes valorativos negativos previos imputados directamente a patrimonio neto, con abono a las cuentas 991 o 992.

b) Se abonarán:

b_1) En su caso, por el importe del deterioro estimado, hasta el límite de los ajustes valorativos positivos previos imputados directamente a patrimonio neto, con cargo a las cuentas 891 u 892.

b_2) Por las enajenaciones y, en general, por su baja del activo, con cargo, generalmente, a cuentas del subgrupo 57; si existen desembolsos pendientes, a la cuenta 249 o, en su caso, a la cuenta 539, y en caso de pérdidas a la cuenta 673.

2405. *Participaciones a largo plazo en otras partes vinculadas*

El movimiento de la cuenta citada es el siguiente:

a) Se cargará a la suscripción o compra, con abono, generalmente, a cuentas del subgrupo 57 y, en su caso, a la cuenta 249.

b) Se abonará por las enajenaciones y en general por su baja del activo, con cargo, generalmente, a cuentas del subgrupo 57, si existen desembolsos pendientes a la cuenta 249 o, en su caso, a la cuenta 539 y en caso de pérdidas a la cuenta 673.

c) Si las participaciones se clasifican en la categoría de «Activos financieros a valor razonable con cambios en el patrimonio neto», se cargará o abonará, por las variaciones en su valor razonable, con abono o cargo, respectivamente, a las cuentas 900 y 800.

241. *Valores representativos de deuda a largo plazo de partes vinculadas*

Inversiones a largo plazo en obligaciones, bonos u otros valores representativos de deuda, incluidos aquellos que fijan su rendimiento en función de índices o sistemas análogos, emitidos por partes vinculadas, con vencimiento superior a un año.

Figurará en el activo no corriente del balance.

2413/2414/2415

Con carácter general, el movimiento de las cuentas citadas de cuatro cifras es el siguiente:

a) Se cargarán:

a_1) A la suscripción o compra, por el precio de adquisición, excluidos los intereses explícitos devengados y no vencidos, con abono, a cuentas del subgrupo 57.

a_2) Por el ingreso financiero devengado hasta alcanzar el valor de reembolso del valor, con abono, generalmente, a la cuenta 761.

b) Se abonarán por las enajenaciones, amortizaciones anticipadas o baja del activo de los valores, con cargo a cuentas del subgrupo 57 y en caso de pérdidas a la cuenta 666.

c) Si los valores se clasifican en la categoría de «Activos financieros a valor razonable con cambios en el patrimonio neto», se cargará o abonará, por las variaciones en su valor razonable, con abono o cargo, respectivamente, a las cuentas 900 y 800, salvo la parte correspondiente a diferencias de cambio que se registrará con abono o cargo a las cuentas 768 y 668. También se cargará cuando se produzca el deterioro de valor por el saldo negativo acumulado en el patrimonio neto, con abono a la cuenta 902.

242. *Créditos a largo plazo a partes vinculadas*

Inversiones a largo plazo en préstamos y otros créditos no comerciales, incluidos los derivados de enajenaciones de inmovilizado, los originados por operaciones de arrendamiento financiero y las imposiciones a largo plazo, estén o no formalizados mediante efectos de giro, concedidos a partes vinculadas, con vencimiento superior a un año. Los diferentes créditos mencionados figurarán en cuentas de cinco cifras.

Figurará en el activo no corriente del balance.

2423/2424/2425

El movimiento de las cuentas citadas de cuatro cifras es el siguiente:

a) Se cargarán:

a_1) A la formalización del crédito, por el importe de éste, con abono, generalmente, a cuentas del subgrupo 57.

a_2) Por el ingreso financiero devengado hasta alcanzar el valor de reembolso del crédito, con abono, generalmente, a la cuenta 762.

b) Se abonarán por el reintegro anticipado, total o parcial o baja del activo, con cargo, generalmente, a cuentas del subgrupo 57 y en caso de pérdidas a la cuenta 667.

249. *Desembolsos pendientes sobre participaciones a largo plazo en partes vinculadas*

Desembolsos pendientes, no exigidos, sobre instrumentos de patrimonio en partes vinculadas.

Figurará en el activo no corriente del balance, minorando la partida en la que se contabilicen las correspondientes participaciones.

2493/2494/2495

El movimiento de las cuentas citadas de cuatro cifras es el siguiente:

a) Se abonarán a la adquisición o suscripción de los instrumentos de patrimonio por el importe pendiente de desembolsar, con cargo a la cuenta 240.

b) Se cargarán por los desembolsos que se vayan exigiendo, con abono a la cuenta 556 o a la cuenta 240 por los saldos pendientes cuando se enajenen instrumentos de patrimonio no desembolsados totalmente.

25. OTRAS INVERSIONES FINANCIERAS A LARGO PLAZO.
    - 250. Inversiones financieras a largo plazo en instrumentos de patrimonio.
    - 251. Valores representativos de deuda a largo plazo.
    - 252. Créditos a largo plazo.
    - 253. Créditos a largo plazo por enajenación de inmovilizado.
    - 254. Créditos a largo plazo al personal.
    - 255. Activos por derivados financieros a largo plazo.
        - 2550. Activos por derivados financieros a largo plazo, cartera de negociación.
        - 2553. Activos por derivados financieros a largo plazo, instrumentos de cobertura.
    - 257. Derechos de reembolso derivados de contratos de seguro relativos a retribuciones a largo plazo al personal.
    - 258. Imposiciones a largo plazo.
    - 259. Desembolsos pendientes sobre participaciones en el patrimonio neto a largo plazo.

Inversiones financieras a largo plazo no relacionadas con partes vinculadas, cualquiera que sea su forma de instrumentación, incluidos los intereses devengados, con vencimiento superior a un año o sin vencimiento (como los instrumentos de patrimonio), cuando la empresa no tenga la intención de venderlos en el corto plazo.

En caso de que los valores representativos de deuda o los créditos devenguen intereses explícitos con vencimiento superior a un año, se crearán las cuentas necesarias para identificarlos, debiendo figurar en el balance en la misma partida en la que se incluya el activo que los genera.

La parte de las inversiones a largo plazo que tenga vencimiento a corto deberá figurar en el activo corriente del balance, en el epígrafe «Inversiones financieras a corto plazo»; a estos efectos, se traspasará el importe que represente la inversión a largo plazo con vencimiento a corto, incluidos en su caso los intereses devengados, a las cuentas correspondientes del subgrupo 54.

250. *Inversiones financieras a largo plazo en instrumentos de patrimonio*

Inversiones a largo plazo en derechos sobre el patrimonio neto —acciones con o sin cotización en un mercado regulado u otros valores, tales como, participaciones en instituciones de inversión colectiva o participaciones en sociedades de responsabilidad limitada— de entidades que no tengan la consideración de partes vinculadas.

Figurará en el activo no corriente del balance.

Su movimiento es el siguiente:

a) Se cargará a la suscripción o compra, con abono, generalmente, a cuentas del subgrupo 57 y, en su caso, a la cuenta 259.

b) Se abonará por las enajenaciones y en general por su baja del activo, con cargo, generalmente, a cuentas del subgrupo 57, si existen desembolsos pendientes a la cuenta 259 o, en su caso, a la cuenta 549 y en caso de pérdidas a la cuenta 666.

c) Si las participaciones se clasifican en la categoría de «Activos financieros a valor razonable con cambios en el patrimonio neto», se cargará o abonará, por las variaciones en su valor razonable, con abono o cargo, respectivamente, a las cuentas 900 y 800.

251. *Valores representativos de deuda a largo plazo*

Inversiones a largo plazo en obligaciones, bonos u otros valores representativos de deuda, incluidos aquellos que fijan su rendimiento en función de índices o sistemas análogos.

Cuando los valores suscritos o adquiridos hayan sido emitidos por partes vinculadas, la inversión se reflejará en la cuenta 241.

Figurará en el activo no corriente del balance.

Con carácter general, su movimiento es el siguiente:

a) Se cargará:

a_1) A la suscripción o compra, por el precio de adquisición, excluidos los intereses explícitos devengados y no vencidos, con abono, a cuentas del subgrupo 57.

a_2) Por el ingreso financiero devengado hasta alcanzar el valor de reembolso del valor, con abono, generalmente, a la cuenta 761.

b) Se abonará por las enajenaciones, amortizaciones anticipadas o baja del activo de los valores, con cargo a cuentas del subgrupo 57 y en caso de pérdidas a la cuenta 666.

c) Si los valores se clasifican en la categoría de «Activos financieros a valor razonable con cambios en el patrimonio neto», se cargará o abonará, por las variaciones en su valor razonable, con abono o cargo, respectivamente, a las cuentas 900 y 800, salvo la parte correspondiente a diferencias de cambio que se registrará con abono o cargo a las cuentas 768 y 668. También se cargará cuando se produzca el deterioro de valor por el saldo negativo acumulado en el patrimonio neto, con abono a la cuenta 902.

252. *Créditos a largo plazo*

Los préstamos y otros créditos no comerciales concedidos a terceros, incluidos los formalizados mediante efectos de giro, con vencimiento superior a un año.

Cuando los créditos hayan sido concertados con partes vinculadas, la inversión se reflejará en la cuenta 242.

Figurará en el activo no corriente del balance.

Su movimiento es el siguiente:

a) Se cargará:

a_1) A la formalización del crédito, por el importe de éste, con abono, generalmente, a cuentas del subgrupo 57.

a_2) Por el ingreso financiero devengado hasta alcanzar el valor de reembolso del crédito, con abono, generalmente, a la cuenta 762.

b) Se abonará por el reintegro anticipado, total o parcial o baja del activo, con cargo, generalmente, a cuentas del subgrupo 57 y en caso de pérdidas a la cuenta 667.

253. *Créditos a largo plazo por enajenación de inmovilizado*

Créditos a terceros cuyo vencimiento sea superior a un año, con origen en operaciones de enajenación de inmovilizado.

Cuando los créditos por enajenación de inmovilizado hayan sido concertados con partes vinculadas, la inversión se reflejará en la cuenta 242.

Figurará en el activo no corriente del balance.

Su movimiento es el siguiente:

a) Se cargará:

a_1) Por el importe de dichos créditos, excluidos los intereses que en su caso se hubieran acordado, con abono a cuentas del grupo 2.

a_2) Por el ingreso financiero devengado hasta alcanzar el valor de reembolso del crédito, con abono, generalmente, a la cuenta 762.

b) Se abonará a la cancelación anticipada, total o parcial o baja del activo, con cargo, generalmente, a cuentas del subgrupo 57 y en caso de pérdidas a la cuenta 667.

254. *Créditos a largo plazo al personal*

Créditos concedidos al personal de la empresa, que no tenga la calificación de parte vinculada, cuyo vencimiento sea superior a un año.

Figurará en el activo no corriente del balance. Su movimiento es análogo al señalado para la cuenta 252.

255. *Activos por derivados financieros a largo plazo*

Importe correspondiente a las operaciones con derivados financieros con valoración favorable para la empresa cuyo plazo de liquidación sea superior a un año. También se incluyen los derivados implícitos de instrumentos financieros híbridos adquiridos, emitidos o asumidos que cumplan los criterios para su inclusión en esta cuenta, creándose en caso necesario cuentas de cuatro o más cifras que identifiquen que se trata de un derivado implícito.

En particular, se recogerán en esta cuenta las primas pagadas en operaciones con opciones, así como, con carácter general, las variaciones en el valor razonable de los activos por derivados financieros con los que opere la empresa: opciones, futuros, permutas financieras, compraventa a plazo de moneda extranjera, etc.

Figurará en el activo no corriente del balance.

2550. *Activos por derivados financieros a largo plazo, cartera de negociación*

Su movimiento es el siguiente:

a) Se cargará:

a_1) Por las cantidades satisfechas en el momento de la contratación, con abono, generalmente, a cuentas del subgrupo 57.

a_2) Por las ganancias que se generen en el ejercicio, con abono a la cuenta 7630.

b) Se abonará:

b_1) Por las pérdidas que se generen en el ejercicio hasta el límite del importe por el que figurara registrado el derivado en el activo en el ejercicio anterior, con cargo a la cuenta 6630.

b_2) Por el importe recibido en el momento de la liquidación, con cargo, generalmente, a cuentas del subgrupo 57.

2553. *Activos por derivados financieros a largo plazo, instrumentos de cobertura*

Su movimiento es el siguiente:

a) Se cargará por las cantidades satisfechas en el momento de la contratación, con abono, generalmente, a cuentas del subgrupo 57.

b) Cuando el derivado se utilice como instrumento de cobertura, en una cobertura de valor razonable:

b_1) Se cargará por las ganancias que se generen en el ejercicio al aplicar las reglas que rigen la contabilidad de coberturas, con abono a una cuenta que se imputará a la cuenta de pérdidas y ganancias en la misma partida en la que se incluyan las pérdidas que se generen en las partidas cubiertas al valorar el riesgo cubierto por su valor razonable.

b_2) Se abonará:

i) Por las pérdidas que se generen en el ejercicio al aplicar las reglas que rigen la contabilidad de coberturas, hasta el límite del importe por el que figurara registrado el derivado en el activo en el ejercicio anterior, con cargo a una cuenta que se imputará en la cuenta de pérdidas y ganancias en la misma partida en la que se incluyan las ganancias que se generen en las partidas cubiertas al valorar el riesgo cubierto por su valor razonable.

ii) En el momento en que se adquiera el activo o asuma el pasivo cubiertos, con cargo a las cuentas en que se contabilicen dichos elementos patrimoniales.

c) Cuando el derivado se utilice como instrumento de cobertura, en otras operaciones de cobertura, por la parte eficaz, se cargará o abonará, por la ganancia o pérdida que se generen en el ejercicio al aplicar las reglas que rigen la contabilidad de coberturas, con abono o cargo a las cuentas del subgrupo 91 y 81, respectivamente, y por la parte ineficaz, a las cuentas 7633 y 6633.

d) Se abonará por el importe recibido en el momento de la liquidación, con cargo generalmente a cuentas del subgrupo 57.

257. *Derechos de reembolso derivados de contratos de seguro relativos a retribuciones a largo plazo al personal*

Derechos de reembolso exigibles a una entidad aseguradora que no cumpliendo los requisitos para ser calificados como activos afectos, de acuerdo con lo dispuesto en las normas de registro y valoración, deba reconocerse en el activo del balance.

Su movimiento es el siguiente:

a) Se cargará:
- a_1) Por las cantidades satisfechas en concepto de primas, con abono, generalmente, a cuentas del subgrupo 57.
- a_2) Por el reconocimiento de ganancias actuariales, con abono a la cuenta 950, en caso de tratarse de retribuciones post-empleo, debiendo abonarse a una cuenta del subgrupo 64 en las restantes retribuciones a largo plazo al personal.
- a_3) Por el rendimiento esperado de los derechos de reembolso, con abono a la cuenta 767.

b) Se abonará:
- b_1) Por la disposición que se realice del derecho de reembolso, con cargo a la cuenta 140, o con cargo a cuentas del subgrupo 57.
- b_2) Por el reconocimiento de pérdidas actuariales, con cargo a la cuenta 850, en caso de tratarse de retribuciones post-empleo, debiendo cargarse a una cuenta del subgrupo 64 en las restantes retribuciones a largo plazo al personal.
- b_3) Por el exceso de valor del derecho de reembolso que suponga un reembolso directo, con cargo a cuentas del subgrupo 57.

258. *Imposiciones a largo plazo*

Saldos favorables en Bancos e Instituciones de Crédito formalizados por medio de «cuenta de plazo» o similares, con vencimiento superior a un año y de acuerdo con las condiciones que rigen para el sistema financiero.

Cuando las imposiciones a plazo hayan sido concertadas con entidades de crédito vinculadas, la inversión se reflejará en la cuenta 242.

Figurará en el activo no corriente del balance.

Su movimiento es el siguiente:

a) Se cargará a la formalización, por el importe entregado.

b) Se abonará a la recuperación o traspaso anticipado de los fondos.

259. *Desembolsos pendientes sobre participaciones en el patrimonio neto a largo plazo*

Desembolsos pendientes, no exigidos, sobre instrumentos de patrimonio de entidades que no tengan la consideración de partes vinculadas.

Figurará en el activo no corriente del balance, minorando la partida en la que se contabilicen las correspondientes participaciones.

Su movimiento es el siguiente:

a) Se abonará a la adquisición o suscripción de los instrumentos de patrimonio, por el importe pendiente de desembolsar, con cargo a la cuenta 250.

b) Se cargará por los desembolsos que se vayan exigiendo, con abono a la cuenta 556 o a la cuenta 250 por los saldos pendientes cuando se enajenen instrumentos de patrimonio no desembolsados totalmente.

26. FIANZAS Y DEPÓSITOS CONSTITUIDOS A LARGO PLAZO.
   260. Fianzas constituidas a largo plazo.
   265. Depósitos constituidos a largo plazo.

Las cuentas de este subgrupo figurarán en el activo no corriente del balance.

La parte de fianzas y depósitos a largo plazo que tenga vencimiento a corto deberá figurar en el activo corriente del balance, en el epígrafe «Inversiones financieras a corto plazo»; a estos efectos, se traspasará el importe que representen las fianzas y depósitos constituidos a largo plazo con vencimiento a corto a las cuentas correspondientes del subgrupo 56.

260. *Fianzas constituidas a largo plazo*

Efectivo entregado como garantía del cumplimiento de una obligación, a plazo superior a un año.

Con carácter general, su movimiento es el siguiente:

a) Se cargará:
- a_1) A la constitución, por el valor razonable del activo financiero, con abono a cuentas del subgrupo 57.
- a_2) Por el ingreso financiero devengado hasta alcanzar el valor de reembolso de las fianzas con abono, generalmente, a la cuenta 762.

b) Se abonará:
- b_1) Por la cancelación anticipada, con cargo a cuentas del subgrupo 57.
- b_2) Por incumplimiento de la obligación afianzada que determine pérdidas en la fianza, con cargo a la cuenta 659.

265. *Depósitos constituidos a largo plazo*

Efectivo entregado en concepto de depósito irregular a plazo superior a un año. Con carácter general, su movimiento es el siguiente:

a) Se cargará:
- a_1) A la constitución, por el efectivo entregado, con abono a cuentas del subgrupo 57.
- a_2) Por el ingreso financiero devengado hasta alcanzar el valor de reembolso de los depósitos con abono, generalmente, a la cuenta 762.

b) Se abonará a la cancelación anticipada, con cargo a cuentas del subgrupo 57.

28. AMORTIZACIÓN ACUMULADA DEL INMOVILIZADO.
- 280. Amortización acumulada del inmovilizado intangible.
- 281. Amortización acumulada del inmovilizado material.
- 282. Amortización acumulada de las inversiones inmobiliarias.

Expresión contable de la distribución en el tiempo de las inversiones en inmovilizado por su utilización prevista en el proceso productivo y de las inversiones inmobiliarias.

Las amortizaciones acumuladas registradas en este subgrupo figurarán en el activo del balance minorando la partida en la que se contabilice el correspondiente elemento patrimonial.

280. *Amortización acumulada del inmovilizado intangible*

Corrección de valor por la depreciación del inmovilizado intangible realizada de acuerdo con un plan sistemático.

Su movimiento es el siguiente:

a) Se abonará por la dotación anual, con cargo a la cuenta 680.

b) Se cargará cuando se enajene el inmovilizado intangible o se dé de baja del activo por cualquier otro motivo, con abono a cuentas del subgrupo 20.

281. *Amortización acumulada del inmovilizado material*

Corrección de valor por la depreciación del inmovilizado material realizada de acuerdo con un plan sistemático.

Su movimiento es el siguiente:

a) Se abonará por la dotación anual, con cargo a la cuenta 681.

b) Se cargará cuando se enajene el inmovilizado material o se dé de baja del activo por cualquier otro motivo, con abono a cuentas del subgrupo 21.

282. *Amortización acumulada de las inversiones inmobiliarias*

Corrección de valor por la depreciación de las inversiones inmobiliarias realizada de acuerdo con un plan sistemático.

Su movimiento es el siguiente.

a) Se abonará por la dotación anual, con cargo a la cuenta 682.

b) Se cargará cuando se enajene la inversión inmobiliaria o se dé de baja del activo por cualquier otro motivo, con abono a cuentas del subgrupo 22.

29. DETERIORO DE VALOR DE ACTIVOS NO CORRIENTES.
   - 290. Deterioro de valor del inmovilizado intangible.
   - 291. Deterioro de valor del inmovilizado material.
   - 292. Deterioro de valor de las inversiones inmobiliarias.
   - 293. Deterioro de valor de participaciones a largo plazo.
     - 2933. Deterioro de valor de participaciones a largo plazo en empresas del grupo.
     - 2934. Deterioro de valor de participaciones a largo plazo en empresas asociadas.
     - 2935. Deterioro de valor de participaciones a largo plazo en otras partes vinculadas.
     - 2936. Deterioro de valor de participaciones a largo plazo en otras empresas.
   - 294. Deterioro de valor de valores representativos de deuda a largo plazo de partes vinculadas.
     - 2943. Deterioro de valor de valores representativos de deuda a largo plazo de empresas del grupo.
     - 2944. Deterioro de valor de valores representativos de deuda a largo plazo de empresas asociadas.
     - 2945. Deterioro de valor de valores representativos de deuda a largo plazo de otras partes vinculadas.
   - 295. Deterioro de valor de créditos a largo plazo a partes vinculadas.
     - 2953. Deterioro de valor de créditos a largo plazo a empresas del grupo.
     - 2954. Deterioro de valor de créditos a largo plazo a empresas asociadas.
     - 2955. Deterioro de valor de créditos a largo plazo a otras partes vinculadas.
   - 297. Deterioro de valor de valores representativos de deuda a largo plazo.
   - 298. Deterioro de valor de créditos a largo plazo.

Expresión contable de las correcciones de valor motivadas por pérdidas debidas a deterioros de valor de los elementos del activo no corriente.

La estimación de tales pérdidas deberá realizarse de forma sistemática en el tiempo. En el supuesto de posteriores recuperaciones de valor, en los términos establecidos en las correspondientes normas de registro y valoración, las correcciones de valor por deterioro reconocidas deberán reducirse hasta su total recuperación, cuando así proceda, de acuerdo con lo dispuesto en dichas normas.

Las cuentas de este subgrupo figurarán en el activo no corriente del balance minorando la partida en la que figure el correspondiente elemento patrimonial.

290/291/292. *Deterioro de valor del inmovilizado...*

Importe de las correcciones valorativas por deterioro del valor que corresponda al inmovilizado intangible, inmovilizado material e inversiones inmobiliarias.

Su movimiento es el siguiente:

a) Se abonarán por el importe del deterioro estimado, con cargo a las cuentas 690, 691 o 692.

b) Se cargarán:

b_1) Cuando desaparezcan las causas que determinaron el reconocimiento de la corrección valorativa por deterioro, con abono a las cuentas 790, 791 o 792.

b_2) Cuando se enajene el inmovilizado o se dé de baja del activo por cualquier otro motivo, con abono a cuentas del subgrupo 20, 21 o 22.

293. *Deterioro de valor de participaciones a largo plazo*

Importe de las correcciones valorativas por deterioro del valor que corresponda a las participaciones a largo plazo en empresas del grupo, asociadas, otras partes vinculadas y otras empresas, incluidas en la categoría de «Activos financieros a coste».

2933/2934/2935/2936

El movimiento de las cuentas citadas de cuatro cifras es el siguiente:

a) Se abonarán por el importe del deterioro estimado que deba imputarse a la cuenta de pérdidas y ganancias, de acuerdo con lo dispuesto en las normas de registro y valoración, con cargo a la cuenta 696.
b) Se cargarán:

b_1) Cuando desaparezcan las causas que determinaron el reconocimiento de la corrección valorativa por deterioro, con abono a la cuenta 796.
b_2) Cuando se enajene el inmovilizado financiero o se dé de baja el activo por cualquier otro motivo, con abono a cuentas del subgrupo 24 o a la cuenta 250.

294. *Deterioro de valor de valores representativos de deuda a largo plazo de partes vinculadas*

Importe de las correcciones valorativas por deterioro del valor que corresponda a las inversiones a largo plazo en valores representativos de deuda emitidos por personas o entidades que tengan la calificación de partes vinculadas.

2943/2944/2945

El movimiento de las cuentas citadas de cuatro cifras es el siguiente:

a) Se abonarán por el importe del deterioro estimado, con cargo a la cuenta 696.
b) Se cargarán:

b_1) Cuando desaparezcan las causas que determinaron el reconocimiento de la corrección valorativa por deterioro, con abono a la cuenta 796.
b_2) Cuando se enajene el inmovilizado financiero o se dé de baja del activo por cualquier otro motivo, con abono a cuentas del subgrupo 24.

295. *Deterioro de valor de créditos a largo plazo a partes vinculadas*

Importe de las correcciones valorativas por deterioro del valor correspondientes a créditos a largo plazo, concedidos a partes vinculadas.

2953/2954/2955

El movimiento de las cuentas citadas de cuatro cifras es el siguiente:

a) Se abonarán por el importe del deterioro estimado, con cargo a la cuenta 697.
b) Se cargarán:

b_1) Cuando desaparezcan las causas que determinaron el reconocimiento de la corrección valorativa por deterioro, con abono a la cuenta 797.
b_2) Por la parte de crédito que resulte incobrable, con abono a la cuenta 242.

297. *Deterioro de valor de valores representativos de deuda a largo plazo*

Importe de las correcciones valorativas por deterioro del valor que corresponda a las inversiones a largo plazo en valores representativos de deuda emitidos por personas o entidades que no tengan la calificación de partes vinculadas.

Su movimiento es análogo al señalado para la cuenta 294.

298. *Deterioro de valor de créditos a largo plazo*

Importe de las correcciones valorativas por deterioro del valor en créditos del subgrupo 25. Su movimiento es análogo al señalado para la cuenta 295.

GRUPO 3

EXISTENCIAS

Son activos poseídos para ser vendidos en el curso normal de la explotación, en proceso de producción o en forma de materiales o suministros para ser consumidos en el proceso de producción o en la prestación de servicios.

Mercaderías, materias primas, otros aprovisionamientos, productos en curso, productos semiterminados, productos terminados y subproductos, residuos y materiales recuperados.

Una cuenta que recoja existencias que, de acuerdo con lo establecido en las normas de registro y valoración, formen parte de un grupo enajenable de elementos mantenidos para la venta; se abonará en el momento en que se cumplan las condiciones para su clasificación, con cargo a la respectiva cuenta del subgrupo 58.

30. COMERCIALES.
    300. Mercaderías A.
    301. Mercaderías B.

Bienes adquiridos por la empresa y destinados a la venta sin transformación.

Las cuentas 300/309 figurarán en el activo corriente del balance; solamente funcionarán con motivo del cierre del ejercicio.

Su movimiento es el siguiente:

a) Se abonarán, al cierre del ejercicio, por el importe del inventario de existencias iniciales, con cargo a la cuenta 610.
b) Se cargarán por el importe del inventario de existencias de final del ejercicio que se cierra, con abono a la cuenta 610.

Si las mercaderías en camino son propiedad de la empresa, según las condiciones del contrato, figurarán como existencias al cierre del ejercicio en las respectivas cuentas del subgrupo 30. Esta regla se aplicará igualmente cuando se encuentren en camino productos, materias, etc., incluidos en los subgrupos siguientes.

31. MATERIAS PRIMAS.
    310. Materias primas A.
    311. Materias primas B.

Las que, mediante elaboración o transformación, se destinan a formar parte de los productos fabricados.

Las cuentas 310/319 figurarán en el activo corriente del balance y su movimiento es análogo al señalado para las cuentas 300/309.

32. OTROS APROVISIONAMIENTOS.
    320. Elementos y conjuntos incorporables.
    321. Combustibles.
    322. Repuestos.
    325. Materiales diversos.
    326. Embalajes.
    327. Envases.
    328. Material de oficina.

320. *Elementos y conjuntos incorporables*

Los fabricados normalmente fuera de la empresa y adquiridos por ésta para incorporarlos a su producción sin someterlos a transformación.

321. *Combustibles*

Materias energéticas susceptibles de almacenamiento.

322. *Repuestos*

Piezas destinadas a ser montadas en instalaciones, equipos o máquinas en sustitución de otras semejantes. Se incluirán en esta cuenta las que tengan un ciclo de almacenamiento inferior a un año.

325. *Materiales diversos*

Otras materias de consumo que no han de incorporarse al producto fabricado.

326. *Embalajes*

Cubiertas o envolturas, generalmente irrecuperables, destinadas a resguardar productos o mercaderías que han de transportarse.

327. *Envases*

Recipientes o vasijas, normalmente destinadas a la venta juntamente con el producto que contienen.

328. *Material de oficina*

El destinado a la finalidad que indica su denominación, salvo que la empresa opte por considerar que el material de oficina adquirido durante el ejercicio es objeto de consumo en el mismo.

Las cuentas 320/329 figurarán en el activo corriente del balance y su movimiento es análogo al señalado para las cuentas 300/309.

33. PRODUCTOS EN CURSO.
   330. Productos en curso A.
   331. Productos en curso B.

Bienes o servicios que se encuentran en fase de formación o transformación en un centro de actividad al cierre del ejercicio y que no deban registrarse en las cuentas de los subgrupos 34 o 36.

Las cuentas 330/339 figurarán en el activo corriente del balance; solamente funcionarán con motivo del cierre del ejercicio.

Su movimiento es el siguiente:

a) Se abonarán, al cierre del ejercicio, por el importe del inventario de existencias inicia les, con cargo a la cuenta 710.
b) Se cargarán por el importe del inventario de existencias de final del ejercicio que se cierra, con abono a la cuenta 710.

34. PRODUCTOS SEMITERMINADOS.
   340. Productos semiterminados A.
   341. Productos semiterminados B.

Los fabricados por la empresa y no destinados normalmente a su venta hasta tanto sean objeto de elaboración, incorporación o transformación posterior.

Las cuentas 340/349 figurarán en el activo corriente del balance y su movimiento es análogo al señalado para las cuentas 330/339.

35. PRODUCTOS TERMINADOS
   350. Productos terminados A.
   351. Productos terminados B.

Los fabricados por la empresa y destinados al consumo final o a su utilización por otras empresas.

Las cuentas 350/359 figurarán en el activo corriente del balance y su movimiento es análogo al señalado para las cuentas 330/339.

36. SUBPRODUCTOS, RESIDUOS Y MATERIALES RECUPERADOS.
   360. Subproductos A.
   361. Subproductos B.
   365. Residuos A.
   366. Residuos B.
   368. Materiales recuperados A.
   369. Materiales recuperados B.

Subproductos. Los de carácter secundario o accesorio de la fabricación principal.

Residuos. Los obtenidos inevitablemente y al mismo tiempo que los productos o subproductos, siempre que tengan valor intrínseco y puedan ser utilizados o vendidos.

Materiales recuperados. Los que, por tener valor intrínseco, entran nuevamente en almacén después de haber sido utilizados en el proceso productivo.

Las cuentas 360/369 figurarán en el activo corriente del balance y su movimiento es análogo al señalado para las cuentas 330/339.

39. DETERIORO DE VALOR DE LAS EXISTENCIAS.
   390. Deterioro de valor de las mercaderías.
   391. Deterioro de valor de las materias primas.
   392. Deterioro de valor de otros aprovisionamientos.
   393. Deterioro de valor de los productos en curso.
   394. Deterioro de valor de los productos semiterminados.
   395. Deterioro de valor de los productos terminados.
   396. Deterioro de valor de los subproductos, residuos y materiales recuperados.

Expresión contable de pérdidas reversibles que se ponen de manifiesto con motivo del inventario de existencias de cierre de ejercicio.

Las cuentas de este subgrupo figurarán en el activo corriente del balance minorando la partida en la que figure el correspondiente elemento patrimonial.

Su movimiento es el siguiente:

a) Se abonarán por la estimación del deterioro que se realice en el ejercicio que se cierra, con cargo a la cuenta 693.

b) Se cargarán por la estimación del deterioro efectuado al cierre del ejercicio precedente, con abono a la cuenta 793.

GRUPO 4

ACREEDORES Y DEUDORES POR OPERACIONES COMERCIALES

Instrumentos financieros y cuentas que tengan su origen en el tráfico de la empresa, así como las cuentas con las Administraciones Públicas, incluso las que correspondan a saldos con vencimiento superior a un año. Para estas últimas y a efectos de su clasificación, se podrán utilizar los subgrupos 42 y 45 o proceder a dicha reclasificación en las propias cuentas.

En particular, se aplicarán las siguientes reglas:

a) Los activos financieros y los pasivos financieros incluidos en este grupo se clasificarán, con carácter general, a efectos de su valoración, en las categorías de «Activos financieros a coste amortizado» y «Pasivos financieros a coste amortizado», respectivamente.

b) Si los activos financieros y pasivos financieros se clasifican a efectos de su valoración en más de una categoría, se desarrollarán las cuentas de cuatro o más cifras que sean necesarias para diferenciar la categoría en la que se hayan incluido.

c) Una cuenta que recoja activos financieros o pasivos financieros clasificados en la categoría de «Activos financieros a valor razonable con cambios en la cuenta de pérdidas y ganancias», así como en la de «Pasivos financieros a valor razonable con cambios en la cuenta de pérdidas y ganancias» respectivamente, se abonará o cargará, por las variaciones en su valor razonable, con cargo o abono, respectivamente, a las cuentas 663 y 763.

d) Una cuenta que recoja acreedores o deudores por operaciones comerciales que, de acuerdo con lo establecido en las normas de registro y valoración, formen parte de un grupo enajenable de elementos mantenidos para la venta, se cargará o abonará, respectivamente, en el momento en que se cumplan las condiciones para su clasificación, con abono o cargo a la respectiva cuenta del subgrupo 58.

40. PROVEEDORES.
    - 400. Proveedores.
    - 401. Proveedores, efectos comerciales a pagar.
    - 403. Proveedores, empresas del grupo.
    - 404. Proveedores, empresas asociadas.
    - 405. Proveedores, otras partes vinculadas.
    - 406. Envases y embalajes a devolver a proveedores.
    - 407. Anticipos a proveedores.

400. *Proveedores*

Deudas con suministradores de mercancías y de los demás bienes definidos en el grupo 3.

En esta cuenta se incluirán las deudas con suministradores de servicios utilizados en el proceso productivo.

Figurará en el pasivo corriente del balance.

Su movimiento es el siguiente:

a) Se abonará:

- a_1) Por la recepción «a conformidad» de las remesas de los proveedores, con cargo a cuentas del subgrupo 60.
- a_2) Por los envases y embalajes cargados en factura por los proveedores con facultad de su devolución a éstos, con cargo a la cuenta 406.
- a_3) En su caso, por el gasto financiero devengado, con cargo, generalmente, a la cuenta 662.

b) Se cargará:

- b_1) Por la formalización de la deuda en efectos de giro aceptados, con abono a la cuenta 401.
- b_2) Por la cancelación total o parcial de las deudas de la empresa con los proveedores, con abono a cuentas del subgrupo 57.
- b_3) Por los «rappels» que correspondan a la empresa, concedidos por los proveedores, con abono a la cuenta 609.
- b_4) Por los descuentos, no incluidos en factura, que le concedan a la empresa por

pronto pago sus proveedores, con abono a la cuenta 606.

b_5) Por las devoluciones de compras efectuadas, con abono a la cuenta 608.

b_6) Por los envases y embalajes devueltos a proveedores que fueron cargados en factura por éstos y recibidos con facultad de devolución, con abono a la cuenta 406.

401. *Proveedores, efectos comerciales a pagar*

Deudas con proveedores, formalizadas en efectos de giro aceptados.

Figurará en el pasivo corriente del balance.

Con carácter general, su movimiento es el siguiente:

a) Se abonará:

a_1) Por la recepción «a conformidad» de las remesas de los proveedores, con cargo a cuentas del subgrupo 60, mediante aceptación de los efectos de giro.

a_2) Cuando la empresa acepte formalizar la obligación con los proveedores aceptando efectos de giro, con cargo, generalmente, a la cuenta 400.

b) Se cargará por el pago de los efectos al llegar su vencimiento, con abono a las cuentas que correspondan del subgrupo 57.

403. *Proveedores, empresas del grupo*

Deudas con las empresas del grupo en su calidad de proveedores, incluso si las deudas se han formalizado en efectos de giro.

Figurará en el pasivo corriente del balance. Su movimiento es análogo al señalado para la cuenta 400.

404. *Proveedores, empresas asociadas*

Deudas con las empresas multigrupo o asociadas en su calidad de proveedores, incluso si las deudas se han formalizado en efectos de giro.

Figurará en el pasivo corriente del balance. Su movimiento es análogo al señalado para la cuenta 400.

405. *Proveedores, otras partes vinculadas*

Deudas con otras personas o entidades vinculadas en su calidad de proveedores, incluso si las deudas se han formalizado en efectos de giro.

Figurará en el pasivo corriente del balance. Su movimiento es análogo al señalado para la cuenta 400.

406. *Envases y embalajes a devolver a proveedores*

Importe de los envases y embalajes cargados en factura por los proveedores, con facultad de devolución a éstos.

Figurará en el pasivo corriente del balance minorando la cuenta 400.

Su movimiento es el siguiente:

a) Se cargará por el importe de los envases y embalajes a la recepción de las mercaderías contenidas en ellos, con abono a la cuenta 400.

b) Se abonará:

b_1) Por el importe de los envases y embalajes devueltos, con cargo a la cuenta 400.

b_2) Por el importe de los envases y embalajes que la empresa decida reservarse para su uso, así como los extraviados y deteriorados, con cargo a la cuenta 602.

407. *Anticipos a proveedores*

Entregas a proveedores, normalmente en efectivo, en concepto de «a cuenta» de suministros futuros.

Cuando estas entregas se efectúen a empresas del grupo, multigrupo, asociadas u otras partes vinculadas deberán desarrollarse las cuentas de tres cifras correspondientes.

Figurará en el activo corriente del balance en el epígrafe «Existencias».

Con carácter general, su movimiento es el siguiente:

a) Se cargará por las entregas de efectivo a los proveedores, con abono a cuentas del subgrupo 57.

b) Se abonará por las remesas de mercaderías u otros bienes recibidos de proveedores «a conformidad», con cargo, generalmente, a cuentas del subgrupo 60.

41. ACREEDORES VARIOS.
   410. Acreedores por prestaciones de servicios.
   411. Acreedores, efectos comerciales a pagar.
   419. Acreedores por operaciones en común.

Cuando los acreedores sean empresas del grupo, multigrupo o asociadas, u otras partes vinculadas, se abrirán cuentas de tres cifras que específicamente recojan los débitos con las mismas, incluidos los formalizados en efectos de giro.

410. *Acreedores por prestaciones de servicios*

Deudas con suministradores de servicios que no tienen la condición estricta de proveedores. Figurará en el pasivo corriente del balance. Su movimiento es el siguiente:

a) Se abonará:
   a_1) Por la recepción «a conformidad» de los servicios, con cargo, generalmente, a cuentas del subgrupo 62.
   a_2) En su caso, para reflejar el gasto financiero devengado, con cargo, generalmente, a la cuenta 662.
b) Se cargará:
   b_1) Por la formalización de la deuda en efectos de giro aceptados, con abono a la cuenta 411.
   b_2) Por la cancelación total o parcial de las deudas de la empresa con los acreedores, con abono a las cuentas que correspondan del subgrupo 57.

411. *Acreedores, efectos comerciales a pagar*

Deudas con suministradores de servicios que no tienen la condición estricta de proveedores, formalizadas en efectos de giro aceptados.

Figurará en el pasivo corriente del balance. Con carácter general, su movimiento es el siguiente:

a) Se abonará:
   a_1) Por la recepción «a conformidad» de los servicios, con cargo, generalmente, a cuentas del subgrupo 62, mediante aceptación de los efectos de giro.
   a_2) Cuando la empresa acepte formalizar la obligación con los acreedores aceptando efectos de giro, con cargo, generalmente, a la cuenta 410.
b) Se cargará por el pago de los efectos al llegar su vencimiento, con abono a las cuentas que correspondan del subgrupo 57.

419. *Acreedores por operaciones en común*

Deudas con partícipes en las operaciones reguladas por los artículos 239 a 243 del Código de Comercio y en otras operaciones en común de análogas características.

Figurará en el pasivo del balance. Su movimiento es el siguiente:

a) Se abonará:
   a_1) Por las aportaciones recibidas por la empresa como partícipe gestor, con cargo, generalmente, a cuentas del subgrupo 57.
   a_2) Siendo la empresa partícipe gestor, por el beneficio que deba atribuirse a los partícipes no gestores, con cargo a la cuenta 6510.
   a_3) Por la pérdida que corresponde a la empresa como partícipe no gestor, cuando su saldo en la operación en común pase a ser acreedor, con cargo a la cuenta 6511.
b) Se cargará:
   b_1) Al pago de las deudas, con abono a cuentas del subgrupo 57.
   b_2) Siendo la empresa partícipe gestor, por la pérdida que deba atribuirse a los partícipes no gestores mientras su saldo en la operación en común sea acreedor, con abono a la cuenta 7510.
   b_3) Por el beneficio que corresponde a la empresa como partícipe no gestor, con abono a la cuenta 7511.

43. CLIENTES.
   430. Clientes.
   431. Clientes, efectos comerciales a cobrar.
   432. Clientes, operaciones de «factoring».
   433. Clientes, empresas del grupo.
   434. Clientes, empresas asociadas.
   435. Clientes, otras partes vinculadas.

436. Clientes de dudoso cobro.
437. Envases y embalajes a devolver por clientes.
438. Anticipos de clientes.

430. *Clientes*

Créditos con compradores de mercaderías y demás bienes definidos en el grupo 3, así como con los usuarios de los servicios prestados por la empresa, siempre que constituyan una actividad principal.

Figurará en el activo corriente del balance.

Su movimiento es el siguiente:

a) Se cargará:
   a_1) Por las ventas realizadas, con abono a cuentas del subgrupo 70.
   a_2) Por los envases y embalajes cargados en factura a los clientes con facultad de su devolución por éstos, con abono a la cuenta 437.
   a_3) En su caso, para reflejar el ingreso financiero devengado, con abono, generalmente, a la cuenta 762.

b) Se abonará:
   b_1) Por la formalización del crédito en efectos de giro aceptados por el cliente, con cargo a la cuenta 431.
   b_2) Por la cancelación total o parcial de las deudas de los clientes o la cesión en firme de los derechos de cobro a terceros, con cargo, generalmente, a cuentas del subgrupo 57.
   b_3) Por su clasificación como clientes de dudoso cobro, con cargo a la cuenta 436.
   b_4) Por la parte que resultara definitiva mente incobrable, con cargo a la cuenta 650.
   b_5) Por los «rappels» que correspondan a clientes, con cargo a la cuenta 709.
   b_6) Por los descuentos, no incluidos en factura, que se concedan a los clientes por pronto pago, con cargo a la cuenta 706.
   b_7) Por las devoluciones de ventas, con cargo a la cuenta 708.
   b_8) Por los envases devueltos por clientes que fueron cargados a éstos en factura y enviados con facultad de devolución, con cargo a la cuenta 437.
   b_9) Por la cesión de los derechos de cobro en operaciones de «factoring» en las que la empresa continúa reteniendo sustancialmente los riesgos y beneficios, con cargo a la cuenta 432.

431. *Clientes, efectos comerciales a cobrar*

Créditos con clientes, formalizados en efectos de giro aceptados.

Se incluirán en esta cuenta los efectos en cartera, los descontados, los entregados en gestión de cobro y los impagados; en este último caso, sólo cuando no deban reflejarse en la cuenta 436.

Figurará en el activo corriente del balance.

Con carácter general, su movimiento es el siguiente:

a) Se cargará:
   a_1) Por las ventas o prestación de servicios derivados de la actividad principal aceptando los clientes los efectos de giro, con abono a cuentas del subgrupo 70.
   a_2) Por la formalización del derecho de cobro en efectos de giro aceptados por el cliente, con abono, generalmente, a la cuenta 430.

b) Se abonará:
   b_1) Por el cobro de los efectos al vencimiento, con cargo a cuentas del subgrupo 57.
   b_2) Por su clasificación como de dudoso cobro, con cargo a la cuenta 436.
   b_3) Por la parte que resultara definitivamente incobrable, con cargo a la cuenta 650.

La financiación obtenida por el descuento de efectos constituye una deuda que deberá recogerse, generalmente, en las cuentas correspondientes del subgrupo 52. En consecuencia, al vencimiento de los efectos atendidos, se abonará la cuenta 4311, con cargo a la cuenta 5208.

432. *Clientes, operaciones de «factoring»*

Créditos con clientes que se han cedido en operaciones de «factoring» en las que la empresa retiene sustancialmente los riesgos y beneficios de los derechos de cobro.

Se incluirán en esta cuenta los derechos de cobro sobre clientes cedidos en operaciones de «factoring», salvo cuando deban reflejarse en la cuenta 436.

Figurará en el activo corriente del balance. Con carácter general, su movimiento es el siguiente:

a) Se cargará a la cesión de los derechos, con abono, generalmente, a la cuenta 430.
b) Se abonará:
  b_1) Por su clasificación como de dudoso cobro, con cargo a la cuenta 436.
  b_2) Por la parte que resultara definitivamente incobrable, con cargo a la cuenta 650.

La financiación obtenida en esta operación constituye una deuda que deberá recogerse, generalmente, en las cuentas correspondientes del subgrupo 52. En consecuencia, al vencimiento de los derechos de cobro atendidos, se abonará esta cuenta con cargo a la cuenta 5209.

433. *Clientes, empresas del grupo*

Créditos con las empresas del grupo en su calidad de clientes, incluso si se han formalizado en efectos de giro o son créditos cedidos en operaciones de «factoring» en los que la empresa retiene sustancialmente los riesgos y beneficios de los derechos de cobro.

Figurará en el activo corriente del balance. Su movimiento es análogo al señalado para la cuenta 430.

434. *Clientes, empresas asociadas*

Créditos con las empresas multigrupo y asociadas en su calidad de clientes, incluso si se han formalizado en efectos de giro o son créditos cedidos en operaciones de «factoring» en los que la empresa retiene sustancialmente los riesgos y beneficios de los derechos de cobro.

Figurará en el activo corriente del balance. Su movimiento es análogo al señalado para la cuenta 430.

435. *Clientes, otras partes vinculadas*

Créditos con otras personas o entidades vinculadas en su calidad de clientes, incluso si se han formalizado en efectos de giro o son créditos cedidos en operaciones de «factoring» en los que la empresa retiene sustancialmente los riesgos y beneficios de los derechos de cobro.

Figurará en el activo corriente del balance. Su movimiento es análogo al señalado para la cuenta 430.

436. *Clientes de dudoso cobro*

Saldos de clientes, incluidos los formalizados en efectos de giro o los cedidos en operaciones de «factoring» en los que la empresa retiene sustancialmente los riesgos y beneficios de los derechos de cobro, en los que concurran circunstancias que permitan razonablemente su calificación como de dudoso cobro.

Figurará en el activo corriente del balance.

Su movimiento es el siguiente:

a) Se cargará por el importe de los saldos de dudoso cobro, con abono a las cuentas 430, 431 o 432.
b) Se abonará:
  b_1) Por las insolvencias firmes, con cargo a la cuenta 650.
  b_2) Por el cobro total de los saldos, con cargo a cuentas del subgrupo 57.
  b_3) Al cobro parcial, con cargo a cuentas del subgrupo 57, en la parte cobrada, y a la cuenta 650, por lo que resultara incobrable.

437. *Envases y embalajes a devolver por clientes*

Importe de los envases y embalajes cargados en factura a los clientes, con facultad de devolución por éstos.

Figurará en el activo corriente del balance minorando la cuenta 430.

Su movimiento es el siguiente:

a) Se abonará por el importe de los envases y embalajes al envío de las mercaderías contenidas en ellos, con cargo a la cuenta 430.
b) Se cargará:
  b_1) A la recepción de los envases y embalajes devueltos, con abono a la cuenta 430.
  b_2) Cuando, transcurrido el plazo de devolución, ésta no se hubiera efectuado, con abono a la cuenta 704.

438. *Anticipos de clientes*

Entregas de clientes, normalmente en efectivo, en concepto de «a cuenta» de suministros futuros.

Cuando estas entregas se efectúen por empresas del grupo, multigrupo, asociadas u otras partes vinculadas deberán desarrollarse las cuentas de tres cifras correspondientes.

Figurará en el pasivo corriente del balance.

Su movimiento es el siguiente:

a) Se abonará por las recepciones en efectivo, con cargo a la cuenta que corresponda del subgrupo 57.

b) Se cargará por las remesas de mercaderías u otros bienes a los clientes, con abono, generalmente, a cuentas del subgrupo 70.

44. DEUDORES VARIOS.

440. Deudores.

441. Deudores, efectos comerciales a cobrar.

446. Deudores de dudoso cobro.

449. Deudores por operaciones en común.

Cuando los deudores sean empresas del grupo, multigrupo o asociadas u otras partes vinculadas, se abrirán cuentas de tres cifras que específicamente recojan los créditos con las mismas, incluidos los formalizados en efectos de giro.

440. *Deudores*

Créditos con compradores de servicios que no tienen la condición estricta de clientes y con otros deudores de tráfico no incluidos en otras cuentas de este grupo.

En esta cuenta se contabilizará también el importe de las donaciones y legados a la explotación concedidos a la empresa que se liquiden mediante la entrega de efectivo u otros activos financieros, excluidas las subvenciones, que deben registrarse en cuentas del subgrupo 47.

Figurará en el activo corriente del balance.

Su movimiento es el siguiente:

a) Se cargará:

a_1) Por la prestación de servicios, con abono a cuentas del subgrupo 75.

a_2) Por la donación o legado de explotación concedido, con abono a cuentas del subgrupo 74.

a_3) En su caso, para reflejar el ingreso financiero devengado, con abono, generalmente, a la cuenta 762.

b) Se abonará:

b_1) Por la formalización del crédito en efectos de giro aceptados por el deudor, con cargo a la cuenta 441.

b_2) Por la cancelación total o parcial de las deudas, con cargo, generalmente, a cuentas del subgrupo 57.

b_3) Por su clasificación como deudores de dudoso cobro, con cargo a la cuenta 446.

b_4) Por la parte que resultara definitivamente incobrable, con cargo a la cuenta 650.

441. *Deudores, efectos comerciales a cobrar*

Créditos con deudores, formalizados en efectos de giro aceptados.

Se incluirán en esta cuenta los efectos en cartera, los descontados, los entregados en gestión de cobro y los impagados; en este último caso, sólo cuando no deban reflejarse en la cuenta 446.

Figurará en el activo corriente del balance.

Con carácter general, su movimiento es el siguiente:

a) Se cargará:

a_1) Por la prestación de servicios, aceptando los perceptores efectos de giro, con abono a cuentas del subgrupo 75.

a_2) Por la formalización del derecho de cobro en efectos de giro aceptado por el perceptor del servicio o deudor, con abono, generalmente, a la cuenta 440.

b) Se abonará:

b_1) Por el cobro de los efectos al vencimiento, con cargo a cuentas del subgrupo 57.

b_2) Por su clasificación como de dudoso cobro, con cargo a la cuenta 446.

b_3) Por la parte que resultara definitiva mente incobrable, con cargo a la cuenta 650.

La financiación obtenida por el descuento de efectos constituye una deuda que deberá recogerse, generalmente, en las cuentas correspondientes del subgrupo 52. En consecuencia, al vencimiento de los efectos atendidos, se abonará la cuenta 4411, con cargo a la cuenta 5208.

446. *Deudores de dudoso cobro*

Saldos de deudores comprendidos en este subgrupo, incluidos los formalizados en efecto de giro, en los que concurran circunstancias que permitan razonablemente su calificación como de dudoso cobro.

Figurará en el activo corriente del balance. Su movimiento es análogo al señalado para la cuenta 436.

449. *Deudores por operaciones en común*

Créditos con partícipes en las operaciones reguladas por los artículos 239 a 243 del Código de Comercio y en otras operaciones en común de análogas características.

Figurará en el activo del balance.

Su movimiento es el siguiente:

a) Se cargará:
  - a_1) Por las aportaciones realizadas por la empresa como partícipe no gestor, con abono, generalmente, a cuentas del subgrupo 57.
  - a_2) Siendo la empresa partícipe gestor, por la pérdida que deba atribuirse a los partícipes no gestores cuando su saldo en la operación en común pase a ser deudor, con abono a la cuenta 7510.
  - a_3) Por el beneficio que corresponde a la empresa como partícipe no gestor, con abono a la cuenta 7511.

b) Se abonará:
  - b_1) Por el cobro de los créditos, con cargo a cuentas del subgrupo 57.
  - b_2) Siendo la empresa partícipe gestor, por el beneficio que debe atribuirse a los partícipes no gestores mientras su saldo en la operación en común sea deudor, con cargo a la cuenta 6510.
  - b_3) Por la pérdida que corresponda a la empresa como partícipe no gestor, con cargo a la cuenta 6511.

46. PERSONAL.
  - 460. Anticipos de remuneraciones.
  - 465. Remuneraciones pendientes de pago.
  - 466. Remuneraciones mediante sistemas de aportación definida pendientes de pago.

Saldos con personas que prestan sus servicios a la empresa o con las entidades con las que se instrumentan los compromisos de retribución post-empleo, y cuyas remuneraciones se contabilizan en el subgrupo 64.

460. *Anticipos de remuneraciones*

Entregas a cuenta de remuneraciones al personal de la empresa.

Cualesquiera otros anticipos que tengan la consideración de préstamos al personal, se incluirán en la cuenta 544 o en la cuenta 254, según el plazo de vencimiento.

Figurará en el activo corriente del balance.

Con carácter general, su movimiento es el siguiente:

a) Se cargará al efectuarse las entregas antes citadas, con abono a cuentas del subgrupo 57.

b) Se abonará al compensar los anticipos con las remuneraciones devengadas, con cargo a cuentas del subgrupo 64.

465. *Remuneraciones pendientes de pago*

Débitos de la empresa al personal por los conceptos citados en las cuentas 640 y 641.

Figurará en el pasivo corriente del balance.

Con carácter general, su movimiento es el siguiente:

a) Se abonará por las remuneraciones devengadas y no pagadas, con cargo a las cuentas 640 y 641.

b) Se cargará cuando se paguen las remuneraciones, con abono a cuentas del subgrupo 57.

466. *Remuneraciones mediante sistemas de aportación definida pendientes de pago*

Importes pendientes de pago a una entidad separada por retribuciones a largo plazo al personal, tales como pensiones y otras prestaciones por jubilación o retiro, que tengan el carácter de aportación definida, de acuerdo con los términos establecidos en las normas de registro y valoración.

Figurará en el pasivo corriente del balance.

Con carácter general, su movimiento es el siguiente:

a) Se abonará por los importes devengados y no pagados, con cargo a la cuenta 643.
b) Se cargará cuando se paguen las contribuciones pendientes con abono a cuentas del subgrupo 57.

47. ADMINISTRACIONES PÚBLICAS.
   470. Hacienda Pública, deudora por diversos conceptos.
      4700. Hacienda Pública, deudora por IVA.
      4708. Hacienda Pública, deudora por subvenciones concedidas.
      4709. Hacienda Pública, deudora por devolución de impuestos.
   471. Organismos de la Seguridad Social, deudores.
   472. Hacienda Pública, IVA soportado.
   473. Hacienda Pública, retenciones y pagos a cuenta.
   474. Activos por impuesto diferido.
      4740. Activos por diferencias temporarias deducibles.
      4742. Derechos por deducciones y bonificaciones pendientes de aplicar.
      4745. Crédito por pérdidas a compensar del ejercicio.
   475. Hacienda Pública, acreedora por conceptos fiscales.
      4750. Hacienda Pública, acreedora por IVA.
      4751. Hacienda Pública, acreedora por retenciones practicadas.
      4752. Hacienda Pública, acreedora por impuesto sobre sociedades.
      4758. Hacienda Pública, acreedora por subvenciones a reintegrar.
   476. Organismos de la Seguridad Social, acreedores.
   477. Hacienda Pública, IVA repercutido.
   479. Pasivos por diferencias temporarias imponibles.

470. *Hacienda Pública, deudora por diversos conceptos*

Subvenciones, compensaciones, desgravaciones, devoluciones de impuestos y, en general, cuantas percepciones sean debidas por motivos fiscales o de fomento realizadas por las Administraciones Públicas, excluida la Seguridad Social.

Figurará en el activo del balance. El contenido y movimiento de las cuentas citadas de cuatro cifras es el siguiente:

4700. *Hacienda Pública, deudora por IVA*

Exceso, en cada período impositivo, del IVA soportado deducible sobre el IVA repercutido.

a) Se cargará al terminar cada período de liquidación, por el importe del mencionado exceso, con abono a la cuenta 472.
b) Se abonará:
   b_1) En caso de compensación en declaración liquidación posterior, con cargo a la cuenta 477.
   b_2) En los casos de devolución por la Hacienda Pública, con cargo a cuentas del subgrupo 57.

4708. *Hacienda Pública, deudora por subvenciones concedidas*

Créditos con la Hacienda Pública por razón de subvenciones concedidas.

a) Se cargará cuando sean concedidas las subvenciones, con abono, generalmente, a las cuentas 172, 740 o cuentas del subgrupo 94.
b) Se abonará al cobro, con cargo, generalmente, a cuentas de subgrupo 57.

4709. *Hacienda Pública, deudora por devolución de impuestos*

Créditos con la Hacienda Pública por razón de devolución de impuestos.

a) Se cargará:
   a_1) Por las retenciones y pagos a cuenta a devolver, con abono a la cuenta 473.
   a_2) Por la cuota de ejercicios anteriores que recupera la empresa como consecuencia

de las liquidaciones fiscales del impuesto o impuestos sobre el beneficio, con abono a la cuenta 6300 o, en su caso, a la cuenta 8300.

a_3) Tratándose de devoluciones de otros impuestos que hubieran sido contabilizados en cuentas de gastos, con abono a la cuenta 636. Si hubieran sido cargados en cuentas del grupo 2, serán éstas las cuentas abonadas por el importe de la devolución.

b) Se abonará al cobro, con cargo a cuentas del subgrupo 57.

471. *Organismos de la Seguridad Social, deudores*

Créditos a favor de la empresa, de los diversos Organismos de la Seguridad Social, relacionados con las prestaciones sociales que ellos efectúan.

Figurará en el activo del balance.

Su movimiento es el siguiente:

a) Se cargará por las prestaciones a cargo de la Seguridad Social, con abono, generalmente, a cuentas del subgrupo 57.

b) Se abonará al cancelar el crédito.

472. *Hacienda Pública, IVA soportado*

IVA devengado con motivo de la adquisición de bienes y servicios y de otras operaciones comprendidas en el texto legal, que tenga carácter deducible.

Su movimiento es el siguiente:

a) Se cargará:

a_1) Por el importe del IVA deducible cuando se devengue el impuesto, con abono a cuentas de acreedores o proveedores de los grupos 1, 4 o 5 o a cuentas del subgrupo 57. En los casos de cambio de afectación de bienes, con abono a la cuenta 477.

a_2) Por las diferencias positivas que resulten en el IVA deducible correspondiente a operaciones de bienes o servicios del activo corriente o de bienes de inversión al practicarse las regularizaciones previstas en la Regla de Prorrata, con abono a la cuenta 639.

b) Se abonará:

b_1) Por el importe del IVA deducible que se compensa en la declaración-liquidación del período de liquidación, con cargo a la cuenta 477. Si después de formulado este asiento subsistiera saldo en la cuenta 472, el importe del mismo se cargará a la cuenta 4700.

b_2) Por las diferencias negativas que resulten en el IVA deducible correspondiente a operaciones de bienes o servicios del activo corriente o de bienes de inversión al practicarse las regularizaciones previstas en la Regla de Prorrata, con cargo a la cuenta 634.

c) Se cargará o se abonará, con abono o cargo a cuentas de los grupos 1, 2, 4 o 5, por el importe del IVA deducible que corresponda en los casos de alteraciones de precios posteriores al momento en que se hubieren realizado las operaciones gravadas, o cuando éstas quedaren sin efecto total o parcialmente, o cuando deba reducirse la base imponible en virtud de descuentos y bonificaciones otorgadas después del devengo del impuesto.

473. *Hacienda Pública, retenciones y pagos a cuenta*

Cantidades retenidas a la empresa y pagos realizados por la misma a cuenta de impuestos.

Con carácter general, su movimiento es el siguiente:

a) Se cargará por el importe de la retención o pago a cuenta, con abono, generalmente, a cuentas del grupo 5 y a cuentas del subgrupo 76.

b) Se abonará:

b_1) Por el importe de las retenciones soportadas y los ingresos a cuenta del impuesto sobre sociedades realizados, hasta el importe de la cuota líquida del período, con cargo a la cuenta 6300 o, en su caso, a la cuenta 8300.

b_2) Por el importe de las retenciones soportadas e ingresos a cuenta del impuesto sobre sociedades que deban ser objeto de devolución a la empresa, con cargo a la cuenta 4709.

474. *Activos por impuesto diferido*

Activos por diferencias temporarias deducibles, créditos por el derecho a compensar en ejercicios posteriores las bases imponibles negativas pendientes de compensación y deducciones y otras ventajas fiscales no utilizadas que queden pendientes de aplicar en la liquidación de los impuestos sobre beneficios.

En esta cuenta figurará el importe íntegro de los activos por impuesto diferido correspondiente a los impuestos sobre beneficios, no siendo admisible su compensación con los pasivos por impuesto diferido, ni aun dentro de un mismo ejercicio. Todo ello, sin perjuicio de lo dispuesto en la tercera parte del presente Plan, a los efectos de su presentación en las cuentas anuales.

Figurará en el activo no corriente del balance. El contenido y movimiento de las cuentas citadas de cuatro cifras es el siguiente:

4740. *Activos por diferencias temporarias deducibles*

Activos fiscales por diferencias que darán lugar a menores cantidades a pagar o mayores cantidades a devolver por impuestos sobre beneficios en ejercicios futuros, normalmente a medida que se recuperen los activos o se liquiden los pasivos de los que se derivan.

a) Se cargará:
- a_1) Por el importe del activo por diferencias temporarias deducibles originado en el ejercicio, con abono, generalmente, a la cuenta 6301.
- a_2) Por el importe de los activos por diferencias temporarias deducibles que surja en una transacción o suceso que se hubiese reconocido directamente en una partida del patrimonio neto, con abono a la cuenta 8301.
- a_3) Por el aumento de los activos por diferencias temporarias deducibles, con abono, generalmente, a la cuenta 638.
- a_4) Por el aumento de los activos por diferencias temporarias deducibles originados en una transacción o suceso que se hubiese reconocido directamente en una partida del patrimonio neto, con abono a la cuenta 838.

b) Se abonará:
- b_1) Por las reducciones de los activos por diferencias temporarias deducibles, con cargo, generalmente, a la cuenta 633.
- b_2) Por las reducciones de los activos por diferencias temporarias deducibles originadas en una transacción o suceso que se hubiese reconocido directamente en una partida del patrimonio neto, con cargo a la cuenta 833.
- b_3) Cuando se imputen los activos por diferencias temporarias deducibles, generalmente, con cargo a la cuenta 6301.
- b_4) Cuando se imputen los activos por diferencias temporarias deducibles originados en una transacción o suceso que se hubiese reconocido directamente en una partida del patrimonio neto, con cargo a la cuenta 8301.

4742. *Derechos por deducciones y bonificaciones pendientes de aplicar*

Importe de la disminución del impuesto sobre beneficios a pagar en el futuro derivada de la existencia de deducciones o bonificaciones de dicho impuesto pendientes de aplicación.

a) Se cargará:
- a_1) Por el crédito impositivo derivado de la deducción o bonificación en el impuesto sobre beneficios obtenida en el ejercicio, con abono, generalmente, a la cuenta 6301.
- a_2) Por el aumento del crédito impositivo, con abono, generalmente, a la cuenta 638.

b) Se abonará:
- b_1) Por la disminución del crédito impositivo, con cargo, generalmente, a la cuenta 633.
- b_2) Por la aplicación fiscal de las deducciones o bonificaciones de ejercicios anteriores, con cargo, generalmente, a la cuenta 6301.

4745. *Crédito por pérdidas a compensar del ejercicio*

Importe de la reducción del impuesto sobre beneficios a pagar en el futuro derivada de la existencia de bases imponibles negativas de dicho impuesto pendientes de compensación.

a) Se cargará:
   a_1) Por el crédito impositivo derivado de la base imponible negativa en los impuestos sobre beneficios obtenida en el ejercicio, con abono, generalmente, a la cuenta 6301.
   a_2) Por el aumento del crédito impositivo, con abono, generalmente, a la cuenta 638.

b) Se abonará:
   b_1) Por las reducciones del crédito impositivo, con cargo, generalmente, a la cuenta 633.
   b_2) Cuando se compensen las bases imponibles negativas de ejercicios anteriores, con cargo, generalmente, a la cuenta 6301.

475. *Hacienda Pública, acreedora por conceptos fiscales*

Tributos a favor de las Administraciones Públicas, pendientes de pago, tanto si la empresa es contribuyente como si es sustituto del mismo o retenedor.

Figurará en el pasivo del balance.

El contenido y movimiento de las cuentas citadas de cuatro cifras es el siguiente:

4750. *Hacienda Pública, acreedora por IVA*

Exceso, en cada período impositivo, del IVA repercutido sobre el IVA soportado deducible.

a) Se abonará al terminar cada período de liquidación por el importe del mencionado exceso, con cargo a la cuenta 477.

b) Se cargará por el importe del mencionado exceso cuando se efectúe su pago, con abono a cuentas del subgrupo 57.

4751. *Hacienda Pública, acreedora por retenciones practicadas*

Importe de las retenciones tributarias efectuadas pendientes de pago a la Hacienda Pública.

a) Se abonará al devengo del tributo, cuando la empresa sea sustituto del contribuyente o retenedor, con cargo a cuentas de los grupos 4, 5 o 6.

b) Se cargará cuando se efectúe su pago, con abono a cuentas del subgrupo 57.

4752. *Hacienda Pública, acreedora por impuesto sobre sociedades*

Importe pendiente del impuesto sobre sociedades a pagar.

a) Se abonará por la cuota a ingresar, con cargo, generalmente, a la cuenta 6300 y, en su caso, a la cuenta 8300.

b) Se cargará cuando se efectúe su pago, con abono a cuentas del subgrupo 57.

4758. *Hacienda Pública, acreedora por subvenciones a reintegrar*

Deudas con la Hacienda Pública por subvenciones a devolver.

a) Se abonará por el importe de la subvención que deba ser reintegrada, con cargo, generalmente, a las cuentas 172 o 522.

b) Se cargará al reintegro, con abono a cuentas del subgrupo 57.

476. *Organismos de la Seguridad Social, acreedores*

Deudas pendientes con Organismos de la Seguridad Social como consecuencia de las prestaciones que éstos realizan.

Figurará en el pasivo del balance.

Su movimiento es el siguiente:

a) Se abonará:
   a_1) Por las cuotas que le corresponden a la empresa, con cargo a la cuenta 642.
   a_2) Por las retenciones de cuotas que corresponden al personal de la empresa, con cargo a las cuentas 465 o 640.

b) Se cargará cuando se cancele la deuda, con abono a cuentas del subgrupo 57.

477. *Hacienda Pública, IVA repercutido*

IVA devengado con motivo de la entrega de bienes o de la prestación de servicios y de otras operaciones comprendidas en el texto legal.

Su movimiento es el siguiente:

a) Se abonará:
   a_1) Por el importe del IVA repercutido cuando se devengue el impuesto, con cargo a cuentas de deudores o clientes de los grupos 2, 4 o 5 o a cuentas del subgrupo 57. En los casos de cambio de afectación de bienes, con cargo a la cuenta 472 y a la cuenta del activo de que se trate.
   a_2) Por el importe del IVA repercutido cuando se devengue el impuesto, en el caso de retirada de bienes de inversión o de bienes del activo corriente con destino al patrimonio personal del titular de la explotación o al consumo final del mismo, con cargo a la cuenta 550.

b) Se cargará por el importe del IVA soportado deducible que se compense en la declaración liquidación del período de liquidación, con abono a la cuenta 472. Si después de formulado este asiento subsistiera saldo en la cuenta 477, el importe del mismo se abonará a la cuenta 4750.

c) Se abonará o se cargará, con cargo o abono a cuentas de los grupos 2, 4 o 5, por el importe del IVA repercutido que corresponda en los casos de alteraciones de precios posteriores al momento en que se hubieren realizado las operaciones gravadas o cuando éstas quedaren sin efecto total o parcialmente o cuando deba reducirse la base imponible en virtud de descuentos y bonificaciones otorgados después del devengo del impuesto.

479. *Pasivos por diferencias temporarias imponibles*

Diferencias que darán lugar a mayores cantidades a pagar o menores cantidades a devolver por impuestos sobre beneficios en ejercicios futuros, normalmente a medida que se recuperen los activos o se liquiden los pasivos de los que se derivan.

En esta cuenta figurará el importe íntegro de los pasivos por impuesto diferido, no siendo admisible su compensación con los activos por impuesto diferido del impuesto sobre beneficios. Todo ello, sin perjuicio de lo dispuesto en la tercera parte del presente Plan, a los efectos de su presentación en las cuentas anuales.

Figurará en el pasivo no corriente del balance.

Su movimiento es el siguiente:

a) Se abonará:
   a_1) Por el importe de los pasivos por diferencias temporarias imponibles originados en el ejercicio, con cargo, generalmente, a la cuenta 6301.
   a_2) Por el importe de los pasivos por diferencias temporarias imponibles que surjan en una transacción o suceso que se hubiese reconocido directamente en una partida del patrimonio neto, con cargo a la cuenta 8301.
   a_3) Por el aumento de los pasivos por diferencias temporarias imponibles, con cargo, generalmente, a la cuenta 633.
   a_4) Por el aumento de los pasivos por diferencias temporarias imponibles originados en una transacción o suceso que se hubiese reconocido directamente en una partida del patrimonio neto, con cargo a la cuenta 833.

b) Se cargará:
   b_1) Por las reducciones de los pasivos por diferencias temporarias imponibles, con abono, generalmente, a la cuenta 638.
   b_2) Por las reducciones de los pasivos por diferencias temporarias imponibles originados en una transacción o suceso que se hubiese reconocido directamente en una partida del patrimonio neto, con abono a la cuenta 838.
   b_3) Cuando se cancelen los pasivos por diferencias temporarias imponibles, con abono, generalmente, a la cuenta 6301.
   b_4) Cuando se cancelen los pasivos por diferencias temporarias imponibles originados en una transacción o suceso que se hubiese reconocido directamente en una partida del patrimonio neto, con abono a la cuenta 8301.

48. AJUSTES POR PERIODIFICACIÓN.
   480. Gastos anticipados.
   485. Ingresos anticipados.

480. *Gastos anticipados*

Gastos contabilizados en el ejercicio que se cierra y que corresponden al siguiente.

Figurará en el activo corriente del balance.

Su movimiento es el siguiente:

a) Se cargará, al cierre del ejercicio, con abono a las cuentas del grupo 6 que hayan registrado los gastos a imputar al ejercicio posterior.
b) Se abonará, al principio del ejercicio siguiente, con cargo a cuentas del grupo 6.

485. *Ingresos anticipados*

Ingresos contabilizados en el ejercicio que se cierra y que corresponden al siguiente.

Figurará en el pasivo corriente del balance.

Su movimiento es el siguiente:

a) Se abonará, al cierre del ejercicio, con cargo a las cuentas del grupo 7 que hayan registrado los ingresos correspondientes al posterior.
b) Se cargará, al principio del ejercicio siguiente, con abono a cuentas del grupo 7.

49. DETERIORO DE VALOR DE CRÉDITOS COMERCIALES Y PROVISIONES A CORTO PLAZO.
   490. Deterioro de valor de créditos por operaciones comerciales.
   493 . Deterioro de valor de créditos por operaciones comerciales con partes vinculadas.
      4933. Deterioro de valor de créditos por operaciones comerciales con empresas del grupo.
      4934. Deterioro de valor de créditos por operaciones comerciales con empresas asociadas.
      4935. Deterioro de valor de créditos por operaciones comerciales con otras partes vinculadas.
   499. Provisiones por operaciones comerciales.
      4994. Provisión por contratos onerosos.
      4999. Provisión para otras operaciones comerciales.

Correcciones por deterioro del valor de los activos financieros por operaciones comerciales debido a situaciones latentes de insolvencia de clientes y de otros deudores incluidos en los subgrupos 43 y 44 y obligaciones actuales, al cierre del ejercicio, por los gastos a incurrir tras la entrega de los bienes o la prestación de servicios, como, por ejemplo, la cobertura de gastos por devoluciones de ventas, garantías sobre productos vendidos y otros conceptos análogos.

Las cuentas de este subgrupo, salvo la 499, «Provisión por operaciones comerciales», figurarán en el activo del balance minorando la partida en la que figure el correspondiente elemento patrimonial.

490. *Deterioro de valor de créditos por operaciones comerciales*

Importe de las correcciones valorativas por deterioro de créditos incobrables, con origen en operaciones de tráfico.

Su movimiento es el siguiente, según la alternativa adoptada por la empresa:

1. Cuando la empresa cifre el importe del deterioro al final del ejercicio mediante una estimación global del riesgo de fallidos existentes en los saldos de clientes y deudores, siempre y cuando su importe, individualmente considerados, no sea significativo:

   a) Se abonará, al final del ejercicio, por la estimación realizada, con cargo a la cuenta 694.
   b) Se cargará, igualmente al final del ejercicio, por la corrección realizada al cierre del ejercicio precedente, con abono a la cuenta 794.

2. Cuando la empresa cifre el importe del deterioro mediante un sistema individualizado de seguimiento de saldos de clientes y deudores:

a) Se abonará, a lo largo del ejercicio, por el importe de la pérdida que se vaya estimando, con cargo a la cuenta 694.
b) Se cargará a medida que se vayan dando de baja los saldos de clientes y deudores para los que se dotó la cuenta correctora de forma individualizada o cuando la pérdida estimada

disminuya como consecuencia de un evento posterior, con abono a la cuenta 794.

493. *Deterioro de valor de créditos por operaciones comerciales con partes vinculadas*

Importe de las correcciones valorativas por deterioro de créditos incobrables, con origen en operaciones de tráfico efectuadas con partes vinculadas.

4933/4934/4935

El movimiento de las cuentas citadas de cuatro cifras es análogo al señalado para la cuenta 490.

499. *Provisiones por operaciones comerciales*

Provisiones para el reconocimiento de obligaciones presentes derivadas del tráfico comercial de la empresa.

Figurarán en el pasivo del balance.

Las provisiones para operaciones comerciales cuya cancelación se prevea en el largo plazo deberán figurar en el pasivo no corriente del balance en el epígrafe «Provisiones largo plazo».

4994. *Provisión por contratos onerosos*

Provisión que surge cuando los costes que conlleva el cumplimiento de un contrato exceden a los beneficios económicos que se esperan recibir del mismo.

Su movimiento es el siguiente:

a) Se abonará, al cierre del ejercicio, por el importe de la estimación realizada, con cargo a la cuenta 6954.
b) Se cargará:
   b_1) Al cierre del ejercicio, si la empresa opta por cumplir el contrato, por el exceso de provisión contabilizada, con abono a la cuenta 79544.
   b_2) Si la empresa opta por la cancelación del contrato, con abono, generalmente, a cuentas del subgrupo 57.

4999. *Provisión para otras operaciones comerciales*

Provisión para cobertura de gastos por devoluciones de ventas, garantías de reparación, revisiones y otros conceptos análogos.

Su movimiento es el siguiente:

a) Se abonará, al cierre del ejercicio, por el importe de la estimación realizada, con cargo a la cuenta 6959.
b) Se cargará, al cierre del ejercicio, por la dotación efectuada en el año anterior, con abono a la cuenta 79549.

GRUPO 5

CUENTAS FINANCIERAS

Instrumentos financieros por operaciones no comerciales, es decir, por operaciones ajenas al tráfico cuyo vencimiento, enajenación o realización se espera habrá de producirse en un plazo no superior a un año y medios líquidos disponibles.

En particular, se aplicarán las siguientes reglas:

a) En este grupo se incluyen los derivados financieros tanto de cobertura como de negociación cuando su liquidación no sea superior a un año.
b) Los instrumentos financieros que se mantengan para negociar, con carácter general, estarán incluidos en este grupo. En particular, se incluirán en esta categoría las inversiones financieras en instrumentos de patrimonio de empresas que no tengan la consideración de empresas del grupo, multigrupo o asociadas, que se hayan adquirido con la intención de ser vendidas en el corto plazo.
c) Se desarrollarán las cuentas de cuatro o más cifras que sean necesarias para diferenciar las categorías en las que se hayan incluido los activos financieros y pasivos financieros de acuerdo con lo establecido en las normas de registro y valoración.
d) Si se adquieren activos financieros híbridos o se emiten o asumen pasivos financieros híbridos que de acuerdo con lo establecido en

las normas de registro y valoración se valoren en su conjunto por su valor razonable, se incluirán en la cuenta que corresponda a la naturaleza del contrato principal, para lo que se crearán con el debido desglose, cuentas de cuatro o más cifras que identifiquen que se trata de un activo o pasivo financiero híbrido a corto plazo valorado conjuntamente. En relación con los pasivos financieros, cuando se reconozcan separadamente el contrato principal y el derivado implícito, este último se tratará como si se hubiese contratado de forma independiente, por lo que se incluirá en la cuenta del grupo 5 que proceda y el contrato principal se recogerá en la cuenta que corresponda a su naturaleza, desarrollándose con el debido desglose cuentas de cuatro o más cifras que identifiquen que se trata de un contrato principal financiero híbrido a corto plazo.

e) Una cuenta que recoja activos financieros o pasivos financieros clasificados en la categoría de «Activos financieros a valor razonable con cambios en la cuenta de pérdidas y ganancias», así como en la de «Pasivos financieros a valor razonable con cambios en la cuenta de pérdidas y ganancias» respectivamente, se abonará o cargará, por las variaciones en su valor razonable, con cargo o abono, respectivamente, a las cuentas 663 y 763.

f) Una cuenta que recoja pasivos o activos incluidos en este grupo que, de acuerdo con lo establecido en las normas de registro y valoración, formen parte de un grupo enajenable de elementos mantenidos para la venta, se cargará o abonará, respectivamente, en el momento en que se cumplan las condiciones para su clasificación, con abono o cargo a la respectiva cuenta del subgrupo 58.

g) La diferencia entre el valor por el que se reconocen inicialmente los activos financieros o pasivos financieros y su valor de reembolso, se registrará como un cargo o abono (o cuando proceda, un abono o cargo), en la cuenta donde esté registrado el activo financiero o el pasivo financiero, teniendo como contrapartida la cuenta del subgrupo 76 ó 66, que corresponda según la naturaleza del instrumento.

50. EMPRÉSTITOS, DEUDAS CON CARACTERÍSTICAS ESPECIALES Y OTRAS EMISIONES ANÁLOGAS A CORTO PLAZO.

500. Obligaciones y bonos a corto plazo.
501. Obligaciones y bonos convertibles a corto plazo.
502. Acciones o participaciones a corto plazo consideradas como pasivos financieros.
505. Deudas representadas en otros valores negociables a corto plazo.
506. Intereses a corto plazo de empréstitos y otras emisiones análogas.
507. Dividendos de acciones o participaciones consideradas como pasivos financieros.
509. Valores negociables amortizados.

Financiación ajena instrumentada en valores negociables y acciones u otras participaciones en el capital de la empresa que, atendiendo a las características económicas de la emisión, deban considerarse como pasivo financiero, cuyo vencimiento vaya a producirse en un plazo no superior a un año.

Las cuentas de este subgrupo figurarán en el pasivo corriente del balance.

La parte de las deudas a largo plazo que tenga vencimiento a corto deberá figurar en el pasivo corriente del balance; a estos efectos, se traspasará a este subgrupo el importe que representen las deudas a largo plazo con vencimiento a corto de las cuentas correspondientes de los subgrupos 15 y 17.

500. *Obligaciones y bonos a corto plazo*

Obligaciones y bonos en circulación no convertibles en acciones cuyo vencimiento vaya a producirse en un plazo no superior a un año.

Con carácter general, su movimiento es el siguiente:

a) Se abonará:

a_1) En el momento de la emisión, por el importe recibido, minorado en los costes de la transacción, con cargo a cuentas del subgrupo 57.

a_2) Por el gasto financiero devengado hasta alcanzar el valor de reembolso de la deuda, con cargo, generalmente, a la cuenta 661.

b) Se cargará por el importe a reembolsar de los valores, a la amortización de los mismos, con abono a la cuenta 509.

501. *Obligaciones y bonos convertibles a corto plazo*

Componente de pasivo financiero de las obligaciones y bonos convertibles en acciones, cuyo vencimiento vaya a producirse en un plazo no superior a un año, que se califican como instrumentos financieros compuestos.

Su movimiento es análogo al señalado para la cuenta 500.

502. *Acciones o participaciones a corto plazo consideradas como pasivos financieros*

Capital social escriturado y, en su caso, prima de emisión o asunción en las sociedades que revistan forma mercantil que, atendiendo a las características de la emisión, deba contabilizarse como pasivo financiero y cuyo rescate se prevea en el corto plazo. En particular, determinadas acciones rescatables y acciones o participaciones sin voto.

Su movimiento es el siguiente:

a) Se abonará por el capital inicial y las sucesivas ampliaciones, en el momento de su inscripción en el Registro Mercantil, con cargo a la cuenta 199.
b) Se cargará por la cancelación o reducciones del mismo y a la extinción de la sociedad, una vez transcurrido el período de liquidación.

505. *Deudas representadas en otros valores negociables a corto plazo*

Otros pasivos financieros cuyo vencimiento vaya a producirse en un plazo no superior a un año, representados en valores negociables, ofrecidos al ahorro público, distintos de los anteriores.

Su contenido y movimiento es análogo al señalado para las cuentas 501 o 500, dependiendo de si se trata de un instrumento financiero compuesto o no.

506. *Intereses a corto plazo de empréstitos y otras emisiones análogas*

Intereses a pagar, con vencimiento a corto plazo, de empréstitos y otras emisiones análogas.

Su movimiento es el siguiente:

a) Se abonará por el importe de los intereses explícitos devengados durante el ejercicio, incluidos los no vencidos, con cargo a la cuenta 661.
b) Se cargará:
   b_1) Por la retención a cuenta de impuestos, cuando proceda, con abono a la cuenta 475.
   b_2) Al pago, con abono a cuentas del subgrupo 57.

507. *Dividendos de acciones o participaciones consideradas como pasivos financieros*

Dividendos a pagar, con vencimiento a corto plazo, de acciones o participaciones consideradas como pasivo. Su movimiento es el siguiente:

a) Se abonará por el importe de los dividendos devengados durante el ejercicio, con cargo a la cuenta 664.
b) Se cargará:
   b_1) Por la retención a cuenta de impuestos, cuando proceda, con abono a la cuenta 475.
   b_2) Al pago, con abono a cuentas del subgrupo 57.

509. *Valores negociables amortizados*

Deudas por valores negociables amortizados.

Con carácter general, su movimiento es el siguiente:

a) Se abonará por el valor de reembolso de los valores amortizados, con cargo a cuentas de este subgrupo o del subgrupo 17.
b) Se cargará por el valor de reembolso de los valores amortizados, con abono a cuentas del subgrupo 57.

51. DEUDAS A CORTO PLAZO CON PARTES VINCULADAS.
   510. Deudas a corto plazo con entidades de crédito vinculadas.
      5103. Deudas a corto plazo con entidades de crédito, empresas del grupo.
      5104. Deudas a corto plazo con entidades de crédito, empresas asociadas.
      5105. Deudas a corto plazo con otras entidades de crédito vinculadas.

511. Proveedores de inmovilizado a corto plazo, partes vinculadas.
   - 5113. Proveedores de inmovilizado a corto plazo, empresas del grupo.
   - 5114. Proveedores de inmovilizado a corto plazo, empresas asociadas.
   - 5115. Proveedores de inmovilizado a corto plazo, otras partes vinculadas.

512. Acreedores por arrendamiento financiero a corto plazo, partes vinculadas.
   - 5123. Acreedores por arrendamiento financiero a corto plazo, empresas del grupo.
   - 5124. Acreedores por arrendamiento financiero a corto plazo, empresas asociadas.
   - 5125. Acreedores por arrendamiento financiero a corto plazo, otras partes vinculadas.

513. Otras deudas a corto plazo con partes vinculadas.
   - 5133. Otras deudas a corto plazo con empresas del grupo.
   - 5134. Otras deudas a corto plazo con empresas asociadas.
   - 5135. Otras deudas a corto plazo con otras partes vinculadas.

514. Intereses a corto plazo de deudas con partes vinculadas.
   - 5143. Intereses a corto plazo de deudas, empresas del grupo.
   - 5144. Intereses a corto plazo de deudas, empresas asociadas.
   - 5145. Intereses a corto plazo de deudas, otras partes vinculadas.

Deudas cuyo vencimiento vaya a producirse en un plazo no superior a un año, contraídas con empresas de grupo, multigrupo, asociadas y otras partes vinculadas, incluidas aquellas que por su naturaleza debieran figurar en los subgrupos 50 o 52, las fianzas y depósitos recibidos a corto plazo del subgrupo 56 y los derivados financieros que debieran figurar en la cuenta 559. Estas deudas se recogerán en las cuentas de tres o más cifras que se desarrollen.

Las cuentas de este subgrupo figurarán en el pasivo corriente del balance.

La parte de las deudas a largo plazo, con personas o entidades vinculadas, que tenga vencimiento a corto deberá figurar en el pasivo corriente del balance, en el epígrafe «Deudas con empresas del grupo y asociadas a corto plazo»; a estos efectos se traspasará a este subgrupo el importe que representen las deudas a largo plazo con vencimiento a corto de las cuentas correspondientes del subgrupo 16.

510. *Deudas a corto plazo con entidades de crédito vinculadas*

Las contraídas con entidades de crédito vinculadas por préstamos recibidos y otros débitos, con vencimiento no superior a un año.

5103/5104/5105

El movimiento de las cuentas citadas de cuatro cifras es el siguiente:

a) Se abonarán:
   - a_1) A la formalización de la deuda o préstamo, por el importe recibido, minorado en los costes de la transacción, con cargo, generalmente, a cuentas del subgrupo 57.
   - a_2) Por el gasto financiero devengado hasta alcanzar el valor de reembolso de la deuda, con cargo, generalmente, a la cuenta 662.

b) Se cargarán por el reintegro, total o parcial, al vencimiento, con abono a cuentas del subgrupo 57.

Se incluirá, con el debido desarrollo en cuentas de cinco o más cifras, el importe de las deudas a corto plazo por efectos descontados.

511. *Proveedores de inmovilizado a corto plazo, partes vinculadas*

Deudas con partes vinculadas en calidad de suministradores de bienes definidos en el grupo 2, incluidas las formalizadas en efectos de giro, con vencimiento no superior a un año.

5113/5114/5115

El movimiento de las cuentas citadas de cuatro cifras es el siguiente:

a) Se abonarán:
  a_1) Por la recepción a conformidad de los bienes suministrados, con cargo a cuentas del grupo 2.
  a_2) Por el gasto financiero devengado hasta alcanzar el valor de reembolso de la deuda, con cargo, generalmente, a la cuenta 662.

b) Se cargarán por la cancelación, total o parcial, de las deudas, con abono, generalmente, a cuentas del subgrupo 57.

512. *Acreedores por arrendamiento financiero a corto plazo, partes vinculadas*

Deudas con vencimiento inferior a un año con partes vinculadas en calidad de cedentes del uso de bienes en acuerdos que deban calificarse como arrendamientos financieros en los términos recogidos en las normas de registro y valoración.

El movimiento de las cuentas citadas de cuatro cifras es el siguiente:

5123/5124/5125

a) Se abonarán:
  a_1) Por la recepción a conformidad del derecho de uso sobre los bienes suministrados, con cargo a cuentas del grupo 2.
  a_2) Por el gasto financiero devengado hasta alcanzar el valor de reembolso de la deuda, con cargo, generalmente, a la cuenta 662.

b) Se cargarán por la cancelación, total o parcial, de las deudas, con abono, generalmente, a cuentas del subgrupo 57.

513. *Otras deudas a corto plazo con partes vinculadas*

Las contraídas con partes vinculadas por préstamos recibidos y otros débitos no incluidos en otras cuentas de este subgrupo, con vencimiento no superior a un año.

5133/5134/5135

El movimiento de las cuentas citadas de cuatro cifras es análogo al descrito para la cuenta 510.

514. *Intereses a corto plazo de deudas con partes vinculadas*

Intereses a pagar, con vencimiento a corto plazo, de deudas con partes vinculadas.

5143/5144/5145

El movimiento de las citadas cuentas de cuatro cifras es el siguiente:

a) Se abonarán por el importe de los intereses explícitos devengados durante el ejercicio, incluidos los no vencidos, con cargo a la cuenta 662.

b) Se cargarán:
  b_1) Por la retención a cuenta de impuestos, cuando proceda, con abono a la cuenta 475.
  b_2) Al pago, con abono a cuentas del subgrupo 57.

52. DEUDAS A CORTO PLAZO POR PRÉSTAMOS RECIBIDOS Y OTROS CONCEPTOS.
  520. Deudas a corto plazo con entidades de crédito.
    5200. Préstamos a corto plazo de entidades de crédito.
    5201. Deudas a corto plazo por crédito dispuesto.
    5208. Deudas por efectos descontados.
    5209. Deudas por operaciones de «factoring».
  521. Deudas a corto plazo.
  522. Deudas a corto plazo transformables en subvenciones, donaciones y legados.
  523. Proveedores de inmovilizado a corto plazo.
  524. Acreedores por arrendamiento financiero a corto plazo.
  525. Efectos a pagar a corto plazo.
  526. Dividendo activo a pagar.
  527. Intereses a corto plazo de deudas con entidades de crédito.
  528. Intereses a corto plazo de deudas.
  529. Provisiones a corto plazo.
    5290. Provisión a corto plazo por retribuciones al personal.
    5291. Provisión a corto plazo para impuestos.

5292. Provisión a corto plazo para otras responsabilidades.

5293. Provisión a corto plazo por desmantelamiento, retiro o rehabilitación del inmovilizado.
5295. Provisión a corto plazo para actuaciones medioambientales.
5296. Provisión a corto plazo para reestructuraciones.
5297. Provisión a corto plazo por transacciones con pagos basados en instrumentos de patrimonio.

Financiación ajena a corto plazo no instrumentada en valores negociables ni contraída con personas o entidades que tengan la calificación de partes vinculadas, incluyendo los dividendos a pagar. Asimismo, este subgrupo incluye las provisiones cuya cancelación se prevea en el corto plazo.

Las cuentas de este subgrupo figurarán en el pasivo corriente del balance.

La parte de los pasivos a largo plazo que tenga vencimiento a corto deberá figurar en el pasivo corriente del balance; a estos efectos, se traspasará a este subgrupo el importe que representen las deudas y provisiones a largo plazo con vencimiento a corto de las cuentas correspondientes de los subgrupos 14 y 17.

520. *Deudas a corto plazo con entidades de crédito*

Las contraídas con entidades de crédito por préstamos recibidos y otros débitos, con vencimiento no superior a un año.

El contenido y movimiento de las cuentas citadas de cuatro cifras es el siguiente:

5200. *Préstamos a corto plazo de entidades de crédito*

Cantidad que corresponde por este concepto de acuerdo con las estipulaciones del contrato.

a) Se abonará:
a_1) A la formalización del préstamo, por el importe recibido, minorado en los costes de la transacción, con cargo, generalmente, a cuentas del subgrupo 57.
a_2) Por el gasto financiero devengado hasta alcanzar el valor de reembolso de la deuda, con cargo, generalmente, a la cuenta 662.
b) Se cargará por el reintegro, total o parcial, con abono a cuentas del subgrupo 57.

5201. *Deudas a corto plazo por crédito dispuesto*

Deudas por cantidades dispuestas en póliza de crédito.

a) Se abonará:
a_1) Por las cantidades dispuestas, con cargo, generalmente, a cuentas del subgrupo 57.
a_2) Por el gasto financiero devengado hasta alcanzar el valor de reembolso de la deuda, con cargo, generalmente, a la cuenta 662.
b) Se cargará por la cancelación, total o parcial, de la deuda, con abono a cuentas del subgrupo 57.

5208. *Deudas por efectos descontados*

Deudas a corto plazo con entidades de crédito consecuencia del descuento de efectos.

a) Se abonará:
a_1) Al descontar los efectos, por el importe percibido, con cargo, generalmente, a cuentas del subgrupo 57 y, por los intereses y gastos soportados, con cargo, generalmente, a la cuenta 665.
a_2) Por el gasto financiero devengado hasta alcanzar el valor de reembolso de la deuda, con cargo, generalmente, a la cuenta 662.
b) Se cargará:
b_1) Al vencimiento de los efectos atendidos, con abono, generalmente, a las cuentas 431 y 441.
b_2) Por el importe de los efectos no atendidos al vencimiento, con abono a cuentas del subgrupo 57.

5209. *Deudas por operaciones de «factoring»*

Deudas a corto plazo con entidades de crédito consecuencia de operaciones de «factoring» en las que la empresa retiene sustancialmente los riesgos y beneficios de los derechos de cobro.

a) Se abonará:

a_1) Por la financiación obtenida, con cargo, generalmente, a cuentas del subgrupo 57 y, por los intereses y gastos soportados, con cargo, generalmente, a la cuenta 665.

a_2) Por el gasto financiero devengado hasta alcanzar el valor de reembolso de la deuda, con cargo, generalmente, a la cuenta 662.

b) Se cargará:

b_1) Al vencimiento de los derechos de cobro atendidos, con abono, generalmente, a la cuenta 432.

b_2) Por el importe de los derechos de cobro no atendidos al vencimiento, con abono a cuentas del subgrupo 57.

521. *Deudas a corto plazo*

Las contraídas con terceros por préstamos recibidos y otros débitos no incluidos en otras cuentas de este subgrupo, con vencimiento no superior a un año.

Su movimiento es el siguiente:

a) Se abonará:

a_1) A la formalización de la deuda o del préstamo, por el importe recibido, minorado en los costes de la transacción, con cargo, generalmente, a cuentas del subgrupo 57.

a_2) Por el gasto financiero devengado hasta alcanzar el valor de reembolso de la deuda, con cargo, generalmente, a la cuenta 662.

b) Se cargará por el reintegro, total o parcial, con abono a cuentas del subgrupo 57.

522. *Deudas a corto plazo transformables en subvenciones, donaciones y legados*

Cantidades concedidas por las Administraciones Públicas, tanto nacionales como internacionales, empresas o particulares con carácter de subvención, donación o legado reintegrable, con vencimiento no superior a un año.

Su movimiento es el siguiente:

a) Se abonará por las cantidades concedidas a la empresa, con cargo, generalmente, a cuentas de los subgrupos 47 o 57.

b) Se cargará:

b_1) Por cualquier circunstancia que determine la reducción total o parcial de las mismas, con arreglo a los términos de su concesión, con abono, generalmente, a la cuenta 4758.

b_2) Si pierde su carácter de reintegrable, con abono de su saldo a las cuentas 940, 941 o 942, o a cuentas del subgrupo 74.

523. *Proveedores de inmovilizado a corto plazo*

Deudas con suministradores de bienes definidos en el grupo 2, con vencimiento no superior a un año.

Su movimiento es el siguiente:

a) Se abonará:

a_1) Por la recepción a conformidad de los bienes suministrados, con cargo a cuentas del grupo 2.

a_2) Por el gasto financiero devengado hasta alcanzar el valor de reembolso de la deuda, con cargo, generalmente, a la cuenta 662.

b) Se cargará:

b_1) Por la instrumentación de las deudas en efectos a pagar, con abono a la cuenta 525.

b_2) Por la cancelación, total o parcial, de las deudas, con abono a cuentas del subgrupo 57.

524. *Acreedores por arrendamiento financiero a corto plazo*

Deudas con vencimiento no superior a un año con otras entidades en calidad de cedentes del uso de bienes, en acuerdos que deban calificarse como arrendamientos financieros en los términos recogidos en las normas de registro y valoración.

Su movimiento es el siguiente:

a) Se abonará:

a_1) Por la recepción a conformidad del derecho de uso sobre los bienes suministrados, con cargo a cuentas del grupo 2.

a_2) Por el gasto financiero devengado hasta alcanzar el valor de reembolso de la deuda, con cargo, generalmente, a la cuenta 662.

b) Se cargará por la cancelación, total o parcial, de las deudas, con abono, generalmente, a cuentas del subgrupo 57.

525. *Efectos a pagar a corto plazo*

Deudas contraídas por préstamos recibidos y otros débitos con vencimiento no superior a un año, instrumentadas mediante efectos de giro, incluidas aquellas que tengan su origen en suministros de bienes de inmovilizado.

Su movimiento es el siguiente:

a) Se abonará:
  - a_1) Cuando la empresa acepte los efectos, con cargo, generalmente, a cuentas de este subgrupo.
  - a_2) Por el gasto financiero devengado hasta alcanzar el valor de reembolso de la deuda, con cargo, generalmente, a la cuenta 662.

b) Se cargará por el pago de los efectos al llegar su vencimiento, con abono a cuentas del subgrupo 57.

526. *Dividendo activo a pagar*

Deudas con accionistas por dividendos activos, sean definitivos o «a cuenta», de los beneficios del ejercicio.

Su movimiento es el siguiente:

a) Se abonará:
  - a_1) Por el dividendo «a cuenta» que se acuerde, con cargo a la cuenta 557.
  - a_2) Por el dividendo definitivo, excluido en su caso el dividendo «a cuenta», al aprobarse la distribución de beneficios, con cargo a la cuenta 129.
  - a_3) De acordarse el reparto de reservas expresas de libre disposición, con cargo a cuentas del subgrupo 11.

b) Se cargará:
  - b_1) Por la retención a cuenta de impuestos, con abono a la cuenta 475.
  - b_2) Al pago, con abono a cuentas del subgrupo 57.

527. *Intereses a corto plazo de deudas con entidades de crédito*

Intereses a pagar, con vencimiento a corto plazo, de deudas con entidades de crédito.

Su movimiento es el siguiente:

a) Se abonará por el importe de los intereses explícitos devengados durante el ejercicio, incluidos los no vencidos, con cargo a la cuenta 662.

b) Se cargará cuando se produzca el pago, con abono a cuentas del subgrupo 57.

528. *Intereses a corto plazo de deudas*

Intereses a pagar, con vencimiento a corto plazo, de deudas, excluidos los que deban ser registrados en la cuenta 527.

Su movimiento es el siguiente:

a) Se abonará por el importe de los intereses explícitos devengados durante el ejercicio, incluidos los no vencidos, con cargo a la cuenta 662.

b) Se cargará:
  - b_1) Por la retención a cuenta de impuestos, cuando proceda, con abono a la cuenta 475.
  - b_2) Al pago, con abono a cuentas del subgrupo 57.

529. *Provisiones a corto plazo*

Las provisiones incluidas en el subgrupo 14 cuya cancelación se prevea en el corto plazo deberán figurar en el epígrafe del pasivo corriente «Provisiones a corto plazo»; a estos efectos, se traspasará a este subgrupo el importe que represente la obligación a largo plazo con vencimiento a corto de las cuentas correspondientes del subgrupo 14. El movimiento de las cuentas citadas de cuatro cifras incluidas en este subgrupo es análogo al de las correspondientes cuentas del subgrupo 14.

53. INVERSIONES FINANCIERAS A CORTO PLAZO EN PARTES VINCULADAS.
  - 530. Participaciones a corto plazo en partes vinculadas.
    - 5303. Participaciones a corto plazo en empresas del grupo.
    - 5304. Participaciones a corto plazo en empresas asociadas.
    - 5305. Participaciones a corto plazo en otras partes vinculadas.

531. Valores representativos de deuda a corto plazo de partes vinculadas.
    5313. Valores representativos de deuda a corto plazo de empresas del grupo.
    5314. Valores representativos de deuda a corto plazo de empresas asociadas.
    5315. Valores representativos de deuda a corto plazo de otras partes vinculadas.
532. Créditos a corto plazo a partes vinculadas.
    5323. Créditos a corto plazo a empresas del grupo.
    5324. Créditos a corto plazo a empresas asociadas.
    5325. Créditos a corto plazo a otras partes vinculadas.
533. Intereses a corto plazo de valores representativos de deuda de partes vinculadas.
    5333. Intereses a corto plazo de valores representativos de deuda de empresas del grupo.
    5334. Intereses a corto plazo de valores representativos de deuda de empresas asociadas.
    5335. Intereses a corto plazo de valores representativos de deuda de otras partes vinculadas.
534. Intereses a corto plazo de créditos a partes vinculadas.
    5343. Intereses a corto plazo de créditos a empresas del grupo.
    5344. Intereses a corto plazo de créditos a empresas asociadas.
    5345. Intereses a corto plazo de créditos a otras partes vinculadas.
535. Dividendo a cobrar de inversiones financieras en partes vinculadas.
    5353. Dividendo a cobrar de empresas del grupo.
    5354. Dividendo a cobrar de empresas asociadas.
    5355. Dividendo a cobrar de otras partes vinculadas.
539. Desembolsos pendientes sobre participaciones a corto plazo en partes vinculadas.
    5393. Desembolsos pendientes sobre participaciones a corto plazo en empresas del grupo.
    5394. Desembolsos pendientes sobre participaciones a corto plazo en empresas asociadas.
    5395. Desembolsos pendientes sobre participaciones a corto plazo en otras partes vinculadas.

Inversiones financieras a corto plazo en empresas del grupo, multigrupo, asociadas y otras partes vinculadas, cualquiera que sea su forma de instrumentación, incluidos los dividendos e intereses devengados, con vencimiento no superior a un año, o sin vencimiento (como los instrumentos de patrimonio), cuando la empresa tenga la intención de venderlos en el corto plazo. También se incluirán en este subgrupo las fianzas y depósitos a corto plazo constituidos con estas personas o entidades y demás tipos de activos financieros e inversiones a corto plazo con estas personas o entidades. Estas inversiones se recogerán en las cuentas de tres o más cifras que se desarrollen.

La parte de las inversiones a largo plazo, con personas o entidades vinculadas, que tenga vencimiento a corto deberá figurar en el activo corriente del balance, en el epígrafe «Inversiones en empresas del grupo y asociadas a corto plazo»; a estos efectos, se traspasará a este subgrupo el importe que represente la inversión a largo plazo con vencimiento a corto plazo de las cuentas correspondientes del subgrupo 24.

530. *Participaciones a corto plazo en partes vinculadas*

Inversiones a corto plazo en derechos sobre el patrimonio neto —con o sin cotización en un mercado regulado— de partes vinculadas; generalmente, acciones emitidas por una sociedad anónima o participaciones en sociedades de responsabilidad limitada.

Figurará en el activo corriente del balance.

5303/5304 *Participaciones a corto plazo en empresas del grupo/en empresas asociadas*

El movimiento de las cuentas citadas de cuatro cifras es el siguiente:

a) Se cargarán:

a_1) A la suscripción o compra, con abono, generalmente, a cuentas del subgrupo 57 y, en su caso, a la cuenta 539.

a_2) En su caso, en el momento en que el importe recuperable sea superior al valor contable de las inversiones, hasta el límite de los ajustes valorativos negativos previos imputados directamente a patrimonio neto, con abono a las cuentas 991 o 992.

b) Se abonarán:

b_1) En su caso, por el importe del deterioro estimado, hasta el límite de los ajustes valorativos positivos previos imputados directamente a patrimonio neto, con cargo a las cuentas 891 u 892.

b_2) Por las enajenaciones y, en general, por su baja del activo, con cargo, generalmente, a cuentas del subgrupo 57; si existen desembolsos pendientes, a la cuenta 539, y en caso de pérdidas, a la cuenta 666.

5305. *Participaciones a corto plazo en otras partes vinculadas*

El movimiento de la cuenta citada es el siguiente:

a) Se cargará:

a_1) A la suscripción o compra, con abono, generalmente, a cuentas del subgrupo 57 y, en su caso, a la cuenta 539.

a_2) Por las variaciones en su valor razonable, con abono a la cuenta 763.

b) Se abonará:

b_1) Por las variaciones en su valor razonable, con cargo a la cuenta 663.

b_2) Por las enajenaciones y, en general, por su baja del activo, con cargo, generalmente, a cuentas del subgrupo 57, y, si existen desembolsos pendientes, a la cuenta 539.

531. *Valores representativos de deuda a corto plazo de partes vinculadas*

Inversiones a corto plazo en obligaciones, bonos u otros valores representativos de deuda, incluidos aquellos que fijan su rendimiento en función de índices o sistemas análogos, emitidos por partes vinculadas, con vencimiento no superior a un año.

Figurará en el activo corriente del balance.

5313/5314/5315

Con carácter general, el movimiento de las cuentas citadas de cuatro cifras es el siguiente:

a) Se cargarán:

a_1) A la suscripción o compra, por el precio de adquisición, excluidos los intereses explícitos devengados y no vencidos, con abono a cuentas del subgrupo 57.

a_2) Por el ingreso financiero devengado hasta alcanzar el valor de reembolso del valor, con abono, generalmente, a la cuenta 761.

b) Se abonarán por las enajenaciones, amortizaciones o baja del activo de los valores, con cargo, generalmente, a cuentas del subgrupo 57, y, en caso de pérdidas, a la cuenta 666.

c) Si los valores se clasifican en la categoría de «Activos financieros a valor razonable con cambios en el patrimonio neto», se cargará o abonará, por las variaciones en su valor razonable, con abono o cargo, respectivamente, a las cuentas 900 y 800, salvo la parte correspondiente a diferencias de cambio que se registrará con abono o cargo a las cuentas 768 y 668. También se cargará cuando se produzca el deterioro de valor por el saldo negativo acumulado en el patrimonio neto, con abono a la cuenta 902.

532. *Créditos a corto plazo a partes vinculadas*

Inversiones a corto plazo en préstamos y otros créditos no comerciales, incluidos los derivados de enajenaciones de inmovilizado, los originados por operaciones de arrendamiento financiero y las imposiciones a corto plazo, estén o no formalizados mediante efectos de giro, concedidos a partes vinculadas, con vencimiento no superior a un año. Los diferentes créditos mencionados figurarán en cuentas de cinco cifras.

Figurará en el activo corriente del balance.

5323/5324/5325

El movimiento de las cuentas citadas de cuatro cifras es el siguiente:

a) Se cargarán:
a_1) A la formalización del crédito, por el importe de éste, con abono a cuentas del subgrupo 57.
a_2) Por el ingreso financiero devengado hasta alcanzar el valor de reembolso del crédito, con abono, generalmente, a la cuenta 762.
b) Se abonarán por el reintegro, total o parcial o baja del activo, con cargo, generalmente, a cuentas del subgrupo 57, y, en caso de pérdidas, a la cuenta 667.

533. *Intereses a corto plazo de valores representativos de deuda de partes vinculadas*

Intereses a cobrar, con vencimiento no superior a un año, de valores representativos de deuda a partes vinculadas.

Figurará en el activo corriente del balance.

5333/5334/5335

El movimiento de las cuentas citadas de cuatro cifras es el siguiente:

a) Se cargarán:
a_1) A la suscripción o compra de los valores, por el importe de los intereses explícitos devengados y no vencidos cuyo vencimiento no sea superior a un año, con abono, generalmente, a cuentas del subgrupo 57.
a_2) Por los intereses explícitos devengados, cuyo vencimiento no sea superior a un año, con abono a la cuenta 761.
b) Se abonarán:
b_1) Por el importe de los intereses cobrados, con cargo a cuentas del subgrupo 57.
b_2) A la enajenación, amortización o baja del activo de los valores, con cargo, generalmente, a cuentas del subgrupo 57, y, en caso de pérdidas, a la cuenta 666.

534. *Intereses a corto plazo de créditos a partes vinculadas*

Intereses a cobrar, con vencimiento no superior a un año, de créditos a partes vinculadas.

Figurará en el activo corriente del balance.

5343/5344/5345

El movimiento de las cuentas citadas de cuatro cifras es el siguiente:

a) Se cargarán por los intereses explícitos devengados, cuyo vencimiento no sea superior a un año, con abono a la cuenta 762.
b) Se abonarán:
b_1) Por el importe de los intereses cobra dos, con cargo a cuentas del subgrupo 57.
b_2) Por el reintegro, total o parcial o baja del activo, con cargo, generalmente, a cuentas del subgrupo 57, y, en caso de pérdidas, a la cuenta 667.

535. *Dividendo a cobrar de inversiones financieras en partes vinculadas*

Créditos por dividendos, sean definitivos o «a cuenta», pendientes de cobro, procedentes de inversiones financieras en empresas vinculadas.

Figurará en el activo corriente del balance.

5353/5354/5355

El movimiento de las cuentas citadas de cuatro cifras es el siguiente:

a) Se cargarán por el importe devengado, con abono a la cuenta 760.
b) Se abonarán por el importe cobrado, con cargo, generalmente, a cuentas del subgrupo 57 y, por la retención soportada, a la cuenta 473.

539. *Desembolsos pendientes sobre participaciones a corto plazo en partes vinculadas*

Desembolsos pendientes, no exigidos, sobre participaciones en el patrimonio neto de partes vinculadas, cuando tengan la consideración de inversiones financieras a corto plazo.

Figurará en el activo corriente del balance, minorando la partida en la que se contabilicen las correspondientes participaciones.

5393/5394/5395

El movimiento de las cuentas citadas de cuatro cifras es el siguiente:

a) Se abonarán a la adquisición o suscripción de las acciones, por el importe pendiente de desembolsar, con cargo a la cuenta 530.

b) Se cargarán por los desembolsos que se vayan exigiendo, con abono a la cuenta 556, o a la cuenta 530 por los saldos pendientes, cuando se enajenen instrumentos de patrimonio no desembolsados totalmente.

54. OTRAS INVERSIONES FINANCIERAS A CORTO PLAZO.
    - 540. Inversiones financieras a corto plazo en instrumentos de patrimonio.
    - 541. Valores representativos de deuda a corto plazo.
    - 542. Créditos a corto plazo.
    - 543. Créditos a corto plazo por enajenación de inmovilizado.
    - 544. Créditos a corto plazo al personal.
    - 545. Dividendo a cobrar.
    - 546. Intereses a corto plazo de valores representativos de deuda.
    - 547. Intereses a corto plazo de créditos.
    - 548. Imposiciones a corto plazo.
    - 549. Desembolsos pendientes sobre instrumentos de patrimonio a corto plazo.

Inversiones financieras temporales no relaciona das con partes vinculadas, cualquiera que sea su forma de instrumentación, incluidos los intereses devengados, con vencimiento no superior a un año o sin vencimiento (como los instrumentos de patrimonio), cuando la empresa tenga la intención de venderlos en el corto plazo.

La parte de las inversiones a largo plazo que tenga vencimiento a corto deberá figurar en el activo corriente del balance, en el epígrafe «Inversiones financieras a corto plazo»; a estos efectos, se traspasará a este subgrupo el importe que represente la inversión a largo plazo con vencimiento a corto plazo de las cuentas correspondientes del subgrupo 25.

540. *Inversiones financieras a corto plazo en instrumentos de patrimonio*

Inversiones a corto plazo en derechos sobre el patrimonio neto —acciones con o sin cotización en un mercado regulado u otros valores, tales como participaciones en instituciones de inversión colectiva, o participaciones en sociedades de responsabilidad limitada— de entidades que no tengan la consideración de partes vinculadas.

Figurará en el activo corriente del balance.

Su movimiento es el siguiente:

a) Se cargará:
- a_1) A la suscripción o compra, con abono a cuentas del subgrupo 57 y, en su caso, a la cuenta 549.
- a_2) Por las variaciones en su valor razonable, con abono a la cuenta 763.

b) Se abonará:
- b_1) Por las variaciones en su valor razonable, con cargo a la cuenta 663.
- b_2) Por las enajenaciones y, en general, por la baja del activo, con cargo, generalmente, a cuentas del subgrupo 57, y, si existen desembolsos pendientes, a la cuenta 549.

541. *Valores representativos de deuda a corto plazo*

Inversiones a corto plazo, por suscripción o adquisición de obligaciones, bonos u otros valores de renta fija, incluidos aquellos que fijan su rendimiento en función de índices o sistemas análogos.

Cuando los valores suscritos o adquiridos hayan sido emitidos por partes vinculadas, la inversión se reflejará en la cuenta 531.

Figurará en el activo corriente del balance.

Con carácter general, su movimiento es el siguiente:

a) Se cargará:
- a_1) A la suscripción o compra, por el precio de adquisición, excluidos los intereses explícitos devengados y no vencidos, con abono, a cuentas del subgrupo 57.
- a_2) Por el ingreso financiero devengado hasta alcanzar el valor de reembolso del valor, con abono, generalmente, a la cuenta 761.

b) Se abonará por la enajenación, amortización o baja del activo de los valores, con cargo, generalmente, a cuentas del subgrupo 57, y, en caso de pérdidas, a la cuenta 666.

c) Si los valores se clasifican en la categoría de «Activos financieros a valor razonable con cambios en el patrimonio neto», se cargará o abonará, por las variaciones en su valor razonable, con abono o cargo, respectivamente, a las cuentas 900 y 800, salvo la parte correspondiente a diferencias de cambio que se registrará con abono o cargo a las cuentas 768 y 668. También se cargará cuando se produzca el deterioro de valor por el saldo negativo acumulado en el patrimonio neto, con abono a la cuenta 902.

542. *Créditos a corto plazo*

Los préstamos y otros créditos no comerciales concedidos a terceros incluidos los formalizados mediante efectos de giro, con vencimiento no superior a un año.

Cuando los créditos hayan sido concertados con partes vinculadas, la inversión se reflejará en la cuenta 532.

En esta cuenta se incluirán también las donaciones y legados de capital, reintegrables o no, concedidas a la empresa, a cobrar a corto plazo, que se liquiden mediante la entrega de efectivo u otros instrumentos financieros, excluidas las subvenciones que deban registrarse en cuentas de los subgrupos 44 o 47.

Figurará en el activo corriente del balance.

Su movimiento es el siguiente:

a) Se cargará:
  - a_1) A la formalización del crédito por el importe de éste, con abono, generalmente, a cuentas del subgrupo 57.
  - a_2) Por el ingreso financiero devengado hasta alcanzar el valor de reembolso del crédito, con abono, generalmente, a la cuenta 762.

b) Se abonará por el reintegro, total o parcial o baja del activo, con cargo, generalmente, a cuentas del subgrupo 57, y, en caso de pérdidas, a la cuenta 667.

543. *Créditos a corto plazo por enajenación de inmovilizado*

Créditos a terceros cuyo vencimiento no sea superior a un año, con origen en operaciones de enajenación de inmovilizado.

Cuando los créditos por enajenación de inmovilizado hayan sido concertados con partes vinculadas, la inversión se reflejará en la cuenta 532.

Figurará en el activo corriente del balance.

Su movimiento es el siguiente:

a) Se cargará:
  - a_1) Por el importe de dichos créditos, excluidos los intereses que en su caso se hubieran acordado, con abono a cuentas del grupo 2.
  - a_2) Por el ingreso financiero devengado hasta alcanzar el valor de reembolso del crédito, con abono, generalmente, a la cuenta 762.

b) Se abonará por el reintegro, total o parcial o baja del activo, con cargo, generalmente, a cuentas del subgrupo 57, y, en caso de pérdidas, a la cuenta 667.

544. *Créditos a corto plazo al personal*

Créditos concedidos al personal de la empresa que no tenga la calificación de parte vinculada, cuyo vencimiento no sea superior a un año.

Figurará en el activo corriente del balance. Su movimiento es análogo al señalado para la cuenta 542.

545. *Dividendo a cobrar*

Créditos por dividendos, sean definitivos o «a cuenta», pendientes de cobro.

Figurará en el activo corriente del balance.

Su movimiento es el siguiente:

a) Se cargará por el importe devengado, con abono a la cuenta 760.

b) Se abonará por el importe cobrado, con cargo, generalmente, a cuentas del subgrupo 57, y, por la retención soportada, a la cuenta 473.

546. *Intereses a corto plazo de valores representativos de deuda*

Intereses a cobrar, con vencimiento no superior a un año, de valores representativos de deuda.

Figurará en el activo corriente del balance.

Su movimiento es el siguiente:

a) Se cargará:

a_1) A la suscripción o compra de los valores, por el importe de los intereses explícitos devengados y no vencidos, cuyo vencimiento no sea superior a un año, con abono, generalmente, a cuentas del subgrupo 57.

a_2) Por los intereses explícitos devengados, cuyo vencimiento no sea superior a un año, con abono a la cuenta 761.

b) Se abonará:

b_1) Por el importe de los intereses cobrados, con cargo a cuentas del subgrupo 57.

b_2) A la enajenación, amortización o baja del activo de los valores, con cargo, generalmente, a cuentas del subgrupo 57, y, en caso de pérdidas, a la cuenta 666.

547. *Intereses a corto plazo de créditos*

Intereses a cobrar, con vencimiento no superior a un año, de créditos.

Figurará en el activo corriente del balance.

Su movimiento es el siguiente:

a) Se cargará por los intereses explícitos devengados, cuyo vencimiento no sea superior a un año, con abono a la cuenta 762.

b) Se abonará:

b_1) Por el importe de los intereses cobrados, con cargo a cuentas del subgrupo 57.

b_2) Por el reintegro, total o parcial, o baja del activo, con cargo, generalmente, a cuentas del subgrupo 57, y, en caso de pérdidas, a la cuenta 667.

548. *Imposiciones a corto plazo*

Saldos favorables en Bancos e Instituciones de Crédito formalizados por medio de «cuenta a plazo» o similares, con vencimiento no superior a un año y de acuerdo con las condiciones que rigen para el sistema financiero. También se incluirán, con el debido desarrollo en cuentas de cuatro cifras, los intereses a cobrar, con vencimiento no superior a un año, de imposiciones a plazo.

Cuando las imposiciones a plazo hayan sido concertadas con partes vinculadas, la inversión se reflejará en la cuenta 532.

Figurará en el activo corriente del balance.

Su movimiento es el siguiente:

a) Se cargará a la formalización por el importe entregado.

b) Se abonará a la recuperación o traspaso de los fondos.

549. *Desembolsos pendientes sobre participaciones en el patrimonio neto a corto plazo*

Desembolsos pendientes, no exigidos, sobre participaciones en el patrimonio neto de empresas que no tengan la consideración de partes vinculadas, cuando se trate de inversiones financieras a corto plazo.

Figurará en el activo corriente del balance, minorando la partida en la que se contabilicen las correspondientes participaciones.

Su movimiento es el siguiente:

a) Se abonará a la adquisición o suscripción de las acciones, por el importe pendiente de desembolsar, con cargo a la cuenta 540.

b) Se cargará por los desembolsos que se vayan exigiendo, con abono a la cuenta 556, o a la cuenta 540 por los saldos pendientes, cuando se enajenen instrumentos de patrimonio no desembolsados totalmente.

55. OTRAS CUENTAS NO BANCARIAS.
   - 550. Titular de la explotación.
   - 551. Cuenta corriente con socios y administradores.
   - 552. Cuenta corriente con otras personas y entidades vinculadas.
     - 5523. Cuenta corriente con empresas del grupo.
     - 5524. Cuenta corriente con empresas asociadas.
     - 5525. Cuenta corriente con otras partes vinculadas.
   - 553. Cuentas corrientes en fusiones y escisiones.
     - 5530. Socios de sociedad disuelta.
     - 5531. Socios, cuenta de fusión.
     - 5532. Socios de sociedad escindida.
     - 5533. Socios, cuenta de escisión.

554. Cuenta corriente con uniones temporales de empresas y comunidades de bienes.
555. Partidas pendientes de aplicación.
556. Desembolsos exigidos sobre participaciones en el patrimonio neto.
557. Dividendo activo a cuenta.
558. Socios por desembolsos exigidos.
    5580. Socios por desembolsos exigidos sobre acciones o participaciones ordinarias.
    5585. Socios por desembolsos exigidos por acciones o participaciones consideradas como pasivos financieros.
559. Derivados financieros a corto plazo.
    5590. Activos por derivados financieros a corto plazo, cartera de negociación.
    5593. Activos por derivados financieros a corto plazo, instrumentos de cobertura.
    5595. Pasivos por derivados financieros a corto plazo, cartera de negociación.
    5598. Pasivos por derivados financieros a corto plazo, instrumentos de cobertura.

550. *Titular de la explotación*

Cuenta corriente mantenida con el titular de la explotación que expresa la relación existente entre el patrimonio personal del titular y la empresa a lo largo del ejercicio.

Su movimiento es el siguiente:

a) Se abonará:
   a_1) Por los bienes y derechos traspasados a la empresa desde el patrimonio personal del titular.
   a_2) Por los resultados positivos no capitalizados, con cargo a la cuenta 129.

b) Se cargará por los bienes y derechos retirados de la empresa con destino al patrimonio personal o al consumo final del titular.

c) Al final del ejercicio, se abonará o cargará, dependiendo de su saldo, con cargo o abono a la cuenta 102.

551/552. *Cuentas corrientes con...*

Cuentas corrientes de efectivo con socios, administradores y cualquiera otra persona natural o jurídica que no sea Banco, banquero o Institución de Crédito, ni cliente o proveedor de la empresa, y que no correspondan a cuentas en participación.

Figurará en el activo corriente del balance la suma de saldos deudores, y en el pasivo corriente la suma de saldos acreedores. Con carácter general, su movimiento es el siguiente:

Se cargarán por las remesas o entregas efectuadas por la empresa y se abonarán por las recepciones a favor de la empresa, con abono y cargo, respectivamente, a cuentas del subgrupo 57.

553. *Cuentas corrientes en fusiones y escisiones*

Cuentas corrientes para registrar el traspaso del patrimonio, la entrega de contraprestación y las correspondientes variaciones en patrimonio neto de las sociedades que intervienen en las operaciones de fusión y escisión.

Esta cuenta figurará en el activo o en el pasivo del balance, según corresponda. Con carácter general, el contenido y movimiento de las cuentas citadas de cuatro cifras es el siguiente:

5530. *Socios de sociedad disuelta*

Cuenta corriente de la sociedad absorbente o la sociedad de nueva creación con los socios de la sociedad disuelta en una fusión.

a) Se abonará en el momento de la recepción del traspaso de los activos adquiridos y pasivos asumidos.

b) Se cargará en el momento de la entrega a los socios de las acciones o participaciones emitidas, con abono a las cuentas 100 y 110 y, en su caso, a las correspondientes cuentas del subgrupo 57.

5531. *Socios, cuenta de fusión*

Cuenta corriente de las sociedades que se extinguen en una fusión.

a) Se cargará en el momento del traspaso a la sociedad absorbente o de nueva creación de los activos adquiridos y pasivos asumidos.

b) Se abonará, en el momento de la entrega a los socios de las acciones o participaciones emitidas, con cargo a las cuentas correspondientes del patrimonio neto de la sociedad que se extingue.

5532. *Socios de sociedad escindida*

Cuenta corriente de la sociedad beneficiaria, absorbente o de nueva creación, creada para recoger el traspaso de los activos adquiridos y pasivos asumidos de la sociedad escindida.

Su movimiento es similar al de la cuenta 5530.

5533. *Socios, cuenta de escisión*

Cuenta corriente de las sociedades que se escinden, creada con la finalidad de traspasar el patrimonio escindido a la sociedad beneficiaria, absorbente o de nueva creación, y cancelar las correspondientes cuentas del patrimonio neto de la sociedad escindida, en el momento de la reducción de capital, si se trata de escisión parcial, o, en caso de escisión total, a la extinción de la misma.

Su movimiento es similar al de la cuenta 5531.

554. *Cuenta corriente con uniones temporales de empresas y comunidades de bienes*

Recoge los movimientos con las uniones temporales de empresas y comunidades de bienes en las que participe la empresa, derivados de aportaciones dinerarias, incluida la fundacional, devoluciones dinerarias de las uniones temporales de empresas, prestaciones recíprocas de medios, servicios y otros suplidos, y asignaciones de los resultados obtenidos en las mismas.

Su movimiento es el siguiente:

a) Se cargará por las remesas o entregas efectuadas por la empresa, con abono a las cuentas de los grupos 2, 5 y 7 que correspondan.
b) Se abonará por las recepciones a favor de la empresa, con cargo a las cuentas de los grupos 2, 5 y 6 que correspondan.

555. *Partidas pendientes de aplicación*

Remesas de fondos recibidas cuya causa no resulte, en principio, identificable y siempre que no correspondan a operaciones que por su naturaleza deban incluirse en otros subgrupos. Tales remesas permanecerán registradas en esta cuenta el tiempo estrictamente necesario para aclarar su causa.

Figurará en el pasivo corriente del balance.

Su movimiento es el siguiente:

a) Se abonará por los cobros que se produzcan, con cargo a cuentas del subgrupo 57.
b) Se cargará al efectuar la aplicación, con abono a la cuenta a que realmente corresponda.

556. *Desembolsos exigidos sobre participaciones en el patrimonio neto*

Desembolsos exigidos y pendientes de pago correspondientes a participaciones en patrimonio neto.

Figurará en el pasivo corriente del balance.

Su movimiento es el siguiente:

a) Se abonará cuando se exija el desembolso, con cargo a cuentas de los subgrupos 24, 25, 53 o 54.
b) Se cargará por los desembolsos que se efectúen, con abono a cuentas del subgrupo 57.

557. *Dividendo activo a cuenta*

Importes, con carácter de «a cuenta» de beneficios, cuya distribución se acuerde por el órgano competente.

Figurará en el patrimonio neto, minorando los fondos propios.

Su movimiento es el siguiente:

a) Se cargará al acordarse su distribución, con abono a la cuenta 526.
b) Se abonará por el importe de su saldo cuando se tome la decisión sobre la distribución y aplicación de los beneficios, con cargo a la cuenta 129.

558. *Socios por desembolsos exigidos*

5580. *Socios por desembolsos exigidos sobre acciones o participaciones ordinarias*

Capital social escriturado, pendiente de desembolso, cuyo importe ha sido exigido a los accionistas o partícipes.

Se desglosarán, con el debido desarrollo en cuentas de cinco cifras, los desembolsos pendientes en mora.

Figurará en el activo corriente del balance.

Su movimiento es el siguiente:

a) Se cargará por los desembolsos exigidos, con abono a la cuenta 1030.
b) Se abonará en la medida en que dichos desembolsos se vayan efectuando, con cargo a cuentas del subgrupo 57.

5585. *Socios por desembolsos exigidos sobre acciones o participaciones consideradas como pasivos financieros*

Importe correspondiente a las acciones o participaciones consideradas como pasivos financieros, emitidas y suscritas, pendientes de desembolso, cuyo importe ha sido exigido a los suscriptores.

Se desglosarán, con el debido desarrollo en cuentas de cinco cifras, los desembolsos pendientes en mora.

Figurará en el pasivo no corriente del balance, con signo negativo, minorando el epígrafe «Deudas a largo plazo con características especiales».

Su movimiento es el siguiente:

a) Se cargará por los desembolsos exigidos, con abono a la cuenta 153.
b) Se abonará, en la medida en que dichos desembolsos se vayan efectuando, con cargo a las cuentas del subgrupo 57.

559. *Derivados financieros a corto plazo*

Importe correspondiente a las operaciones con derivados financieros cuyo plazo de liquidación no sea superior a un año. En particular, se recogerán en esta cuenta las primas pagadas o cobradas en operaciones con opciones, así como, con carácter general, las variaciones en el valor razonable de los instrumentos financieros derivados con los que opere la empresa: opciones, futuros, permutas financieras, compraventa a plazo de moneda extranjera, etc. También se incluyen los derivados implícitos de instrumentos financieros híbridos adquiridos, emitidos o asumidos, que cumplan los criterios para su inclusión en esta cuenta, creándose en caso necesario cuentas de cuatro o más cifras que identifiquen que se trata de un derivado implícito.

El movimiento de las cuentas citadas de cuatro cifras es el siguiente:

5590. *Activos por derivados financieros a corto plazo, cartera de negociación*

Figurará en el activo corriente del balance.

a) Se cargará:
   a_1) Por las cantidades satisfechas en el momento de la contratación, con abono, generalmente, a cuentas del subgrupo 57.
   a_2) Por las ganancias que se generen en el ejercicio, con abono a la cuenta 7630.
b) Se abonará:
   b_1) Por las pérdidas que se generen en el ejercicio hasta el límite del importe por el que figurara registrado el derivado en el activo en el ejercicio anterior, con cargo a la cuenta 6630.
   b_2) Por el importe recibido en el momento de la liquidación, con cargo, generalmente, a cuentas del subgrupo 57.

5593. *Activos por derivados financieros a corto plazo, instrumentos de cobertura*

Figurará en el activo corriente del balance.

a) Se cargará por las cantidades satisfechas en el momento de la contratación, con abono, generalmente, a cuentas del subgrupo 57.
b) Cuando el derivado se utilice como instrumento de cobertura, en una cobertura de valor razonable:
   b_1) Se cargará por las ganancias que se generen en el ejercicio al aplicar las reglas que rigen la contabilidad de coberturas, con abono a una cuenta que se imputará a la cuenta de pérdidas y ganancias en la misma partida en la que se incluyan las pérdidas que se generen en las partidas cubiertas al valorar el riesgo cubierto por su valor razonable.
   b_2) Se abonará:
      i) Por las pérdidas que se generen en el ejercicio al aplicar las reglas que rigen

la contabilidad de coberturas, hasta el límite del importe por el que figurara registrado el derivado en el activo en el ejercicio anterior, con cargo a una cuenta que se imputará en la cuenta de pérdidas y ganancias en la misma partida en la que se incluyan las ganancias que se generen en las partidas cubiertas al valorar el riesgo cubierto por su valor razonable.

ii) En el momento en que se adquiera el activo o asuma el pasivo cubiertos, con cargo a las cuentas en que se contabilicen dichos elementos patrimoniales.

c) Cuando el derivado se utilice como instrumento de cobertura, en otras operaciones de cobertura, por la parte eficaz, se cargará o abonará, por la ganancia o pérdida que se generen en el ejercicio al aplicar las reglas que rigen la contabilidad de coberturas, con abono o cargo a las cuentas del subgrupo 91 y 81, respectivamente, y por la parte ineficaz a las cuentas 7633 y 6633.

d) Se abonará por el importe recibido en el momento de la liquidación, con cargo, generalmente, a cuentas del subgrupo 57.

5595. *Pasivos por derivados financieros a corto plazo, cartera de negociación*

Figurará en el pasivo corriente del balance.

a) Se abonará:

a_1) Por el importe recibido en el momento de la contratación, con cargo, generalmente, a cuentas del subgrupo 57.

a_2) Por las pérdidas que se generen en el ejercicio, con cargo a la cuenta 6630.

b) Se cargará:

b_1) Por las ganancias que se generen en el ejercicio hasta el límite del importe por el que figurara registrado el derivado en el pasivo en el ejercicio anterior, con abono a la cuenta 7630.

b_2) Por las cantidades satisfechas en el momento de la liquidación, con abono, generalmente, a cuentas del subgrupo 57.

5598. *Pasivos por derivados financieros a corto plazo, instrumentos de cobertura*

Figurará en el pasivo corriente del balance.

a) Se abonará por el importe recibido en el momento de la contratación, con cargo, generalmente, a cuentas del subgrupo 57.

b) Cuando el derivado se utilice como instrumento de cobertura, en una cobertura de valor razonable:

b_1) Se cargará:

i) Por las ganancias que se generen en el ejercicio al aplicar las reglas que rigen la contabilidad de coberturas, hasta el límite del importe por el que figurara registrado el derivado en el pasivo en el ejercicio anterior, con abono a una cuenta que se imputará a la cuenta de pérdidas y ganancias en la misma partida en la que se incluyen las pérdidas que se generen en las partidas cubiertas al valorar el riesgo cubierto por su valor razonable.

ii) En el momento en que se adquiera el activo o se asuma el pasivo cubiertos, con abono a las cuentas en que se contabilicen dichos elementos patrimoniales.

b_2) Se abonará por las pérdidas que se generen en el ejercicio al aplicar las reglas que rigen la contabilidad de coberturas, con cargo a una cuenta que se imputará a la cuenta de pérdidas y ganancias en la misma partida en la que se incluyan las ganancias que se generen en las partidas cubiertas al valorar el riesgo cubierto por su valor razonable.

c) Cuando el derivado se utilice como instrumento de cobertura, en otras operaciones de cobertura, por la parte eficaz, se cargará o abonará, por la ganancia o pérdida que se generen en el ejercicio al aplicar las reglas que rigen la contabilidad de coberturas, con abono o cargo a las cuentas del subgrupo 91 y 81, respectivamente, y por la parte ineficaz, a las cuentas 7633 y 6633.

d) Se cargará por las cantidades satisfechas en el momento de la liquidación, con abono, generalmente, a cuentas del subgrupo 57.

56. FIANZAS Y DEPÓSITOS RECIBIDOS Y CONSTITUIDOS A CORTO PLAZO Y AJUSTES POR PERIODIFICACIÓN.
560. Fianzas recibidas a corto plazo.
561. Depósitos recibidos a corto plazo.
565. Fianzas constituidas a corto plazo.
566. Depósitos constituidos a corto plazo.
567. Intereses pagados por anticipado.
568. Intereses cobrados por anticipado.
569. Garantías financieras a corto plazo.

La parte de las fianzas y depósitos, recibidos o constituidos, y garantías financieras concedidas a largo plazo que tenga vencimiento a corto deberá figurar en el pasivo o activo corriente del balance; a estos efectos, se traspasará a este subgrupo el importe que representen las fianzas, depósitos y garantías financieras a largo plazo con vencimiento a corto de las cuentas correspondientes de los subgrupos 18 y 26.

560. *Fianzas recibidas a corto plazo*

Efectivo recibido como garantía del cumplimiento de una obligación, a plazo no superior a un año.
Figurará en el pasivo corriente del balance. Su movimiento es el siguiente:

a) Se abonará a la constitución, por el efectivo recibido, con cargo a cuentas del subgrupo 57.
b) Se cargará:
b_1) A la cancelación, con abono a cuentas del subgrupo 57.
b_2) Por incumplimiento de la obligación afianzada que determine pérdidas en la fianza, con abono a la cuenta 759.

561. *Depósitos recibidos a corto plazo*

Efectivo recibido en concepto de depósito irregular, a plazo no superior a un año. Figurará en el pasivo corriente del balance. Su movimiento es el siguiente:

a) Se abonará a la constitución, por el efectivo recibido, con cargo a cuentas del subgrupo 57.
b) Se cargará a la cancelación, con abono a cuentas del subgrupo 57.

565. *Fianzas constituidas a corto plazo*

Efectivo entregado como garantía del cumplimiento de una obligación, a plazo no superior a un año. Figurará en el activo corriente del balance. Su movimiento es el siguiente:

a) Se cargará a la constitución, por el efectivo entregado, con abono a cuentas del subgrupo 57.
b) Se abonará:
b_1) A la cancelación, con cargo a cuentas del subgrupo 57.
b_2) Por incumplimiento de la obligación afianzada que determine pérdidas en la fianza, con cargo a la cuenta 659.

566. *Depósitos constituidos a corto plazo*

Efectivo entregado en concepto de depósito irregular, a plazo no superior a un año. Figurará en el activo corriente del balance. Su movimiento es el siguiente:

a) Se cargará a la constitución, por el efectivo entregado, con abono a cuentas del subgrupo 57.
b) Se abonará a la cancelación, con cargo a cuentas del subgrupo 57.

567. *Intereses pagados por anticipado*

Intereses pagados por la empresa que corresponden a ejercicios siguientes. Figurará en el activo corriente del balance. Su movimiento es el siguiente:

a) Se cargará, al cierre del ejercicio, con abono a las cuentas del subgrupo 66 que hayan registrado los intereses contabilizados.
b) Se abonará, al principio del ejercicio siguiente, con cargo a cuentas del subgrupo 66.

568. *Intereses cobrados por anticipado*

Intereses cobrados por la empresa que corresponden a ejercicios siguientes. Figurará en el pasivo corriente del balance. Su movimiento es el siguiente:

a) Se abonará, al cierre del ejercicio, con cargo a las cuentas del subgrupo 76 que hayan registrado los intereses contabilizados.
b) Se cargará, al principio del ejercicio siguiente, con abono a cuentas del subgrupo 76.

569. *Garantías financieras a corto plazo*

Garantías financieras concedidas por la empresa a plazo no superior a un año. En particular, avales otorgados, siempre y cuando no proceda su registro en la cuenta 529.

Figurará en el pasivo corriente del balance.

Su movimiento es el siguiente:

a) Se abonará:
   a_1) A la constitución, por el efectivo recibido, con cargo a cuentas del subgrupo 57.
   a_2) Por el aumento de la obligación, con cargo a la cuenta 669.
b) Se cargará:
   b_1) Por la disminución de la obligación y por los ingresos devengados, con abono a la cuenta 769.
   b_2) A la cancelación, con abono a cuentas del subgrupo 57.

57. TESORERÍA.
570. Caja, euros.
571. Caja, moneda extranjera.
572. Bancos e instituciones de crédito c/c vista, euros.
573. Bancos e instituciones de crédito c/c vista, moneda extranjera.
574. Bancos e instituciones de crédito, cuentas de ahorro, euros.
575. Bancos e instituciones de crédito, cuentas de ahorro, moneda extranjera.
576. Inversiones a corto plazo de gran liquidez.

570/571. *Caja, ...*

Disponibilidades de medios líquidos en caja.

Figurarán en el activo corriente del balance.

Su movimiento es el siguiente:

Se cargarán a la entrada de los medios líquidos y se abonarán a su salida, con abono y cargo a las cuentas que han de servir de contrapartida, según la naturaleza de la operación que provoca el cobro o el pago.

572/573/574/575. *Bancos e instituciones de crédito...*

Saldos a favor de la empresa, en cuentas corrientes a la vista y de ahorro de disponibilidad inmediata en Bancos e Instituciones de Crédito, entendiendo por tales Cajas de Ahorros, Cajas Rurales y Cooperativas de Crédito, para los saldos situados en España y entidades análogas si se trata de saldos situados en el extranjero.

Se excluirán de contabilizar en este subgrupo los saldos en los Bancos e Instituciones citadas cuando no sean de disponibilidad inmediata, así como los saldos de disposición inmediata si no estuvieran en poder de Bancos o de las Instituciones referidas. También se excluirán los descubiertos bancarios, que figurarán, en todo caso, en el pasivo corriente del balance.

Figurarán en el activo corriente del balance.

Su movimiento es el siguiente:

a) Se cargarán por las entregas de efectivo y por las transferencias, con abono a la cuenta que ha de servir de contrapartida, según sea la naturaleza de la operación que provoca el cobro.
b) Se abonarán por la disposición, total o parcial, del saldo, con cargo a la cuenta que ha de servir de contrapartida, según sea la naturaleza de la operación que provoca el pago.

576. *Inversiones a corto plazo de gran liquidez*

Inversiones financieras convertibles en efectivo, con un vencimiento no superior a tres meses desde la fecha de adquisición, que no tengan riesgos significativos de cambio de valor y que formen parte de la política de gestión normal de la tesorería de la empresa.

Figurará en el activo corriente del balance.

Su movimiento es el siguiente:

Se cargará a la entrada de las inversiones financieras y se abonará a su salida, con abono y cargo a las cuentas que han de servir de contrapartida.

58. ACTIVOS NO CORRIENTES MANTENIDOS PARA LA VENTA Y ACTIVOS Y PASIVOS ASOCIADOS.
    580. Inmovilizado.
    581. Inversiones con personas y entidades vinculadas.
    582. Inversiones financieras.
    583. Existencias, deudores comerciales y otras cuentas a cobrar.
    584. Otros activos.
    585. Provisiones.
    586. Deudas con características especiales.
    587. Deudas con personas y entidades vinculadas.
    588. Acreedores comerciales y otras cuentas a pagar.
    589. Otros pasivos.

Activos no corrientes con carácter individual, así como otros activos y pasivos no corrientes o corrientes incluidos en un grupo enajenable de elementos, cuya recuperación se espera realizar fundamentalmente a través de su venta, en lugar de por su uso continuado, incluidos los que formen parte de una operación interrumpida que se hubiera clasificado como mantenida para la venta.

580/584

Estas cuentas figurarán en el activo corriente del balance.

Su movimiento, generalmente, es el siguiente:

a) Se cargarán:

a_1) En el momento en que se cumplan las condiciones para su clasificación, de acuerdo con lo dispuesto en las normas de registro y valoración contenidas en la segunda parte de este texto, con abono a las respectivas cuentas del activo corriente y no corriente.

a_2) En el caso de activos financieros que, a efectos de su valoración, estuvieran clasificados en la categoría de «Activos financieros a valor razonable con cambios en la cuenta de pérdidas y ganancias», por las variaciones en su valor razonable, con abono a la cuenta 763.

a_3) En el caso de activos financieros que, a efectos de su valoración, estuvieran clasificados en la categoría de «Activos financieros a valor razonable con cambios en el patrimonio neto», por las variaciones en su valor razonable, con abono a la cuenta 960, salvo la parte correspondiente a diferencias de cambio en partidas monetarias que se registrará con abono a la cuenta 768.

a_4) En su caso, por el ingreso financiero devengado, con abono a la cuenta que corresponda del subgrupo 76.

b) Se abonarán:

b_1) En el momento en que se produzca la enajenación o disposición por otra vía del activo no corriente o grupo enajenable de elementos, con cargo, generalmente, a cuentas del subgrupo 57 y en caso de pérdidas a la cuenta del subgrupo 67 que corresponda a la naturaleza del activo.

b_2) En el caso de activos financieros que, a efectos de su valoración, estuvieran clasificados en la categoría de «Activos financieros a valor razonable con cambios en la cuenta de pérdidas y ganancias», por las variaciones en su valor razonable, con cargo a la cuenta 663.

b_3) En el caso de activos financieros que, a efectos de su valoración, estuvieran clasificados en la categoría de «Activos financieros a valor razonable con cambios en el patrimonio neto», por las variaciones en su valor razonable, con cargo a la cuenta 860, salvo la parte correspondiente a diferencias de cambio en partidas monetarias que se registrará con cargo a la cuenta 668.

b_4) Si el activo no corriente o grupo enajenable de elementos dejara de cumplir los requisitos para su clasificación como mantenido para la venta de acuerdo con lo dispuesto en las normas de registro y valoración contenidas en la segunda parte de este texto, con cargo a las respectivas cuentas del activo corriente y no corriente.

585/589

Estas cuentas figurarán en el pasivo corriente del balance.

Su movimiento, generalmente, es el siguiente:

a) Se abonarán:

a_1) En el momento en que se cumplan las condiciones para su clasificación, de acuerdo con lo dispuesto en las normas de registro y valoración contenidas en la segunda parte de este texto, con cargo a las respectivas cuentas del pasivo corriente y no corriente.

a_2) En el caso de pasivos financieros que, a efectos de su valoración, estuvieran clasificados en la categoría de «Pasivos financieros a valor razonable con cambios en la cuenta de pérdidas y ganancias», por las variaciones en su valor razonable, con cargo a la cuenta 663.

a_3) En su caso, por el gasto financiero devengado, con cargo a la cuenta que corresponda del subgrupo 66.

b) Se cargarán:

b_1) En el momento en que se produzca la enajenación o disposición por otra vía del grupo enajenable de elementos.

b_2) En el caso de pasivos financieros que, a efectos de su valoración, estuvieran clasificados en la categoría de «Pasivos financieros a valor razonable con cambios en la cuenta de pérdidas y ganancias», por las variaciones en su valor razonable, con abono a la cuenta 763.

b_3) Si el grupo enajenable de elementos dejara de cumplir los requisitos para su clasificación como mantenido para la venta de acuerdo con lo dispuesto en las normas de registro y valoración contenidas en la segunda parte de este texto, con abono a las respectivas cuentas del pasivo corriente y no corriente.

59. DETERIORO DEL VALOR DE INVERSIONES FINANCIERAS A CORTO PLAZO Y DE ACTIVOS NO CORRIENTES MANTENIDOS PARA LA VENTA.

 593. Deterioro de valor de participaciones a corto plazo.
  5933. Deterioro de valor de participaciones a corto plazo en empresas del grupo.
  5934. Deterioro de valor de participaciones a corto plazo en empresas asociadas.
  5935. Deterioro de valor de participaciones a corto plazo en otras partes vinculadas.
  5936. Deterioro de valor de participaciones a corto plazo en otras empresas.
 594. Deterioro de valor de valores representativos de deuda a corto plazo de partes vinculadas.
  5943. Deterioro de valor de valores representativos de deuda a corto plazo de empresas del grupo.
  5944. Deterioro de valor de valores representativos de deuda a corto plazo de empresas asociadas.
  5945. Deterioro de valor de valores representativos de deuda a corto plazo de otras partes vinculadas.
 595. Deterioro de valor de créditos a corto plazo a partes vinculadas.
  5953. Deterioro de valor de créditos a corto plazo a empresas del grupo.
  5954. Deterioro de valor de créditos a corto plazo a empresas asociadas.
  5955. Deterioro de valor de créditos a corto plazo a otras partes vinculadas.
 597. Deterioro de valor de valores representativos de deuda a corto plazo.
 598. Deterioro de valor de créditos a corto plazo.
 599. Deterioro de valor de activos no corrientes mantenidos para la venta.

Expresión contable de correcciones de valor motivadas por pérdidas por deterioro de los activos incluidos en el grupo 5.

En el supuesto de posteriores recuperaciones de valor, de acuerdo con lo que al respecto disponen las correspondientes normas de registro y valoración, las pérdidas por deterioro reconocidas deberán reducirse hasta su total recuperación, cuando así proceda, de acuerdo con lo dispuesto en dichas normas.

Las cuentas de este subgrupo figurarán en el activo corriente del balance minorando la partida en la que figure el correspondiente elemento patrimonial.

593. *Deterioro de valor de participaciones a corto plazo*

Importe de las correcciones valorativas por deterioro del valor que corresponda a las participaciones a corto plazo en empresas del grupo, asociadas, otras partes vinculadas y otras empresas, incluidas en la categoría de «Activos financieros a coste».

5933/5934/5935/5936

El movimiento de las cuentas citadas de cuatro cifras es el siguiente:

a) Se abonarán, por el importe del deterioro estimado, que deba imputarse a la cuenta de pérdidas y ganancias, de acuerdo con lo dispuesto en las normas de registro y valoración, con cargo a la cuenta 698.
b) Se cargarán:
b_1) Cuando desaparezcan las causas que determinaron el reconocimiento de la corrección valorativa por deterioro, con abono a la cuenta 798.
b_2) Cuando se enajenen los valores o se den de baja del activo por cualquier otro motivo, con abono a cuentas del subgrupo 53 o a la cuenta 540.

594. *Deterioro de valor de valores representativos de deuda a corto plazo de partes vinculadas*

Importe de las correcciones valorativas por deterioro del valor que corresponda a las inversiones a corto plazo en valores representativos de deuda emitidos por personas o entidades que tengan la calificación de partes vinculadas.

5943/5944/5945

El movimiento de las cuentas citadas de cuatro cifras es el siguiente:

a) Se abonarán por el importe del deterioro estimado, con cargo a la cuenta 698.
b) Se cargarán:
b_1) Cuando desaparezcan las causas que determinaron el reconocimiento de la corrección valorativa por deterioro, con abono a la cuenta 798.
b_2) Cuando se enajenen los valores o se den de baja del activo por cualquier otro motivo, con abono a cuentas del subgrupo 53.

595. *Deterioro del valor de créditos a corto plazo a partes vinculadas*

Importe de las correcciones valorativas por deterioro del valor correspondientes a créditos a corto plazo concedidos a partes vinculadas.

5953/5954/5955

El movimiento de las cuentas citadas de cuatro cifras es el siguiente:

a) Se abonarán por el importe del deterioro estimado, con cargo a la cuenta 699.
b) Se cargarán:
b_1) Cuando desaparezcan las causas que determinaron el reconocimiento de la corrección valorativa por deterioro, con abono a la cuenta 799.
b_2) Por la parte de crédito que resulte incobrable, con abono a cuentas del subgrupo 53.

597. *Deterioro de valor de valores representativos de deuda a corto plazo*

Importe de las correcciones valorativas por deterioro del valor que corresponde a las inversiones a corto plazo en valores representativos de deuda emitidos por personas o entidades que no tengan la calificación de partes vinculadas.

Su movimiento es análogo al señalado para la cuenta 594.

598. *Deterioro de valor de créditos a corto plazo*

Importe de las correcciones valorativas por deterioro del valor en créditos del subgrupo 54. Su movimiento es análogo al señalado para cuenta 595.

599. *Deterioro de valor de activos no corrientes mantenidos para la venta*

Importe de las correcciones valorativas por deterioro del valor en activos no corrientes mantenidos para la venta o en activos que formen parte de un grupo enajenable de elementos mantenidos para la venta.

Su movimiento es el siguiente:

a) Se abonará por el importe del deterioro estimado, con cargo a la cuenta que corresponda del subgrupo 69.

b) Se cargará:

b_1) Cuando desaparezcan las causas que determinaron el reconocimiento de la corrección valorativa por deterioro, con abono a la cuenta que corresponda del subgrupo 79.

b_2) Cuando se enajene el activo o se dé de baja del activo por cualquier otro motivo, con abono a cuentas del subgrupo 58.

GRUPO 6

COMPRAS Y GASTOS

Aprovisionamientos de mercaderías y demás bienes adquiridos por la empresa para revenderlos, bien sea sin alterar su forma y sustancia, o previo sometimiento a procesos industriales de adaptación, transformación o construcción. Comprende también todos los gastos del ejercicio, incluidas las adquisiciones de servicios y de materiales consumibles, la variación de existencias adquiridas y otros gastos y pérdidas del ejercicio.

En general, todas las cuentas del grupo 6 se abonan, al cierre del ejercicio, con cargo a la cuenta 129; por ello, al exponer los movimientos de las sucesivas cuentas del grupo, sólo se hará referencia al cargo. En las excepciones se citarán los motivos de abono y cuentas de contrapartida.

60. COMPRAS.
 - 600. Compras de mercaderías.
 - 601. Compras de materias primas.
 - 602. Compras de otros aprovisionamientos.
 - 606. Descuentos sobre compras por pronto pago.
 - 607. Trabajos realizados por otras empresas.
 - 608. Devoluciones de compras y operaciones similares.
 - 609. «Rappels» por compras.

Las cuentas del subgrupo 60 se adaptarán por las empresas a las características de las operaciones que realizan, con la denominación específica que a éstas corresponda.

600/601/602/607. *Compras de...*

Aprovisionamiento de la empresa de bienes incluidos en los subgrupos 30, 31 y 32.

Comprende también los trabajos que, formando parte del proceso de producción propia, se encarguen a otras empresas.

Estas cuentas se cargarán por el importe de las compras, a la recepción de las remesas de los proveedores o a su puesta en camino si las mercaderías y bienes se transportasen por cuenta de la empresa, con abono a cuentas de los subgrupos 40 o 57.

En particular, la cuenta 607 se cargará a la recepción de los trabajos encargados a otras empresas.

606. *Descuentos sobre compras por pronto pago*

Descuentos y asimilados que le concedan a la empresa sus proveedores, por pronto pago, no incluidos en factura.

Su movimiento es el siguiente:

a) Se abonará por los descuentos y asimilados concedidos, con cargo, generalmente, a cuentas del subgrupo 40.

b) Se cargará por el saldo al cierre del ejercicio, con abono a la cuenta 129.

608. *Devoluciones de compras y operaciones similares*

Remesas devueltas a proveedores, normalmente por incumplimiento de las condiciones del pedido. En esta cuenta se contabilizarán también los descuentos y similares originados por la misma causa que sean posteriores a la recepción de la factura.

Su movimiento es el siguiente:

a) Se abonará por el importe de las compras que se devuelvan y, en su caso, por los descuentos y similares obtenidos, con cargo a cuentas de los subgrupos 40 o 57.

b) Se cargará por el saldo al cierre de ejercicio, con abono a la cuenta 129.

609. *«Rappels» por compras*

Descuentos y similares que se basen en haber alcanzado un determinado volumen de pedidos. Con carácter general, su movimiento es el siguiente:

a) Se abonará por los «rappels» que correspondan a la empresa, concedidos por los proveedores, con cargo a cuentas de los subgrupos 40 o 57.
b) Se cargará por el saldo al cierre del ejercicio, con abono a la cuenta 129.

61. VARIACIÓN DE EXISTENCIAS.
610. Variación de existencias de mercaderías.
611. Variación de existencias de materias primas.
612. Variación de existencias de otros aprovisionamientos.

610/611/612. *Variación de existencias de...*

Cuentas destinadas a registrar, al cierre de ejercicio, las variaciones entre las existencias finales y las iniciales, correspondientes a los subgrupos 30, 31 y 32 (mercaderías, materias primas y otros aprovisionamientos).

Su movimiento es el siguiente:

Se cargarán por el importe de las existencias iniciales y se abonarán por el de las existencias finales, con abono y cargo, respectivamente, a cuentas de los subgrupos 30, 31 y 32. El saldo que resulte en estas cuentas se cargará o abonará, según los casos, a la cuenta 129.

62. SERVICIOS EXTERIORES.
620. Gastos en investigación y desarrollo del ejercicio.
621. Arrendamientos y cánones.
622. Reparaciones y conservación.
623. Servicios de profesionales independientes.
624. Transportes.
625. Primas de seguros.
626. Servicios bancarios y similares.
627. Publicidad, propaganda y relaciones públicas.
628. Suministros.
629. Otros servicios.

Servicios de naturaleza diversa adquiridos por la empresa, no incluidos en el subgrupo 60 o que no formen parte del precio de adquisición del inmovilizado o de las inversiones financieras a corto plazo.

Los cargos en las cuentas 620/629 se harán normalmente con abono a la cuenta 410, a cuentas del subgrupo 57, a provisiones del subgrupo 14 o de la cuenta 529 o, en su caso, a la cuenta 475.

620. *Gastos en investigación y desarrollo del ejercicio*

Gastos de investigación y desarrollo por servicios encargados a otras empresas.

621. *Arrendamientos y cánones*

Arrendamientos

Los devengados por el alquiler o arrendamiento operativo de bienes muebles e inmuebles en uso o a disposición de la empresa.

Cánones

Cantidades fijas o variables que se satisfacen por el derecho al uso o a la concesión de uso de las distintas manifestaciones de la propiedad industrial.

622. *Reparaciones y conservación*

Los de sostenimiento de los bienes comprendidos en el grupo 2.

623. *Servicios de profesionales independientes*

Importe que se satisface a los profesionales por los servicios prestados a la empresa. Comprende los honorarios de economistas, abogados, auditores, notarios, etc., así como las comisiones de agentes mediadores independientes.

624. *Transportes*

Transportes a cargo de la empresa realizados por terceros, cuando no proceda incluirlos en el precio de adquisición del inmovilizado o de las existencias. En esta cuenta se registrarán, entre otros, los transportes de ventas.

625. *Primas de seguros*

Cantidades satisfechas en concepto de primas de seguros, excepto las que se refieren al personal de la empresa y las de naturaleza financiera.

626. *Servicios bancarios y similares*

Cantidades satisfechas en concepto de servicios bancarios y similares que no tengan la consideración de gastos financieros.

627. *Publicidad, propaganda y relaciones públicas*

Importe de los gastos satisfechos por los conceptos que indica la denominación de esta cuenta.

628. *Suministros*

Electricidad y cualquier otro abastecimiento que no tuviere la cualidad de almacenable.

629. *Otros servicios*

Los no comprendidos en las cuentas anteriores.

En esta cuenta se contabilizarán, entre otros, los gastos de viaje del personal de la empresa, incluidos los de transporte, y los gastos de oficina no incluidos en otras cuentas.

63. TRIBUTOS.
- 630. Impuesto sobre beneficios.
  - 6300. Impuesto corriente.
  - 6301. Impuesto diferido.
- 631. Otros tributos.
- 633. Ajustes negativos en la imposición sobre beneficios.
- 634. Ajustes negativos en la imposición indirecta.
  - 6341. Ajustes negativos en IVA de activo corriente.
  - 6342. Ajustes negativos en IVA de inversiones.
- 636. Devolución de impuestos.
- 638. Ajustes positivos en la imposición sobre beneficios.
- 639. Ajustes positivos en la imposición indirecta.
  - 6391. Ajustes positivos en IVA de activo corriente.
  - 6392. Ajustes positivos en IVA de inversiones.

630. *Impuesto sobre beneficios*

Importe del impuesto sobre beneficios devengado en el ejercicio, salvo el originado con motivo de una transacción o suceso que se hubiese reconocido directamente en una partida del patrimonio neto, o a causa de una combinación de negocios.

Con carácter general, el contenido y movimiento de las cuentas citadas de cuatro cifras es el siguiente:

6300. *Impuesto corriente*

a) Se cargará:
- a_1) Por la cuota a ingresar, con abono a la cuenta 4752.
- a_2) Por las retenciones soportadas y los ingresos a cuenta del impuesto realizados, hasta el importe de la cuota líquida del período, con abono a la cuenta 473.

b) Se abonará, por la cuota de ejercicios anteriores que recupera la empresa como consecuencia de las liquidaciones fiscales del impuesto o impuestos sobre el beneficio, con cargo a la cuenta 4709.

c) Se abonará o cargará, con cargo o abono a la cuenta 129.

6301. *Impuesto diferido*

a) Se cargará:
- a_1) Por el importe de los pasivos por diferencias temporarias imponibles originados en el ejercicio, con abono a la cuenta 479.
- a_2) Por la aplicación de los activos por diferencias temporarias deducibles de ejer-

cicios anteriores, con abono a la cuenta 4740.

a_3) Por la aplicación del crédito impositivo como consecuencia de la compensación en el ejercicio de bases imponibles negativas de ejercicios anteriores, con abono a la cuenta 4745.

a_4) Por el importe del efecto impositivo de las diferencias permanentes a imputar en varios ejercicios, con abono a la cuenta 834.

a_5) Por el importe del efecto impositivo correspondiente a las deducciones y bonificaciones a imputar en varios ejercicios, con abono a la cuenta 835.

a_6) Por la aplicación fiscal de las deducciones o bonificaciones de ejercicios anteriores, con abono a la cuenta 4742.

a_7) Por el importe del efecto impositivo derivado de la transferencia a resultados de ingresos imputados directamente al patrimonio neto que hubieran ocasionado el correspondiente impuesto corriente en ejercicios previos, con abono a la cuenta 8301.

b) Se abonará:

b_1) Por el importe de los activos por diferencias temporarias deducibles originados en el ejercicio, con cargo a la cuenta 4740.

b_2) Por el crédito impositivo generado en el ejercicio como consecuencia de la existencia de base imponible negativa a compensar, con cargo a la cuenta 4745.

b_3) Por la cancelación de pasivos por diferencias temporarias imponibles de ejercicios anteriores, con cargo a la cuenta 479.

b_4) Por las diferencias permanentes periodificadas que se imputan al ejercicio, con cargo a la cuenta 836.

b_5) Por las deducciones y bonificaciones periodificadas que se imputan al ejercicio, con cargo a la cuenta 837.

b_6) Por los activos por deducciones y otras ventajas fiscales no utilizadas, pendientes de aplicar fiscalmente, con cargo a la cuenta 4742.

b_7) Por el importe del efecto impositivo derivado de la transferencia a resultados de gastos imputados directamente al patrimonio neto que hubieran ocasionado el correspondiente impuesto corriente en ejercicios previos, con cargo a la cuenta 8301.

c) Se abonará o cargará, con cargo o abono en la cuenta 129.

631. *Otros tributos*

Importe de los tributos de los que la empresa es contribuyente y no tengan asiento específico en otras cuentas de este subgrupo o en la cuenta 477.

Se exceptúan igualmente los tributos que deban ser cargados en otras cuentas, de acuerdo con las definiciones de las mismas, como sucede, entre otros, con los contabilizados en las cuentas 600/602 y en el subgrupo 62.

Esta cuenta se cargará, cuando los tributos sean exigibles, con abono a cuentas de los subgrupos 47 y 57. Igualmente, se cargará por el importe de la provisión dotada en el ejercicio, con abono a las cuentas 141 y 5291.

633. *Ajustes negativos en la imposición sobre beneficios*

Disminución, conocida en el ejercicio, de los activos por impuesto diferido o aumento, igualmente conocido en el ejercicio, de los pasivos por impuesto diferido respecto de los activos y pasivos por impuesto diferido anteriormente generados, salvo que dichos saldos se hayan originado como consecuencia de una transacción o suceso que se hubiese reconocido directamente en una partida del patrimonio neto.

Se cargará:

a_1) Por el menor importe del activo por diferencias temporarias deducibles, con abono a la cuenta 4740.

a_2) Por el menor importe del crédito impositivo por pérdidas a compensar, con abono a la cuenta 4745.

a_3) Por el menor importe del activo por deducciones y bonificaciones pendientes de aplicar, con abono a la cuenta 4742.

a_4) Por el mayor importe del pasivo por diferencias temporarias imponibles, con abono a la cuenta 479.

634. *Ajustes negativos en la imposición indirecta*

Aumento de los gastos por impuestos indirectos que se produce como consecuencia de regularizaciones y cambios en la situación tributaria de la empresa.

6341/6342. *Ajustes negativos en IVA...*

Importe de las diferencias negativas que resulten en el IVA soportado deducible, correspondiente a operaciones de bienes o servicios del activo corriente o de bienes de inversión, al practicarse las regularizaciones anuales derivadas de la aplicación de la Regla de Prorrata.

Estas cuentas se cargarán por el importe de la regularización anual, con abono a la cuenta 472.

636. *Devolución de impuestos*

Importe de los reintegros de impuestos exigibles por la empresa como consecuencia de pagos indebidamente realizados, excluidos aquellos que hubieran sido cargados en cuentas del grupo 2.

Su movimiento es el siguiente:

a) Se abonará cuando sean exigibles las devoluciones, con cargo a la cuenta 4709.
b) Se cargará por el saldo al cierre del ejercicio, con abono a la cuenta 129.

638. *Ajustes positivos en la imposición sobre beneficios*

Aumento, conocido en el ejercicio, de los activos por impuesto diferido o disminución, igualmente conocida en el ejercicio, de los pasivos por impuesto diferido respecto de los activos y pasivos por impuesto diferido anteriormente generados, salvo que dichos saldos se hayan originado como consecuencia de una transacción o suceso que se hubiese reconocido directamente en una partida del patrimonio neto.

Con carácter general, su movimiento es el siguiente:

a) Se abonará:
   - a_1) Por el mayor importe del activo por diferencias temporarias deducibles, con cargo a la cuenta 4740.
   - a_2) Por el mayor importe del crédito impositivo por pérdidas a compensar, con cargo a la cuenta 4745.
   - a_3) Por el mayor importe del activo por deducciones y bonificaciones pendientes de aplicar, con cargo a la cuenta 4742.
   - a_4) Por el menor importe del pasivo por diferencias temporarias imponibles, con cargo a la cuenta 479.

b) Se cargará por el saldo al cierre del ejercicio, con abono a la cuenta 129.

639. *Ajustes positivos en la imposición indirecta*

Disminución de los gastos por impuestos indirectos que se produce como consecuencia de regularizaciones y cambios en la situación tributaria de la empresa.

6391/6392. *Ajustes positivos en IVA...*

Importe de las diferencias positivas que resulten en el IVA soportado deducible, correspondiente a operaciones de bienes o servicios del activo corriente o de bienes de inversión, al practicarse las regularizaciones anuales derivadas de la aplicación de la Regla de Prorrata.

Su movimiento es el siguiente:

a) Se abonarán por el importe de la regularización anual, con cargo a la cuenta 472.
b) Se cargarán por el saldo al cierre del ejercicio, con abono a la cuenta 129.

64. GASTOS DE PERSONAL.
   640. Sueldos y salarios.
   641. Indemnizaciones.
   642. Seguridad Social a cargo de la empresa.
   643. Retribuciones a largo plazo mediante sistemas de aportación definida.
   644. Retribuciones a largo plazo mediante sistemas de prestación definida.
      6440. Contribuciones anuales.
      6442. Otros costes.
   645. Retribuciones al personal mediante instrumentos de patrimonio.
      6450. Retribuciones al personal liquidadas con instrumentos de patrimonio.

6457. Retribuciones al personal liquidadas en efectivo basado en instrumentos de patrimonio.
649. Otros gastos sociales.

Retribuciones al personal, cualquiera que sea la forma o el concepto por el que se satisfacen; cuotas de la Seguridad Social a cargo de la empresa y los demás gastos de carácter social.

640. *Sueldos y salarios*

Remuneraciones, fijas y eventuales, al personal de la empresa.

Se cargará por el importe íntegro de las remuneraciones devengadas:

a_1) Por el pago en efectivo, con abono a cuentas del subgrupo 57.
a_2) Por las devengadas y no pagadas, con abono a la cuenta 465.
a_3) Por compensación de deudas pendientes, con abono a las cuentas 254, 460 y 544, según proceda.
a_4) Por las retenciones de tributos y cuotas de la Seguridad Social a cargo del personal, con abono a cuentas del subgrupo 47.

641. *Indemnizaciones*

Cantidades que se entregan al personal de la empresa para resarcirle de un daño o perjuicio. Se incluyen específicamente en esta cuenta las indemnizaciones por despido y jubilaciones anticipadas.

Se cargará por el importe de las indemnizaciones, con abono, generalmente, a cuentas de los subgrupos 14, 46, 47 o 57.

642. *Seguridad Social a cargo de la empresa*

Cuotas de la empresa a favor de los organismos de la Seguridad Social por las diversas prestaciones que éstos realizan.

Se cargará por las cuotas devengadas, con abono a la cuenta 476.

643. *Retribuciones a largo plazo mediante sistemas de aportación definida*

Importe de las aportaciones devengadas por remuneraciones a largo plazo al personal de la empresa, tales como pensiones u otras prestaciones por jubilación o retiro, que se articulen a través de un sistema de aportación definida.

a) Se cargará:
a_1) Por el importe de las contribuciones anuales a planes de pensiones u otras instituciones similares externas a la empresa satisfechas en efectivo, con abono a cuentas del subgrupo 57.
a_2) Por el importe de las primas devengadas y no pagadas, con abono a la cuenta 466.

644. *Retribuciones a largo plazo mediante sistemas de prestación definida*

Importe de las aportaciones devengadas por remuneraciones a largo plazo al personal de la empresa, tales como pensiones u otras prestaciones por jubilación o retiro, que se articulen a través de un sistema de prestación definida.

6440. *Contribuciones anuales*

Importe de la contribución anual al sistema de prestación definida.

Se cargará por el importe del coste del servicio del ejercicio corriente relacionado con planes de pensiones u otras instituciones similares externas a la empresa, satisfechas en efectivo, con abono, generalmente, a cuentas del subgrupo 57 o a la cuenta 140.

6442. *Otros costes*

Importe de los costes imputados a la cuenta de pérdidas y ganancias por servicios pasados surgidos por el establecimiento de un plan de retribuciones a largo plazo de prestación definida o por una mejora de las condiciones del mismo.

Se cargará por el importe que proceda, de acuerdo con lo establecido en la norma de registro y valoración aplicable a estos planes de retribuciones a largo plazo, con abono a la cuenta 140.

645. *Retribuciones al personal mediante instrumentos de patrimonio*

Importes liquidados por la empresa con instrumentos de patrimonio o con importes en efectivo basados en el valor de instrumentos de patrimonio a cambio de los servicios prestados por los empleados.

El movimiento de las cuentas citadas de cuatro cifras es el siguiente:

6450/6457

a) Se cargarán:

a_1) Por el importe de las retribuciones devengadas satisfechas con instrumentos de patrimonio de la propia empresa, con abono a cuentas de los subgrupos 10 y 11.

a_2) Por el importe de las retribuciones devengadas a satisfacer en efectivo, con abono a la cuenta 147.

649. *Otros gastos sociales*

Gastos de naturaleza social realizados en cumplimiento de una disposición legal o voluntariamente por la empresa.

Se citan, a título indicativo, las subvenciones a economatos y comedores; sostenimiento de escuelas e instituciones de formación profesional; becas para estudio; primas por contratos de seguros sobre la vida, accidentes, enfermedad, etc., excepto las cuotas de la Seguridad Social.

Se cargará por el importe de los gastos, con abono a cuentas de los grupos 5 o 7, según se paguen en efectivo o en mercaderías u otros productos.

65. OTROS GASTOS DE GESTIÓN.
    650. Pérdidas de créditos comerciales incobrables.
    651. Resultados de operaciones en común.
        6510. Beneficio transferido (gestor).
        6511. Pérdida soportada (partícipe o asociado no gestor).
    659. Otras pérdidas en gestión corriente.

Gastos de gestión no comprendidos en otros subgrupos.

650. *Pérdidas de créditos comerciales incobrables.*

Pérdidas por deterioro en insolvencias firmes de clientes y deudores del grupo 4.

Se cargará por el importe de las insolvencias firmes, con abono a cuentas de los subgrupos 43 y 44.

651. *Resultados de operaciones en común*

6510. *Beneficio transferido*

Beneficio que corresponde a los partícipes no gestores en las operaciones reguladas por los artículos 239 a 243 del Código de Comercio y en otras operaciones en común de análogas características.

En la cuenta 6510, la empresa gestora contabilizará dicho beneficio, una vez cumplimentados los requisitos del citado artículo 243, o los que sean procedentes según la legislación aplicable para otras operaciones en común.

La cuenta 6510 se cargará por el beneficio que deba atribuirse a los partícipes no gestores, con abono a las cuentas 419, 449 o a cuentas del subgrupo 57.

6511. *Pérdida soportada*

Pérdida que corresponde a la empresa como partícipe no gestor de las operaciones acabadas de citar.

Se cargará por el importe de la pérdida, con abono a las cuentas 419, 449 o a cuentas del subgrupo 57.

659. *Otras pérdidas en gestión corriente*

Las que, teniendo esta naturaleza, no figuran en cuentas anteriores. En particular, reflejará la regularización anual de utillaje y herramientas.

66. GASTOS FINANCIEROS.
    660. Gastos financieros por actualización de provisiones.
    661. Intereses de obligaciones y bonos.
    662. Intereses de deudas.
    663. Pérdidas por valoración de instrumentos financieros por su valor razonable.
        6630. Pérdidas de cartera de negociación.
        6631. Pérdidas de designados por la empresa.
        6632. Pérdidas de activos financieros a valor razonable con cambios en el patrimonio neto.
        6633. Pérdidas de instrumentos de cobertura.

6634. Pérdidas de otros instrumentos financieros.
664. Dividendo de acciones o participaciones consideradas como pasivos financieros.
665. Intereses por descuento de efectos y operaciones de «factoring».
666. Pérdidas en participaciones y valores representativos de deuda.
667. Pérdidas de créditos no comerciales.
668. Diferencias negativas de cambio.
669. Otros gastos financieros.

660. *Gastos financieros por actualización de provisiones*

Importe de la carga financiera correspondiente a los ajustes de valor de las provisiones en concepto de actualización financiera.

Se cargará por el reconocimiento del ajuste de carácter financiero, con abono a las correspondientes cuentas de provisiones, incluidas en los subgrupos 14 y 52.

661. *Intereses de obligaciones y bonos*

Importe de los intereses devengados durante el ejercicio correspondientes a la financiación ajena instrumentada en valores representativos de deuda, cualquiera que sea el plazo de vencimiento y el modo en que estén instrumentados tales intereses, incluidos, con el debido desglose, en cuentas de cuatro o más cifras, los intereses implícitos que correspondan a la periodificación de la diferencia entre el importe de reembolso y el precio de emisión de los valores, menos los costes asociados a la transacción.

Se cargará al devengo de los intereses por el íntegro de los mismos, con abono, generalmente, a cuentas de los subgrupos 17, 50 o 51 y, en su caso, a la cuenta 475.

662. *Intereses de deudas*

Importe de los intereses de los préstamos recibidos y otras deudas pendientes de amortizar, cualquiera que sea el modo en que se instrumenten tales intereses, realizándose los desgloses en las cuentas de cuatro o más cifras que sean necesarios; en particular, para registrar el interés implícito asociado a la operación.

Se cargará al devengo de los intereses por el íntegro de los mismos, con abono, generalmente, a cuentas de los subgrupos 16, 17, 40, 51 o 52 y, en su caso, a la cuenta 475.

663. *Pérdidas por valoración de instrumentos financieros por su valor razonable*

Pérdidas originadas por la valoración a valor razonable de determinados instrumentos financieros, incluidas las que se produzcan con ocasión de su reclasificación.

Con carácter general, el contenido y movimiento de las cuentas citadas de cuatro cifras es el siguiente:

6630. *Pérdidas de cartera de negociación*

Pérdidas originadas por la valoración a valor razonable de los instrumentos financieros que cumplan la definición de instrumentos que se mantienen para negociar.

Se cargará por la disminución en el valor razonable de los activos financieros o el aumento en el valor de los pasivos financieros clasificados en esta categoría, con abono a la correspondiente cuenta del elemento patrimonial.

6631. *Pérdidas de designados por la empresa*

Pérdidas originadas por la valoración a valor razonable de los instrumentos financieros designados en la categoría «Valor razonable con cambios en la cuenta de pérdidas y ganancias» en ejercicio de la opción del valor razonable regulada en la norma de registro y valoración novena.

Su movimiento es análogo al señalado para la cuenta 6630.

6632. *Pérdidas de activos financieros a valor razonable con cambios en el patrimonio neto*

Pérdidas originadas por la baja, enajenación o cancelación de los instrumentos financieros clasificados en la categoría de «Activos financieros a valor razonable con cambios en el patrimonio neto».

Se cargará en el momento en que se produzca la baja, enajenación o cancelación del instrumento financiero, por el saldo negativo acumulado en el patrimonio neto con abono a la cuenta 902.

6633. *Pérdidas de instrumentos de cobertura*

Pérdidas originadas en instrumentos de cobertura, en las operaciones de cobertura de flujos de efectivo cuando la empresa no espere que la transacción prevista tenga lugar.

Se cargará por la transferencia a la cuenta de pérdidas y ganancias del importe negativo reconocido directamente en el patrimonio neto, con abono a la cuenta 912.

6634. *Pérdidas de otros instrumentos financieros*

Pérdidas originadas por la valoración a valor razonable de los restantes instrumentos financieros incluidos en la categoría «Valor razonable con cambios en la cuenta de pérdidas y ganancias».

Su movimiento es análogo al de la cuenta 6630.

664. *Gastos por dividendos de acciones o participaciones consideradas como pasivos financieros*

Importe de los dividendos devengados durante el ejercicio correspondientes a la financiación ajena instrumentada en acciones o participaciones en el capital de la empresa que, atendiendo a las características de la emisión, deban contabilizarse como pasivo, cualquiera que sea el plazo de vencimiento.

Se cargará por el importe de los dividendos devengados, con abono, generalmente, a cuentas de los subgrupos 50 o 51 y, en su caso, a la cuenta 475.

665. *Intereses por descuento de efectos y operaciones de «factoring»*

Intereses en las operaciones de descuento de letras y otros efectos, así como en operaciones de «factoring», en las que la empresa retiene sustancialmente los riesgos y beneficios de los derechos de cobro.

Se cargará por el importe de los intereses, con abono, generalmente, a las cuentas 5208 o 5209.

666. *Pérdidas en participaciones y valores representativos de deuda*

Pérdidas producidas por la baja, enajenación o cancelación de valores representativos de deuda e instrumentos de patrimonio, excluidas las que deban registrarse en las cuentas 663 y 673.

Se cargará por la pérdida producida, con abono a cuentas de los subgrupos 24, 25, 53 y 54.

667. *Pérdidas de créditos no comerciales*

Pérdidas producidas por insolvencias firmes de créditos no comerciales.

Se cargará por la pérdida producida con motivo de la insolvencia firme, con abono a cuentas de los subgrupos 24, 25, 53 y 54.

668. *Diferencias negativas de cambio*

Pérdidas producidas por modificaciones del tipo de cambio en partidas monetarias denominadas en moneda distinta de la funcional.

Se cargará:

a_1) En cada cierre, por la pérdida de valoración de las partidas monetarias vivas a dicha fecha, con abono a las cuentas representativas de las mismas denominadas en moneda distinta de la funcional.

a_2) En el momento de baja, enajenación o cancelación del elemento patrimonial asociado a una diferencia de conversión negativa, con abono a la cuenta 921.

a_3) Por la transferencia a la cuenta de pérdidas y ganancias del importe negativo reconocido directamente en el patrimonio neto en las operaciones de cobertura en una inversión neta en un negocio en el extranjero, con abono a la cuenta 913.

a_4) Cuando venzan o se cancelen anticipadamente las partidas monetarias, mediante entrega del efectivo en moneda distinta de la funcional, con abono, generalmente, a cuentas del subgrupo 57.

669. *Otros gastos financieros*

Gastos de naturaleza financiera no recogidos en otras cuentas de este subgrupo. También recogerá las primas de seguros que cubren riesgos de naturaleza financiera; entre otras, las que cubran el riesgo de insolvencia de créditos no comerciales y el riesgo de tipo de cambio en moneda extranjera.

Se cargará por el importe de los gastos devengados, con abono, generalmente, a cuentas del subgrupo 57 o a una cuenta representativa de deudas.

67. PÉRDIDAS PROCEDENTES DE ACTIVOS NO CORRIENTES Y GASTOS EXCEPCIONALES.
    670. Pérdidas procedentes del inmovilizado intangible.
    671. Pérdidas procedentes del inmovilizado material.
    672. Pérdidas procedentes de las inversiones inmobiliarias.
    673. Pérdidas procedentes de participaciones a largo plazo en partes vinculadas.
        6733. Pérdidas procedentes de participaciones a largo plazo, empresas del grupo.
        6734. Pérdidas procedentes de participaciones a largo plazo, empresas asociadas.
        6735. Pérdidas procedentes de participaciones a largo plazo, otras partes vinculadas.
    675. Pérdidas por operaciones con obligaciones propias.
    678. Gastos excepcionales.

670/671/672. *Pérdidas procedentes del inmovilizado...*

Pérdidas producidas en la enajenación de inmovilizado intangible, material o las inversiones inmobiliarias o por su baja del activo, como consecuencia de pérdidas irreversibles de dichos activos.

Se cargarán por la pérdida producida en la enajenación o baja, con abono a las cuentas del grupo 2 que correspondan o a la cuenta 580.

673. *Pérdidas procedentes de participaciones a largo plazo en partes vinculadas*

Pérdidas producidas en la enajenación de participaciones a largo plazo en partes vinculadas o por su baja del activo.

6733/6734/6735

Las cuentas citadas de cuatro cifras se cargarán por la pérdida producida en la enajenación o baja, con abono a cuentas del subgrupo 24 o a la cuenta 581.

675. *Pérdidas por operaciones con obligaciones propias*

Pérdidas producidas con motivo de la amortización de obligaciones.

Se cargará, por la pérdida producida al amortizar los valores con abono, generalmente, a cuentas del subgrupo 57.

678. *Gastos excepcionales*

Pérdidas y gastos de carácter excepcional y cuantía significativa que, atendiendo a su naturaleza, no deban contabilizarse en otras cuentas del grupo 6 o del grupo 8.

A título indicativo, se señalan los siguientes: los producidos por inundaciones, sanciones y multas, incendios, etc.

68. DOTACIONES PARA AMORTIZACIONES.
    680. Amortización del inmovilizado intangible.
    681. Amortización del inmovilizado material.
    682. Amortización de las inversiones inmobiliarias.

680/681/682. *Amortización de...*

Expresión de la depreciación sistemática anual efectiva sufrida por el inmovilizado intangible y material, por su aplicación al proceso productivo y por las inversiones inmobiliarias.

Se cargarán por la dotación del ejercicio, con abono a las cuentas 280, 281 y 282.

69. PÉRDIDAS POR DETERIORO Y OTRAS DOTACIONES.
    690. Pérdidas por deterioro del inmovilizado intangible.
    691. Pérdidas por deterioro del inmovilizado material.

692. Pérdidas por deterioro de las inversiones inmobiliarias.
693. Pérdidas por deterioro de existencias.
694. Pérdidas por deterioro de créditos por operaciones comerciales.
695. Dotación a la provisión por operaciones comerciales.
    6954. Dotación a la provisión por contratos onerosos.
    6959. Dotación a la provisión para otras operaciones comerciales.
696. Pérdidas por deterioro de participaciones y valores representativos de deuda a largo plazo.
697. Pérdidas por deterioro de créditos a largo plazo.
698. Pérdidas por deterioro de participaciones y valores representativos de deuda a corto plazo.
699. Pérdidas por deterioro de créditos a corto plazo.

690/691/692. *Pérdidas por deterioro del inmovilizado...*

Corrección valorativa por deterioro de carácter reversible en el inmovilizado intangible y material y las inversiones inmobiliarias. Las correcciones valorativas por deterioro reconocidas en el fondo de comercio no serán objeto de reversión.

Se cargarán por el importe del deterioro estimado, con abono a la cuenta 204 o a las cuentas 290, 291 y 292, respectivamente, o a la cuenta 599.

693. *Pérdidas por deterioro de existencias*

Corrección valorativa, realizada al cierre del ejercicio, por el deterioro de carácter reversible en las existencias. Se cargará por el importe del deterioro estimado, con abono a cuentas del subgrupo 39 o a la cuenta 599.

694. *Pérdidas por deterioro de créditos por operaciones comerciales*

Corrección valorativa, realizada al cierre del ejercicio, por deterioro de carácter reversible en los saldos de clientes y deudores.

Se cargará por el importe del deterioro estimado, con abono a las cuentas 490, 493 o 599.

Cuando se utilice la alternativa segunda prevista en la cuenta 490, la definición y el movimiento contable se adaptarán a lo establecido en dicha cuenta.

695. *Dotación a la provisión por operaciones comerciales*

Dotación realizada por la empresa para el reconocimiento de obligaciones presentes derivadas de su tráfico comercial, siempre y cuando no encuentren reflejo en otras cuentas del grupo 6; en particular, se contabilizarán en esta cuenta las pérdidas asociadas a contratos onerosos y los compromisos asumidos como consecuencia de la entrega de bienes o la prestación de servicios.

Con carácter general, el contenido y movimiento de las cuentas citadas de cuatro cifras es el siguiente:

6954. *Dotación a la provisión por contratos onerosos*

Se cargará por la pérdida estimada, con abono a la cuenta 4994.

6959. *Dotación a la provisión para otras operaciones comerciales*

Dotación, realizada al cierre del ejercicio, para riesgos derivados de devoluciones de ventas, garantías de reparación, revisiones y otras operaciones comerciales.

Se cargará por el importe de la obligación estimada, con abono a la cuenta 4999.

696. *Pérdidas por deterioro de participaciones y valores representativos de deuda a largo plazo*

Corrección valorativa por deterioro del valor en inversiones de los subgrupos 24 y 25 o, en su caso, del subgrupo 58.

Se cargará por el importe del deterioro estimado, con abono a las cuentas 293, 294, 297, 599 o a cuentas del grupo 9.

697. *Pérdidas por deterioro de créditos a largo plazo*

Corrección valorativa por deterioro del valor en créditos de los subgrupos 24 y 25 o, en su caso, del subgrupo 58.

Se cargará por el importe del deterioro estimado, con abono a las cuentas 295, 298 o 599.

698. *Pérdidas por deterioro de participaciones y valores representativos de deuda a corto plazo*

Corrección valorativa por deterioro del valor en inversiones de los subgrupos 53 y 54 o, en su caso, del subgrupo 58.

Se cargará por el importe del deterioro estimado, con abono a las cuentas 593, 594, 597, 599 o a cuentas del grupo 9.

699. *Pérdidas por deterioro de créditos a corto plazo*

Corrección valorativa por deterioro del valor en créditos de los subgrupos 53 y 54 o, en su caso, del subgrupo 58.

Se cargará por el importe del deterioro estimado, con abono a las cuentas 595, 598 o 599.

GRUPO 7

VENTAS E INGRESOS

Enajenación de bienes y prestación de servicios que son objeto del tráfico de la empresa; comprende también otros ingresos, variación de existencias y beneficios del ejercicio.

En general, todas las cuentas del grupo 7 se cargan al cierre del ejercicio, con abono a la cuenta 129; por ello, al exponer el juego de las sucesivas del grupo, sólo se hará referencia al abono. En las excepciones se citarán los motivos de cargo y cuentas de contrapartida.

70. VENTAS DE MERCADERÍAS, DE PRODUCCIÓN PROPIA, DE SERVICIOS, ETCÉTERA
    700. Ventas de mercaderías.
    701. Ventas de productos terminados.
    702. Ventas de productos semiterminados.
    703. Ventas de subproductos y residuos.
    704. Ventas de envases y embalajes.
    705. Prestaciones de servicios.
    706. Descuentos sobre ventas por pronto pago.
    708. Devoluciones de ventas y operaciones similares.
    709. «Rappels» sobre ventas.

Las cuentas del subgrupo 70 se adaptarán por las empresas a las características de las operaciones que realizan, con la denominación específica que a éstas corresponda.

700/705. *Ventas de...*

Transacciones, con salida o entrega de los bienes o servicios objeto de tráfico de la empresa mediante precio.

Estas cuentas se abonarán por el importe de las ventas con cargo a las cuentas del subgrupo 43 o 57.

706. *Descuentos sobre ventas por pronto pago*

Descuentos y asimilados que conceda la empresa a sus clientes, por pronto pago, no incluidos en factura.

Su movimiento es el siguiente:

a) Se cargará por los descuentos y asimilados concedidos, con abono, generalmente, a cuentas del subgrupo 43.
b) Se abonará por el saldo al cierre de ejercicio, con cargo a la cuenta 129.

708. *Devoluciones de ventas y operaciones similares*

Remesas devueltas por clientes, normalmente por incumplimiento de las condiciones del pedido. En esta cuenta se contabilizarán también los descuentos y similares originados por la misma causa que sean posteriores a la emisión de la factura.

Su movimiento es el siguiente:

a) Se cargará por el importe de las ventas devueltas por clientes y, en su caso, por los descuentos y similares concedidos, con abono a las cuentas de los subgrupos 43 o 57 que correspondan.

b) Se abonará por el saldo al cierre de ejercicio, con cargo a la cuenta 129.

709. *«Rappels» sobre ventas*

Descuentos y similares que se basan en haber alcanzado un determinado volumen de pedidos. Su movimiento es el siguiente:

a) Se cargará por los «rappels» que correspondan o sean concedidos a los clientes, con abono a las cuentas de los subgrupos 43 o 57 que correspondan.

b) Se abonará por el saldo al cierre de ejercicio, con cargo a la cuenta 129.

71. VARIACIÓN DE EXISTENCIAS.
    710. Variación de existencias de productos en curso.
    711. Variación de existencias de productos semiterminados.
    712. Variación de existencias de productos terminados.
    713. Variación de existencias de subproductos, residuos y materiales recuperados.

710/713. *Variación de existencias de...*

Cuentas destinadas a registrar, al cierre del ejercicio, las variaciones entre las existencias finales y las iniciales, correspondientes a los subgrupos 33, 34, 35 y 36 (productos en curso, productos semiterminados, productos terminados y subproductos, residuos y materiales recuperados).

Su movimiento es el siguiente:

Se cargarán por el importe de las existencias iniciales y se abonarán por el de las existencias finales, con abono y cargo, respectivamente, a cuentas de los subgrupos 33, 34, 35 y 36. El saldo que resulte de estas cuentas se cargará o abonará, según los casos, a la cuenta 129.

73. TRABAJOS REALIZADOS PARA LA EMPRESA.
    730. Trabajos realizados para el inmovilizado intangible.
    731. Trabajos realizados para el inmovilizado material.
    732. Trabajos realizados en inversiones inmobiliarias.
    733. Trabajos realizados para el inmovilizado material en curso.

Contrapartida de los gastos realizados por la empresa para su inmovilizado, utilizando sus equipos y su personal, que se activan. También se contabilizarán en este subgrupo los realizados, mediante encargo, por otras empresas con finalidad de investigación y desarrollo.

730. *Trabajos realizados para el inmovilizado intangible*

Gastos de investigación y desarrollo y otros realizados para la creación de los bienes comprendidos en el subgrupo 20.

Se abonará por el importe de los gastos que sean objeto de inventario, con cargo a las cuentas 200, 201 o 206.

731. *Trabajos realizados para el inmovilizado material*

Construcción o ampliación de los bienes y elementos comprendidos en el subgrupo 21. Se abonará por el importe anual de los gastos, con cargo a cuentas del subgrupo 21.

732. *Trabajos realizados en inversiones inmobiliarias*

Ampliación de los inmuebles comprendidos en el subgrupo 22.

Se abonará por el importe anual de los gastos, con cargo en cuentas del subgrupo 22.

733. *Trabajos realizados para el inmovilizado material en curso*

Trabajos realizados durante el ejercicio y no terminados al cierre del mismo, incluidos los realizados en inmuebles.

Se abonará por el importe anual de los gastos, con cargo a cuentas del subgrupo 23.

74. SUBVENCIONES, DONACIONES Y LEGADOS.
    - 740. Subvenciones, donaciones y legados a la explotación.
    - 746. Subvenciones, donaciones y legados de capital transferidos al resultado del ejercicio.
    - 747. Otras subvenciones, donaciones y legados transferidos al resultado del ejercicio.

Importes que deben ser imputados al resultado del ejercicio por subvenciones, donaciones y legados. La empresa abrirá las cuentas de tres cifras que resulten necesarias.

740. *Subvenciones, donaciones y legados a la explotación*

Las recibidas de las Administraciones Públicas, empresas o particulares al objeto, por lo general, de asegurar una rentabilidad mínima o compensar «déficit» de explotación del ejercicio o de ejercicios previos.

Se abonará por el importe concedido, con cargo a cuentas de los subgrupos 44, 47 o 57.

746. *Subvenciones, donaciones y legados de capital transferidos al resultado del ejercicio*

Importe traspasado al resultado del ejercicio de las subvenciones, donaciones y legados de capital.

Su movimiento queda explicado en la cuenta 840.

747. *Otras subvenciones, donaciones y legados transferidos al resultado del ejercicio*

Importe traspasado al resultado del ejercicio de otras subvenciones, donaciones y legados.

Su movimiento queda explicado en la cuenta 842.

75. OTROS INGRESOS DE GESTIÓN.
    - 751. Resultados de operaciones en común.
        - 7510. Pérdida transferida (gestor).
        - 7511. Beneficio atribuido (partícipe o asociado no gestor).
    - 752. Ingresos por arrendamientos.
    - 753. Ingresos de propiedad industrial cedida en explotación.
    - 754. Ingresos por comisiones.
    - 755. Ingresos por servicios al personal.
    - 759. Ingresos por servicios diversos.

Ingresos derivados de la gestión no comprendidos en otros subgrupos.

751. *Resultados de operaciones en común*

7510. *Pérdida transferida*

Pérdida que corresponde a los partícipes no gestores en las operaciones reguladas por los artículos 239 a 243 del Código de Comercio y en otras operaciones en común de análogas características.

En la cuenta 7510, la empresa gestora contabilizará dicha pérdida, una vez cumplimentados los requisitos del citado artículo 243, o los que sean procedentes según la legislación aplicable para otras operaciones en común.

La cuenta 7510 se abonará por la pérdida que deba atribuirse a los partícipes no gestores, con cargo a las cuentas 419, 449 o a cuentas del subgrupo 57.

7511. *Beneficio atribuido*

Beneficio que corresponde a la empresa como partícipe no gestor de las operaciones acabadas de citar.

Se abonará por el importe del beneficio, con cargo a las cuentas 419, 449 o a cuentas del subgrupo 57.

752. *Ingresos por arrendamientos*

Los devengados por el alquiler o arrendamiento operativo de bienes muebles o inmuebles cedidos para el uso o la disposición por terceros.

Se abonará por el importe de los ingresos, con cargo a cuentas de los subgrupos 44 o 57.

753. *Ingresos de propiedad industrial cedida en explotación*

Cantidades fijas y variables que se perciben por la cesión en explotación, del derecho al uso, o la con cesión del uso de las distintas manifestaciones de la propiedad industrial.

Su movimiento es análogo al señalado para la cuenta 752.

754. *Ingresos por comisiones*

Cantidades fijas o variables percibidas como contraprestación a servicios de mediación realizados de manera accidental. Si la mediación fuera el objeto principal de la actividad de la empresa, los ingresos por este concepto se registrarán en la cuenta 705.

Su movimiento es análogo al señalado para la cuenta 752.

755. *Ingresos por servicios al personal*

Ingresos por servicios varios, tales como economatos, comedores, transportes, viviendas, etc., facilitados por la empresa a su personal.

Se abonará por el importe de los ingresos, con cargo, generalmente, a cuentas del subgrupo 57 o a la cuenta 649.

759. *Ingresos por servicios diversos*

Los originados por la prestación eventual de ciertos servicios a otras empresas o particulares. Se citan, a modo de ejemplo, los de transporte, reparaciones, asesorías, informes, etc.

Su movimiento es análogo al señalado para la cuenta 752.

76. INGRESOS FINANCIEROS.
- 760. Ingresos de participaciones en instrumentos de patrimonio.
- 761. Ingresos de valores representativos de deuda.
- 762. Ingresos de créditos.
  - 7620. Ingresos de créditos a largo plazo.
  - 7621. Ingresos de créditos a corto plazo.
- 763. Beneficios por valoración de instrumentos financieros por su valor razonable.
  - 7630. Beneficios de cartera de negociación.
  - 7631. Beneficios de designados por la empresa.
  - 7632. Beneficios de activos financieros a valor razonable con cambios en el patrimonio neto.
  - 7633. Beneficios de instrumentos de cobertura.
  - 7634. Beneficios de otros instrumentos financieros.
- 766. Beneficios en participaciones y valores representativos de deuda.
- 767. Ingresos de activos afectos y de derechos de reembolso relativos a retribuciones a largo plazo.
- 768. Diferencias positivas de cambio.
- 769. Otros ingresos financieros.

760. *Ingresos de participaciones en instrumentos de patrimonio*

Rentas a favor de la empresa, devengadas en el ejercicio, provenientes de participaciones en instrumentos de patrimonio.

Se abonará cuando nazca el derecho a percibir dividendos, por el íntegro de los mismos, con cargo a cuentas de los subgrupos 53 o 54 y, en su caso, a la cuenta 473.

761. *Ingresos de valores representativos de deuda*

Intereses de valores de renta fija a favor de la empresa devengados en el ejercicio. Se abonará:

a) Al devengo de los intereses, tanto implícitos como explícitos, por el íntegro de los mismos, con cargo a cuentas de los subgrupos 24, 25, 53 o 54 y, en su caso, a la cuenta 473.
b) Por el reconocimiento en la cuenta de pérdidas y ganancias, a lo largo de su vida residual, del saldo positivo acumulado en el patrimonio neto de un activo financiero disponible para la venta que se haya reclasificado como inversión mantenida hasta el vencimiento, en los términos establecidos en las normas de registro y valoración, con cargo a la cuenta 802.

762. *Ingresos de créditos*

Importe de los intereses de préstamos y otros créditos devengados en el ejercicio.

Se abonará al devengo de los intereses, tanto implícitos como explícitos, por el íntegro de los mismos, con cargo a cuentas de los subgrupos 24, 25, 26, 43, 44, 53 o 54 y, en su caso, a la cuenta 473.

763. *Beneficios por valoración de instrumentos financieros por su valor razonable*

Beneficios originados por la valoración a valor razonable de determinados instrumentos financieros, incluidos los que se produzcan con ocasión de su reclasificación.

Con carácter general, el contenido y movimiento de las cuentas citadas de cuatro cifras es el siguiente:

7630. *Beneficios de cartera de negociación*

Beneficios originados por la valoración a valor razonable de los instrumentos financieros que se mantengan para negociar.

Se abonará por el aumento en el valor razonable de los activos financieros o la disminución en el valor de los pasivos financieros clasificados en esta categoría, con cargo a la correspondiente cuenta del elemento patrimonial.

7631. *Beneficios de designados por la empresa*

Beneficios originados por la valoración a valor razonable de los instrumentos financieros designados en la categoría «Valor razonable con cambios en la cuenta de pérdidas y ganancias» en ejercicio de la opción del valor razonable regulada en la norma de registro y valoración novena.

Su movimiento es análogo al de la cuenta 7630.

7632. *Beneficios de activos financieros a valor razonable con cambios en el patrimonio neto*

Beneficios originados por la baja o enajenación de los instrumentos financieros clasificados en la categoría de «Activos financieros a valor razonable con cambios en el patrimonio neto».

Se abonará en el momento en que se produzca la baja o enajenación del instrumento financiero, por el saldo positivo acumulado en el patrimonio neto con cargo a la cuenta 802.

7633. *Beneficios de instrumentos de cobertura*

Beneficios originados en instrumentos de cobertura, en las operaciones de cobertura de flujos de efectivo cuando la empresa no espere que la transacción prevista tenga lugar.

Se abonará por la transferencia a la cuenta de pérdidas y ganancias del importe positivo reconocido directamente en el patrimonio neto, con cargo a la cuenta 812.

7634. *Beneficios de otros instrumentos financieros*

Beneficios originados por la valoración a valor razonable de los restantes instrumentos financieros incluidos en la categoría «Valor razonable con cambios en la cuenta de pérdidas y ganancias».

Su movimiento es análogo al de la cuenta 7630.

766. *Beneficios en participaciones y valores representativos de deuda*

Beneficios producidos en la enajenación de valores representativos de deuda e instrumentos de patrimonio, excluidos los que deban registrarse en las cuentas 763 y 773.

Se abonará por el beneficio producido en la enajenación, con cargo, generalmente, a cuentas del subgrupo 57.

767. *Ingresos de activos afectos y de derechos de reembolso relativos a retribuciones a largo plazo*

Importe del rendimiento esperado de los activos afectos a los compromisos con los que se liquidarán las obligaciones de la empresa por retribuciones a largo plazo de prestación definida o de los derechos de reembolso destinados a cancelar dichas obligaciones.

Se abonará por el rendimiento positivo esperado, con cargo a las cuentas 140 o 257.

768. *Diferencias positivas de cambio*

Beneficios producidos por modificaciones del tipo de cambio en partidas monetarias denominadas en moneda distinta de la funcional.

Se abonará:

a_1) En cada cierre, por la ganancia de valoración de las partidas monetarias vivas a dicha fecha, con cargo a las cuentas representativas de las mismas denominadas en moneda distinta de la funcional.

a_2) En el momento de la baja, enajenación o cancelación del elemento patrimonial asociado a una diferencia de conversión positiva, con cargo a la cuenta 821.

a_3) Por la transferencia a la cuenta de pérdidas y ganancias del importe positivo reconocido directamente en el patrimonio neto en las operaciones de cobertura en una inversión neta en un negocio en el extranjero, con cargo a la cuenta 813.

a_4) Cuando venzan o se cancelen anticipadamente las partidas monetarias, mediante entrega del efectivo en moneda distinta de la funcional, con cargo, generalmente, a cuentas del subgrupo 57.

769. *Otros ingresos financieros*

Ingresos de naturaleza financiera no recogidos en otras cuentas de este subgrupo. Se abonará por el importe de los ingresos devengados.

77. BENEFICIOS PROCEDENTES DE ACTIVOS NO CORRIENTES E INGRESOS EXCEPCIONALES.

- 770. Beneficios procedentes del inmovilizado intangible.
- 771. Beneficios procedentes del inmovilizado material.
- 772. Beneficios procedentes de las inversiones inmobiliarias.
- 773. Beneficios procedentes de participaciones a largo plazo en partes vinculadas.
  - 7733. Beneficios procedentes de participaciones a largo plazo, empresas del grupo.
  - 7734. Beneficios procedentes de participaciones a largo plazo, empresas asociadas.
  - 7735. Beneficios procedentes de participaciones a largo plazo, otras partes vinculadas.
- 774. Diferencia negativa en combinaciones de negocios.
- 775. Beneficios por operaciones con obligaciones propias.
- 778. Ingresos excepcionales.

770/771/772. *Beneficios procedentes del inmovilizado...*

Beneficios producidos en la enajenación de inmovilizado intangible, material o las inversiones inmobiliarias.

Se abonarán por el beneficio obtenido en la enajenación con cargo, generalmente, a las cuentas del grupo 5 que correspondan.

773. *Beneficios procedentes de participaciones a largo plazo en partes vinculadas*

Beneficios producidos en la enajenación de participaciones a largo plazo en partes vinculadas.

7733/7734/7735

Las cuentas citadas de cuatro cifras se abonarán por el beneficio obtenido en la enajenación, con cargo, generalmente, a las cuentas del grupo 5 que correspondan.

774. *Diferencia negativa en combinaciones de negocios*

Es el exceso, en la fecha de adquisición, del valor razonable de los activos identificables adquiridos menos el de los pasivos asumidos, sobre el coste de la combinación de negocios.

Se abonará por dicho importe con cargo a las correspondientes cuentas de los grupos 2, 3, 4 y 5.

775. *Beneficios por operaciones con obligaciones propias*

Beneficios producidos con motivo de la amortización de obligaciones. Se abonará por los beneficios producidos al amortizar los valores, con cargo a cuentas del subgrupo 17.

778. *Ingresos excepcionales*

Beneficios e ingresos de carácter excepcional y cuantía significativa que, atendiendo a su naturaleza, no deban contabilizarse en otras cuentas del grupo 7 o del grupo 9.

Se incluirán, entre otros, los procedentes de aquellos créditos que en su día fueron amortizados por insolvencias firmes.

79. EXCESOS Y APLICACIONES DE PROVISIONES Y DE PÉRDIDAS POR DETERIORO.
    - 790. Reversión del deterioro del inmovilizado intangible.
    - 791. Reversión del deterioro del inmovilizado material.
    - 792. Reversión del deterioro de las inversiones inmobiliarias.
    - 793. Reversión del deterioro de existencias.
    - 794. Reversión del deterioro de créditos por operaciones comerciales.
    - 795. Exceso de provisiones.
        - 7950. Exceso de provisión por retribuciones a largo plazo al personal.
        - 7951. Exceso de provisión para impuestos.
        - 7952. Exceso de provisión para otras responsabilidades.
        - 7954. Exceso de provisión por operaciones comerciales.
            - 79544. Exceso de provisión por contratos onerosos.
            - 79549. Exceso de provisión para otras operaciones comerciales.
        - 7955. Exceso de provisión para actuaciones medioambientales.
        - 7956. Exceso de provisión para reestructuraciones.
        - 7957. Exceso de provisión por transacciones con pagos basados en instrumentos de patrimonio.
    - 796. Reversión del deterioro de participaciones y valores representativos de deuda a largo plazo.
    - 797. Reversión del deterioro de créditos a largo plazo.
    - 798. Reversión del deterioro de participaciones y valores representativos de deuda a corto plazo.
    - 799. Reversión del deterioro de créditos a corto plazo.

790/791/792. *Reversión del deterioro del inmovilizado...*

Corrección valorativa por la recuperación de valor, del inmovilizado intangible y material y de las inversiones inmobiliarias, hasta el límite de las pérdidas contabilizadas con anterioridad.

Se abonarán por el importe de la corrección de valor, con cargo a las cuentas 290, 291, 292 o a la cuenta 599.

793. *Reversión del deterioro de existencias*

Importe de la corrección por deterioro existente al cierre del ejercicio anterior.

Se abonará, al cierre del ejercicio, por el deterioro contabilizado en el ejercicio precedente, con cargo a cuentas del subgrupo 39 o a la cuenta 599.

794. *Reversión del deterioro de créditos por operaciones comerciales*

Importe de la corrección por deterioro existente al cierre del ejercicio anterior.

Se abonará por el deterioro contabilizado en el ejercicio precedente, con cargo a las cuentas 490, 493 o 599.

Cuando se utilice la alternativa segunda prevista en la cuenta 490, la definición y movimiento contable se adaptarán a lo establecido en dicha cuenta.

795. *Exceso de provisiones*

7950/7951/7952/7954/7955/7956/7957

Diferencia positiva entre el importe de la provisión existente y el que corresponda al cierre del ejercicio o en el momento de atender la correspondiente obligación.

Las cuentas citadas de cuatro cifras se abonarán, por el exceso de provisión con cargo a las correspondientes cuentas del subgrupo 14 o a las cuentas 499 o 529.

796. *Reversión del deterioro de participaciones y valores representativos de deuda a largo plazo*

Corrección valorativa por la recuperación de valor en inversiones financieras de los subgrupos 24 y 25 o, en su caso, del subgrupo 58, hasta el límite de las pérdidas contabilizadas con anterioridad.

Se abonará por el importe de la corrección de valor, con cargo a las cuentas 293, 294, 297 o 599.

797. *Reversión del deterioro de créditos a largo plazo*

Corrección valorativa, por la recuperación de valor en créditos de los subgrupos 24 y 25 o, en su caso, del subgrupo 58.

Se abonará por el importe de la corrección de valor, con cargo a las cuentas 295, 298 o 599.

798. *Reversión del deterioro de participaciones y valores representativos de deuda a corto plazo*

Corrección valorativa por la recuperación de valor en inversiones financieras de los subgrupos 53 y 54 o, en su caso, del subgrupo 58, hasta el límite de las pérdidas contabilizadas con anterioridad.

Se abonará por el importe de la corrección de valor, con cargo a las cuentas 593, 594, 597 o 599.

799. *Reversión del deterioro de créditos a corto plazo*

Corrección valorativa por la recuperación de valor en créditos de los subgrupos 53 y 54 o, en su caso, del subgrupo 58.

Se abonará por el importe de la corrección de valor, con cargo a las cuentas 595, 598 o 599.

GRUPO 8

GASTOS IMPUTADOS AL PATRIMONIO NETO

80. GASTOS FINANCIEROS POR VALORACIÓN DE ACTIVOS FINANCIEROS.
    800. Pérdidas en activos financieros a valor razonable con cambios en el patrimonio neto.
    802. Transferencia de beneficios en activos financieros a valor razonable con cambios en el patrimonio neto.

800. *Pérdidas en activos financieros a valor razonable con cambios en el patrimonio neto.*

Su movimiento es el siguiente:

a) Se cargará por las variaciones negativas en el valor razonable de los activos financieros clasificados como a valor razonable con cambios en el patrimonio neto, incluidas las que se produzcan en caso de reclasificación, con abono a las cuentas de los correspondientes elementos patrimoniales.

b) Se abonará, al cierre del ejercicio, con cargo a la cuenta 133.

802. *Transferencia de beneficios en activos financieros a valor razonable con cambios en el patrimonio neto.*

Su movimiento es el siguiente:

a) Se cargará:

a_1) En el momento en que se produzca la baja o enajenación del activo financiero a valor razonable con cambios en el patrimonio neto, incluidos los que hayan sido objeto de reclasificación, por el saldo positivo acumulado en el patrimonio neto con abono a la cuenta 7632.

a_2) Cuando se haya producido una combinación de negocios por etapas, de acuerdo con lo dispuesto en las normas de registro y valoración, por las variaciones de valor positivas imputadas directamente al patrimonio neto correspondientes a cualquier participación previa en la adquirida que estuviera clasificada como activos financieros a valor razonable con cambios en patrimonio neto, con abono a la cuenta 7632.

b) Se abonará, al cierre del ejercicio, con cargo a la cuenta 133.

81. GASTOS EN OPERACIONES DE COBERTURA.
    810. Pérdidas por coberturas de flujos de efectivo.
    811. Pérdidas por coberturas de inversiones netas en un negocio en el extranjero.
    812. Transferencia de beneficios por coberturas de flujos de efectivo.
    813. Transferencia de beneficios por coberturas de inversiones netas en un negocio en el extranjero.

810. *Pérdidas por coberturas de flujos de efectivo*

Su movimiento es el siguiente:

a) Se cargará por el importe derivado de considerar el menor valor de los siguientes importes: el resultado negativo acumulado del instrumento de cobertura, desde el inicio de la cobertura, o el cambio acumulado en el valor razonable de los flujos de efectivo futuros, esperados de la partida cubierta desde el inicio de la cobertura, con abono, generalmente, a las cuentas 176, 255 o 559.

b) Se abonará, al cierre del ejercicio, con cargo a la cuenta 1340.

811. *Pérdidas por coberturas de inversiones netas en un negocio en el extranjero*

Su movimiento es el siguiente:

a) Se cargará por el importe de la cobertura que se determine eficaz, con abono, generalmente, a las cuentas 176, 255 o 559.

b) Se abonará, al cierre del ejercicio, con cargo a la cuenta 1341.

812. *Transferencia de beneficios por coberturas de flujos de efectivo*

Su movimiento es el siguiente:

a) Se cargará:

a_1) Cuando la cobertura de una transacción prevista o la cobertura del riesgo de tipo de cambio de un compromiso en firme diera lugar al reconocimiento posterior de un activo financiero o pasivo financiero, por el importe positivo reconocido directamente en el patrimonio neto, a medida que dicho activo o pasivo afecte al resultado del ejercicio, con abono a una cuenta que se imputará a la cuenta de pérdidas y ganancias en la misma partida en la que se incluya la pérdida que se genere en la partida cubierta.

a_2) Cuando la cobertura de una transacción prevista o la cobertura del riesgo de tipo de cambio de un compromiso en firme diera lugar al reconocimiento de un activo o pasivo no financiero, por el importe positivo reconocido directamente en el patrimonio neto, con abono a la cuenta del correspondiente elemento patrimonial.

a_3) Cuando en la cobertura de una transacción prevista o la cobertura del riesgo de tipo de cambio de un compromiso en firme se produzca la baja de un activo o pasivo no financiero cubierto, por el importe positivo reconocido directamente en el patrimonio neto, con abono a una cuenta que se imputará a la cuenta de pérdidas y ganancias en la misma partida en la que se incluye la pérdida que se genere en la partida cubierta.

a_4) Cuando en la cobertura de un activo o un pasivo reconocido, la partida cubierta afecte al resultado con abono a una cuenta que se imputará a la cuenta de pérdidas y ganancias en la misma partida en la que se incluye la pérdida que se genere en la partida cubierta.

a_5) Por el importe de la ganancia directamente reconocida en el patrimonio neto, si la empresa no espera que la transacción prevista tenga lugar, con abono a la cuenta 7633.

b) Se abonará, al cierre del ejercicio, con cargo a la cuenta 1340.

813. *Transferencia de beneficios por coberturas de inversiones netas en un negocio en el extranjero*

Su movimiento es el siguiente:

a) Se cargará, en el momento de la venta o disposición por otra vía de la inversión neta en un negocio en el extranjero, por el importe del beneficio del instrumento de cobertura imputado directamente al patrimonio neto, con abono a la cuenta 768.

b) Se abonará, al cierre del ejercicio, con cargo a la cuenta 1341.

82. GASTOS POR DIFERENCIAS DE CONVERSIÓN.

820. Diferencias de conversión negativas.

821. Transferencia de diferencias de conversión positivas.

820. *Diferencias de conversión negativas*

Su movimiento es el siguiente:

a) Se cargará, por el efecto neto deudor derivado de la diferencia de valor de los activos y pasivos valorados en moneda funcional distinta a la de presentación, como consecuencia de la conversión a la moneda de presentación, con cargo y/o abono a las respectivas cuentas que representan dichos activos y pasivos.
b) Se abonará, al cierre del ejercicio, con cargo a la cuenta 135.

821. *Transferencia de diferencias de conversión positivas*

Su movimiento es el siguiente:

a) Se cargará, en el momento de baja, enajenación o cancelación del elemento patrimonial asociado, con abono a la cuenta 768.
b) Se abonará, al cierre del ejercicio, con cargo a la cuenta 135.

83. IMPUESTO SOBRE BENEFICIOS.
- 830. Impuesto sobre beneficios.
  - 8300. Impuesto corriente.
  - 8301. Impuesto diferido.
- 833. Ajustes negativos en la imposición sobre beneficios.
- 834. Ingresos fiscales por diferencias permanentes.
- 835. Ingresos fiscales por deducciones y bonificaciones.
- 836. Transferencia de diferencias permanentes.
- 837. Transferencia de deducciones y bonificaciones.
- 838. Ajustes positivos en la imposición sobre beneficios.

830. *Impuesto sobre beneficios*

8300. *Impuesto corriente*

Su movimiento es el siguiente:

a) Se cargará:
- a_1) Por la cuota a ingresar asociada a los ingresos imputados al patrimonio neto, con abono a la cuenta 4752.
- a_2) Por las retenciones soportadas y los ingresos a cuenta del impuesto realizados, asociados a los ingresos imputados al patrimonio neto, hasta el importe de la cuota líquida del período, con abono a la cuenta 473.

b) Se abonará por la cuota de ejercicios anteriores que recupera la empresa como consecuencia de las liquidaciones fiscales del impuesto o impuestos sobre el beneficio, con cargo a la cuenta 4709.
c) Al cierre del ejercicio, se cargará o abonará, con abono o cargo a las correspondientes cuentas del subgrupo 13.

8301. *Impuesto diferido*

Su movimiento es el siguiente:

a) Se cargará:
- a_1) Por el impuesto diferido asociado a los ingresos reconocidos directamente en el patrimonio neto, con abono a la cuenta 479.
- a_2) En el momento en que se produzca la transferencia a resultados del importe negativo acumulado en el patrimonio neto, con abono a la cuenta 4740.
- a_3) Por el importe del efecto impositivo derivado de la transferencia a resultados de gastos imputados directamente al patrimonio neto que hubieran ocasionado el correspondiente impuesto corriente en ejercicios previos, con abono a la cuenta 6301.

b) Se abonará:
- b_1) Por el impuesto diferido asociado a los gastos reconocidos directamente en el patrimonio neto, con cargo a la cuenta 4740.
- b_2) En el momento en que se produzca la transferencia a resultados del importe positivo acumulado en el patrimonio neto, con cargo a la cuenta 479.
- b_3) Por el importe del efecto impositivo derivado de la transferencia a resultados de ingresos imputados directamente al pa-

trimonio neto que hubieran ocasionado el correspondiente impuesto corriente en ejercicios previos, con cargo a la cuenta 6301.

c) Al cierre del ejercicio, se cargará o abonará, con abono o cargo a las correspondientes cuentas del subgrupo 13.

833. *Ajustes negativos en la imposición sobre beneficios*

Disminución, conocida en el ejercicio, de los activos por impuesto diferido o aumento, igualmente conocido en el ejercicio, de los pasivos por impuesto diferido respecto de los activos y pasivos por impuesto diferido anteriormente generados, siempre y cuando dichos saldos se hayan originado como consecuencia de una transacción o suceso que se hubiese reconocido directamente en una partida del patrimonio neto.

Con carácter general, su movimiento es el siguiente:

a) Se cargará:
   a_1) Por el menor importe del activo por diferencias temporarias deducibles, con abono a la cuenta 4740.
   a_2) Por el mayor importe del pasivo por diferencias temporarias imponibles, con abono a la cuenta 479.

b) Al cierre del ejercicio, se abonará con cargo a las correspondientes cuentas del subgrupo 13.

834. *Ingresos fiscales por diferencias permanentes*

Su movimiento es el siguiente:

a) Se abonará, generalmente con cargo a la cuenta 6301 por el importe del efecto impositivo de las diferencias permanentes a imputar en varios ejercicios.

b) Al cierre del ejercicio, se cargará con abono a la cuenta 137.

835. *Ingresos fiscales por deducciones y bonificaciones*

Su movimiento será análogo al previsto para la cuenta 834.

836. *Transferencia de diferencias permanentes*

Con carácter general, su movimiento es el siguiente:

a) Se cargará, generalmente con abono a la cuenta 6301 por la parte correspondiente a imputar en el ejercicio, de forma correlacionada con la depreciación del activo que motive la diferencia permanente.

b) Al cierre del ejercicio, se abonará con cargo a la cuenta 137.

837. *Transferencia de deducciones y bonificaciones*

Su movimiento será análogo al previsto para la cuenta 836.

838. *Ajustes positivos en la imposición sobre beneficios*

Aumento, conocido en el ejercicio, de los activos por impuesto diferido o disminución, igualmente conocida en el ejercicio, de los pasivos por impuesto diferido respecto de los activos y pasivos por impuesto diferido anteriormente generados, siempre que dichos saldos se hayan originado como consecuencia de una transacción o suceso que se hubiese reconocido directamente en una partida del patrimonio neto.

Con carácter general, su movimiento es el siguiente:

a) Se abonará:
   a_1) Por el mayor importe del activo por diferencias temporarias deducibles, con cargo a la cuenta 4740.
   a_2) Por el menor importe del pasivo por diferencias temporarias imponibles, con cargo a la cuenta 479.

b) Al cierre del cierre del ejercicio, se abonará con cargo a las correspondientes cuentas del subgrupo 13.

84. TRANSFERENCIAS DE SUBVENCIONES, DONACIONES Y LEGADOS.
   840. Transferencia de subvenciones oficiales de capital.

841. Transferencia de donaciones y legados de capital.
842. Transferencia de otras subvenciones, donaciones y legados.

840/841. *Transferencia de...*

Su movimiento es el siguiente:

a) Se cargarán en el momento de la imputación a la cuenta de pérdidas y ganancias de la subvención recibida, con abono a la cuenta 746.
b) Se abonarán al cierre del ejercicio, con cargo a las cuentas 130 o 131, según corresponda.

842. *Transferencia de otras subvenciones, donaciones y legados*

Su movimiento es el siguiente:

a) Se cargará en el momento de la imputación a la cuenta de pérdidas y ganancias de la subvención recibida, con abono a la cuenta 747.
b) Se abonará al cierre del ejercicio, con cargo a la cuenta 132.

85. GASTOS POR PÉRDIDAS ACTUARIALES Y AJUSTES EN LOS ACTIVOS POR RETRIBUCIONES A LARGO PLAZO DE PRESTACIÓN DEFINIDA.
850. Pérdidas actuariales.
851. Ajustes negativos en activos por retribuciones a largo plazo de prestación definida.

850. *Pérdidas actuariales*

Su movimiento es el siguiente:

a) Se cargará, al cierre del ejercicio, por la pérdida actuarial producida por el incremento en el valor actual de las retribuciones post-empleo comprometidas en sistemas de prestación definida, o bien por la disminución en el valor razonable de los activos relacionados con éstos, con abono a las cuentas 140 o 257.
b) Se abonará, al cierre del ejercicio, con cargo a la cuenta 115.

851. *Ajustes negativos en activos por retribuciones a largo plazo de prestación definida*

Su movimiento es el siguiente:

a) Se cargará, al cierre del ejercicio, por el ajuste negativo que proceda realizar por la limitación establecida en las normas de registro y valoración en los activos por retribuciones post-empleo a largo plazo al personal de prestación definida, con abono a las cuentas 140 o 257.
b) Se abonará, al cierre del ejercicio, con cargo a la cuenta 115.

86. GASTOS POR ACTIVOS NO CORRIENTES EN VENTA.
860. Pérdidas en activos no corrientes y grupos enajenables de elementos mantenidos para la venta.
862. Transferencia de beneficios en activos no corrientes y grupos enajenables de elementos mantenidos para la venta.

860. *Pérdidas en activos no corrientes y grupos enajenables de elementos mantenidos para la venta*

Con carácter general, su movimiento es el siguiente:

a) Se cargará por las variaciones negativas en el valor razonable de los activos no corrientes mantenidos para la venta, y de activos y pasivos directamente asociados clasificados en un grupo enajenable de elementos mantenidos para la venta, que deban valorarse por el valor razonable con cambios en el patrimonio neto, de acuerdo con lo dispuesto en las normas de registro y valoración, con abono a cuentas del subgrupo 58.
b) Se abonará, al cierre del ejercicio, con cargo a la cuenta 136.

862. *Transferencia de beneficios en activos no corrientes y grupos enajenables de elementos mantenidos para la venta*

Con carácter general, su movimiento es el siguiente:

a) Se cargará en el momento en que se produzca la baja o enajenación del activo no corriente mantenido para la venta, o del activo o pasivo directamente asociado clasificado en un grupo enajenable de elementos mantenidos para la venta, que deba valorarse por el valor razonable con cambios en el patrimonio neto, de acuerdo con lo dispuesto en las normas de registro y valoración, con abono, generalmente, a la cuenta 7632.
b) Se abonará, al cierre del ejercicio, con cargo a la cuenta 136.

89. GASTOS DE PARTICIPACIONES EN EMPRESAS DEL GRUPO O ASOCIADAS CON AJUSTES VALORATIVOS POSITIVOS PREVIOS.
   891. Deterioro de participaciones en el patrimonio, empresas del grupo.
   892. Deterioro de participaciones en el patrimonio, empresas asociadas.

Las cuentas de este subgrupo recogerán las pérdidas por deterioro de participaciones en empresas del grupo, multigrupo o asociadas que deban imputarse directamente en el patrimonio neto, cuando se hubieran realizado inversiones previas a la consideración de las participaciones como de empresas del grupo, multigrupo o asociadas, y las mismas hubieran originado ajustes valorativos por aumentos de valor imputados directamente en el patrimonio neto. Todo ello, de acuerdo con lo que, al respecto, disponen las correspondientes normas de registro y valoración.

891/892

Su movimiento es el siguiente:

a) Se cargarán en el momento en que se produzca el deterioro de valor del activo financiero, hasta el límite de los ajustes valorativos positivos previos, con abono a las cuentas 240 o 530.
b) Se abonarán, al cierre del ejercicio, con cargo a la cuenta 133.

GRUPO 9

INGRESOS IMPUTADOS AL PATRIMONIO NETO

90. INGRESOS FINANCIEROS POR VALORACIÓN DE ACTIVOS FINANCIEROS.
   900. Beneficios en activos financieros a valor razonable con cambios en el patrimonio neto.
   902. Transferencia de pérdidas en activos financieros a valor razonable con cambios en el patrimonio neto.

900. *Beneficios en activos financieros a valor razonable con cambios en el patrimonio neto*

Su movimiento es el siguiente:

a) Se abonará por las variaciones positivas en el valor razonable de los activos financieros clasificados como a valor razonable con cambios en el patrimonio neto, incluidas las que se produzcan en caso de reclasificación, con cargo a las cuentas de los correspondientes elementos patrimoniales.
b) Se cargará, al cierre del ejercicio, con abono a la cuenta 133.

902. *Transferencia de pérdidas en activos financieros a valor razonable con cambios en el patrimonio neto.*

Su movimiento es el siguiente:

a) Se abonará:
   a_1) En el momento en que se produzca la baja o enajenación del activo financiero a valor razonable con cambios en el patrimonio neto, incluidos los que hayan sido objeto de reclasificación, por el sal-

do negativo acumulado en el patrimonio neto con cargo la cuenta 6632.

a_2) En el momento en que se produzca el deterioro del instrumento financiero, por el saldo negativo acumulado en el patrimonio neto con cargo a las cuentas de los correspondientes instrumentos de deuda o a la cuenta 696 en el caso de inversiones en instrumentos de patrimonio.

a_3) Cuando se haya producido una combinación de negocios por etapas, de acuerdo con lo dispuesto en las normas de registro y valoración, por las variaciones de valor negativas imputadas directamente al patrimonio neto correspondientes a cualquier participación previa en la adquirida que estuviera clasificada como activos financieros a valor razonable con cambios en el patrimonio neto, con cargo a la cuenta 6632.

b) Se cargará, al cierre del ejercicio, con abono a la cuenta 133.

91. INGRESOS EN OPERACIONES DE COBERTURA.
    - 910. Beneficios por coberturas de flujos de efectivo.
    - 911. Beneficios por coberturas de una inversión neta en un negocio en el extranjero.
    - 912. Transferencia de pérdidas por coberturas de flujos de efectivo.
    - 913. Transferencia de pérdidas por coberturas de una inversión neta en un negocio en el extranjero.

910. *Beneficios por coberturas de flujos de efectivo*

Su movimiento es el siguiente:

a) Se abonará por el importe derivado de considerar el menor valor de los siguientes importes: el resultado positivo acumulado del instrumento de cobertura, desde el inicio de la cobertura, o el cambio acumulado en el valor razonable de los flujos de efectivo futuros esperados de la partida cubierta, desde el inicio de la cobertura, con cargo, generalmente, a las cuentas 176, 255 o 559.

b) Se cargará al cierre del ejercicio, con abono a la cuenta 1340.

911. *Beneficios por coberturas de una inversión neta en un negocio en el extranjero*

Su movimiento es el siguiente:

a) Se abonará por el resultado positivo en el importe de la cobertura que se determine eficaz, con cargo, generalmente, a las cuentas 176, 255 o 559.

b) Se cargará, al cierre del ejercicio, con abono a la cuenta 1341.

912. *Transferencia de pérdidas por coberturas de flujos de efectivo*

Su movimiento es el siguiente:

a) Se abonará:

a_1) Cuando la cobertura de una transacción prevista o la cobertura del riesgo de tipo de cambio de un compromiso en firme diera lugar al reconocimiento posterior de un activo o pasivo financiero, por el importe negativo reconocido directamente en el patrimonio neto, a medida que dicho activo o pasivo afecte al resultado del ejercicio, con cargo a una cuenta que se imputará a la cuenta de pérdidas y ganancias en la misma partida en la que se incluye la ganancia que se genere en la partida cubierta.

a_2) Cuando la cobertura de una transacción prevista o la cobertura del riesgo de tipo de cambio de un compromiso en firme diera lugar al reconocimiento de un activo o pasivo no financiero, por el importe negativo reconocido directamente en el patrimonio neto, con cargo a la cuenta del correspondiente elemento patrimonial.

a_3) Cuando en la cobertura de una transacción prevista o la cobertura del riesgo de tipo de cambio de un compromiso en firme se produzca la baja de un activo o pasivo no financiero cubierto, por el importe negativo reconocido directamente en el patrimonio neto, con cargo a una cuenta que se imputará a la cuenta de pérdidas y ganancias en la misma partida en la que se incluye la ganancia que se genere en la partida cubierta.

a_4) Cuando en la cobertura de un activo o un pasivo reconocido la partida cubierta afecte al resultado, con cargo a una cuenta que se imputará a la cuenta de pérdidas y ganancias en la misma partida en la que se incluye la ganancia que se genere en la partida cubierta.

a_5) Por el importe de la pérdida directamente reconocida en el patrimonio neto que la empresa no espere recuperar, con cargo a la cuenta 6633.

b) Se cargará, al cierre del ejercicio, con abono a la cuenta 1340.

913. *Transferencia de pérdidas por coberturas de una inversión neta en un negocio en el extranjero*

Su movimiento es el siguiente:

a) Se abonará, en el momento de la venta o disposición por otra vía de la inversión neta en un negocio en el extranjero, por el importe de la pérdida del instrumento de cobertura imputada directamente al patrimonio neto, con cargo a la cuenta 668.

b) Se cargará, al cierre del ejercicio, con abono a la cuenta 1341.

92. INGRESOS POR DIFERENCIAS DE CONVERSIÓN.
    920. Diferencias de conversión positivas.
    921. Transferencia de diferencias de conversión negativas.

920. *Diferencias de conversión positivas*

Su movimiento es el siguiente:

a) Se abonará, por el efecto neto acreedor derivado de la diferencia de valor de los activos y pasivos valorados en moneda funcional distinta a la de presentación, como consecuencia de la conversión a la moneda de presentación, con cargo y/o abono a las respectivas cuentas del balance que representan dichos activos y pasivos.

b) Se cargará, al cierre del ejercicio, con abono a la cuenta 135.

921. *Transferencia de diferencias de conversión negativas*

Su movimiento es el siguiente:

a) Se abonará, en el momento de baja, enajenación o cancelación del elemento patrimonial asociado, con cargo a la cuenta 668.

b) Se cargará, al cierre del ejercicio, con abono a la cuenta 135.

94. INGRESOS POR SUBVENCIONES, DONACIONES Y LEGADOS.
    940. Ingresos de subvenciones oficiales de capital.
    941. Ingresos de donaciones y legados de capital.
    942. Ingresos de otras subvenciones, donaciones y legados.

940/941/942. *Ingresos de…*

Su movimiento es el siguiente:

a) Se abonarán:

a_1) Por la subvención, donación o legado concedidos a la empresa con cargo, generalmente, a cuentas del subgrupo 47 o 57.

a_2) Por las deudas que se transforman en subvenciones donaciones o legados, con cargo a las cuentas 172 o 522.

b) Se cargarán, al cierre del ejercicio, con abono a las cuentas 130, 131 o 132, según corresponda.

95. INGRESOS POR GANANCIAS ACTUARIALES Y AJUSTES EN LOS ACTIVOS POR RETRIBUCIONES A LARGO PLAZO DE PRESTACIÓN DEFINIDA.
    950. Ganancias actuariales.
    951. Ajustes positivos en activos por retribuciones a largo plazo de prestación definida.

950. *Ganancias actuariales*

Su movimiento es el siguiente:

a) Se abonará, al cierre del ejercicio, por la ganancia actuarial producida por la disminución en el valor actual de las retribuciones post-empleo comprometidas en sistemas de prestación definida, o bien por el aumento en el valor razonable de los activos relacionados con éstos, con cargo a las cuentas 140 o 257.
b) Se cargará, al cierre del ejercicio, con abono a la cuenta 115.

951. *Ajustes positivos en activos por retribuciones a largo plazo de prestación definida*

Su movimiento es el siguiente:

a) Se abonará, al cierre del ejercicio, por el ajuste positivo que proceda realizar de acuerdo con lo dispuesto en las normas de registro y valoración en los activos por retribuciones post-empleo a largo plazo al personal de prestación definida, con cargo a las cuentas 140 o 257.
b) Se cargará, al cierre del ejercicio, con abono a la cuenta 115.

96. INGRESOS POR ACTIVOS NO CORRIENTES EN VENTA.
   960. Beneficios en activos no corrientes y grupos enajenables de elementos mantenidos para la venta.
   962. Transferencia de pérdidas en activos no corrientes y grupos enajenables de elementos mantenidos para la venta.

960. *Beneficios en activos no corrientes y grupos enajenables de elementos mantenidos para la venta*

Con carácter general, su movimiento es el siguiente:

a) Se abonará por las variaciones positivas en el valor razonable de los activos no corrientes mantenidos para la venta, y de activos y pasivos directamente asociados clasificados en un grupo enajenable de elementos mantenidos para la venta, que deban valorarse por el valor razonable con cambios en el patrimonio neto, de acuerdo con lo dispuesto en las normas de registro y valoración, con cargo a cuentas del subgrupo 58.
b) Se cargará, al cierre del ejercicio, con abono a la cuenta 136.

962. *Transferencia de pérdidas en activos no corrientes y grupos enajenables de elementos mantenidos para la venta*

Con carácter general, su movimiento es el siguiente:

a) Se abonará:
   a_1) En el momento en que se produzca la baja o enajenación del activo no corriente mantenido para la venta, o del activo o pasivo directamente asociado clasificado en un grupo enajenable de elementos mantenidos para la venta, que deba valorarse por el valor razonable con cambios en el patrimonio neto, de acuerdo con lo dispuesto en las normas de registro y valoración, con cargo, generalmente, a la cuenta 6632.
   a_2) En el momento en que se produzca el deterioro del activo no corriente mantenido para la venta, o del activo directamente asociado clasificado en un grupo enajenable de elementos mantenidos para la venta, que deba valorarse por el valor razonable con cambios en el patrimonio neto, de acuerdo con lo dispuesto en las normas de registro y valoración, por el saldo negativo acumulado en el patrimonio neto, con cargo a las cuentas de los correspondientes instrumentos de deuda o a la cuenta 698, en el caso de inversiones en instrumentos de patrimonio.
b) Se cargará, al cierre del ejercicio, con abono a la cuenta 136.

99. INGRESOS DE PARTICIPACIONES EN EL PATRIMONIO DE EMPRESAS DEL GRU-

PO O ASOCIADAS CON AJUSTES VALORATIVOS NEGATIVOS PREVIOS.

991. Recuperación de ajustes valorativos negativos previos, empresas del grupo.
992. Recuperación de ajustes valorativos negativos previos, empresas asociadas.
993. Transferencia por deterioro de ajustes valorativos negativos previos, empresas del grupo.
994. Transferencia por deterioro de ajustes valorativos negativos previos, empresas asociadas.

Las cuentas de este subgrupo recogerán la recuperación de los ajustes valorativos por reducciones de valor, imputados directamente en el patrimonio neto, cuando se hubieran realizado inversiones previas a la consideración de las participaciones en el patrimonio como de empresas del grupo, multigrupo y asociadas. También se recogerán las transferencias a la cuenta de pérdidas y ganancias de los citados ajustes valorativos en caso de deterioro. Todo ello, de acuerdo con lo que, al respecto, disponen las correspondientes normas de registro y valoración.

991/992. *Recuperación de ajustes valorativos negativos previos, empresas del grupo/empresas asociadas*

Su movimiento es el siguiente:

a) Se abonarán en el momento en que el importe recuperable sea superior al valor contable de las inversiones, hasta el límite de los ajustes valorativos negativos previos, con cargo a las cuentas 240 o 530.
b) Se cargarán, al cierre del ejercicio, con abono a la cuenta 133.

993/994. *Transferencia por deterioro de ajustes valorativos negativos previos, empresas del grupo/empresas asociadas*

Su movimiento es el siguiente:

a) Se abonarán en el momento en que se produzca el deterioro del activo financiero, por los ajustes valorativos negativos previos, con cargo a las cuentas 696 o 698.
b) Se cargarán, al cierre del ejercicio, con abono a la cuenta 133.

PLAN GENERAL DE CONTABILIDAD DE PEQUEÑAS Y MEDIANAS EMPRESAS Y LOS CRITERIOS CONTABLES ESPECÍFICOS PARA MICROEMPRESAS

Real Decreto 1515/2007, de 16 de noviembre

Modificado por:

- Real Decreto 1/2021, de 12 de enero, por el que se modifican el Plan General de Contabilidad aprobado por el Real Decreto 1514/2007, de 16 de noviembre; el Plan General de Contabilidad de Pequeñas y Medianas Empresas aprobado por el Real Decreto 1515/2007, de 16 de noviembre; las Normas para la Formulación de Cuentas Anuales Consolidadas aprobadas por el Real Decreto 1159/2010, de 17 de septiembre; y las normas de adaptación del Plan General de Contabilidad a las entidades sin fines lucrativos aprobadas por el Real Decreto 1491/2011, de 24 de octubre.
- Real Decreto 602/2016, de 2 de diciembre, por el que se modifican el Plan General de Contabilidad aprobado por el Real Decreto 1514/2007, de 16 de noviembre; el Plan General de Contabilidad de Pequeñas y Medianas Empresas aprobado por el Real Decreto 1515/2007, de 16 de noviembre; las Normas para la Formulación de Cuentas Anuales Consolidadas aprobadas por el Real Decreto 1159/2010, de 17 de septiembre; y las Normas de Adaptación del Plan General de Contabilidad a las entidades sin fines lucrativos aprobadas por el Real Decreto 1491/2011, de 24 de octubre.
- Real Decreto 1159/2010, de 17 de septiembre, por el que se aprueban las Normas para la Formulación de Cuentas Anuales Consolidadas y se modifica el Plan General de Contabilidad aprobado por Real Decreto 1514/2007, de 16 de noviembre, y el Plan General de Contabilidad de Pequeñas y Medianas Empresas aprobado por Real Decreto 1515/2007, de 16 de noviembre.

REAL DECRETO 1515/2007, de 16 de noviembre, por el que se aprueba el Plan General de Contabilidad de Pequeñas y Medianas Empresas y los criterios contables específicos para microempresas

(*BOE* núm. 279, de 21 de noviembre de 2007)

I

La disposición final primera de la Ley 16/2007, de 4 de julio, de reforma y adaptación de la legislación mercantil en materia contable para su armonización internacional con base en la normativa de la Unión Europea, autoriza al Gobierno para que, de forma simultánea al Plan General de Contabilidad y como norma complementaria de éste, apruebe el Plan General de Contabilidad de Pequeñas y Medianas Empresas (en adelante, Plan General de Contabilidad de PYMES), con el mandato de que recoja los contenidos del mismo relacionados con las operaciones realizadas, con carácter general, por estas empresas, y le habilita a simplificar criterios de registro, valoración e información a incluir en la memoria.

El Plan General de Contabilidad de PYMES que ahora se aprueba constituye el desarrollo de las normas contables que pueden ser aplicadas por ciertas empresas, delimitadas en el cuerpo de este Real Decreto. La aprobación de esta norma en un Real Decreto diferenciado del que aprueba el Plan General de Contabilidad, se justifica por razones de sistemática normativa, con el fin de que las pequeñas y medianas empresas cuenten con un Plan contable completo y específico, que presenta la misma estructura que el Plan General de Contabilidad.

En la determinación de las operaciones realizadas con carácter general por estas empresas y, en consecuencia, en la simplificación de los criterios contenidos en el Plan General de Contabilidad, se ha partido de una propuesta analizada en un grupo de trabajo específico creado para esta tarea. Asimismo, a efectos de valorar su idoneidad y adecuación con el Marco Conceptual de la Contabilidad, contenido en el Código de Comercio, este proyecto normativo fue sometido a informe del Consejo de Contabilidad en su reunión celebrada el día 5 de septiembre de 2007, una vez oído el Comité Consultivo de Contabilidad reunido el día 25 de julio de 2007.

El artículo 1 de este Real Decreto aprueba el Plan General de Contabilidad de PYMES, determinando el artículo 2 su ámbito de aplicación. Debe resaltarse el carácter voluntario de este Plan General de Contabilidad de PYMES, cuya aplicación es opcional para las empresas que cumplan las condiciones establecidas en el artículo 175 del Texto Refundido de la Ley de Sociedades Anónimas, aprobado por Real Decreto Legislativo 1564/1989, de 22 de diciembre, para la formulación de balance y estado de cambios en el patrimonio neto abreviados. Adicionalmente, se exige que la empresa no se encuentre en alguno de los supuestos de exclusión regulados en el apartado 2 del artículo 2 de este Real Decreto. Cabe mencionar que estas mismas circunstancias delimitan la posibilidad, para las entidades no mercantiles, de aplicar los contenidos de este Plan General de Contabilidad de PYMES, en los términos recogidos en el artículo 5.

Teniendo en cuenta que la determinación del cumplimiento de las condiciones aludidas se produce a cierre de ejercicio, el sujeto contable registrará sus operaciones atendiendo a las circunstancias previsibles, efectuando, en su caso, y al menos al cierre del ejercicio, los ajustes que procedan.

Adicionalmente, la opción que una pequeña o mediana empresa ejerza de aplicar el Plan General de Contabilidad o el Plan General de Contabilidad de PYMES deberá mantenerse de forma continuada un mínimo de tres ejercicios, salvo que la empresa, por dejar de estar incluida en el ámbito de aplicación de este último, tuviera que aplicar obligatoriamente el Plan General de Contabilidad.

Por su parte, el artículo 3 de este Real Decreto prohíbe la aplicación parcial del Plan General de Contabilidad de PYMES, exigiendo que se considere como un cuerpo completo, de forma que el usuario de la información financiera externa pueda ser conocedor de los criterios que subyacen en unas cuentas anuales de pequeñas y medianas empresas. Y ello sin perjuicio, obviamente, de que si una empresa que aplique este Plan realiza operaciones que no están específicamente recogidas en él, habrá de remitirse a las normas o a los apartados específicos del Plan General de Contabilidad que contengan los criterios de registro, valoración y presentación de dichas operaciones, con la excepción de los relativos a activos no corrientes y grupos enajenables de elementos mantenidos para la venta.

Asimismo, debe resaltarse que las normas de activos financieros y pasivos financieros se conciben en el Plan General de Contabilidad de PYMES como normas aplicables en su totalidad, sin que proceda considerar a efectos valorativos categorías diferentes a las que están contempladas en ellas, y sin perjuicio de la remisión a los contenidos del Plan General de Contabilidad en relación con los contratos particulares no regulados en el Plan General de Contabilidad de PYMES; a saber, los pasivos financieros híbridos, los instrumentos compuestos, los derivados que tengan como subyacente inversiones en instrumentos de patrimonio no cotizados cuyo valor razonable no pueda ser determinado con fiabilidad, los contratos de garantía financiera, las fianzas entregadas y recibidas y las coberturas contables.

La estructura del Plan General de Contabilidad de PYMES es la misma que la del Plan General de Contabilidad. Consta de cinco partes precedidas de una Introducción en la que se explicitan las características fundamentales de este texto y sus diferencias con respecto al Plan General de Contabilidad.

Alguna de las variaciones que el usuario del Plan General de Contabilidad de PYMES encontrará al comparar su contenido con el del Plan General de Contabilidad son:

1. La primera parte, que contiene el Marco conceptual de la Contabilidad, no ha sufrido ninguna modificación destacable respecto a la primera parte del Plan General de Contabilidad, si bien, dado el tamaño de las empresas destinatarias de este Plan, el estado de flujos de efectivo se contempla como un documento de elaboración voluntaria, al amparo de lo dispuesto en los artículos 34 del Código de Comercio y 175 del Texto Refundido de la Ley de Sociedades Anónimas.
2. En la segunda parte, Normas de registro y valoración para pequeñas y medianas empresas, se han eliminado las normas relativas a ciertas operaciones, que se han considerado como de escasa realización por estas empresas. En este sentido, se han eliminado las siguientes normas o apartados:

a) Fondo de comercio.
b) Instrumentos financieros compuestos.
c) Derivados que tengan como subyacente inversiones en instrumentos de patrimonio no cotizados cuyo valor razonable no pueda ser determinado con fiabilidad.
d) Contratos de garantía financiera.
e) Fianzas entregadas y recibidas.
f) Coberturas contables.
g) Pasivos por retribuciones a largo plazo al personal.
h) Transacciones con pagos basados en instrumentos de patrimonio.
i) Combinaciones de negocio.
j) Operaciones de fusión, escisión y aportaciones no dinerarias de un negocio entre empresas del grupo.

Asimismo, se han simplificado algunos de los criterios de registro y valoración contenidos en el Plan General de Contabilidad, fundamentalmente relacionados con los instrumentos financieros. En particular, se han eliminado determinadas categorías de activos financieros y se ha suprimido el criterio de valoración a valor razonable con imputación directa de los cambios de valor a patrimonio neto, establecida para los activos financieros disponibles para la venta en el Plan General de Contabilidad, así como la posibilidad de designar a inicio activos y pasivos a valor razonable con cambios en la cuenta de pérdidas y ganancias.

Debe también resaltarse la eliminación de la norma relativa a activos no corrientes y grupos enajenables de elementos mantenidos para la venta, cuyo contenido no resulta de aplicación a las empresas usuarias del Plan General de Contabilidad de PYMES. Por último, se ha suprimido el apartado relativo a la conversión de las cuentas anuales a la moneda de presentación, que carece de objeto en el Plan General de Contabilidad de PYMES, dado que se establece como requisito para poder aplicar este Plan que la moneda funcional de la empresa sea el euro.

3. La tercera parte contiene, además de las normas de elaboración, los modelos de las cuentas anuales para las pequeñas y medianas empresas, que son iguales a los modelos abreviados contenidos en la tercera parte del Plan General de Contabilidad, si bien prescindiendo de las subagrupaciones, epígrafes, partidas y apartados de información en memoria relativos a las operaciones cuyo desarrollo no se inserta en el Plan General de Contabilidad de PYMES. Debe resaltarse que las empresas que opten por la aplicación de este texto y realicen operaciones no contenidas en el mismo, además de aplicar las normas de registro y valoración del Plan General de Contabilidad, habrán de incluir las partidas correspondientes en los documentos que conforman las cuentas anuales de estas empresas, así como habrán de suministrar en la memoria la información que expresamente se requiere en el modelo de memoria abreviada o, en el caso de operaciones que no se informen en ésta, en el modelo de memoria normal, incluidos ambos en el Plan General de Contabilidad.

Mención especial requiere una de las novedades de esta parte del Plan constituida por la eliminación del estado de ingresos y gastos reconocidos, dada la práctica ausencia de operaciones que conllevan en el Plan General de Contabilidad la imputación de ingresos y gastos directamente al patrimonio neto. Es por ello que se ha considerado conveniente simplificar el estado de cambios en el patrimonio neto de pequeñas y medianas empresas, que estará formado únicamente por un documento que contempla todos los cambios en el patrimonio neto realizados con los socios, con terceros o como una mera reclasificación de las partidas. En este documento se ha añadido específicamente la información relativa a los ingresos y gastos directamente imputados a patrimonio neto, que, de acuerdo con los contenidos de este Plan, serán las subvenciones, donaciones y legados concedidos a la empresa por terceros y los ingresos fiscales a distribuir. De la misma forma, si la empresa realizara alguna operación que conllevara, por aplicación del Plan General de Contabilidad, otro tipo de ingreso o gasto imputado directamente al patrimonio neto, deberá incorporarse las correspondientes fila y columna en dicho estado.

4. La cuarta parte y la quinta, incluyen los grupos, subgrupos y cuentas necesarios para el reflejo contable de las operaciones contenidas en la segunda parte del Plan General de Contabilidad de PYMES, así como las definiciones, relaciones contables y los movimientos que darán origen a los motivos de cargo y abono.

Ha de resaltarse la eliminación de los grupos 8 y 9, que reflejan los gastos e ingresos registrados directamente en el patrimonio neto, respectivamente. En este sentido, el movimiento establecido para las subvenciones, donaciones y legados recibidos de terceros que constituyen ingresos imputados directamente al patrimonio neto refleja tanto la obtención como el traspaso a la cuenta de pérdidas y ganancias y el efecto impositivo asociado a las citadas subvenciones, donaciones y legados.

Las normas de aplicación de este Plan General de Contabilidad de PYMES se completan con las disposiciones adicionales primera y segunda, que desarrollan los criterios que han de seguirse en la utilización del Plan General de Contabilidad de PYMES, tanto en caso de abandono de los criterios contables específicos aplicables por las microempresas como del posible paso del Plan General de Contabilidad aprobado por Real Decreto 1514/2007, de 16 de noviembre, a la utilización del Plan General de Contabilidad de PYMES, en el ejercicio en que un sujeto contable entre en el ámbito de aplicación de este último Plan. En los supuestos contrarios, de paso al Plan General de Contabilidad, se atenderá a lo regulado a este respecto en la disposición adicional única del Real Decreto por el que se aprueba el Plan General de Contabilidad.

Asimismo, las disposiciones transitorias primera, segunda y tercera regulan la aplicación por primera vez del Plan General de Contabilidad de PYMES después de su entrada en vigor, de forma similar a la establecida para la aplicación por primera vez del Plan General de Contabilidad, pero simplificando los criterios de las operaciones que no se desarrollan en este texto, sin perjuicio de la aplicación de los contenidos de las disposiciones transitorias relativas a la primera aplicación establecidas en el Real Decreto por el que se aprueba el Plan General de Contabilidad, en caso de haber tenido lugar dichas operaciones.

II

La disposición final primera de la Ley 16/2007 establece, por otra parte, que, atendiendo a la singularidad de las empresas de muy reducida dimensión, este desarrollo reglamentario incorporará otros criterios de registro y valoración simplificados; en particular, en el gasto por el Impuesto sobre Sociedades y en las operaciones de arrendamiento financiero y otras de naturaleza similar.

El artículo 4 de este Real Decreto desarrolla este mandato, recogiendo las circunstancias que han de cumplir las empresas para que puedan optar por la aplicación de los criterios contables específicos de las microempresas. Estas circunstancias se refieren a la cifra del total de las partidas del activo, que no podrá superar el millón de euros, al importe neto de la cifra de negocios, que no superará los dos millones de euros, y al número medio de trabajadores, que no podrá ser superior a 10. Estos mismos criterios serán de aplicación para las entidades no mercantiles; en particular, para las fundaciones.

Por lo que se refiere al registro de las operaciones y a las consecuencias de ejercer la opción de aplicar estos criterios específicos, se entienden aplicables las mismas indicaciones anteriormente mencionadas para el Plan General de Contabilidad de PYMES.

El primer criterio específico se refiere al tratamiento contable de los acuerdos de arrendamiento financiero y otros de naturaleza similar, estableciéndose la imputación de la cuota devengada en el acuerdo como un gasto en la cuenta de pérdidas y ganancias. En el momento en que se ejerza la opción de compra, procederá registrar el activo por el importe satisfecho, aplicando el criterio valorativo del precio de adquisición. Asimismo, en atención a la relevancia de determinada información de estos acuerdos de arrendamiento financiero, se exige la incorporación de esta información en la memoria de las cuentas anuales.

No obstante lo anterior, las operaciones de arrendamiento financiero que tengan por objeto terrenos, solares u otros activos no amortizables han de seguir el tratamiento exigido en la norma de registro y valoración del Plan General de Contabilidad de PYMES.

El otro criterio específico se refiere al registro contable del impuesto sobre beneficios, considerándose como gasto por impuesto el importe que resulte de las liquidaciones fiscales del ejercicio corriente, es decir, el gasto por impuesto sobre beneficios se hace equivalente al gasto por impuesto corriente. Adicionalmente, este artículo 4 recoge la información a incluir en la memoria, que completará la aplicación de este criterio.

En ambos casos se determinan las cuentas y los movimientos, que, con carácter general, pueden utilizar las empresas que apliquen estos criterios específicos.

Las disposiciones adicional tercera y transitoria cuarta regulan la forma de proceder en el primer ejercicio en el que se apliquen los citados criterios, tanto en el supuesto de aplicaciones posteriores a la entrada en vigor de este Real Decreto como en dicho momento.

III

La disposición transitoria sexta de este Real Decreto establece, con carácter general, la aplicación, por parte de los destinatarios de las normas contables aprobadas por este Real Decreto, de las adaptaciones sectoriales y resoluciones del Instituto de Contabilidad y Auditoría de Cuentas, que mantienen su vigencia en los términos establecidos en la disposición transitoria quinta del Real Decreto que aprueba el Plan General de Contabilidad.

Por lo que se refiere a los desarrollos normativos futuros, quedan incorporados en la disposición final primera como desarrollos directos del Plan General de Contabilidad, que resultarán obligatorios para todos los sujetos contables, incluidos los que apliquen el Plan General de Contabilidad de PYMES, sin perjuicio de que en algún aspecto pueda haber una especificidad, que, en todo caso, deberá ser diferenciada expresamente en la norma.

Por último, la disposición final tercera señala la entrada en vigor de este Real Decreto para los ejercicios anuales que comiencen a partir del 1 de enero de 2008.

En su virtud, a propuesta del Ministro de Economía y Hacienda, de acuerdo con el Consejo de Estado y previa deliberación del Consejo de Ministros en su reunión del día 16 de noviembre de 2007,

DISPONGO:

Artículo 1. *Aprobación del Plan General de Contabilidad de Pequeñas y Medianas Empresas.*

Se aprueba el Plan General de Contabilidad de Pequeñas y Medianas Empresas (en adelante, Plan General de Contabilidad de PYMES), cuyo texto se inserta a continuación.

Artículo 2. *Ámbito de aplicación del Plan General de Contabilidad de Pequeñas y Medianas Empresas.*

1. Podrán aplicar este Plan General de Contabilidad de Pymes todas las empresas, cualquiera que sea su forma jurídica, individual o societaria, que durante dos ejercicios consecutivos reúnan, a la fecha de cierre de cada uno de ellos, al menos dos de las circunstancias siguientes:

a) Que el total de las partidas del activo no supere los cuatro millones de euros.
b) Que el importe neto de su cifra anual de negocios no supere los ocho millones de euros.
c) Que el número medio de trabajadores empleados durante el ejercicio no sea superior a cincuenta.

Las empresas perderán la facultad de aplicar el Plan General de Contabilidad de Pymes si dejan de reunir, durante dos ejercicios consecutivos, a la fecha de cierre de cada uno de ellos, dos de las circunstancias a que se refiere el párrafo anterior.

En el ejercicio social de su constitución, las empresas podrán aplicar este Plan General de Contabilidad de Pymes si reúnen, al cierre de dicho ejercicio, al menos dos de las tres circunstancias expresadas en este apartado.

Si la empresa formase parte de un grupo de empresas en los términos descritos en la norma de elaboración de las cuentas anuales 11.ª Empresas de grupo, multigrupo y asociadas contenida en la tercera parte del Plan General de Contabilidad de Pymes, para la cuantificación de los importes se tendrá en cuenta la suma del activo, del importe neto de la cifra de negocios y del número medio de trabajadores del conjunto de las entidades que conformen el grupo, teniendo en cuenta las eliminaciones e incorporaciones reguladas en las normas de consolidación aprobadas en desarrollo de los principios contenidos en el Código de Comercio.

Las magnitudes contables a las que se refiere este apartado serán las que se deriven de las normas contables que hayan resultado de aplicación en el último ejercicio y en ausencia de éste, las del Plan General de Contabilidad de Pymes.

El registro de las operaciones debe condicionarse al previsible cumplimiento de los citados requisitos.

2. En ningún caso podrán aplicar este Plan General de Contabilidad de Pymes, las empresas que se encuentren en alguna de las siguientes circunstancias:

a) Que cumpla la definición de entidad de interés público regulada en el artículo 3.5 de la Ley 22/2015, de 20 de julio, de Auditoría de Cuentas.
b) Que forme parte de un grupo de sociedades que formule o debiera haber formulado cuentas anuales consolidadas.
c) Que su moneda funcional sea distinta del euro.
d) Que se trate de entidades financieras que capten fondos del público asumiendo obligaciones respecto a los mismos y las entidades que asuman la gestión de las anteriores.

3. La opción que una empresa, incluida en el ámbito de aplicación del Plan General de Contabilidad de PYMES, ejerza de seguir este Plan o el Plan General de Contabilidad, deberá mantenerse de forma continuada, como mínimo, durante tres ejercicios, a no ser que, con anterioridad al transcurso de dicho plazo, la empresa pierda la facultad de aplicar el Plan General de Contabilidad de PYMES, conforme a lo establecido en los apartados anteriores.

Artículo 3. *Aplicación del Plan General de Contabilidad de Pequeñas y Medianas Empresas.*

1. La empresa que, cumpliendo los requisitos exigidos en el artículo anterior, opte por la aplicación del Plan General de Contabilidad de PYMES, deberá aplicarlo de forma completa.

No obstante lo dispuesto en el párrafo anterior, no tendrán carácter vinculante los movimientos contables incluidos en la quinta parte del Plan General de Contabilidad de PYMES y los aspectos relativos a la numeración y denominación de cuentas incluidos en la cuarta parte, excepto en aquellos aspectos que contengan criterios de registro o valoración.

2. Cuando una empresa que aplique el Plan General de Contabilidad de PYMES realice una operación cuyo tratamiento contable no esté contemplado en dicho texto habrá de remitirse a las correspondientes normas y apartados contenidos en el Plan General de Contabilidad, con la excepción de los relativos a activos no corrientes y grupos enajenables de elementos mantenidos para la venta, que en ningún caso serán aplicables.

Artículo 4. *Criterios específicos aplicables por microempresas.*

1. Los criterios señalados en los apartados siguientes de este artículo podrán ser aplicados por todas las empresas que, habiendo optado por aplicar el Plan General de Contabilidad de PYMES, durante dos ejercicios consecutivos reúnan, a la fecha de cierre de cada uno de ellos, al menos dos de las siguientes circunstancias:

a) Que el total de las partidas del activo no supere el millón de euros.
b) Que el importe neto de su cifra anual de negocios no supere los dos millones de euros.
c) Que el número medio de trabajadores empleados durante el ejercicio no sea superior a diez.

Las empresas perderán la facultad de aplicar los criterios específicos contenidos en el presente artículo si dejan de reunir, durante dos ejercicios consecutivos, a la fecha de cierre de cada uno de ellos, dos de las circunstancias a que se refiere el párrafo anterior.

En el ejercicio social de su constitución o transformación, las empresas podrán aplicar los criterios específicos contenidos en el presente artículo si reúnen, al cierre de dicho ejercicio, al menos dos de las tres circunstancias expresadas en este apartado.

Si la empresa formase parte de un grupo de empresas en los términos descritos en la norma de elaboración de las cuentas anuales 11.ª, Empresas de grupo, multigrupo y asociadas, contenida en la tercera parte del Plan General de Contabilidad de PYMES, para la cuantificación de los importes se tendrá en cuenta la suma del activo, del importe neto de la cifra de negocios y del número medio de trabajadores del conjunto de las entidades que conformen el grupo.

Las magnitudes contables a las que se refiere este apartado serán las que se deriven de las normas contables que hayan resultado de aplicación en el último ejercicio y, en ausencia de éste, las del Plan General de Contabilidad de PYMES, incluyendo los criterios específicos para microempresas.

A estos exclusivos efectos, cuando proceda considerar los criterios específicos para microempresas, el total activo deberá incrementarse en el importe de los compromisos financieros pendientes derivados de los acuerdos descritos en la norma primera del apartado 3 de este artículo.

El registro de las operaciones debe condicionarse al previsible cumplimiento de los citados requisitos.

2. La opción que una microempresa ejerza de aplicar o no los criterios específicos contenidos en el apartado 3 siguiente deberá mantenerse de forma continuada, como mínimo, durante tres ejercicios, a no ser que, con anterioridad al transcurso de dicho plazo, la empresa pierda la facultad de aplicar los criterios específicos para microempresas, conforme a lo establecido en el apartado anterior.

3. Las empresas que opten por los criterios específicos de las microempresas habrán de hacerlo de forma conjunta, debiendo seguir las siguientes normas, respecto a las operaciones descritas a continuación:

1.ª Acuerdos de arrendamiento financiero y otros de naturaleza similar:

En la calificación de un acuerdo de arrendamiento como financiero, se estará a lo dispuesto en la norma de registro y valoración correspondiente incluida en la segunda parte del Plan General de Contabilidad de PYMES.

Los arrendatarios de los acuerdos de arrendamiento financiero, u otros de naturaleza similar que no tengan por objeto terrenos, solares u otros activos no amortizables, contabilizarán las cuotas devengadas en el ejercicio como gasto en la cuenta de pérdidas y ganancias. En su caso, en el momento de ejercer la opción de compra, se registrará el activo por el precio de adquisición de dicha opción.

En la memoria de las cuentas anuales, en el apartado 5, Inmovilizado material, intangible e inversiones inmobiliarias, deberá indicarse el valor razonable o valor al contado del activo calculado al inicio del arrendamiento y su vida útil estimada, las cuotas abonadas, la deuda pendiente de pago y el importe por el que se pudiese ejercer la opción de compra, si la hubiere. La información acerca de las cuotas deberá suministrarse diferenciando la parte que corresponda a la recuperación del coste del bien y la carga financiera. A tal efecto, para cada acuerdo de arrendamiento financiero, deberá cumplimentarse la siguiente información:

Año	Cuota del acuerdo de arrendamiento		Compromisos pendientes
	Recuperación del coste	Carga financiera	
1			
...			
n			

Los arrendatarios de los acuerdos de arrendamiento financiero, u otros de naturaleza similar que tengan por objeto terrenos, solares u otros activos no amortizables, aplicarán los criterios de registro y valoración relativos a los arrendamientos financieros y otras operaciones de naturaleza similar contenidos en la segunda parte del Plan General de Contabilidad de PYMES.

2.ª Impuesto sobre beneficios:

El gasto por impuesto sobre beneficios se contabilizará en la cuenta de pérdidas y ganancias por el importe que resulte de las liquidaciones fiscales del impuesto sobre sociedades relativas al ejercicio. A tal efecto, al cierre del ejercicio, el gasto contabilizado por los importes a cuenta devengados deberá aumentarse o disminuirse en la cuantía que proceda, registrando la correspondiente deuda o crédito frente a la Hacienda Pública.

En la memoria de las cuentas anuales, en el apartado 9, Situación fiscal, deberá indicarse la siguiente información:

a) Diferencias entre la base imponible del impuesto y el resultado contable antes de impuestos motivadas por la distinta calificación de los ingresos, gastos, activos y pasivos.
b) Bases imponibles negativas pendientes de compensar fiscalmente, plazos y condiciones.
c) Incentivos fiscales aplicados en el ejercicio y los pendientes de deducir, así como los compromisos adquiridos en relación con estos incentivos.
d) Cualquier otra circunstancia de carácter sustantivo en relación con la situación fiscal.

A los empresarios individuales, al no estar sujetos al impuesto sobre sociedades, les será de aplicación lo dispuesto en el apartado 5 de la norma de registro y valoración relativa al impuesto sobre beneficios contenida en la segunda parte del Plan General de Contabilidad de PYMES.

4. Las cuentas a utilizar para el registro contable de las operaciones descritas en el apartado 3 anterior serán, con carácter general, las siguientes:

a) La cuenta 621, «Arrendamientos y cánones», prevista en la cuarta parte del Plan General de Contabilidad de PYMES, se desagregará en las siguientes cuentas de cuatro cifras:

6210. «Arrendamientos y cánones».
6211. «Arrendamientos financieros y otros».

El movimiento de la cuenta 6211 es el siguiente:

Se cargará:

Por el importe devengado por las cuotas del arrendamiento financiero y otros similares, con abono, normalmente, a cuentas del subgrupo 57.

Se abonará:
Con cargo a la cuenta 129.

b) La cuenta 6300. «Impuesto corriente» prevista en la cuarta parte del Plan General de Contabilidad de PYMES.

5. Las empresas que apliquen los criterios específicos contenidos en el apartado 3 de este artículo incluirán en el apartado 2.1.*a*) de la memoria una mención expresa de la aplicación de estos criterios.

Artículo 5. *Entidades no mercantiles.*

Las entidades que realicen actividades no mercantiles que vengan obligadas por sus disposiciones específicas a aplicar alguna adaptación del Plan General de Contabilidad, podrán optar por aplicar los contenidos del Plan General de Contabilidad de PYMES y los criterios contables específicos para microempresas establecidos en el artículo 4 de este Real Decreto, en lugar de los contenidos en el Plan General de Contabilidad, siempre y cuando cumplan los requisitos exigidos para ello contemplados en los artículos 2 y 4 de este Real Decreto. Se deberán respetar, en todo caso, las particularidades que en relación con la contabilidad de dichas entidades establezcan, en su caso, sus disposiciones específicas.

Asimismo, si en las disposiciones específicas se establecen parámetros diferentes para posibilitar la formulación de balance abreviado, deberán cumplirse adicionalmente éstos para poder hacer uso de la opción recogida en el párrafo anterior de este artículo.

Disposición adicional primera. *Ajustes derivados del abandono de los criterios específicos aplicables por las microempresas.*

Al inicio del primer ejercicio en el que una empresa deje de aplicar los criterios específicos contemplados en el artículo 4 de este Real Decreto, y aplique en los acuerdos de arrendamiento financiero y otros de naturaleza similar y en el impuesto sobre beneficios los contenidos del Plan General de Contabilidad de PYMES, realizará esta aplicación de forma retroactiva, debiendo registrar todos los activos y pasivos cuyo reconocimiento exige el Plan General de Contabilidad de PYMES. La contrapartida de los ajustes que deban realizarse será una partida de reservas, salvo que, de acuerdo con los criterios incluidos en la segunda parte del Plan General de Contabilidad de PYMES, deban utilizarse otras partidas del patrimonio neto.

En las primeras cuentas anuales que se formulen abandonando los criterios específicos aplicables por las microempresas, la empresa creará en la memoria un apartado con la denominación «Aspectos derivados del abandono de los criterios específicos aplicables por las microempresas», en el que se mencionarán las diferencias entre los criterios contables específicos de las microempresas aplicados en el ejercicio anterior y los actuales, así como la cuantificación del impacto que produce esta variación de criterios contables en el patrimonio neto de la empresa.

En caso de que resulte de aplicación el Plan General de Contabilidad, se seguirá lo establecido en la disposición adicional única del Real Decreto 1514/2007, de 16 de noviembre, por el que se aprueba el Plan General de Contabilidad.

Disposición adicional segunda. *Aplicación del Plan General de Contabilidad de PYMES cuando en ejercicios previos se ha utilizado el Plan General de Contabilidad.*

En el primer ejercicio en el que una empresa deje de aplicar el Plan General de Contabilidad y aplique el Plan General de Contabilidad de PYMES, realizará esta aplicación de forma retroactiva, cancelándose, al inicio de dicho ejercicio, los ajustes por cambios de valor que figuren en el patrimonio neto con cargo o abono a las partidas de los instrumentos financieros que hubieran originado los citados ajustes.

En las primeras cuentas anuales que se formulen aplicando el Plan General de Contabilidad de PYMES, la empresa creará en la memoria un apartado con la denominación «Aspectos derivados de la transición al Plan General de Contabilidad de PYMES», en el que se incluirá una explicación de las principales diferencias entre los criterios contables aplicados en el ejercicio anterior y los actuales, así como la cuantificación del impacto que produce esta variación de criterios contables en el patrimonio neto de la empresa.

Disposición adicional tercera. *Incorporación de los criterios específicos aplicables por las microempresas.*

En el ejercicio en que una empresa pase a aplicar los criterios específicos de microempresas, realizará esta aplicación de forma prospectiva desde el inicio de dicho ejercicio, debiendo contabilizarse, de acuerdo con los criterios contenidos en ejercicios anteriores, los saldos derivados de las operaciones reguladas en dicho artículo 4.

En la memoria de las cuentas anuales, se informará acerca del tratamiento contable de cada uno de los acuerdos de arrendamiento financiero suscritos.

Disposición transitoria primera. *Reglas generales para la aplicación del Plan General de Contabilidad de Pequeñas y Medianas Empresas en el primer ejercicio que se inicie a partir de 1 de enero de 2008.*

1. Los criterios contenidos en el Plan General de Contabilidad de PYMES deberán aplicarse de forma retroactiva con las excepciones que se indican en la disposición transitoria segunda de este Real Decreto.

A tal efecto, el balance de apertura del ejercicio en que se aplique por primera vez el Plan General de Contabilidad de PYMES (en adelante, el balance de apertura), se elaborará de acuerdo con las siguientes reglas:

a) Deberán registrarse todos los activos y pasivos cuyo reconocimiento exige el Plan General de Contabilidad de PYMES.
b) Deberán darse de baja todos los activos y pasivos cuyo reconocimiento no está permitido por el Plan General de Contabilidad de PYMES.
c) Deberán reclasificarse los elementos patrimoniales en sintonía con las definiciones y los criterios incluidos en el Plan General de Contabilidad de PYMES.
d) La empresa podrá optar por valorar todos los elementos patrimoniales que deban incluirse en el balance de apertura conforme a los principios y normas vigentes con anterioridad a la entrada en vigor de la Ley 16/2007, de 4 de julio, de reforma y adaptación de la legislación mercantil en materia contable para su armonización internacional con base en la normativa de la Unión Europea, salvo los instrumentos financieros que se valoren por su valor razonable.

Si la empresa decide no hacer uso de la opción anterior, valorará todos sus elementos patrimoniales de conformidad con las nuevas normas establecidas en el presente Real Decreto.

2. La contrapartida de los ajustes que deban realizarse para dar cumplimiento a la primera aplicación será una partida de reservas, salvo que, de acuerdo con los criterios incluidos en la segunda parte del Plan General de Contabilidad de PYMES, deban utilizarse otras partidas.

Disposición transitoria segunda. *Excepciones a la regla general de primera aplicación.*

1. La empresa podrá aplicar las siguientes excepciones a la regla general incluida en la disposición transitoria primera de este Real Decreto:

a) Las provisiones correspondientes a obligaciones asumidas derivadas del desmantelamiento o retiro y otras asociadas al inmovilizado material, tales como los costes de rehabilitación del lugar sobre el que se asienta, podrán calcularse y contabilizarse por el valor actual que tengan en la fecha del balance de apertura.

   Adicionalmente, deberá estimarse el importe que habría sido incluido en el coste del activo cuando el pasivo surgió por primera vez, calculando la amortización acumulada sobre ese importe.
b) La empresa podrá optar por no aplicar con efectos retroactivos el criterio de capitalización de gastos financieros incluido en las normas de registro y valoración 2.ª 1 y 12.ª 1.

2. La aplicación retroactiva de los nuevos criterios está prohibida en los siguientes casos:

a) Si una empresa dio de baja activos o pasivos financieros no derivados, conforme a las normas contables anteriores, no se reconocerán, aunque lo exijan las normas de registro y valoración 8.ª y 9.ª contenidas en la segunda parte del Plan General de Contabilidad de PYMES, a menos que deban recogerse como resultado de una transacción o acontecimiento posterior.

b) Estimaciones. En el balance de apertura, salvo evidencia objetiva de que se produjo un error, las estimaciones deberán ser coherentes con las que se realizaron en su día.

Disposición transitoria tercera. *Información a incluir en las cuentas anuales del primer ejercicio que se inicie a partir de 1 de enero de 2008.*

En las primeras cuentas anuales que se formulen aplicando el Plan General de Contabilidad de Pequeñas y Medianas empresas, se deberá incorporar la siguiente información:

1. A los efectos de la obligación establecida en el artículo 35.6 del Código de Comercio, y a los efectos derivados de la aplicación del principio de uniformidad y del requisito de comparabilidad, las cuentas anuales correspondientes al ejercicio que se inicie a partir de la entrada en vigor del Plan General de Contabilidad de PYMES se considerarán cuentas anuales iniciales, por lo que no se reflejarán cifras comparativas en las referidas cuentas.

Sin perjuicio de lo anterior, en la memoria de dichas cuentas anuales iniciales se reflejarán el balance y la cuenta de pérdidas y ganancias incluidos en las cuentas anuales del ejercicio anterior.

Asimismo, en la memoria de estas primeras cuentas anuales, se creará un apartado con la denominación «Aspectos derivados de la transición a las nuevas normas contables», en el que se incluirá una explicación de las principales diferencias entre los criterios contables aplicados en el ejercicio anterior y los actuales, así como la cuantificación del impacto que produce esta variación de criterios contables en el patrimonio neto de la empresa. En particular, se incluirá una conciliación referida a la fecha del balance de apertura.

2. Adicionalmente, si, como consecuencia de los ajustes a realizar en la fecha a que corresponda el balance de apertura, se registrase una pérdida por deterioro, la empresa deberá suministrar en la memoria la información requerida en el Plan General de Contabilidad de PYMES.

Disposición transitoria cuarta. *Aplicación de los criterios específicos de las microempresas en el primer ejercicio que se inicie a partir de 1 de enero de 2008.*

Una empresa que haya aplicado el Plan General de Contabilidad, aprobado por Real Decreto 1643/1990, de 20 de diciembre, y que pudiendo aplicar los criterios específicos contenidos en el apartado 3 del artículo 4 de este Real Decreto, opte por ello, aplicará dichos criterios de forma prospectiva desde el inicio de dicho ejercicio, debiendo contabilizarse de acuerdo con los criterios contenidos en ejercicios anteriores los saldos derivados de las operaciones reguladas en dicho artículo 4.

En la memoria de las cuentas anuales, se informará acerca del tratamiento contable de cada uno de los acuerdos de arrendamiento financiero suscritos.

Disposición transitoria quinta. *Cálculo de los límites de aplicación.*

Se tomarán en consideración los límites establecidos en los artículos 2 y 4 para todos los ejercicios a computar en la fecha de cierre del primer ejercicio en que resulte de aplicación este Real Decreto.

Las magnitudes contables establecidas en los citados artículos que deben tomarse en consideración para el primer ejercicio que se inicie a partir de 1 de enero de 2008 serán las que se deriven del contenido del Plan General de Contabilidad de PYMES, incluyendo en el caso del artículo 4 los criterios específicos para microempresas.

Disposición transitoria sexta. *Desarrollos normativos en materia contable.*

Los desarrollos normativos en materia contable en vigor a la fecha de publicación de este Real Decreto seguirán aplicándose por los sujetos contables que apliquen el Plan General de Contabilidad de PYMES en los términos establecidos en la disposición transitoria quinta del Real Decreto 1514/2007, por el que se aprueba el Plan General de Contabilidad, y siempre que no se opongan a los criterios contenidos en el presente Real Decreto.

Disposición final primera. *Normas de desarrollo del Plan General de Contabilidad de PYMES.*

Los desarrollos normativos del Plan General de Contabilidad que se aprueben en virtud de las habilitaciones recogidas en las disposiciones finales del Real Decreto 1514/2007, de 16 de noviembre, por el que se aprueba el Plan General de Contabilidad, serán de aplicación obligatoria para las empresas que apliquen el Plan General de Contabilidad de PYMES.

En caso de existir algún aspecto diferenciado para las Pequeñas y Medianas Empresas, en dichos desarrollos normativos se hará expresa mención de esta circunstancia.

Disposición final segunda. *Título competencial.*

El presente Real Decreto tiene el carácter de desarrollo de la legislación mercantil, de acuerdo con lo dispuesto en el artículo 149.1.6.ª de la Constitución.

Disposición final tercera. *Entrada en vigor.*

La presente norma entrará en vigor el día 1 de enero de 2008 y será de aplicación, en los términos previstos en el presente Real Decreto, para los ejercicios que se inicien a partir de dicha fecha.

Dado en Madrid, el 16 de noviembre de 2007.

JUAN CARLOS R.

El Vicepresidente Segundo del Gobierno
y Ministro de Economía y Hacienda,
PEDRO SOLBES MIRA

PLAN GENERAL DE CONTABILIDAD DE PEQUEÑAS Y MEDIANAS EMPRESAS

INTRODUCCIÓN

I

1. Con la aprobación del Plan General de Contabilidad por el Decreto 530/1973, de 22 de febrero, España se incorporó a las tendencias modernas sobre normalización contable.

Posteriormente, la incorporación de España a la hoy Unión Europea trajo consigo la armonización de las normas contables vigentes en aquel momento con el Derecho comunitario derivado en materia contable, en adelante Directivas contables (la Cuarta Directiva 78/660/CEE del Consejo, de 25 de julio de 1978, relativa a las cuentas anuales de determinadas formas de sociedad, y la Séptima Directiva 83/349/CEE del Consejo, de 13 de junio de 1983, relativa a las cuentas consolidadas). Los cauces legal y reglamentario empleados para alcanzar dicha convergencia fueron, respectivamente, la Ley 19/1989, de 25 de julio, y el Real Decreto 1643/1990, de 20 de diciembre, por el que se aprueba el Plan General de Contabilidad de 1990.

A partir de ese momento se incardina en el seno del Derecho Mercantil español un auténtico Derecho Contable que ha dotado a la información económico-financiera de un marcado carácter internacional, para lo cual, el Plan General de Contabilidad, de modo similar a lo sucedido en otros países, ha sido un instrumento básico de normalización.

La actividad normalizadora realizada en España hubiera quedado incompleta sin los desarrollos normativos que han sido impulsados por el Instituto de Contabilidad y Auditoría de Cuentas, en los que han colaborado la Universidad, los profesionales y otros expertos relacionados con la materia contable. Estos desarrollos normativos han venido tomando como referente los pronunciamientos de las organizaciones emisoras de criterios contables a escalas nacional e internacional. De igual modo, no cabe duda de que el empresariado español ha contribuido a cimentar la aceptación de la normalización contable mediante su aplicación.

2. En el año 2000, guiada por el objetivo de hacer más comparable y homogénea la información económico-financiera de las empresas europeas, con independencia de su lugar de residencia y del mercado de capitales en el cual coticen, la Comisión Europea recomendó a las restantes instituciones comunitarias la conveniencia de exigir que las cuentas anuales consolidadas que elaboran las compañías cotizadas se formulasen aplicando el cuerpo normativo contable constituido por las normas e interpretaciones emitidas por el Comité de Normas Internacionales de Contabilidad (CNIC) —International Accounting Standards Board (IASB).

El proceso de exigencia legal para aplicar en Europa normas contables elaboradas por un organismo privado requirió de un instrumento jurídico, el Reglamento 1606/2002 del Parlamento Europeo y del Consejo, de 19 de julio de 2002, que definió el proceso de adopción por la Unión Europea de las Normas Internacionales de Contabilidad (en adelante, NIC//NIIF adoptadas), disponiendo la obligatoriedad de aplicar estas normas en las cuentas anuales consolidadas que elaboren las empresas con valores admitidos a cotización y que otorgó a los Estados miembros la competencia para tomar la decisión de permitir o requerir la aplicación directa de las NIC//NIIF adoptadas a las cuentas individuales de todas las sociedades, incluidas las cotizadas, y/o a las cuentas anuales consolidadas de los restantes grupos.

3. En nuestro país, el alcance de la decisión europea, fue analizado por la Comisión de Expertos creada por Orden Comunicada del Ministro de Economía, de 16 de marzo de 2001, que elaboró un informe sobre la situación de la contabilidad en España y líneas básicas para abordar su reforma, publicado en el año 2002, y cuya principal recomendación fue que en las cuentas anuales individuales se siguiera aplicando la normativa contable española, convenientemente reformada para lograr la adecuada homogeneidad y comparabilidad de la información contable, en el marco de las nuevas exigencias contables europeas, considerándose que en el ámbito de las cuentas anuales consolidadas debía dejarse a opción del sujeto contable la aplicación de las normas españolas o de los Reglamentos comunitarios.

En sintonía con esta reflexión, el legislador español, mediante la disposición final undécima de la Ley 62/2003, de 30 de diciembre, de medidas fiscales, administrativas y del orden social, mantuvo la elaboración de la información contable individual de las empresas españolas, incluidas las sociedades cotizadas, en el marco de los principios contables del Derecho Mercantil Contable español.

4. Los cambios recomendados por la Comisión de Expertos se han materializado en la Ley 16/2007, de 4 de julio, de reforma y adaptación de la legislación mercantil en materia contable, para su armonización internacional con base en la normativa de la Unión Europea (en adelante, Ley 16/2007), que ha introducido en el Código de Comercio y en la Ley de Sociedades Anónimas las modificaciones imprescindibles para avanzar en este proceso de convergencia internacional, garantizando al mismo tiempo que la modernización de la contabilidad española no interfiera en el régimen jurídico de aspectos neurálgicos de la vida de toda sociedad mercantil, como la distribución de beneficios, la reducción obligatoria del capital social y la disolución obligatoria por pérdidas.

La disposición final primera de la Ley habilita al Gobierno para aprobar, como norma complementaria del Plan General de Contabilidad, otro texto ajustado a las necesidades informativas de las pequeñas y medianas empresas (en adelante, también Plan General de Contabilidad de PYMES o Plan de PYMES), que recoja el tratamiento contable de las operaciones realizadas, con carácter general, por estas empresas y que simplifique criterios de registro, valoración e información a incluir en la memoria. Adicionalmente, la citada disposición establece que se simplificarán determinados criterios específicos para las empresas de muy reducida dimensión; en particular, en el gasto por impuesto sobre sociedades y en las operaciones de arrendamiento financiero y otras de naturaleza similar.

Las habilitaciones reglamentarias de carácter general se completan con la otorgada al Ministro de Economía y Hacienda para aprobar, a propuesta del Instituto de Contabilidad y Auditoría de Cuentas, las adaptaciones sectoriales, y al propio Instituto para aprobar normas en desarrollo del Plan General de Contabilidad y de sus normas complementarias, que serán obligatorias para todos los sujetos contables, incluidos los que apliquen el Plan General de Contabilidad de PYMES, sin perjuicio de las especificidades que para los mismos se puedan regular.

Cabe destacar que la Unión Europea ha emprendido en los últimos años un conjunto de medidas tendentes a simplificar las obligaciones de las pequeñas y medianas empresas, comenzando por la Recomendación de la Comisión sobre la mejora y simplificación del entorno de los negocios para empresas que comienzan su actividad, y más recientemente el Consejo Europeo, de 8 y 9 de marzo de 2007, ha puesto de relieve la necesidad de reducir las cargas administrativas de las empresas europeas.

En esta reducción, la contabilidad es uno de los ámbitos prioritarios, y así se ha reflejado en la Comunicación de la Comisión relativa a la simplificación del entorno empresarial en los ámbitos del Derecho de sociedades, la contabilidad y la auditoría.

En este contexto, la iniciativa emprendida, que se materializa en este Plan de PYMES, incorpora una simplificación del modelo contable para adaptarlo a las operaciones que con generalidad realizan estas empresas, que se ubica en el marco contable general español y que mantiene el nivel informativo que se exige a las cuentas anuales.

5. Fruto de la autorización prevista en la disposición final primera de la Ley 16/2007, se iniciaron los trabajos tendentes a la aprobación de un Plan General de Contabilidad de PYMES y de criterios contables específicos para microempresas, tomando como punto de partida el texto del Plan General

de Contabilidad, dado que, como la propia disposición final primera de la Ley indica, se trata de una norma complementaria de éste que recoge los contenidos del mismo, con las especialidades y simplificaciones que en el Plan de PYMES se prevén.

En este sentido, la sistemática de esta norma se ha desarrollado de forma similar a la práctica seguida por determinados reguladores contables en el ámbito internacional y, en particular, por el Comité Internacional de Normas de Contabilidad (CINC o IASB), que en la actualidad está también desarrollando un proyecto de norma separada dirigida a un colectivo de empresas con una necesidad latente de contabilidad más sencilla.

Los trabajos de elaboración del borrador del Plan han estado a cargo del Instituto de Contabilidad y Auditoría de Cuentas, sobre la base de las conclusiones alcanzadas en reuniones previas con representantes de asociaciones, profesionales y diferentes colectivos relacionados con la información económico-financiera que deben rendir este tipo de empresas.

Con esta adecuación del Plan General de Contabilidad a las Pequeñas y Medianas Empresas se cumple el mandato legal, con la pretensión de dar a estas empresas una herramienta que facilite la aplicación del nuevo marco contable introducido a través de la Ley 16/2007, en la que se simplifican algunos criterios contables contenidos en el Plan General de Contabilidad, y, por otra parte, se regulan sólo las operaciones que se considera van a resultar más habituales en el entorno empresarial de las PYMES. Éstas, con las excepciones recogidas en el artículo 2 del Real Decreto que aprueba este Plan, han quedado delimitadas por aquellas empresas que puedan formular balance, estado de cambios en el patrimonio neto y memoria abreviados.

II

6. El Plan General de Contabilidad de PYMES presenta una estructura idéntica al Plan General de Contabilidad, habiendo reducido sus contenidos en las operaciones que se ha valorado que los destinatarios de esta norma llevan a cabo con menor habitualidad, y habiendo simplificado algunos aspectos puntuales. En el resto de las materias, se mantienen los contenidos del Plan General de Contabilidad, en aras de una clara homogeneidad en todos aquellos aspectos que no hayan sido modificados en alguna medida.

En concreto, se divide en las siguientes partes:

— Marco conceptual de la Contabilidad.
— Normas de registro y valoración para pequeñas y medianas empresas.
— Cuentas anuales.
— Cuadro de cuentas.
— Definiciones y relaciones contables.

El Marco conceptual de la Contabilidad es el conjunto de fundamentos, principios y conceptos básicos cuyo cumplimiento conduce, en un proceso lógico deductivo, al reconocimiento y valoración de los elementos de las cuentas anuales, y se concibe de la misma forma para todas las empresas, con independencia de su tamaño, presentando por tanto una estructura idéntica y un contenido muy similar al previsto en el Plan General de Contabilidad.

Las pequeñas y medianas empresas deberán formular el balance, la cuenta de pérdidas y ganancias, el estado de cambios en el patrimonio neto y la memoria, que son los documentos que forman parte de sus cuentas anuales. Con el ánimo de simplificar las obligaciones contables de las empresas que no superen el tamaño exigido para obligar a someter sus cuentas anuales a auditoría, la Ley 16/2007, de 4 de julio, no exige a estas empresas la presentación del estado de flujos de efectivo. Este estado podrá ser presentado de forma voluntaria, en cuyo caso deberá elaborarse de acuerdo con lo establecido en el Plan General de Contabilidad.

La imagen fiel del patrimonio, de la situación financiera y de los resultados, como corolario de la aplicación sistemática y regular de las normas contables, sigue siendo el objetivo de las cuentas anuales de las pequeñas y medianas empresas. Para alcanzar este objetivo, en el Marco conceptual se precisa que la contabilización de las operaciones debe responder y mostrar la sustancia económica y no sólo la forma jurídica utilizada para instrumentarlas.

En orden a mostrar la imagen fiel de las pequeñas y medianas empresas, se enuncian los mismos principios que en el Plan General de Contabilidad:

empresa en funcionamiento, devengo, uniformidad, prudencia, no compensación e importancia relativa; mientras que los principios de registro y correlación de ingresos y gastos del Plan General de Contabilidad de 1990 se ubican como criterios de reconocimiento de los elementos de las cuentas anuales, y el principio del precio de adquisición se ha incluido en el apartado del Marco conceptual relativo a los criterios valorativos, dado que la asignación de valor es el último paso antes de contabilizar toda transacción o hecho económico. Por último, desaparece la prevalencia del principio de prudencia, situándose en un plano de igualdad con los demás principios.

Las cuentas anuales de las PYMES contienen los mismos elementos: activos, pasivos, patrimonio neto, ingresos y gastos, recogidos en el Plan General de Contabilidad, quedan definidos en los mismos términos.

No obstante, habrá que tener en cuenta, al objeto de su incorporación en el balance, la cuenta de pérdidas y ganancias y el estado de cambios en el patrimonio neto, pues la norma aplicable a las PYMES establece ciertas particularidades en cuanto a los criterios de reconocimiento y valoración de algunos elementos, en orden a facilitar su comprensión y aplicación por las entidades de menor dimensión económica, fundamentalmente en el ámbito de los instrumentos financieros, por lo que, en todo caso, se deberán cumplir los criterios desarrollados en este Plan.

En cuanto a la posibilidad de que se imputen ciertos ingresos y gastos directamente al patrimonio neto, si bien en el Plan General de Contabilidad de PYMES pierden peso específico las operaciones que suponen una imputación directa al patrimonio de la empresa, al haberse eliminado de la norma los activos financieros disponibles para la venta, este aspecto se mantiene, en tanto existen ciertas operaciones que van a llevarse directamente al patrimonio, tales como las subvenciones o las posibles operaciones de cobertura que realizara una pequeña o mediana empresa, la cual deberá aplicar los contenidos sobre estas operaciones de cobertura, recogidos en el Plan General de Contabilidad.

En consecuencia, las circunstancias contempladas para que los activos, pasivos, ingresos y gastos se incorporen a las cuentas anuales de una pequeña o mediana empresa son las mismas que las previstas en el Plan General de Contabilidad, es decir, cumplimiento de las definiciones incluidas en el apartado 4 del Marco conceptual de la Contabilidad, probabilidad en la obtención o salida de beneficios o rendimientos económicos y, por último, que los elementos se puedan valorar de forma fiable.

En el apartado 6 del Marco conceptual se ha mantenido también la homogeneidad con el apartado homólogo del nuevo Plan General de Contabilidad. En este sentido, se recogen las definiciones y los criterios valorativos a los que posteriormente se apela en las normas de registro y valoración: coste histórico o coste, valor razonable, valor neto realizable, valor actual, valor en uso, costes de venta, coste amortizado, costes de transacción atribuibles a un activo o pasivo financiero, valor contable o en libros y valor residual.

De todos ellos, sin duda, la principal novedad es el valor razonable, si bien su utilización en el ámbito de los instrumentos financieros queda más restringida en este Plan que en el Plan General de Contabilidad, dado que no se contempla la categoría de los activos financieros disponibles para la venta. La utilización del valor razonable sigue siendo necesaria no sólo para contabilizar determinadas correcciones valorativas, sino también para registrar los ajustes de valor por encima del precio de adquisición en la cartera mantenida para negociar y activos financieros híbridos, así como en determinadas operaciones, tales como las permutas comerciales.

Por último, se recoge en esta primera parte un apartado que contiene los principios y normas generalmente aceptados, aplicables en el marco contable interno, que son los mismos para todas las empresas, sin perjuicio, obviamente, de la diferencia que supone la imposibilidad de que el Plan General de Contabilidad considere el Plan General de Contabilidad de PYMES como norma de contabilidad generalmente aceptada, por cuanto los sujetos que sigan el Plan General de Contabilidad no podrán tomar en consideración los especiales criterios contemplados para las pequeñas y medianas empresas.

7. La segunda parte de este Plan General de PYMES contiene las normas de registro y valoración de los distintos elementos patrimoniales y transacciones; en este caso, particularizadas en las más comunes realizadas por las pequeñas y medianas empresas.

El presente Plan General de Contabilidad de PYMES, salvo en los casos específicos en los que se ha simplificado algún aspecto o se han eliminado determinadas normas, mantiene la misma redacción del Plan General de Contabilidad, máxime teniendo en cuenta la extendida cultura contable de nuestras empresas después de 17 años de aplicación obligatoria del texto de 1990. Es por ello que el Plan General de Contabilidad de PYMES es una norma jurídica completa que, con las excepciones específicas, ha mantenido el nivel de detalle del Plan General de Contabilidad, de forma que, con carácter general, un usuario de este Plan de PYMES pueda encontrar en relación con el tratamiento contable que debe otorgar a sus operaciones normales un nivel de respuesta similar al contenido en el Plan General de Contabilidad, evitando de esta manera tener que acudir de forma sistemática o habitual a dos textos normativos.

Asimismo, es en esta parte donde fundamentalmente se han realizado de facto las simplificaciones del Plan General de Contabilidad para las PYMES, en tanto se han eliminado normas y elementos que regulaban aspectos que se estima tienen poca o ninguna aplicación o que son de compleja utilización, en términos generales, para una PYME.

En otros casos se han regulado elementos y operaciones con criterios simplificadores que llevan a una menor complejidad en las valoraciones y en los registros contables de algunos elementos patrimoniales, como son los casos de los instrumentos financieros o las operaciones de arrendamiento financiero.

Antes de pasar a esbozar las principales modificaciones introducidas en las normas de registro y valoración para pequeñas y medianas empresas, y dado el carácter complementario de este Plan respecto del Plan General de Contabilidad, merece la pena hacer una breve mención a las normas o apartados del Plan General de Contabilidad que se han eliminado en el presente Plan de PYMES:

- Fondo de comercio.
- Activos no corrientes y grupos enajenables de elementos, mantenidos para la venta.
- Instrumentos financieros compuestos.
- Derivados que tengan como subyacente inversiones en instrumentos de patrimonio no cotizados cuyo valor razonable no pueda ser determinado con fiabilidad.
- Contratos de garantía financiera.
- Fianzas entregadas y recibidas.
- Coberturas contables.
- Conversión de las cuentas anuales a la moneda de presentación (carecería de sentido su incorporación dado que sólo se utiliza en caso de moneda funcional distinta a la moneda de presentación, habiéndose establecido como requisito para utilizar este Plan General de Contabilidad de PYMES que la moneda funcional de la empresa sea el euro).
- Pasivos por retribuciones a largo plazo al personal.
- Transacciones con pagos basados en instrumentos de patrimonio.
- Combinaciones de negocios.
- Operaciones de fusión, escisión y aportaciones no dinerarias de un negocio entre empresas del grupo.

En caso de que una empresa que aplique este Plan General de Contabilidad de PYMES realice una operación no regulada en él, ha de remitirse a las normas correspondientes del Plan General de Contabilidad, con la excepción de la norma de registro y valoración de activos no corrientes y grupos enajenables de elementos mantenidos para la venta, al haber considerado suficiente para estas empresas los criterios contenidos en relación con los activos que puedan ser enajenados en el Plan General de Contabilidad de PYMES. Asimismo, esta exclusión se exige de forma imperativa para uniformar el tratamiento dado por las empresas que apliquen este Plan de PYMES.

También debe resaltarse el carácter obligatorio de las normas de registro y valoración para PYMES, no admitiéndose usos parciales del texto que puedan confundir al destinatario de las cuentas anuales sobre el marco normativo aplicado por el sujeto informante.

8. Por lo que se refiere al inmovilizado material, las normas segunda y tercera siguen un esquema parecido al del Plan de 1990, introduciendo ciertas simplificaciones respecto al Plan General de Contabilidad.

Como novedades respecto al Plan de 1990, destaca:

- La incorporación, formando parte del precio de adquisición, del valor actual de las obligaciones derivadas del desmantelamiento, retiro o rehabilitación del lugar en el que se asienten los activos, que en el Plan de 1990 originaban el registro sistemático de una provisión para riesgos y gastos.

- El nuevo tratamiento de las provisiones para grandes reparaciones. En la fecha de adquisición, la empresa deberá estimar e identificar el importe de los costes necesarios para realizar la revisión del activo. Estos costes se amortizarán como un componente diferenciado del coste del activo hasta la fecha en que se realice la revisión, momento en que se tratará contablemente como una sustitución, dándose de baja cualquier importe pendiente de amortizar, y se reconocerá el importe satisfecho por la reparación, que a su vez deberá amortizarse de forma sistemática hasta la siguiente revisión.
- Asimismo, el Plan General de Contabilidad de PYMES, a diferencia del Plan de 1990 (que, con carácter general, otorgaba la opción), obliga a capitalizar los gastos financieros incurridos por la adquisición o construcción de activos hasta la fecha en que estén en condiciones de funcionamiento, siempre y cuando los activos necesiten un período superior a un año para estar en condiciones de uso.
- La última modificación relevante en esta norma se produce en el criterio para contabilizar las permutas de inmovilizado material. Se diferencian las permutas de carácter comercial de las que no lo son identificando las primeras por el indicio de que los flujos de caja esperados del activo recibido difieren significativamente de los del entregado, bien porque la configuración de los citados flujos difiere, o bien porque el valor subjetivo para la empresa del bien recibido es mayor que el del entregado, convirtiéndose, por tanto, este último desde un punto de vista económico en un medio de pago. A partir de este razonamiento, cuando la permuta tiene naturaleza comercial, la norma dispone que deberá contabilizarse el correspondiente resultado, siempre y cuando pueda obtenerse un valor fiable del valor razonable del elemento entregado o, en su caso, del recibido.

Todos estos aspectos presentan en el Plan de PYMES el mismo contenido que en el Plan General de Contabilidad. Por el contrario, en aras a lograr una mayor simplificación, no se incluye en este Plan General de Contabilidad de PYMES el concepto de unidad generadora de efectivo.

Las unidades generadoras de efectivo se utilizan específicamente en aquellos casos en los que no se pueda evaluar el posible deterioro de cada bien del inmovilizado material mediante un cálculo individualizado de su importe recuperable, debiéndose determinar en ese caso el importe recuperable de la unidad generadora de efectivo a la que pertenezca dicho activo. Este concepto, además, tiene una especial significación en aquellos casos en los que exista un fondo de comercio, dado que éste debe ser asignado desde la fecha de adquisición entre las unidades generadoras de efectivo sobre las que se esperen que recaigan los beneficios de las sinergias de la combinación de negocios, estableciendo el Plan General de Contabilidad la forma de proceder en caso de deterioro de la unidad generadora de efectivo.

Teniendo en cuenta que se han eliminado del Plan de PYMES las referencias al fondo de comercio y que el tratamiento de las correcciones valorativas del inmovilizado se ha venido utilizando con anterioridad a la reforma, se ha optado por suprimir la referencia específica en esta norma a la unidad generadora de efectivo prevista en el Plan General de Contabilidad, de forma que su contenido resulta muy similar al previsto en el Plan de 1990. Todo ello sin perjuicio de la posible consideración de la unidad generadora de efectivo en caso de resultar necesario, bien porque no pueda calcularse el deterioro elemento a elemento, bien porque la PYME haya realizado una combinación de negocios.

Por su parte las normas relativas a los inmovilizados intangibles remiten a los criterios previstos en las normas del inmovilizado material, tal y como ocurre en el Plan General de Contabilidad y en el Plan de 1990. Asimismo, se desarrollan los criterios de reconocimiento previstos en la primera parte, debiendo destacarse que para su registro se exige adicionalmente que el activo sea identificable, por ser separable o por haber surgido de derechos legales o contractuales. Cabe también mencionar el nuevo tratamiento de los gastos de primer establecimiento, que deberán contabilizarse en la cuenta de pérdidas y ganancias como gastos del ejercicio en el que se incurran. Por el contrario, los gastos de constitución y ampliación de capital se imputarán directamente al patrimonio neto de la empresa sin pasar por la citada cuenta de pérdidas y ganancias. Estos gastos lucirán en el estado de cambios en el patrimonio neto formando parte del conjunto de variaciones del patrimonio neto del ejercicio.

Otra novedad relevante que se ha incorporado en esta norma es la previsión de que los gastos de desarrollo puedan amortizarse en un plazo superior a cinco años, siempre que esta mayor vida útil quede debidamente acreditada por la empresa. Por su parte, los gastos de investigación mantienen el mismo tratamiento que les otorgaba el Plan de 1990, aunque las normas internacionales adoptadas en Europa exigen con carácter general su imputación a la cuenta de pérdidas y ganancias del ejercicio en que se devengan, permitiendo, no obstante, el registro de los gastos de investigación cuando son identificados como un activo de la empresa adquirida en una combinación de negocios. El Plan General de Contabilidad, así como el Plan de PYMES, en sintonía con la Cuarta Directiva, asumen este tratamiento incluso cuando su origen no trae causa de la citada combinación, siempre y cuando gocen de proyección económica futura.

Por último, y como anteriormente se señaló, cabe hacer especial referencia a la omisión en la norma del fondo de comercio en sintonía con la eliminación que se ha realizado de las normas y criterios relativos a las combinaciones de negocios en este Plan General de Contabilidad de PYMES.

Determinados contratos de arrendamiento u otras operaciones de naturaleza similar se han convertido en los últimos años en fórmulas de financiación habituales de las empresas españolas. Por ello, la norma de arrendamientos tiene como objetivo precisar el tratamiento contable de estas operaciones que, salvo en lo que respecta a la naturaleza del activo, con carácter general, no debería constituir novedad alguna, dado que la doctrina administrativa ha venido integrando en las letras *f*) y *g*) de la norma de valoración 5.ª del Plan de 1990 aquellos contratos en los que se produce una transferencia de riesgos y beneficios inherentes a la propiedad de los bienes o derechos subyacentes.

La norma, al igual que en el Plan General de Contabilidad, establece el tratamiento a seguir en las operaciones de arrendamiento, tanto financiero como operativo, así como en los casos de venta con arrendamiento financiero posterior y arrendamiento de terrenos y edificios. En estas operaciones, la principal modificación simplificadora respecto a los contenidos del Plan General de Contabilidad se encuentra en las operaciones de arrendamiento financiero, y más concretamente en la contabilidad del arrendatario, el cual registrará en todo caso el activo arrendado y el pasivo financiero asumido por el valor razonable del activo arrendado calculado al inicio del arrendamiento, desapareciendo por tanto, la referencia al valor actual del pasivo financiero como límite máximo de esta valoración.

9. Las normas relativas a instrumentos financieros constituyen sin lugar a dudas una de las novedades más relevantes del nuevo marco contable español. La aparición de nuevos instrumentos financieros en el mercado y el hecho de que las empresas acudan cada vez con más frecuencia a este tipo de elementos patrimoniales ha supuesto el desarrollo de un tratamiento contable, que, tratando de ser fiel a la realidad económica de este tipo de instrumentos, en ocasiones, puede resultar complejo. Por esta razón, el Plan General de Contabilidad de PYMES ha perseguido simplificar en gran medida el régimen contable de los instrumentos financieros regulado en el Plan General de Contabilidad.

En primer lugar, y con una pretensión didáctica, el Plan General de Contabilidad de PYMES recoge los criterios de registro y valoración de los instrumentos financieros en cuatro normas distintas: activos financieros, pasivos financieros, contratos financieros particulares e instrumentos de patrimonio propio. En esta misma línea, la parte relativa a la baja de activos financieros ha sido abreviada tomando en consideración que las operaciones habituales que realizan estas empresas son las relativas al descuento de efectos y al «factoring», habiéndose explicitado en el texto que tanto en los descuentos de efectos como en el «factoring con recurso» no procederá dar de baja el activo financiero cedido y deberá aflorar un pasivo financiero.

Hay que destacar que, al igual que el Plan General de Contabilidad, este Plan de PYMES clasifica los instrumentos financieros en categorías a efectos de su valoración.

En particular, los activos financieros se clasifican en las siguientes carteras: activos financieros a coste amortizado (en la que se incluyen los clientes), activos financieros mantenidos para negociar y activos financieros a coste.

La valoración inicial de todos los activos financieros será su coste, que, con carácter general, se equipara al valor razonable de la contraprestación entregada a cambio.

El cambio más significativo, respecto al Plan General de Contabilidad, se encuentra en la eliminación de la categoría de activos financieros disponibles para la venta, calificándose los activos financieros que en el Plan General de Contabilidad se incluyen en esta categoría como activos financieros a coste amortizado, si se trata de valores representativos de deuda, o como activos financieros a coste, si se trata de instrumentos de patrimonio.

La eliminación de los activos financieros disponibles para la venta responde fundamentalmente a una necesidad de simplificación específicamente dirigida a estas empresas, cuya actividad no radica en la gestión de estos activos, bajo la consideración de que la ausencia de esta valoración no produce una distorsión informativa relevante y simplifica la norma de forma sustancial, al tener efectos en otros activos y operaciones; fundamentalmente, en el caso de inversiones que pasen posteriormente a tener la calificación de inversiones en el patrimonio de empresas del grupo, multigrupo y asociadas (en las que, de acuerdo con lo establecido en el Plan General de Contabilidad, se deben tener en consideración a los efectos del deterioro los ajustes en patrimonio neto que pudieran haberse ocasionado cuando eran disponibles para la venta); en las apreciaciones que han de realizarse en la norma de moneda extranjera en relación con las partidas monetarias clasificadas en esta categoría (en las que habría que diferenciar el efecto de tipo de cambio que afecta a resultados del efecto variación de valor razonable); y en el propio registro del efecto impositivo en tanto los ingresos y gastos imputados directamente al patrimonio neto darán lugar a los correspondientes pasivos y activos por impuesto diferido.

Por último, en la categoría de activos financieros a coste amortizado, se da la opción de registrar en la cuenta de pérdidas y ganancias los costes directos de la transacción (que también pueden ser llevados como mayor valor del activo, que es el régimen previsto en el Plan General de Contabilidad), lo cual simplificará la determinación posterior del coste amortizado.

En cuanto a los pasivos financieros, al igual que en el Plan General de Contabilidad, ha de destacarse como cambio relevante el reconocimiento, valoración y presentación como pasivos, con carácter general, de todos aquellos instrumentos financieros con apariencia de instrumentos de patrimonio que a la luz del fondo de los acuerdos entre emisor y tenedor representen una obligación para la empresa; en particular, de determinadas acciones rescatables y acciones sin voto. Asimismo, y en la medida en que el tratamiento de estas operaciones debe ser coherente, cuando dichos instrumentos se califiquen como pasivos, lógicamente su remuneración no podrá tener la calificación contable de dividendo, sino de gasto financiero.

Por lo que se refiere a la clasificación de los pasivos financieros a efectos de su valoración, se prevén dos categorías: pasivos financieros a coste amortizado (fundamentalmente, proveedores) y pasivos financieros mantenidos para negociar. En consecuencia, se ha eliminado la categoría de otros pasivos financieros a valor razonable con cambios en la cuenta de pérdidas y ganancias, de forma paralela a la eliminación de esta misma categoría para los activos financieros.

Al igual que en los activos financieros a coste amortizado, en los pasivos financieros a coste amortizado se ha introducido la opción de llevar a la cuenta de pérdidas y ganancias los gastos directamente atribuibles a la transacción, así como las comisiones en el momento de su reconocimiento inicial, lo que sin duda supone una facilidad para el sujeto contable, que normalmente tendrá disponible como dato externo los intereses derivados de la financiación recibida.

Por lo que se refiere a los contratos financieros particulares, debe destacarse que este Plan de PYMES no ha contemplado específicamente determinados contratos que aparecen recogidos en el Plan General de Contabilidad (en particular, los pasivos financieros híbridos, los instrumentos financieros compuestos, los derivados que tengan como subyacente inversiones en instrumentos de patrimonio no cotizados cuyo valor razonable no pueda ser determinado con fiabilidad, los contratos de garantía financiera y las fianzas entregadas y recibidas). En caso de que una PYME incurra en alguno de ellos, deberá aplicarles el tratamiento establecido en el Plan General de Contabilidad.

Adicionalmente, se arbitra una simplificación en el ámbito de los activos financieros híbridos en relación con los cuales el Plan General de Contabilidad de PYMES no contempla la posibilidad de registrar y valorar separadamente cada parte del activo híbrido. Por tanto, estos activos financieros se valorarán inicialmente por el coste, que equivaldrá al valor razonable de la contraprestación entregada, y con posterioridad, a su valor razonable, siempre y cuando éste se encuentre a disposición de la empresa, imputándose los cambios que se produzcan en este último en la cuenta de pérdidas y ganancias. Excepcionalmente, la norma también permite que en aquellos casos en que el valor razonable no esté a disposición de la empresa, estos activos se valoren al coste, minorado en todo caso por las correcciones valorativas por deterioro.

La última norma relativa a los instrumentos financieros que recoge este Plan de PYMES es la 11.ª, Instrumentos de patrimonio propio. Cabe señalar que, al igual que en el Plan General de Contabilidad, también se modifica el tratamiento contable otorgado por el Plan de 1990 a las operaciones con acciones o participaciones propias. La variación que se pueda producir entre su precio de adquisición y el importe recibido como contraprestación en el momento de la venta se registrará directamente en los fondos propios de la empresa, con la finalidad de mostrar el fondo económico de estas operaciones, que constituyen devoluciones o aportaciones al patrimonio neto de los socios o propietarios de la empresa.

Por último, debe resaltarse la eliminación del apartado relativo a las coberturas contables previsto en la norma de instrumentos financieros del Plan General de Contabilidad. En caso de que una pequeña o mediana empresa cubra contablemente sus operaciones en los términos establecidos en el Plan General de Contabilidad, deberá aplicar los criterios en él recogidos.

10. El tratamiento contable de las existencias no ha sufrido grandes cambios respecto al previsto en el Plan de 1990 y mantiene los mismos criterios que el Plan General de Contabilidad, pudiendo destacar como novedad la no admisión del método LIFO como método de asignación de valor y la regulación expresa del coste de las existencias en la prestación de servicios.

La norma relativa a la moneda extranjera ha quedado reducida a un único apartado que recoge el tratamiento contable de las transacciones, cuyo importe se denomina o exige su liquidación en una moneda distinta del euro.

Teniendo en cuenta que no podrán aplicar este Plan General de Contabilidad de PYMES aquellas empresas cuya moneda funcional sea distinta del euro, la norma ha omitido toda referencia a la conversión de las cuentas anuales a la moneda de presentación y a la obligatoriedad de que los elementos de las cuentas anuales se valoren en la moneda de su entorno económico (moneda funcional), ya que una empresa que aplique este Plan de PYMES tendrá al euro como moneda funcional y de presentación de las cuentas anuales.

En la valoración posterior, la norma diferencia, al igual que el Plan General de Contabilidad, los términos de partida monetaria y no monetaria utilizados en la norma internacional de referencia, NIC n.º 21 adoptada en la Unión Europea y en nuestro país en el Real Decreto 1815/1991, de 20 de diciembre. En cualquier caso, la principal novedad en esta materia es el cambio de criterio en el tratamiento de las diferencias de cambio positivas en partidas monetarias (tesorería, créditos, débitos e inversiones en valores representativos de deuda), que en el nuevo Plan se contabilizarán directamente en la cuenta de pérdidas y ganancias, como consecuencia de la puesta en pie de igualdad del principio de prudencia respecto a los otros principios y del consecuente tránsito a un tratamiento simétrico de todas las diferencias de cambio: positivas y negativas.

No obstante, la norma también contempla ciertas modificaciones en relación con el Plan General de Contabilidad, habiendo omitido el tratamiento que procede otorgar en caso de participaciones en moneda extranjera afectadas por altas tasas de inflación, así como las variaciones que se derivan de la desaparición de la categoría de «activos financieros disponibles para la venta».

En cuanto al impuesto sobre beneficios, la norma de registro y valoración 15.ª mantiene el enfoque de balance recogido en el nuevo Plan General de Contabilidad para el registro de los activos y pasivos fiscales derivados de este impuesto. En esta materia, el Plan de 1990 seguía el sistema basado en las diferencias temporales/permanentes entre el resultado contable y la base imponible, a partir de la cuenta de pérdidas y ganancias. Adicionalmente, la doctrina contable administrativa extendió el tratamiento del efecto impositivo a otras operaciones.

A partir de esta evolución de la doctrina, puede afirmarse que en el momento de abordar la reforma del efecto impositivo en el actual Plan, partiendo de un enfoque distinto (en el cálculo de las diferencias que darán lugar a activos y pasivos por impuestos diferidos se toma como referente el balance de la empresa), las cuentas anuales mostrarán una imagen similar a la que deberían mostrar como resultado de una correcta aplicación de los criterios anteriores. El cambio se justifica en la búsqueda de coherencia con un Marco conceptual cuyo camino lógico deductivo conduce a un enfoque de las normas de registro y valoración otorgando preferencia al enfoque de activos y pasivos frente al de ingresos y gastos, debiendo resaltarse adicionalmente que este enfoque es el aceptado internacionalmente con carácter general.

También destaca como novedad respecto al Plan de 1990 la diferenciación que se hace entre gasto/ingreso por impuesto corriente (del que formarán parte las diferencias permanentes del Plan de 1990) y gasto/ingreso por impuesto diferido. El gasto o ingreso total será la suma algebraica de ambos conceptos, que, sin embargo, deben cuantificarse de forma separada. En este contexto, los impuestos diferidos e impuestos anticipados pasan a denominarse, respectivamente, pasivos y activos por impuesto diferido, con la finalidad de adecuar la norma española a la terminología empleada por las normas internacionales adoptadas en Europa.

No obstante, en esta norma se suprimen los aspectos derivados del fondo de comercio y de las combinaciones de negocios, en coherencia con la omisión que, con carácter general, se realiza de estas situaciones. Asimismo, la desaparición de la imputación directa a patrimonio neto de los cambios en el valor razonable de los activos disponibles para la venta, la imposibilidad de que existan diferencias de conversión y la ausencia de tratamiento de las operaciones de cobertura llevan a que las diferencias temporarias que no sean temporales que se contemplan para estos sujetos contables sean menores que para los usuarios del Plan General de Contabilidad. En este sentido, en la norma del Plan de PYMES se ha concretado que dichas diferencias se ocasionan normalmente por las subvenciones, donaciones o legados recibidos de terceros no socios.

Las reglas de registro y valoración contenidas en el Plan General de Contabilidad de PYMES sobre los ingresos por ventas y prestación de servicios son las mismas establecidas en el Plan General de Contabilidad. Como novedad respecto al Plan de 1990, apuntar que el nuevo criterio incluido para contabilizar las permutas de bienes o servicios por operaciones de tráfico, de tal suerte que llevará al reconocimiento de resultados positivos en estas operaciones, siempre y cuando los bienes o servicios permutados no sean de similar naturaleza y valor.

Otra novedad importante en las operaciones comerciales es la incorporación de los descuentos por pronto pago concedidos a clientes, estén o no incluidos en factura, como un componente más (con signo negativo) del importe neto de la cifra de negocios, quedando, en consecuencia, excluidos del margen financiero de la empresa.

En coherencia con este nuevo criterio, los descuentos por pronto pago concedidos por los proveedores, estén o no incluidos en factura, se contabilizan minorando la partida de aprovisionamientos.

Desde los primeros años de aplicación del anterior Plan se han suscitado dudas acerca de cuándo debía entenderse que se produce el devengo de los ingresos originados en determinadas operaciones de venta. Las numerosas cláusulas que hoy en día se incorporan a los contratos que instrumentan estas operaciones hacen difícil identificar en algunas ocasiones el momento en que se produce la corriente real de los bienes y servicios. Con la finalidad de resolver estas dudas, el presente Plan de PYMES hace explícitos, con el mismo contenido que el Plan General de Contabilidad, los requisitos que deberá cumplir toda transacción para que haya de contabilizarse el correspondiente ingreso, quedando concretados los criterios que se desprendían del Plan de 1990 en aras de dotar al modelo de mayor seguridad jurídica. Por ejemplo, se explicita el requisito referente a la transferencia que ha de producirse de los riesgos y beneficios significativos inherentes a la propiedad de los bienes, con independencia de la transmisión jurídica, el cual ya se había venido configurando desde la doctrina administrativa como una condición indispensable para proceder a registrar el resultado en el transmitente y el activo en el adquirente.

Adicionalmente, el análisis que a estos efectos exige la norma internacional adoptada en la Unión Europea requiere el cumplimiento de otras circunstancias que se recogen en la norma.

También en esta línea didáctica o explicativa de la norma se incorpora a la misma una precisión que desarrolla el principio de fondo sobre forma, por la que se exige individualizar las transacciones englobadas en una sola operación o considerar varias transacciones individuales en su conjunto cuando, tras un previo análisis del fondo económico y jurídico de las mismas, prevalezca su entidad individual o conjunta, respectivamente.

11. Las provisiones y contingencias tienen un tratamiento análogo al previsto en el Plan General de Contabilidad, es decir, las provisiones podrán venir determinadas por una disposición legal, contractual o por una obligación implícita o tácita, y se valorarán en la fecha de cierre del ejercicio por el valor actual de la mejor estimación posible del importe necesario para cancelar o transferir a un tercero la obligación, registrando los ajustes por actualización de la provisión como un gasto financiero conforme se vayan devengando, pudiendo prescindirse del efecto financiero en las provisiones con vencimiento que no exceda el año y siempre que este efecto no sea significativo.

En cuanto a las subvenciones, donaciones y legados recibidos, la norma de registro y valoración diferencia, al igual que el Plan General de Contabilidad, entre los otorgados por los socios o propietarios de aquellos recibidos de terceros. Las subvenciones otorgadas por terceros, siempre que, de acuerdo con los nuevos criterios, sean no reintegrables, se califican como ingresos contabilizados, con carácter general, directamente en el estado de cambios en el patrimonio neto, para, posteriormente, proceder a su imputación a la cuenta de pérdidas y ganancias atendiendo a su finalidad; en particular, cuando financien gastos, de forma correlacionada a su devengo. Hasta el momento en que no se cumplan las condiciones para considerarlas no reintegrables, dichas subvenciones deberán lucir en el pasivo.

Sin embargo, la principal novedad, al margen de su imputación directa al patrimonio neto en el momento inicial, es el hecho de que las subvenciones, donaciones y legados entregados por los socios o propietarios de la empresa no tienen la calificación de ingresos, sino de fondos propios, al ponerlas en pie de equivalencia desde una perspectiva económica con las restantes aportaciones que los socios o propietarios puedan realizar a la empresa, fundamentalmente con la finalidad de fortalecer su patrimonio.

En el Plan de 1990, únicamente se contemplaba este tratamiento cuando la aportación se realizaba por los socios o propietarios para compensación de pérdidas o con la finalidad de compensar un «déficit», quedando excluidas las concedidas para asegurar una rentabilidad mínima como las otorgadas para fomentar actividades específicas o con la finalidad de fijar precios políticos para determinados bienes o servicios.

El Plan de PYMES también recoge, en los mismos términos previstos en el Plan General de Contabilidad, el tratamiento contable de los negocios conjuntos. En consecuencia, no se produce en esta materia ninguna innovación contable relevante, sino simplemente una mejora en la sistemática de la norma. Se ha considerado conveniente su mantenimiento en el Plan General de Contabilidad de PYMES, por cuanto es una figura relativamente habitual en las empresas que quedan ubicadas en el ámbito de aplicación de este Plan (fundamentalmente, participación en UTES y comunidades de bienes).

Para las operaciones entre empresas del grupo, el Plan de PYMES realiza la misma remisión a las normas generales, habiendo eliminado la concreción de las operaciones de fusiones, escisiones y aportaciones no dinerarias de unidades de negocio, sin perjuicio de recoger expresamente la norma especial de las aportaciones no dinerarias de negocios desde la perspectiva del aportante, de forma que quede completa y no existan dudas sobre la regulación de las aportaciones no dinerarias.

12. Por último, en cuanto a las normas 21.ª, Cambios en criterios contables, errores y estimaciones contables, y 22.ª, Hechos posteriores al cierre, cabe señalar que no han requerido simplificación alguna respecto al contenido del nuevo Plan General de Contabilidad. No obstante, ha de destacarse que se modifica la regla aplicable a los cambios de criterio contable y errores. En concreto, si bien se mantiene el criterio de cuantificar de forma retroactiva el impacto en los activos y pasivos netos de la empresa, originado por el cambio de criterio contable o la subsanación del error, la modificación consiste en la nueva obligación de presentar los efectos de estos cambios también de forma retroactiva. Esta exigencia, derivada del acercamiento a las normas internacionales adoptadas, motiva que los ingresos o gastos resultantes del cambio de criterio o subsanación del error se contabilicen directamente en el patrimonio neto de la empresa; con carácter general, y salvo que el cambio o subsana-

ción afecten a otra partida del patrimonio neto, en una cuenta de reservas voluntarias.

III

13. La tercera parte del Plan General de Contabilidad de PYMES recoge tanto las normas de elaboración de las cuentas anuales como los modelos de las cuentas anuales de las pequeñas y medianas empresas.

Los documentos que integran las cuentas anuales de una empresa que cumpla las condiciones establecidas en el artículo 175 del Texto Refundido de la Ley de Sociedades Anónimas en la redacción dada por la Ley 16/2007, de 4 de julio, que posibilitan la formulación de balance abreviado, son, de acuerdo con esta Ley: el balance, la cuenta de pérdidas y ganancias, el estado de cambios en el patrimonio neto y la memoria.

Con la finalidad de lograr un adecuado nivel de comparabilidad en la información financiera suministrada por las empresas españolas, y siguiendo con la tradición del Plan de 1990, se han elaborado unos modelos de formato definido, con denominaciones concretas y de obligatoria aplicación. En consecuencia, este Plan de PYMES contiene los modelos de estos documentos que han de aplicar las pequeñas y medianas empresas, los cuales presentan los mismos formatos y desgloses recogidos para el modelo abreviado en el Plan General de Contabilidad, dado que los umbrales de tamaño que delimitan la utilización de ambos son los mismos, sin perjuicio de la lógica eliminación en el Plan de PYMES de las partidas relacionadas con operaciones no reguladas en éste.

Desde un punto de vista general, también se puede citar como novedad, en sintonía con el criterio incluido en las normas internacionales adoptadas, el requerimiento de incluir también en la memoria de las cuentas anuales información cuantitativa del ejercicio anterior, así como la necesidad de ajustar las cifras comparativas del período anterior en la medida en que se produzcan ajustes valorativos derivados de cambios de criterios contables o errores. Adicionalmente a la información comparativa de índole numérica, si resulta relevante para la comprensión de las cuentas anuales del ejercicio actual, la norma exige que también se incluya información descriptiva del período anterior.

Los elementos patrimoniales del balance se han clasificado en el activo, el pasivo y el patrimonio neto. En el patrimonio neto figurarán, en subagrupaciones independientes, los fondos propios y las restantes partidas integrantes del patrimonio neto. Esta clasificación tiene como finalidad clarificar que la composición del patrimonio neto de la empresa se encuentra constituida por los tradicionales fondos propios y por otras partidas que pueden aparecer en los balances de las empresas, fundamentalmente las subvenciones, donaciones y legados y los ingresos fiscales a distribuir pendientes de incorporar a la cuenta de pérdidas y ganancias. En este sentido, uno de los cambios más significativos en relación con el Plan General de Contabilidad es la eliminación de «Ajustes por cambios de valor», dada la ausencia de operaciones que pueden generarlos en este Plan de PYMES.

Los activos se clasifican en no corrientes y corrientes, de forma similar a la distinción establecida en el Plan de 1990 entre Inmovilizado y Circulante. En este sentido, el activo corriente comprenderá aquellos elementos que la empresa espera vender, consumir o realizar en el transcurso del ciclo normal de explotación, aquellos otros cuyo vencimiento, enajenación o realización se espera se produzca en el plazo de un año, los clasificados como mantenidos para negociar, excepto los derivados a largo plazo, y el efectivo y sus equivalentes. Los demás activos se clasificarán como no corrientes.

En relación con el activo corriente, y respecto al Plan General de Contabilidad, debe mencionarse la desaparición del epígrafe que recoge los activos no corrientes mantenidos para la venta y los activos y pasivos correspondientes a un grupo enajenable de elementos mantenidos para la venta.

Para concluir con las principales novedades del balance, sólo resta mencionar la modificación operada en los instrumentos de patrimonio propio (con carácter general, acciones y participaciones propias), cuya presentación en el nuevo Plan se realiza minorando en todo caso la cifra de fondos propios. Igual criterio se aplica a los desembolsos pendientes de exigir sobre dichos instrumentos a la fecha de cierre, que pasan a minorar la cifra de capital. Y por último, el registro dentro del pasivo de las acciones, participaciones u otros instrumentos financieros que, aun teniendo una forma jurídica propia de los instrumentos de patrimonio, atendiendo a la definición de los elementos y a sus términos y condiciones, constituyan obligaciones de la empresa.

Por lo que se refiere a la cuenta de pérdidas y ganancias, cabe indicar que constituye el documento que recoge el resultado del ejercicio, separando los ingresos y gastos imputables al mismo que se clasifican por naturaleza, no habiendo experimentado modificaciones respecto al modelo abreviado recogido en el Plan General de Contabilidad.

Dos cambios merecen destacarse. En primer lugar, el paso de un modelo de cuenta de pérdidas y ganancias en forma de doble columna a otro vertical. En segundo lugar, la supresión del margen extraordinario, habiéndose tomado en consideración la prohibición contenida en las normas internacionales adoptadas de calificar como extraordinarias partidas de ingresos o gastos.

El estado de cambios en el patrimonio neto presenta como novedad más significativa respecto al Plan General de Contabilidad la supresión de uno de los documentos de los que consta éste. En concreto, se elimina el estado de ingresos y gastos reconocidos, quedando un único documento, que recoge: el resultado de la cuenta de pérdidas y ganancias, el importe de los gastos e ingresos imputados directamente al patrimonio neto, así como otros cambios en el patrimonio neto, que en el Plan General de Contabilidad se detallan en el estado total de cambios en el patrimonio neto y que derivan de las variaciones originadas en el patrimonio neto por operaciones con los socios o propietarios de la empresa cuando actúen como tales, las restantes variaciones que se produzcan en el patrimonio neto y los ajustes al patrimonio neto debidos a cambios en criterios contables y correcciones de errores.

La memoria adquiere mayor relevancia que en el Plan de 1990 e incorpora la obligación de facilitar información comparativa, incluso la de carácter descriptivo, en sintonía con lo dispuesto en el Plan General de Contabilidad.

En particular, este documento refuerza las exigencias informativas en materia de instrumentos financieros y partes vinculadas, esta última de gran relevancia para poder conocer la verdadera imagen fiel de las relaciones económicas y financieras de una empresa.

Por último, debe destacarse que el contenido de la memoria de las PYMES tiene carácter de información mínima, de forma que cuando una empresa que aplique este Plan realice operaciones cuya información en memoria esté regulada únicamente en los modelos de cuentas anuales del Plan General de Contabilidad, deberá incluir dicha información en su memoria.

14. La cuarta parte del Plan General de Contabilidad de PYMES se refiere al cuadro de cuentas, que sigue la clasificación decimal. El cuadro de cuentas amplía el contenido del texto de 1990, dando cobertura a las nuevas operaciones recogidas en la segunda parte del Plan.

No obstante, como ya se indicaba en la introducción del Plan de 1990, nuevamente hay que advertir sobre la posibilidad de que el presente texto cuente con ciertas lagunas, debidas fundamentalmente a la imposibilidad de abarcar la variada casuística que rodea la actividad de muchas empresas, que en todo caso disponen de la facultad de cubrir los eventuales vacíos del texto, utilizando para ello el Marco conceptual y las reglas técnicas más afines deducidas de los principios y criterios que informan el Plan. Adicionalmente, la empresa deberá desagregar las cuentas al nivel adecuado de dígitos que posibilite el control y seguimiento de sus operaciones, así como el cumplimiento de la información exigida en las cuentas anuales.

En relación con el Plan General de Contabilidad, la novedad más significativa es la supresión de los grupos 8 y 9 que dan cabida a los gastos e ingresos imputados al patrimonio neto, que han sido eliminados teniendo en cuenta la escasez de situaciones contempladas en este Plan que pueden originarlas y en ausencia de la exigencia informativa del estado de ingresos y gastos reconocidos.

Asimismo, se omiten otras cuentas relacionadas con elementos, hechos o transacciones no contempladas en este Plan de PYMES.

15. La quinta parte se dedica a las definiciones y relaciones contables. Con carácter general, cada uno de los grupos, subgrupos y cuentas son objeto de una definición en la que se recoge el contenido y las características más sobresalientes de las operaciones y hechos económicos que en ellos se representan.

Las relaciones contables propiamente dichas, de la misma forma que ya venía recogiendo el antiguo Plan, describen los motivos más comunes de cargo y abono de las cuentas, sin agotar las posibilidades que cada una de ellas admite. Por tanto, cuando se trate de operaciones cuya contabilización no esté expresada particularmente en el texto, se deberá formular el asiento o asientos que procedan utilizando los criterios que en éste se establecen.

Tal y como ya expresaba el Plan de 1990, tanto la cuarta parte como la quinta son de aplicación facultativa por parte de las empresas. No obstante, es aconsejable que, en el caso de hacer uso de esta facultad, se utilicen denominaciones similares, con el fin de facilitar la elaboración de las cuentas anuales cuya estructura y normas que desarrollan su contenido y presentación son obligatorias.

En particular, al igual que en el Plan de 1990, merece la pena destacar el carácter opcional del sistema especulativo propuesto para las relaciones contables de las cuentas de existencias.

Por último, la supresión anteriormente señalada de los grupos 8 y 9, relativos a gastos e ingresos de patrimonio neto, ha llevado a modificar el movimiento de las cuentas de patrimonio afectadas. En concreto, la operación específica que para las pequeñas y medianas empresas tendrá un movimiento que se reflejará directamente en las cuentas de patrimonio es la relativa a las subvenciones, donaciones y legados, contemplando su movimiento tanto su obtención como su traspaso a la cuenta de pérdidas y ganancias y el efecto impositivo asociado a ellas. También se establece ese mismo movimiento directo con la cuenta de patrimonio neto de los ingresos fiscales a distribuir, que, en su caso, puedan darse en una empresa, en los términos recogidos en la norma de registro y valoración.

IV

16. La entrada en vigor del Plan General de Contabilidad y del Plan General de Contabilidad de PYMES exige una revisión de las adaptaciones sectoriales y de las resoluciones emitidas por el Instituto de Contabilidad y Auditoría de Cuentas. Sin embargo, hasta que se produzcan estos cambios, dichas normas mantienen su vigencia, salvo que de forma expresa se opongan a los nuevos criterios.

PRIMERA PARTE

Marco conceptual de la Contabilidad

1.º Cuentas anuales. Imagen fiel

Las cuentas anuales de las pequeñas y medianas empresas comprenden el balance, la cuenta de pérdidas y ganancias y la memoria. Estos documentos forman una unidad. Sin perjuicio de lo anterior, estas empresas podrán incorporar en sus cuentas anuales un estado de cambios en el patrimonio neto, y un estado de flujos de efectivo que se elaborará de acuerdo con lo establecido en el Plan General de Contabilidad.

Las cuentas anuales deben redactarse con claridad, de forma que la información suministrada sea comprensible y útil para los usuarios al tomar sus decisiones económicas, debiendo mostrar la imagen fiel del patrimonio, de la situación financiera y de los resultados de la empresa, de conformidad con las disposiciones legales.

La aplicación sistemática y regular de los requisitos, principios y criterios contables incluidos en los apartados siguientes deberá conducir a que las cuentas anuales muestren la imagen fiel del patrimonio, de la situación financiera y de los resultados de la empresa. A tal efecto, en la contabilización de las operaciones se atenderá a su realidad económica y no sólo a su forma jurídica.

Cuando se considere que el cumplimiento de los requisitos, principios y criterios contables incluidos en este Plan General de Contabilidad de Pequeñas y Medianas Empresas no sea suficiente para mostrar la mencionada imagen fiel, se suministrarán en la memoria las informaciones complementarias precisas para alcanzar este objetivo.

En aquellos casos excepcionales en los que dicho cumplimiento fuera incompatible con la imagen fiel que deben proporcionar las cuentas anuales, se considerará improcedente dicha aplicación. En tales casos, en la memoria se motivará suficientemente esta circunstancia y se explicará su influencia sobre el patrimonio, la situación financiera y los resultados de la empresa.

El sujeto contable que informa, como persona jurídica individual, en el marco de este Plan General de Contabilidad de Pequeñas y Medianas Empresas, lo hará con independencia del grupo de empresas al que pueda pertenecer, sin perjuicio de la norma particular recogida en la segunda parte de este Plan y de los desgloses informativos que deban incorporarse en las cuentas anuales.

2.º Requisitos de la información a incluir en las cuentas anuales

La información incluida en las cuentas anuales debe ser relevante y fiable.

La información es relevante cuando es útil para la toma de decisiones económicas, es decir, cuando ayuda a evaluar sucesos pasados, presentes o futuros, o bien a confirmar o corregir evaluaciones realizadas anteriormente.

En particular, para cumplir con este requisito, las cuentas anuales deben mostrar adecuadamente los riesgos a los que se enfrenta la empresa.

La información es fiable cuando está libre de errores materiales y es neutral, es decir, está libre de sesgos, y los usuarios pueden confiar en que es la imagen fiel de lo que pretende representar.

Una cualidad derivada de la fiabilidad es la integridad, que se alcanza cuando la información financiera contiene, de forma completa, todos los datos que pueden influir en la toma de decisiones, sin ninguna omisión de información significativa.

Adicionalmente, la información financiera debe cumplir con las cualidades de comparabilidad y claridad. La comparabilidad, que debe extenderse tanto a las cuentas anuales de una empresa en el tiempo como a las de diferentes empresas en el mismo momento y para el mismo período de tiempo, debe permitir contrastar la situación y rentabilidad de las empresas, e implica un tratamiento similar para las transacciones y demás sucesos económicos que se producen en circunstancias parecidas. Por su parte, la claridad implica que, sobre la base de un razonable conocimiento de las actividades económicas, la contabilidad y las finanzas empresariales, los usuarios de las cuentas anuales, mediante un examen diligente de la información suministrada, puedan formarse juicios que les faciliten la toma de decisiones.

3.º Principios contables

La contabilidad de la empresa y, en especial, el registro y la valoración de los elementos de las cuentas anuales, se desarrollarán aplicando obligatoriamente los principios contables que se indican a continuación:

1. *Empresa en funcionamiento.* Se considerará, salvo prueba en contrario, que la gestión de la empresa continuará en un futuro previsible, por lo que la aplicación de los principios y criterios contables no tiene el propósito de determinar el valor del patrimonio neto a efectos de su transmisión global o parcial, ni el importe resultante en caso de liquidación.

   En aquellos casos en que no resulte de aplicación este principio, en los términos que se determinen en las normas de desarrollo del Plan General de Contabilidad, la empresa aplicará las normas de valoración que resulten más adecuadas para reflejar la imagen fiel de las operaciones tendentes a realizar el activo, cancelar las deudas y, en su caso, repartir el patrimonio neto resultante, debiendo suministrar en la memoria de las cuentas anuales toda la información significativa sobre los criterios aplicados.
2. *Devengo.* Los efectos de las transacciones o hechos económicos se registrarán cuando ocurran, imputándose al ejercicio al que las cuentas anuales se refieran, los gastos y los ingresos que afecten al mismo, con independencia de la fecha de su pago o de su cobro.
3. *Uniformidad.* Adoptado un criterio dentro de las alternativas que, en su caso, se permitan, deberá mantenerse en el tiempo y aplicarse de manera uniforme para transacciones, otros eventos y condiciones que sean similares, en tanto no se alteren los supuestos que motivaron su elección. De alterarse estos supuestos, podrá modificarse el criterio adoptado en su día; en tal caso, estas circunstancias se harán constar en la memoria, indicando la incidencia cuantitativa y cualitativa de la variación sobre las cuentas anuales.
4. *Prudencia.* Se deberá ser prudente en las estimaciones y valoraciones a realizar en condiciones de incertidumbre.

   La prudencia no justifica que la valoración de los elementos patrimoniales no responda a la imagen fiel que deben reflejar las cuentas anuales.

   Asimismo, sin perjuicio de lo dispuesto en la segunda parte de este Plan General de Contabilidad de Pequeñas y Medianas Empresas en relación con la aplicación del valor razonable, únicamente se contabilizarán los beneficios obtenidos hasta la fecha de cierre del ejercicio. Por el contrario, se deberán tener en cuenta todos los riesgos, con origen en el ejercicio o en otro anterior, tan pronto sean conocidos, incluso si sólo se conocieran entre la fecha de cierre de las cuentas anuales y la fecha en que éstas se formulen. En tales casos, se dará cumplida información en la memoria, sin perjuicio de su reflejo, cuando se haya generado un pasivo y un gasto, en otros documentos integrantes de las cuentas anuales. Excepcionalmente, si los riesgos se conocieran entre la formulación y antes de la aprobación de las cuentas anuales y afectaran de forma muy significativa a la imagen fiel, las cuentas anuales deberán ser reformuladas.

Deberán tenerse en cuenta las amortizaciones y correcciones de valor por deterioro de los activos, tanto si el ejercicio se salda con beneficio como con pérdida.

5. *No compensación.* Salvo que una norma disponga de forma expresa lo contrario, no podrán compensarse las partidas del activo y del pasivo o las de gastos e ingresos, y se valorarán separadamente los elementos integrantes de las cuentas anuales.
6. *Importancia relativa.* Se admitirá la no aplicación estricta de algunos de los principios y criterios contables cuando la importancia relativa en términos cuantitativos o cualitativos de la variación que tal hecho produzca sea escasamente significativa y, en consecuencia, no altere la expresión de la imagen fiel. Las partidas o importes cuya importancia relativa sea escasamente significativa podrán aparecer agrupados con otros de similar naturaleza o función.

En los casos de conflicto entre principios contables, deberá prevalecer el que mejor conduzca a que las cuentas anuales expresen la imagen fiel del patrimonio, de la situación financiera y de los resultados de la empresa.

4.º Elementos de las cuentas anuales

Los elementos que, cuando cumplan los criterios de reconocimiento que se establecen posteriormente, se registran en el balance, son:

1. *Activos.* Bienes, derechos y otros recursos controlados económicamente por la empresa, resultantes de sucesos pasados, de los que se espera que la empresa obtenga beneficios o rendimientos económicos en el futuro.
2. *Pasivos.* Obligaciones actuales surgidas como consecuencia de sucesos pasados, para cuya extinción la empresa espera desprenderse de recursos que puedan producir beneficios o rendimientos económicos en el futuro. A estos efectos, se entienden incluidas las provisiones.
3. *Patrimonio neto.* Constituye la parte residual de los activos de la empresa, una vez deducidos todos sus pasivos. Incluye las aportaciones realizadas, ya sea en el momento de su constitución o en otros posteriores, por sus socios o propietarios, que no tengan la consideración de pasivos, así como los resultados acumulados u otras variaciones que le afecten.

Los elementos que, cuando cumplan los criterios de reconocimiento que se establecen posteriormente, se registran en la cuenta de pérdidas y ganancias o, en su caso, directamente en el estado de cambios en el patrimonio neto, son:

4. Ingresos. Incrementos en el patrimonio neto de la empresa durante el ejercicio, ya sea en forma de entradas o aumentos en el valor de los activos, o de disminución de los pasivos, siempre que no tengan su origen en aportaciones, monetarias o no, de los socios o propietarios.
5. *Gastos.* Decrementos en el patrimonio neto de la empresa durante el ejercicio, ya sea en forma de salidas o disminuciones en el valor de los activos, o de reconocimiento o aumento del valor de los pasivos, siempre que no tengan su origen en distribuciones, monetarias o no, a los socios o propietarios, en su condición de tales.

Los ingresos y gastos del ejercicio se imputarán a la cuenta de pérdidas y ganancias y formarán parte del resultado, excepto cuando proceda su imputación directa al patrimonio neto, en cuyo caso se presentarán en el estado de cambios en el patrimonio neto, de acuerdo con lo previsto en la segunda parte de este Plan General de Contabilidad de Pequeñas y Medianas Empresas o en una norma que lo desarrolle.

5.º Criterios de registro o reconocimiento contable de los elementos de las cuentas anuales

El registro o reconocimiento contable es el proceso por el que se incorporan al balance, la cuenta de pérdidas y ganancias o el estado de cambios en el patrimonio neto, los diferentes elementos de las cuentas anuales, de acuerdo con lo dispuesto en las normas de registro relativas a cada uno de ellos, incluidas en la segunda parte de este Plan General de Contabilidad de Pequeñas y Medianas Empresas.

El registro de los elementos procederá cuando, cumpliéndose la definición de los mismos incluida en el apartado anterior, se cumplan los criterios de probabilidad en la obtención o cesión de recursos que incorporen beneficios o rendimientos económicos y su valor pueda determinarse con un adecuado grado de fiabilidad. Cuando el valor debe estimarse, el uso de estimaciones razonables no menoscaba su fiabilidad. En particular:

1. Los activos deben reconocerse en el balance cuando sea probable la obtención a partir de los mismos de beneficios o rendimientos económicos para la empresa en el futuro, y siempre que se puedan valorar con fiabilidad. El reconocimiento contable de un activo implica también el reconocimiento simultáneo de un pasivo, la disminución de otro activo o el reconocimiento de un ingreso u otros incrementos en el patrimonio neto.
2. Los pasivos deben reconocerse en el balance cuando sea probable que, a su vencimiento, y para liquidar la obligación, deban entregarse o cederse recursos que incorporen beneficios o rendimientos económicos futuros, y siempre que se puedan valorar con fiabilidad. El reconocimiento contable de un pasivo implica el reconocimiento simultáneo de un activo, la disminución de otro pasivo o el reconocimiento de un gasto u otros decrementos en el patrimonio neto.
3. El reconocimiento de un ingreso tiene lugar como consecuencia de un incremento de los recursos de la empresa, y siempre que su cuantía pueda determinarse con fiabilidad. Por tanto, conlleva el reconocimiento simultáneo o el incremento de un activo, o la desaparición o disminución de un pasivo y, en ocasiones, el reconocimiento de un gasto.
4. El reconocimiento de un gasto tiene lugar como consecuencia de una disminución de los recursos de la empresa, y siempre que su cuantía pueda valorarse o estimarse con fiabilidad. Por tanto, conlleva el reconocimiento simultáneo o el incremento de un pasivo, o la desaparición o disminución de un activo y, en ocasiones, el reconocimiento de un ingreso o de una partida de patrimonio neto.

Se registrarán en el período a que se refieren las cuentas anuales los ingresos y gastos devengados en éste, estableciéndose, en los casos en que sea pertinente, una correlación entre ambos, que en ningún caso puede llevar al registro de activos o pasivos que no satisfagan la definición de éstos.

6.º Criterios de valoración

La valoración es el proceso por el que se asigna un valor monetario a cada uno de los elementos integrantes de las cuentas anuales, de acuerdo con lo dispuesto en las normas de valoración relativas a cada uno de ellos incluidas en la segunda parte de este Plan General de Contabilidad de Pequeñas y Medianas Empresas.

A tal efecto, se tendrán en cuenta los siguientes criterios valorativos y definiciones relacionadas:

1. Coste histórico o coste

El coste histórico o coste de un activo es su precio de adquisición o coste de producción.

El precio de adquisición es el importe en efectivo y otras partidas equivalentes pagadas, o pendientes de pago, más, en su caso, y cuando proceda, el valor razonable de las demás contraprestaciones comprometidas derivadas de la adquisición, debiendo estar todas ellas directamente relacionadas con ésta y ser necesarias para la puesta del activo en condiciones operativas.

El coste de producción incluye el precio de adquisición de las materias primas y otras materias consumibles, el de los factores de producción directamente imputables al activo y la fracción que razonablemente corresponda de los costes de producción indirectamente relacionados con el activo, en la medida en que se refieran al período de producción, construcción o fabricación, se basen en el nivel de utilización de la capacidad normal de trabajo de los medios de producción y sean necesarios para la puesta del activo en condiciones operativas.

El coste histórico o coste de un pasivo es el valor que corresponda a la contrapartida recibida a cambio de incurrir en la deuda o, en algunos casos, la cantidad de efectivo y otros activos líquidos equivalentes que se espere entregar para liquidar una deuda en el curso normal del negocio.

2. Valor razonable

Es el precio que se recibiría por la venta de un activo o se pagaría para transferir o cancelar un pasivo mediante una transacción ordenada entre participantes en el mercado en la fecha de valoración. El valor razonable se determinará sin practicar ninguna deducción por los costes de transacción en que pudiera incurrirse por causa de enajenación o disposición por otros medios. No tendrá en ningún caso el carácter de valor razonable el que sea resultado de una transacción forzada, urgente o como consecuencia de una situación de liquidación involuntaria.

El valor razonable se estima para una determinada fecha y, puesto que las condiciones de mercado pueden variar con el tiempo, ese valor puede ser inadecuado para otra fecha. Además, al estimar el valor razonable, la empresa deberá tener en cuenta las condiciones del activo o pasivo que los participantes en el mercado tendrían en cuenta a la hora de fijar el precio del activo o pasivo en la fecha de valoración. Dichas condiciones específicas incluyen, entre otras, para el caso de los activos, las siguientes:

a) El estado de conservación y la ubicación, y
b) Las restricciones, si las hubiere, sobre la venta o el uso del activo.

La estimación del valor razonable de un activo no financiero tendrá en consideración la capacidad de un participante en el mercado para que el activo genere beneficios económicos en su máximo y mejor uso o, alternativamente, mediante su venta a otro participante en el mercado que emplearía el activo en su máximo y mejor uso.

En la estimación del valor razonable se asumirá como hipótesis que la transacción para vender el activo o transferir el pasivo se lleva a cabo:

a) Entre partes interesadas y debidamente informadas, en una transacción en condiciones de independencia mutua,
b) En el mercado principal del activo o pasivo, entendiendo como tal el mercado con el mayor volumen y nivel de actividad, o
c) En ausencia de un mercado principal, en el mercado más ventajoso al que tenga acceso la empresa para el activo o pasivo, entendido como aquel que maximiza el importe que se recibiría por la venta del activo o minimiza la cantidad que se pagaría por la transferencia del pasivo, después de tener en cuenta los costes de transacción y los gastos de transporte.

Salvo prueba en contrario, el mercado en el que la empresa realizaría normalmente una transacción de venta del activo o transferencia del pasivo se presume que será el mercado principal o, en ausencia de un mercado principal, el mercado más ventajoso.

Los costes de transacción no incluyen los costes de transporte. Si la localización es una característica del activo (como puede ser el caso, por ejemplo, de una materia prima cotizada), el precio en el mercado principal (o más ventajoso) se ajustará por los costes, si los hubiera, en los que se incurriría para transportar el activo desde su ubicación presente a ese mercado.

Con carácter general, el valor razonable se calculará por referencia a un valor fiable de mercado. En este sentido, el precio cotizado en un mercado activo será la mejor referencia del valor razonable, entendiéndose por mercado activo aquél en el que se den las siguientes condiciones:

a) Los bienes o servicios negociados son homogéneos;
b) Pueden encontrarse, prácticamente en cualquier momento, compradores y vendedores dispuestos a intercambiar los bienes o servicios; y

c) Los precios son públicos y están accesibles con regularidad, reflejando transacciones con suficiente frecuencia y volumen.

Para aquellos elementos respecto de los cuales no exista un mercado activo, el valor razonable se obtendrá, en su caso, mediante la aplicación de modelos y técnicas de valoración. Entre los modelos y técnicas de valoración se incluye el empleo de referencias a transacciones recientes en condiciones de independencia mutua entre partes interesadas y debidamente informadas, si estuviesen disponibles, así como referencias al valor razonable de otros activos que sean sustancialmente iguales, métodos de descuento de flujos de efectivo futuros estimados y modelos generalmente utilizados para valorar opciones.

En cualquier caso, las técnicas de valoración empleadas deberán ser consistentes con las metodologías aceptadas y utilizadas por el mercado para la fijación de precios, debiéndose usar, si existe, la que haya demostrado obtener unas estimaciones más realistas de los precios. Y deberán tener en cuenta el uso de datos observables de mercado y otros factores que sus participantes considerarían al fijar el precio, limitando en todo lo posible el empleo de consideraciones subjetivas y de datos no observables o contrastables.

La empresa deberá evaluar la efectividad de las técnicas de valoración que utilice de manera periódica, empleando como referencia los precios observables de transacciones recientes en el mismo activo que se valore o utilizando los precios basados en datos o índices observables de mercado que estén disponibles y resulten aplicables.

En el valor razonable de un instrumento financiero deberá contemplarse, entre otros, el riesgo de crédito y, en el caso concreto de un pasivo financiero, se considerará el riesgo de incumplimiento de la empresa que incluye, entre otros componentes, el riesgo de crédito propio. Sin embargo, para estimar el valor razonable no deben realizarse ajustes por volumen o capacidad del mercado.

Cuando corresponda aplicar la valoración por el valor razonable, los elementos patrimoniales que no puedan valorarse de manera fiable, ya sea por referencia a un valor de mercado o mediante la aplicación de los modelos y técnicas de valoración antes señalados, se valorarán, según proceda, por su coste amortizado o por su precio de adquisición o coste de producción, minorado, en su caso, por las partidas correctoras de valor que pudieran corresponder, haciendo mención en la memoria de este hecho y de las circunstancias que lo motivan.

El valor razonable de un activo o pasivo, para el que no exista un precio cotizado sin ajustar de un activo o pasivo idéntico en un mercado activo, puede valorarse con fiabilidad si la variabilidad en el rango de las estimaciones del valor razonable del activo o pasivo no es significativa o las probabilidades de las diferentes estimaciones, dentro de ese rango, pueden ser evaluadas razonablemente y utilizadas en la medición del valor razonable.

3. Valor neto realizable

El valor neto realizable de un activo es el importe que la empresa puede obtener por su enajenación en el mercado en el curso normal del negocio, deduciendo los costes estimados necesarios para llevarla a cabo, así como, en el caso de las materias primas y de los productos en curso, los costes estimados necesarios para terminar su producción, construcción o fabricación.

4. Valor actual

El valor actual es el importe de los flujos de efectivo a recibir o pagar en el curso normal del negocio, según se trate de un activo o de un pasivo, respectivamente, actualizados a un tipo de descuento adecuado.

5. Valor en uso

El valor en uso de un activo es el valor actual de los flujos de efectivo futuros esperados, a través de su utilización en el curso normal del negocio y, en su caso, de su enajenación u otra forma de disposición, teniendo en cuenta su estado actual y actualizados a un tipo de interés de mercado sin riesgo, ajustado por los riesgos específicos del activo que no hayan ajustado las estimaciones de flujos de efectivo futuros. Las proyecciones de flujos de efectivo se basarán en hipótesis razonables y fundamentadas; normalmente, la cuantificación o la distribución de los flujos de efectivo está sometida a incertidumbre, debiéndose considerar ésta asignando probabilidades a las distintas estimaciones de flujos de efectivo. En cualquier caso, esas estimaciones deberán tener en cuenta cualquier otra asunción que los participantes en el mercado considerarían, tal como el grado de liquidez inherente al activo valorado.

6. Costes de venta

Son los costes incrementales directamente atribuibles a la venta de un activo en los que la empresa no habría incurrido de no haber tomado la decisión de vender, excluidos los gastos financieros y los impuestos sobre beneficios.

Se incluyen los gastos legales necesarios para transferir la propiedad del activo y las comisiones de venta.

7. Coste amortizado

El coste amortizado de un instrumento financiero es el importe al que inicialmente fue valorado un activo financiero o un pasivo financiero, menos los reembolsos de principal que se hubieran producido, más, o menos, según proceda, la parte imputada en la cuenta de pérdidas y ganancias, mediante la utilización del método del tipo de interés efectivo, de la diferencia entre el importe inicial y el valor de reembolso en el vencimiento y, para el caso de los activos financieros, menos cualquier reducción de valor por deterioro que hubiera sido reconocida, ya sea directamente como una disminución del importe del activo o mediante una cuenta correctora de su valor.

El tipo de interés efectivo es el tipo de actualización que iguala el valor en libros de un instrumento financiero con los flujos de efectivo estimados a lo largo de la vida esperada del instrumento, a partir de sus condiciones contractuales y sin considerar las pérdidas por riesgo de crédito futuras.

8. Costes de transacción atribuibles a un activo o pasivo financiero

Son los costes incrementales directamente atribuibles a la compra, emisión, enajenación u otra forma de disposición de un activo financiero, o a la emisión o asunción de un pasivo financiero, en los que no se habría incurrido si la empresa no hubiera realizado la transacción. Entre ellos, se incluyen los honorarios y las comisiones pagadas a agentes, asesores e intermediarios, tales como las de corretaje, los gastos de intervención de fedatario público y otros, así como los impuestos y otros derechos que recaigan sobre la transacción, y se excluyen las primas o descuentos obtenidos en la compra o emisión, los gastos financieros, los costes de mantenimiento y los administrativos internos.

9. Valor contable o en libros

El valor contable o en libros es el importe neto por el que un activo o un pasivo se encuentra registrado en balance una vez deducida, en el caso de los activos, su amortización acumulada y cualquier corrección valorativa por deterioro acumulada que se haya registrado.

10. Valor residual

El valor residual de un activo es el importe que la empresa estima que podría obtener en el momento actual por su venta u otra forma de disposición, una vez deducidos los costes de venta, tomando en consideración que el activo hubiese alcanzado la antigüedad y demás condiciones que se espera tenga al final de su vida útil.

La vida útil es el período durante el cual la empresa espera utilizar el activo amortizable o el número de unidades de producción que espera obtener del mismo. En particular, en el caso de activos sometidos a reversión, su vida útil es el período concesional cuando éste sea inferior a la vida económica del activo.

La vida económica es el período durante el cual se espera que el activo sea utilizable por parte de uno o más usuarios o el número de unidades de producción que se espera obtener del activo por parte de uno o más usuarios.

7.º Principios y normas de contabilidad generalmente aceptados

Se considerarán principios y normas de contabilidad generalmente aceptados los establecidos en:

a) El Código de Comercio y la restante legislación mercantil.
b) El Plan General de Contabilidad de Pequeñas y Medianas Empresas.
c) El Plan General de Contabilidad y sus adaptaciones sectoriales.

d) Las normas de desarrollo que, en materia contable, establezca en su caso el Instituto de Contabilidad y Auditoría de Cuentas, y
e) La demás legislación española que sea específicamente aplicable.

SEGUNDA PARTE

Normas de registro y valoración para Pequeñas y Medianas Empresas

1.ª Desarrollo del Marco conceptual de la Contabilidad

1. Las normas de registro y valoración para pequeñas y medianas empresas desarrollan los principios contables y otras disposiciones contenidas en la primera parte de este texto, relativa al Marco conceptual de la Contabilidad. Incluyen criterios y reglas aplicables a distintas transacciones o hechos económicos, así como también a diversos elementos patrimoniales.

   Si una empresa que aplica este Plan General de Contabilidad de Pequeñas y Medianas Empresas realizase una operación cuyo tratamiento contable no está contemplado en este texto, habrá de remitirse a las correspondientes normas de registro y valoración contenidas en el Plan General de Contabilidad. No obstante, no se aplicará la norma de registro y valoración prevista en el Plan General de Contabilidad para activos no corrientes y grupos enajenables de elementos, mantenidos para la venta.
2. Las normas de registro y valoración que se formulan seguidamente son de aplicación obligatoria para las empresas que, incluidas en el ámbito de aplicación del Plan General de Contabilidad de Pequeñas y Medianas Empresas, hayan optado por aplicarlo.

2.ª Inmovilizado material

1. Valoración inicial

Los bienes comprendidos en el inmovilizado material se valorarán por su coste, ya sea éste el precio de adquisición o el coste de producción.

Los impuestos indirectos que gravan los elementos del inmovilizado material sólo se incluirán en el precio de adquisición o coste de producción cuando no sean recuperables directamente de la Hacienda Pública.

Asimismo, formará parte del valor del inmovilizado material la estimación inicial del valor actual de las obligaciones asumidas derivadas del desmantelamiento o retiro y otras asociadas al citado activo, tales como los costes de rehabilitación del lugar sobre el que se asienta, siempre que estas obligaciones den lugar al registro de provisiones, de acuerdo con lo dispuesto en la norma aplicable a éstas.

En los inmovilizados que necesiten un período de tiempo superior a un año para estar en condiciones de uso, se incluirán en el precio de adquisición o coste de producción los gastos financieros que se hayan devengado antes de la puesta en condiciones de funcionamiento del inmovilizado material y que hayan sido girados por el proveedor o correspondan a préstamos u otro tipo de financiación ajena, específica o genérica, directamente atribuible a la adquisición, fabricación o construcción.

1.1. Precio de adquisición

El precio de adquisición incluye, además del importe facturado por el vendedor después de deducir cualquier descuento o rebaja en el precio, todos los gastos adicionales y directamente relacionados que se produzcan hasta su puesta en condiciones de funcionamiento, incluida la ubicación en el lugar y cualquier otra condición necesaria para que pueda operar de la forma prevista; entre otros: gastos de explanación y derribo, transporte, derechos arancelarios, seguros, instalación, montaje y otros similares.

Las deudas por compra de inmovilizado se valorarán de acuerdo con lo dispuesto en la norma relativa a pasivos financieros.

1.2. Coste de producción

El coste de producción de los elementos del inmovilizado material fabricados o construidos por la propia empresa se obtendrá añadiendo al precio de adquisición de las materias primas y otras materias consumibles los demás costes directamente imputables a dichos bienes.También se añadirá la parte que razonablemente corresponda de los costes indirectamente imputables a los bienes de que se trate, en la medida en que tales costes correspondan al período de fabricación o construcción y sean necesarios para la puesta del activo en condiciones operativas. En cualquier caso, serán aplicables los criterios generales establecidos para determinar el coste de las existencias.

1.3. Permutas

A efectos de este Plan General de Contabilidad de Pequeñas y Medianas Empresas, se entiende que un elemento del inmovilizado material se adquiere por permuta cuando se recibe a cambio de la entrega de activos no monetarios o de una combinación de éstos con activos monetarios.

En las operaciones de permuta de carácter comercial, el inmovilizado material recibido se valorará por el valor razonable del activo entregado más, en su caso, las contrapartidas monetarias que se hubieran entregado a cambio, salvo que se tenga una evidencia más clara del valor razonable del activo recibido y con el límite de este último.

Las diferencias de valoración que pudieran surgir al dar de baja el elemento entregado a cambio se reconocerán en la cuenta de pérdidas y ganancias.

Se considerará que una permuta tiene carácter comercial si:

a) La configuración (riesgo, calendario e importe) de los flujos de efectivo del inmovilizado recibido difiere de la configuración de los flujos de efectivo del activo entregado; o
b) El valor actual de los flujos de efectivo después de impuestos de las actividades de la empresa afectadas por la permuta se ve modificado como consecuencia de la operación.

Además, es necesario que cualquiera de las diferencias surgidas por las anteriores causas *a*) o *b*) resulte significativa al compararla con el valor razonable de los activos intercambiados.

Cuando la permuta no tenga carácter comercial o cuando no pueda obtenerse una estimación fiable del valor razonable de los elementos que intervienen en la operación, el inmovilizado material recibido se valorará por el valor contable del bien entregado más, en su caso, las contrapartidas monetarias que se hubieran entregado a cambio, con el límite, cuando esté disponible, del valor razonable del inmovilizado recibido si éste fuera menor.

1.4. Aportaciones de capital no dinerarias

Los bienes de inmovilizado recibidos en concepto de aportación no dineraria de capital serán valorados por su valor razonable en el momento de la aportación.

Para el aportante de dichos bienes se aplicará lo dispuesto en la norma relativa a activos financieros.

2. Valoración posterior

Con posterioridad a su reconocimiento inicial, los elementos del inmovilizado material se valorarán por su precio de adquisición o coste de producción menos la amortización acumulada y, en su caso, el importe acumulado de las correcciones valorativas por deterioro reconocidas.

2.1. Amortización

Las amortizaciones habrán de establecerse de manera sistemática y racional en función de la vida útil de los bienes y de su valor residual, atendiendo a la depreciación que normalmente sufran por su funcionamiento, uso y disfrute, sin perjuicio de considerar también la obsolescencia técnica o comercial que pudiera afectarlos.

Se amortizará de forma independiente cada parte de un elemento del inmovilizado material que tenga un coste significativo en relación con el coste total del elemento y una vida útil distinta del resto del elemento.

Los cambios que, en su caso, pudieran originarse en el valor residual, la vida útil y el método de amortización de un activo se contabilizarán como cambios en las estimaciones contables, salvo que se tratara de un error.

Cuando, de acuerdo con lo dispuesto en el apartado siguiente, proceda reconocer correcciones valorativas por deterioro, se ajustarán las amortizaciones de los ejercicios siguientes del inmovilizado deteriorado, teniendo en cuenta el nuevo valor contable. Igual proceder corresponderá en caso de reversión de las correcciones valorativas por deterioro.

2.2. Deterioro del valor

Se producirá una pérdida por deterioro del valor de un elemento del inmovilizado material cuando su valor contable supere a su importe recuperable, entendido éste como el mayor importe entre su valor razonable menos los costes de venta y su valor en uso.

A estos efectos, al menos al cierre del ejercicio, la empresa evaluará si existen indicios de que algún inmovilizado material pueda estar deteriorado, en cuyo caso, deberá estimar su importe recuperable efectuando las correcciones valorativas que procedan.

Las correcciones valorativas por deterioro de los elementos del inmovilizado material, así como su reversión cuando las circunstancias que las motivaron hubieran dejado de existir, se reconocerán como un gasto o un ingreso, respectivamente, en la cuenta de pérdidas y ganancias. La reversión del deterioro tendrá como límite el valor contable del inmovilizado que estaría reconocido en la fecha de reversión si no se hubiese registrado el deterioro del valor.

3. Baja

Los elementos del inmovilizado material se darán de baja en el momento de su enajenación o disposición por otra vía o cuando no se espere obtener beneficios o rendimientos económicos futuros de los mismos.

La diferencia entre el importe que, en su caso, se obtenga de un elemento del inmovilizado material, neto de los costes de venta, y su valor contable determinará el beneficio o la pérdida surgida al dar de baja dicho elemento, que se imputará a la cuenta de pérdidas y ganancias del ejercicio en que ésta se produce.

Los créditos por venta de inmovilizado se valorarán de acuerdo con lo dispuesto en la norma relativa a activos financieros.

3.ª Normas particulares sobre inmovilizado material

En particular se aplicarán las normas que a continuación se expresan con respecto a los bienes que en cada caso se indican:

a) Solares sin edificar. Se incluirán en su precio de adquisición los gastos de acondicionamiento, como cierres, movimiento de tierras, obras de saneamiento y drenaje, los de derribo de construcciones cuando sea necesario para poder efectuar obras de nueva planta, los gastos de inspección y levantamiento de planos cuando se efectúen con carácter previo a su adquisición, así como, en su caso, la estimación inicial del valor actual de las obligaciones presentes derivadas de los costes de rehabilitación del solar.

Normalmente, los terrenos tienen una vida ilimitada y, por tanto, no se amortizan. No obstante, si en el valor inicial se incluyesen costes de rehabilitación, porque se cumpliesen las condiciones establecidas en el apartado 1 de la norma relativa al inmovilizado material, esa porción del terreno se amortizará a lo largo del período en que se obtengan los beneficios o rendimientos económicos por haber incurrido en esos costes.

b) Construcciones. Su precio de adquisición o coste de producción estará formado, además de por todas aquellas instalaciones y elementos que tengan carácter de permanencia, por las tasas inherentes a la construcción y los honorarios facultativos de proyecto y dirección de obra. Deberá valorarse por separado el valor del terreno y el de los edificios y otras construcciones.

c) Instalaciones técnicas, maquinaria y utillaje. Su valoración comprenderá todos los gastos de adquisición o de fabricación y construcción hasta su puesta en condiciones de funcionamiento.

d) Los utensilios y herramientas incorporados a elementos mecánicos se someterán a las normas valorativas y de amortización aplicables a dichos elementos.

Con carácter general, los utensilios y herramientas que no formen parte de una máquina, y cuyo período de utilización se estime inferior a un año, deberán cargarse como gasto del ejercicio. Si el período de su utilización fuese superior a un año, se recomienda, por razones de facilidad operativa, el procedimiento de regularización anual, mediante su recuento físico; las adquisiciones se adeudarán a la cuenta del inmovilizado, regularizando al final del ejercicio, en función del inventario practicado, con baja razonable por demérito.

Las plantillas y los moldes utilizados con carácter permanente en fabricaciones de serie deberán formar parte del inmovilizado material, calculándose su depreciación según el período de vida útil que se estime.

Los moldes por encargo utilizados para fabricaciones aisladas no deberán considerarse como inventariables, salvo que tengan valor neto realizable.

e) Los gastos realizados durante el ejercicio con motivo de las obras y trabajos que la empresa lleva a cabo para sí misma se cargarán en las cuentas de gastos que correspondan. Las cuentas de inmovilizaciones materiales en curso se cargarán por el importe de dichos gastos, con abono a la partida de ingresos que recoge los trabajos realizados por la empresa para sí misma.

f) Los costes de renovación, ampliación o mejora de los bienes del inmovilizado material serán incorporados al activo como mayor valor del bien en la medida en que supongan un aumento de su capacidad, productividad o alargamiento de su vida útil, debiéndose dar de baja el valor contable de los elementos que se hayan sustituido.

g) En la determinación del importe del inmovilizado material se tendrá en cuenta la incidencia de los costes relacionados con grandes reparaciones. En este sentido, el importe equivalente a estos costes se amortizará de forma distinta a la del resto del elemento, durante el período que medie hasta la gran reparación. Si estos costes no estuvieran especificados en la adquisición o construcción, a efectos de su identificación, podrá utilizarse el precio actual de mercado de una reparación similar.

Cuando se realice la gran reparación, su coste se reconocerá en el valor contable del inmovilizado como una sustitución, siempre y cuando se cumplan las condiciones para su reconocimiento. Asimismo, se dará de baja cualquier importe asociado a la reparación que pudiera permanecer en el valor contable del citado inmovilizado.

h) En los acuerdos que, de conformidad con la norma relativa a arrendamientos y otras operaciones de naturaleza similar, deban calificarse como arrendamientos operativos, las inversiones realizadas por el arrendatario que no sean separables del activo arrendado o cedido en uso se contabilizarán como inmovilizados materiales cuando cumplan la definición de activo. La amortización de estas inversiones se realizará en función de su vida útil, que será la duración del contrato de arrendamiento o cesión —incluido el período de renovación cuando existan evidencias que soporten que la misma se va a producir—, cuando ésta sea inferior a la vida económica del activo.

4.ª Inversiones inmobiliarias

Los criterios contenidos en las normas anteriores, relativas al inmovilizado material, se aplicarán a las inversiones inmobiliarias.

5.ª Inmovilizado intangible

Los criterios contenidos en las normas relativas al inmovilizado material se aplicarán a los elementos del inmovilizado intangible, sin perjuicio de lo dispuesto a continuación y de lo previsto en las normas particulares sobre el inmovilizado intangible.

1. Reconocimiento

Para el reconocimiento inicial de un inmovilizado de naturaleza intangible es preciso que, además de cumplir la definición de activo y los criterios de registro o reconocimiento contable contenidos en el Marco Conceptual de la Contabilidad, cumpla el criterio de identificabilidad.

El citado criterio de identificabilidad implica que el inmovilizado cumpla alguno de los dos requisitos siguientes:

a) Sea separable, esto es, susceptible de ser separado de la empresa y vendido, cedido, entregado para su explotación, arrendado o intercambiado.

b) Surja de derechos legales o contractuales, con independencia de que tales derechos sean transferibles o separables de la empresa o de otros derechos u obligaciones.

En ningún caso se reconocerán como inmovilizados intangibles los gastos ocasionados con motivo del establecimiento, las marcas, cabeceras de periódicos o revistas, los sellos o denominaciones editoriales, las listas de clientes u otras partidas similares que se hayan generado internamente.

2. Valoración posterior

Los inmovilizados intangibles son activos de vida útil definida y, por lo tanto, deberán ser objeto de amortización sistemática en el periodo durante el cual se prevé, razonablemente, que los beneficios económicos inherentes al activo produzcan rendimientos para la empresa.

Cuando la vida útil de estos activos no pueda estimarse de manera fiable se amortizarán en un plazo de diez años, sin perjuicio de los plazos establecidos en las normas particulares sobre el inmovilizado intangible.

En todo caso, al menos anualmente, deberá analizarse si existen indicios de deterioro de valor para, en su caso, comprobar su eventual deterioro.

6.ª Normas particulares sobre el inmovilizado intangible

En particular, se aplicarán las normas que se expresan con respecto a los bienes y derechos que en cada caso se indican:

a) Investigación y desarrollo. Los gastos de investigación serán gastos del ejercicio en que se realicen. No obstante, podrán activarse como inmovilizado intangible desde el momento en que cumplan las siguientes condiciones:

   — Estar específicamente individualizados por proyectos y su coste claramente establecido para que pueda ser distribuido en el tiempo.

   — Tener motivos fundados del éxito técnico y de la rentabilidad económico-comercial del proyecto o proyectos de que se trate.

   Los gastos de investigación que figuren en el activo deberán amortizarse durante su vida útil, y siempre dentro del plazo de cinco años; en el caso en que existan dudas razonables sobre el éxito técnico o la rentabilidad económico-comercial del proyecto, los importes registrados en el activo deberán imputarse directamente a pérdidas del ejercicio.

   Los gastos de desarrollo, cuando se cumplan las condiciones indicadas para la activación de los gastos de investigación, se reconocerán en el activo y deberán amortizarse durante su vida útil, que, en principio, se presume, salvo prueba en contrario, que no es superior a cinco años; en el caso en que existan dudas razonables sobre el éxito técnico o la rentabilidad económico-comercial del proyecto, los importes registrados en el activo deberán imputarse directamente a pérdidas del ejercicio.

b) Propiedad industrial. Se contabilizarán en este concepto los gastos de desarrollo capitalizados cuando se obtenga la correspondiente patente o similar, incluido el coste de registro y formalización de la propiedad industrial, sin perjuicio de los importes que también pudieran contabilizarse por razón de adquisición a terceros de los derechos correspondientes. Deben ser objeto de amortización y corrección valorativa por deterioro según lo especificado con carácter general para los inmovilizados intangibles.

c) Derechos de traspaso. Sólo podrán figurar en el activo cuando su valor se ponga de manifiesto en virtud de una adquisición onerosa, debiendo ser objeto de amortización y corrección valorativa por deterioro según lo especificado con carácter general para los inmovilizados intangibles.

d) Los programas de ordenador que cumplan los criterios de reconocimiento del apartado 1 de la norma relativa al inmovilizado intangible, se incluirán en el activo, tanto los adquiridos a terceros como los elaborados por la propia empresa para sí misma, utilizando los medios propios de que disponga, entendiéndose incluidos entre los anteriores los gastos de desarrollo de las páginas web.

   En ningún caso podrán figurar en el activo los gastos de mantenimiento de la aplicación informática.

Se aplicarán los mismos criterios de registro y amortización que los establecidos para los gastos de desarrollo, aplicándose respecto a la corrección valorativa por deterioro los criterios especificados con carácter general para los inmovilizados intangibles.

e) Otros inmovilizados intangibles. Además de los elementos intangibles anteriormente mencionados, existen otros que serán reconocidos como tales en balance, siempre que cumplan los criterios contenidos en el Marco conceptual de la Contabilidad y los requisitos especificados en estas normas de registro y valoración. Entre tales elementos se pueden mencionar los siguientes: concesiones administrativas, derechos comerciales, propiedad intelectual o licencias.

Los elementos anteriores deben ser objeto de amortización y corrección valorativa por deterioro según lo especificado con carácter general para los inmovilizados intangibles.

7.ª Arrendamientos y otras operaciones de naturaleza similar

Se entiende por arrendamiento, a efectos de esta norma, cualquier acuerdo, con independencia de su instrumentación jurídica, por el que el arrendador cede al arrendatario, a cambio de percibir una suma única de dinero o una serie de pagos o cuotas, el derecho a utilizar un activo durante un período de tiempo determinado, con independencia de que el arrendador quede obligado a prestar servicios en relación con la explotación o mantenimiento de dicho activo.

La calificación de los contratos como arrendamientos financieros u operativos depende de las circunstancias de cada una de las partes del contrato, por lo que podrán ser calificados de forma diferente por el arrendatario y el arrendador.

1. Arrendamiento financiero

1.1. Concepto

Cuando de las condiciones económicas de un acuerdo de arrendamiento se deduzca que se transfieren sustancialmente todos los riesgos y beneficios inherentes a la propiedad del activo objeto del contrato, dicho acuerdo deberá calificarse como arrendamiento financiero, y se registrará según los términos establecidos en los apartados siguientes.

En un acuerdo de arrendamiento de un activo con opción de compra, se presumirá que se transfieren sustancialmente todos los riesgos y beneficios inherentes a la propiedad cuando no existan dudas razonables de que se va a ejercitar dicha opción. También se presumirá, salvo prueba en contrario, dicha transferencia, aunque no exista opción de compra, entre otros, en los siguientes casos:

a) Contratos de arrendamiento en los que la propiedad del activo se transfiere, o de sus condiciones se deduzca que se va a transferir al arrendatario al finalizar el plazo del arrendamiento.

b) Contratos en los que el plazo del arrendamiento coincida o cubra la mayor parte de la vida económica del activo, y siempre que de las condiciones pactadas se desprenda la racionalidad económica del mantenimiento de la cesión de uso.

El plazo del arrendamiento es el período no revocable para el cual el arrendatario ha contratado el arrendamiento del activo, junto con cualquier período adicional en el que éste tenga derecho a continuar con el arrendamiento, con o sin pago adicional, siempre que al inicio del arrendamiento se tenga la certeza razonable de que el arrendatario ejercitará tal opción.

c) En aquellos casos en los que, al comienzo del arrendamiento, el valor actual de los pagos mínimos acordados por el arrendamiento suponga la práctica totalidad del valor razonable del activo arrendado. En los pagos mínimos acordados se incluye el pago por la opción de compra cuando no existan dudas razonables sobre su ejercicio y cualquier importe que se haya garantizado, directa o indirectamente, y se excluyen las cuotas de carácter contingente, el coste de los servicios y los impuestos repercutibles por el arrendador.

d) Cuando las especiales características de los activos objeto del arrendamiento hacen que su utilidad quede restringida al arrendatario.

e) El arrendatario puede cancelar el contrato de arrendamiento y las pérdidas sufridas por el arrendador a causa de tal cancelación fueran asumidas por el arrendatario.

f) Los resultados derivados de las fluctuaciones en el valor razonable del importe residual recaen sobre el arrendatario.

g) El arrendatario tiene la posibilidad de prorrogar el arrendamiento durante un segundo período con unos pagos por arrendamiento que sean sustancialmente inferiores a los habituales del mercado.

1.2. Contabilidad del arrendatario

El arrendatario, en el momento inicial, registrará un activo de acuerdo con su naturaleza, según se trate de un elemento del inmovilizado material o del intangible, y un pasivo financiero por el mismo importe, que será el valor razonable del activo arrendado calculado al inicio del mismo, sin incluir los impuestos repercutibles por el arrendador. Adicionalmente, los gastos directos iniciales inherentes a la operación en los que incurra el arrendatario deberán considerarse como mayor valor del activo.

La carga financiera total se distribuirá a lo largo del plazo del arrendamiento y se imputará a la cuenta de pérdidas y ganancias del ejercicio en que se devengue, aplicando el método del tipo de interés efectivo. Las cuotas de carácter contingente, entendidas como los pagos por arrendamiento cuyo importe no es fijo sino que depende de la evolución futura de una variable, serán gastos del ejercicio en que se incurra en ellas.

El arrendatario aplicará a los activos que tenga que reconocer en el balance como consecuencia del arrendamiento los criterios de amortización, deterioro y baja que les correspondan según su naturaleza y a la baja de los pasivos financieros lo dispuesto en el apartado 3 de la norma sobre pasivos financieros.

1.3. Contabilidad del arrendador

El arrendador, en el momento inicial, reconocerá un crédito por el valor actual de los pagos mínimos a recibir por el arrendamiento más el valor residual del activo aunque no esté garantizado.

El arrendador reconocerá el resultado derivado de la operación de arrendamiento según lo dispuesto en el apartado 3 de la norma sobre inmovilizado material, salvo cuando sea el fabricante o distribuidor del bien arrendado, en cuyo caso se considerarán operaciones de tráfico comercial y se aplicarán los criterios contenidos en la norma relativa a ingresos por ventas y prestación de servicios.

La diferencia entre el crédito contabilizado en el activo del balance y la cantidad a cobrar, correspondiente a intereses no devengados se imputará a la cuenta de pérdidas y ganancias del ejercicio en que dichos intereses se devenguen, de acuerdo con el método del tipo de interés efectivo.

Las correcciones de valor por deterioro y la baja de los créditos registrados como consecuencia del arrendamiento se tratarán aplicando los criterios de los apartados 2.1.3 y 4 de la norma relativa a activos financieros.

2. Arrendamiento operativo

Se trata de un acuerdo mediante el cual el arrendador conviene con el arrendatario el derecho a usar un activo durante un período de tiempo determinado a cambio de percibir un importe único o una serie de pagos o cuotas, sin que se trate de un arrendamiento de carácter financiero.

Los ingresos y gastos correspondientes al arrendador y al arrendatario derivados de los acuerdos de arrendamiento operativo serán considerados, respectivamente, como ingreso y gasto del ejercicio en el que los mismos se devenguen, imputándose a la cuenta de pérdidas y ganancias.

Cualquier cobro o pago que pudiera hacerse al contratar un derecho de arrendamiento calificado como operativo se tratará como un cobro o pago anticipado por el arrendamiento, que se imputará a resultados a lo largo del período de arrendamiento a medida que se cedan o reciban los beneficios económicos del activo arrendado.

3. Venta con arrendamiento financiero posterior

Cuando por las condiciones económicas de una enajenación, conectada al posterior arrendamiento de los activos enajenados, se desprenda que se trata de un método de financiación y, en consecuencia, se trate de un arrendamiento financiero, el arrendatario no variará la calificación del activo, ni reconocerá beneficios ni pérdidas derivadas de esta transacción. Adicionalmente, registrará el importe recibido con abono a una partida que ponga de manifiesto el correspondiente pasivo financiero.

La carga financiera total se distribuirá a lo largo del plazo del arrendamiento y se imputará a la cuenta de pérdidas y ganancias del ejercicio en que se devengue, aplicando el método del tipo de interés efectivo. Las cuotas de carácter contingente serán gastos del ejercicio en que se incurra en ellas.

El arrendador contabilizará el correspondiente activo financiero de acuerdo con lo dispuesto en el apartado 1.3 de esta norma.

4. Arrendamientos de terrenos y edificios

Los arrendamientos conjuntos de terrenos y edificios se clasificarán como operativos o financieros con los mismos criterios que los arrendamientos de otro tipo de activo.

No obstante, como normalmente el terreno tiene una vida económica indefinida, en un arrendamiento financiero conjunto, los componentes de terreno y edificio se considerarán de forma separada, clasificándose el correspondiente terreno como un arrendamiento operativo, salvo que se espere que el arrendatario adquiera la propiedad al final del período de arrendamiento.

A estos efectos, los pagos mínimos por el arrendamiento se distribuirán entre el terrero y el edificio en proporción a los valores razonables relativos que representan los derechos de arrendamiento de ambos componentes, a menos que tal distribución no sea fiable, en cuyo caso todo el arrendamiento se clasificará como financiero, salvo que resulte evidente que es operativo.

8.ª Activos financieros

La presente norma resulta de aplicación a los siguientes activos financieros:

- Efectivo y otros activos líquidos equivalentes; es decir, la tesorería depositada en la caja de la empresa, los depósitos bancarios a la vista y los activos financieros que sean convertibles en efectivo y que, en el momento de su adquisición, su vencimiento no fuera superior a tres meses, siempre que no exista riesgo significativo de cambios de valor y formen parte de la política de gestión normal de la tesorería de la empresa.
- Créditos por operaciones comerciales: clientes y deudores varios.
- Créditos a terceros: tales como los préstamos y créditos financieros concedidos, incluidos los surgidos de la venta de activos no corrientes.
- Valores representativos de deuda de otras empresas adquiridos, tales como las obligaciones, bonos y pagarés.
- Instrumentos de patrimonio de otras empresas adquiridos: acciones, participaciones en instituciones de inversión colectiva y otros instrumentos de patrimonio;
- Derivados con valoración favorable para la empresa, entre ellos: futuros, opciones, permutas financieras y compraventa de moneda extranjera a plazo, y
- Otros activos financieros, tales como: depósitos en entidades de crédito, anticipos y créditos al personal, fianzas y depósitos constituidos, dividendos a cobrar y desembolsos exigidos sobre instrumentos de patrimonio propio.

Un activo financiero es cualquier activo que sea dinero en efectivo, un instrumento de patrimonio de otra empresa o suponga un derecho contractual a recibir efectivo u otro activo financiero, o a intercambiar activos o pasivos financieros con terceros en condiciones potencialmente favorables.

Un derivado financiero es un instrumento financiero que cumple las características siguientes:

1. Su valor cambia en respuesta a los cambios en variables, tales como los tipos de interés, los precios de instrumentos financieros y materias primas cotizadas, los tipos de cambio, las calificaciones crediticias y los índices sobre ellos, y, que, en el caso de no ser variables financieras no han de ser específicas para una de las partes del contrato.
2. No requiere una inversión inicial o bien requiere una inversión inferior a la que requieren otro tipo de contratos en los que se podría esperar una respuesta similar ante cambios en las condiciones de mercado.

3. Se liquida en una fecha futura.

 Asimismo, esta norma es aplicable en el tratamiento de las transferencias de activos financieros, como los descuentos comerciales y las operaciones de «factoring».

1. Reconocimiento

La empresa reconocerá un activo financiero en su balance cuando se convierta en una parte obligada del contrato o negocio jurídico conforme a las disposiciones del mismo.

2. Valoración

Los activos financieros, a efectos de su valoración, se clasificarán en alguna de las siguientes categorías:

1. Activos financieros a coste amortizado.
2. Activos financieros mantenidos para negociar.
3. Activos financieros a coste.

2.1. ACTIVOS FINANCIEROS A COSTE AMORTIZADO

En esta categoría se clasificarán, salvo que sea aplicable lo dispuesto en el apartado 2.2 siguiente, los:

a) Créditos por operaciones comerciales: son aquellos activos financieros (clientes y deudores varios) que se originan en la venta de bienes y la prestación de servicios por operaciones de tráfico de la empresa, y

b) Otros activos financieros a coste amortizado: son aquellos activos financieros que, no siendo instrumentos de patrimonio ni derivados, no tienen origen comercial y cuyos cobros son de cuantía determinada o determinable.

Es decir, comprende a los créditos distintos del tráfico comercial, los valores representativos de deuda adquiridos, cotizados o no, los depósitos en entidades de crédito, anticipos y créditos al personal, las fianzas y depósitos constituidos, los dividendos a cobrar y los desembolsos exigidos sobre instrumentos de patrimonio.

2.1.1. *Valoración inicial*

Los activos financieros incluidos en esta categoría se valorarán inicialmente por el coste, que equivaldrá al valor razonable de la contraprestación entregada más los costes de transacción que les sean directamente atribuibles; no obstante, estos últimos podrán registrarse en la cuenta de pérdidas y ganancias en el momento de su reconocimiento inicial.

No obstante lo señalado en el párrafo anterior, los créditos por operaciones comerciales con vencimiento no superior a un año y que no tengan un tipo de interés contractual, así como los anticipos y créditos al personal, las fianzas, los dividendos a cobrar y los desembolsos exigidos sobre instrumentos de patrimonio, cuyo importe se espera recibir en el corto plazo, se podrán valorar por su valor nominal cuando el efecto de no actualizar los flujos de efectivo no sea significativo.

2.1.2. *Valoración posterior*

Los activos financieros incluidos en esta categoría se valorarán por su coste amortizado. Los intereses devengados se contabilizarán en la cuenta de pérdidas y ganancias aplicando el método del tipo de interés efectivo.

Las aportaciones realizadas como consecuencia de un contrato de cuentas en participación y similares se valorarán al coste, incrementado o disminuido por el beneficio o la pérdida, respectivamente, que correspondan a la empresa como partícipe no gestor, menos, en su caso, el importe acumulado de las correcciones valorativas por deterioro.

No obstante lo anterior, los activos con vencimiento no superior a un año que, de acuerdo con lo dispuesto en el apartado anterior, se valoren inicialmente por su valor nominal, continuarán valorándose por dicho importe, salvo que se hubieran deteriorado.

2.1.3. *Deterioro del valor*

Al menos al cierre del ejercicio, deberán efectuarse las correcciones valorativas necesarias, siempre que exista evidencia objetiva de que el valor de un activo financiero o de un grupo de activos financieros con similares características de riesgo valorados colectivamente se ha deteriorado como resultado de uno o más eventos que hayan ocurrido después de su reconocimiento inicial y que ocasionen una reducción o retraso en los flujos de efectivo estimados futuros, que pueden venir motivados por la insolvencia del deudor.

La pérdida por deterioro del valor de estos activos financieros será la diferencia entre su valor en libros y el valor actual de los flujos de efectivo futuros que se estima van a generar, descontados al tipo de interés efectivo calculado en el momento de su reconocimiento inicial. Para los activos financieros a tipo de interés variable, se empleará el tipo de interés efectivo que corresponda a la fecha de cierre de las cuentas anuales de acuerdo con las condiciones contractuales. En el cálculo de las pérdidas por deterioro de un grupo de activos financieros se podrán utilizar modelos basados en fórmulas o métodos estadísticos.

En su caso, como sustituto del valor actual de los flujos de efectivo futuros, se utilizará el valor de cotización del activo, siempre que éste sea lo suficientemente fiable como para considerarlo representativo del valor que pudiera recuperar la empresa.

Las correcciones valorativas por deterioro, así como su reversión cuando el importe de dicha pérdida disminuyese por causas relacionadas con un evento posterior, se reconocerán como un gasto o un ingreso, respectivamente, en la cuenta de pérdidas y ganancias. La reversión del deterioro tendrá como límite el valor en libros del crédito que estaría reconocido en la fecha de reversión si no se hubiese registrado el deterioro del valor.

2.2. Activos financieros mantenidos para negociar

Se considera que un activo financiero (préstamo o crédito comercial o no, valor representativo de deuda, instrumento de patrimonio o derivado) se posee para negociar cuando:

a) Se origine o adquiera con el propósito de venderlo en el corto plazo (por ejemplo, valores representativos de deuda, cualquiera que sea su plazo de vencimiento, o instrumentos de patrimonio, cotizados, que se adquieren para venderlos en el corto plazo), o
b) Sea un instrumento financiero derivado, siempre que no sea un contrato de garantía financiera ni haya sido designado como instrumento de cobertura. A estos efectos:
   — Un contrato de garantía financiera es aquel que exige que el emisor efectúe pagos específicos para reembolsar al tenedor por la pérdida en la que incurre cuando un deudor específico incumpla su obligación de pago de acuerdo con las condiciones, originales o modificadas, de un instrumento de deuda, tal como una fianza o un aval.
   — Un derivado es designado como instrumento de cobertura para cubrir un riesgo específicamente identificado que puede tener impacto en la cuenta de pérdidas y ganancias, como puede ser la cobertura del riesgo de tipo de cambio relacionado con compras y ventas en moneda extranjera o la contratación de una permuta financiera para cubrir el riesgo de tipo de interés.

La empresa no podrá reclasificar un activo financiero incluido inicialmente en esta categoría a otras, salvo cuando proceda calificar a una inversión como inversión en el patrimonio de empresas del grupo, multigrupo o asociadas.

No se podrá reclasificar ningún activo financiero incluido en las restantes categorías previstas en esta norma a la categoría de mantenidos para negociar.

2.2.1. *Valoración inicial*

Los activos financieros mantenidos para negociar se valorarán inicialmente por el coste, que equivaldrá al valor razonable de la contraprestación entregada. Los costes de transacción que les sean directamente atribuibles se reconocerán en la cuenta de pérdidas y ganancias del ejercicio.

Tratándose de instrumentos de patrimonio, formará parte de la valoración inicial el importe de los derechos preferentes de suscripción y similares que, en su caso, se hubiesen adquirido.

2.2.2. *Valoración posterior*

Los activos financieros mantenidos para negociar se valorarán por su valor razonable, sin deducir los costes de transacción en que se pudiera incurrir en su enajenación.

Los cambios que se produzcan en el valor razonable se imputarán en la cuenta de pérdidas y ganancias del ejercicio.

2.3. Activos financieros a coste

En esta categoría se clasificarán las inversiones en el patrimonio de empresas del grupo, multigrupo y asociadas, tal como éstas se definen en la norma 11.ª de elaboración de las cuentas anuales, y los demás instrumentos de patrimonio, salvo que a estos últimos les sea aplicable lo dispuesto en el apartado 2.2 anterior.

2.3.1. *Valoración inicial*

Las inversiones en los instrumentos de patrimonio incluidas en esta categoría se valorarán inicialmente al coste, que equivaldrá al valor razonable de la contraprestación entregada más los costes de transacción que les sean directamente atribuibles, debiéndose aplicar, en su caso, para las participaciones en empresas del grupo, el criterio incluido en el apartado 2 de la norma relativa a operaciones entre empresas del grupo y los criterios para determinar el coste de la combinación establecidos en la norma sobre combinaciones de negocios del Plan General de Contabilidad.

Formará parte de la valoración inicial el importe de los derechos preferentes de suscripción y similares que, en su caso, se hubiesen adquirido.

2.3.2 *Valoración posterior*

Las inversiones en instrumentos de patrimonio incluidos en esta categoría se valorarán por su coste, menos, en su caso, el importe acumulado de las correcciones valorativas por deterioro.

Cuando deba asignarse valor a estos activos por baja del balance u otro motivo, se aplicará el método del coste medio ponderado por grupos homogéneos, entendiéndose por éstos los valores que tienen iguales derechos.

En el caso de venta de derechos preferentes de suscripción y similares, o segregación de los mismos para ejercitarlos, el importe del coste de los derechos disminuirá el valor contable de los respectivos activos. Dicho coste se determinará aplicando alguna fórmula valorativa de general aceptación.

2.3.3. *Deterioro del valor*

Al menos al cierre del ejercicio, deberán efectuarse las correcciones valorativas necesarias, siempre que exista evidencia objetiva de que el valor en libros de una inversión no será recuperable.

El importe de la corrección valorativa será la diferencia entre su valor en libros y el importe recuperable, entendido éste como el mayor importe entre su valor razonable menos los costes de venta y el valor actual de los flujos de efectivo futuros derivados de la inversión, calculados, bien mediante la estimación de los que se espera recibir como consecuencia del reparto de dividendos realizado por la empresa participada y de la enajenación o baja en cuentas de la inversión en la misma, bien mediante la estimación de su participación en los flujos de efectivo que se espera sean generados por la empresa participada, procedentes tanto de sus actividades ordinarias como de su enajenación o baja en cuentas.

Salvo mejor evidencia del importe recuperable de las inversiones en el patrimonio de empresas del grupo, multigrupo y asociadas, en la estimación del deterioro de esta clase de activos se tomará en consideración el patrimonio neto de la entidad participada corregido por las plusvalías tácitas existentes en la fecha de la valoración.

En las inversiones en el patrimonio de empresas que no sean del grupo, multigrupo o asociadas admitidas a cotización, como sustituto del valor actual de los flujos de efectivo futuros se utilizará el valor de cotización del activo, siempre que éste sea lo suficientemente fiable como para considerarlo representativo del valor que pudiera recuperar la empresa. Tratándose de inversiones no admitidas a cotización, se tomará en consideración el patrimonio neto de la entidad participada corregido por las plusvalías tácitas existentes en la fecha de la valoración.

Las correcciones valorativas por deterioro y, en su caso, su reversión, se registrarán como un gasto o un ingreso, respectivamente, en la cuenta de pérdidas y ganancias. La reversión del deterioro tendrá como límite el valor en libros de la inversión que estaría reconocida en la fecha de reversión si no se hubiese registrado el deterioro del valor.

3. Intereses y dividendos recibidos de activos financieros

Los intereses y dividendos de activos financieros devengados con posterioridad al momento de la adquisición se reconocerán como ingresos en la cuenta de pérdidas y ganancias. Los intereses deben reconocerse utilizando el método del tipo de interés efectivo y los dividendos cuando se declare el derecho del socio a recibirlo.

A estos efectos, en la valoración inicial de los activos financieros se registrarán de forma independiente, atendiendo a su vencimiento, el importe de los intereses explícitos devengados y no vencidos en dicho momento, así como el importe de los dividendos acordados por el órgano competente en el momento de la adquisición. A estos efectos, se entenderá por «intereses explícitos» aquellos que se obtienen de aplicar el tipo de interés contractual del instrumento financiero.

Asimismo, si los dividendos distribuidos proceden inequívocamente de resultados generados con anterioridad a la fecha de adquisición porque se hayan distribuido importes superiores a los beneficios generados por la participada desde la adquisición, no se reconocerán como ingresos, y minorarán el valor contable de la inversión.

El juicio sobre si se han generado beneficios por la participada se realizará atendiendo exclusivamente a los beneficios contabilizados en la cuenta de pérdidas y ganancias individual desde la fecha de adquisición, salvo que de forma indubitada el reparto con cargo a dichos beneficios deba calificarse como una recuperación de la inversión desde la perspectiva de la entidad que recibe el dividendo.

4. Baja de activos financieros

La empresa dará de baja un activo financiero, o parte del mismo, cuando expiren los derechos derivados del mismo o se haya cedido su titularidad, siempre y cuando el cedente se haya desprendido de los riesgos y beneficios significativos inherentes a la propiedad del activo (tal como las ventas en firme de activos o las ventas de activos financieros con pacto de recompra por su valor razonable).

En las operaciones de cesión en las que, de acuerdo con lo anterior, no proceda dar de baja el activo financiero (como es el caso del descuento de efectos, del «factoring con recurso», de las ventas de activos financieros con pacto de recompra a un precio fijo o al precio de venta más un interés, de las cesiones de activos en las que la empresa cedente retiene el riesgo de crédito o la obligación de pagar intereses hasta que se cobre el principal al deudor), se registrará adicionalmente el pasivo financiero derivado de los importes recibidos.

9.ª Pasivos financieros

La presente norma resulta de aplicación a los siguientes pasivos financieros:

— Débitos por operaciones comerciales: proveedores y acreedores varios.
— Deudas con entidades de crédito.
— Obligaciones y otros valores negociables emitidos, tales como: bonos y pagarés.
— Derivados con valoración desfavorable para la empresa, entre ellos: futuros, opciones, permutas financieras y compraventa de moneda extranjera a plazo.
— Deudas con características especiales, y
— Otros pasivos financieros: deudas con terceros, tales como los préstamos y créditos financieros recibidos de personas o empresas que no sean entidades de crédito, incluidos los surgidos en la compra de activos no corrientes, fianzas y depósitos recibidos y desembolsos exigidos por terceros sobre participaciones.

Los instrumentos financieros emitidos, incurridos o asumidos se clasificarán como pasivos financieros, en su totalidad o en una de sus partes, siempre que, de acuerdo con su realidad económica, supongan para la empresa una obligación contractual, directa o indirecta, de entregar efectivo u otro activo financiero, o de intercambiar activos o pasivos financieros con terceros en condiciones potencialmente desfavorables, tal como un instrumento financiero que prevea su recompra obligatoria por parte del emisor, o que otorgue al tenedor el derecho a exigir al emisor su rescate en una fecha y por un importe determinado o determinable, o a recibir una remuneración predeterminada siempre que haya beneficios distribuibles. En particular, determinadas acciones rescatables y acciones o participaciones sin voto.

1. Reconocimiento

La empresa reconocerá un pasivo financiero en su balance cuando se convierta en una parte obligada del contrato o negocio jurídico conforme a las disposiciones del mismo.

2. Valoración

Los pasivos financieros, a efectos de su valoración, se clasificarán en alguna de las siguientes categorías:

1. Pasivos financieros a coste amortizado.
2. Pasivos financieros mantenidos para negociar.

2.1. Pasivos financieros a coste amortizado

En esta categoría se clasificarán, salvo que sea aplicable lo dispuesto en el apartado 2.2 siguiente, los:

a) Débitos por operaciones comerciales (proveedores y acreedores varios): son aquellos pasivos financieros que se originan en la compra de bienes y servicios por operaciones de tráfico de la empresa, y

b) Débitos por operaciones no comerciales: son aquellos pasivos financieros que, no siendo instrumentos derivados, no tienen origen comercial.

2.1.1. *Valoración inicial*

Los pasivos financieros incluidos en esta categoría se valorarán inicialmente por el coste, que equivaldrá al valor razonable de la contraprestación recibida ajustado por los costes de transacción que les sean directamente atribuibles; no obstante, estos últimos, así como las comisiones financieras que se carguen a la empresa cuando se originen las deudas con terceros, podrán registrarse en la cuenta de pérdidas y ganancias en el momento de su reconocimiento inicial.

No obstante lo señalado en el párrafo anterior, los débitos por operaciones comerciales con vencimiento no superior a un año y que no tengan un tipo de interés contractual, así como las fianzas y los desembolsos exigidos por terceros sobre participaciones, cuyo importe se espera pagar en el corto plazo, se podrán valorar por su valor nominal cuando el efecto de no actualizar los flujos de efectivo no sea significativo.

2.1.2. *Valoración posterior*

Los pasivos financieros incluidos en esta categoría se valorarán por su coste amortizado. Los intereses devengados se contabilizarán en la cuenta de pérdidas y ganancias, aplicando el método del tipo de interés efectivo.

Las aportaciones recibidas como consecuencia de un contrato de cuentas en participación y similares, se valorarán al coste, incrementado o disminuido por el beneficio o la pérdida, respectivamente, que deba atribuirse a los partícipes no gestores.

No obstante lo anterior, los débitos con vencimiento no superior a un año que, de acuerdo con lo dispuesto en el apartado anterior, se valoren inicialmente por su valor nominal, continuarán valorándose por dicho importe.

2.2. Pasivos financieros mantenidos para negociar

Se considera que un pasivo financiero se posee para negociar cuando sea un instrumento financiero derivado, según se define en la norma sobre activos financieros, siempre que no sea un contrato de garantía financiera ni haya sido designado como instrumento de cobertura, según se definen en el apartado 2.2.*b*) de la norma relativa a activos financieros.

En ningún caso la empresa podrá reclasificar un pasivo financiero incluido inicialmente en esta categoría a la de pasivos financieros a coste amortizado, ni viceversa.

2.2.1. *Valoración inicial y posterior*

En la valoración de los pasivos financieros incluidos en esta categoría se aplicarán los criterios señalados en el apartado 2.2 de la norma relativa a activos financieros.

3. Baja de pasivos financieros

La empresa dará de baja un pasivo financiero cuando la obligación se haya extinguido. También dará de baja los pasivos financieros propios que adquiera, aunque sea con la intención de recolocarlos en el futuro.

Si se produjese un intercambio de instrumentos de deuda entre un prestamista y un prestatario, siempre que éstos tengan condiciones sustancialmente diferentes, se registrará la baja del pasivo financiero original y se reconocerá el nuevo pasivo financiero que surja. De la misma forma, se registrará una modificación sustancial de las condiciones actuales de un pasivo financiero.

La diferencia entre el valor en libros del pasivo financiero, o de la parte del mismo que se haya dado de baja, y la contraprestación pagada, incluidos los costes de transacción atribuibles, y en la que se recogerá, asimismo, cualquier activo cedido diferente del efectivo o pasivo asumido, se reconocerá en la cuenta de pérdidas y ganancias del ejercicio en que tenga lugar.

En el caso de un intercambio de instrumentos de deuda que no tengan condiciones sustancialmente diferentes, el pasivo financiero original no se dará de baja del balance. El coste amortizado del pasivo financiero se determinará aplicando el tipo de interés efectivo, que será aquel que iguale el valor en libros del pasivo financiero en la fecha de modificación con los flujos de efectivo a pagar según las nuevas condiciones.

A estos efectos, las condiciones de los contratos se considerarán sustancialmente diferentes cuando el valor actual de los flujos de efectivo del nuevo pasivo financiero, incluyendo las comisiones netas cobradas o pagadas, sea diferente, al menos en un 10 por 100 del valor actual de los flujos de efectivo remanentes del pasivo financiero original, actualizados ambos al tipo de interés efectivo de éste.

10.ª Contratos financieros particulares

1. Activos financieros híbridos

Los activos financieros híbridos son aquellos que combinan un contrato principal no derivado y un derivado financiero, denominado derivado implícito, que no puede ser transferido de manera independiente y cuyo efecto es que algunos de los flujos de efectivo del activo híbrido varían de forma similar a los flujos de efectivo del derivado considerado de forma independiente (por ejemplo, bonos referenciados al precio de unas acciones o a la evolución de un índice bursátil).

Los activos financieros híbridos se valorarán inicialmente por el coste, que equivaldrá al valor razonable de la contraprestación entregada. Los costes de transacción que les sean directamente atribuibles se reconocerán en la cuenta de pérdidas y ganancias del ejercicio.

Con posterioridad al reconocimiento inicial, se valorarán por su valor razonable, sin deducir los costes de transacción en que se pudiera incurrir en su enajenación. Los cambios que se produzcan en el valor razonable se imputarán en la cuenta de pérdidas y ganancias del ejercicio.

Excepcionalmente, en aquellos casos en que el valor razonable no esté a disposición de la empresa, se podrán valorar al coste, menos, en su caso, el importe acumulado de las correcciones valorativas por deterioro.

En caso de que la entidad posea activos financieros híbridos valorados por su valor razonable, creará, a efectos de valoración y presentación de la información, la categoría «Otros activos financieros a valor razonable».

2. Contratos que se mantengan con el propósito de recibir o entregar un activo no financiero

Los contratos que se mantengan con el propósito de recibir o entregar un activo no financiero, de acuerdo con las necesidades de compra, venta o utilización de dichos activos por parte de la empresa, se tratarán como anticipos a cuenta o compromisos, de compras o ventas, según proceda.

No obstante, se reconocerán y valorarán, según lo dispuesto en relación con los derivados en las normas sobre activos y pasivos financieros, aquellos contratos que se puedan liquidar por diferencias, en efectivo o en otro instrumento financiero, o bien mediante el intercambio de instrumentos financieros o, aun cuando se liquiden mediante la entrega de un activo no financiero, la empresa tenga la práctica de venderlo en un período de tiempo corto e inferior al período normal del sector en que opere la empresa con la intención de obtener una ganancia por su intermediación o por las fluctuaciones de su precio, o el activo no financiero sea fácilmente convertible en efectivo.

11.ª Instrumentos de patrimonio propio

Un instrumento de patrimonio es cualquier negocio jurídico que evidencia, o refleja, una participación residual en los activos de la empresa que los emite una vez deducidos todos sus pasivos.

En el caso de que la empresa realice cualquier tipo de transacción con sus propios instrumentos de patrimonio, el importe de estos instrumentos se registrará en el patrimonio neto como una variación de los fondos propios, y en ningún caso podrán ser reconocidos como activos financieros de la empresa ni se registrará resultado alguno en la cuenta de pérdidas y ganancias.

Los gastos derivados de estas transacciones, incluidos los gastos de emisión de estos instrumentos, tales como honorarios de letrados, notarios, y registradores; impresión de memorias, boletines y títulos; tributos; publicidad; comisiones y otros gastos de colocación, se registrarán directamente contra el patrimonio neto como menores reservas.

Los gastos derivados de una transacción de patrimonio propio, de la que se haya desistido o se haya abandonado, se reconocerán en la cuenta de pérdidas y ganancias.

12.ª Existencias

1. Valoración inicial

Los bienes y servicios comprendidos en las existencias se valorarán por su coste, ya sea el precio de adquisición o el coste de producción.

Los impuestos indirectos que gravan las existencias sólo se incluirán en el precio de adquisición o coste de producción cuando no sean recuperables directamente de la Hacienda Pública.

En las existencias que necesiten un período de tiempo superior a un año para estar en condiciones de ser vendidas, se incluirán en el precio de adquisición o coste de producción los gastos financieros, en los términos previstos en la norma sobre el inmovilizado material.

Los anticipos a proveedores a cuenta de suministros futuros de existencias se valorarán por su coste.

Los débitos por operaciones comerciales se valorarán de acuerdo con lo dispuesto en la norma relativa a pasivos financieros.

1.1. Precio de adquisición

El precio de adquisición incluye el importe facturado por el vendedor después de deducir cualquier descuento, rebaja en el precio u otras partidas similares, así como los intereses incorporados al nominal de los débitos, y se añadirán todos los gastos adicionales que se produzcan hasta que los bienes se hallen ubicados para su venta, tales como transportes, aranceles de aduanas, seguros y otros directamente atribuibles a la adquisición de las existencias.

No obstante lo anterior, podrán incluirse los intereses incorporados a los débitos con vencimiento no superior a un año que no tengan un tipo de interés contractual cuando el efecto de no actualizar los flujos de efectivo no sea significativo.

1.2. Coste de producción

El coste de producción se determinará añadiendo al precio de adquisición de las materias primas y otras materias consumibles los costes directamente imputables al producto. También deberá añadirse la parte que razonablemente corresponda de los costes indirectamente imputables a los productos de que se trate, en la medida en que tales costes correspondan al período de fabricación, elaboración o construcción en los que se haya incurrido al ubicarlos para su venta y se basen en el nivel de utilización de la capacidad normal de trabajo de los medios de producción.

1.3. Métodos de asignación de valor

Cuando se trate de asignar valor a bienes concretos que forman parte de un inventario de bienes intercambiables entre sí, se adoptará, con carácter general, el método del precio medio o coste medio ponderado. El método FIFO es aceptable y puede adoptarse si la empresa lo considerase más conveniente para su gestión. Se utilizará un único método de asignación de valor para todas las existencias que tengan una naturaleza y uso similares.

Cuando se trate de bienes no intercambiables entre sí o bienes producidos y segregados para un proyecto específico, el valor se asignará identificando el precio o los costes específicamente imputables a cada bien individualmente considerado.

1.4. Coste de las existencias en la prestación de servicios

Los criterios indicados en los apartados precedentes resultarán aplicables para determinar el coste de las existencias de los servicios. En concreto, las existencias incluirán el coste de producción de los servicios en tanto aún no se haya reconocido el ingreso por prestación de servicios correspondiente conforme a lo establecido en la norma relativa a ingresos por ventas y prestación de servicios.

2. Valoración posterior

Cuando el valor neto realizable de las existencias sea inferior a su precio de adquisición o a su coste de producción, se efectuarán las oportunas correcciones valorativas, reconociéndolas como un gasto en la cuenta de pérdidas y ganancias.

En el caso de las materias primas y otras materias consumibles en el proceso de producción, no se realizará corrección valorativa siempre que se espere que los productos terminados a los que se incorporen sean vendidos por encima del coste. Cuando proceda realizar corrección valorativa, el precio de reposición de las materias primas y otras materias consumibles puede ser la mejor medida disponible de su valor neto realizable.

Adicionalmente, los bienes o servicios que hubiesen sido objeto de un contrato de venta o de prestación de servicios en firme cuyo cumplimiento deba tener lugar posteriormente, no serán objeto de la corrección valorativa, a condición de que el precio de venta estipulado en dicho contrato cubra, como mínimo, el coste de tales bienes o servicios, más todos los costes pendientes de realizar que sean necesarios para la ejecución del contrato.

Si las circunstancias que causaron la corrección del valor de las existencias hubiesen dejado de existir, el importe de la corrección será objeto de reversión, reconociéndolo como un ingreso en la cuenta de pérdidas y ganancias.

13.ª Moneda extranjera

Una transacción en moneda extranjera es aquella cuyo importe se denomina o exige su liquidación en una moneda distinta del euro.

A los efectos de esta norma, los elementos patrimoniales se diferenciarán, según su consideración, en:

a) Partidas monetarias: son el efectivo, así como los activos y pasivos que se vayan a recibir o pagar con una cantidad determinada o determinable de unidades monetarias.

Se incluyen, entre otros, los préstamos y otras partidas a cobrar, los débitos y otras partidas a pagar y las inversiones en valores representativos de deuda que cumplan los requisitos anteriores.

b) Partidas no monetarias: son los activos y pasivos que no se consideren partidas monetarias, es decir, que se vayan a recibir o pagar con una cantidad no determinada ni determinable de unidades monetarias. Se incluyen, entre otros, los inmovilizados materiales, inversiones inmobiliarias, inmovilizados intangibles, las existencias, las inversiones en el patrimonio de otras empresas que cumplan los requisitos anteriores, así como los anticipos a cuenta de compras o ventas.

1. Valoración inicial

Toda transacción en moneda extranjera se convertirá al euro mediante la aplicación al importe en moneda extranjera del tipo de cambio de contado, es decir, del tipo de cambio utilizado en las transacciones con entrega inmediata, entre ambas monedas, en la fecha de la transacción, entendida como aquella en la que se cumplan los requisitos para su reconocimiento.

Se podrá utilizar un tipo de cambio medio del período (como máximo mensual) para todas las transacciones que tengan lugar durante ese intervalo en cada una de las clases de moneda extranjera en que éstas se hayan realizado, salvo que dicho tipo haya sufrido variaciones significativas durante el intervalo de tiempo considerado.

2. Valoración posterior

2.1. Partidas monetarias

Al cierre del ejercicio se valorarán aplicando el tipo de cambio de cierre, entendido como el tipo de cambio medio de contado existente en esa fecha.

Las diferencias de cambio, tanto positivas como negativas, que se originen en este proceso, así como las que se produzcan al liquidar dichos elementos patrimoniales, se reconocerán en la cuenta de pérdidas y ganancias del ejercicio en el que surjan.

2.2. Partidas no monetarias

2.2.1. *Partidas no monetarias valoradas a coste histórico.*

Se valorarán aplicando el tipo de cambio de la fecha de la transacción.

Cuando un activo denominado en moneda extranjera se amortice, las dotaciones a la amortización se calcularán sobre el importe en euros aplicando el tipo de cambio de la fecha en que fue registrado inicialmente.

La valoración así obtenida no podrá exceder, en cada cierre posterior, del importe recuperable en ese momento, aplicando a este valor, si fuera necesario, el tipo de cambio de cierre; es decir, de la fecha a la que se refieren las cuentas anuales. Cuando, de acuerdo con lo dispuesto en la norma relativa a activos financieros, se deba determinar el patrimonio neto de una empresa participada corregido, en su caso, por las plusvalías tácitas existentes en la fecha de valoración, se aplicará el tipo de cambio de cierre al patrimonio neto y a las plusvalías tácitas existentes a esa fecha.

2.2.2. *Partidas no monetarias valoradas a valor razonable*

Se valorarán aplicando el tipo de cambio de la fecha de determinación del valor razonable, registrándose en el resultado del ejercicio cualquier diferencia de cambio incluida en las pérdidas o ganancias derivadas de cambios en la valoración.

14.ª Impuesto sobre el Valor Añadido (IVA), Impuesto General Indirecto Canario (IGIC) y otros impuestos indirectos

El IVA soportado no deducible formará parte del precio de adquisición de los activos corrientes y no corrientes, así como de los servicios que sean objeto de las operaciones gravadas por el impuesto. En el caso de autoconsumo interno, esto es, producción propia con destino al inmovilizado de la empresa, el IVA no deducible se adicionará al coste de los respectivos activos no corrientes.

No alterarán las valoraciones iniciales las rectificaciones en el importe del IVA soportado no deducible, consecuencia de la regularización derivada de la prorrata definitiva, incluida la regularización por bienes de inversión.

El IVA repercutido no formará parte del ingreso derivado de las operaciones gravadas por dicho impuesto o del importe neto obtenido en la enajenación o disposición por otra vía en el caso de baja en cuentas de activos no corrientes.

Las reglas sobre el IVA soportado no deducible serán aplicables, en su caso, al IGIC y a cualquier otro impuesto indirecto soportado en la adquisición de activos o servicios que no sea recuperable directamente de la Hacienda Pública.

Las reglas sobre el IVA repercutido serán aplicables, en su caso, al IGIC y a cualquier otro impuesto indirecto que grave las operaciones realizadas por la empresa y que sea recibido por cuenta de la Hacienda Pública. Sin embargo, se contabilizarán como gastos y, por tanto, no reducirán la cifra de negocios aquellos tributos que para determinar la cuota a ingresar tomen como referencia la cifra de negocios u otra magnitud relacionada, pero cuyo hecho imponible no sea la operación por la que se transmiten los activos o se prestan los servicios.

15.º Impuestos sobre beneficios

Los impuestos sobre el beneficio a los que se refiere esta norma son aquellos impuestos directos que se liquidan a partir de un resultado empresarial calculado de acuerdo con las normas fiscales.

Cuando dicho cálculo no se realice en función de las transacciones económicas reales, sino mediante la utilización de signos, índices y módulos objetivos, no se aplicará la parte de esta norma que corresponda al impuesto diferido, sin perjuicio de que cuando estos procedimientos se apliquen sólo parcialmente en el cálculo del impuesto o en la determinación de las rentas puedan surgir activos o pasivos por impuesto diferido.

1. Activos y pasivos por impuesto corriente

El impuesto corriente es la cantidad que satisface la empresa como consecuencia de las liquidaciones fiscales del impuesto o impuestos sobre el beneficio relativas a un ejercicio.

Las deducciones y otras ventajas fiscales en la cuota del impuesto, excluidas las retenciones y pagos a cuenta, así como las pérdidas fiscales compensables de ejercicios anteriores y aplicadas efectivamente en éste, darán lugar a un menor importe del impuesto corriente. No obstante, aquellas deducciones y otras ventajas fiscales en la cuota del impuesto que tengan una naturaleza económica asimilable a las subvenciones se podrán registrar de acuerdo con lo dispuesto en el apartado 4 de esta norma y en la norma relativa a subvenciones, donaciones y legados recibidos.

El impuesto corriente correspondiente al ejercicio presente y a los anteriores se reconocerá como un pasivo en la medida en que esté pendiente de pago. En caso contrario, si la cantidad ya pagada, correspondiente al ejercicio presente y a los anteriores, excediese del impuesto corriente por esos ejercicios, el exceso se reconocerá como un activo.

2. Activos y pasivos por impuesto diferido

2.1. Diferencias temporarias

Las diferencias temporarias son aquellas derivadas de la diferente valoración, contable y fiscal, atribuida a los activos, pasivos y determinados instrumentos de patrimonio propio de la empresa, en la medida en que tengan incidencia en la carga fiscal futura.

La valoración fiscal de un activo, pasivo o instrumento de patrimonio propio, denominada base fiscal, es el importe atribuido a dicho elemento de acuerdo con la legislación fiscal aplicable. Puede existir algún elemento que tenga base fiscal aunque carezca de valor contable y, por tanto, no figure reconocido en el balance.

Estas diferencias se producen:

a) Normalmente, por la existencia de diferencias temporales entre la base imponible y el resultado contable antes de impuestos, cuyo origen se encuentra en los diferentes criterios temporales de imputación empleados para determinar ambas magnitudes y que, por tanto, revierten en períodos subsiguientes.

b) En otros casos, tales como los derivados de los ingresos y gastos registrados directamente en el patrimonio neto que no se computan en la base imponible, como sucede con las subvenciones, donaciones y legados recibidos de terceros no socios, siempre que los mismos difieran de los atribuidos a efectos fiscales.

Las diferencias temporarias se clasifican en:

a) Diferencias temporarias imponibles, que son aquellas que darán lugar a mayores cantidades a pagar o menores cantidades a devolver por impuestos en ejercicios futuros, normalmente a medida que se recuperen los activos o se liquiden los pasivos de los que se derivan.

b) Diferencias temporarias deducibles, que son aquellas que darán lugar a menores cantidades a pagar o mayores cantidades a devolver por impuestos en ejercicios futuros, normalmente a medida que se recuperen los activos o se liquiden los pasivos de los que se derivan.

2.2. Pasivos por impuesto diferido

En general, se reconocerá un pasivo por impuesto diferido por todas las diferencias temporarias imponibles, a menos que éstas hubiesen surgido del reconocimiento inicial de un activo o pasivo en una transacción que no es una combinación de negocios y además no afectó ni al resultado contable ni a la base imponible del impuesto.

Una combinación de negocios es una operación en la que una empresa adquiere el control de uno o varios negocios, según se definen en el apartado 2 de la norma relativa a operaciones entre empresas del grupo.

2.3. Activos por impuesto diferido

De acuerdo con el principio de prudencia solo se reconocerán activos por impuesto diferido en la medida en que resulte probable que la empresa disponga de ganancias fiscales futuras que permitan la aplicación de estos activos.

Siempre que se cumpla la condición anterior, se reconocerá un activo por impuesto diferido en los supuestos siguientes:

a) Por las diferencias temporarias deducibles;

b) Por el derecho a compensar en ejercicios posteriores las pérdidas fiscales;
c) Por las deducciones y otras ventajas fiscales no utilizadas, que queden pendientes de aplicar fiscalmente.

Sin perjuicio de lo anterior, no se reconocerá un activo por impuesto diferido cuando la diferencia temporaria deducible haya surgido por el reconocimiento inicial de un activo o pasivo en una transacción que no sea una combinación de negocios, en los términos indicados en el apartado anterior, y además no afectó ni al resultado contable ni a la base imponible del impuesto.

En la fecha de cierre de cada ejercicio, la empresa reconsiderará los activos por impuesto diferido reconocidos y aquellos que no haya reconocido anteriormente. En ese momento, la empresa dará de baja un activo reconocido anteriormente si ya no resulta probable su recuperación, o registrará cualquier activo de esta naturaleza no reconocido anteriormente, siempre que resulte probable que la empresa disponga de ganancias fiscales futuras en cuantía suficiente que permitan su aplicación.

3. Valoración de los activos y pasivos por impuesto corriente y diferido

Los activos y pasivos por impuesto corriente se valorarán por las cantidades que se espera pagar o recuperar de las autoridades fiscales, de acuerdo con la normativa vigente o aprobada y pendiente de publicación en la fecha de cierre del ejercicio.

Los activos y pasivos por impuesto diferido se valorarán según los tipos de gravamen esperados en el momento de su reversión, según la normativa que esté vigente o aprobada y pendiente de publicación en la fecha de cierre del ejercicio, y de acuerdo con la forma en que racionalmente se prevea recuperar o pagar el activo o el pasivo.

En su caso, la modificación de la legislación tributaria —en especial la modificación de los tipos de gravamen— y la evolución de la situación económica de la empresa darán lugar a la correspondiente variación en el importe de los pasivos y activos por impuesto diferido.

Los activos y pasivos por impuesto diferido no deben ser descontados.

4. Gasto (ingreso) por impuesto sobre beneficios

El gasto (ingreso) por impuesto sobre beneficios del ejercicio comprenderá la parte relativa al gasto (ingreso) por el impuesto corriente y la parte correspondiente al gasto (ingreso) por el impuesto diferido.

El gasto o el ingreso por impuesto corriente se corresponderá con la cancelación de las retenciones y pagos a cuenta, así como con el reconocimiento de los pasivos y activos por impuesto corriente.

El gasto o el ingreso por impuesto diferido se corresponderá con el reconocimiento y la cancelación de los pasivos y activos por impuesto diferido, así como, en su caso, por el reconocimiento e imputación a la cuenta de pérdidas y ganancias del ingreso directamente imputado al patrimonio neto que pueda resultar de la contabilización de aquellas deducciones y otras ventajas fiscales que tengan la naturaleza económica de subvención.

En el caso particular de una empresa en la que todas las diferencias temporarias al inicio y cierre del ejercicio hayan sido originadas por diferencias temporales entre la base imponible y el resultado contable antes de impuestos, el gasto o el ingreso por impuesto diferido se podrá valorar directamente mediante la suma algebraica de las cantidades siguientes, cada una con el signo que corresponda:

a) Los importes que resulten de aplicar el tipo de gravamen apropiado al importe de cada una de las diferencias indicadas, reconocidas o aplicadas en el ejercicio, y a las bases imponibles negativas a compensar en ejercicios posteriores, reconocidas o aplicadas en el ejercicio.
b) Los importes de las deducciones y otras ventajas fiscales pendientes de aplicar en ejercicios posteriores, reconocidas o aplicadas en el ejercicio, así como, en su caso, por el reconocimiento e imputación a la cuenta de pérdidas y ganancias del ingreso directamente imputado al patrimonio neto que pueda resultar de la contabilización de aquellas deducciones y otras ventajas fiscales en la cuota del impuesto que tengan una naturaleza económica asimilable a las subvenciones.

c) Los importes derivados de cualquier ajuste valorativo de los pasivos o activos por impuesto diferido, normalmente por cambios en los tipos de gravamen, o de las circunstancias que afectan a la eliminación o reconocimiento posteriores de tales pasivos o activos.

Tanto el gasto o el ingreso por impuesto corriente como diferido, se inscribirán en la cuenta de pérdidas y ganancias. No obstante, los activos y pasivos por impuesto corriente y diferido que se relacionen con una transacción o suceso que se hubiese reconocido directamente en una partida del patrimonio neto se reconocerán con cargo o abono a dicha partida.

Cuando la modificación de la legislación tributaria o la evolución de la situación económica de la empresa hayan dado lugar a una variación en el importe de los pasivos y activos por impuesto diferido, dichos ajustes constituirán un ingreso o gasto, según corresponda, por impuesto diferido, en la cuenta de pérdidas y ganancias, excepto en la medida en que se relacionen con partidas que por aplicación de las normas de este Plan General de Contabilidad de Pequeñas y Medianas Empresas debieron ser previamente cargadas o abonadas directamente a patrimonio neto, en cuyo caso se imputarán directamente en éste.

5. Empresarios individuales

En el caso de empresarios individuales, no deberá lucir ningún importe en la rúbrica correspondiente al impuesto sobre beneficios. A estos efectos, al final del ejercicio, las retenciones soportadas y los pagos fraccionados del Impuesto sobre la Renta de las Personas Físicas deberán ser objeto del correspondiente traspaso a la cuenta del titular de la empresa.

16.ª INGRESOS POR VENTAS Y PRESTACIÓN DE SERVICIOS

1. Aspectos comunes

Los ingresos procedentes de la venta de bienes y de la prestación de servicios se valorarán por el valor razonable de la contrapartida, recibida o por recibir, derivada de los mismos, que, salvo evidencia en contrario, será el precio acordado para dichos bienes o servicios, deducidos: el importe de cualquier descuento, rebaja en el precio u otras partidas similares que la empresa pueda conceder, así como los intereses incorporados al nominal de los créditos. No obstante, podrán incluirse los intereses incorporados a los créditos comerciales con vencimiento no superior a un año que no tengan un tipo de interés contractual cuando el efecto de no actualizar los flujos de efectivo no sea significativo.

Los impuestos que gravan las operaciones de venta de bienes y prestación de servicios que la empresa debe repercutir a terceros, como el impuesto sobre el valor añadido y los impuestos especiales, así como las cantidades recibidas por cuenta de terceros, no formarán parte de los ingresos.

Los créditos por operaciones comerciales se valorarán de acuerdo con lo dispuesto en la norma relativa a activos financieros.

No se reconocerá ningún ingreso por la permuta de bienes o servicios, por operaciones de tráfico, de similar naturaleza y valor.

Con el fin de contabilizar los ingresos atendiendo al fondo económico de las operaciones, puede ocurrir que los componentes identificables de una misma transacción deban reconocerse aplicando criterios diversos, como una venta de bienes y los servicios anexos; a la inversa, transacciones diferentes pero ligadas entre sí se tratarán contablemente de forma conjunta.

Cuando existan dudas relativas al cobro de un importe previamente reconocido, como ingresos por venta o prestación de servicios, la cantidad cuyo cobro se estime como improbable se registrará como un gasto por corrección de valor por deterioro y no como un menor ingreso.

2. Ingresos por ventas

Sólo se contabilizarán los ingresos procedentes de la venta de bienes cuando se cumplan todas y cada una de las siguientes condiciones:

a) La empresa ha transferido al comprador los riesgos y beneficios significativos inherentes a la propiedad de los bienes, con independencia de su transmisión jurídica.

Se presumirá que no se ha producido la citada transferencia cuando el comprador posea el derecho de vender los bienes a la empresa y ésta la obligación de recomprarlos, por el precio de venta inicial más la rentabilidad normal que obtendría un prestamista.

b) La empresa no mantiene la gestión corriente de los bienes vendidos, en un grado asociado normalmente con su propiedad, ni retiene el control efectivo de los mismos.
c) El importe de los ingresos puede valorarse con fiabilidad.
d) Es probable que la empresa reciba los beneficios o rendimientos económicos derivados de la transacción, y
e) Los costes incurridos o a incurrir en la transacción pueden ser valorados con fiabilidad.

3. Ingresos por prestación de servicios

Los ingresos por prestación de servicios se reconocerán cuando el resultado de la transacción pueda ser estimado con fiabilidad, considerando para ello el porcentaje de realización del servicio en la fecha de cierre del ejercicio.

En consecuencia, sólo se contabilizarán los ingresos procedentes de prestación de servicios cuando se cumplan todas y cada una de las siguientes condiciones:

a) El importe de los ingresos puede valorarse con fiabilidad.
b) Es probable que la empresa reciba los beneficios o rendimientos económicos derivados de la transacción.
c) El grado de realización de la transacción, en la fecha de cierre del ejercicio, puede ser valorado con fiabilidad, y
d) Los costes ya incurridos en la prestación, así como los que quedan por incurrir hasta completarla, pueden ser valorados con fiabilidad.

La empresa revisará y, si es necesario, modificará las estimaciones del ingreso por recibir, a medida que el servicio se va prestando. La necesidad de tales revisiones no indica, necesariamente, que el desenlace o resultado de la operación de prestación de servicios no pueda ser estimado con fiabilidad.

Cuando el resultado de una transacción que implique la prestación de servicios no pueda ser estimado de forma fiable, se reconocerán ingresos, sólo en la cuantía en que los gastos reconocidos se consideren recuperables.

17.ª Provisiones y contingencias

1. Reconocimiento

La empresa reconocerá como provisiones los pasivos que, cumpliendo la definición y los criterios de registro o reconocimiento contable contenidos en el Marco conceptual de la Contabilidad, resulten indeterminados respecto a su importe o a la fecha en que se cancelarán. Las provisiones pueden venir determinadas por una disposición legal, contractual o por una obligación implícita o tácita.

En este último caso, su nacimiento se sitúa en la expectativa válida creada por la empresa frente a terceros de asunción de una obligación por parte de aquélla.

En la memoria de las cuentas anuales se deberá informar sobre las contingencias que tenga la empresa relacionadas con obligaciones distintas a las mencionadas en el párrafo anterior.

2. Valoración

De acuerdo con la información disponible en cada momento, las provisiones se valorarán en la fecha de cierre del ejercicio por el valor actual de la mejor estimación posible del importe necesario para cancelar o transferir a un tercero la obligación, registrándose los ajustes que surjan por la actualización de la provisión como un gasto financiero conforme se vayan devengando. Cuando se trate de provisiones con vencimiento inferior o igual a un año, y el efecto financiero no sea significativo, no será necesario llevar a cabo ningún tipo de descuento.

La compensación a recibir de un tercero en el momento de liquidar la obligación no supondrá una minoración del importe de la deuda, sin perjuicio del reconocimiento en el activo de la empresa del correspondiente derecho de cobro, siempre que no existan dudas de que dicho reembolso será percibido. El importe por el que se registrará el citado activo no podrá exceder del importe de la obligación registrada contablemente. Sólo cuando exista un vínculo legal o contractual, por el que se haya exteriorizado parte del riesgo, y en virtud del cual la empresa no esté obligada a responder, se tendrá en cuenta para estimar el importe por el que, en su caso, figurará la provisión.

18.ª Subvenciones, donaciones y legados recibidos

1. Subvenciones, donaciones y legados otorgados por terceros distintos a los socios o propietarios

1.1. Reconocimiento

Las subvenciones, donaciones y legados no reintegrables se contabilizarán inicialmente, con carácter general, como ingresos directamente imputados al patrimonio neto, y se reconocerán en la cuenta de pérdidas y ganancias como ingresos sobre una base sistemática y racional de forma correlacionada con los gastos derivados de la subvención, donación o legado, de acuerdo con los criterios que se detallan en el apartado 1.3 de esta norma.

Las subvenciones, donaciones y legados que tengan carácter de reintegrables se registrarán como pasivos de la empresa hasta que adquieran la condición de no reintegrables.

A estos efectos, se considerará no reintegrable cuando exista un acuerdo individualizado de concesión de la subvención, donación o legado a favor de la empresa, se hayan cumplido las condiciones establecidas para su concesión y no existan dudas razonables sobre la recepción de la subvención, donación o legado.

1.2. Valoración

Las subvenciones, donaciones y legados de carácter monetario se valorarán por el valor razonable del importe concedido, y las de carácter no monetario o en especie se valorarán por el valor razonable del bien recibido, referenciados ambos valores al momento de su reconocimiento.

1.3. Criterios de imputación a resultados

La imputación a resultados de las subvenciones, donaciones y legados que tengan el carácter de no reintegrables se efectuará atendiendo a su finalidad.

En este sentido, el criterio de imputación a resultados de una subvención, donación o legado de carácter monetario deberá ser el mismo que el aplicado a otra subvención, donación o legado recibido en especie, cuando se refieran a la adquisición del mismo tipo de activo o a la cancelación del mismo tipo de pasivo.

A efectos de su imputación en la cuenta de pérdidas y ganancias, habrá que distinguir entre los siguientes tipos de subvenciones, donaciones y legados:

a) Cuando se concedan para asegurar una rentabilidad mínima o compensar los déficit de explotación: se imputarán como ingresos del ejercicio en el que se concedan, salvo si se destinan a financiar déficit de explotación de ejercicios futuros, en cuyo caso se imputarán en dichos ejercicios.

b) Cuando se concedan para financiar gastos específicos: se imputarán como ingresos en el mismo ejercicio en el que se devenguen los gastos que estén financiando.

c) Cuando se concedan para adquirir activos o cancelar pasivos, se pueden distinguir los siguientes casos:

— Activos del inmovilizado intangible, material e inversiones inmobiliarias: se imputarán como ingresos del ejercicio en proporción a la dotación a la amortización efectuada en ese período para los citados elementos o, en su caso, cuando se produzca su enajenación, corrección valorativa por deterioro o baja en balance.

— Existencias que no se obtengan como consecuencia de un «rappel» comercial: se imputarán como ingresos del ejercicio en que se produzca su enajenación, corrección valorativa por deterioro o baja en balance.

— Activos financieros: se imputarán como ingresos del ejercicio en el que se produzca su enajenación, corrección valorativa por deterioro o baja en balance.

— Cancelación de deudas: se imputarán como ingresos del ejercicio en que se produzca dicha cancelación, salvo cuando se otorguen en relación con una financiación específica, en cuyo caso la imputación se realizará en función del elemento financiado.

d) Los importes monetarios que se reciban sin asignación a una finalidad específica se imputarán como ingresos del ejercicio en que se reconozcan.

Se considerarán, en todo caso, de naturaleza irreversible las correcciones valorativas por deterioro de los elementos en la parte en que éstos hayan sido financiados gratuitamente.

2. Subvenciones, donaciones y legados otorgados por socios o propietarios

Las subvenciones, donaciones y legados no reintegrables recibidos de socios o propietarios no constituyen ingresos, debiéndose registrar directamente en los fondos propios, independientemente del tipo de subvención, donación o legado de que se trate. La valoración de estas subvenciones, donaciones y legados es la establecida en el apartado 1.2 de esta norma.

No obstante, en el caso de empresas pertenecientes al sector público que reciban subvenciones, donaciones o legados de la entidad pública dominante para financiar la realización de actividades de interés público o general, la contabilización de dichas ayudas públicas se efectuará de acuerdo con los criterios contenidos en el apartado anterior de esta norma.

19.ª Negocios conjuntos

1. Ámbito de aplicación

Un negocio conjunto es una actividad económica controlada conjuntamente por dos o más personas físicas o jurídicas. A estos efectos, control conjunto es un acuerdo estatutario o contractual en virtud del cual dos o más personas, que serán denominadas en la presente norma «partícipes», convienen compartir el poder de dirigir las políticas financiera y de explotación sobre una actividad económica con el fin de obtener beneficios económicos, de tal manera que las decisiones estratégicas, tanto financieras como de explotación, relativas a la actividad requieran el consentimiento unánime de todos los partícipes.

2. Categorías de negocios conjuntos

Los negocios conjuntos pueden ser:

a) Negocios conjuntos que no se manifiestan a través de la constitución de una empresa ni el establecimiento de una estructura financiera independiente de los partícipes, como son las uniones temporales de empresas y las comunidades de bienes, y entre las que se distinguen:
   - a_1) Explotaciones controladas de forma conjunta: actividades que implican el uso de activos y otros recursos propiedad de los partícipes.
   - a_2) Activos controlados de forma conjunta: activos que son propiedad o están controlados conjuntamente por los partícipes.

b) Negocios conjuntos que se manifiestan a través de la constitución de una persona jurídica independiente o empresas controladas de forma conjunta.

2.1. Explotaciones y activos controlados de forma conjunta

El partícipe en una explotación o en activos controlados de forma conjunta registrará en su balance la parte proporcional que le corresponda, en función de su porcentaje de participación, de los activos controlados conjuntamente y de los pasivos incurridos conjuntamente, así como los activos afectos a la explotación conjunta que estén bajo su control y los pasivos incurridos como consecuencia del negocio conjunto.

Asimismo, reconocerá en su cuenta de pérdidas y ganancias la parte que le corresponda de los ingresos generados y de los gastos incurridos por el negocio conjunto, así como los gastos incurridos en relación con su participación en el negocio conjunto, y que, de acuerdo con lo dispuesto en este Plan General de Contabilidad de Pequeñas y Medianas Empresas, deban ser imputados a la cuenta de pérdidas y ganancias.

En el estado de cambios en el patrimonio neto y, si voluntariamente lo presentase, en el estado de flujos de efectivo del partícipe, estará integrada igualmente la parte proporcional de los importes de las partidas del negocio conjunto que le corresponda en función del porcentaje de participación establecido en los acuerdos alcanzados.

Se deberán eliminar los resultados no realizados que pudieran existir por transacciones entre el partícipe y el negocio conjunto, en proporción a la participación que corresponda a aquél. También serán objeto de eliminación los importes de activos, pasivos, ingresos, gastos y flujos de efectivo recíprocos.

Si el negocio conjunto elabora estados financieros a efectos del control de su gestión, se podrá operar integrando los mismos en las cuentas anuales individuales de los partícipes en función del porcentaje de participación y sin perjuicio de que debe registrarse conforme a lo previsto en el artículo 28 del Código de Comercio. Dicha integración se realizará una vez efectuada la necesaria homogeneización temporal, atendiendo a la fecha de cierre y al ejercicio económico del partícipe, la homogeneización valorativa, en el caso de que el negocio conjunto haya utilizado criterios valorativos distintos de los empleados por el partícipe, y las conciliaciones y reclasificaciones de partidas necesarias.

2.2. Empresas controladas de forma conjunta

El partícipe registrará su participación en una empresa controlada de forma conjunta de acuerdo con lo previsto respecto a las inversiones en el patrimonio de empresas del grupo, multigrupo y asociadas en el apartado 2.3 de la norma relativa a activos financieros.

20.ª Operaciones entre empresas del grupo

1. Alcance y regla general

La presente norma será de aplicación a las operaciones realizadas entre empresas del mismo grupo, tal y como éstas quedan definidas en la norma 11.ª de elaboración de las cuentas anuales.

Las operaciones entre empresas del mismo grupo, con independencia del grado de vinculación entre las empresas del grupo participantes, se contabilizarán de acuerdo con las normas generales.

En consecuencia, con carácter general, y sin perjuicio de lo dispuesto en el apartado siguiente, los elementos objeto de la transacción se contabilizarán en el momento inicial por el precio acordado, si equivale a su valor razonable.

En su caso, si el precio acordado en una operación difiriese de su valor razonable, la diferencia deberá registrarse atendiendo a la realidad económica de la operación.

La valoración posterior se realizará de acuerdo con lo previsto en las correspondientes normas.

2. Normas particulares

Las normas particulares solo serán de aplicación cuando los elementos objeto de la transacción deban calificarse como un negocio.

Un negocio es un conjunto integrado de actividades y activos susceptibles de ser dirigidos y gestionados con el propósito de proporcionar un rendimiento, menores costes u otros beneficios económicos directamente a sus propietarios o partícipes, y control es el poder de dirigir las políticas financiera y de explotación de un negocio con la finalidad de obtener beneficios económicos de sus actividades.

A los efectos de esta norma, las participaciones en el patrimonio neto que otorguen el control sobre una empresa que constituya un negocio, también tendrán esta calificación.

2.1. Aportaciones no dinerarias

En las aportaciones no dinerarias a una empresa del grupo, el aportante valorará su inversión por el valor contable de los elementos patrimoniales entregados.

La sociedad adquirente los reconocerá por el mismo importe.

2.2. Operaciones de reducción de capital, reparto de dividendos y disolución de sociedades

En las operaciones de reducción de capital, reparto de dividendos y disolución de sociedades se seguirán los siguientes criterios, siempre que el negocio en que se materializa la reducción de capital, se acuerda el pago del dividendo o se cancela la cuota de liquidación del socio o propietario permanezca en el grupo.

La empresa cedente contabilizará la diferencia entre el importe de la deuda con el socio o propietario y el valor contable del negocio entregado en una cuenta de reservas.

La empresa cesionaria lo contabilizará aplicando los criterios establecidos en el apartado 2.1 de esta norma.

21.ª Cambios en criterios contables, errores y estimaciones contables

Cuando se produzca un cambio de criterio contable, que sólo procederá de acuerdo con lo establecido en el principio de uniformidad, se aplicará de forma retroactiva y su efecto se calculará desde el ejercicio más antiguo para el que se disponga de información.

El ingreso o gasto correspondiente a ejercicios anteriores que se derive de dicha aplicación motivará, en el ejercicio en que se produce el cambio de criterio, el correspondiente ajuste por el efecto acumulado de las variaciones de los activos y pasivos, el cual se imputará directamente en el patrimonio neto, en concreto en una partida de reservas, salvo que afectara a un gasto o un ingreso que se imputó en los ejercicios previos directamente en otra partida del patrimonio neto. Asimismo, se modificarán las cifras afectadas en la información comparativa de los ejercicios a los que le afecte el cambio de criterio contable.

En la subsanación de errores relativos a ejercicios anteriores serán de aplicación las mismas reglas que para los cambios de criterios contables. A estos efectos, se entiende por errores las omisiones o inexactitudes en las cuentas anuales de ejercicios anteriores por no haber utilizado, o no haberlo hecho adecuadamente, información fiable que estaba disponible cuando se formularon y que la empresa podría haber obtenido y tenido en cuenta en la formulación de dichas cuentas.

Sin embargo, se calificarán como cambios en estimaciones contables aquellos ajustes en el valor contable de activos o pasivos, o en el importe del consumo futuro de un activo, que sean consecuencia de la obtención de información adicional, de una mayor experiencia o del conocimiento de nuevos hechos. El cambio de estimaciones contables se aplicará de forma prospectiva y su efecto se imputará, según la naturaleza de la operación de que se trate, como ingreso o gasto en la cuenta de pérdidas y ganancias del ejercicio o, cuando proceda, directamente al patrimonio neto. El eventual efecto sobre ejercicios futuros se irá imputando en el transcurso de los mismos.

Siempre que se produzcan cambios de criterio contable o subsanación de errores relativos a ejercicios anteriores se deberá incorporar la correspondiente información en la memoria de las cuentas anuales.

Asimismo, se informará en la memoria de los cambios en estimaciones contables que hayan producido efectos significativos en el ejercicio actual, o que vayan a producirlos en ejercicios posteriores.

22.ª Hechos posteriores al cierre del ejercicio

Los hechos posteriores que pongan de manifiesto condiciones que ya existían al cierre del ejercicio deberán tenerse en cuenta para la formulación de las cuentas anuales. Estos hechos posteriores motivarán en las cuentas anuales, en función de su naturaleza, un ajuste, información en la memoria o ambos.

Los hechos posteriores al cierre del ejercicio que pongan de manifiesto condiciones que no existían al cierre del mismo no supondrán un ajuste en las cuentas anuales.

No obstante, cuando los hechos sean de tal importancia que si no se facilitara información al respecto podría distorsionarse la capacidad de evaluación de los usuarios de las cuentas anuales, se deberá incluir en la memoria información respecto a la naturaleza del hecho posterior conjuntamente con una estimación de su efecto o, en su caso, una manifestación acerca de la imposibilidad de realizar dicha estimación. En todo caso, en la formulación de las cuentas anuales deberá tenerse en cuenta toda información que pueda afectar a la aplicación del principio de empresa en funcionamiento.

En consecuencia, las cuentas anuales no se formularán sobre la base de dicho principio si los gestores, aunque sea con posterioridad al cierre del ejercicio, determinan que tienen la intención de liquidar la empresa o cesar en su actividad o que no existe una alternativa más realista que hacerlo.

TERCERA PARTE

Cuentas anuales

I. NORMAS DE ELABORACIÓN DE LAS CUENTAS ANUALES

1.ª Documentos que integran las cuentas anuales

Las cuentas anuales de las pequeñas y medianas empresas comprenden el balance, la cuenta de pérdidas y ganancias y la memoria. Estos documentos forman una unidad y deben ser redactados de conformidad con lo previsto en el Código de Comercio y el texto refundido de la Ley de Sociedades de Capital y en este Plan General de Contabilidad de Pequeñas y Medianas Empresas; en particular, sobre la base del Marco Conceptual de la Contabilidad y con la finalidad de mostrar la imagen fiel del patrimonio, de la situación financiera y de los resultados de la empresa.

Sin perjuicio de lo anterior, estas empresas podrán incorporar en sus cuentas anuales un estado de cambios en el patrimonio neto, y un estado de flujos de efectivo que se elaborará y presentará de acuerdo con lo establecido en el Plan General de Contabilidad.

2.ª Formulación de cuentas anuales

1. Las cuentas anuales se elaborarán con una periodicidad de doce meses, salvo en los casos de constitución, modificación de la fecha de cierre del ejercicio social o disolución.
2. Las cuentas anuales deberán ser formuladas por el empresario o los administradores, quienes responderán de su veracidad, en el plazo máximo de tres meses, a contar desde el cierre del ejercicio. A estos efectos, las cuentas anuales expresarán la fecha en que se hubieran formulado y deberán ser firmadas por el empresario, por todos los socios ilimitadamente responsables por las deudas sociales, o por todos los administradores de la sociedad; si faltara la firma de alguno de ellos, se hará expresa indicación de la causa en cada uno de los documentos en que falte.
3. El balance, la cuenta de pérdidas y ganancias, el estado de cambios en el patrimonio neto y la memoria deberán estar identificados, indicándose de forma clara y en cada uno de dichos documentos su denominación, la empresa a que corresponden y el ejercicio al que se refieren.
4. Las cuentas anuales se elaborarán expresando sus valores en euros.

3.ª Estructura de las cuentas anuales

1. Las cuentas anuales de las empresas que apliquen este Plan General de Contabilidad de Pequeñas y Medianas Empresas se adaptarán a los modelos para pequeñas y medianas empresas.
2. Cuando el contenido de la memoria que se incluye en esta tercera parte del Plan General de Contabilidad de Pequeñas y Medianas Empresas, no sea suficiente para mostrar la imagen fiel del patrimonio, de la situación financiera y de los resultados de la empresa, se suministrarán las informaciones complementarias precisas para alcanzar ese resultado.

4.ª Normas comunes al balance, la cuenta de pérdidas y ganancias y el estado de cambios en el patrimonio neto

Sin perjuicio de lo dispuesto en las normas particulares, el balance, la cuenta de pérdidas y ganancias y el estado de cambios en el patrimonio neto se formularán teniendo en cuenta las siguientes reglas:

1. En cada partida deberán figurar, además de las cifras del ejercicio que se cierra, las correspondientes al ejercicio inmediatamente anterior. A estos efectos, cuando unas y otras no sean comparables, bien por haberse pro-

ducido una modificación en la estructura, bien por realizarse un cambio de criterio contable o subsanación de error, se deberá proceder a adaptar el ejercicio precedente, a efectos de su presentación en el ejercicio al que se refieren las cuentas anuales, informando de ello detalladamente en la memoria.

2. No figurarán las partidas a las que no corresponda importe alguno en el ejercicio ni en el precedente.
3. No podrá modificarse la estructura de un ejercicio a otro, salvo casos excepcionales que se indicarán en la memoria.
4. Podrán añadirse nuevas partidas a las previstas en los modelos recogidos en este Plan General de Contabilidad para Pequeñas y Medianas Empresas, siempre que su contenido no esté previsto en las existentes.
5. Podrá hacerse una subdivisión más detallada de las partidas que aparecen en los modelos.
6. Podrán agruparse las partidas precedidas de números árabes en el balance y estado de cambios en el patrimonio neto si sólo representan un importe irrelevante para mostrar la imagen fiel o si se favorece la claridad.
7. Cuando proceda, cada partida contendrá una referencia cruzada a la información correspondiente dentro de la memoria.
8. Los créditos y deudas con empresas del grupo y asociadas, así como los ingresos y gastos derivados de ellos, figurarán en las partidas correspondientes, con separación de las que no correspondan a empresas del grupo o asociadas, respectivamente. En cualquier caso, en las partidas relativas a empresas asociadas también se incluirán las relaciones con empresas multigrupo.
9. Las empresas que participen en uno o varios negocios conjuntos que no tengan personalidad jurídica (uniones temporales de empresas, comunidades de bienes, etc.) deberán presentar esta información, atendiendo a lo dispuesto en la norma de registro y valoración relativa a negocios conjuntos, integrando en cada partida de los modelos de los distintos estados financieros las cantidades correspondientes a los negocios conjuntos en los que participen, e informando sobre su desglose en la memoria.

5.ª Balance

El balance, que comprende, con la debida separación, el activo, el pasivo y el patrimonio neto de la empresa, se formulará teniendo en cuenta que:

1. La clasificación entre partidas corrientes y no corrientes se realizará de acuerdo con los siguientes criterios:

a) El activo corriente comprenderá:

— Los activos vinculados al ciclo normal de explotación que la empresa espera vender, consumir o realizar en el transcurso del mismo. Con carácter general, el ciclo normal de explotación no excederá de un año.

A estos efectos, se entiende por ciclo normal de explotación el período de tiempo que transcurre entre la adquisición de los activos que se incorporan al proceso productivo y la realización de los productos en forma de efectivo o equivalentes al efectivo. Cuando el ciclo normal de explotación no resulte claramente identificable, se asumirá que es de un año.

— Aquellos activos, diferentes de los citados en el inciso anterior, cuyo vencimiento, enajenación o realización se espera se produzca en el corto plazo, es decir, en el plazo máximo de un año, contado a partir de la fecha de cierre del ejercicio. En consecuencia, los activos financieros no corrientes se reclasificarán en corrientes en la parte que corresponda.

— Los activos financieros clasificados como mantenidos para negociar, excepto los derivados financieros cuyo plazo de liquidación sea superior a un año.

— El efectivo y otros activos líquidos equivalentes, cuya utilización no esté restringida, para ser intercambiados o usados para cancelar un pasivo al menos dentro del año siguiente a la fecha de cierre del ejercicio.

Los demás elementos del activo se clasificarán como no corrientes.

b) El pasivo corriente comprenderá:

— Las obligaciones vinculadas al ciclo normal de explotación, señalado en la letra anterior, que la empresa espera liquidar en el transcurso del mismo.

— Las obligaciones cuyo vencimiento o extinción se espera se produzca en el corto plazo, es decir, en el plazo máximo de un año, contado a partir de la fecha de cierre del ejercicio; en particular, aquellas obligaciones para las cuales la empresa no disponga de un derecho incondicional a diferir su pago en dicho plazo. En consecuencia, los pasivos no corrientes se reclasificarán en corrientes en la parte que corresponda.

— Los pasivos financieros clasificados como mantenidos para negociar, excepto los derivados financieros cuyo plazo de liquidación sea superior a un año.

Los demás elementos del pasivo se clasificarán como no corrientes.

2. Un activo financiero y un pasivo financiero se podrán presentar en el balance por su importe neto siempre que se den simultáneamente las siguientes condiciones:

   a) Que la empresa tenga en ese momento el derecho exigible de compensar los importes reconocidos, y

   b) Que la empresa tenga la intención de liquidar las cantidades por el neto o de realizar el activo y cancelar el pasivo simultáneamente.

   Las mismas condiciones deberán concurrir para que la empresa pueda presentar por su importe neto los activos por impuestos y los pasivos por impuestos.

   Sin perjuicio de lo anterior, si se produjese una transferencia de un activo financiero que no cumpla las condiciones para su baja del balance según lo dispuesto en el apartado 4 de la norma de registro y valoración relativa a activos financieros, el pasivo financiero asociado que se reconozca no podrá compensarse con el activo financiero relacionado.

3. Las correcciones valorativas por deterioro y las amortizaciones acumuladas, minorarán la partida del activo en la que figure el correspondiente elemento patrimonial.
4. Los terrenos o construcciones que la empresa destine a la obtención de ingresos por arrendamiento o posea con la finalidad de obtener plusvalías a través de su enajenación, fuera del curso ordinario de sus operaciones, se incluirán en el epígrafe A.III, «Inversiones inmobiliarias», del activo.
5. Si la empresa tuviera créditos con clientes por ventas y prestaciones de servicios con vencimiento superior a un año, esta partida del epígrafe B.II del activo del balance se desglosará para recoger separadamente los clientes a largo plazo y a corto plazo. Si el plazo de vencimiento fuera superior al ciclo normal de explotación, creará el epígrafe A.VII en el activo no corriente, con la denominación «Deudores comerciales no corrientes».
6. El capital social y, en su caso, la prima de emisión o asunción de acciones o participaciones con naturaleza de patrimonio neto figurarán en los epígrafes A-1.I. «Capital» y A-1.II. «Prima de emisión», siempre que se hubiera producido la inscripción en el Registro Mercantil de la ejecución del acuerdo de aumento con anterioridad a la formulación de las cuentas anuales dentro del plazo establecido en el texto refundido de la Ley de Sociedades de Capital. En caso contrario, figurarán en la partida 3. «Otras deudas a corto plazo» del epígrafe C.II «Deudas a corto plazo» del pasivo corriente.
7. Los accionistas (socios) por desembolsos no exigidos figurarán en la partida A-1.I.2, «Capital no exigido», o minorarán el importe del epígrafe, «Deuda con características especiales», en función de cuál sea la calificación contable de sus aportaciones.
8. Cuando la empresa adquiera valores de su propio capital, sin perjuicio de informar en la memoria, se registrarán en el epígrafe A-1.IV, «Acciones y participaciones en patrimonio propias», que se mostrará con signo negativo dentro de la agrupación «Patrimonio neto».

9. Cuando la empresa tenga ingresos fiscales a distribuir en varios ejercicios, o realice una operación que, por aplicación de los criterios contenidos en el Plan General de Contabilidad, conlleve otros ingresos o gastos imputados directamente en el patrimonio neto, creará una subagrupación específica, «Ajustes en patrimonio neto», dentro de la agrupación «Patrimonio neto».
10. Las subvenciones, donaciones y legados no reintegrables otorgados por terceros, distintos a los socios o propietarios, que estén pendientes de imputar a resultados, formarán parte del patrimonio neto de la empresa, registrándose en la subagrupación A-2, «Subvenciones, donaciones y legados recibidos». Por su parte, las subvenciones, donaciones y legados no reintegrables otorgados por socios o propietarios formarán parte del patrimonio neto, dentro de los fondos propios, registrándose en el epígrafe A-1.VI, «Otras aportaciones de socios».
11. Si la empresa tuviera deudas con proveedores con vencimiento superior a un año, esta partida del epígrafe C.IV del pasivo se desglosará para recoger separadamente los proveedores a largo plazo y a corto plazo. Si el plazo de vencimiento fuera superior al ciclo normal de explotación, creará el epígrafe B.VI en el pasivo no corriente, con la denominación «Acreedores comerciales no corrientes».
12. Cuando la empresa haya emitido instrumentos financieros que deban reconocerse como pasivos financieros pero que por sus características especiales pueden producir efectos específicos en otras normativas, incorporará un epígrafe específico tanto en el pasivo no corriente como en el corriente, denominado «Deuda con características especiales a largo plazo» y «Deuda con características especiales a corto plazo». En la memoria, se detallarán las características de estas emisiones.

6.ª Cuenta de pérdidas y ganancias

La cuenta de pérdidas y ganancias recoge el resultado del ejercicio, formado por los ingresos y los gastos del mismo, excepto cuando proceda su imputación directa al patrimonio neto, de acuerdo con lo previsto en las normas de registro y valoración. La cuenta de pérdidas y ganancias se formulará teniendo en cuenta que:

1. Los ingresos y gastos se clasificarán de acuerdo con su naturaleza.
2. El importe correspondiente a las ventas, prestaciones de servicios y otros ingresos de explotación se reflejará en la cuenta de pérdidas y ganancias por su importe neto de devoluciones y descuentos.
3. La partida 4, «Aprovisionamientos», recoge, entre otros, los importes correspondientes a actividades realizadas por otras empresas en el proceso productivo.
4. Las subvenciones, donaciones y legados recibidos que financien activos o gastos que se incorporen al ciclo normal de explotación se reflejarán en la partida 5, «Otros ingresos de explotación», mientras que las subvenciones, donaciones y legados que financien activos del inmovilizado intangible, material o inversiones inmobiliarias se imputarán a resultados, de acuerdo con la norma de registro y valoración, a través de la partida 9 «Imputación de subvenciones de inmovilizado no financiero y otras». Las subvenciones, donaciones y legados concedidos para cancelar deudas que se otorguen sin una finalidad específica se imputarán igualmente a la partida 9, «Imputación de subvenciones de inmovilizado no financiero y otras». Si se financiase un gasto o un activo de naturaleza financiera, el ingreso correspondiente se incluirá en el resultado financiero incorporándose, en caso de que sea significativa, la correspondiente partida, con la denominación «Imputación de subvenciones, donaciones y legados de carácter financiero».
5. La partida 10, «Excesos de provisiones», recoge las reversiones de provisiones en el ejercicio, con la excepción de las correspondientes al personal, que se reflejan en la partida 6, «Gastos de personal», y las derivadas de operaciones comerciales, que se reflejan en la partida 7, «Otros gastos de explotación».

6. En caso de que la empresa presente ingresos o gastos de carácter excepcional y cuantía significativa, como, por ejemplo, los producidos por inundaciones, incendios, multas o sanciones, se creará una partida con la denominación «Otros resultados», formando parte del resultado de explotación, e informará de ello detalladamente en la memoria.

7.ª Estado de cambios en el patrimonio neto

El estado de cambios en el patrimonio neto informa de todos los cambios habidos en el patrimonio neto derivados de:

a) El resultado del ejercicio de la cuenta de pérdidas y ganancias.
b) El importe de los ingresos o gastos reconocidos en patrimonio neto. En particular, el importe, neto del efecto impositivo, de los ingresos y gastos imputados directamente al patrimonio neto de la empresa, relacionados con subvenciones, donaciones o legados no reintegrables otorgados por terceros distintos a los socios o propietarios.
c) En caso de que la empresa tenga ingresos fiscales a distribuir en varios ejercicios o realice una operación que, por aplicación de los criterios contenidos en el Plan General de Contabilidad, conlleve otros ingresos o gastos imputados directamente al patrimonio neto, se incorporará las correspondientes fila y columna con la denominación apropiada y con un contenido similar al establecido en el apartado anterior.
d) Las variaciones originadas en el patrimonio neto por operaciones con los socios o propietarios de la empresa cuando actúen como tales.
e) Las restantes variaciones que se produzcan en el patrimonio neto.
f) También se informará de los ajustes al patrimonio neto debidos a cambios en criterios contables y correcciones de errores.

Cuando se advierta un error en el ejercicio a que se refieren las cuentas anuales que corresponda a un ejercicio anterior al comparativo, se informará en la memoria, e incluirá el correspondiente ajuste en el epígrafe A.II del Estado de cambios en el patrimonio neto, de forma que el patrimonio inicial de dicho ejercicio comparativo será objeto de modificación en aras de recoger la rectificación del error. En el supuesto de que el error corresponda al ejercicio comparativo, dicho ajuste se incluirá en el epígrafe C.II del Estado de cambios en el patrimonio neto.

Las mismas reglas se aplicarán respecto a los cambios de criterio contable.

Este documento se formulará teniendo en cuenta que:

1. El resultado correspondiente a un ejercicio se traspasará en el ejercicio siguiente a la columna de resultados de ejercicios anteriores.
2. La aplicación que en un ejercicio se realiza del resultado del ejercicio anterior se reflejará en:

   — La partida 3, «Otras operaciones con socios o propietarios», del epígrafe B.III o D.III, «Operaciones con socios o propietarios», por la distribución de dividendos.
   — El epígrafe B.IV o D.IV, «Otras variaciones del patrimonio neto», por las restantes aplicaciones que supongan reclasificaciones de partidas de patrimonio neto.

8.ª Memoria

La memoria completa, amplía y comenta la información contenida en los otros documentos que integran las cuentas anuales. Se formulará teniendo en cuenta que:

1. El modelo de la memoria recoge la información mínima a cumplimentar; no obstante, en aquellos casos en que la información que se solicita no sea significativa, no se cumplimentarán los apartados correspondientes.
2. Deberá indicarse cualquier otra información complementaria no incluida en el modelo de la memoria que sea necesaria para permitir

el conocimiento de la situación y actividad de la empresa en el ejercicio, facilitando la comprensión de las cuentas anuales objeto de presentación, con el fin de que las mismas reflejen la imagen fiel del patrimonio, de la situación financiera y de los resultados de la empresa; en particular, se incluirán datos cualitativos correspondientes a la situación del ejercicio anterior cuando ello sea significativo.

3. La información cuantitativa requerida en la memoria deberá referirse al ejercicio al que corresponden las cuentas anuales, así como al ejercicio anterior del que se ofrece información comparativa, salvo que específicamente una norma contable indique lo contrario.
4. Lo establecido en la memoria en relación con las empresas asociadas deberá entenderse también referido a las empresas multigrupo.
5. Lo establecido en la nota 4 de la memoria se deberá adaptar para su presentación, en todo caso, de modo sintético y conforme a la exigencia de claridad.

9.ª Cifra anual de negocios

El importe neto de la cifra anual de negocios se determinará deduciendo del importe de las ventas de los productos, y de las prestaciones de servicios u otros ingresos correspondientes a las actividades ordinarias de la empresa, el importe de cualquier descuento (bonificaciones y demás reducciones sobre las ventas) y el del impuesto sobre el valor añadido, y otros impuestos directamente relacionados con las mismas, que deban ser objeto de repercusión.

10.ª Número medio de trabajadores

Para la determinación del número medio de trabajadores se considerarán todas aquellas personas que tengan o hayan tenido alguna relación laboral con la empresa durante el ejercicio, promediadas según el tiempo durante el cual hayan prestado sus servicios.

11.ª Empresas del grupo, multigrupo y asociadas

A efectos de la presentación de las cuentas anuales de una empresa o sociedad, se entenderá que otra empresa forma parte del grupo cuando ambas estén vinculadas por una relación de control, directa o indirecta, análoga a la prevista en el artículo 42 del Código de Comercio para los grupos de sociedades, o cuando las empresas estén controladas por cualquier medio, por una o varias personas físicas o jurídicas, que actúen conjuntamente o se hallen bajo dirección única por acuerdos o cláusulas estatutarias.

Se entenderá que una empresa es asociada cuando, sin que se trate de una empresa del grupo, en el sentido señalado anteriormente, la empresa o alguna o algunas de las empresas del grupo en caso de existir éste, incluidas las entidades o personas físicas dominantes, ejerzan sobre tal empresa una influencia significativa por tener una participación en ella que, creando con ésta una vinculación duradera, esté destinada a contribuir a su actividad.

En este sentido, se entiende que existe influencia significativa en la gestión de otra empresa, cuando se cumplan los dos requisitos siguientes:

a) La empresa o una o varias empresas del grupo, incluidas las entidades o personas físicas dominantes, participan en la empresa, y
b) Se tenga el poder de intervenir en las decisiones de política financiera y de explotación de la participada, sin llegar a tener el control.

Asimismo, la existencia de influencia significativa se podrá evidenciar a través de cualquiera de las siguientes vías:

1. Representación en el consejo de administración u órgano equivalente de dirección de la empresa participada.
2. Participación en los procesos de fijación de políticas.
3. Transacciones de importancia relativa con la participada.
4. Intercambio de personal directivo, o

5. Suministro de información técnica esencial.

Se presumirá, salvo prueba en contrario, que existe influencia significativa cuando la empresa o una o varias empresas del grupo, incluidas las entidades o personas físicas dominantes, posean, al menos, el 20 por 100 de los derechos de voto de otra sociedad.

Se entenderá por empresa multigrupo aquella que esté gestionada conjuntamente por la empresa o alguna o algunas de las empresas del grupo, en caso de existir éste, incluidas las entidades o personas físicas dominantes, y uno o varios terceros ajenos al grupo de empresas.

12.ª Estados financieros intermedios

Los estados financieros intermedios se presentarán con la forma y los criterios establecidos para las cuentas anuales.

13.ª Partes vinculadas

1. Una parte se considera vinculada a otra cuando una de ellas, o un conjunto que actúa en concierto, ejerce o tiene la posibilidad de ejercer, directa o indirectamente, o en virtud de pactos o acuerdos entre accionistas o partícipes, el control sobre otra o una influencia significativa en la toma de decisiones financieras y de explotación de la otra.
2. En cualquier caso, se considerarán partes vinculadas:

   a) Las empresas que tengan la consideración de empresa del grupo, asociada o multigrupo, en el sentido indicado en la anterior norma 11.ª de elaboración de las cuentas anuales.

   No obstante, una empresa estará exenta de incluir la información recogida en el apartado de la memoria relativo a las operaciones con partes vinculadas, cuando la primera esté controlada o influida de forma significativa por una Administración Pública estatal, autonómica o local y la otra empresa también esté controlada o influida de forma significativa por la misma Administración Pública, siempre que no existan indicios de una influencia entre ambas. Se entenderá que existe dicha influencia, entre otros casos, cuando las operaciones no se realicen en condiciones normales de mercado (salvo que dichas condiciones vengan impuestas por una regulación específica).

   b) Las personas físicas que posean directa o indirectamente alguna participación en los derechos de voto de la empresa, o en la entidad dominante de la misma, de manera que les permita ejercer sobre una u otra una influencia significativa. Quedan también incluidos los familiares próximos de las citadas personas físicas.

   c) El personal clave de la compañía o de su dominante, entendiendo por tal las personas físicas con autoridad y responsabilidad sobre la planificación, dirección y control de las actividades de la empresa, ya sea directa o indirectamente, entre las que se incluyen los administradores y los directivos. Quedan también incluidos los familiares próximos de las citadas personas físicas.

   d) Las empresas sobre las que cualquiera de las personas mencionadas en las letras *b*) y *c*) pueda ejercer una influencia significativa.

   e) Las empresas que compartan algún consejero o directivo con la empresa, salvo que éste no ejerza una influencia significativa en las políticas financiera y de explotación de ambas.

   f) Las personas que tengan la consideración de familiares próximos del representante del administrador de la empresa, cuando el mismo sea persona jurídica.

3. A los efectos de esta norma, se entenderá por familiares próximos a aquellos que podrían ejercer influencia en, o ser influidos por, esa persona en sus decisiones relacionadas con la empresa. Entre ellos, se incluirán:

a) El cónyuge o persona con análoga relación de afectividad.
b) Los ascendientes, descendientes y hermanos y los respectivos cónyuges o personas con análoga relación de afectividad.
c) Los ascendientes, descendientes y hermanos del cónyuge o persona con análoga relación de afectividad; y
d) Las personas a su cargo o a cargo del cónyuge o persona con análoga relación de afectividad.

MODELOS DE CUENTAS ANUALES DE PEQUEÑAS Y MEDIANAS EMPRESAS

BALANCE DE PYMES AL CIERRE DEL EJERCICIO 200X

Número de cuenta	ACTIVO	Notas de la memoria	200X	200X-1
	A) ACTIVO NO CORRIENTE			
20, (280), (290)	I. Inmovilizado intangible.			
21, (281), (291), 23	II. Inmovilizado material.			
22, (282), (292)	III. Inversiones inmobiliarias.			
2403, 2404, 2413, 2414, 2423, 2424, (2493), (2494), (2933), (2934), (2943), (2944), (2953), (2954)	IV. Inversiones en empresas del grupo y asociadas a largo plazo.			
2405, 2415, 2425, (2495), 250, 251, 252, 253, 254, 255, 258, (259), 26, (2935), (2945), (2955), (296), (297), (298)	V. Inversiones financieras a largo plazo.			
474	VI. Activos por Impuesto diferido.			
	B) ACTIVO CORRIENTE			
30, 31, 32, 33, 34, 35, 36, (39), 407	I. Existencias.			
	II. Deudores comerciales y otras cuentas a cobrar.			
430, 431, 432, 433, 434, 435, 436, (437), (490), (493)	1. Clientes por ventas y Prestaciones de servicios.			
5580	2. Accionistas (socios) por desembolsos exigidos.			
44, 460, 470, 471, 472, 544	3. Otros deudores.			
5303, 5304, 5313, 5314, 5323, 5324, 5333, 5334, 5343, 5344, 5353, 5354, (5393), (5394), 5523, 5524, (5933), (5934), (5943), (5944), (5953), (5954)	III. Inversiones de empresas del grupo y asociadas a corto plazo.			
5305, 5315, 5325, 5335, 5345, 5355, (5395), 540, 541, 542, 543, 545, 546, 547, 548, (549), 551, 5525, 5590, 565, 566, (5935), (5945), (5955), (596), (597), (598)	IV. Inversiones financieras a corto plazo.			
480, 567	V. Periodificaciones a corto plazo.			
57	VI. Efectivo y otros activos líquidos equivalentes.			
	TOTAL ACTIVO (A + B)			

Número de cuenta	PATRIMONIO NETO Y PASIVO	Notas de la memoria	200X	200X-1
	A) PATRIMONIO NETO			
	A-1) Fondos propios.			
	I. Capital.			
100, 101, 102	1. Capital escriturado.			
(1030), (1040)	2. (Capital no exigido).			
110	II. Prima de emisión.			
112, 113, 114, 119	III. Reservas.			
(108), (109)	IV. (Acciones y participaciones en patrimonio propias).			
120, (121)	V. Resultados de ejercicios anteriores.			
118	VI. Otras aportaciones de socios.			
129	VII. Resultado del ejercicio.			
(557)	VIII. (Dividendo a cuenta).			
130, 131, 132	A-2) Subvenciones, donaciones y legados recibidos.			
	B) PASIVO NO CORRIENTE			
14	I. Provisiones a largo plazo.			
	II. Deudas a largo plazo.			
1605, 170	1. Deudas con entidades de crédito.			
1625, 174	2. Acreedores por arrendamiento financiero.			
1615, 1635, 171, 172, 173, 175, 176, 177, 179, 180, 185	3. Otras deudas a largo plazo.			
1603, 1604, 1613, 1614, 1623, 1624, 1633, 1634	III. Deudas con empresas del grupo y asociadas a largo plazo.			
479	IV. Pasivos por impuesto diferido.			
181	V. Periodificaciones a largo plazo.			
	C) PASIVO CORRIENTE			
499, 529	I. Provisiones a corto plazo.			
	II. Deudas a corto plazo.			
5105, 520, 527	1. Deudas con entidades de crédito.			
5125, 524	2. Acreedores por arrendamiento financiero.			
(1034), (1044), (190), (192), 194, 500, 505, 506, 509, 5115, 5135, 5145, 521, 522, 523, 525, 526, 528, 551, 5525, 555, 5565, 5566, 5595, 560, 561	3. Otras deudas a corto plazo.			
5103, 5104, 5113, 5114, 5123, 5124, 5133, 5134, 5143, 5144, 5523, 5524, 5563, 5564	III. Deudas con empresas del grupo y asociadas a corto plazo.			
	IV. Acreedores comerciales y otras cuentas a pagar.			
400, 401, 403, 404, 405, (406)	1. Proveedores			
41, 438, 465, 475, 476, 477	2. Otros acreedores.			
485, 568	V. Periodificaciones a corto plazo.			
	TOTAL PATRIMONIO NETO Y PASIVO (A + B + C)...			

CUENTA DE PÉRDIDAS Y GANANCIAS CORRESPONDIENTE AL EJERCICIO TERMINADO EL ... DE 200X

Número de cuenta		Nota	(Debe) Haber 200X	(Debe) Haber 200X-1
700, 701, 702, 703, 704, 705, (706), (708), (709)	1. Importe neto de la cifra de negocios.			
(6930), 71*, 7930	2. Variación de existencias de productos terminados y en curso de fabricación.			
73	3. Trabajos realizados por la empresa para su activo.			
(600), (601), (602), 606, (607), 608, 609, 61*, (6931), (6932), (6933), 7931, 7932, 7933	4. Aprovisionamientos.			
740, 747, 75	5. Otros ingresos de explotación.			
(64)	6. Gastos de personal.			
(62), (631), (634), 636, 639, (65), (694), (695), 794, 7954	7. Otros gastos de explotación.			
(68)	8. Amortización del inmovilizado.			
746	9. Imputación de subvenciones de inmovilizado no financiero y otras.			
7951, 7952, 7955	10. Excesos de provisiones.			
(670), (671), (672), (690), (691), (692), 770, 771, 772, 790, 791, 792	11. Deterioro y resultado por enajenaciones del inmovilizado.			
	A) RESULTADO DE EXPLOTACIÓN (1 + 2 + 3 + 4 + 5 + 6 + 7 + 8 + 9 + 10 + 11)			
760, 761, 762, 769	12. Ingresos financieros.			
(660), (661), (662), (664), (665), (669)	13. Gastos financieros.			
(663), 763	14. Variación de valor razonable en instrumentos financieros.			
(668), 768	15. Diferencias de cambio.			
(666), (667), (673), (675), (696), (697), (698), (699), 766, 773, 775, 796, 797, 798, 799	16. Deterioro y resultado por enajenaciones de instrumentos financieros.			
	B) RESULTADO FINANCIERO (12 + 13 + 14 + 15 + 16)			
	C) RESULTADO ANTES DE IMPUESTOS (A + B)			
(6300)*, 6301*, (633), 638	17. Impuestos sobre beneficios.			
	D) RESULTADO DEL EJERCICIO (C + 17)			

* Su signo puede ser positivo o negativo.

ESTADO DE CAMBIOS EN EL PATRIMONIO NETO DE PYMES CORRESPONDIENTE AL EJERCICIO TERMINADO EL … DE 200X

	Capital		Prima de emisión	Reservas	(Acciones y participaciones en patrimonio propias)	Resultados de ejercicios anteriores	Otras aportaciones de socios	Resultado del ejercicio	(Dividendo a cuenta)	Subvenciones donaciones y legados recibidos	TOTAL
	Escriturado	No exigido									
A. SALDO, FINAL DEL AÑO 200X-2											
I. Ajustes por cambios de criterio 200X-2 y anteriores.											
II. Ajustes por errores 200X-2 y anteriores.											
B. SALDO AJUSTADO, INICIO DEL AÑO 200X-1											
I. Resultado de la cuenta de pérdidas y ganancias.											
II. Ingresos y gastos reconocidos en patrimonio neto.											
III. Operaciones con socios o propietarios.											
1. Aumentos de capital. 2. (–) Reducciones de capital. 3. Otras operaciones con socios o propietarios.											
IV. Otras variaciones del patrimonio neto.											
C. SALDO, FINAL DEL AÑO 200X-1											
I. Ajustes por cambios de criterio 200X-1.											
II. Ajustes por errores 200X-1.											
D. SALDO AJUSTADO, INICIO DEL AÑO 200X											
I. Resultado de la cuenta de pérdidas y ganancias.											
II. Ingresos y gastos reconocidos en el patrimonio neto.											
III. Operaciones con socios o propietarios.											
1. Aumentos de capital. 2. (–) Reducciones de capital. 3. Otras operaciones con socios o propietarios.											
IV. Otras variaciones del patrimonio neto.											
E. SALDO, FINAL DEL AÑO 200X											

Contenido de la memoria de PYMES

1. Actividad de la empresa

En este apartado se describirá el objeto social de la empresa y la actividad o actividades a que se dedique y su identificación en el Registro Mercantil.

2. Bases de presentación de las cuentas anuales

1. Imagen fiel:

   a) La empresa deberá hacer una declaración explícita de que las cuentas anuales reflejan la imagen fiel del patrimonio, de la situación financiera y de los resultados de la empresa, así como en el caso de confeccionar el estado de flujos de efectivo, la veracidad de los flujos incorporados.
   b) Razones excepcionales por las que, para mostrar la imagen fiel, no se han aplicado disposiciones legales en materia contable con indicación de la disposición legal no aplicada, e influencia cualitativa y cuantitativa para cada ejercicio para el que se presenta información de tal proceder sobre el patrimonio, la situación financiera y los resultados de la empresa.
   c) Informaciones complementarias, indicando su ubicación en la memoria, que resulte necesario incluir cuando la aplicación de las disposiciones legales no sea suficiente para mostrar la imagen fiel.

2. Principios contables no obligatorios aplicados.
3. Aspectos críticos de la valoración y estimación de la incertidumbre:

   a) Se indicará la naturaleza y el importe de cualquier cambio en una estimación contable que sea significativo y que afecte al ejercicio actual o que se espera que pueda afectar a los ejercicios futuros. Cuando sea impracticable realizar una estimación del efecto en ejercicios futuros, se revelará este hecho.
   b) Cuando la dirección sea consciente de la existencia de incertidumbres importantes, relativas a eventos o condiciones que puedan aportar dudas significativas sobre la posibilidad de que la empresa siga funcionando normalmente, procederá a revelarlas en este apartado. En el caso de que las cuentas anuales no se elaboren bajo el principio de empresa en funcionamiento, tal hecho será objeto de revelación explícita, junto con las hipótesis alternativas sobre las que hayan sido elaboradas, así como las razones por las que la empresa no pueda ser considerada como una empresa en funcionamiento.

4. Comparación de la información. Sin perjuicio de lo indicado en los apartados siguientes respecto a los cambios en criterios contables y corrección de errores, en este apartado se incorporará la siguiente información:

   a) Razones excepcionales que justifican la modificación de la estructura del balance, de la cuenta de pérdidas y ganancias, y, en caso de confeccionarse, del estado de cambios en el patrimonio neto y del estado de flujos de efectivo del ejercicio anterior.
   b) Explicación de las causas que impiden la comparación de las cuentas anuales del ejercicio con las del precedente.
   c) Explicación de la adaptación de los importes del ejercicio precedente para facilitar la comparación y, en caso contrario, las razones excepcionales que han hecho impracticable la reexpresión de las cifras comparativas.

5. Elementos recogidos en varias partidas. Identificación de los elementos patrimoniales, con su importe, que estén registrados en dos o más partidas del balance, con indicación de éstas y del importe incluido en cada una de ellas.
6. Cambios en criterios contables. Explicación detallada de los ajustes por cambios en criterios contables realizados en el ejercicio, señalándose las razones por las cuales el cambio permite una información más fiable y relevante.

Si la aplicación retroactiva fuera impracticable, se informará sobre tal hecho, las circunstancias que lo explican y desde cuándo se ha aplicado el cambio en el criterio contable.

No será necesario incluir información comparativa en este apartado.

7. Corrección de errores. Explicación detallada de los ajustes por corrección de errores realizados en el ejercicio, indicándose la naturaleza del error.

   Si la aplicación retroactiva fuera impracticable, se informará sobre tal hecho, las circunstancias que lo explican y desde cuándo se ha corregido el error.

   No será necesario incluir información comparativa en este apartado.

3. Normas de registro y valoración

Se indicarán los criterios contables aplicados en relación con las siguientes partidas:

1. Inmovilizado intangible; indicando los criterios utilizados de capitalización o activación, amortización y correcciones valorativas por deterioro.
2. Inmovilizado material; indicando los criterios sobre amortización, correcciones valorativas por deterioro y reversión de las mismas, capitalización de gastos financieros, costes de ampliación, modernización y mejoras, costes de desmantelamiento o retiro, así como los costes de rehabilitación del lugar donde se asiente un activo y los criterios sobre la determinación del coste de los trabajos efectuados por la empresa para su inmovilizado.
3. Se señalará el criterio para calificar los terrenos y construcciones como inversiones inmobiliarias, especificando para éstas los criterios señalados en el apartado anterior.

   Además se precisarán los criterios de contabilización de contratos de arrendamiento financiero y otras operaciones de naturaleza similar.
4. Permutas; indicando el criterio seguido y la justificación de su aplicación, en particular, las circunstancias que han llevado a calificar una permuta de carácter comercial.
5. Activos financieros y pasivos financieros; se indicará:

   a) Criterios empleados para la calificación y valoración de las diferentes categorías de activos financieros y pasivos financieros, así como para el reconocimiento de cambios de valor razonable; en particular, las razones por las que los valores emitidos por la empresa que, de acuerdo con el instrumento jurídico empleado, en principio debieran haberse clasificado como instrumentos de patrimonio, han sido contabilizados como pasivos financieros.

   b) Los criterios aplicados para determinar la existencia de evidencia objetiva de deterioro, así como el registro de la corrección de valor y su reversión y la baja definitiva de activos financieros deteriorados. En particular, se destacarán los criterios utilizados para calcular las correcciones valorativas relativas a los deudores comerciales y otras cuentas a cobrar. Asimismo, se indicarán los criterios contables aplicados a los activos financieros cuyas condiciones hayan sido renegociadas y que, de otro modo, estarían vencidos o deteriorados.

   c) Criterios empleados para el registro de la baja de activos financieros y pasivos financieros.

   d) Inversiones en empresas del grupo, multigrupo y asociadas; se informará sobre el criterio seguido en la valoración de estas inversiones, así como el aplicado para registrar las correcciones valorativas por deterioro.

   e) Los criterios empleados en la determinación de los ingresos o gastos procedentes de las distintas categorías de activos y pasivos financieros: intereses, primas o descuentos, dividendos, etc.

6. Instrumentos de patrimonio propio en poder de la empresa; indicando los criterios de valoración y registro de empleados.
7. Existencias; indicando los criterios de valoración y, en particular, precisando los segui-

dos sobre correcciones valorativas por deterioro y capitalización de gastos financieros.

8. Transacciones en moneda extranjera; indicando los criterios de valoración de las transacciones en moneda extranjera y criterios de imputación de las diferencias de cambio.
9. Impuestos sobre beneficios; indicando los criterios utilizados para el registro y valoración de activos y pasivos por impuesto diferido.
10. Ingresos y gastos; indicando los criterios generales aplicados. En particular, en relación con las prestaciones de servicios realizadas por la empresa se indicarán los criterios utilizados para la determinación de los ingresos; en concreto, se señalarán los métodos empleados para determinar el porcentaje de realización en la prestación de servicios y se informará en caso de que su aplicación hubiera sido impracticable.
11. Provisiones y contingencias; indicando el criterio de valoración, así como, en su caso, el tratamiento de las compensaciones a recibir de un tercero en el momento de liquidar la obligación. En particular, en relación con las provisiones deberá realizarse una descripción general del método de estimación y cálculo de cada uno de los riesgos.
12. Subvenciones, donaciones y legados; indicando el criterio empleado para su clasificación y, en su caso, su imputación a resultados.
13. Negocios conjuntos; indicando los criterios seguidos por la empresa para integrar en sus cuentas anuales los saldos correspondientes al negocio conjunto en que participe.
14. Criterios empleados en transacciones entre partes vinculadas.

4. Inmovilizado material, intangible e inversiones inmobiliarias

1. Análisis del movimiento durante el ejercicio de cada uno de estos epígrafes del balance y de sus correspondientes amortizaciones acumuladas y correcciones valorativas por deterioro de valor acumuladas; indicando lo siguiente:

   a) Saldo inicial.
   b) Entradas.
   c) Salidas.
   d) Saldo final.

   Se especificará la información relativa a inversiones inmobiliarias, incluyéndose además una descripción de las mismas.

   Si hubiera algún epígrafe significativo, por su naturaleza o por su importe, se facilitará la pertinente información adicional.
2. Arrendamientos financieros y otras operaciones de naturaleza similar sobre activos no corrientes. En particular, precisando de acuerdo con las condiciones del contrato: coste del bien en origen, duración del contrato, años transcurridos, cuotas satisfechas en años anteriores y en el ejercicio, cuotas pendientes y, en su caso, valor de la opción de compra.

5. Activos financieros

1. Se presentará para cada clase de activos financieros no corrientes un análisis del movimiento durante el ejercicio y de las cuentas correctoras de valor originadas por riesgo de crédito.
2. Cuando los activos financieros se hayan valorado por su valor razonable, se indicará:

   a) Si el valor razonable se determina, en su totalidad o en parte, tomando como referencia los precios cotizados en mercados activos o se estiman utilizando modelos y técnicas de valoración. En este último caso, se señalarán los principales supuestos en que se basan los citados modelos y técnicas de valoración.
   b) Por categoría de activos financieros, el valor razonable y las variaciones en el valor registradas en la cuenta de pérdidas y ganancias.
   c) Con respecto a los instrumentos financieros derivados, se informará sobre la naturaleza de los instrumentos y las condiciones importantes que puedan

afectar al importe, al calendario y a la certidumbre de los futuros flujos de efectivo.

3. Empresas del grupo, multigrupo y asociadas. Importe de las correcciones valorativas por deterioro registradas en las distintas participaciones, diferenciando las reconocidas en el ejercicio de las acumuladas:

6. Pasivos financieros

Se revelará información sobre:

a) El importe de las deudas que venzan en cada uno de los cinco años siguientes al cierre del ejercicio y del resto hasta su último vencimiento. Estas indicaciones figurarán separadamente para cada uno de los epígrafes y partidas relativos a deudas, conforme al modelo de balance.
b) El importe de las deudas con garantía real, con indicación de su forma y naturaleza.
c) En relación con los préstamos pendientes de pago al cierre del ejercicio, se informará de:

3. En relación con los préstamos pendientes de pago al cierre del ejercicio, se informará de:

— Los detalles de cualquier impago del principal o intereses que se haya producido durante el ejercicio.
— El valor en libros en la fecha de cierre del ejercicio de aquellos préstamos en los que se hubiese producido un incumplimiento por impago, y
— Si el impago ha sido subsanado o se han renegociado las condiciones del préstamo, antes de la fecha de formulación de las cuentas anuales.

7. Fondos propios

Se informará sobre:

1. En caso de sociedades anónimas, importe del capital autorizado por la junta de accionistas para que los administradores lo pongan en circulación, indicando el periodo al que se extiende la autorización.
2. Número, valor nominal y precio medio de adquisición de las acciones o participaciones propias en poder de la sociedad o de un tercero que obre por cuenta de ésta, especificando su destino final previsto.

8. Situación fiscal

Se informará sobre:

1. El gasto por impuesto sobre beneficios corriente.
2. Cualquier otra información cuya publicación venga exigida por la norma tributaria.

9. Operaciones con partes vinculadas

1. A los efectos de la información a incluir en este apartado, se considerarán únicamente las operaciones realizadas con:

a) Entidad dominante.
b) Empresas dependientes.
c) Negocios conjuntos en los que la empresa sea uno de los partícipes.
d) Empresas asociadas.
e) Empresas con control conjunto o influencia significativa sobre la empresa.
f) Miembros de los órganos de administración y personal clave de la dirección de la empresa.

2. La empresa facilitará información suficiente para comprender las operaciones con partes vinculadas que haya efectuado y los efectos de las mismas sobre sus estados financieros, incluyendo separadamente para cada una de las citadas categorías, entre otros, los siguientes aspectos:

a) Identificación de las personas o empresas con las que se han realizado las operaciones vinculadas, expresando la naturaleza de la relación con cada parte implicada.
b) Detalle de la operación y su cuantificación, informando de los criterios o métodos seguidos para determinar su valor.
c) Beneficio o pérdida que la operación

haya originado en la empresa y descripción de las funciones y riesgos asumidos por cada parte vinculada respecto de la operación.

d) Importe de los saldos pendientes, tanto activos como pasivos, sus plazos y condiciones, naturaleza de la contraprestación establecida para su liquidación, agrupando los activos y pasivos en los epígrafes que aparecen en el balance de la empresa y garantías otorgadas o recibidas.

e) Correcciones valorativas por deudas de dudoso cobro o incobrables relacionadas con los saldos pendientes anteriores.

3. La información anterior podrá presentarse de forma agregada cuando se refiera a partidas de naturaleza similar. En todo caso, se facilitará información de carácter individualizado sobre las operaciones vinculadas que fueran significativas por su cuantía o relevantes para una adecuada comprensión de las cuentas anuales, así como de los compromisos financieros con empresas vinculadas.
4. No será necesario informar en el caso de operaciones que, perteneciendo al tráfico ordinario de la empresa, se efectúen en condiciones normales de mercado, sean de escasa importancia cuantitativa y carezcan de relevancia para expresar la imagen fiel del patrimonio, de la situación financiera y de los resultados de la empresa.
5. Deberá informarse sobre el importe de los anticipos y créditos concedidos al personal de alta dirección y a los miembros del órgano de administración, con indicación del tipo de interés, sus características esenciales y los importes eventualmente devueltos o a los que se haya renunciado, así como las obligaciones asumidas por cuenta de ellos a título de garantía. Estos requerimientos serán aplicables igualmente cuando los miembros del órgano de administración sean personas jurídicas, en cuyo caso además de informar de los anticipos y créditos concedidos a la persona jurídica administradora, esta última deberá informar en sus cuentas anuales de la concreta participación que corresponde a la persona física que la represente. Estas informaciones se podrán dar de forma global por cada categoría, recogiendo separadamente los correspondientes al personal de alta dirección de los relativos a los miembros del órgano de administración.

10. Otra información

Se incluirá información sobre:

1. El número medio de personas empleadas en el curso del ejercicio.
2. La naturaleza y el propósito de negocio de los acuerdos de la empresa que no figuren en balance y sobre los que no se haya incorporado información en otra nota de la memoria, siempre que esta información sea significativa y de ayuda para la determinación de la posición financiera de la empresa.
3. El importe y la naturaleza de determinadas partidas de ingresos o de gastos cuya cuantía o incidencia sean excepcionales. En particular, se informará de las subvenciones, donaciones o legados recibidos, indicando para las primeras el Ente público que las concede, precisando si la otorgante de las mismas es la Administración local, autonómica, estatal o internacional.
4. El importe global de los compromisos financieros, garantías o contingencias que no figuren en el balance, con indicación de la naturaleza y la forma de las garantías reales proporcionadas; los compromisos existentes en materia de pensiones deberán consignarse por separado.
5. La naturaleza y consecuencias financieras de las circunstancias de importancia relativa significativa que se produzcan tras la fecha de cierre de balance y que no se reflejen en la cuenta de pérdidas y ganancias o en el balance, y el efecto financiero de tales circunstancias.
6. Cualquier otra información que a juicio de los responsables de elaborar las cuentas anuales fuese preciso proporcionar para que éstas, en su conjunto, puedan mostrar la imagen fiel del patrimonio, de los resultados y

de la situación financiera de la empresa, así como cualquier otra información que la empresa considere oportuno suministrar de forma voluntaria.

CUARTA PARTE

Cuadro de cuentas

GRUPO 1

FINANCIACIÓN BÁSICA

10. CAPITAL.
    - 100. Capital social.
    - 101. Fondo social.
    - 102. Capital.
    - 103. Socios por desembolsos no exigidos.
        - 1030. Socios por desembolsos no exigidos, capital social.
        - 1034. Socios por desembolsos no exigidos, capital pendiente de inscripción.
    - 104. Socios por aportaciones no dinerarias pendientes.
        - 1040. Socios por aportaciones no dinerarias pendientes, capital social.
        - 1044. Socios por aportaciones no dinerarias pendientes, capital pendiente de inscripción.
    - 108. Acciones o participaciones propias en situaciones especiales.
    - 109. Acciones o participaciones propias para reducción de capital.

11. RESERVAS.
    - 110. Prima de emisión o asunción.
    - 112. Reserva legal.
    - 113. Reservas voluntarias.
    - 114. Reservas especiales.
        - 1140. Reservas para acciones o participaciones de la sociedad dominante.
        - 1141. Reservas estatutarias.
        - 1142. Reserva por capital amortizado.
        - 1144. Reservas por acciones propias aceptadas en garantía.
    - 118. Aportaciones de socios o propietarios.
    - 119. Diferencias por ajuste del capital a euros.

12. RESULTADOS PENDIENTES DE APLICACIÓN.
    - 120. Remanente.
    - 121. Resultados negativos de ejercicios anteriores.
    - 129. Resultado del ejercicio.

13. SUBVENCIONES, DONACIONES, LEGADOS Y OTROS AJUSTES EN PATRIMONIO NETO.
    - 130. Subvenciones oficiales de capital.
    - 131. Donaciones y legados de capital.
    - 132. Otras subvenciones, donaciones y legados.
    - 137. Ingresos fiscales a distribuir en varios ejercicios.
        - 1370. Ingresos fiscales por diferencias permanentes a distribuir en varios ejercicios.
        - 1371. Ingresos fiscales por deducciones y bonificaciones a distribuir en varios ejercicios.

14. PROVISIONES.
    - 141. Provisión para impuestos.
    - 142. Provisión para otras responsabilidades.
    - 143. Provisión por desmantelamiento, retiro o rehabilitación del inmovilizado.
    - 145. Provisión para actuaciones medioambientales.

15. DEUDAS A LARGO PLAZO CON CARACTERÍSTICAS ESPECIALES.
    - 150. Acciones o participaciones a largo plazo consideradas como pasivos financieros.
    - 153. Desembolsos no exigidos por acciones o participaciones consideradas como pasivos financieros.
        - 1533. Desembolsos no exigidos, empresas del grupo.
        - 1534. Desembolsos no exigidos, empresas asociadas.
        - 1535. Desembolsos no exigidos, otras partes vinculadas.
        - 1536. Otros desembolsos no exigidos.
    - 154. Aportaciones no dinerarias pendientes por acciones o participaciones consideradas como pasivos financieros.

1543. Aportaciones no dinerarias pendientes, empresas del grupo.
1544. Aportaciones no dinerarias pendientes, empresas asociadas.
1545. Aportaciones no dinerarias pendientes, otras partes vinculadas.
1546. Otras aportaciones no dinerarias pendientes.

16. DEUDAS A LARGO PLAZO CON PARTES VINCULADAS.
160. Deudas a largo plazo con entidades de crédito vinculadas.
1603. Deudas a largo plazo con entidades de crédito, empresas del grupo.
1604. Deudas a largo plazo con entidades de crédito, empresas asociadas.
1605. Deudas a largo plazo con otras entidades de crédito vinculadas.
161. Proveedores de inmovilizado a largo plazo, partes vinculadas.
1613. Proveedores de inmovilizado a largo plazo, empresas del grupo.
1614. Proveedores de inmovilizado a largo plazo, empresas asociadas.
1615. Proveedores de inmovilizado a largo plazo, otras partes vinculadas.
162. Acreedores por arrendamiento financiero a largo plazo, partes vinculadas.
1623. Acreedores por arrendamiento financiero a largo plazo, empresas de grupo.
1624. Acreedores por arrendamiento financiero a largo plazo, empresas asociadas.
1625. Acreedores por arrendamiento financiero a largo plazo, otras partes vinculadas.
163. Otras deudas a largo plazo con partes vinculadas.
1633. Otras deudas a largo plazo, empresas del grupo.
1634. Otras deudas a largo plazo, empresas asociadas.
1635. Otras deudas a largo plazo con otras partes vinculadas.

17. DEUDAS A LARGO PLAZO POR PRÉSTAMOS RECIBIDOS, EMPRÉSTITOS Y OTROS CONCEPTOS.
170. Deudas a largo plazo con entidades de crédito.
171. Deudas a largo plazo.
172. Deudas a largo plazo transformables en subvenciones, donaciones y legados.
173. Proveedores de inmovilizado a largo plazo.
174. Acreedores por arrendamiento financiero a largo plazo.
175. Efectos a pagar a largo plazo.
176. Pasivos por derivados financieros a largo plazo.
177. Obligaciones y bonos.
179. Deudas representadas en otros valores negociables.

18. PASIVOS POR FIANZAS, GARANTÍAS Y OTROS CONCEPTOS A LARGO PLAZO.
180. Fianzas recibidas a largo plazo.
181. Anticipos recibidos por ventas o prestaciones de servicios a largo plazo.
185. Depósitos recibidos a largo plazo.

19. SITUACIONES TRANSITORIAS DE FINANCIACIÓN
190. Acciones o participaciones emitidas.
192. Suscriptores de acciones.
194. Capital emitido pendiente de inscripción.
195. Acciones o participaciones emitidas consideradas como pasivos financieros.
197. Suscriptores de acciones consideradas como pasivos financieros.
199. Acciones o participaciones emitidas consideradas como pasivos financieros pendientes de inscripción.

GRUPO 2

ACTIVO NO CORRIENTE

20. INMOVILIZACIONES INTANGIBLES.
200. Investigación.
201. Desarrollo.
202. Concesiones administrativas.
203. Propiedad industrial.

205. Derechos de traspaso.
206. Aplicaciones informáticas.
209. Anticipos para inmovilizaciones intangibles.

21. INMOVILIZACIONES MATERIALES.
210. Terrenos y bienes naturales.
211. Construcciones.
212. Instalaciones técnicas.
213. Maquinaria.
214. Utillaje.
215. Otras instalaciones.
216. Mobiliario.
217. Equipos para procesos de información.
218. Elementos de transporte.
219. Otro inmovilizado material.

22. INVERSIONES INMOBILIARIAS.
220. Inversiones en terrenos y bienes naturales.
221. Inversiones en construcciones.

23. INMOVILIZACIONES MATERIALES EN CURSO.
230. Adaptación de terrenos y bienes naturales.
231. Construcciones en curso.
232. Instalaciones técnicas en montaje.
233. Maquinaria en montaje.
237. Equipos para procesos de información en montaje.
239. Anticipos para inmovilizaciones materiales.

24. INVERSIONES FINANCIERAS A LARGO PLAZO EN PARTES VINCULADAS.
240. Participaciones a largo plazo en partes vinculadas.
2403. Participaciones a largo plazo en empresas del grupo.
2404. Participaciones a largo plazo en empresas asociadas.
2405. Participaciones a largo plazo en otras partes vinculadas.
241. Valores representativos de deuda a largo plazo de partes vinculadas.
2413. Valores representativos de deuda a largo plazo de empresas del grupo.
2414. Valores representativos de deuda a largo plazo de empresas asociadas.
2415. Valores representativos de deuda a largo plazo de otras partes vinculadas.
242. Créditos a largo plazo a partes vinculadas.
2423. Créditos a largo plazo a empresas del grupo.
2424. Créditos a largo plazo a empresas asociadas.
2425. Créditos a largo plazo a otras partes vinculadas.
249. Desembolsos pendientes sobre participaciones a largo plazo en partes vinculadas.
2493. Desembolsos pendientes sobre participaciones a largo plazo en empresas del grupo.
2494. Desembolsos pendientes sobre participaciones a largo plazo en empresas asociadas.
2495. Desembolsos pendientes sobre participaciones a largo plazo en otras partes vinculadas.

25. OTRAS INVERSIONES FINANCIERAS A LARGO PLAZO.
250. Inversiones financieras a largo plazo en instrumentos de patrimonio.
251. Valores representativos de deuda a largo plazo.
252. Créditos a largo plazo.
253. Créditos a largo plazo por enajenación de inmovilizado.
254. Créditos a largo plazo al personal.
255. Activos por derivados financieros a largo plazo.
258. Imposiciones a largo plazo.
259. Desembolsos pendientes sobre participaciones en el patrimonio neto a largo plazo.

26. FIANZAS Y DEPÓSITOS CONSTITUIDOS A LARGO PLAZO.
260. Fianzas constituidas a largo plazo.
265. Depósitos constituidos a largo plazo.

28. AMORTIZACIÓN ACUMULADA DEL INMOVILIZADO.
280. Amortización acumulada del inmovilizado intangible.

2800. Amortización acumulada de investigación.
2801. Amortización acumulada de desarrollo.
2802. Amortización acumulada de concesiones administrativas.
2803. Amortización acumulada de propiedad industrial.
2805. Amortización acumulada de derechos de traspaso.
2806. Amortización acumulada de aplicaciones informáticas.

281. Amortización acumulada del inmovilizado material.
2811. Amortización acumulada de construcciones.
2812. Amortización acumulada de instalaciones técnicas.
2813. Amortización acumulada de maquinaria.
2814. Amortización acumulada de utillaje.
2815. Amortización acumulada de otras instalaciones.
2816. Amortización acumulada de mobiliario.
2817. Amortización acumulada de equipos para procesos de información.
2818. Amortización acumulada de elementos de transporte.
2819. Amortización acumulada de otro inmovilizado material.

282. Amortización acumulada de las inversiones inmobiliarias.

29. DETERIORO DE VALOR DE ACTIVOS NO CORRIENTES.

290. Deterioro de valor del inmovilizado intangible.
2900. Deterioro de valor de investigación.
2901. Deterioro de valor de desarrollo.
2902. Deterioro de valor de concesiones administrativas.
2903. Deterioro de valor de propiedad industrial.
2905. Deterioro de valor de derechos de traspaso.
2906. Deterioro de valor de aplicaciones informáticas.

291. Deterioro de valor del inmovilizado material.
2910. Deterioro de valor de terrenos y bienes naturales.
2911. Deterioro de valor de construcciones.
2912. Deterioro de valor de instalaciones técnicas.
2913. Deterioro de valor de maquinaria.
2914. Deterioro de valor de utillaje.
2915. Deterioro de valor de otras instalaciones.
2916. Deterioro de valor de mobiliario.
2917. Deterioro de valor de equipos para procesos de información.
2918. Deterioro de valor de elementos de transporte.
2919. Deterioro de valor de otro inmovilizado material.

292. Deterioro de valor de las inversiones inmobiliarias.
2920. Deterioro de valor de los terrenos y bienes naturales.
2921. Deterioro de valor de construcciones.

293. Deterioro de valor de participaciones a largo plazo.
2933. Deterioro de valor de participaciones a largo plazo en empresas del grupo.
2934. Deterioro de valor de participaciones a largo plazo en empresas asociadas.
2935. Deterioro de valor de participaciones a largo plazo en otras partes vinculadas.

294. Deterioro de valor de valores representativos de deuda a largo plazo de partes vinculadas.
2943. Deterioro de valor de valores representativos de deuda a largo plazo de empresas del grupo.
2944. Deterioro de valor de valores representativos de deuda a largo plazo de empresas asociadas.

2945. Deterioro de valor de valores representativos de deuda a largo plazo de otras partes vinculadas.

295. Deterioro de valor de créditos a largo plazo a partes vinculadas.
    2953. Deterioro de valor de créditos a largo plazo a empresas del grupo.
    2954. Deterioro de valor de créditos a largo plazo a empresas asociadas.
    2955. Deterioro de valor de créditos a largo plazo a otras partes vinculadas.

296. Deterioro de valor de participaciones en el patrimonio neto a largo plazo.

297. Deterioro de valor de valores representativos de deuda a largo plazo.

298. Deterioro de valor de créditos a largo plazo.

GRUPO 3

EXISTENCIAS

30. COMERCIALES.
    300. Mercaderías A.
    301. Mercaderías B.

31. MATERIAS PRIMAS.
    310. Materias primas A.
    311. Materias primas B.

32. OTROS APROVISIONAMIENTOS.
    320. Elementos y conjuntos incorporables.
    321. Combustibles.
    322. Repuestos.
    325. Materiales diversos.
    326. Embalajes.
    327. Envases.
    328. Material de oficina.

33. PRODUCTOS EN CURSO.
    330. Productos en curso A.
    331. Productos en curso B.

34. PRODUCTOS SEMITERMINADOS.
    340. Productos semiterminados A.
    341. Productos semiterminados B.

35. PRODUCTOS TERMINADOS.
    350. Productos terminados A.
    351. Productos terminados B.

36. SUBPRODUCTOS, RESIDUOS Y MATERIALES RECUPERADOS.
    360. Subproductos A.
    361. Subproductos B.
    365. Residuos A.
    366. Residuos B.
    368. Materiales recuperados A.
    369. Materiales recuperados B.

39. DETERIORO DE VALOR DE LAS EXISTENCIAS.
    390. Deterioro de valor de las mercaderías.
    391. Deterioro de valor de las materias primas.
    392. Deterioro de valor de otros aprovisionamientos.
    393. Deterioro de valor de los productos en curso.
    394. Deterioro de valor de los productos semiterminados.
    395. Deterioro de valor de los productos terminados.
    396. Deterioro de valor de los subproductos, residuos y materiales recuperados.

GRUPO 4

ACREEDORES Y DEUDORES POR OPERACIONES COMERCIALES

40. PROVEEDORES.
    400. Proveedores.
        4000. Proveedores (euros).
        4004. Proveedores (moneda extranjera).
        4009. Proveedores, facturas pendientes de recibir o de formalizar.
    401. Proveedores, efectos comerciales a pagar.
    403. Proveedores, empresas del grupo.
        4030. Proveedores, empresas del grupo (euros).
        4031. Efectos comerciales a pagar, empresas del grupo.
        4034. Proveedores, empresas del grupo (moneda extranjera).

4036. Envases y embalajes a devolver a proveedores, empresas del grupo.
4039. Proveedores, empresas del grupo, facturas pendientes de recibir o de formalizar.
404. Proveedores, empresas asociadas.
405. Proveedores, otras partes vinculadas.
406. Envases y embalajes a devolver a proveedores.
407. Anticipos a proveedores.

41. ACREEDORES VARIOS.
410. Acreedores por prestaciones de servicios.
4100. Acreedores por prestaciones de servicios (euros).
4104. Acreedores por prestaciones de servicios, (moneda extranjera).
4109. Acreedores por prestaciones de servicios, facturas pendientes de recibir o de formalizar.
411. Acreedores, efectos comerciales a pagar.
419. Acreedores por operaciones en común.

43. CLIENTES.
430. Clientes.
4300. Clientes (euros).
4304. Clientes (moneda extranjera).
4309. Clientes, facturas pendientes de formalizar.
431. Clientes, efectos comerciales a cobrar.
4310. Efectos comerciales en cartera.
4311. Efectos comerciales descontados.
4312. Efectos comerciales en gestión de cobro.
4315. Efectos comerciales impagados.
432. Clientes, operaciones de «factoring».
433. Clientes, empresas del grupo.
4330. Clientes empresas del grupo (euros).
4331. Efectos comerciales a cobrar, empresas del grupo.
4332. Clientes empresas del grupo, operaciones de «factoring».
4334. Clientes empresas del grupo (moneda extranjera).
4336. Clientes empresas del grupo de dudoso cobro.
4337. Envases y embalajes a devolver a clientes, empresas del grupo.
4339. Clientes empresas del grupo, facturas pendientes de formalizar.
434. Clientes, empresas asociadas.
435. Clientes, otras partes vinculadas.
436. Clientes de dudoso cobro.
437. Envases y embalajes a devolver por clientes.
438. Anticipos de clientes.

44. DEUDORES VARIOS.
440. Deudores.
4400. Deudores (euros).
4404. Deudores (moneda extranjera).
4409. Deudores, facturas pendientes de formalizar.
441. Deudores, efectos comerciales a cobrar.
4410. Deudores, efectos comerciales en cartera.
4411. Deudores, efectos comerciales descontados.
4412. Deudores, efectos comerciales en gestión de cobro.
4415. Deudores, efectos comerciales impagados.
446. Deudores de dudoso cobro.
449. Deudores por operaciones en común.

46. PERSONAL.
460. Anticipos de remuneraciones.
465. Remuneraciones pendientes de pago.

47. ADMINISTRACIONES PÚBLICAS.
470. Hacienda Pública, deudora por diversos conceptos.
4700. Hacienda Pública, deudora por IVA.
4708. Hacienda Pública, deudora por subvenciones concedidas.
4709. Hacienda Pública, deudora por devolución de impuestos.
471. Organismos de la Seguridad Social, deudores.
472. Hacienda Pública, IVA soportado.
473. Hacienda Pública, retenciones y pagos a cuenta.
474. Activos por impuesto diferido.
4740. Activos por diferencias temporarias deducibles.

4742. Derechos por deducciones y bonificaciones pendientes de aplicar.
4745. Crédito por pérdidas a compensar del ejercicio.

475. Hacienda Pública, acreedora por conceptos fiscales.
4750. Hacienda Pública, acreedora por IVA.
4751. Hacienda Pública, acreedora por retenciones practicadas.
4752. Hacienda Pública, acreedora por impuesto sobre sociedades.
4758. Hacienda Pública, acreedora por subvenciones a reintegrar.

476. Organismos de la Seguridad Social, acreedores.

477. Hacienda Pública, IVA repercutido.

479. Pasivos por diferencias temporarias imponibles.

48. AJUSTES POR PERIODIFICACIÓN.
480. Gastos anticipados.
485. Ingresos anticipados.

49. DETERIORO DE VALOR DE CRÉDITOS COMERCIALES Y PROVISIONES A CORTO PLAZO.
490. Deterioro de valor de créditos por operaciones comerciales.
493. Deterioro de valor de créditos por operaciones comerciales con partes vinculadas.
4933. Deterioro de valor de créditos por operaciones comerciales con empresas del grupo.
4934. Deterioro de valor de créditos por operaciones comerciales con empresas asociadas.
4935. Deterioro de valor de créditos por operaciones comerciales con otras partes vinculadas.
499. Provisiones por operaciones comerciales.
4994. Provisión por contratos onerosos.
4999. Provisión para otras operaciones comerciales.

GRUPO 5

CUENTAS FINANCIERAS

50. EMPRÉSTITOS, DEUDAS CON CARACTERÍSTICAS ESPECIALES Y OTRAS EMISIONES ANÁLOGAS A CORTO PLAZO.
500. Obligaciones y bonos a corto plazo.
502. Acciones o participaciones a corto plazo consideradas como pasivos financieros.
505. Deudas representadas en otros valores negociables a corto plazo.
506. Intereses a corto plazo de empréstitos y otras emisiones análogas.
507. Dividendos de acciones o participaciones consideradas como pasivos financieros.
509. Valores negociables amortizados.
5090. Obligaciones y bonos amortizados.
5095. Otros valores negociables amortizados.

51. DEUDAS A CORTO PLAZO CON PARTES VINCULADAS.
510. Deudas a corto plazo con entidades de crédito vinculadas.
5103. Deudas a corto plazo con entidades de crédito, empresas del grupo.
5104. Deudas a corto plazo con entidades de crédito, empresas asociadas.
5105. Deudas a corto plazo con otras entidades de crédito vinculadas.
511. Proveedores de inmovilizado a corto plazo, partes vinculadas.
5113. Proveedores de inmovilizado a corto plazo, empresas del grupo.
5114. Proveedores de inmovilizado a corto plazo, empresas asociadas.
5115. Proveedores de inmovilizado a corto plazo, otras partes vinculadas.
512. Acreedores por arrendamiento financiero a corto plazo, partes vinculadas.
5123. Acreedores por arrendamiento financiero a corto plazo, empresas del grupo.
5124. Acreedores por arrendamiento financiero a corto plazo, empresas asociadas.

5125. Acreedores por arrendamiento financiero a corto plazo, otras partes vinculadas.

513. Otras deudas a corto plazo con partes vinculadas.

5133. Otras deudas a corto plazo con empresas del grupo.

5134. Otras deudas a corto plazo con empresas asociadas.

5135. Otras deudas a corto plazo con otras partes vinculadas.

514. Intereses a corto plazo de deudas con partes vinculadas.

5143. Intereses a corto plazo de deudas, empresas del grupo.

5144. Intereses a corto plazo de deudas, empresas asociadas.

5145. Intereses a corto plazo de deudas, otras partes vinculadas.

52. DEUDAS A CORTO PLAZO POR PRÉSTAMOS RECIBIDOS Y OTROS CONCEPTOS.

520. Deudas a corto plazo con entidades de crédito.

5200. Préstamos a corto plazo de entidades de crédito.

5201. Deudas a corto plazo por crédito dispuesto.

5208. Deudas por efectos descontados.

5209. Deudas por operaciones de «factoring».

521. Deudas a corto plazo.

522. Deudas a corto plazo transformables en subvenciones, donaciones y legados.

523. Proveedores de inmovilizado a corto plazo.

524. Acreedores por arrendamiento financiero a corto plazo.

525. Efectos a pagar a corto plazo.

526. Dividendo activo a pagar.

527. Intereses a corto plazo de deudas con entidades de crédito.

528. Intereses a corto plazo de deudas.

529. Provisiones a corto plazo.

5291. Provisión a corto plazo para impuestos.

5292. Provisión a corto plazo para otras responsabilidades.

5293. Provisión a corto plazo por desmantelamiento, retiro o rehabilitación del inmovilizado.

5295. Provisión a corto plazo para actuaciones medioambientales.

53. INVERSIONES FINANCIERAS A CORTO PLAZO EN PARTES VINCULADAS.

530. Participaciones a corto plazo en partes vinculadas.

5303. Participaciones a corto plazo en empresas del grupo.

5304. Participaciones a corto plazo en empresas asociadas.

5305. Participaciones a corto plazo en otras partes vinculadas.

531. Valores representativos de deuda a corto plazo de partes vinculadas.

5313. Valores representativos de deuda a corto plazo de empresas del grupo.

5314. Valores representativos de deuda a corto plazo de empresas asociadas.

5315. Valores representativos de deuda a corto plazo de otras partes vinculadas.

532. Créditos a corto plazo a partes vinculadas.

5323. Créditos a corto plazo a empresas del grupo.

5324. Créditos a corto plazo a empresas asociadas.

5325. Créditos a corto plazo a otras partes vinculadas.

533. Intereses a corto plazo de valores representativos de deuda de partes vinculadas.

5333. Intereses a corto plazo de valores representativos de deuda en empresas del grupo.

5334. Intereses a corto plazo de valores representativos de deuda en empresas asociadas.

5335. Intereses a corto plazo de valores representativos de deuda en otras partes vinculadas.

534. Intereses a corto plazo de créditos a partes vinculadas.

5343. Intereses a corto plazo de créditos a empresas del grupo.
5344. Intereses a corto plazo de créditos a empresas asociadas.
5345. Intereses a corto plazo de créditos a otras partes vinculadas.

535. Dividendo a cobrar de inversiones financieras en partes vinculadas.
5353. Dividendo a cobrar de empresas del grupo.
5354. Dividendo a cobrar de empresas asociadas.
5355. Dividendo a cobrar de otras partes vinculadas.

539. Desembolsos pendientes sobre participaciones a corto plazo en partes vinculadas.
5393. Desembolsos pendientes sobre participaciones a corto plazo en empresas del grupo.
5394. Desembolsos pendientes sobre participaciones a corto plazo en empresas asociadas.
5395. Desembolsos pendientes sobre participaciones a corto plazo en otras partes vinculadas.

54. OTRAS INVERSIONES FINANCIERAS A CORTO PLAZO.

540. Inversiones financieras a corto plazo en instrumentos de patrimonio.
541. Valores representativos de deuda a corto plazo.
542. Créditos a corto plazo.
543. Créditos a corto plazo por enajenación de inmovilizado.
544. Créditos a corto plazo al personal.
545. Dividendo a cobrar.
546. Intereses a corto plazo de valores representativos de deuda.
547. Intereses a corto plazo de créditos.
548. Imposiciones a corto plazo.
549. Desembolsos pendientes sobre participaciones en el patrimonio neto a corto plazo.

55. OTRAS CUENTAS NO BANCARIAS.

550. Titular de la explotación.
551. Cuenta corriente con socios y administradores.
552. Cuenta corriente con otras personas y entidades vinculadas.
5523. Cuenta corriente con empresas del grupo.
5524. Cuenta corriente con empresas asociadas.
5525. Cuenta corriente con otras partes vinculadas.

554. Cuenta corriente con uniones temporales de empresas y comunidades de bienes.
555. Partidas pendientes de aplicación.
556. Desembolsos exigidos sobre participaciones en el patrimonio neto.
5563. Desembolsos exigidos sobre participaciones, empresas del grupo.
5564. Desembolsos exigidos sobre participaciones, empresas asociadas.
5565. Desembolsos exigidos sobre participaciones, otras partes vinculadas.
5566. Desembolsos exigidos sobre participaciones de otras empresas.

557. Dividendo activo a cuenta.
558. Socios por desembolsos exigidos.
5580. Socios por desembolsos exigidos sobre acciones o participaciones ordinarias.
5585. Socios por desembolsos exigidos sobre acciones o participaciones consideradas como pasivos financieros.

559. Derivados financieros a corto plazo.
5590. Activos por derivados financieros a corto plazo.
5595. Pasivos por derivados financieros a corto plazo.

56. FIANZAS Y DEPÓSITOS RECIBIDOS Y CONSTITUIDOS A CORTO PLAZO Y AJUSTES POR PERIODIFICACIÓN.

560. Fianzas recibidas a corto plazo.
561. Depósitos recibidos a corto plazo.
565. Fianzas constituidas a corto plazo.
566. Depósitos constituidos a corto plazo.
567. Intereses pagados por anticipado.
568. Intereses cobrados por anticipado.

57. TESORERÍA.

570. Caja, euros.

571. Caja, moneda extranjera.
572. Bancos e instituciones de crédito c/c vista, euros.
573. Bancos e instituciones de crédito c/c vista, moneda extranjera.
574. Bancos e instituciones de crédito, cuentas de ahorro, euros.
575. Bancos e instituciones de crédito, cuentas de ahorro, moneda extranjera.
576. Inversiones a corto plazo de gran liquidez.

59. DETERIORO DEL VALOR DE INVERSIONES FINANCIERAS A CORTO PLAZO.
593. Deterioro de valor de participaciones a corto plazo.
5933. Deterioro de valor de participaciones a corto plazo en empresas del grupo.
5934. Deterioro de valor de participaciones a corto plazo en empresas asociadas.
5935. Deterioro de valor de participaciones a corto plazo en otras partes vinculadas.
5936. Deterioro de valor de participaciones a corto plazo en otras empresas.
594. Deterioro de valor de valores representativos de deuda a corto plazo de partes vinculadas.
5943. Deterioro de valor de valores representativos de deuda a corto plazo de empresas del grupo.
5944. Deterioro de valor de valores representativos de deuda a corto plazo de empresas asociadas.
5945. Deterioro de valor de valores representativos de deuda a corto plazo de otras partes vinculadas.
595. Deterioro de valor de créditos a corto plazo a partes vinculadas.
5953. Deterioro de valor de créditos a corto plazo a empresas del grupo.
5954. Deterioro de valor de créditos a corto plazo a empresas asociadas.
5955. Deterioro de valor de créditos a corto plazo a otras partes vinculadas.
596. Deterioro de valor de participaciones a corto plazo.
597. Deterioro de valor de valores representativos de deuda a corto plazo.
598. Deterioro de valor de créditos a corto plazo.

GRUPO 6

COMPRAS Y GASTOS

60. COMPRAS.
600. Compras de mercaderías.
601. Compras de materias primas.
602. Compras de otros aprovisionamientos.
606. Descuentos sobre compras por pronto pago.
6060. Descuentos sobre compras por pronto pago de mercaderías.
6061. Descuentos sobre compras por pronto pago de materias primas.
6062. Descuentos sobre compras por pronto pago de otros aprovisionamientos.
607. Trabajos realizados por otras empresas.
608. Devoluciones de compras y operaciones similares.
6080. Devoluciones de compras de mercaderías.
6081. Devoluciones de compras de materias primas.
6082. Devoluciones de compras de otros aprovisionamientos.
609. «Rappels» por compras.
6090. «Rappels» por compras de mercaderías.
6091. «Rappels» por compras de materias primas.
6092. «Rappels» por compras de otros aprovisionamientos.

61. VARIACIÓN DE EXISTENCIAS.
610. Variación de existencias de mercaderías.
611. Variación de existencias de materias primas.
612. Variación de existencias de otros aprovisionamientos.

62. SERVICIOS EXTERIORES.
620. Gastos en investigación y desarrollo del ejercicio.

621. Arrendamientos y cánones.
622. Reparaciones y conservación.
623. Servicios de profesionales independientes.
624. Transportes.
625. Primas de seguros.
626. Servicios bancarios y similares.
627. Publicidad, propaganda y relaciones públicas.
628. Suministros.
629. Otros servicios.

63. TRIBUTOS.
630. Impuesto sobre beneficios.
6300. Impuesto corriente.
6301. Impuesto diferido.
631. Otros tributos.
633. Ajustes negativos en la imposición sobre beneficios.
634. Ajustes negativos en la imposición indirecta.
6341. Ajustes negativos en IVA de activo corriente.
6342. Ajustes negativos en IVA de inversiones.
636. Devolución de impuestos.
638. Ajustes positivos en la imposición sobre beneficios.
639. Ajustes positivos en la imposición indirecta.
6391. Ajustes positivos en IVA de activo corriente.
6392. Ajustes positivos en IVA de inversiones.

64. GASTOS DE PERSONAL.
640. Sueldos y salarios.
641. Indemnizaciones.
642. Seguridad Social a cargo de la empresa.
649. Otros gastos sociales.

65. OTROS GASTOS DE GESTIÓN.
650. Pérdidas de créditos comerciales incobrables.
651. Resultados de operaciones en común.
6510. Beneficio transferido (gestor).
6511. Pérdida soportada (partícipe o asociado no gestor).
659. Otras pérdidas en gestión corriente.

66. GASTOS FINANCIEROS
660. Gastos financieros por actualización de provisiones.
661. Intereses de obligaciones y bonos.
6610. Intereses de obligaciones y bonos a largo plazo, empresas del grupo.
6611. Intereses de obligaciones y bonos a largo plazo, empresas asociadas.
6612. Intereses de obligaciones y bonos a largo plazo, otras partes vinculadas.
6613. Intereses de obligaciones y bonos a largo plazo, otras empresas.
6615. Intereses de obligaciones y bonos a corto plazo, empresas del grupo.
6616. Intereses de obligaciones y bonos a corto plazo, empresas asociadas.
6617. Intereses de obligaciones y bonos a corto plazo, otras partes vinculadas.
6618. Intereses de obligaciones y bonos a corto plazo, otras empresas.
662. Intereses de deudas.
6620. Intereses de deudas, empresas del grupo.
6621. Intereses de deudas, empresas asociadas.
6622. Intereses de deudas, otras partes vinculadas.
6623. Intereses de deudas con entidades de crédito.
6624. Intereses de deudas, otras empresas.
663. Pérdidas por valoración de activos y pasivos financieros por su valor razonable.
664. Gastos por dividendos de acciones o participaciones consideradas como pasivos financieros.
6640. Dividendos de pasivos, empresas del grupo.
6641. Dividendos de pasivos, empresas asociadas.
6642. Dividendos de pasivos, otras partes vinculadas.
6643. Dividendos de pasivos, otras empresas.

665. Intereses por descuento de efectos y operaciones de «factoring».
    6650. Intereses por descuento de efectos en entidades de crédito del grupo.
    6651. Intereses por descuento de efectos en entidades de crédito asociadas.
    6652. Intereses por descuento de efectos en otras entidades de crédito vinculadas.
    6653. Intereses por descuento de efectos en otras entidades de crédito.
    6654. Intereses por operaciones de «factoring» con entidades de crédito del grupo.
    6655. Intereses por operaciones de «factoring» con entidades de crédito asociadas.
    6656. Intereses por operaciones de «factoring» con otras entidades de crédito vinculadas.
    6657. Intereses por operaciones de «factoring» con otras entidades de crédito.
666. Pérdidas en participaciones y valores representativos de deuda.
    6660. Pérdidas en valores representativos de deuda a largo plazo, empresas del grupo.
    6661. Pérdidas en valores representativos de deuda a largo plazo, empresas asociadas.
    6662. Pérdidas en valores representativos de deuda a largo plazo, otras partes vinculadas.
    6663. Pérdidas en participaciones y valores representativos de deuda a largo plazo, otras empresas.
    6665. Pérdidas en participaciones y valores representativos de deuda a corto plazo, empresas del grupo.
    6666. Pérdidas en participaciones y valores representativos de deuda a corto plazo, empresas asociadas.
    6667. Pérdidas en valores representativos de deuda a corto plazo, otras partes vinculadas.
    6668. Pérdidas en valores representativos de deuda a corto plazo, otras empresas.
667. Pérdidas de créditos no comerciales.
    6670. Pérdidas de créditos a largo plazo, empresas del grupo.
    6671. Pérdidas de créditos a largo plazo, empresas asociadas.
    6672. Pérdidas de créditos a largo plazo, otras partes vinculadas.
    6673. Pérdidas de créditos a largo plazo, otras empresas.
    6675. Pérdidas de créditos a corto plazo, empresas del grupo.
    6676. Pérdidas de créditos a corto plazo, empresas asociadas.
    6677. Pérdidas de créditos a corto plazo, otras partes vinculadas.
    6678. Pérdidas de créditos a corto plazo, otras empresas.
668. Diferencias negativas de cambio.
669. Otros gastos financieros.

67. PÉRDIDAS PROCEDENTES DE ACTIVOS NO CORRIENTES Y GASTOS EXCEPCIONALES.
    670. Pérdidas procedentes del inmovilizado intangible.
    671. Pérdidas procedentes del inmovilizado material.
    672. Pérdidas procedentes de las inversiones inmobiliarias.
    673. Pérdidas procedentes de participaciones a largo plazo en partes vinculadas.
        6733. Pérdidas procedentes de participaciones a largo plazo, empresas del grupo.
        6734. Pérdidas procedentes de participaciones a largo plazo, empresas asociadas.
        6735. Pérdidas procedentes de participaciones a largo plazo, otras partes vinculadas.
    675. Pérdidas por operaciones con obligaciones propias.
    678. Gastos excepcionales.

68. DOTACIONES PARA AMORTIZACIONES.
    680. Amortización del inmovilizado intangible.

681. Amortización del inmovilizado material.
682. Amortización de las inversiones inmobiliarias.

69. PÉRDIDAS POR DETERIORO Y OTRAS DOTACIONES.
690. Pérdidas por deterioro del inmovilizado intangible.
691. Pérdidas por deterioro del inmovilizado material.
692. Pérdidas por deterioro de las inversiones inmobiliarias.
693. Pérdidas por deterioro de existencias.
6930. Pérdidas por deterioro de productos terminados y en curso de fabricación.
6931. Pérdidas por deterioro de mercaderías.
6932. Pérdidas por deterioro de materias primas.
6933. Pérdidas por deterioro de otros aprovisionamientos.
694. Pérdidas por deterioro de créditos por operaciones comerciales.
695. Dotación a la provisión por operaciones comerciales.
6954. Dotación a la provisión por contratos onerosos.
6959. Dotación a la provisión para otras operaciones comerciales.
696. Pérdidas por deterioro de participaciones y valores representativos de deuda a largo plazo.
6960. Pérdidas por deterioro de participaciones en instrumentos de patrimonio neto a largo plazo, empresas del grupo.
6961. Pérdidas por deterioro de participaciones en instrumentos de patrimonio neto a largo plazo, empresas asociadas.
6962. Pérdidas por deterioro de participaciones en instrumentos de patrimonio neto a largo plazo, otras partes vinculadas.
6963. Pérdidas por deterioro de participaciones en instrumentos de patrimonio neto a largo plazo, otras empresas.
6965. Pérdidas por deterioro en valores representativos de deuda a largo plazo, empresas del grupo.
6966. Pérdidas por deterioro en valores representativos de deuda a largo plazo, empresas asociadas.
6967. Pérdidas por deterioro en valores representativos de deuda a largo plazo, otras partes vinculadas.
6968. Pérdidas por deterioro en valores representativos de deuda a largo plazo de otras empresas.
697. Pérdidas por deterioro de créditos a largo plazo.
6970. Pérdidas por deterioro de créditos a largo plazo, empresas del grupo.
6971. Pérdidas por deterioro de créditos a largo plazo, empresas asociadas.
6972. Pérdidas por deterioro de créditos a largo plazo, otras partes vinculadas.
6973. Pérdidas por deterioro de créditos a largo plazo, otras empresas.
698. Pérdidas por deterioro de participaciones y valores representativos de deuda a corto plazo.
6980. Pérdidas por deterioro de participaciones en instrumentos de patrimonio neto a corto plazo, empresas del grupo.
6981. Pérdidas por deterioro de participaciones en instrumentos de patrimonio neto a corto plazo, empresas asociadas.
6985. Pérdidas por deterioro en valores representativos de deuda a corto plazo, empresas del grupo.
6986. Pérdidas por deterioro en valores representativos de deuda a corto plazo, empresas asociadas.
6987. Pérdidas por deterioro en valores representativos de deuda a corto plazo, otras partes vinculadas.
6988. Pérdidas por deterioro en valores representativos de deuda a corto plazo de otras empresas.
699. Pérdidas por deterioro de créditos a corto plazo.

6990. Pérdidas por deterioro de créditos a corto plazo, empresas del grupo.
6991. Pérdidas por deterioro de créditos a corto plazo, empresas asociadas.
6992. Pérdidas por deterioro de créditos a corto plazo, otras partes vinculadas.
6993. Pérdidas por deterioro de créditos a corto plazo, otras empresas.

GRUPO 7

VENTAS E INGRESOS

70. VENTAS DE MERCADERÍAS, DE PRODUCCIÓN PROPIA, DE SERVICIOS, ETC.
700. Ventas de mercaderías.
701. Ventas de productos terminados.
702. Ventas de productos semiterminados.
703. Ventas de subproductos y residuos.
704. Ventas de envases y embalajes.
705. Prestaciones de servicios.
706. Descuentos sobre ventas por pronto pago.
7060. Descuentos sobre ventas por pronto pago de mercaderías.
7061. Descuentos sobre ventas por pronto pago de productos terminados.
7062. Descuentos sobre ventas por pronto pago de productos semiterminados.
7063. Descuentos sobre ventas por pronto pago de subproductos y residuos.
708. Devoluciones de ventas y operaciones similares.
7080. Devoluciones de ventas de mercaderías.
7081. Devoluciones de ventas de productos terminados.
7082. Devoluciones de ventas de productos semiterminados.
7083. Devoluciones de ventas de subproductos y residuos.
7084. Devoluciones de ventas de envases y embalajes.
709. «Rappels» sobre ventas.
7090. «Rappels» sobre ventas de mercaderías.
7091. «Rappels» sobre ventas de productos terminados.
7092. «Rappels» sobre ventas de productos semiterminados.
7093. «Rappels» sobre ventas de subproductos y residuos.
7094. «Rappels» sobre ventas de envases y embalajes.

71. VARIACIÓN DE EXISTENCIAS.
710. Variación de existencias de productos en curso.
711. Variación de existencias de productos semiterminados.
712. Variación de existencias de productos terminados.
713. Variación de existencias de subproductos, residuos y materiales recuperados.

73. TRABAJOS REALIZADOS PARA LA EMPRESA.
730. Trabajos realizados para el inmovilizado intangible.
731. Trabajos realizados para el inmovilizado material.
732. Trabajos realizados en inversiones inmobiliarias.
733. Trabajos realizados para el inmovilizado material en curso.

74. SUBVENCIONES, DONACIONES Y LEGADOS.
740. Subvenciones, donaciones y legados a la explotación.
746. Subvenciones, donaciones y legados de capital transferidos al resultado del ejercicio.
747. Otras subvenciones, donaciones y legados transferidos al resultado del ejercicio.

75. OTROS INGRESOS DE GESTIÓN.
751. Resultados de operaciones en común.
7510. Pérdida transferida (gestor).
7511. Beneficio atribuido (partícipe o asociado no gestor).
752. Ingresos por arrendamientos.

753. Ingresos de propiedad industrial cedida en explotación.
754. Ingresos por comisiones.
755. Ingresos por servicios al personal.
759. Ingresos por servicios diversos.

76. INGRESOS FINANCIEROS.
- 760. Ingresos de participaciones en instrumentos de patrimonio.
  - 7600. Ingresos de participaciones en instrumentos de patrimonio, empresas del grupo.
  - 7601. Ingresos de participaciones en instrumentos de patrimonio, empresas asociadas.
  - 7602. Ingresos de participaciones en instrumentos de patrimonio, otras partes vinculadas.
  - 7603. Ingresos de participaciones en instrumentos de patrimonio, otras empresas.
- 761. Ingresos de valores representativos de deuda.
  - 7610. Ingresos de valores representativos de deuda, empresas del grupo.
  - 7611. Ingresos de valores representativos de deuda, empresas asociadas.
  - 7612. Ingresos de valores representativos de deuda, otras partes vinculadas.
  - 7613. Ingresos de valores representativos de deuda, otras empresas.
- 762. Ingresos de créditos.
  - 7620. Ingresos de créditos a largo plazo.
    - 76200. Ingresos de créditos a largo plazo, empresas del grupo.
    - 76201. Ingresos de créditos a largo plazo, empresas asociadas.
    - 76202. Ingresos de créditos a largo plazo, otras partes vinculadas.
    - 76203. Ingresos de créditos a largo plazo, otras empresas.
  - 7621. Ingresos de créditos a corto plazo.
    - 76210. Ingresos de créditos a corto plazo, empresas del grupo.
    - 76211. Ingresos de créditos a corto plazo, empresas asociadas.
    - 76212. Ingresos de créditos a corto plazo, otras partes vinculadas.
    - 76213. Ingresos de créditos a corto plazo, otras empresas.
- 763. Beneficios por valoración de activos y pasivos financieros por su valor razonable.
- 766. Beneficios en participaciones y valores representativos de deuda.
  - 7660. Beneficios en valores representativos de deuda a largo plazo, empresas del grupo.
  - 7661. Beneficios en valores representativos de deuda a largo plazo, empresas asociadas.
  - 7662. Beneficios en valores representativos de deuda a largo plazo, otras partes vinculadas.
  - 7663. Beneficios en participaciones y valores representativos de deuda a largo plazo, otras empresas.
  - 7665. Beneficios en participaciones y valores representativos de deuda a corto plazo, empresas del grupo.
  - 7666. Beneficios en participaciones y valores representativos de deuda a corto plazo, empresas asociadas.
  - 7667. Beneficios en valores representativos de deuda a corto plazo, otras partes vinculadas.
  - 7668. Beneficios en valores representativos de deuda a corto plazo, otras empresas.
- 768. Diferencias positivas de cambio.
- 769. Otros ingresos financieros.

77. BENEFICIOS PROCEDENTES DE ACTIVOS NO CORRIENTES E INGRESOS EXCEPCIONALES.
- 770. Beneficios procedentes del inmovilizado intangible.

771. Beneficios procedentes del inmovilizado material.
772. Beneficios procedentes de las inversiones inmobiliarias.
773. Beneficios procedentes de participaciones a largo plazo en partes vinculadas.
 7733. Beneficios procedentes de participaciones a largo plazo, empresas del grupo.
 7734. Beneficios procedentes de participaciones a largo plazo, empresas asociadas.
 7735. Beneficios procedentes de participaciones a largo plazo, otras partes vinculadas.
775. Beneficios por operaciones con obligaciones propias.
778. Ingresos excepcionales.

79. EXCESOS Y APLICACIONES DE PROVISIONES Y DE PÉRDIDAS POR DETERIORO.
790. Reversión del deterioro del inmovilizado intangible.
791. Reversión del deterioro del inmovilizado material.
792. Reversión del deterioro de las inversiones inmobiliarias.
793. Reversión del deterioro de las existencias.
 7930. Reversión del deterioro de productos terminados y en curso de fabricación.
 7931. Reversión del deterioro de mercaderías.
 7932. Reversión del deterioro de materias primas.
 7933. Reversión del deterioro de otros aprovisionamientos.
794. Reversión del deterioro de créditos por operaciones comerciales.
795. Exceso de provisiones.
 7951. Exceso de provisión para impuestos.
 7952. Exceso de provisión para otras responsabilidades.
 7954. Exceso de provisión por operaciones comerciales.
  79544. Exceso de provisión por contratos onerosos.
  79549. Exceso de provisión para otras operaciones comerciales.
 7955. Exceso de provisión para actuaciones medioambientales.
796. Reversión del deterioro de participaciones y valores representativos de deuda a largo plazo.
 7960. Reversión del deterioro de participaciones en instrumentos de patrimonio neto a largo plazo, empresas del grupo.
 7961. Reversión del deterioro de participaciones en instrumentos de patrimonio neto a largo plazo, empresas asociadas.
 7962. Reversión del deterioro de participaciones en instrumentos de patrimonio neto a largo plazo, otras partes vinculadas.
 7963. Reversión del deterioro de participaciones en instrumentos de patrimonio neto a largo plazo, otras empresas.
 7965. Reversión del deterioro de valores representativos de deuda a largo plazo, empresas del grupo.
 7966. Reversión del deterioro de valores representativos de deuda a largo plazo, empresas asociadas.
 7967. Reversión del deterioro de valores representativos de deuda a largo plazo, otras partes vinculadas.
 7968. Reversión del deterioro de valores representativos de deuda a largo plazo, otras empresas.
797. Reversión del deterioro de créditos a largo plazo.
 7970. Reversión del deterioro de créditos a largo plazo, empresas del grupo.
 7971. Reversión del deterioro de créditos a largo plazo, empresas asociadas.
 7972. Reversión del deterioro de créditos a largo plazo, otras partes vinculadas.
 7973. Reversión del deterioro de créditos a largo plazo, otras empresas.

798. Reversión del deterioro de participaciones y valores representativos de deuda a corto plazo.
    7980. Reversión del deterioro de participaciones en instrumentos de patrimonio neto a corto plazo, empresas del grupo.
    7981. Reversión del deterioro de participaciones en instrumentos de patrimonio neto a corto plazo, empresas asociadas.
    7985. Reversión del deterioro en valores representativos de deuda a corto plazo, empresas del grupo.
    7986. Reversión del deterioro en valores representativos de deuda a corto plazo, empresas asociadas.
    7987. Reversión del deterioro en valores representativos de deuda a corto plazo, otras partes vinculadas.
    7988. Reversión del deterioro en valores representativos de deuda a corto plazo, otras empresas.
799. Reversión del deterioro de créditos a corto plazo.
    7990. Reversión del deterioro de créditos a corto plazo, empresas del grupo.
    7991. Reversión del deterioro de créditos a corto plazo, empresas asociadas.
    7992. Reversión del deterioro de créditos a corto plazo, otras partes vinculadas.
    7993. Reversión del deterioro de créditos a corto plazo, otras empresas.

QUINTA PARTE

Definiciones y relaciones contables

GRUPO 1

FINANCIACIÓN BÁSICA

Comprende el patrimonio neto y la financiación ajena a largo plazo de la empresa destinados, en general, a financiar el activo no corriente y a cubrir un margen razonable del corriente; incluye también situaciones transitorias de financiación.

En particular, se aplicarán las siguientes reglas:

a) Los pasivos financieros incluidos en este grupo se clasificarán, con carácter general, a efectos de su valoración, en la categoría de «Pasivos financieros a coste amortizado», salvo los derivados financieros de negociación, que se incluyen en este grupo cuando su liquidación sea superior a un año.

b) La diferencia entre el valor por el que se reconocen inicialmente los pasivos financieros y su valor de reembolso se registrará como un abono (o, cuando proceda, como un cargo) en la cuenta donde esté registrado el pasivo financiero con cargo (o abono) a la cuenta del subgrupo 66 que corresponda según la naturaleza del instrumento.

10. CAPITAL.
    100. Capital social.
    101. Fondo social.
    102. Capital.
    103. Socios por desembolsos no exigidos.
        1030. Socios por desembolsos no exigidos, capital social.
        1034. Socios por desembolsos no exigidos, capital pendiente de inscripción.
    104. Socios por aportaciones no dinerarias pendientes.
        1040. Socios por aportaciones no dinerarias pendientes, capital social.
        1044. Socios por aportaciones no dinerarias pendientes, capital pendiente de inscripción.
    108. Acciones o participaciones propias en situaciones especiales.
    109. Acciones o participaciones propias para reducción de capital.

Las cuentas de este subgrupo figurarán en el patrimonio neto del balance, formando parte de los fondos propios, con las excepciones establecidas en las cuentas 103 y 104.

100. *Capital social*

Capital escriturado en las sociedades que revistan forma mercantil, salvo cuando, atendiendo a las características económicas de la emisión, deba contabilizarse como pasivo financiero.

Hasta el momento de su inscripción registral, y tratándose de sociedades anónimas, sociedades de responsabilidad limitada y comanditarias por acciones, la emisión y suscripción o asunción de acciones o participaciones, respectivamente, se registrará de conformidad con lo dispuesto en el subgrupo 19.

Su movimiento es el siguiente:

a) Se abonará por el capital inicial y las sucesivas ampliaciones, en el momento de su inscripción en el Registro Mercantil, con cargo a la cuenta 194.
b) Se cargará por las reducciones del mismo y a la extinción de la sociedad.

101. *Fondo social*

Capital de las entidades sin forma mercantil.

Su movimiento es análogo al señalado para la cuenta 100.

102. *Capital*

Corresponde a las empresas individuales.

Su movimiento es el siguiente:

a) Se abonará:
   a_1) Por el capital inicial.
   a_2) Por los resultados positivos capitalizados, con cargo a la cuenta 129.
b) Se cargará:
   b_1) Por la cesión de los negocios o el cese de los mismos.
   b_2) Por los resultados negativos que no se carguen para su saneamiento en la cuenta 121, con abono a la cuenta 129.
c) Se abonará o cargará, al final del ejercicio, por el saldo de la cuenta 550, con cargo o abono a dicha cuenta.

103. *Socios por desembolsos no exigidos*

Capital social escriturado pendiente de desembolso no exigido a los socios o accionistas, excepto los desembolsos no exigidos correspondientes a los instrumentos financieros cuya calificación contable sea la de pasivo financiero.

Figurarán en el patrimonio neto, con signo negativo, minorando la partida de capital social, excepto las cantidades que correspondan a capital emitido pendiente de inscripción, que figurarán minorando la partida del pasivo corriente en la que éste se incluye.

1030. *Socios por desembolsos no exigidos, capital social*

Su movimiento es el siguiente:

a) Se cargará por el valor nominal no desembolsado de las acciones suscritas o participaciones en el momento de su inscripción en el Registro Mercantil, con abono a la cuenta 1034.
b) Se abonará a medida que se vayan exigiendo los desembolsos, con cargo a la cuenta 5580.

1034. *Socios por desembolsos no exigidos, capital pendiente de inscripción*

Su movimiento es el siguiente:

a) Se cargará por el valor nominal no desembolsado de las acciones suscritas o participaciones asumidas, con abono, generalmente, a las cuentas 190 o 192.
b) Se abonará en el momento de la inscripción en el Registro Mercantil, con cargo a la cuenta 1030.

104. *Socios por aportaciones no dinerarias pendientes*

Capital social escriturado pendiente de desembolso que corresponde a aportaciones no dinerarias, excepto las aportaciones pendientes que correspondan a instrumentos financieros cuya calificación contable sea la de pasivo financiero.

Figurarán en el patrimonio neto, con signo negativo, minorando la partida de capital social, excepto las cantidades que correspondan a capital emitido pendiente de inscripción que figurarán minorando la partida del pasivo corriente en la que éste se incluye.

1040. *Socios por aportaciones no dinerarias pendientes, capital social*

Su movimiento es el siguiente:

a) Se cargará por el valor nominal no desembolsado de las acciones suscritas o participaciones en el momento de su inscripción en el Registro Mercantil, con abono a la cuenta 1044.
b) Se abonará cuando se realicen los desembolsos, con cargo a las cuentas representativas de los bienes no dinerarios aportados.

1044. *Socios por aportaciones no dinerarias pendientes, capital pendiente de inscripción*

Su movimiento es el siguiente:

a) Se cargará por el valor nominal no desembolsado de las acciones suscritas o participaciones asumidas, con abono, generalmente, a las cuentas 190 o 192.
b) Se abonará en el momento de la inscripción en el Registro Mercantil, con cargo a la cuenta 1040.

108. *Acciones o participaciones propias en situaciones especiales*

Acciones o participaciones propias adquiridas por la empresa (sección cuarta del capítulo IV del Texto Refundido de la Ley de Sociedades Anónimas y de la Ley de Sociedades de Responsabilidad Limitada).

Figurarán en el patrimonio neto con signo negativo.

Su movimiento es el siguiente:

a) Se cargará por el importe de la adquisición de las acciones o participaciones, con abono, generalmente, a cuentas del subgrupo 57.
b) Se abonará:
   b_1) Por la enajenación de las acciones o participaciones, con cargo, generalmente, a cuentas del subgrupo 57. La diferencia entre la cantidad obtenida en la enajenación de las acciones o participaciones propias y su valor contable se cargará o abonará, según proceda, a cuentas del subgrupo 11.
   b_2) Por la reducción de capital, con cargo a la cuenta 100 por el importe del nominal de las acciones o participaciones.

La diferencia entre el importe de adquisición de las acciones o participaciones y su valor nominal se cargará o abonará, según proceda, a cuentas del subgrupo 11.

109. *Acciones o participaciones propias para reducción de capital*

Acciones o participaciones propias adquiridas por la empresa en ejecución de un acuerdo de reducción de capital adoptado por la Junta General (artículo 170 del Texto Refundido de la Ley de Sociedades Anónimas y artículo 40 de la Ley de Sociedades de Responsabilidad Limitada).

Figurarán en el patrimonio neto, con signo negativo.

Su movimiento es el siguiente:

a) Se cargará por el importe de la adquisición de las acciones o participaciones, con abono, generalmente, a cuentas del subgrupo 57.
b) Se abonará por la reducción de capital, con cargo a la cuenta 100 por el importe del nominal de las acciones o participaciones. La diferencia entre el importe de adquisición de las acciones o participaciones y su valor nominal se cargará o abonará, según proceda, a cuentas del subgrupo 11.

11. RESERVAS.
   110. Prima de emisión o asunción.
   112. Reserva legal.
   113. Reservas voluntarias.
   114. Reservas especiales.
      1140. Reservas para acciones o participaciones de la sociedad dominante.
      1141. Reservas estatutarias.
      1142. Reserva por capital amortizado.
      1144. Reservas por acciones propias aceptadas en garantía.
   118. Aportaciones de socios o propietarios.
   119. Diferencias por ajuste del capital a euros.

Las cuentas de este subgrupo figurarán en el patrimonio neto del balance formando parte de los fondos propios.

110. *Prima de emisión o asunción*

Aportación realizada por los accionistas o socios en el caso de emisión y colocación de acciones o participaciones a un precio superior a su valor nominal. En particular, incluye las diferencias que pudieran surgir entre los valores de escritura y los valores por los que deben registrarse los bienes recibidos en concepto de aportación no dineraria, de acuerdo con lo dispuesto en las normas de registro y valoración.

Su movimiento es el siguiente:

a) Se abonará, con cargo, generalmente, a la cuenta 194.
b) Se cargará por la disposición que de la prima pueda realizarse.

Cuando se produzca una adquisición inversa, de acuerdo con lo dispuesto en la norma de registro y valoración relativa a combinaciones de negocios, en la fecha de inscripción de la fusión o escisión, los ingresos y gastos del negocio adquirido, es decir, la adquirente legal, devengados hasta la fecha de adquisición, deberán cancelarse, cargando o abonando, según proceda, esta cuenta.

112. *Reserva legal*

Esta cuenta registrará la reserva establecida por el artículo 214 del Texto Refundido de la Ley de Sociedades Anónimas.

Su movimiento es el siguiente:

a) Se abonará, generalmente, con cargo a la cuenta 129.
b) Se cargará por la disposición que se haga de esta reserva.

113. *Reservas voluntarias*

Son las constituidas libremente por la empresa.

Su movimiento es análogo al señalado para la cuenta 112, sin perjuicio de lo indicado en los siguientes párrafos. Cuando se produzca un cambio de criterio contable o la subsanación de un error, el ajuste por el efecto acumulado calculado al inicio del ejercicio, de las variaciones de los elementos patrimoniales afectados por la aplicación retroactiva del nuevo criterio o la corrección del error, se imputará a reservas de libre disposición. Con carácter general, se imputará a las reservas voluntarias, registrándose del modo siguiente:

a) Se abonará por el importe resultante del efecto neto acreedor de los cambios experimentados por la aplicación de un nuevo criterio contable comparado con el antiguo o por la corrección del error, con cargo y abono, en su caso, a las respectivas cuentas representativas de los elementos patrimoniales afectados por este hecho, incluyendo las relacionadas con la contabilización del efecto impositivo del ajuste.
b) Se cargará por el importe resultante del efecto neto deudor de los cambios experimentados por la aplicación de un nuevo criterio contable comparado con el antiguo o por la corrección de un error contable, con abono o cargo, en su caso, a las respectivas cuentas representativas de los elementos patrimoniales afectados por este hecho, incluyendo las relacionadas con la contabilización del efecto impositivo del ajuste.

Los gastos de transacción de instrumentos de patrimonio propio se imputarán a reservas de libre disposición.

Con carácter general, se imputarán a las reservas voluntarias, registrándose del modo siguiente:

a) Se cargará por el importe de los gastos, con abono a cuentas del subgrupo 57.
b) Se abonará por el gasto por impuesto sobre beneficios relacionado con los gastos de transacción, con cargo a la correspondiente cuenta del subgrupo 47.

114. *Reservas especiales*

Las establecidas por cualquier disposición legal con carácter obligatorio, distintas de las incluidas en otras cuentas de este subgrupo.

En particular, se incluye la reserva por participaciones recíprocas establecida en el artículo 84 del Texto Refundido de la Ley de Sociedades Anónimas.

Con carácter general, el contenido y movimiento de las cuentas citadas de cuatro cifras es el siguiente:

1140. *Reservas para acciones o participaciones de la sociedad dominante*

Las constituidas obligatoriamente en caso de adquisición de acciones o participaciones de la sociedad dominante y en tanto éstas no sean enajenadas (artículo 79.3.ª del Texto Refundido de la Ley de Sociedades Anónimas y artículo 40.bis de la Ley de Sociedades de Responsabilidad Limitada).

Esta cuenta también recogerá, con el debido desglose en cuentas de cinco cifras, las reservas que deban ser constituidas en caso de aceptación de las acciones de la sociedad dominante en garantía (artículo 80.1 del Texto Refundido de la Ley de Sociedades Anónimas). Mientras duren estas situaciones dichas reservas serán indisponibles.

Su movimiento es el siguiente:

a) Se abonará por el importe de adquisición de las acciones o participaciones de la sociedad dominante o por el importe a que ascienda la cantidad garantizada mediante sus acciones, con cargo a cualesquiera de las cuentas de reservas disponibles, o a la cuenta 129.
b) Se cargará, por el mismo importe, cuando dichas acciones o participaciones se enajenen o cuando cese la garantía, con abono a la cuenta 113.

1141. *Reservas estatutarias*

Son las establecidas en los estatutos de la sociedad.

Su movimiento es análogo al señalado para la cuenta 112.

1142. *Reserva por capital amortizado*

Nominal de las acciones o participaciones de la propia empresa adquiridas por ésta y amortizadas con cargo a beneficios o a reservas disponibles. También se incluirá el nominal de las acciones o participaciones de la propia empresa amortizadas, si han sido adquiridas por ésta a título gratuito. La dotación y disponibilidad de esta cuenta se regirá por lo establecido en el artículo 167.3 del Texto Refundido de la Ley de Sociedades Anónimas y 80.4 de la Ley de Sociedades de Responsabilidad Limitada, respectivamente.

Su movimiento es el siguiente:

a) Se abonará con cargo a cualesquiera de las cuentas de reservas disponibles, o a la cuenta 129.
b) Se cargará por las reducciones que de la misma se realicen.

1144. *Reservas por acciones propias aceptadas en garantía*

Reservas que deban ser constituidas en caso de aceptación de acciones propias en garantía (artículo. 80.1 del Texto Refundido de la Ley de Sociedades Anónimas).

Mientras dure esta situación, estas reservas serán indisponibles.

Su movimiento es el siguiente:

a) Se abonará por el importe al que ascienda la cantidad garantizada mediante acciones propias, con cargo a cualesquiera de las cuentas de reservas disponibles, o a la cuenta 129.
b) Se cargará, por el mismo importe, cuando cese la garantía, con abono a la cuenta 113.

118. *Aportaciones de socios o propietarios*

Elementos patrimoniales entregados por los socios o propietarios de la empresa cuando actúen como tales, en virtud de operaciones no descritas en otras cuentas. Es decir, siempre que no constituyan contraprestación por la entrega de bienes o la prestación de servicios realizados por la empresa, ni tengan la naturaleza de pasivo. En particular, incluye las cantidades entregadas por los socios o propietarios para compensación de pérdidas.

Su movimiento es el siguiente:

a) Se abonará con cargo, generalmente, a cuentas del subgrupo 57 o a las cuentas representativas de los bienes no dinerarios aportados.
b) Se cargará:
   b_1) Generalmente, con abono a la cuenta 121.

b_2) Por la disposición que de la aportación pueda realizarse.

119. *Diferencias por ajuste del capital a euros*

Diferencias originadas como consecuencia de la conversión a euros de la cifra de capital, de acuerdo con el contenido de la Ley 46/1998, de 17 de diciembre, sobre Introducción del Euro.

12. RESULTADOS PENDIENTES DE APLICACIÓN.
    120. Remanente.
    121. Resultados negativos de ejercicios anteriores.
    129. Resultado del ejercicio.

Las cuentas de este subgrupo figurarán en el patrimonio neto del balance, formando parte de los fondos propios, con signo positivo o negativo, según corresponda.

120. *Remanente*

Beneficios no repartidos ni aplicados específicamente a ninguna otra cuenta tras la aprobación de las cuentas anuales y de la distribución de resultados.

Su movimiento es el siguiente:

a) Se abonará con cargo a la cuenta 129.
b) Se cargará:
  b_1) Por su aplicación o disposición, con abono, generalmente, a cuentas del subgrupo 57.
  b_2) Por su traspaso, con abono, a cuentas del subgrupo 11.

121. *Resultados negativos de ejercicios anteriores*

Resultados negativos de ejercicios anteriores.

Su movimiento es el siguiente:

a) Se cargará con abono a la cuenta 129.
b) Se abonará con cargo a la cuenta o cuentas con las que se cancele su saldo.

La empresa desarrollará en cuentas de cuatro cifras el resultado negativo de cada ejercicio.

129. *Resultado del ejercicio*

Resultado, positivo o negativo, del último ejercicio cerrado, pendiente de aplicación.

Su movimiento es el siguiente:

a) Se abonará:
  a_1) Para determinar el resultado del ejercicio, con cargo a las cuentas de los grupos 6 y 7 que presenten al final del ejercicio saldo acreedor.
  a_2) Por el traspaso del resultado negativo, con cargo a la cuenta 121.
b) Se cargará:
  b_1) Para determinar el resultado del ejercicio, con abono a las cuentas de los grupos 6 y 7 que presenten al final del ejercicio saldo deudor.
  b_2) Cuando se aplique el resultado positivo conforme al acuerdo de distribución del resultado, con abono a las cuentas que correspondan.

13. SUBVENCIONES, DONACIONES, LEGADOS Y OTROS AJUSTES EN PATRIMONIO NETO.
    130. Subvenciones oficiales de capital.
    131. Donaciones y legados de capital.
    132. Otras subvenciones, donaciones y legados.
    137. Ingresos fiscales a distribuir en varios ejercicios.
        1370. Ingresos fiscales por diferencias permanentes a distribuir en varios ejercicios.
        1371. Ingresos fiscales por deducciones y bonificaciones a distribuir en varios ejercicios.

Subvenciones donaciones y legados, no reintegrables, otorgados por terceros distintos a los socios o propietarios, recibidos por la empresa y contabilizados directamente en el patrimonio neto, hasta que, de conformidad con lo previsto en las normas de registro y valoración, se produzca su transferencia o imputación a la cuenta de pérdidas y ganancias.

Las cuentas de este subgrupo figurarán en el patrimonio neto.

130. *Subvenciones oficiales de capital*

Las concedidas por las Administraciones Públicas, tanto nacionales como internacionales, para el establecimiento o estructura fija de la empresa (activos no corrientes) cuando no sean reintegrables, de acuerdo con los criterios establecidos en las normas de registro y valoración.

Su movimiento es el siguiente:

a) Se abonará:
  a_1) Por la subvención concedida a la empresa, con cargo, generalmente, a cuentas del subgrupo 47 o 57.
  a_2) Por las deudas a largo plazo que se transforman en subvenciones, con cargo a la cuenta 172.
  a_3) Por el gasto por impuesto diferido vinculado a la subvención imputada a la cuenta de pérdidas y ganancias, con cargo a la cuenta 479.

b) Se cargará:
  b_1) Al cierre del ejercicio, por la parte de la subvención imputada a la cuenta de pérdidas y ganancias, con abono a la cuenta 746.
  b_2) Por la cuota a ingresar por impuesto sobre beneficios vinculado a la subvención registrada directamente en el patrimonio neto, con abono a la cuenta 4752.
  b_3) Por el gasto por impuesto diferido asociado a la subvención registrada directamente en el patrimonio neto, con abono a la cuenta 479.

131. *Donaciones y legados de capital*

Las donaciones y legados concedidos por empresas o particulares para el establecimiento o estructura fija de la empresa (activos no corrientes) cuando no sean reintegrables, de acuerdo con los criterios establecidos en las normas de registro y valoración.

Su movimiento es análogo al señalado para la cuenta 130.

132. *Otras subvenciones, donaciones y legados*

Las subvenciones, donaciones y legados concedidos que no figuran en las cuentas anteriores, cuando no sean reintegrables y se encuentren pendientes de imputar al resultado, de acuerdo con los criterios establecidos en las normas de registro y valoración. Es el caso de las subvenciones concedidas para financiar programas que generarán gastos futuros.

Su movimiento es análogo al señalado para la cuenta 130.

137. *Ingresos fiscales a distribuir en varios ejercicios*

Ventajas fiscales materializadas en diferencias permanentes y deducciones y bonificaciones que, por tener una naturaleza económica asimilable a las subvenciones, son objeto de imputación a la cuenta de pérdidas y ganancias en varios ejercicios.

A estos efectos, las diferencias permanentes se materializan, con carácter general, en ingresos que no se incorporan en la determinación de la base imponible del impuesto sobre beneficios y que no revierten en períodos posteriores.

El movimiento de las cuentas citadas de cuatro cifras es el siguiente:

1370. *Ingresos fiscales por diferencias permanentes a distribuir en varios ejercicios*

a) Se abonará, generalmente, con cargo a la cuenta 6301, por el importe del efecto impositivo de las diferencias permanentes a imputar en varios ejercicios.

b) Se cargará, generalmente, con abono a la cuenta 6301, por la parte correspondiente a imputar a la cuenta de pérdidas y ganancias en el ejercicio, de forma correlacionada con la depreciación del activo que motive la diferencia permanente.

1371. *Ingresos fiscales por deducciones y bonificaciones a distribuir en varios ejercicios*

Su movimiento es análogo al señalado para la cuenta 1370.

14. PROVISIONES
  141. Provisión para impuestos.
  142. Provisión para otras responsabilidades.
  143. Provisión por desmantelamiento, retiro o rehabilitación del inmovilizado.
  145. Provisión para actuaciones medioambientales.

Obligaciones expresas o tácitas a largo plazo, claramente especificadas en cuanto a su naturaleza, pero que, en la fecha de cierre del ejercicio, son indeterminadas en cuanto a su importe exacto o a la fecha en que se producirán.

Las cuentas de este subgrupo figurarán en el pasivo no corriente del balance.

La parte de las provisiones cuya cancelación se prevea en el corto plazo deberá figurar en el pasivo corriente del balance, en el epígrafe «Provisiones a corto plazo»; a estos efectos, se traspasará el importe que representen las provisiones con vencimiento a corto a las cuentas de cuatro cifras correspondientes de la cuenta 529.

141. *Provisión para impuestos*

Importe estimado de deudas tributarias cuyo pago está indeterminado en cuanto a su importe exacto o a la fecha en que se producirá, dependiendo del cumplimiento o no de determinadas condiciones.

Su movimiento es el siguiente:

a) Se abonará por la estimación del devengo anual, con cargo a las cuentas de gasto correspondientes a los distintos componentes que las integren. En particular:
   - a_1) A cuentas del subgrupo 63, por la parte de la provisión correspondiente a la cuota del ejercicio.
   - a_2) A cuentas del subgrupo 66, por los intereses de demora correspondientes al ejercicio.
   - a_3) A la cuenta 678, en su caso, por la sanción asociada.
   - a_4) A la cuenta 113 por la cuota y los intereses correspondientes a ejercicios anteriores.

b) Se cargará:
   - b_1) Cuando se aplique la provisión, con abono a cuentas del subgrupo 47.
   - b_2) Por el exceso de provisión, con abono a la cuenta 7951.

142. *Provisión para otras responsabilidades*

Pasivos no financieros surgidos por obligaciones de cuantía indeterminada no incluidas en ninguna de las restantes cuentas de este subgrupo; entre otras, las procedentes de litigios en curso, indemnizaciones u obligaciones derivados de avales y otras garantías similares a cargo de la empresa.

Su movimiento es el siguiente:

a) Se abonará:
   - a_1) Al nacimiento de la obligación que determina la indemnización o pago, o por cambios posteriores en su importe que supongan un incremento de la provisión, con cargo, a las cuentas del grupo 6 que correspondan.
   - a_2) Por el importe de los ajustes que surjan por la actualización de valores, con cargo a la cuenta 660.

b) Se cargará:
   - b_1) A la resolución firme del litigio, o cuando se conozca el importe definitivo de la indemnización o el pago, con abono, generalmente, a cuentas del subgrupo 57.
   - b_2) Por el exceso de provisión, con abono a la cuenta 7952.

143. *Provisión por desmantelamiento, retiro o rehabilitación del inmovilizado*

Importe estimado de los costes de desmantelamiento o retiro del inmovilizado, así como la rehabilitación del lugar sobre el que se asienta. La empresa puede incurrir en estas obligaciones en el momento de adquirir el inmovilizado o para poder utilizar el mismo durante un determinado período de tiempo.

Cuando se incurra en esta obligación en el momento de adquirir el inmovilizado o surja como consecuencia de utilizar el inmovilizado con propósito distinto a la producción de existencias, Su movimiento es el siguiente:

a) Se abonará:
   - a_1) Al nacimiento de la obligación, o por cambios posteriores en su importe que supongan un incremento de la provisión, con cargo, generalmente, a cuentas del subgrupo 21.
   - a_2) Por el importe de los ajustes que surjan por la actualización de valores, con cargo a la cuenta 660.

b) Se cargará:
   - b_1) Al cierre del ejercicio, por las disminu-

ciones en el importe de la provisión originadas por una nueva estimación de su importe, con abono, generalmente, a cuentas del subgrupo 21.

b_2) Cuando se aplique la provisión, con abono, generalmente, a cuentas del subgrupo 57.

Cuando se incurra en la obligación como consecuencia de haber utilizado el inmovilizado para producir existencias, su movimiento es análogo al señalado para la cuenta 142.

145. *Provisión para actuaciones medioambientales*

Obligaciones legales, contractuales o implícitas de la empresa, o compromisos adquiridos por la misma, de cuantía indeterminada, para prevenir o reparar daños sobre el medio ambiente, salvo las que tengan su origen en el desmantelamiento, retiro o rehabilitación del inmovilizado, que se contabilizarán según lo establecido en la cuenta 143.

Su movimiento es el siguiente:

a) Se abonará:
- a_1) Al nacimiento de la obligación o por cambios posteriores en su importe que supongan un incremento de la provisión, con cargo a las cuentas 622 o 623.
- a_2) Por el importe de los ajustes que surjan por la actualización de valores, con cargo a la cuenta 660.

b) Se cargará:
- b_1) Cuando se aplique la provisión, con abono, generalmente, a cuentas del subgrupo 57.
- b_2) Por el exceso de provisión, con abono a la cuenta 7955.

15. DEUDAS A LARGO PLAZO CON CARACTERÍSTICAS ESPECIALES.
    - 150. Acciones o participaciones a largo plazo consideradas como pasivos financieros.
    - 153. Desembolsos no exigidos por acciones o participaciones consideradas como pasivos financieros.
        - 1533. Desembolsos no exigidos, empresas del grupo.
        - 1534. Desembolsos no exigidos, empresas asociadas.
        - 1535. Desembolsos no exigidos, otras partes vinculadas.
        - 1536. Otros desembolsos no exigidos.
    - 154. Aportaciones no dinerarias pendientes por acciones o participaciones consideradas como pasivos financieros.
        - 1543. Aportaciones no dinerarias pendientes, empresas del grupo.
        - 1544. Aportaciones no dinerarias pendientes, empresas asociadas.
        - 1545. Aportaciones no dinerarias pendientes, otras partes vinculadas.
        - 1546. Otras aportaciones no dinerarias pendientes.

Acciones u otras participaciones en el capital de la empresa que, atendiendo a las características económicas de la emisión, deban considerarse como pasivo financiero.

La parte de las deudas a largo plazo con características especiales que tenga vencimiento a corto deberá figurar en el pasivo corriente del balance, en el epígrafe «Deudas con características especiales a corto plazo»; a estos efectos, se traspasará el importe que representen estas deudas a largo plazo con vencimiento a corto a la cuenta 502.

150. *Acciones o participaciones a largo plazo consideradas como pasivos financieros*

Capital social escriturado y, en su caso, prima de emisión o asunción en las sociedades que revistan forma mercantil que, atendiendo a las características de la emisión, deba contabilizarse como pasivo financiero. En particular, determinadas acciones rescatables y acciones o participaciones sin voto.

Figurarán en el pasivo no corriente del balance en el epígrafe «Deudas con características especiales a largo plazo».

Su movimiento es el siguiente:

a) Se abonará por el capital inicial y las sucesivas ampliaciones, en el momento de su inscripción en el Registro Mercantil, con cargo a la cuenta 199.

b) Se cargará por la cancelación o reducciones del mismo y a la extinción de la sociedad, una vez transcurrido el período de liquidación.

153. *Desembolsos no exigidos por acciones o participaciones consideradas como pasivos financieros*

Capital social escriturado no exigido correspondiente a los instrumentos financieros cuya calificación contable sea la de pasivo financiero.

Figurarán en el pasivo no corriente de balance con signo negativo, minorando el epígrafe «Deudas con características especiales a largo plazo».

El movimiento de las cuentas citadas de cuatro cifras es el siguiente:

1533/1534/1535/1536

a) Se cargarán por el valor nominal no desembolsado de las acciones suscritas o participaciones asumidas, con abono, generalmente, a las cuentas 195 o 197.

b) Se abonarán por los desembolsos exigidos, con cargo a la cuenta 5585.

154. *Aportaciones no dinerarias pendientes por acciones o participaciones consideradas como pasivos financieros*

Capital social escriturado pendiente de desembolso por aportaciones no dinerarias, correspondiente a los instrumentos financieros cuya calificación contable sea la de pasivo financiero.

Figurarán en el pasivo no corriente del balance, con signo negativo, minorando el epígrafe «Deudas con características especiales a largo plazo».

El movimiento de las cuentas citadas de cuatro cifras es el siguiente:

1543/1544/1545/1546

a) Se cargarán por el valor nominal no desembolsado de las acciones suscritas o participaciones asumidas, con abono, generalmente, a las cuentas 195 o 197.

b) Se abonarán cuando se realicen los desembolsos, con cargo a las cuentas representativas de los bienes no dinerarios aportados.

16. DEUDAS A LARGO PLAZO CON PARTES VINCULADAS
    - 160. Deudas a largo plazo con entidades de crédito vinculadas.
        - 1603. Deudas a largo plazo con entidades de crédito, empresas del grupo.
        - 1604. Deudas a largo plazo con entidades de crédito, empresas asociadas.
        - 1605. Deudas a largo plazo con otras entidades de crédito vinculadas.
    - 161. Proveedores de inmovilizado a largo plazo, partes vinculadas.
        - 1613. Proveedores de inmovilizado a largo plazo, empresas del grupo.
        - 1614. Proveedores de inmovilizado a largo plazo, empresas asociadas.
        - 1615. Proveedores de inmovilizado a largo plazo, otras partes vinculadas.
    - 162. Acreedores por arrendamiento financiero a largo plazo, partes vinculadas.
        - 1623. Acreedores por arrendamiento financiero a largo plazo, empresas de grupo.
        - 1624. Acreedores por arrendamiento financiero a largo plazo, empresas asociadas.
        - 1625. Acreedores por arrendamiento financiero a largo plazo, otras partes vinculadas.
    - 163. Otras deudas a largo plazo con partes vinculadas.
        - 1633. Otras deudas a largo plazo, empresas del grupo.
        - 1634. Otras deudas a largo plazo, empresas asociadas.
        - 1635. Otras deudas a largo plazo, con otras partes vinculadas.

Deudas cuyo vencimiento vaya a producirse en un plazo superior a un año, contraídas con empresas del grupo, multigrupo, asocia das y otras partes vinculadas, incluidos los intereses devengados con vencimiento superior a un año.

En este subgrupo se recogerán, en las cuentas de tres o más cifras que se desarrollen, las deudas que por su naturaleza debieran figurar en los subgrupos 17 o 18.

En caso de que las deudas devenguen intereses explícitos con vencimiento superior a un año, se crearán las cuentas necesarias para identificarlos, debiendo figurar en el balance en la misma partida en la que se incluya el pasivo que los genera.

Las cuentas de este subgrupo figurarán en el pasivo no corriente del balance.

La parte de las deudas a largo plazo que tenga vencimiento a corto deberá figurar en el pasivo corriente del balance, en el epígrafe «Deudas con empresas del grupo y asociadas a corto plazo»; a estos efectos, se traspasará el importe que representen las deudas a largo plazo con vencimiento a corto a las cuentas correspondientes del subgrupo 51.

160. *Deudas a largo plazo con entidades de crédito vinculadas*

Las contraídas con entidades de crédito vinculadas por préstamos recibidos y otros débitos, con vencimiento superior a un año.

El movimiento de las cuentas citadas de cuatro cifras es el siguiente:

1603/1604/1605

a) Se abonarán:
  - a_1) A la formalización de la deuda o préstamo, por el importe recibido, minorado, en su caso, en los costes de la transacción, con cargo, generalmente, a cuentas del subgrupo 57.
  - a_2) Por el gasto financiero devengado hasta alcanzar el valor de reembolso de la deuda, con cargo, generalmente, a la cuenta 662.

b) Se cargarán por el reintegro anticipado, total o parcial, con abono, a cuentas del subgrupo 57.

Se incluirá, con el debido desarrollo en cuentas de cinco o más cifras, el importe de las deudas a largo plazo por efectos descontados.

161. *Proveedores de inmovilizado a largo plazo, partes vinculadas*

Deudas con partes vinculadas en calidad de suministradores de bienes definidos en el grupo 2, incluidas las formalizadas en efectos de giro, con vencimiento superior a un año.

El movimiento de las cuentas citadas de cuatro cifras es el siguiente:

1613/1614/1615

a) Se abonarán:
  - a_1) Por la recepción a conformidad de los bienes suministrados, con cargo a cuentas del grupo 2.
  - a_2) Por el gasto financiero devengado hasta alcanzar el valor de reembolso de la deuda, con cargo, generalmente, a la cuenta 662.

b) Se cargarán por la cancelación anticipada, total o parcial, de las deudas, con abono, generalmente, a cuentas del subgrupo 57.

162. *Acreedores por arrendamiento financiero a largo plazo, partes vinculadas*

Deudas con vencimiento superior a un año con partes vinculadas en calidad de cedentes del uso de bienes en acuerdos que deban calificarse como arrendamientos financieros en los términos recogidos en las normas de registro y valoración.

El movimiento de las cuentas citadas de cuatro cifras es el siguiente:

1623/1624/1625

a) Se abonarán:
  - a_1) Por la recepción a conformidad del derecho de uso sobre los bienes suministrados, con cargo a cuentas del grupo 2.
  - a_2) Por el gasto financiero devengado hasta alcanzar el valor de reembolso de la deuda, con cargo, generalmente, a la cuenta 662.

b) Se cargarán por la cancelación anticipada, total o parcial, de las deudas, con abono, generalmente, a cuentas del subgrupo 57.

163. *Otras deudas a largo plazo con partes vinculadas*

Las contraídas con partes vinculadas por préstamos recibidos y otros débitos no incluidos en otras cuentas de este subgrupo, con vencimiento superior a un año.

1633/1634/1635

El movimiento de las cuentas citadas de cuatro cifras es análogo al señalado para la cuenta 160.

17. DEUDAS A LARGO PLAZO POR PRÉSTAMOS RECIBIDOS, EMPRÉSTITOS Y OTROS CONCEPTOS
    - 170. Deudas a largo plazo con entidades de crédito.
    - 171. Deudas a largo plazo.
    - 172. Deudas a largo plazo transformables en subvenciones, donaciones y legados.
    - 173. Proveedores de inmovilizado a largo plazo.
    - 174. Acreedores por arrendamiento financiero a largo plazo.
    - 175. Efectos a pagar a largo plazo.
    - 176. Pasivos por derivados financieros a largo plazo.
    - 177. Obligaciones y bonos.
    - 179. Deudas representadas en otros valores negociables.

Financiación ajena a largo plazo contraída con terceros que no tengan la calificación de partes vinculadas, incluyendo los intereses devengados con vencimiento superior a un año. La emisión y suscripción de los valores negociables se registrarán en la forma que las empresas tengan por conveniente mientras se encuentran los valores en período de suscripción.

En caso de que las deudas devenguen intereses explícitos con vencimiento superior a un año, se crearán las cuentas necesarias para identificarlos, debiendo figurar en el balance en la misma partida en la que se incluya el pasivo que los genera.

Las cuentas de este subgrupo figurarán en el pasivo no corriente del balance.

La parte de las deudas a largo plazo que tenga vencimiento a corto deberá figurar en el pasivo corriente del balance, en el epígrafe «Deudas a corto plazo»; a estos efectos, se traspasará el importe que representen las deudas a largo plazo con vencimiento a corto a las cuentas correspondientes de los subgrupos 50 y 52.

170. *Deudas a largo plazo con entidades de crédito*

Las contraídas con entidades de crédito por préstamos recibidos y otros débitos, con vencimiento superior a un año.

Su movimiento es el siguiente:

a) Se abonará:
   - a_1) A la formalización de la deuda o préstamo, por el importe recibido, minorado, en su caso, en los costes de la transacción, con cargo, generalmente, a cuentas del subgrupo 57.
   - a_2) Por el gasto financiero devengado hasta alcanzar el valor de reembolso de la deuda, con cargo, generalmente, a la cuenta 662.

b) Se cargará por el reintegro anticipado, total o parcial, con abono, generalmente, a cuentas del subgrupo 57.

Se incluirá, con el debido desarrollo en cuentas de cuatro o más cifras, el importe de las deudas por efectos descontados.

171. *Deudas a largo plazo*

Las contraídas con terceros por préstamos recibidos y otros débitos no incluidos en otras cuentas de este subgrupo, con vencimiento superior a un año.

Su movimiento es el siguiente:

a) Se abonará:
   - a_1) A la formalización de la deuda o préstamo, por el importe recibido, minorado, en su caso, en los costes de la transacción, con cargo, generalmente, a cuentas del subgrupo 57.
   - a_2) Por el gasto financiero devengado hasta alcanzar el valor de reembolso de la deuda, con cargo, generalmente, a la cuenta 662.

b) Se cargará:
   - b_1) Por la aceptación de efectos a pagar, con abono a la cuenta 175.
   - b_2) Por la cancelación anticipada, total o parcial, de las deudas, con abono, generalmente, a cuentas del subgrupo 57.

172. *Deudas a largo plazo transformables en subvenciones, donaciones y legados*

Cantidades concedidas por las Administraciones Públicas, tanto nacionales como internacionales, empresas o particulares con carácter de subvención, donación o legado reintegrable, con vencimiento superior a un año.

Su movimiento es el siguiente:

a) Se abonará por las cantidades concedidas a la empresa, con cargo, generalmente, a cuentas de los subgrupos 47 o 57.

b) Se cargará:

b_1) Por cualquier circunstancia que determine la reducción total o parcial de las mismas, con arreglo a los términos de su concesión, con abono, generalmente, a la cuenta 4758.

b_2) Si pierde su carácter de reintegrable, con abono de su saldo a las cuentas 130, 131 o 132 o a cuentas del subgrupo 74.

173. *Proveedores de inmovilizado a largo plazo*

Deudas con suministradores de bienes definidos en el grupo 2, con vencimiento superior a un año.

Su movimiento es el siguiente:

a) Se abonará:

a_1) Por la recepción a conformidad de los bienes suministrados, con cargo a cuentas del grupo 2.

a_2) Por el gasto financiero devengado hasta alcanzar el valor de reembolso de la deuda, con cargo, generalmente, a la cuenta 662.

b) Se cargará:

b_1) Por la aceptación de efectos a pagar, con abono a la cuenta 175.

b_2) Por la cancelación anticipada, total o parcial, de las deudas, con abono, generalmente, a cuentas del subgrupo 57.

174. *Acreedores por arrendamiento financiero a largo plazo*

Deudas con vencimiento superior a un año con otras entidades en calidad de cedentes del uso de bienes, en acuerdos que deban calificarse como arrendamientos financieros en los términos recogidos en las normas de registro y valoración.

a) Se abonará:

a_1) Por la recepción a conformidad del derecho de uso sobre los bienes suministrados, con cargo a cuentas del grupo 2.

a_2) Por el gasto financiero devengado hasta alcanzar el valor de reembolso de la deuda, con cargo, generalmente, a la cuenta 662.

b) Se cargará por la cancelación anticipada, total o parcial, de las deudas, con abono, generalmente, a cuentas del subgrupo 57.

175. *Efectos a pagar a largo plazo*

Deudas contraídas por préstamos recibidos y otros débitos con vencimiento superior a un año, instrumentadas mediante efectos de giro, incluidas aquellas que tengan su origen en suministros de bienes de inmovilizado.

Su movimiento es el siguiente:

a) Se abonará:

a_1) Cuando la empresa acepte los efectos, con cargo, generalmente, a cuentas de este subgrupo.

a_2) Por el gasto financiero devengado hasta alcanzar el valor de reembolso de la deuda, con cargo, generalmente, a la cuenta 662.

b) Se cargará por el pago anticipado de los efectos, con abono, generalmente, a cuentas del subgrupo 57.

176. *Pasivos por derivados financieros a largo plazo*

Importe correspondiente a las operaciones con derivados financieros clasificados en la cartera de negociación, de acuerdo con lo dispuesto en las normas de registro y valoración, con valoración desfavorable para la empresa, cuyo plazo de liquidación sea superior a un año.

En particular, se recogerán en esta cuenta las primas cobradas en operaciones con opciones, así como, con carácter general, las variaciones en el valor razonable de los pasivos por derivados financieros con los que opere la empresa: opciones, futuros, permutas financieras, compraventa a plazo de moneda extranjera, etc.

Su movimiento es el siguiente:

a) Se abonará:

a_1) Por el importe recibido en el momento de la contratación, con cargo, generalmente, a cuentas del subgrupo 57.

a_2) Por las pérdidas que se generen en el ejercicio, con cargo a la cuenta 663.

b) Se cargará:
   b_1) Por las ganancias que se generen en el ejercicio hasta el límite del importe por el que figurara registrado el derivado en el pasivo en el ejercicio anterior, con abono a la cuenta 763.
   b_2) Por las cantidades satisfechas en el momento de la liquidación, con abono, generalmente, a cuentas del subgrupo 57.

177. *Obligaciones y bonos*

Obligaciones y bonos en circulación no convertibles en acciones.

Su movimiento es el siguiente:

a) Se abonará:
   a_1) En el momento de la emisión, por el importe recibido, minorado, en su caso, en los costes de la transacción, con cargo a cuentas del subgrupo 57.
   a_2) Por el gasto financiero devengado hasta alcanzar el valor de reembolso de la deuda, con cargo, generalmente, a la cuenta 661.

b) Se cargará por el importe a reembolsar de los valores a la amortización anticipada, total o parcial, de los mismos, con abono, generalmente, a la cuenta 509 y, en su caso, a la cuenta 775.

179. *Deudas representadas en otros valores negociables*

Otros pasivos financieros representados en valores negociables, ofrecidos al ahorro público, distintos de los anteriores.

Su contenido y movimiento es análogo al señalado para la cuenta 177.

18. PASIVOS POR FIANZAS, GARANTÍAS Y OTROS CONCEPTOS A LARGO PLAZO.
   180. Fianzas recibidas a largo plazo.
   181. Anticipos recibidos por ventas o prestaciones de servicios a largo plazo.
   185. Depósitos recibidos a largo plazo.

Las cuentas de este subgrupo figurarán en el pasivo no corriente del balance.

La parte de fianzas, anticipos y depósitos recibidos a largo plazo cuyo vencimiento o extinción se espere a corto plazo deberá figurar en el pasivo corriente del balance, en el epígrafe «Deudas a corto plazo» o «Periodificaciones a corto plazo», según corresponda; a estos efectos se traspasará el importe que representen las fianzas, anticipos y depósitos recibidos a largo plazo con vencimiento a corto a las cuentas correspondientes de los subgrupos 48 o 56.

180. *Fianzas recibidas a largo plazo*

Efectivo recibido como garantía del cumplimiento de una obligación, a plazo superior a un año.

Con carácter general, su movimiento es el siguiente:

a) Se abonará:
   a_1) A la constitución, por el valor razonable del pasivo financiero, con cargo a cuentas del subgrupo 57.
   a_2) Por el gasto financiero devengado hasta alcanzar el valor de reembolso de la fianza, con cargo, generalmente a la cuenta 662.

b) Se cargará:
   b_1) A la cancelación anticipada, con abono a cuentas del subgrupo 57.
   b_2) Por incumplimiento de la obligación afianzada que determine pérdidas en la fianza, con abono a la cuenta 759.

181. *Anticipos recibidos por ventas o prestaciones de servicios a largo plazo*

Importe recibido «a cuenta» de futuras ventas o prestaciones de servicios.

Con carácter general, su movimiento es el siguiente:

a) Se abonará:
   a_1) Por el importe recibido, con cargo a cuentas del subgrupo 57.
   a_2) Por el importe de los ajustes que surjan por la actualización de su valor, con cargo, generalmente, a la cuenta 662.

b) Se cargará cuando se devengue el ingreso, con abono a cuentas del subgrupo 70.

185. *Depósitos recibidos a largo plazo*

Efectivo recibido en concepto de depósito irregular, a plazo superior a un año.

Con carácter general, su movimiento es el siguiente:

a) Se abonará:
   a_1) A la constitución, por el valor razonable del pasivo financiero, con cargo a cuentas del subgrupo 57.
   a_2) Por el gasto financiero devengado hasta alcanzar el valor de reembolso del depósito, con cargo, generalmente, a la cuenta 662.

b) Se cargará a la cancelación anticipada, con abono a cuentas del subgrupo 57.

19. SITUACIONES TRANSITORIAS DE FINANCIACIÓN
   190. Acciones o participaciones emitidas.
   192. Suscriptores de acciones.
   194. Capital emitido pendiente de inscripción.
   195. Acciones o participaciones emitidas consideradas como pasivos financieros.
   197. Suscriptores de acciones consideradas como pasivos financieros.
   199. Acciones o participaciones emitidas consideradas como pasivos financieros pendientes de inscripción.

190. *Acciones o participaciones emitidas*

Capital social y, en su caso, prima de emisión o asunción de acciones o participaciones con naturaleza de patrimonio neto emitidas y pendientes de suscripción. Figurará en el pasivo corriente del balance, con signo negativo, dentro del epígrafe «Deudas a corto plazo».

Su movimiento es el siguiente:

a) Se cargará por el valor nominal y, en su caso, la prima de emisión o asunción de las acciones o participaciones emitidas y pendientes de suscripción, con abono a la cuenta 194.

b) Se abonará a medida que se suscriban o asuman las acciones o participaciones:
   b_1) En los supuestos de fundación simultánea, con cargo, generalmente, a cuentas del subgrupo 57, o a las cuentas 1034 y 1044.
   b_2) En los supuestos de fundación sucesiva, con cargo a la cuenta 192.
   b_3) En los supuestos en que no se suscriban acciones o participaciones emitidas, con cargo a la cuenta 194.

192. *Suscriptores de acciones*

Derecho de la sociedad a exigir de los suscriptores el importe de las acciones suscritas que tengan naturaleza de patrimonio neto.

Figurará en el pasivo corriente del balance, con signo negativo, dentro del epígrafe «Deudas a corto plazo».

Su movimiento es el siguiente:

a) Se cargará por el valor nominal y, en su caso, la prima de emisión de las acciones suscritas, con abono a la cuenta 190.

b) Se abonará cuando se dé conformidad a la suscripción de las acciones, con cargo, generalmente, a cuentas del subgrupo 57, o a las cuentas 1034 y 1044.

194. *Capital emitido pendiente de inscripción*

Capital social y, en su caso, prima de emisión o asunción de acciones o participaciones con naturaleza de patrimonio neto emitidas y pendientes de inscripción en el Registro Mercantil.

Figurará en el pasivo corriente del balance si en la fecha de formulación de las cuentas anuales no se hubiera producido la inscripción en el Registro Mercantil.

Su movimiento es el siguiente:

a) Se abonará por el valor nominal y, en su caso, la prima de emisión o asunción de las acciones o participaciones emitidas y pendientes de inscripción, con cargo, a la cuenta 190.

b) Se cargará:
   b_1) En el momento de la inscripción del capital en el Registro Mercantil, con abono a las cuentas 100 y 110.
   b_2) En los supuestos en que no se suscriban

acciones o participaciones emitidas, con abono a la cuenta 190.

195. *Acciones o participaciones emitidas consideradas como pasivos financieros*

Capital social y, en su caso, prima de emisión o asunción de acciones o participaciones emitidas consideradas como pasivo financiero y pendientes de suscripción.

Figurará en el pasivo corriente del balance, con signo negativo, dentro del epígrafe «Deudas a corto plazo con características especiales».

Su movimiento es el siguiente:

a) Se cargará por el valor nominal y, en su caso, la prima de emisión o asunción de las acciones o participaciones emitidas y pendientes de suscripción, con abono a la cuenta 199.
b) Se abonará a medida que se suscriban o asuman las acciones o participaciones:
   b_1) En los supuestos de fundación simultánea, con cargo, generalmente, a cuentas del subgrupo 57 o a las cuentas 153 y 154.
   b_2) En los supuestos de fundación sucesiva, con cargo a la cuenta 197.
   b_3) En los supuestos en que no se suscriban acciones o participaciones emitidas, con cargo a la cuenta 199.

197. *Suscriptores de acciones consideradas como pasivos financieros*

Derecho de la sociedad a exigir a los suscriptores el importe de las acciones suscritas consideradas como pasivo financiero.

Figurará en el pasivo corriente del balance, con signo negativo, dentro del epígrafe «Deudas a corto plazo con características especiales».

Su movimiento es el siguiente:

a) Se cargará por el valor nominal y, en su caso, la prima de emisión de las acciones suscritas, con abono a la cuenta 195.
b) Se abonará cuando se dé conformidad a la suscripción de las acciones, con cargo, generalmente, a cuentas del subgrupo 57, o a las cuentas 153 y 154.

199. *Acciones o participaciones emitidas consideradas como pasivos financieros pendientes de inscripción*

Capital social y, en su caso, prima de emisión o asunción de acciones o participaciones consideradas como pasivo financiero emitidas y pendientes de inscripción en el Registro Mercantil.

Figurará en el pasivo corriente del balance, dentro del epígrafe «Deudas a corto plazo con características especiales».

Su movimiento es el siguiente:

a) Se abonará por el valor nominal y, en su caso, la prima de emisión o asunción de las acciones o participaciones emitidas y pendientes de inscripción, con cargo, a la cuenta 195.
b) Se cargará:
   b_1) En el momento de la inscripción del capital en el Registro Mercantil, con abono a las cuentas 150 y 502.
   b_2) En los supuestos en que no se suscriban acciones o participaciones emitidas, con abono a la cuenta 195.

GRUPO 2

ACTIVO NO CORRIENTE

Comprende los activos destinados a servir de forma duradera en las actividades de la empresa, incluidas las inversiones financieras cuyo vencimiento, enajenación o realización se espera habrá de producirse en un plazo superior a un año.

En particular, se aplicarán las siguientes reglas:

a) De acuerdo con lo dispuesto en las normas de elaboración de las cuentas anuales, en este grupo no se pueden incluir los activos financieros a largo plazo que se tengan que clasificar en el momento de su reconocimiento inicial en la categoría de «Activos financieros mantenidos para negociar», por cumplir los requisitos establecidos en las normas de registro y valoración, salvo los derivados financieros de negociación cuyo plazo de liquidación sea superior a un año.
b) Si se adquieren activos financieros híbridos, se incluirán en la cuenta que corresponda a

la naturaleza del contrato principal, para lo que se crearán, con el debido desglose, cuentas de cuatro o más cifras que identifiquen que se trata de un activo financiero híbrido a largo plazo.

Las cuentas que recojan estos activos se cargarán o abonarán, por las variaciones en su valor razonable, con abono o cargo, respectivamente, a las cuentas 763 y 663.

c) La diferencia entre el valor por el que se reconocen inicialmente los activos financieros y su valor de reembolso, se registrará como un cargo (o, cuando proceda, como un abono) en la cuenta donde esté registrado el activo financiero con abono (o cargo) a la cuenta del subgrupo 76 que corresponda según la naturaleza del instrumento.

20. INMOVILIZACIONES INTANGIBLES

200. Investigación.
201. Desarrollo.
202. Concesiones administrativas.
203. Propiedad industrial.
205. Derechos de traspaso.
206. Aplicaciones informáticas.
209. Anticipos para inmovilizaciones intangibles.

Las inmovilizaciones intangibles son activos no monetarios sin apariencia física susceptibles de valoración económica, así como los anticipos a cuenta entregados a proveedores de estos inmovilizados.

Además de los elementos intangibles mencionados, existen otros elementos de esta naturaleza que serán reconocidos como tales en balance, siempre y cuando cumplan las condiciones señaladas en el Marco conceptual de la Contabilidad, así como los requisitos especificados en las normas de registro y valoración. Entre otros, los siguientes: derechos comerciales, propiedad intelectual o licencias.

Para su registro, se abrirá una cuenta en este subgrupo, cuyo movimiento será similar al descrito a continuación para las restantes cuentas del inmovilizado intangible.

Las cuentas de este subgrupo figurarán en el activo no corriente del balance.

200. *Investigación*

Es la indagación original y planificada que persigue descubrir nuevos conocimientos y superior comprensión de los existentes en los terrenos científico o técnico.

Contiene los gastos de investigación activados por la empresa, de acuerdo con lo establecido en las normas de registro y valoración de este texto.

Su movimiento es el siguiente:

a) Se cargará por el importe de los gastos que deban figurar en esta cuenta, con abono a la cuenta 730.
b) Se abonará por la baja del activo, en su caso, con cargo a la cuenta 670.

Cuando se trate de investigación por encargo a otras empresas o a Universidades u otras Instituciones dedicadas a la investigación científica o tecnológica, el movimiento de la cuenta 200 es también el que se ha indicado.

201. *Desarrollo*

Es la aplicación concreta de los logros obtenidos de la investigación, o de cualquier otro tipo de conocimiento científico, a un plan o diseño en particular para la producción de materiales, productos, métodos, procesos o sistemas nuevos, o sustancialmente mejorados, hasta que se inicia la producción comercial.

Contiene los gastos de desarrollo activados por la empresa de acuerdo con lo establecido en las normas de registro y valoración de este texto.

Su movimiento es el siguiente:

a) Se cargará por el importe de los gastos que deban figurar en esta cuenta, con abono a la cuenta 730.
b) Se abonará:
  b_1) Por la baja del activo, en su caso, con cargo a la cuenta 670.
  b_2) Por los resultados positivos y, en su caso, inscritos en el correspondiente Registro Público, con cargo a las cuentas 203 o 206, según proceda.

Cuando se trate de desarrollo por encargo a otras empresas o a Universidades u otras Instituciones dedicadas a la investigación científica o tecnológica, el movimiento de la cuenta 201 es también el que se ha indicado.

202. *Concesiones administrativas*

Gastos efectuados para la obtención de derechos de investigación o de explotación otorgados por el Estado u otras Administraciones Públicas, o el precio de adquisición de aquellas concesiones susceptibles de transmisión.

Su movimiento es el siguiente:

a) Se cargará por los gastos originados para obtener la concesión, o por el precio de adquisición, con abono, generalmente, a cuentas del subgrupo 57.
b) Se abonará por las enajenaciones y, en general, por su baja del activo, con cargo, generalmente, a cuentas del subgrupo 57 y, en caso de pérdidas, a la cuenta 670.

203. *Propiedad industrial*

Importe satisfecho por la propiedad o por el derecho al uso o a la concesión del uso de las distintas manifestaciones de la propiedad industrial, en los casos en que, por las estipulaciones del contrato, deban inventariarse por la empresa adquirente. Este concepto incluye, entre otras, las patentes de invención, los certificados de protección de modelos de utilidad pública y las patentes de introducción.

Esta cuenta comprenderá también los gastos realizados en desarrollo cuando los resultados de los respectivos proyectos emprendidos por la empresa fuesen positivos y, cumpliendo los necesarios requisitos legales, se inscriban en el correspondiente Registro.

Su movimiento es el siguiente:

a) Se cargará:
   a_1) Por la adquisición a otras empresas, con abono, generalmente, a cuentas del subgrupo 57.
   a_2) Por ser positivos e inscritos en el correspondiente Registro Público, los resultados de desarrollo, con abono a la cuenta 201.
   a_3) Por los desembolsos exigidos para la inscripción en el correspondiente Registro, con abono, generalmente, a cuentas del subgrupo 57.
b) Se abonará por las enajenaciones y, en general, por la baja del activo, con cargo, generalmente, a cuentas del subgrupo 57 y, en caso de pérdidas, a la cuenta 670.

205. *Derechos de traspaso*

Importe satisfecho por los derechos de arrendamiento de locales en los que el adquirente y nuevo arrendatario se subroga en los derechos y obligaciones del transmitente y antiguo arrendatario derivados de un contrato anterior.

Su movimiento es el siguiente:

a) Se cargará por el importe de su adquisición, con abono, generalmente, a cuentas del subgrupo 57.
b) Se abonará por las enajenaciones y, en general, por su baja del activo, con cargo, generalmente, a cuentas del subgrupo 57 y, en caso de pérdidas, a la cuenta 670.

206. *Aplicaciones informáticas*

Importe satisfecho por la propiedad o por el derecho al uso de programas informáticos, tanto adquiridos a terceros como elaborados por la propia empresa. También incluye los gastos de desarrollo de las páginas web, siempre que su utilización esté prevista durante varios ejercicios.

Su movimiento es el siguiente:

a) Se cargará:
   a_1) Por la adquisición a otras empresas, con abono, generalmente, a cuentas del subgrupo 57.
   a_2) Por la elaboración propia, con abono a la cuenta 730 y, en su caso, a la cuenta 201.
b) Se abonará por las enajenaciones y, en general, por su baja del activo, con cargo, generalmente, a cuentas del subgrupo 57 y, en caso de pérdidas, a la cuenta 670.

209. *Anticipos para inmovilizaciones intangibles*

Entregas a proveedores y otros suministradores de elementos de inmovilizado intangible, normalmente en efectivo, en concepto de «a cuenta» de suministros o de trabajos futuros.

Con carácter general, su movimiento es el siguiente:

a) Se cargará por las entregas de efectivo a los proveedores, con abono a cuentas del subgrupo 57.
b) Se abonará por las correspondientes entregas a conformidad, con cargo, generalmente, a cuentas de este subgrupo.

21. INMOVILIZACIONES MATERIALES.
  210. Terrenos y bienes naturales.
  211. Construcciones.
  212. Instalaciones técnicas.
  213. Maquinaria.
  214. Utillaje.
  215. Otras instalaciones.
  216. Mobiliario.
  217. Equipos para procesos de información.
  218. Elementos de transporte.
  219. Otro inmovilizado material.

Elementos del activo tangibles representados por bienes, muebles o inmuebles, excepto los que deban ser clasificados en otros subgrupos, en particular en el subgrupo 22.

Las cuentas de este subgrupo figurarán en el activo no corriente del balance.

Su movimiento es el siguiente:

a) Se cargarán por el precio de adquisición o coste de producción o por su cambio de uso, con abono, generalmente, a cuentas de los subgrupos 22 o 57, a la cuenta 731 o, en su caso, a cuentas del subgrupo 23.
b) Se abonarán por las enajenaciones, por su cambio de uso y, en general, por su baja del activo, con cargo, generalmente, a cuentas de los subgrupos 22 o 57 y, en caso de pérdidas, a la cuenta 671.

210. *Terrenos y bienes naturales*

Solares de naturaleza urbana, fincas rústicas, otros terrenos no urbanos, minas y canteras.

211. *Construcciones*

Edificaciones en general cualquiera que sea su destino dentro de la actividad productiva de la empresa.

212. *Instalaciones técnicas*

Unidades complejas de uso especializado en el proceso productivo, que comprenden: edificaciones, maquinaria, material, piezas o elementos, incluidos los sistemas informáticos que, aun siendo separables por naturaleza, están ligados de forma definitiva para su funcionamiento y sometidos al mismo ritmo de amortización; se incluirán, asimismo, los repuestos o recambios válidos exclusivamente para este tipo de instalaciones.

213. *Maquinaria*

Conjunto de máquinas o bienes de equipo mediante las cuales se realiza la extracción o elaboración de los productos.

En esta cuenta figurarán todos aquellos elementos de transporte interno que se destinen al traslado de personal, animales, materiales y mercaderías dentro de factorías, talleres, etc., sin salir al exterior.

214. *Utillaje*

Conjunto de utensilios o herramientas que se pueden utilizar autónomamente o conjuntamente con la maquinaria, incluidos los moldes y plantillas.

La regularización anual (por recuento físico) a la que se refieren las normas de registro y valoración exigirá el abono de esta cuenta, con cargo a la cuenta 659.

215. *Otras instalaciones*

Conjunto de elementos ligados de forma definitiva para su funcionamiento y sometidos al mismo ritmo de amortización, distintos de los señalados en la cuenta 212; incluirá, asimismo, los repuestos o recambios cuya validez es exclusiva para este tipo de instalaciones.

216. *Mobiliario*

Mobiliario, material y equipos de oficina, con excepción de los que deban figurar en la cuenta 217.

217. *Equipos para procesos de información*

Ordenadores y demás conjuntos electrónicos.

218. *Elementos de transporte*

Vehículos de todas clases utilizables para el transporte terrestre, marítimo o aéreo de personas, animales, materiales o mercaderías, excepto los que se deban registrar en la cuenta 213.

219. *Otro inmovilizado material*

Cualesquiera otras inmovilizaciones materiales no incluidas en las demás cuentas del subgrupo 21. Se incluirán en esta cuenta los envases y embalajes que por sus características deban considerase como inmovilizado y los repuestos para inmovilizado cuyo ciclo de almacenamiento sea superior a un año.

22. INVERSIONES INMOBILIARIAS.
   220. Inversiones en terrenos y bienes naturales.
   221. Inversiones en construcciones.

Activos no corrientes que sean inmuebles y que se posean para obtener rentas, plusvalías o ambas, en lugar de para:

— Su uso en la producción o suministro de bienes o servicios, o bien para fines administrativos; o
— Su venta en el curso ordinario de las operaciones.

Las cuentas de este subgrupo figurarán en el activo no corriente del balance.

Su movimiento es el siguiente:

a) Se cargarán por el precio de adquisición o coste de producción o por su cambio de uso, con abono, generalmente, a cuentas de los subgrupos 21 o 57 o a la cuenta 732.
b) Se abonarán por las enajenaciones, por su cambio de uso y, en general, por su baja del activo, con cargo, generalmente, a cuentas de los subgrupos 21 o 57 y, en caso de pérdidas, a la cuenta 672.

23. INMOVILIZACIONES MATERIALES EN CURSO
   230. Adaptación de terrenos y bienes naturales.
   231. Construcciones en curso.
   232. Instalaciones técnicas en montaje.
   233. Maquinaria en montaje.
   237. Equipos para procesos de información en montaje.
   239. Anticipos para inmovilizaciones materiales.

Las cuentas de este subgrupo figurarán en el activo no corriente del balance.

230/237

Trabajos de adaptación, construcción o montaje al cierre del ejercicio realizados con anterioridad a la puesta en condiciones de funcionamiento de los distintos elementos del inmovilizado material, incluidos los realizados en inmuebles.

Su movimiento es el siguiente:

a) Se cargarán:
   a_1) Por la recepción de obras y trabajos que corresponden a las inmovilizaciones en curso.
   a_2) Por las obras y trabajos que la empresa lleve a cabo para sí misma, con abono a la cuenta 733.
b) Se abonarán una vez terminadas dichas obras y trabajos, con cargo a cuentas del subgrupo 21.

239. *Anticipos para inmovilizaciones materiales*

Entregas a proveedores y otros suministradores de elementos de inmovilizado material, normalmente en efectivo, en concepto de «a cuenta» de suministros o de trabajos futuros.

Con carácter general, su movimiento es el siguiente:

a) Se cargará por las entregas de efectivo a los proveedores, con abono, generalmente, a cuentas del subgrupo 57.
b) Se abonará por las correspondientes entregas a conformidad, con cargo, generalmente, a las cuentas de este subgrupo y del subgrupo 21.

24. INVERSIONES FINANCIERAS A LARGO PLAZO EN PARTES VINCULADAS
    - 240. Participaciones a largo plazo en partes vinculadas.
        - 2403. Participaciones a largo plazo en empresas del grupo.
        - 2404. Participaciones a largo plazo en empresas asociadas.
        - 2405. Participaciones a largo plazo en otras partes vinculadas.
    - 241. Valores representativos de deuda a largo plazo de partes vinculadas.
        - 2413. Valores representativos de deuda a largo plazo de empresas del grupo.
        - 2414. Valores representativos de deuda a largo plazo de empresas asociadas.
        - 2415. Valores representativos de deuda a largo plazo de otras partes vinculadas.
    - 242. Créditos a largo plazo a partes vinculadas.
        - 2423. Créditos a largo plazo a empresas del grupo.
        - 2424. Créditos a largo plazo a empresas asociadas.
        - 2425. Créditos a largo plazo a otras partes vinculadas.
    - 249. Desembolsos pendientes sobre participaciones a largo plazo en partes vinculadas.
        - 2493. Desembolsos pendientes sobre participaciones a largo plazo en empresas del grupo.
        - 2494. Desembolsos pendientes sobre participaciones a largo plazo en empresas asociadas.
        - 2495. Desembolsos pendientes sobre participaciones a largo plazo en otras partes vinculadas

Inversiones financieras a largo plazo en empresas del grupo, multigrupo, asociadas y otras partes vinculadas, cualquiera que sea su forma de instrumentación, incluidos los intereses devengados, con vencimiento superior a un año o sin vencimiento (como los instrumentos de patrimonio), cuando la empresa no tenga la intención de venderlos en el corto plazo. También se incluirán en este subgrupo las fianzas y depósitos a largo plazo constituidos y demás tipos de activos financieros e inversiones a largo plazo con estas personas o entidades. Estas inversiones se recogerán en las cuentas de tres o más cifras que se desarrollen.

En caso de que los valores representativos de deuda o los créditos devenguen intereses explícitos con vencimiento superior a un año, se crearán las cuentas necesarias para identificarlos, debiendo figurar en el balance en la misma partida en la que se incluya el activo que los genera.

La parte de las inversiones a largo plazo, con personas o entidades vinculadas, que tenga vencimiento a corto deberá figurar en el activo corriente del balance, en el epígrafe «Inversiones en empresas del grupo y asociadas a corto plazo»; a estos efectos, se traspasará el importe que represente la inversión a largo plazo con vencimiento a corto plazo, incluidos en, su caso, los intereses devengados, a las cuentas correspondientes del subgrupo 53.

240. *Participaciones a largo plazo en partes vinculadas*

Inversiones a largo plazo en derechos sobre el patrimonio neto —con o sin cotización en un mercado regulado— de partes vinculadas, generalmente, acciones emitidas por una sociedad anónima o participaciones en sociedades de responsabilidad limitada.

Figurará en el activo no corriente del balance.

2403/2404/2405

El movimiento de las cuentas citadas de cuatro cifras es el siguiente:

a) Se cargarán a la suscripción o compra, con abono, generalmente, a cuentas del subgrupo 57 y, en su caso, a la cuenta 249.

b) Se abonarán por las enajenaciones y, en general, por su baja del activo, con cargo, generalmente, a cuentas del subgrupo 57; si existen desembolsos pendientes, a la cuenta 249 o, en su caso, a la cuenta 539, y, en caso de pérdidas, a la cuenta 673.

241. *Valores representativos de deuda a largo plazo de partes vinculadas.*

Inversiones a largo plazo en obligaciones, bonos u otros valores representativos de deuda, incluidos aquellos que fijan su rendimiento en función de índices o sistemas análogos, emitidos por partes vinculadas, con vencimiento superior a un año.

Figurará en el activo no corriente del balance.

2413/2414/2415

Con carácter general, el movimiento de las cuentas citadas de cuatro cifras es el siguiente:

a) Se cargarán:
   a_1) A la suscripción o compra, por el precio de adquisición, excluidos los intereses explícitos devengados y no vencidos, con abono, a cuentas del subgrupo 57.
   a_2) Por el ingreso financiero devengado hasta alcanzar el valor de reembolso del valor, con abono, generalmente, a la cuenta 761.

b) Se abonarán por las enajenaciones, amortizaciones anticipadas o baja del activo de los valores, con cargo a cuentas del subgrupo 57 y, en caso de pérdidas, a la cuenta 666.

242. *Créditos a largo plazo a partes vinculadas*

Inversiones a largo plazo en préstamos y otros créditos no comerciales, incluidos los derivados de enajenaciones de inmovilizado, los originados por operaciones de arrendamiento financiero y las imposiciones a largo plazo, estén o no formalizados mediante efectos de giro, concedidos a partes vinculadas, con vencimiento superior a un año. Los diferentes créditos mencionados figurarán en cuentas de cinco cifras.

Figurará en el activo no corriente del balance.

2423/2424/2425

El movimiento de las cuentas citadas de cuatro cifras es el siguiente:

a) Se cargarán:
   a_1) A la formalización del crédito, por el importe de éste, con abono, generalmente, a cuentas del subgrupo 57.
   a_2) Por el ingreso financiero devengado hasta alcanzar el valor de reembolso del crédito, con abono, generalmente, a la cuenta 762.

b) Se abonarán por el reintegro anticipado, total o parcial o baja del activo, con cargo, generalmente, a cuentas del subgrupo 57 y, en caso de pérdidas, a la cuenta 667.

249. *Desembolsos pendientes sobre participaciones a largo plazo en partes vinculadas*

Desembolsos pendientes, no exigidos, sobre instrumentos de patrimonio en partes vinculadas.

Figurará en el activo no corriente del balance, minorando la partida en la que se contabilicen las correspondientes participaciones.

2493/2494/2495

El movimiento de las cuentas citadas de cuatro cifras es el siguiente:

a) Se abonarán a la adquisición o suscripción de los instrumentos de patrimonio, por el importe pendiente de desembolsar, con cargo a la cuenta 240.

b) Se cargarán por los desembolsos que se vayan exigiendo, con abono a la cuenta 556 o a la cuenta 240 por los saldos pendientes cuando se enajenen instrumentos de patrimonio no desembolsados totalmente.

25. OTRAS INVERSIONES FINANCIERAS A LARGO PLAZO.
   250. Inversiones financieras a largo plazo en instrumentos de patrimonio.
   251. Valores representativos de deuda a largo plazo.
   252. Créditos a largo plazo.
   253. Créditos a largo plazo por enajenación de inmovilizado.
   254. Créditos a largo plazo al personal.
   255. Activos por derivados financieros a largo plazo.
   258. Imposiciones a largo plazo.
   259. Desembolsos pendientes sobre participaciones en el patrimonio neto a largo plazo.

Inversiones financieras a largo plazo no relacionadas con partes vinculadas, cualquiera que sea su forma de instrumentación, incluidos los intereses devengados, con vencimiento superior a un año o sin vencimiento (como los instrumentos de patrimonio), cuando la empresa no tenga la intención de venderlos en el corto plazo.

En caso de que los valores representativos de deuda o los créditos devenguen intereses explícitos con vencimiento superior a un año, se crearán las cuentas necesarias para identificarlos, debiendo figurar en el balance en la misma partida en la que se incluya el activo que los genera.

La parte de las inversiones a largo plazo que tenga vencimiento a corto deberá figurar en el activo corriente del balance, en el epígrafe «Inversiones financieras a corto plazo»; a estos efectos, se traspasará el importe que represente la inversión a largo plazo con vencimiento a corto, incluidos, en su caso, los intereses devengados, a las cuentas correspondientes del subgrupo 54.

250. *Inversiones financieras a largo plazo en instrumentos de patrimonio*

Inversiones a largo plazo en derechos sobre el patrimonio neto —acciones con o sin cotización en un mercado regulado u otros valores, tales como participaciones en instituciones de inversión colectiva, o participaciones en sociedades de responsabilidad limitada— de entidades que no tengan la consideración de partes vinculadas.

Figurará en el activo no corriente del balance.

Su movimiento es el siguiente:

a) Se cargará a la suscripción o compra, con abono, generalmente, a cuentas del subgrupo 57 y, en su caso, a la cuenta 259.

b) Se abonará por las enajenaciones y, en general, por su baja del activo, con cargo, generalmente, a cuentas del subgrupo 57; si existen desembolsos pendientes, a la cuenta 259 o, en su caso, a la cuenta 549, y, en caso de pérdidas, a la cuenta 666.

251. *Valores representativos de deuda a largo plazo*

Inversiones a largo plazo en obligaciones, bonos u otros valores representativos de deuda, incluidos aquellos que fijan su rendimiento en función de índices o sistemas análogos.

Cuando los valores suscritos o adquiridos hayan sido emitidos por partes vinculadas, la inversión se reflejará en la cuenta 241.

Figurará en el activo no corriente del balance.

Con carácter general, su movimiento es el siguiente:

a) Se cargará:

a_1) A la suscripción o compra, por el precio de adquisición, excluidos los intereses explícitos devengados y no vencidos, con abono a cuentas del subgrupo 57.

a_2) Por el ingreso financiero devengado hasta alcanzar el valor de reembolso del valor, con abono, generalmente, a la cuenta 761.

b) Se abonará por las enajenaciones, amortizaciones anticipadas o baja del activo de los valores, con cargo, a cuentas del subgrupo 57 y, en caso de pérdidas, a la cuenta 666.

252. *Créditos a largo plazo*

Los préstamos y otros créditos no comerciales concedidos a terceros, incluidos los formalizados mediante efectos de giro, con vencimiento superior a un año.

Cuando los créditos hayan sido concertados con partes vinculadas, la inversión se reflejará en la cuenta 242.

Figurará en el activo no corriente del balance.

Su movimiento es el siguiente:

a) Se cargará:

a_1) A la formalización del crédito, por el importe de éste, con abono, generalmente, a cuentas del subgrupo 57.

a_2) Por el ingreso financiero devengado hasta alcanzar el valor de reembolso del crédito, con abono, generalmente, a la cuenta 762.

b) Se abonará por el reintegro anticipado, total o parcial o baja del activo, con cargo, generalmente, a cuentas del subgrupo 57 y, en caso de pérdidas, a la cuenta 667.

253. *Créditos a largo plazo por enajenación de inmovilizado*

Créditos a terceros cuyo vencimiento sea superior a un año, con origen en operaciones de enajenación de inmovilizado.

Cuando los créditos por enajenación de inmovilizado hayan sido concertados con partes vinculadas, la inversión se reflejará en la cuenta 242.

Figurará en el activo no corriente del balance.

Su movimiento es el siguiente:

a) Se cargará:
   a_1) Por el importe de dichos créditos, excluidos los intereses que, en su caso, se hubieran acordado, con abono a cuentas del grupo 2.
   a_2) Por el ingreso financiero devengado hasta alcanzar el valor de reembolso del crédito, con abono, generalmente, a la cuenta 762.

b) Se abonará a la cancelación anticipada, total o parcial o baja del activo, con cargo, generalmente, a cuentas del subgrupo 57 y, en caso de pérdidas, a la cuenta 667.

254. *Créditos a largo plazo al personal*

Créditos concedidos al personal de la empresa, que no tenga la calificación de parte vinculada, cuyo vencimiento sea superior a un año.

Figurará en el activo no corriente del balance.

Su movimiento es análogo al señalado para la cuenta 252.

255. *Activos por derivados financieros a largo plazo*

Importe correspondiente a las operaciones con derivados financieros clasificados en la cartera de negociación, de acuerdo con lo dispuesto en las normas de registro y valoración, con valoración favorable para la empresa, cuyo plazo de liquidación sea superior a un año.

En particular, se recogerán en esta cuenta las primas pagadas en operaciones con opciones, así como, con carácter general, las variaciones en el valor razonable de los activos por derivados financieros con los que opere la empresa: opciones, futuros, permutas financieras, compraventa a plazo de moneda extranjera, etc.

Figurará en el activo no corriente del balance.

Su movimiento es el siguiente:

a) Se cargará:
   a_1) Por las cantidades satisfechas en el momento de la contratación, con abono, generalmente, a cuentas del subgrupo 57.
   a_2) Por las ganancias que se generen en el ejercicio, con abono a la cuenta 763.

b) Se abonará:
   b_1) Por las pérdidas que se generen en el ejercicio hasta el límite del importe por el que figurara registrado el derivado en el activo en el ejercicio anterior, con cargo a la cuenta 663.
   b_2) Por el importe recibido en el momento de la liquidación, con cargo, generalmente, a cuentas del subgrupo 57.

258. *Imposiciones a largo plazo*

Saldos favorables en Bancos e Instituciones de Crédito formalizados por medio de «cuenta de plazo» o similares, con vencimiento superior a un año y de acuerdo con las condiciones que rigen para el sistema financiero.

Cuando las imposiciones a plazo hayan sido concertadas con entidades de crédito vinculadas, la inversión se reflejará en la cuenta 242.

Figurará en el activo no corriente del balance.

Su movimiento es el siguiente:

a) Se cargará a la formalización, por el importe entregado.

b) Se abonará a la recuperación o traspaso anticipado de los fondos.

259. *Desembolsos pendientes sobre participaciones en el patrimonio neto a largo plazo*

Desembolsos pendientes, no exigidos, sobre instrumentos de patrimonio de entidades que no tengan la consideración de partes vinculadas.

Figurará en el activo no corriente del balance minorando la partida en la que se contabilicen las correspondientes participaciones.

Su movimiento es el siguiente:

a) Se abonará a la adquisición o suscripción de los instrumentos de patrimonio, por el importe pendiente de desembolsar, con cargo a la cuenta 250.

b) Se cargará por los desembolsos que se vayan exigiendo, con abono a la cuenta 556, o a la cuenta 250 por los saldos pendientes cuando se enajenen instrumentos de patrimonio no desembolsados totalmente.

26. FIANZAS Y DEPÓSITOS CONSTITUIDOS A LARGO PLAZO.
    260. Fianzas constituidas a largo plazo.
    265. Depósitos constituidos a largo plazo.

Las cuentas de este subgrupo figurarán en el activo no corriente del balance.

La parte de fianzas y depósitos a largo plazo que tenga vencimiento a corto deberá figurar en el activo corriente del balance, en el epígrafe «Inversiones financieras corto plazo»; a estos efectos, se traspasará el importe que representen las fianzas y depósitos constituidos a largo plazo con vencimiento a corto a las cuentas correspondientes del subgrupo 56.

260. *Fianzas constituidas a largo plazo*

Efectivo entregado como garantía del cumplimiento de una obligación, a plazo superior a un año.

Con carácter general, su movimiento es el siguiente:

a) Se cargará:
- a_1) A la constitución, por el valor razonable del activo financiero, con abono a cuentas del subgrupo 57.
- a_2) Por el ingreso financiero devengado hasta alcanzar el valor de reembolso de las fianzas, con abono, generalmente, a la cuenta 762.

b) Se abonará:
- b_1) Por la cancelación anticipada, con cargo a cuentas del subgrupo 57.
- b_2) Por incumplimiento de la obligación afianzada que determine pérdidas en la fianza, con cargo a la cuenta 659.

265. *Depósitos constituidos a largo plazo.*

Efectivo entregado en concepto de depósito irregular a plazo superior a un año.

Con carácter general, su movimiento es el siguiente:

a) Se cargará:
- a_1) A la constitución, por el efectivo entregado, con abono a cuentas del subgrupo 57.
- a_2) Por el ingreso financiero devengado hasta alcanzar el valor de reembolso de los depósitos, con abono, generalmente, a la cuenta 762.

b) Se abonará a la cancelación anticipada, con cargo a cuentas del subgrupo 57.

28. AMORTIZACIÓN ACUMULADA DEL INMOVILIZADO.
    280. Amortización acumulada del inmovilizado intangible.
    281. Amortización acumulada del inmovilizado material.
    282. Amortización acumulada de las inversiones inmobiliarias.

Expresión contable de la distribución en el tiempo de las inversiones en inmovilizado por su utilización prevista en el proceso productivo y de las inversiones inmobiliarias. Las amortizaciones acumuladas registradas en este subgrupo, figurarán en el activo del balance minorando la partida en la que se contabilice el correspondiente elemento patrimonial.

280. *Amortización acumulada del inmovilizado intangible*

Corrección de valor por la depreciación del inmovilizado intangible realizada de acuerdo con un plan sistemático. Su movimiento es el siguiente:

a) Se abonará por la dotación anual, con cargo a la cuenta 680.

b) Se cargará cuando se enajene el inmovilizado intangible o se dé de baja del activo por cualquier otro motivo, con abono a cuentas del subgrupo 20.

281. *Amortización acumulada del inmovilizado material*

Corrección de valor por la depreciación del inmovilizado material realizada de acuerdo con un plan sistemático. Su movimiento es el siguiente:

a) Se abonará por la dotación anual, con cargo a la cuenta 681.

b) Se cargará cuando se enajene el inmovilizadodo material o se dé de baja del activo por cualquier otro motivo, con abono a cuentas del subgrupo 21.

282. *Amortización acumulada de las inversiones inmobiliarias*

Corrección de valor por la depreciación de las inversiones inmobiliarias realizada de acuerdo con un plan sistemático.

Su movimiento es el siguiente.

a) Se abonará por la dotación anual, con cargo a la cuenta 682.
b) Se cargará cuando se enajene la inversión inmobiliaria o se dé de baja del activo por cualquier otro motivo, con abono a cuentas del subgrupo 22.

29. DETERIORO DE VALOR DE ACTIVOS NO CORRIENTES
    - 290. Deterioro de valor del inmovilizado intangible.
    - 291. Deterioro de valor del inmovilizado material.
    - 292. Deterioro de valor de las inversiones inmobiliarias.
    - 293. Deterioro de valor de participaciones a largo plazo.
        - 2933. Deterioro de valor de participaciones a largo plazo en empresas del grupo.
        - 2934. Deterioro de valor de participaciones a largo plazo en empresas asociadas.
        - 2935. Deterioro de valor de participaciones a largo plazo en otras partes vinculadas.
    - 294. Deterioro de valor de valores representativos de deuda a largo plazo de partes vinculadas.
        - 2943. Deterioro de valor de valores representativos de deuda a largo plazo de empresas del grupo.
        - 2944. Deterioro de valor de valores representativos de deuda a largo plazo de empresas asociadas.
        - 2945. Deterioro de valor de valores representativos de deuda a largo plazo de otras partes vinculadas.
    - 295. Deterioro de valor de créditos a largo plazo a partes vinculadas.
        - 2953. Deterioro de valor de créditos a largo plazo a empresas del grupo.
        - 2954. Deterioro de valor de créditos a largo plazo a empresas asociadas.
        - 2955. Deterioro de valor de créditos a largo plazo a otras partes vinculadas.
    - 296. Deterioro de valor de participaciones en el patrimonio neto a largo plazo.
    - 297. Deterioro de valor de valores representativos de deuda a largo plazo.
    - 298. Deterioro de valor de créditos a largo plazo.

Expresión contable de las correcciones de valor motivadas por pérdidas debidas a deterioros de valor de los elementos del activo no corriente.

La estimación de tales pérdidas deberá realizarse de forma sistemática en el tiempo. En el supuesto de posteriores recuperaciones de valor, en los términos establecidos en las correspondientes normas de registro y valoración, las correcciones de valor por deterioro reconocidas deberán reducirse hasta su total recuperación, cuando así proceda, de acuerdo con lo dispuesto en dichas normas.

Las cuentas de este subgrupo figurarán en el activo no corriente del balance minorando la partida en la que figure el correspondiente elemento patrimonial.

290/291/292. *Deterioro de valor del inmovilizado*

Importe de las correcciones valorativas por deterioro del valor que corresponda al inmovilizado intangible, inmovilizado material e inversiones inmobiliarias.

Su movimiento es el siguiente:

a) Se abonarán por el importe del deterioro estimado, con cargo a las cuentas 690, 691 o 692.
b) Se cargarán:
    - b_1) Cuando desaparezcan las causas que determinaron el reconocimiento de la corrección valorativa por deterioro, con abono a las cuentas 790, 791 o 792.
    - b_2) Cuando se enajene el inmovilizado o se dé de baja del activo por cualquier otro

motivo, con abono a cuentas de los subgrupos 20, 21 o 22.

293. *Deterioro de valor de participaciones a largo plazo*

Importe de las correcciones valorativas por deterioro del valor que corresponda a las participaciones a largo plazo en partes vinculadas.

2933/2934/2935

El movimiento de las cuentas citadas de cuatro cifras es el siguiente:

a) Se abonarán por el importe del deterioro estimado, con cargo a la cuenta 696.
b) Se cargarán:
b_1) Cuando desaparezcan las causas que determinaron el reconocimiento de la corrección valorativa por deterioro, con abono a la cuenta 796.
b_2) Cuando se enajene el inmovilizado financiero o se dé de baja del activo por cualquier otro motivo, con abono a cuentas del subgrupo 24.

294. *Deterioro de valor de valores representativos de deuda a largo plazo de partes vinculadas*

Importe de las correcciones valorativas por deterioro del valor que corresponda a las inversiones a largo plazo en valores representativos de deuda emitidos por personas o entidades que tengan la calificación de partes vinculadas.

2943/2944/2945

El movimiento de las cuentas citadas de cuatro cifras es el siguiente:

a) Se abonarán por el importe del deterioro estimado, con cargo a la cuenta 696.
b) Se cargarán:
b_1) Cuando desaparezcan las causas que determinaron el reconocimiento de la corrección valorativa por deterioro, con abono a la cuenta 796.
b_2) Cuando se enajene el inmovilizado financiero o se dé de baja del activo por cualquier otro motivo, con abono a cuentas del subgrupo 24.

295. *Deterioro de valor de créditos a largo plazo a partes vinculadas*

Importe de las correcciones valorativas por deterioro del valor correspondientes a créditos a largo plazo, concedidos a partes vinculadas.

2953/2954/2955

El movimiento de las cuentas citadas de cuatro cifras es el siguiente:

a) Se abonarán por el importe del deterioro estimado, con cargo a la cuenta 697.
b) Se cargarán:
b_1) Cuando desaparezcan las causas que determinaron el reconocimiento de la corrección valorativa por deterioro, con abono a la cuenta 797.
b_2) Por la parte de crédito que resulte incobrable, con abono a la cuenta 242.

296. *Deterioro de valor de participaciones en el patrimonio neto a largo plazo*

Importe de las correcciones valorativas por deterioro del valor de participaciones a largo plazo en el patrimonio neto de entidades que no tienen la consideración de partes vinculadas.

Su movimiento es el siguiente:

a) Se abonará por el importe del deterioro estimado, con cargo a la cuenta 696.
b) Se cargará:
b_1) Cuando desaparezcan las causas que determinaron el reconocimiento de la corrección valorativa por deterioro, con abono a la cuenta 796.
b_2) Cuando se enajene el inmovilizado financiero o se dé de baja del activo por cualquier otro motivo, con abono a cuentas del subgrupo 25.

297. *Deterioro de valor de valores representativos de deuda a largo plazo*

Importe de las correcciones valorativas por deterioro del valor que corresponda a las inversiones a largo plazo en valores representativos de deuda emitidos por personas o entidades que no tengan la calificación de partes vinculadas.

Su movimiento es análogo al señalado para la cuenta 294.

298. *Deterioro de valor de créditos a largo plazo*

Importe de las correcciones valorativas por deterioro del valor en créditos del subgrupo 25.

Su movimiento es análogo al señalado para la cuenta 295.

GRUPO 3

EXISTENCIAS

Son activos poseídos para ser vendidos en el curso normal de la explotación, en proceso de producción o en forma de materiales o suministros, para ser consumidos en el proceso de producción o en la prestación de servicios.

Mercaderías, materias primas, otros aprovisionamientos, productos en curso, productos semiterminados, productos terminados y subproductos, residuos y materiales recuperados.

30. COMERCIALES.
    300. Mercaderías A.
    301. Mercaderías B.

Bienes adquiridos por la empresa y destinados a la venta sin transformación.

Las cuentas 300/309 figurarán en el activo corriente del balance; solamente funcionarán con motivo del cierre del ejercicio.

Su movimiento es el siguiente:

a) Se abonarán, al cierre del ejercicio, por el importe del inventario de existencias inicia les, con cargo a la cuenta 610.
b) Se cargarán por el importe del inventario de existencias de final del ejercicio que se cierra, con abono a la cuenta 610.

Si las mercaderías en camino son propiedad de la empresa, según las condiciones del contrato, figurarán como existencias al cierre del ejercicio en las respectivas cuentas del subgrupo 30. Esta regla se aplicará igualmente cuando se encuentren en camino productos, materias, etc., incluidos en los subgrupos siguientes.

31. MATERIAS PRIMAS.
    310. Materias primas A.
    311. Materias primas B.

Las que, mediante elaboración o transformación, se destinan a formar parte de los productos fabricados.

Las cuentas 310/319 figurarán en el activo corriente del balance y su movimiento es análogo al señalado para las cuentas 300/309.

32. OTROS APROVISIONAMIENTOS
    320. Elementos y conjuntos incorporables.
    321. Combustibles.
    322. Repuestos.
    325. Materiales diversos.
    326. Embalajes.
    327. Envases.
    328. Material de oficina.

320. *Elementos y conjuntos incorporables*

Los fabricados normalmente fuera de la empresa y adquiridos por ésta para incorporarlos a su producción sin someterlos a transformación.

321. *Combustibles*

Materias energéticas susceptibles de almacenamiento.

322. *Repuestos*

Piezas destinadas a ser montadas en instalaciones, equipos o máquinas en sustitución de otras semejantes.

Se incluirán en esta cuenta las que tengan un ciclo de almacenamiento inferior a un año.

325. *Materiales diversos*

Otras materias de consumo que no han de incorporarse al producto fabricado.

326. *Embalajes*

Cubiertas o envolturas, generalmente irrecuperables, destinadas a resguardar productos o mercaderías que han de transportarse.

327. *Envases*

Recipientes o vasijas, normalmente destinadas a la venta juntamente con el producto que contienen.

328. *Material de oficina*

El destinado a la finalidad que indica su denominación, salvo que la empresa opte por considerar que el material de oficina adquirido durante el ejercicio es objeto de consumo en el mismo.

Las cuentas 320/329 figurarán en el activo corriente del balance y su movimiento es análogo al señalado para las cuentas 300/309.

33. PRODUCTOS EN CURSO.
330. Productos en curso A.
331. Productos en curso B.

Bienes o servicios que se encuentran en fase de formación o transformación en un centro de actividad al cierre del ejercicio y que no deban registrarse en las cuentas de los subgrupos 34 o 36.

Las cuentas 330/339 figurarán en el activo corriente del balance; solamente funcionarán con motivo del cierre del ejercicio.

Su movimiento es el siguiente:

a) Se abonarán, al cierre del ejercicio, por el importe del inventario de existencias inicia les, con cargo a la cuenta 710.
b) Se cargarán por el importe del inventario de existencias de final del ejercicio que se cierra, con abono a la cuenta 710.

34. PRODUCTOS SEMITERMINADOS.
340. Productos semiterminados A.
341. Productos semiterminados B.

Los fabricados por la empresa y no destinados normalmente a su venta hasta tanto sean objeto de elaboración, incorporación o transformación posterior.

Las cuentas 340/349 figurarán en el activo corriente del balance y su movimiento es análogo al señalado para las cuentas 330/339.

35. PRODUCTOS TERMINADOS.
350. Productos terminados A.
351. Productos terminados B.

Los fabricados por la empresa y destinados al consumo final o a su utilización por otras empresas.

Las cuentas 350/359 figurarán en el activo corriente del balance y su movimiento es análogo al señalado para las cuentas 330/339.

36. SUBPRODUCTOS, RESIDUOS Y MATERIALES RECUPERADOS.
360. Subproductos A.
361. Subproductos B.
365. Residuos A.
366. Residuos B.
368. Materiales recuperados A.
369. Materiales recuperados B.

Subproductos. Los de carácter secundario o accesorio de la fabricación principal.

Residuos. Los obtenidos inevitablemente y al mismo tiempo que los productos o subproductos, siempre que tengan valor intrínseco y puedan ser utilizados o vendidos.

Materiales recuperados. Los que, por tener valor intrínseco, entran nuevamente en almacén después de haber sido utilizados en el proceso productivo.

Las cuentas 360/369 figurarán en el activo corriente del balance y su movimiento es análogo al señalado para las cuentas 330/339.

39. DETERIORO DE VALOR DE LAS EXISTENCIAS
390. Deterioro de valor de las mercaderías.
391. Deterioro de valor de las materias primas.
392. Deterioro de valor de otros aprovisionamientos.
393. Deterioro de valor de los productos en curso.
394. Deterioro de valor de los productos semiterminados.
395. Deterioro de valor de los productos terminados.
396. Deterioro de valor de los subproductos, residuos y materiales recuperados.

Expresión contable de pérdidas reversibles que se ponen de manifiesto con motivo del inventario de existencias de cierre de ejercicio.

Las cuentas de este subgrupo figurarán en el activo corriente del balance minorando la partida en la que figure el correspondiente elemento patrimonial.

Su movimiento es el siguiente:

a) Se abonarán por la estimación del deterioro que se realice en el ejercicio que se cierra, con cargo a la cuenta 693.

b) Se cargarán por la estimación del deterioro efectuado al cierre del ejercicio precedente, con abono a la cuenta 793.

GRUPO 4

ACREEDORES Y DEUDORES POR OPERACIONES COMERCIALES

Instrumentos financieros y cuentas que tengan su origen en el tráfico de la empresa, así como las cuentas con las Administraciones Públicas, incluso las que correspondan a saldos con vencimiento superior a un año. Para estas últimas y a efectos de su clasificación, se podrán utilizar los subgrupos 42 y 45, o proceder a dicha reclasificación en las propias cuentas.

En particular, se aplicarán las siguientes reglas:

a) Los activos financieros y los pasivos financieros incluidos en este grupo se clasificarán, con carácter general, a efectos de su valoración, en las categorías de «Activos financieros a coste amortizado» y «Pasivos financieros a coste amortizado», respectivamente.

b) Si los activos financieros se clasifican a efectos de su valoración en más de una categoría, se desarrollarán las cuentas de cuatro o más cifras que sean necesarias para diferenciar la categoría en la que se hayan incluido.

c) Una cuenta que recoja activos financieros clasificados en la categoría de «Activos financieros mantenidos para negociar» se abonará o cargará, por las variaciones en su valor razonable, con cargo o abono, respectivamente, a las cuentas 663 y 763.

40. PROVEEDORES
    400. Proveedores.
    401. Proveedores, efectos comerciales a pagar.
    403. Proveedores, empresas del grupo.
    404. Proveedores, empresas asociadas.
    405. Proveedores, otras partes vinculadas.
    406. Envases y embalajes a devolver a proveedores.
    407. Anticipos a proveedores.

400. *Proveedores*

Deudas con suministradores de mercancías y de los demás bienes definidos en el grupo 3.

En esta cuenta se incluirán las deudas con suministradores de servicios utilizados en el proceso productivo. Figurará en el pasivo corriente del balance. Su movimiento es el siguiente:

a) Se abonará:
   a_1) Por la recepción «a conformidad» de las remesas de los proveedores, con cargo a cuentas del subgrupo 60.
   a_2) Por los envases y embalajes cargados en factura por los proveedores con facultad de su devolución a éstos, con cargo a la cuenta 406.
   a_3) En su caso, por el gasto financiero devengado, con cargo, generalmente, a la cuenta 662.

b) Se cargará:
   b_1) Por la formalización de la deuda en efectos de giro aceptados, con abono a la cuenta 401.
   b_2) Por la cancelación total o parcial de las deudas de la empresa con los proveedores, con abono a cuentas del subgrupo 57.
   b_3) Por los «rappels» que correspondan a la empresa, concedidos por los proveedores, con abono a la cuenta 609.
   b_4) Por los descuentos, no incluidos en factura, que le concedan a la empresa por pronto pago sus proveedores, con abono a la cuenta 606.
   b_5) Por las devoluciones de compras efectuadas, con abono a la cuenta 608.
   b_6) Por los envases y embalajes devueltos a proveedores que fueron cargados en fac-

tura por éstos y recibidos con facultad de devolución, con abono a la cuenta 406.

401. *Proveedores, efectos comerciales a pagar*

Deudas con proveedores, formalizadas en efectos de giro aceptados.

Figurará en el pasivo corriente del balance.

Con carácter general, su movimiento es el siguiente:

a) Se abonará:
   - a_1) Por la recepción «a conformidad» de las remesas de los proveedores, con cargo a cuentas del subgrupo 60, mediante aceptación de los efectos de giro.
   - a_2) Cuando la empresa acepte formalizar la obligación con los proveedores aceptando efectos de giro, con cargo, generalmente, a la cuenta 400.

b) Se cargará por el pago de los efectos al llegar su vencimiento, con abono a las cuentas que correspondan del subgrupo 57.

403. *Proveedores, empresas del grupo*

Deudas con las empresas del grupo en su calidad de proveedores, incluso si las deudas se han formalizado en efectos de giro.

Figurará en el pasivo corriente del balance.

Su movimiento es análogo al señalado para la cuenta 400.

404. *Proveedores, empresas asociadas*

Deudas con las empresas multigrupo o asociadas en su calidad de proveedores, incluso si las deudas se han formalizado en efectos de giro.

Figurará en el pasivo corriente del balance.

Su movimiento es análogo al señalado para la cuenta 400.

405. *Proveedores, otras partes vinculadas*

Deudas con otras personas o entidades vinculadas en su calidad de proveedores, incluso si las deudas se han formalizado en efectos de giro.

Figurará en el pasivo corriente del balance.

Su movimiento es análogo al señalado para la cuenta 400.

406. *Envases y embalajes a devolver a proveedores*

Importe de los envases y embalajes cargados en factura por los proveedores, con facultad de devolución a éstos.

Figurará en el pasivo corriente del balance minorando la cuenta 400.

Su movimiento es el siguiente:

a) Se cargará por el importe de los envases y embalajes, a la recepción de las mercaderías contenidas en ellos, con abono a la cuenta 400.

b) Se abonará:
   - b_1) Por el importe de los envases y embalajes devueltos, con cargo a la cuenta 400.
   - b_2) Por el importe de los envases y embalajes que la empresa decida reservarse para su uso así como los extraviados y deteriorados, con cargo a la cuenta 602.

407. *Anticipos a proveedores*

Entregas a proveedores, normalmente en efectivo, en concepto de «a cuenta» de suministros futuros.

Cuando estas entregas se efectúen a empresas del grupo, multigrupo, asociadas u otras partes vinculadas deberán desarrollarse las cuentas de tres cifras correspondientes.

Figurará en el activo corriente del balance, en el epígrafe «Existencias».

Con carácter general, su movimiento es el siguiente:

a) Se cargará por las entregas de efectivo a los proveedores, con abono a cuentas del subgrupo 57.

b) Se abonará por las remesas de mercaderías u otros bienes recibidos de proveedores «a conformidad», con cargo, generalmente, a cuentas del subgrupo 60.

41. ACREEDORES VARIOS
   410. Acreedores por prestaciones de servicios.
   411. Acreedores, efectos comerciales a pagar.
   419. Acreedores por operaciones en común.

Cuando los acreedores sean empresas del grupo, multigrupo o asociadas, u otras partes vinculadas, se abrirán cuentas de tres cifras que específicamente recojan los débitos con las mismas, incluidos los formalizados en efectos de giro.

410. *Acreedores por prestaciones de servicios*

Deudas con suministradores de servicios que no tienen la condición estricta de proveedores.

Figurará en el pasivo corriente del balance.

Su movimiento es el siguiente:

a) Se abonará:
   a_1) Por la recepción «a conformidad» de los servicios, con cargo, generalmente, a cuentas del subgrupo 62.
   a_2) En su caso, para reflejar el gasto financiero devengado, con cargo, generalmente, a la cuenta 662.

b) Se cargará:
   b_1) Por la formalización de la deuda en efectos de giro aceptados, con abono a la cuenta 411.
   b_2) Por la cancelación total o parcial de las deudas de la empresa con los acreedores, con abono a las cuentas que correspondan del subgrupo 57.

411. *Acreedores, efectos comerciales a pagar*

Deudas con suministradores de servicios que no tienen la condición estricta de proveedores, formalizadas en efectos de giro aceptados.

Figurará en el pasivo corriente del balance.

Con carácter general, su movimiento es el siguiente:

a) Se abonará:
   a_1) Por la recepción «a conformidad» de los servicios, con cargo, generalmente, a cuentas del subgrupo 62, mediante aceptación de los efectos de giro.
   a_2) Cuando la empresa acepte formalizar la obligación con los acreedores aceptando efectos de giro, con cargo, generalmente, a la cuenta 410.

b) Se cargará por el pago de los efectos al llegar su vencimiento, con abono a las cuentas que correspondan del subgrupo 57.

419. *Acreedores por operaciones en común*

Deudas con partícipes en las operaciones reguladas por los artículos 239 a 243 del Código de Comercio y en otras operaciones en común de análogas características.

Figurará en el pasivo del balance.

Su movimiento es el siguiente:

a) Se abonará:
   a_1) Por las aportaciones recibidas por la empresa como partícipe gestor, con cargo, generalmente, a cuentas del subgrupo 57.
   a_2) Siendo la empresa partícipe gestor, por el beneficio que deba atribuirse a los partícipes no gestores, con cargo a la cuenta 6510.
   a_3) Por la pérdida que corresponde a la empresa como partícipe no gestor, cuando su saldo en la operación en común pase a ser acreedor, con cargo a la cuenta 6511.

b) Se cargará:
   b_1) Al pago de las deudas, con abono a cuentas del subgrupo 57.
   b_2) Siendo la empresa partícipe gestor, por la pérdida que deba atribuirse a los partícipes no gestores mientras su saldo en la operación en común sea acreedor, con abono a la cuenta 7510.
   b_3) Por el beneficio que corresponda a la empresa como partícipe no gestor, con abono a la cuenta 7511.

43. CLIENTES
   430. Clientes.
   431. Clientes, efectos comerciales a cobrar.
   432. Clientes, operaciones de «factoring».
   433. Clientes, empresas del grupo.
   434. Clientes, empresas asociadas.
   435. Clientes, otras partes vinculadas.

436. Clientes de dudoso cobro.
437. Envases y embalajes a devolver por clientes.
438. Anticipos de clientes.

430. *Clientes*

Créditos con compradores de mercaderías y demás bienes definidos en el grupo 3, así como con los usuarios de los servicios prestados por la empresa, siempre que constituyan una actividad principal. Figurará en el activo corriente del balance.

Su movimiento es el siguiente:

a) Se cargará:
   a_1) Por las ventas realizadas, con abono a cuentas del subgrupo 70.
   a_2) Por los envases y embalajes cargados en factura a los clientes con facultad de su devolución por éstos, con abono a la cuenta 437.
   a_3) En su caso, para reflejar el ingreso financiero devengado, con abono, generalmente, a la cuenta 762.

b) Se abonará:
   b_1) Por la formalización del crédito en efectos de giro aceptados por el cliente, con cargo a la cuenta 431.
   b_2) Por la cancelación total o parcial de las deudas de los clientes, o la cesión en firme de los derechos de cobro a terceros, con cargo, generalmente, a cuentas del subgrupo 57.
   b_3) Por su clasificación como clientes de dudoso cobro, con cargo a la cuenta 436.
   b_4) Por la parte que resultara definitivamente incobrable, con cargo a la cuenta 650.
   b_5) Por los «rappels» que correspondan a clientes, con cargo a la cuenta 709.
   b_6) Por los descuentos, no incluidos en factura, que se concedan a los clientes por pronto pago, con cargo a la cuenta 706.
   b_7) Por las devoluciones de ventas, con cargo a la cuenta 708.
   b_8) Por los envases devueltos por clientes que fueron cargados a éstos en factura y enviados con facultad de devolución, con cargo a la cuenta 437.
   b_9) Por la cesión de los derechos de cobro en operaciones de «factoring» en las que la empresa continúa reteniendo sustancialmente los riesgos y beneficios, con cargo a la cuenta 432.

431. *Clientes, efectos comerciales a cobrar*

Créditos con clientes, formalizados en efectos de giro aceptados.

Se incluirán en esta cuenta los efectos en cartera, descontados los entregados en gestión de cobro y los impagados; en este último caso, sólo cuando no deban reflejarse en la cuenta 436.

Figurará en el activo corriente del balance.

Con carácter general, su movimiento es el siguiente:

a) Se cargará:
   a_1) Por las ventas o prestación de servicios derivados de la actividad principal, aceptando los clientes los efectos de giro, con abono a cuentas del subgrupo 70.
   a_2) Por la formalización del derecho de cobro en efectos de giro aceptados por el cliente, con abono, generalmente, a la cuenta 430.

b) Se abonará:
   b_1) Por el cobro de los efectos al vencimiento, con cargo a cuentas del subgrupo 57.
   b_2) Por su clasificación como de dudoso cobro, con cargo a la cuenta 436.
   b_3) Por la parte que resultara definitiva mente incobrable, con cargo a la cuenta 650.

La financiación obtenida por el descuento de efectos constituye una deuda que deberá recogerse, generalmente, en las cuentas correspondientes del subgrupo 52. En consecuencia, al vencimiento de los efectos atendidos, se abonará la cuenta 4311, con cargo a la cuenta 5208.

432. *Clientes, operaciones de «factoring»*

Créditos con clientes que se han cedido en operaciones de «factoring» en las que la empresa retiene sustancialmente los riesgos y beneficios de los derechos de cobro.

Se incluirán en esta cuenta los derechos de cobro sobre clientes cedidos en operaciones de «factoring», salvo cuando deban reflejarse en la cuenta 436.

Figurará en el activo corriente del balance.

Con carácter general, su movimiento es el siguiente:

a) Se cargará a la cesión de los derechos, con abono, generalmente, a la cuenta 430.
b) Se abonará:
  b_1) Por su clasificación como de dudoso cobro, con cargo a la cuenta 436.
  b_2) Por la parte que resultara definitivamente incobrable, con cargo a la cuenta 650.

La financiación obtenida en esta operación constituye una deuda que deberá recogerse, generalmente, en las cuentas correspondientes del subgrupo 52. En consecuencia, al vencimiento de los derechos de cobro atendidos, se abonará esta cuenta con cargo a la cuenta 5209.

433. *Clientes, empresas del grupo*

Créditos con las empresas del grupo en su calidad de clientes, incluso si se han formalizado en efectos de giro o son créditos cedidos en operaciones de «factoring» en los que la empresa retiene sustancialmente los riesgos y beneficios de los derechos de cobro.

Figurará en el activo corriente del balance.

Su movimiento es análogo al señalado para la cuenta 430.

434. *Clientes, empresas asociadas*

Créditos con las empresas multigrupo y asociadas en su calidad de clientes, incluso si se han formalizado en efectos de giro o son créditos cedidos en operaciones de «factoring» en los que la empresa retiene sustancialmente los riesgos y beneficios de los derechos de cobro.

Figurará en el activo corriente del balance.

Su movimiento es análogo al señalado para la cuenta 430.

435. *Clientes, otras partes vinculadas*

Créditos con otras personas o entidades vinculadas en su calidad de clientes, incluso si se han formalizado en efectos de giro o son créditos cedidos en operaciones de «factoring» en los que la empresa retiene sustancialmente los riesgos y beneficios de los derechos de cobro.

Figurará en el activo corriente del balance.

Su movimiento es análogo al señalado para la cuenta 430.

436. *Clientes de dudoso cobro*

Saldos de clientes, incluidos los formalizados en efectos de giro o los cedidos en operaciones de «factoring» en los que la empresa retiene sustancialmente los riesgos y beneficios de derechos de cobro, en los que concurran circunstancias que permitan razonablemente su calificación como de dudoso cobro.

Figurará en el activo corriente del balance.

Su movimiento es el siguiente:

a) Se cargará por el importe de los saldos de dudoso cobro, con abono a las cuentas 430, 431 o 432.
b) Se abonará:
  b_1) Por las insolvencias firmes, con cargo a la cuenta 650.
  b_2) Por el cobro total de los saldos, con cargo a cuentas del subgrupo 57.
  b_3) Al cobro parcial, con cargo a cuentas del subgrupo 57 en la parte cobrada, y a la cuenta 650 por lo que resultara incobrable.

437. *Envases y embalajes a devolver por clientes*

Importe de los envases y embalajes cargados en factura a los clientes, con facultad de devolución por éstos.

Figurará en el activo corriente del balance minorando la cuenta 430.

Su movimiento es el siguiente:

a) Se abonará por el importe de los envases y embalajes al envío de las mercaderías contenidas en ellos, con cargo a la cuenta 430.
b) Se cargará:
  b_1) A la recepción de los envases y embalajes devueltos, con abono a la cuenta 430.
  b_2) Cuando, transcurrido el plazo de devo-

lución, ésta no se hubiera efectuado, con abono a la cuenta 704.

438. *Anticipos de clientes*

Entregas de clientes, normalmente en efectivo, en concepto de «a cuenta» de suministros futuros.

Cuando estas entregas se efectúen por empresas del grupo, multigrupo, asociadas u otras partes vinculadas, deberán desarrollarse las cuentas de tres cifras correspondientes.

Figurará en el pasivo corriente del balance.

Su movimiento es el siguiente:

a) Se abonará por las recepciones en efectivo, con cargo a la cuenta que corresponda del subgrupo 57.

b) Se cargará por las remesas de mercaderías u otros bienes a los clientes, con abono, generalmente, a cuentas del subgrupo 70.

44. DEUDORES VARIOS

440. Deudores.
441. Deudores, efectos comerciales a cobrar.
446. Deudores de dudoso cobro.
449. Deudores por operaciones en común.

Cuando los deudores sean empresas del grupo, multigrupo o asociadas u otras partes vinculadas, se abrirán cuentas de tres cifras que específicamente recojan los créditos con las mismas, incluidos los formalizados en efectos de giro.

440. *Deudores*

Créditos con compradores de servicios que no tienen la condición estricta de clientes y con otros deudores de tráfico no incluidos en otras cuentas de este grupo.

En esta cuenta se contabilizará también el importe de las donaciones y legados a la explotación concedidos a la empresa que se liquiden mediante la entrega de efectivo u otros activos financieros, excluidas las subvenciones, que deben registrarse en cuentas del subgrupo 47.

Figurará en el activo corriente del balance.

Su movimiento es el siguiente:

a) Se cargará:

a_1) Por la prestación de servicios, con abono a cuentas del subgrupo 75.

a_2) Por la donación o legado de explotación concedido, con abono a cuentas del subgrupo 74.

a_3) En su caso, para reflejar el ingreso financiero devengado, con abono, generalmente, a la cuenta 762.

b) Se abonará:

b_1) Por la formalización del crédito en efectos de giro aceptados por el deudor, con cargo a la cuenta 441.

b_2) Por la cancelación total o parcial de las deudas, con cargo, generalmente, a cuentas del subgrupo 57.

b_3) Por su clasificación como deudores de dudoso cobro, con cargo a la cuenta 446.

b_4) Por la parte que resultara definitiva mente incobrable, con cargo a la cuenta 650.

441. *Deudores, efectos comerciales a cobrar*

Créditos con deudores, formalizados en efectos de giro aceptados.

Se incluirán en esta cuenta los efectos en cartera, los descontados, los entregados en gestión de cobro y los impagados; en este último caso, sólo cuando no deban reflejarse en la cuenta 446.

Figurará en el activo corriente del balance.

Con carácter general, su movimiento es el siguiente:

a) Se cargará:

a_1) Por la prestación de servicios, aceptando los perceptores efectos de giro, con abono a cuentas del subgrupo 75.

a_2) Por la formalización del derecho de cobro en efectos de giro aceptado por el perceptor del servicio o deudor, con abono, generalmente, a la cuenta 440.

b) Se abonará:

b_1) Por el cobro de los efectos al vencimiento, con cargo a cuentas del subgrupo 57.

b_2) Por su clasificación como de dudoso cobro, con cargo a la cuenta 446.

b_3) Por la parte que resultara definitivamente incobrable, con cargo a la cuenta 650.

La financiación obtenida por el descuento de efectos constituye una deuda que deberá recogerse, generalmente, en las cuentas correspondientes del subgrupo 52. En consecuencia, al vencimiento de los efectos atendidos, se abonará la cuenta 4411, con cargo a la cuenta 5208.

446. *Deudores de dudoso cobro*

Saldos de deudores comprendidos en este subgrupo, incluidos los formalizados en efecto de giro, en los que concurran circunstancias que permitan razonablemente su calificación como de dudoso cobro.

Figurará en el activo corriente del balance.

Su movimiento es análogo al señalado para la cuenta 436.

449. *Deudores por operaciones en común*

Créditos con partícipes en las operaciones reguladas por los artículos 239 a 243 del Código de Comercio y en otras operaciones en común de análogas características.

Figurará en el activo del balance.

Su movimiento es el siguiente:

a) Se cargará:
 - a_1) Por las aportaciones realizadas por la empresa como partícipe no gestor, con cargo, generalmente, a cuentas del subgrupo 57.
 - a_2) Siendo la empresa partícipe gestor, por la pérdida que deba atribuirse a los partícipes no gestores cuando su saldo en la operación en común pase a ser deudor, con abono a la cuenta 7510.
 - a_3) Por el beneficio que corresponde a la empresa como partícipe no gestor, con abono a la cuenta 7511.

b) Se abonará:
 - b_1) Por el cobro de los créditos, con cargo a cuentas del subgrupo 57.
 - b_2) Siendo la empresa partícipe gestor, por el beneficio que debe atribuirse a los partícipes no gestores mientras su saldo en la operación en común sea deudor, con cargo a la cuenta 6510.
 - b_3) Por la pérdida que corresponda a la empresa como partícipe no gestor, con cargo a la cuenta 6511.

46. PERSONAL
 - 460. Anticipos de remuneraciones.
 - 465. Remuneraciones pendientes de pago.

Saldos con personas que prestan sus servicios a la empresa y cuyas remuneraciones se contabilizan en el subgrupo 64.

460. *Anticipos de remuneraciones*

Entregas a cuenta de remuneraciones al personal de la empresa.

Cualesquiera otros anticipos que tengan la consideración de préstamos al personal se incluirán en la cuenta 544 o en la cuenta 254, según el plazo de vencimiento.

Figurará en el activo corriente del balance.

Con carácter general, su movimiento es el siguiente:

a) Se cargará al efectuarse las entregas antes citadas, con abono a cuentas del subgrupo 57.

b) Se abonará al compensar los anticipos con las remuneraciones devengadas, con cargo a cuentas del subgrupo 64.

465. *Remuneraciones pendientes de pago*

Débitos de la empresa al personal por los conceptos citados en las cuentas 640 y 641.

Figurará en el pasivo corriente del balance.

Con carácter general, su movimiento es el siguiente:

a) Se abonará por las remuneraciones devengadas y no pagadas, con cargo a las cuentas 640 y 641.

b) Se cargará cuando se paguen las remuneraciones, con abono a cuentas del subgrupo 57.

47. ADMINISTRACIONES PÚBLICAS
 - 470. Hacienda Pública, deudora por diversos conceptos.
   - 4700. Hacienda Pública, deudora por IVA.
   - 4708. Hacienda Pública, deudora por subvenciones concedidas.
   - 4709. Hacienda Pública, deudora por devolución de impuestos.

471. Organismos de la Seguridad Social, deudores.
472. Hacienda Pública, IVA soportado.
473. Hacienda Pública, retenciones y pagos a cuenta.
474. Activos por impuesto diferido.
    4740. Activos por diferencias temporarias deducibles.
    4742. Derechos por deducciones y bonificaciones pendientes de aplicar.
    4745. Crédito por pérdidas a compensar del ejercicio.
475. Hacienda Pública, acreedora por conceptos fiscales.
    4750. Hacienda Pública, acreedora por IVA.
    4751. Hacienda Pública, acreedora por retenciones practicadas.
    4752. Hacienda Pública, acreedora por impuesto sobre sociedades.
    4758. Hacienda Pública, acreedora por subvenciones a reintegrar.
476. Organismos de la Seguridad Social, acreedores.
477. Hacienda Pública, IVA repercutido.
479. Pasivos por diferencias temporarias imponibles.

470. *Hacienda Pública, deudora por diversos conceptos*

Subvenciones, compensaciones, desgravaciones, devoluciones de impuestos y, en general, cuantas percepciones sean debidas por motivos fiscales o de fomento realizadas por las Administraciones Públicas, excluida la Seguridad Social. Figurará en el activo del balance.

El contenido y movimiento de las cuentas citadas de cuatro cifras es el siguiente:

4700. *Hacienda Pública, deudora por IVA*

Exceso, en cada período impositivo, del IVA soportado deducible sobre el IVA repercutido.

a) Se cargará al terminar cada período de liquidación, por el importe del mencionado exceso, con abono a la cuenta 472.

b) Se abonará:

  b_1) En caso de compensación en declaración-liquidación posterior, con cargo a la cuenta 477.

  b_2) En los casos de devolución por la Hacienda Pública, con cargo a cuentas del subgrupo 57.

4708. *Hacienda Pública, deudora por subvenciones concedidas*

Créditos con la Hacienda Pública por razón de subvenciones concedidas.

a) Se cargará cuando sean concedidas las subvenciones, con abono, generalmente, a las cuentas 130, 131, 132, 172 o 740.

b) Se abonará al cobro, con cargo, generalmente, a cuentas de subgrupo 57.

4709. *Hacienda Pública, deudora por devolución de impuestos*

Créditos con la Hacienda Pública por razón de devolución de impuestos.

a) Se cargará:

  a_1) Por las retenciones y pagos a cuenta a devolver, con abono a la cuenta 473.

  a_2) Tratándose de devoluciones de otros impuestos que hubieran sido contabilizados en cuentas de gastos, con abono a la cuenta 636. Si hubieran sido cargados en cuentas del grupo 2, serán éstas las cuentas abonadas por el importe de la devolución.

b) Se abonará al cobro, con cargo a cuentas del subgrupo 57.

471. *Organismos de la Seguridad Social, deudores*

Créditos a favor de la empresa de los diversos Organismos de la Seguridad Social relacionados con las prestaciones sociales que ellos efectúan.

Figurará en el activo del balance.

Su movimiento es el siguiente:

a) Se cargará por las prestaciones a cargo de la Seguridad Social, con abono, generalmente, a cuentas del subgrupo 57.

b) Se abonará al cancelar el crédito.

472. *Hacienda Pública, IVA soportado*

IVA devengado con motivo de la adquisición de bienes y servicios, y de otras operaciones comprendidas en el texto legal, que tenga carácter deducible.

Su movimiento es el siguiente:

a) Se cargará:
   a_1) Por el importe del IVA deducible cuando se devengue el impuesto, con abono a cuentas de acreedores o proveedores de los grupos 1, 4 o 5 o del subgrupo 57. En los casos de cambio de afectación de bienes, con abono a la cuenta 477.
   a_2) Por las diferencias positivas que resulten en el IVA deducible correspondiente a operaciones de bienes o servicios del activo corriente o de bienes de inversión al practicarse las regularizaciones previstas en la Regla de Prorrata, con abono a la cuenta 639.

b) Se abonará:
   b_1) Por el importe del IVA deducible que se compensa en la declaración-liquidación del período de liquidación, con cargo a la cuenta 477. Si después de formulado este asiento subsistiera saldo en la cuenta 472, el importe del mismo se cargará a la cuenta 4700.
   b_2) Por las diferencias negativas que resulten en el IVA deducible correspondiente a operaciones de bienes o servicios del activo corriente o de bienes de inversión al practicarse las regularizaciones previstas en la Regla de Prorrata, con cargo a la cuenta 634.

c) Se cargará o se abonará, con abono o cargo a cuentas de los grupos 1, 2, 4 o 5, por el importe del IVA deducible que corresponda en los casos de alteraciones de precios posteriores al momento en que se hubieren realizado las operaciones gravadas, o cuando éstas quedaren sin efecto total o parcialmente, o cuando deba reducirse la base imponible en virtud de descuentos y bonificaciones otorgadas después del devengo del impuesto.

473. *Hacienda Pública, retenciones y pagos a cuenta*

Cantidades retenidas a la empresa y pagos realizados por la misma a cuenta de impuestos.

Con carácter general, su movimiento es el siguiente:

a) Se cargará por el importe de la retención o pago a cuenta, con abono, generalmente, a cuentas del grupo 5 y del subgrupo 76.

b) Se abonará:
   b_1) Por el importe de las retenciones soportadas y los ingresos a cuenta del impuesto sobre sociedades realizados, hasta el importe de la cuota líquida del período, con cargo a la cuenta 6300.
   b_2) Por el importe de las retenciones soportadas e ingresos a cuenta del impuesto sobre sociedades que deban ser objeto de devolución a la empresa, con cargo a la cuenta 4709.

474. *Activos por impuesto diferido*

Activos por diferencias temporarias deducibles, créditos por el derecho a compensar en ejercicios posteriores las bases imponibles negativas pendientes de compensación y deducciones y otras ventajas fiscales no utilizadas que queden pendientes de aplicar en la liquidación de los impuestos sobre beneficios.

En esta cuenta figurará el importe íntegro de los activos por impuesto diferido correspondiente a los impuestos sobre beneficios, no siendo admisible su compensación con los pasivos por impuesto diferido, ni aun dentro de un mismo ejercicio. Todo ello, sin perjuicio de lo dispuesto en la tercera parte del presente Plan, a los efectos de su presentación en las cuentas anuales.

Figurará en el activo no corriente del balance.

El contenido y movimiento de las cuentas citadas de cuatro cifras es el siguiente:

4740. *Activos por diferencias temporarias deducibles*

Activos fiscales por diferencias que darán lugar a menores cantidades a pagar o mayores cantidades a devolver por impuestos sobre beneficios en ejercicios futuros, normalmente a medida que se recuperen los activos o se liquiden los pasivos de los que se derivan.

a) Se cargará:
   a_1) Por el importe del activo por diferencias temporarias deducibles originado en el ejercicio, con abono, generalmente, a la cuenta 6301.
   a_2) Por el aumento de los activos por diferencias temporarias deducibles, con abono, generalmente, a la cuenta 638.

b) Se abonará:
   b_1) Por las reducciones de los activos por diferencias temporarias deducibles, con cargo, generalmente, a la cuenta 633.
   b_2) Cuando se imputen los activos por diferencias temporarias deducibles, generalmente, con cargo a la cuenta 6301.

4742. *Derechos por deducciones y bonificaciones pendientes de aplicar*

Importe de la disminución del impuesto sobre beneficios a pagar en el futuro derivada de la existencia de deducciones o bonificaciones de dicho impuesto pendientes de aplicación.

a) Se cargará:
   a_1) Por el crédito impositivo derivado de la deducción o bonificación en el impuesto sobre beneficios obtenida en el ejercicio, con abono, generalmente, a la cuenta 6301.
   a_2) Por el aumento del crédito impositivo, con abono, generalmente, a la cuenta 638.

b) Se abonará:
   b_1) Por la disminución del crédito impositivo, con cargo, generalmente, a la cuenta 633.
   b_2) Por la aplicación fiscal de las deducciones o bonificaciones de ejercicios anteriores, con cargo, generalmente, a la cuenta 6301.

4745. *Crédito por pérdidas a compensar del ejercicio*

Importe de la reducción del impuesto sobre beneficios a pagar en el futuro derivada de la existencia de bases imponibles negativas de dicho impuesto pendientes de compensación.

a) Se cargará:
   a_1) Por el crédito impositivo derivado de la base imponible negativa en los impuestos sobre beneficios obtenida en el ejercicio, con abono, generalmente, a la cuenta 6301.
   a_2) Por el aumento del crédito impositivo, con abono, generalmente, a la cuenta 638.

b) Se abonará:
   b_1) Por las reducciones del crédito impositivo, con cargo, generalmente, a la cuenta 633.
   b_2) Cuando se compensen las bases imponibles negativas de ejercicios anteriores, con cargo, generalmente, a la cuenta 6301.

475. *Hacienda Pública, acreedora por conceptos fiscales*

Tributos a favor de las Administraciones Públicas, pendientes de pago, tanto si la empresa es contribuyente como si es sustituto del mismo o retenedor.

Figurará en el pasivo del balance.

El contenido y movimiento de las cuentas citadas de cuatro cifras es el siguiente:

4750. *Hacienda Pública, acreedora por IVA*

Exceso, en cada período impositivo, del IVA repercutido sobre el IVA soportado deducible.

a) Se abonará al terminar cada período de liquidación por el importe del mencionado exceso, con cargo a la cuenta 477.

b) Se cargará por el importe del mencionado ex ceso cuando se efectúe su pago, con abono a cuentas del subgrupo 57.

4751. *Hacienda Pública, acreedora por retenciones practicadas*

Importe de las retenciones tributarias efectuadas pendientes de pago a la Hacienda Pública.

a) Se abonará al devengo del tributo cuando la empresa sea sustituto del contribuyente o retenedor, con cargo a cuentas de los grupos 4, 5 o 6.

b) Se cargará cuando se efectúe su pago, con abono a cuentas del subgrupo 57.

4752. *Hacienda Pública, acreedora por impuesto sobre sociedades*

Importe pendiente del impuesto sobre sociedades a pagar.

a) Se abonará por la cuota a ingresar, con cargo, generalmente, a la cuenta 6300 y, en su caso, a las cuentas 130, 131 o 132.

b) Se cargará cuando se efectúe su pago, con abono a cuentas del subgrupo 57.

4758. *Hacienda Pública, acreedora por subvenciones a reintegrar*

Deudas con la Hacienda Pública por subvenciones a devolver.

a) Se abonará por el importe de la subvención que deba ser reintegrada, con cargo, generalmente, a las cuentas 172 o 522.

b) Se cargará al reintegro, con abono a cuentas del subgrupo 57.

476. *Organismos de la Seguridad Social, acreedores*

Deudas pendientes con Organismos de la Seguridad Social como consecuencia de las prestaciones que éstos realizan.

Figurará en el pasivo del balance.

Su movimiento es el siguiente:

a) Se abonará:

a_1) Por las cuotas que le corresponden a la empresa, con cargo a la cuenta 642.

a_2) Por las retenciones de cuotas que corresponden al personal de la empresa, con cargo a las cuentas 465 o 640.

b) Se cargará cuando se cancele la deuda, con abono a cuentas del subgrupo 57.

477. *Hacienda Pública, IVA repercutido*

IVA devengado con motivo de la entrega de bienes o de la prestación de servicios y de otras operaciones comprendidas en el texto legal.

Su movimiento es el siguiente:

a) Se abonará:

a_1) Por el importe del IVA repercutido cuando se devengue el impuesto, con cargo a cuentas de deudores o clientes de los grupos 2, 4 o 5 o a cuentas del subgrupo 57. En los casos de cambio de afectación de bienes, con cargo a la cuenta 472 y a la cuenta del activo de que se trate.

a_2) Por el importe del IVA repercutido cuando se devengue el impuesto, en el caso de retirada de bienes de inversión o de bienes del activo corriente con destino al patrimonio personal del titular de la explotación o al consumo final del mismo, con cargo a la cuenta 550.

b) Se cargará por el importe del IVA soportado deducible que se compense en la declaración liquidación del período de liquidación, con abono a la cuenta 472. Si después de formulado este asiento subsistiera saldo en la cuenta 477, el importe del mismo se abonará a la cuenta 4750.

c) Se abonará o se cargará, con cargo o abono a cuentas de los grupos 2, 4 o 5, por el importe del IVA repercutido que corresponda en los casos de alteraciones de precios posteriores al momento en que se hubieren realizado las operaciones gravadas o cuando éstas quedaren sin efecto total o parcialmente o cuando deba reducirse la base imponible en virtud de descuentos y bonificaciones otorgados después del devengo del impuesto.

479. *Pasivos por diferencias temporarias imponibles*

Diferencias que darán lugar a mayores cantidades a pagar o menores cantidades a devolver por impuestos sobre beneficios en ejercicios futuros, normalmente a medida que se recuperen los activos o se liquiden los pasivos de los que se derivan.

En esta cuenta figurará el importe íntegro de los pasivos por impuesto diferido, no siendo admisible su compensación con los activos por impuesto diferido del impuesto sobre beneficios. Todo ello, sin perjuicio de lo dispuesto en la tercera parte del presente Plan, a los efectos de su presentación en las cuentas anuales.

Figurará en el pasivo no corriente del balance.

Su movimiento es el siguiente:

a) Se abonará:

a_1) Por el importe de los pasivos por diferencias temporarias imponibles originados en el ejercicio, con cargo, generalmente, a la cuenta 6301.

a_2) Por el importe de los pasivos por diferencias temporarias imponibles que surjan, con cargo a las cuentas 130, 131 o 132.

a_3) Por el aumento de los pasivos por diferencias temporarias imponibles, con cargo, generalmente, a la cuenta 633.

a_4) Por el aumento de los pasivos por diferencias temporarias imponibles originados por la recepción de una subvención, donación o legado oficial no reintegrable, con cargo a las cuentas 130, 131 o 132.

b) Se cargará:

b_1) Por las reducciones de los pasivos por diferencias temporarias imponibles, con abono, generalmente, a la cuenta 638.

b_2) Por las reducciones de los pasivos por diferencias temporarias imponibles originados por la recepción de una subvención, donación o legado oficial no reintegrable, con abono a las cuentas 130, 131 o 132.

b_3) Cuando se cancelen los pasivos por diferencias temporarias imponibles, generalmente, con abono a la cuenta 6301.

b_4) Cuando se cancelen los pasivos por diferencias temporarias imponibles originados por la recepción de una subvención, donación o legado oficial no reintegrable, con abono a las cuentas 130, 131 o 132.

48. AJUSTES POR PERIODIFICACIÓN.
    480. Gastos anticipados.
    485. Ingresos anticipados.

480. *Gastos anticipados*

Gastos contabilizados en el ejercicio que se cierra y que corresponden al siguiente.

Figurará en el activo corriente del balance.

Su movimiento es el siguiente:

a) Se cargará, al cierre del ejercicio, con abono a las cuentas del grupo 6 que hayan registrado los gastos a imputar al ejercicio posterior.

b) Se abonará, al principio del ejercicio siguiente, con cargo a cuentas del grupo 6.

485. *Ingresos anticipados*

Ingresos contabilizados en el ejercicio que se cierra y que corresponden al siguiente.

Figurará en el pasivo corriente del balance.

Su movimiento es el siguiente:

a) Se abonará, al cierre del ejercicio, con cargo a las cuentas del grupo 7 que hayan registrado los ingresos correspondientes al posterior.

b) Se cargará, al principio del ejercicio siguiente, con abono a cuentas del grupo 7.

49. DETERIORO DE VALOR DE CRÉDITOS COMERCIALES Y PROVISIONES A CORTO PLAZO.
    490. Deterioro de valor de créditos por operaciones comerciales.
    493. Deterioro de valor de créditos por operaciones comerciales con partes vinculadas.
        4933. Deterioro de valor de créditos por operaciones comerciales con empresas del grupo.
        4934. Deterioro de valor de créditos por operaciones comerciales con empresas asociadas.
        4935. Deterioro de valor de créditos por operaciones comerciales con otras partes vinculadas.
    499. Provisiones por operaciones comerciales.
        4994. Provisión por contratos onerosos.
        4999. Provisión para otras operaciones comerciales.

Correcciones por deterioro del valor de los activos financieros por operaciones comerciales debido a situaciones latentes de insolvencia de clientes y de otros deudores incluidos en los subgrupos 43 y 44 y obligaciones actuales, al cierre del ejercicio, por los gastos a incurrir tras la entrega de los bienes o la prestación de servicios, como, por ejemplo, la cobertura de gastos por devoluciones de ventas, garantías sobre productos vendidos y otros conceptos análogos.

Las cuentas de este subgrupo, salvo la 499, «Provisión por operaciones comerciales», figurarán en el activo del balance minorando la partida en la que figure el correspondiente elemento patrimonial.

490. *Deterioro de valor de créditos por operaciones comerciales*

Importe de las correcciones valorativas por deterioro de créditos incobrables, con origen en operaciones de tráfico.

Su movimiento es el siguiente, según la alternativa adoptada por la empresa:

1. Cuando la empresa cifre el importe del deterioro al final del ejercicio mediante una estimación global del riesgo de fallidos existentes en los saldos de clientes y deudores, siempre y cuando su importe, individualmente considerados, no sea significativo:
   a) Se abonará, al final del ejercicio, por la estimación realizada, con cargo a la cuenta 694.
   b) Se cargará, igualmente, al final del ejercicio, por la corrección realizada al cierre del ejercicio precedente, con abono a la cuenta 794.

2. Cuando la empresa cifre el importe del deterioro mediante un sistema individualizado de seguimiento de saldos de clientes y deudores:

   a) Se abonará, a lo largo del ejercicio, por el importe de la pérdida que se vaya estimando, con cargo a la cuenta 694.
   b) Se cargará a medida que se vayan dando de baja los saldos de clientes y deudores para los que se dotó la cuenta correctora de forma individualizada o cuando la pérdida estimada disminuya como consecuencia de un evento posterior, con abono a la cuenta 794.

493. *Deterioro de valor de créditos por operaciones comerciales con partes vinculadas*

Importe de las correcciones valorativas por deterioro de créditos incobrables, con origen en operaciones de tráfico efectuadas con partes vinculadas.

4933/4934/4935

El movimiento de las cuentas citadas de cuatro cifras es análogo al señalado para la cuenta 490.

499. *Provisiones por operaciones comerciales*

Provisiones para el reconocimiento de obligaciones presentes derivadas del tráfico comercial de la empresa.

Figurarán en el pasivo del balance.

Las provisiones para operaciones comerciales cuya cancelación se prevea en el largo plazo deberán figurar en el pasivo no corriente del balance, en el epígrafe «Provisiones largo plazo».

4994. *Provisión por contratos onerosos*

Provisión que surge cuando los costes que conlleva el cumplimiento de un contrato exceden a los beneficios económicos que se esperan recibir del mismo.

Su movimiento es el siguiente:

a) Se abonará, al cierre del ejercicio, por el importe de la estimación realizada, con cargo a la cuenta 6954.
b) Se cargará:
   b_1) Al cierre del ejercicio, si la empresa opta por cumplir el contrato, por el exceso de provisión contabilizada, con abono a la cuenta 79544.
   b_2) Si la empresa opta por la cancelación del contrato, con abono, generalmente, a cuentas del subgrupo 57.

4999. *Provisión para otras operaciones comerciales.*

Provisión para cobertura de gastos por devoluciones de ventas, garantías de reparación, revisiones y otros conceptos análogos.

Su movimiento es el siguiente:

a) Se abonará, al cierre del ejercicio, por el importe de la estimación realizada, con cargo a la cuenta 6959.

b) Se cargará, al cierre del ejercicio, por la dotación efectuada en el año anterior, con abono a la cuenta 79549.

GRUPO 5

CUENTAS FINANCIERAS

Instrumentos financieros por operaciones no comerciales, es decir, por operaciones ajenas al tráfico, cuyo vencimiento, enajenación o realización se espera habrá de producirse en un plazo no superior a un año y medios líquidos disponibles.

En particular, se aplicarán las siguientes reglas:

a) En este grupo se incluyen los derivados financieros de negociación cuando su liquidación no sea superior a un año.

b) Los activos financieros que, de acuerdo con lo dispuesto en las normas de registro y valoración de las cuentas anuales, se clasifiquen en la categoría de «Activos financieros mantenidos para negociar», con carácter general estarán incluidos en este grupo. En particular, se incluirán en esta categoría las inversiones financieras en instrumentos de patrimonio de empresas que no tengan la consideración de empresas del grupo, multigrupo o asociadas, que se hayan adquirido con la intención de ser vendidas en el corto plazo.

c) Se desarrollarán las cuentas de cuatro o más cifras que sean necesarias para diferenciar las categorías en las que se hayan incluido los activos financieros, de acuerdo con lo establecido en las normas de registro y valoración.

d) Si se adquieren activos financieros híbridos, se incluirán en la cuenta que corresponda a la naturaleza del contrato principal, para lo que se crearán, con el debido desglose, cuentas de cuatro o más cifras que identifiquen que se trata de un activo financiero híbrido a corto plazo.

Las cuentas que recojan estos activos, se cargarán o abonarán, por las variaciones en su valor razonable, con abono a cargo, respectivamente, a las cuentas 763 y 663.

e) Una cuenta que recoja activos financieros clasificados en la categoría de «Activos financieros mantenidos para negociar», se cargará o abonará, por las variaciones en su valor razonable, con abono o cargo respectivamente, a las cuentas 763 y 663.

f) La diferencia entre el valor por el que se reconocen inicialmente los activos financieros o pasivos financieros y su valor de reembolso se registrará como un cargo o abono (o cuando proceda, un abono o cargo) en la cuenta donde esté registrado el activo financiero o el pasivo financiero, teniendo como contrapartida la cuenta de los subgrupos 76 o 66 que corresponda según la naturaleza del instrumento.

50. EMPRÉSTITOS, DEUDAS CON CARACTERÍSTICAS ESPECIALES Y OTRAS EMISIONES ANÁLOGAS A CORTO PLAZO.
   - 500. Obligaciones y bonos a corto plazo.
   - 502. Acciones o participaciones a corto plazo consideradas como pasivos financieros.
   - 505. Deudas representadas en otros valores negociables a corto plazo.
   - 506. Intereses a corto plazo de empréstitos y otras emisiones análogas.
   - 507. Dividendos de acciones o participaciones consideradas como pasivos financieros.
   - 509. Valores negociables amortizados.

Financiación ajena instrumentada en valores negociables y acciones u otras participaciones en el capital de la empresa que, atendiendo a las características económica de la emisión, deban considerarse como pasivos financieros, cuyo vencimiento vaya a producirse en un plazo no superior a un año.

Las cuentas de este subgrupo figurarán en el pasivo corriente del balance.

La parte de las deudas a largo plazo que tenga vencimiento a corto deberá figurar en el pasivo corriente del balance; a estos efectos, se traspasará a este subgrupo el importe que representen las deudas a largo plazo con vencimiento a corto de las cuentas correspondientes de los subgrupos 15 y 17.

500. *Obligaciones y bonos a corto plazo*

Obligaciones y bonos en circulación no convertibles en acciones cuyo vencimiento vaya a producirse en un plazo no superior a un año.

Con carácter general, su movimiento es el siguiente:

a) Se abonará:
 a_1) En el momento de la emisión, por el importe recibido, minorado, en su caso, en los costes de la transacción, con cargo a cuentas del subgrupo 57.
 a_2) Por el gasto financiero devengado hasta alcanzar el valor de reembolso de la deuda, con cargo, generalmente, a la cuenta 661.

b) Se cargará por el importe a reembolsar de los valores a la amortización de los mismos, con abono a la cuenta 509.

502. *Acciones o participaciones a corto plazo consideradas como pasivos financieros*

Capital social escriturado y, en su caso, prima de emisión a asunción en las sociedades que revistan forma mercantil que, atendiendo a las características de la emisión, deba contabilizarse como pasivo financiero y cuyo rescate se prevea en el corto plazo. En particular, determinadas acciones rescatables y acciones o participaciones sin voto.

Su movimiento es el siguiente:

a) Se abonará por el capital inicial y las sucesivas ampliaciones en el momento de su inscripción en el Registro Mercantil, con cargo a la cuenta 199.

b) Se cargará por la cancelación o reducciones del mismo y a la extinción de la sociedad, una vez transcurrido el período de liquidación.

505. *Deudas representadas en otros valores negociables a corto plazo*

Otros pasivos financieros cuyo vencimiento vaya a producirse en un plazo no superior a un año representados en valores negociables, ofrecidos al ahorro público, distintos de los anteriores.

Su contenido y movimiento es análogo al señalado para la cuenta 500.

506. *Intereses a corto plazo de empréstitos y otras emisiones análogas*

Intereses a pagar, con vencimiento a corto plazo, de empréstitos y otras emisiones análogas.

Su movimiento es el siguiente:

a) Se abonará por el importe de los intereses explícitos devengados durante el ejercicio, incluidos los no vencidos, con cargo a la cuenta 661.

b) Se cargará:
 b_1) Por la retención a cuenta de impuestos, cuando proceda, con abono a la cuenta 475.
 b_2) Al pago, con abono a cuentas del subgrupo 57.

507. *Dividendos de acciones o participaciones consideradas como pasivos financieros*

Dividendos a pagar, con vencimiento a corto plazo, de acciones o participaciones consideradas como pasivo.

Su movimiento es el siguiente:

a) Se abonará por el importe de los dividendos devengados durante el ejercicio, con cargo a la cuenta 664.

b) Se cargará:
 b_1) Por la retención a cuenta de impuestos, cuando proceda, con abono a la cuenta 475.
 b_2) Al pago, con abono a cuentas del subgrupo 57.

509. *Valores negociables amortizados*

Deudas por valores negociables amortizados.

Con carácter general, su movimiento es el siguiente:

a) Se abonará por el valor de reembolso de los valores amortizados, con cargo a cuentas de este subgrupo o del subgrupo 17.
b) Se cargará por el valor de reembolso de los valores amortizados, con abono a cuentas del subgrupo 57.

51. DEUDAS A CORTO PLAZO CON PARTES VINCULADAS.
   510. Deudas a corto plazo con entidades de crédito vinculadas.
      5103. Deudas a corto plazo con entidades de crédito, empresas del grupo.
      5104. Deudas a corto plazo con entidades de crédito, empresas asociadas.
      5105. Deudas a corto plazo con otras entidades de crédito vinculadas.
   511. Proveedores de inmovilizado a corto plazo, partes vinculadas.
      5113. Proveedores de inmovilizado a corto plazo, empresas del grupo.
      5114. Proveedores de inmovilizado a corto plazo, empresas asociadas.
      5115. Proveedores de inmovilizado a corto plazo, otras partes vinculadas.
   512. Acreedores por arrendamiento financiero a corto plazo, partes vinculadas.
      5123. Acreedores por arrendamiento financiero a corto plazo, empresas del grupo.
      5124. Acreedores por arrendamiento financiero a corto plazo, empresas asociadas.
      5125. Acreedores por arrendamiento financiero a corto plazo, otras partes vinculadas.
   513. Otras deudas a corto plazo con partes vinculadas.
      5133. Otras deudas a corto plazo con empresas del grupo.
      5134. Otras deudas a corto plazo con empresas asociadas.
      5135. Otras deudas a corto plazo con otras partes vinculadas.
   514. Intereses a corto plazo de deudas con partes vinculadas.
      5143. Intereses a corto plazo de deudas, empresas del grupo.
      5144. Intereses a corto plazo de deudas, empresas asociadas.
      5145. Intereses a corto plazo de deudas, otras partes vinculadas.

Deudas cuyo vencimiento vaya a producirse en un plazo no superior a un año, contraídas con empresas de grupo, multigrupo, asociadas y otras partes vinculadas, incluidas aquellas que por su naturaleza debieran figurar en los subgrupos 50 o 52, las fianzas y depósitos recibidos a corto plazo del subgrupo 56 y los derivados financieros que debieran figurar en la cuenta 559. Estas deudas se recogerán en las cuentas de tres o más cifras que se desarrollen.

Las cuentas de este subgrupo figurarán en el pasivo corriente del balance.

La parte de las deudas a largo plazo con personas o entidades vinculadas que tenga vencimiento a corto deberá figurar en el pasivo corriente del balance, en el epígrafe «Deudas con empresas del grupo y asociadas a corto plazo»; a estos efectos, se traspasará a este subgrupo el importe que representen las deudas a largo plazo con vencimiento a corto de las cuentas correspondientes del subgrupo 16.

510. *Deudas a corto plazo con entidades de crédito vinculadas*

Las contraídas con entidades de crédito vinculadas por préstamos recibidos y otros débitos, con vencimiento no superior a un año.

5103/5104/5105

El movimiento de las cuentas citadas de cuatro cifras es el siguiente:

a) Se abonarán:
   a_1) A la formalización de la deuda o préstamo, por el importe recibido, minorado, en su caso, en los costes de la transacción, con cargo, generalmente, a cuentas del subgrupo 57.
   a_2) Por el gasto financiero devengado hasta alcanzar el valor de reembolso de la deuda, con cargo, generalmente, a la cuenta 662.
b) Se cargarán por el reintegro, total o parcial,

al vencimiento, con abono a cuentas del subgrupo 57.

Se incluirá, con el debido desarrollo en cuentas de cinco o más cifras, el importe de las deudas a corto plazo por efectos descontados.

511. *Proveedores de inmovilizado a corto plazo, partes vinculadas*

Deudas con partes vinculadas en calidad de suministradores de bienes definidos en el grupo 2, incluidas las formalizadas en efectos de giro, con vencimiento no superior a un año.

5113/5114/5115

El movimiento de las cuentas citadas de cuatro cifras es el siguiente:

a) Se abonarán:
   a_1) Por la recepción a conformidad de los bienes suministrados, con cargo a cuentas del grupo 2.
   a_2) Por el gasto financiero devengado hasta alcanzar el valor de reembolso de la deuda, con cargo, generalmente, a la cuenta 662.
b) Se cargarán por la cancelación, total o parcial, de las deudas, con abono, generalmente, a cuentas del subgrupo 57.

512. *Acreedores por arrendamiento financiero a corto plazo, partes vinculadas*

Deudas con vencimiento inferior a un año con partes vinculadas en calidad de cedentes del uso de bienes en acuerdos que deban calificarse como arrendamientos financieros en los términos recogidos en las normas de registro y valoración.

El movimiento de las cuentas citadas de cuatro cifras es el siguiente:

5123/5124/5125

a) Se abonarán:
   a_1) Por la recepción a conformidad del derecho de uso sobre los bienes sumi nistrados, con cargo a cuentas del grupo 2.
   a_2) Por el gasto financiero devengado hasta alcanzar el valor de reembolso de la deuda, con cargo, generalmente, a la cuenta 662.
b) Se cargarán por la cancelación, total o parcial, de las deudas, con abono, generalmente, a cuentas del subgrupo 57.

513. *Otras deudas a corto plazo con partes vinculadas*

Las contraídas con partes vinculadas por préstamos recibidos y otros débitos no incluidos en otras cuentas de este subgrupo, con vencimiento no superior a un año.

5133/5134/5135

El movimiento de las cuentas citadas de cuatro cifras es análogo al descrito para la cuenta 510.

514. *Intereses a corto plazo de deudas con partes vinculadas*

Intereses a pagar, con vencimiento a corto plazo, de deudas con partes vinculadas.

5143/5144/5145

El movimiento de las citadas cuentas de cuatro cifras es el siguiente:

a) Se abonarán por el importe de los intereses explícitos devengados durante el ejercicio, incluidos los no vencidos, con cargo a la cuenta 662.
b) Se cargarán:
   b_1) Por la retención a cuenta de impuestos, cuando proceda, con abono a la cuenta 475.
   b_2) Al pago, con abono a cuentas del subgrupo 57.

52. DEUDAS A CORTO PLAZO POR PRÉSTAMOS RECIBIDOS Y OTROS CONCEPTOS.
   520. Deudas a corto plazo con entidades de crédito.
      5200. Préstamos a corto plazo de entidades de crédito.
      5201. Deudas a corto plazo por crédito dispuesto.

5208. Deudas por efectos descontados.
5209. Deudas por operaciones de «factoring».

521. Deudas a corto plazo.
522. Deudas a corto plazo transformables en subvenciones, donaciones y legados.
523. Proveedores de inmovilizado a corto plazo.
524. Acreedores por arrendamiento financiero a corto plazo.
525. Efectos a pagar a corto plazo.
526. Dividendo activo a pagar.
527. Intereses a corto plazo de deudas con entidades de crédito.
528. Intereses a corto plazo de deudas.
529. Provisiones a corto plazo.
    5291. Provisión a corto plazo para impuestos.
    5292. Provisión a corto plazo para otras responsabilidades.
    5293. Provisión a corto plazo por desmantelamiento, retiro o rehabilitación del inmovilizado.
    5295. Provisión a corto plazo para actuaciones medioambientales.

Financiación ajena a corto plazo no instrumentada en valores negociables ni contraída con personas o entidades que tengan la calificación de partes vinculadas, incluyendo los dividendos a pagar. Asimismo, este subgrupo incluye las provisiones cuya cancelación se prevea en el corto plazo.

Las cuentas de este subgrupo figurarán en el pasivo corriente del balance. La parte de los pasivos a largo plazo que tenga vencimiento a corto deberá figurar en el pasivo corriente del balance; a estos efectos, se traspasará a este subgrupo el importe que representen las deudas y provisiones a largo plazo con vencimiento a corto de las cuentas correspondientes de los subgrupos 14 y 17.

520. *Deudas a corto plazo con entidades de crédito*

Las contraídas con entidades de crédito por préstamos recibidos y otros débitos, con vencimiento no superior a un año. El contenido y movimiento de las cuentas citadas de cuatro cifras es el siguiente:

5200. *Préstamos a corto plazo de entidades de crédito*

Cantidad que corresponde por este concepto de acuerdo con las estipulaciones del contrato.

a) Se abonará:
   a_1) A la formalización del préstamo, por el importe recibido, minorado, en su caso, en los costes de la transacción, con cargo, generalmente, a cuentas del subgrupo 57.
   a_2) Por el gasto financiero devengado hasta alcanzar el valor de reembolso de la deuda, con cargo, generalmente, a la cuenta 662.

b) Se cargará por el reintegro, total o parcial, con abono a cuentas del subgrupo 57.

5201. *Deudas a corto plazo por crédito dispuesto*

Deudas por cantidades dispuestas en póliza de crédito.

a) Se abonará:
   a_1) Por las cantidades dispuestas, con cargo, generalmente, a cuentas del subgrupo 57.
   a_2) Por el gasto financiero devengado hasta alcanzar el valor de reembolso de la deuda, con cargo, generalmente, a la cuenta 662.

b) Se cargará por la cancelación, total o parcial, de la deuda, con abono a cuentas del subgrupo 57.

5208. *Deudas por efectos descontados*

Deudas a corto plazo con entidades de crédito consecuencia del descuento de efectos.

a) Se abonará:
   a_1) Al descontar los efectos, por el importe percibido, con cargo, generalmente, a cuentas del subgrupo 57 y, por los intereses y gastos soportados, con cargo, generalmente, a la cuenta 665.
   a_2) Por el gasto financiero devengado hasta alcanzar el valor de reembolso de la deuda, con cargo, generalmente, a la cuenta 662.

b) Se cargará:
   b_1) Al vencimiento de los efectos atendidos, con abono, generalmente, a las cuentas 431 y 441.
   b_2) Por el importe de los efectos no atendidos al vencimiento, con abono a cuentas del subgrupo 57.

5209. *Deudas por operaciones de «factoring»*

Deudas a corto plazo con entidades de crédito consecuencia de operaciones de «factoring» en las que la empresa retiene sustancialmente los riesgos y beneficios de los derechos de cobro.

a) Se abonará:
   a_1) Por la financiación obtenida, con cargo, generalmente, a cuentas del subgrupo 57 y, por los intereses y gastos soportados, con cargo, generalmente, a la cuenta 665.
   a_2) Por el gasto financiero devengado hasta alcanzar el valor de reembolso de la deuda, con cargo, generalmente, a la cuenta 662.

b) Se cargará:
   b_1) Al vencimiento de los derechos de cobro atendidos, con abono, generalmente, a la cuenta 432.
   b_2) Por el importe de los derechos de cobro no atendidos al vencimiento, con abono a cuentas del subgrupo 57.

521. *Deudas a corto plazo*

Las contraídas con terceros por préstamos recibidos y otros débitos no incluidos en otras cuentas de este subgrupo, con vencimiento no superior a un año.

Su movimiento es el siguiente:

a) Se abonará:
   a_1) A la formalización de la deuda o del préstamo, por el importe recibido, minorado, en su caso, en los costes de la transacción, con cargo, generalmente, a cuentas del subgrupo 57.
   a_2) Por el gasto financiero devengado hasta alcanzar el valor de reembolso de la deuda, con cargo, generalmente, a la cuenta 662.

b) Se cargará por el reintegro, total o parcial, con abono a cuentas del subgrupo 57.

522. *Deudas a corto plazo transformables en subvenciones, donaciones y legados*

Cantidades concedidas por las Administraciones Públicas, tanto nacionales como internacionales, empresas o particulares con carácter de subvención, donación o legado reintegrable, con vencimiento no superior a un año.

Su movimiento es el siguiente:

a) Se abonará por las cantidades concedidas a la empresa, con cargo, generalmente, a cuentas de los subgrupos 47 o 57.

b) Se cargará:
   b_1) Por cualquier circunstancia que determine la reducción total o parcial de las mismas, con arreglo a los términos de su concesión, con abono, generalmente, a la cuenta 4758.
   b_2) Si pierde su carácter de reintegrable, con abono de su saldo a las cuentas 130, 131 o 132, o a cuentas del subgrupo 74.

523. *Proveedores de inmovilizado a corto plazo*

Deudas con suministradores de bienes definidos en el grupo 2, con vencimiento no superior a un año.

Su movimiento es el siguiente:

a) Se abonará:
   a_1) Por la recepción a conformidad de los bienes suministrados, con cargo a cuentas del grupo 2.
   a_2) Por el gasto financiero devengado hasta alcanzar el valor de reembolso de la deuda, con cargo, generalmente, a la cuenta 662.

b) Se cargará:
   b_1) Por la instrumentación de las deudas en efectos a pagar, con abono a la cuenta 525.
   b_2) Por la cancelación, total o parcial de las deudas, con abono a cuentas del subgrupo 57.

524. *Acreedores por arrendamiento financiero a corto plazo*

Deudas con vencimiento no superior a un año con otras entidades en calidad de cedentes del uso de bienes, en acuerdos que deban calificarse como arrendamientos financieros en los términos recogidos en las normas de registro y valoración.

Su movimiento es el siguiente:

a) Se abonará:
  a_1) Por la recepción a conformidad del derecho de uso sobre los bienes suministrados, con cargo a cuentas del grupo 2.
  a_2) Por el gasto financiero devengado hasta alcanzar el valor de reembolso de la deuda, con cargo, generalmente, a la cuenta 662.

b) Se cargará por la cancelación, total o parcial, de las deudas, con abono, generalmente, a cuentas del subgrupo 57.

525. *Efectos a pagar a corto plazo*

Deudas contraídas por préstamos recibidos y otros débitos con vencimiento no superior a un año, instrumentadas mediante efectos de giro, incluidas aquellas que tengan su origen en suministros de bienes de inmovilizado.

Su movimiento es el siguiente:

a) Se abonará:
  a_1) Cuando la empresa acepte los efectos, con cargo, generalmente, a cuentas de este subgrupo.
  a_2) Por el gasto financiero devengado hasta alcanzar el valor de reembolso de la deuda, con cargo, generalmente, a la cuenta 662.

b) Se cargará por el pago de los efectos al llegar su vencimiento, con abono a cuentas del subgrupo 57.

526. *Dividendo activo a pagar*

Deudas con accionistas por dividendos activos, sean definitivos o «a cuenta», de los beneficios del ejercicio.

Su movimiento es el siguiente:

a) Se abonará:
  a_1) Por el dividendo «a cuenta» que se acuerde, con cargo a la cuenta 557.
  a_2) Por el dividendo definitivo, excluido en su caso el dividendo «a cuenta», al aprobarse la distribución de beneficios, con cargo a la cuenta 129.
  a_3) De acordarse el reparto de reservas expresas de libre disposición, con cargo a cuentas del subgrupo 11.

b) Se cargará:
  b_1) Por la retención a cuenta de impuestos, con abono a la cuenta 475.
  b_2) Al pago, con abono a cuentas del subgrupo 57.

527. *Intereses a corto plazo de deudas con entidades de crédito*

Intereses a pagar, con vencimiento a corto plazo, de deudas con entidades de crédito.

Su movimiento es el siguiente:

a) Se abonará por el importe de los intereses explícitos devengados durante el ejercicio, incluidos los no vencidos, con cargo a la cuenta 662.

b) Se cargará cuando se produzca el pago, con abono a cuentas del subgrupo 57.

528. *Intereses a corto plazo de deudas*

Intereses a pagar, con vencimiento a corto plazo, de deudas, excluidos los que deban ser registrados en la cuenta 527.

Su movimiento es el siguiente:

a) Se abonará por el importe de los intereses explícitos devengados durante el ejercicio, incluidos los no vencidos, con cargo a la cuenta 662.

b) Se cargará:
  b_1) Por la retención a cuenta de impuestos, cuando proceda, con abono a la cuenta 475.
  b_2) Al pago, con abono a cuentas del subgrupo 57.

529. *Provisiones a corto plazo*

Las provisiones incluidas en el subgrupo 14 cuya cancelación se prevea en el corto plazo deberán figurar en el epígrafe del pasivo corriente «Provisiones a corto plazo»; a estos efectos, se traspasará a este subgrupo el importe que represente la obligación a largo plazo con vencimiento a corto de las cuentas correspondientes del subgrupo 14.

El movimiento de las cuentas citadas de cuatro cifras incluidas en este subgrupo es análogo al de las correspondientes cuentas del subgrupo 14.

53. INVERSIONES FINANCIERAS A CORTO PLAZO EN PARTES VINCULADAS.
   - 530. Participaciones a corto plazo en partes vinculadas.
     - 5303. Participaciones a corto plazo en empresas del grupo.
     - 5304. Participaciones a corto plazo en empresas asociadas.
     - 5305. Participaciones a corto plazo en otras partes vinculadas.
   - 531. Valores representativos de deuda a corto plazo de partes vinculadas.
     - 5313. Valores representativos de deuda a corto plazo de empresas del grupo.
     - 5314. Valores representativos de deuda a corto plazo de empresas asociadas.
     - 5315. Valores representativos de deuda a corto plazo de otras partes vinculadas.
   - 532. Créditos a corto plazo a partes vinculadas.
     - 5323. Créditos a corto plazo a empresas del grupo.
     - 5324. Créditos a corto plazo a empresas asociadas.
     - 5325. Créditos a corto plazo a otras partes vinculadas.
   - 533. Intereses a corto plazo de valores representativos de deuda de partes vinculadas.
     - 5333. Intereses a corto plazo de valores representativos de deuda de empresas del grupo.
     - 5334. Intereses a corto plazo de valores representativos de deuda de empresas asociadas.
     - 5335. Intereses a corto plazo de valores representativos de deuda de otras partes vinculadas.
   - 534. Intereses a corto plazo de créditos a partes vinculadas.
     - 5343. Intereses a corto plazo de créditos a empresas del grupo.
     - 5344. Intereses a corto plazo de créditos a empresas asociadas.
     - 5345. Intereses a corto plazo de créditos a otras partes vinculadas.
   - 535. Dividendo a cobrar de inversiones financieras en partes vinculadas.
     - 5353. Dividendo a cobrar de empresas del grupo.
     - 5354. Dividendo a cobrar de empresas asociadas.
     - 5355. Dividendo a cobrar de otras partes vinculadas.
   - 539. Desembolsos pendientes sobre participaciones a corto plazo en partes vinculadas.
     - 5393. Desembolsos pendientes sobre participaciones a corto plazo en empresas del grupo.
     - 5394. Desembolsos pendientes sobre participaciones a corto plazo en empresas asociadas.
     - 5395. Desembolsos pendientes sobre participaciones a corto plazo en otras partes vinculadas.

Inversiones financieras a corto plazo en empresas del grupo, multigrupo, asociadas y otras partes vinculadas, cualquiera que sea su forma de instrumentación, incluidos los dividendos e intereses devengados, con vencimiento no superior a un año, o sin vencimiento (como los instrumentos de patrimonio), cuando la empresa tenga la intención de venderlos en el corto plazo. También se incluirán en este subgrupo las fianzas y depósitos a corto plazo constituidos con estas personas o entidades y demás tipos de activos financieros e inversiones a corto plazo con estas personas o entidades. Estas inversiones se recogerán en las cuentas de tres o más cifras que se desarrollen.

La parte de las inversiones a largo plazo con personas o entidades vinculadas que tenga vencimiento a corto deberá figurar en el activo corriente del balance, en el epígrafe «Inversiones en empresas del grupo y asociadas a corto plazo»; a estos efectos, se traspasará a este subgrupo el importe que represente la inversión a largo plazo con vencimiento a corto plazo de las cuentas correspondientes del subgrupo 24.

530. *Participaciones a corto plazo en partes vinculadas*

Inversiones a corto plazo en derechos sobre el patrimonio neto —con o sin cotización en un mercado regulado de partes vinculadas—; generalmente, acciones emitidas por una sociedad anónima o participaciones en sociedades de responsabilidad limitada.

Figurará en el activo corriente del balance.

5303/5304. *Participaciones a corto plazo en empresas del grupo/en empresas asociadas*

El movimiento de las cuentas citadas de cuatro cifras es el siguiente:

a) Se cargarán a la suscripción o compra, con abono, generalmente, a cuentas del subgrupo 57 y, en su caso, a la cuenta 539.
b) Se abonarán por las enajenaciones y, en general, por su baja del activo, con cargo, generalmente, a cuentas del subgrupo 57; si existen desembolsos pendientes, a la cuenta 539, y, en caso de pérdidas, a la cuenta 666.

5305. *Participaciones a corto plazo en otras partes vinculadas*

El movimiento de la cuenta citada es el siguiente:

a) Se cargará:
  a_1) A la suscripción o compra, con abono, generalmente, a cuentas del subgrupo 57 y, en su caso, a la cuenta 539.
  a_2) Por las variaciones en su valor razonable, con abono a la cuenta 763.
b) Se abonará:
  b_1) Por las variaciones en su valor razonable, con cargo a la cuenta 663.
  b_2) Por las enajenaciones y, en general, por su baja del activo, con cargo, generalmente, a cuentas del subgrupo 57 y, si existen desembolsos pendientes, a la cuenta 539.

531. *Valores representativos de deuda a corto plazo de partes vinculadas*

Inversiones a corto plazo en obligaciones, bonos u otros valores representativos de deuda, incluidos aquellos que fijan su rendimiento en función de índices o sistemas análogos, emitidos por partes vinculadas, con vencimiento no superior a un año.

Figurará en el activo corriente del balance.

5313/5314/5315

Con carácter general, el movimiento de las cuentas citadas de cuatro cifras es el siguiente:

a) Se cargarán:
  a_1) A la suscripción o compra, por el precio de adquisición, excluidos los intereses explícitos devengados y no vencidos, con abono a cuentas del subgrupo 57.
  a_2) Por el ingreso financiero devengado hasta alcanzar el valor de reembolso del valor, con abono, generalmente, a la cuenta 761.
b) Se abonarán por las enajenaciones, amortizaciones o baja del activo de los valores, con cargo, generalmente, a cuentas del subgrupo 57 y, en caso de pérdidas, a la cuenta 666.

532. *Créditos a corto plazo a partes vinculadas*

Inversiones a corto plazo en préstamos y otros créditos no comerciales, incluidos los derivados de enajenaciones de inmovilizado, los originados por operaciones de arrendamiento financiero y las imposiciones a corto plazo, estén o no formalizados mediante efectos de giro, concedidos a partes vinculadas, con vencimiento no superior a un año. Los diferentes créditos mencionados figurarán en cuentas de cinco cifras.

Figurará en el activo corriente del balance.

5323/5324/5325

El movimiento de las cuentas citadas de cuatro cifras es el siguiente:

a) Se cargarán:

a_1) A la formalización del crédito, por el importe de éste, con abono a cuentas del subgrupo 57.
a_2) Por el ingreso financiero devengado hasta alcanzar el valor de reembolso del crédito, con abono, generalmente, a la cuenta 762.

b) Se abonarán por el reintegro, total o parcial o baja del activo, con cargo, generalmente, a cuentas del subgrupo 57 y, en caso de pérdidas, a la cuenta 667.

533. *Intereses a corto plazo de valores representativos de deuda de partes vinculadas*

Intereses a cobrar, con vencimiento no superior a un año, de valores representativos de deuda a partes vinculadas.

Figurará en el activo corriente del balance.

5333/5334/5335

El movimiento de las cuentas citadas de cuatro cifras es el siguiente:

a) Se cargarán:
a_1) A la suscripción o compra de los valores, por el importe de los intereses explícitos devengados y no vencidos cuyo vencimiento no sea superior a un año, con abono, generalmente, a cuentas del subgrupo 57.
a_2) Por los intereses explícitos devengados, cuyo vencimiento no sea superior a un año, con abono a la cuenta 761.

b) Se abonarán:
b_1) Por el importe de los intereses cobrados, con cargo a cuentas del subgrupo 57.
b_2) A la enajenación, amortización o baja del activo de los valores, con cargo, generalmente, a cuentas del subgrupo 57 y, en caso de pérdidas, a la cuenta 666.

534. *Intereses a corto plazo de créditos a partes vinculadas*

Intereses a cobrar, con vencimiento no superior a un año, de créditos a partes vinculadas.

Figurará en el activo corriente del balance.

5343/5344/5345

El movimiento de las cuentas citadas de cuatro cifras es el siguiente:

a) Se cargarán por los intereses explícitos devengados, cuyo vencimiento no sea superior a un año, con abono a la cuenta 762.

b) Se abonarán:
b_1) Por el importe de los intereses cobrados, con cargo a cuentas del subgrupo 57.
b_2) Por el reintegro, total o parcial o baja del activo, con cargo, generalmente, a cuentas del subgrupo 57 y, en caso de pérdidas, a la cuenta 667.

535. *Dividendo a cobrar de inversiones financieras en partes vinculadas*

Créditos por dividendos, sean definitivos o «a cuenta», pendientes de cobro, procedentes de inversiones financieras en empresas vinculadas.

Figurará en el activo corriente del balance.

5353/5354/5355

El movimiento de las cuentas citadas de cuatro cifras es el siguiente:

a) Se cargarán por el importe devengado, con abono a la cuenta 760.

b) Se abonarán por el importe cobrado, con cargo, generalmente, a cuentas del subgrupo 57 y, por la retención soportada, a la cuenta 473.

539. *Desembolsos pendientes sobre participaciones a corto plazo en partes vinculadas*

Desembolsos pendientes, no exigidos, sobre participaciones en el patrimonio neto de partes vinculadas cuando tengan la consideración de inversiones financieras a corto plazo.

Figurará en el activo corriente del balance, minorando la partida en la que se contabilicen las correspondientes participaciones.

5393/5394/5395

El movimiento de las cuentas citadas de cuatro cifras es el siguiente:

a) Se abonarán a la adquisición o suscripción de las acciones, por el importe pendiente de desembolsar, con cargo a la cuenta 530.

b) Se cargarán por los desembolsos que se vayan exigiendo, con abono a la cuenta 556, o a la cuenta 530 por los saldos pendientes, cuando se enajenen instrumentos de patrimonio no desembolsados totalmente.

54. OTRAS INVERSIONES FINANCIERAS A CORTO PLAZO.
   540. Inversiones financieras a corto plazo en instrumentos de patrimonio.
   541. Valores representativos de deuda a corto plazo.
   542. Créditos a corto plazo.
   543. Créditos a corto plazo por enajenación de inmovilizado.
   544. Créditos a corto plazo al personal.
   545. Dividendo a cobrar.
   546. Intereses a corto plazo de valores representativos de deuda.
   547. Intereses a corto plazo de créditos.
   548. Imposiciones a corto plazo.
   549. Desembolsos pendientes sobre instrumentos de patrimonio a corto plazo.

Inversiones financieras temporales no relacionadas con partes vinculadas, cualquiera que sea su forma de instrumentación, incluidos los intereses devengados, con vencimiento no superior a un año o sin vencimiento (como los instrumentos de patrimonio), cuando la empresa tenga la intención de venderlos en el corto plazo.

La parte de las inversiones a largo plazo que tenga vencimiento a corto deberá figurar en el activo corriente del balance, en el epígrafe «Inversiones financieras a corto plazo»; a estos efectos, se traspasará a este subgrupo el importe que represente la inversión a largo plazo con vencimiento a corto plazo de las cuentas correspondientes del subgrupo 25.

540. *Inversiones financieras a corto plazo en instrumentos de patrimonio*

Inversiones a corto plazo en derechos sobre el patrimonio neto —acciones con o sin cotización en un mercado regulado u otros valores, tales como, participaciones en instituciones de inversión colectiva o participaciones en sociedades de responsabilidad limitada— de entidades que no tengan la consideración de partes vinculadas.

Figurará en el activo corriente del balance.

Su movimiento es el siguiente:

a) Se cargara:
   a_1) A la suscripción o compra, con abono a cuentas del subgrupo 57 y, en su caso, a la cuenta 549.
   a_2) Por las variaciones en su valor razonable, con abono a la cuenta 763.

b) Se abonará:
   b_1) Por las variaciones en su valor razonable, con cargo a la cuenta 663.
   b_2) Por las enajenaciones y, en general, por la baja del activo, con cargo, generalmente, a cuentas del subgrupo 57 y, si existen desembolsos pendientes, a la cuenta 549.

541. *Valores representativos de deuda a corto plazo*

Inversiones a corto plazo, por suscripción o adquisición de obligaciones, bonos u otros valores de renta fija, incluidos aquellos que fijan su rendimiento en función de índices o sistemas análogos.

Cuando los valores suscritos o adquiridos hayan sido emitidos por partes vinculadas, la inversión se reflejará en la cuenta 531.

Figurará en el activo corriente del balance.

Con carácter general, su movimiento es el siguiente:

a) Se cargará:
   a_1) A la suscripción o compra, por el precio de adquisición, excluidos los intereses explícitos devengados y no vencidos, con abono a cuentas del subgrupo 57.
   a_2) Por el ingreso financiero devengado hasta alcanzar el valor de reembolso del valor, con abono, generalmente, a la cuenta 761.

b) Se abonará por la enajenación, amortización o baja del activo de los valores, con cargo, generalmente, a cuentas del subgrupo 57 y, en caso de pérdidas, a la cuenta 666.

542. *Créditos a corto plazo*

Los préstamos y otros créditos no comerciales concedidos a terceros, incluidos los formalizados mediante efectos de giro, con vencimiento no superior a un año.

Cuando los créditos hayan sido concertados con partes vinculadas, la inversión se reflejará en la cuenta 532.

En esta cuenta se incluirán también las donaciones y legados de capital, reintegrables o no, concedidas a la empresa, a cobrar a corto plazo, que se liquiden mediante la entrega de efectivo u otros instrumentos financieros, excluidas las subvenciones que deban registrarse en cuentas de los subgrupos 44 o 47.

Figurará en el activo corriente del balance.

Su movimiento es el siguiente:

a) Se cargará:
   - a_1) A la formalización del crédito por el importe de éste, con abono, generalmente, a cuentas del subgrupo 57.
   - a_2) Por el ingreso financiero devengado hasta alcanzar el valor de reembolso del crédito, con abono, generalmente, a la cuenta 762.

b) Se abonará por el reintegro, total o parcial o baja del activo, con cargo, generalmente, a cuentas del subgrupo 57 y, en caso de pérdidas, a la cuenta 667.

543. *Créditos a corto plazo por enajenación de inmovilizado*

Créditos a terceros cuyo vencimiento no sea superior a un año, con origen en operaciones de enajenación de inmovilizado.

Cuando los créditos por enajenación de inmovilizado hayan sido concertados con partes vinculadas, la inversión se reflejará en la cuenta 532.

Figurará en el activo corriente del balance.

Su movimiento es el siguiente:

a) Se cargará:
   - a_1) Por el importe de dichos créditos, excluidos los intereses que, en su caso, se hubieran acordado, con abono a cuentas del grupo 2.
   - a_2) Por el ingreso financiero devengado hasta alcanzar el valor de reembolso del crédito, con abono, generalmente, a la cuenta 762.

b) Se abonará por el reintegro, total o parcial o baja del activo, con cargo, generalmente, a cuentas del subgrupo 57 y, en caso de pérdidas, a la cuenta 667.

544. *Créditos a corto plazo al personal*

Créditos concedidos al personal de la empresa, que no tenga la calificación de parte vinculada, cuyo vencimiento no sea superior a un año.

Figurará en el activo corriente del balance.

Su movimiento es análogo al señalado para la cuenta 542.

545. *Dividendo a cobrar*

Créditos por dividendos, sean definitivos o «a cuenta», pendientes de cobro.

Figurará en el activo corriente del balance.

Su movimiento es el siguiente:

a) Se cargará por el importe devengado, con abono a la cuenta 760.

b) Se abonará por el importe cobrado, con cargo, generalmente, a cuentas del subgrupo 57 y, por la retención soportada, a la cuenta 473.

546. *Intereses a corto plazo de valores representativos de deuda*

Intereses a cobrar, con vencimiento no superior a un año, de valores representativos de deuda.

Figurará en el activo corriente del balance.

Su movimiento es el siguiente:

a) Se cargará:
   - a_1) A la suscripción o compra de los valores, por el importe de los intereses explícitos devengados y no vencidos, cuyo vencimiento no sea superior a un año, con abono, generalmente, a cuentas del subgrupo 57.
   - a_2) Por los intereses explícitos devengados cuyo vencimiento no sea superior a un año, con abono a la cuenta 761.

b) Se abonará:
   - b_1) Por el importe de los intereses cobrados, con cargo a cuentas del subgrupo 57.
   - b_2) A la enajenación, amortización o baja del activo de los valores, con cargo, generalmente, a cuentas del subgrupo 57 y, en caso de pérdidas, a la cuenta 666.

547. *Intereses a corto plazo de créditos*

Intereses a cobrar, con vencimiento no superior a un año, de créditos.

Figurará en el activo corriente del balance.

Su movimiento es el siguiente:

a) Se cargará por los intereses explícitos devengados cuyo vencimiento no sea superior a un año, con abono a la cuenta 762.
b) Se abonará:
   b_1) Por el importe de los intereses cobrados, con cargo a cuentas del subgrupo 57.
   b_2) Por el reintegro, total o parcial o baja del activo, con cargo, generalmente, a cuentas del subgrupo 57 y, en caso de pérdidas, a la cuenta 667.

548. *Imposiciones a corto plazo*

Saldos favorables en Bancos e Instituciones de Crédito formalizados por medio de «cuenta a plazo» o similares, con vencimiento no superior a un año y de acuerdo con las condiciones que rigen para el sistema financiero.

También se incluirán, con el debido desarrollo en cuentas de cuatro cifras, los intereses a cobrar, con vencimiento no superior a un año, de imposiciones a plazo.

Cuando las imposiciones a plazo hayan sido concertadas con partes vinculadas, la inversión se reflejará en la cuenta 532.

Figurará en el activo corriente del balance.

Su movimiento es el siguiente:

a) Se cargará a la formalización, por el importe entregado.
b) Se abonará a la recuperación o traspaso de los fondos.

549. *Desembolsos pendientes sobre participaciones en el patrimonio neto a corto plazo*

Desembolsos pendientes, no exigidos, sobre participaciones en el patrimonio neto de empresas que no tengan la consideración de partes vinculadas, cuando se trate de inversiones financieras a corto plazo.

Figurará en el activo corriente del balance, minorando la partida en la que se contabilicen las correspondientes participaciones.

Su movimiento es el siguiente:

a) Se abonará a la adquisición o suscripción de las acciones, por el importe pendiente de desembolsar, con cargo a la cuenta 540.
b) Se cargará por los desembolsos que se vayan exigiendo, con abono a la cuenta 556 o a la cuenta 540 por los saldos pendientes, cuando se enajenen instrumentos de patrimonio no desembolsados totalmente.

55. OTRAS CUENTAS NO BANCARIAS.
   550. Titular de la explotación.
   551. Cuenta corriente con socios y administradores.
   552. Cuenta corriente con otras personas y entidades vinculadas.
      5523. Cuenta corriente con empresas del grupo.
      5524. Cuenta corriente con empresas asociadas.
      5525. Cuenta corriente con otras partes vinculadas.
   554. Cuenta corriente con uniones temporales de empresas y comunidades de bienes.
   555. Partidas pendientes de aplicación.
   556. Desembolsos exigidos sobre participaciones en el patrimonio neto.
   557. Dividendo activo a cuenta.
   558. Socios por desembolsos exigidos.
      5580. Socios por desembolsos exigidos sobre acciones o participaciones ordinarias.
      5585. Socios por desembolsos exigidos por acciones o participaciones consideradas como pasivos financieros.
   559. Derivados financieros a corto plazo.
      5590. Activos por derivados financieros a corto plazo.
      5595. Pasivos por derivados financieros a corto plazo.

550. *Titular de la explotación*

Cuenta corriente mantenida con el titular de la explotación que expresa la relación existente entre el patrimonio personal del titular y la empresa a lo largo del ejercicio. Su movimiento es el siguiente:

a) Se abonará:
   a_1) Por los bienes y derechos traspasados a la empresa desde el patrimonio personal del titular.
   a_2) Por los resultados positivos no capitalizados, con cargo a la cuenta 129.

b) Se cargará por los bienes y derechos retirados de la empresa con destino al patrimonio personal o al consumo final del titular.

c) Al final del ejercicio, se abonará o cargará, dependiendo de su saldo, con cargo o abono a la cuenta 102.

551/552. *Cuentas corrientes con...*

Cuentas corrientes de efectivo con socios, administradores y cualquiera otra persona, natural o jurídica, que no sea Banco, banquero o Institución de Crédito, ni cliente o proveedor de la empresa, y que no correspondan a cuentas en participación.

Figurará en el activo corriente del balance la suma de saldos deudores, y en el pasivo corriente la suma de saldos acreedores.

Su movimiento es el siguiente:

Se cargarán por las remesas o entregas efectuadas por la empresa y se abonarán por las recepciones a favor de la empresa, con abono y cargo, respectivamente, a cuentas del subgrupo 57.

554. *Cuenta corriente con uniones temporales de empresas y comunidades de bienes*

Recoge los movimientos con las uniones temporales de empresas y comunidades de bienes en las que participe la empresa, derivados de aportaciones dinerarias, incluida la fundacional, devoluciones dinerarias de las uniones temporales de empresas, prestaciones recíprocas de medios, servicios y otros suplidos, y asignaciones de los resultados obtenidos en las mismas.

Su movimiento es el siguiente:

a) Se cargará por las remesas o entregas efectuadas por la empresa, con abono a las cuentas de los grupos 2, 5 y 7 que correspondan.

b) Se abonará por las recepciones a favor de la empresa, con cargo a las cuentas de los grupos 2, 5 y 6 que correspondan.

555. *Partidas pendientes de aplicación*

Remesas de fondos recibidas cuya causa no resulte, en principio, identificable y siempre que no correspondan a operaciones que por su naturaleza deban incluirse en otros subgrupos. Tales remesas permanecerán registradas en esta cuenta el tiempo estrictamente necesario para aclarar su causa.

Figurará en el pasivo corriente del balance.

Su movimiento es el siguiente:

a) Se abonará por los cobros que se produzcan, con cargo a cuentas del subgrupo 57.

b) Se cargará al efectuar la aplicación, con abono a la cuenta a que realmente corresponda.

556. *Desembolsos exigidos sobre participaciones en el patrimonio neto*

Desembolsos exigidos y pendientes de pago correspondientes a participaciones en patrimonio neto.

Figurará en el pasivo corriente del balance.

Su movimiento es el siguiente:

a) Se abonará cuando se exija el desembolso, con cargo a cuentas de los subgrupos 24, 25, 53 o 54.

b) Se cargará por los desembolsos que se efectúen, con abono a cuentas del subgrupo 57.

557. *Dividendo activo a cuenta*

Importes con carácter de «a cuenta» de beneficios, cuya distribución se acuerde por el órgano competente.

Figurará en el patrimonio neto minorando los fondos propios.

Su movimiento es el siguiente:

a) Se cargará al acordarse su distribución, con abono a la cuenta 526.

b) Se abonará por el importe de su saldo cuando se tome la decisión sobre la distribución y aplicación de los beneficios, con cargo a la cuenta 129.

558. *Socios por desembolsos exigidos*

5580. *Socios por desembolsos exigidos sobre acciones o participaciones ordinarias*

Capital social escriturado, pendiente de desembolso, cuyo importe ha sido exigido a los accionistas o partícipes. Se desglosarán, con el debido desarrollo en cuentas de cinco cifras, los desembolsos pendientes en mora.

Figurará en el activo corriente del balance.

Su movimiento es el siguiente:

a) Se cargará por los desembolsos exigidos, con abono a la cuenta 1030.
b) Se abonará en la medida en que dichos desembolsos se vayan efectuando, con cargo a cuentas del subgrupo 57.

5585. *Socios por desembolsos exigidos sobre acciones o participaciones consideradas como pasivos financieros*

Importe correspondiente a las acciones o participaciones consideradas como pasivos financieros, emitidas y suscritas, pendientes de desembolso, cuyo importe ha sido exigido a los suscriptores.

Se desglosarán, con el debido desarrollo en cuentas de cinco cifras, los desembolsos pendientes en mora.

Figurará en el pasivo no corriente del balance con signo negativo, minorando el epígrafe «Deudas a largo plazo con características especiales».

Su movimiento es el siguiente:

a) Se cargará por los desembolsos exigidos, con abono a la cuenta 153.
b) Se abonará en la medida en que dichos desembolsos se vayan efectuando, con cargo a las cuentas del subgrupo 57.

559. *Derivados financieros a corto plazo*

Importe correspondiente a las operaciones con derivados financieros, clasificados en la cartera de negociación, de acuerdo con lo dispuesto en las normas de registro y valoración, cuyo plazo de liquidación no sea superior a un año. En particular, se recogerán en esta cuenta las primas pagadas o cobradas en operaciones con opciones, así como, con carácter general, las variaciones en el valor razonable de los instrumentos financieros derivados con los que opere la empresa: opciones, futuros, permutas financieras, compraventa a plazo de moneda extranjera, etc. El contenido y movimiento de las cuentas citadas de cuatro cifras es el siguiente:

5590. *Activos por derivados financieros a corto plazo.*

Importe correspondiente a las operaciones con derivados financieros a corto plazo, con valoración favorable para la empresa, incluidos en la categoría «Activos financieros mantenidos para negociar».

Figurará en el activo corriente del balance.

a) Se cargará:
   a_1) Por las cantidades satisfechas en el momento de la contratación, con abono, generalmente, a cuentas del subgrupo 57.
   a_2) Por las ganancias que se generen en el ejercicio, con abono a la cuenta 763.
b) Se abonará:
   b_1) Por las pérdidas que se generen en el ejercicio hasta el límite del importe por el que figurara registrado el derivado en el activo en el ejercicio anterior, con cargo a la cuenta 663.
   b_2) Por el importe recibido en el momento de la liquidación, con cargo, generalmente, a cuentas del subgrupo 57.

5595. *Pasivos por derivados financieros a corto plazo*

Importe correspondiente a las operaciones con derivados financieros a corto plazo, con valoración desfavorable para la empresa, incluidos en la categoría «Pasivos financieros mantenidos para negociar».

Figurará en el pasivo corriente del balance.

a) Se abonará:
   a_1) Por el importe recibido en el momento de la contratación, con cargo, generalmente, a cuentas del subgrupo 57.
   a_2) Por las pérdidas que se generen en el ejercicio, con cargo a la cuenta 663.
b) Se cargará:

- b_1) Por las ganancias que se generen en el ejercicio hasta el límite del importe por el que figurara registrado el derivado en el pasivo en el ejercicio anterior, con abono a la cuenta 763.
- b_2) Por las cantidades satisfechas en el momento de la liquidación, con abono, generalmente, a cuentas del subgrupo 57.

56. FIANZAS Y DEPÓSITOS RECIBIDOS Y CONSTITUIDOS A CORTO PLAZO Y AJUSTES POR PERIODIFICACIÓN.

560. Fianzas recibidas a corto plazo.
561. Depósitos recibidos a corto plazo.
565. Fianzas constituidas a corto plazo.
566. Depósitos constituidos a corto plazo.
567. Intereses pagados por anticipado.
568. Intereses cobrados por anticipado.

La parte de las fianzas y depósitos, recibidos o constituidos, a largo plazo que tenga vencimiento a corto deberá figurar en el pasivo o activo corriente del balance; a estos efectos, se traspasará a este subgrupo el importe que representen las fianzas y depósitos a largo plazo con vencimiento a corto de las cuentas correspondientes de los subgrupos 18 y 26.

560. *Fianzas recibidas a corto plazo*

Efectivo recibido como garantía del cumplimiento de una obligación, a plazo no superior a un año.

Figurará en el pasivo corriente del balance.

Su movimiento es el siguiente:

- *a*) Se abonará a la constitución, por el efectivo recibido, con cargo a cuentas del subgrupo 57.
- *b*) Se cargará:
  - b_1) A la cancelación, con abono a cuentas del subgrupo 57.
  - b_2) Por incumplimiento de la obligación afianzada que determine pérdidas en la fianza, con abono a la cuenta 759.

561. *Depósitos recibidos a corto plazo*

Efectivo recibido en concepto de depósito irregular, a plazo no superior a un año.

Figurará en el pasivo corriente del balance.

Su movimiento es el siguiente:

- *a*) Se abonará a la constitución, por el efectivo recibido, con cargo a cuentas del subgrupo 57.
- *b*) Se cargará a la cancelación, con abono a cuentas del subgrupo 57.

565. *Fianzas constituidas a corto plazo*

Efectivo entregado como garantía del cumplimiento de una obligación, a plazo no superior a un año.

Figurará en el activo corriente del balance.

Su movimiento es el siguiente:

- *a*) Se cargará a la constitución, por el efectivo entregado, con abono a cuentas del subgrupo 57.
- *b*) Se abonará:
  - b_1) A la cancelación, con cargo a cuentas del subgrupo 57.
  - b_2) Por incumplimiento de la obligación afianzada que determine pérdidas en la fianza, con cargo a la cuenta 659.

566. *Depósitos constituidos a corto plazo*

Efectivo entregado en concepto de depósito ir regular, a plazo no superior a un año.

Figurará en el activo corriente del balance.

Su movimiento es el siguiente:

- *a*) Se cargará a la constitución, por el efectivo entregado, con abono a cuentas del subgrupo 57.
- *b*) Se abonará a la cancelación, con cargo a cuentas del subgrupo 57.

567. *Intereses pagados por anticipado*

Intereses pagados por la empresa que corresponden a ejercicios siguientes.

Figurará en el activo corriente del balance.

Su movimiento es el siguiente:

- *a*) Se cargará, al cierre del ejercicio, con abono a las cuentas del subgrupo 66 que hayan registrado los intereses contabilizados.

b) Se abonará, al principio del ejercicio siguiente, con cargo a cuentas del subgrupo 66.

568. *Intereses cobrados por anticipado*

Intereses cobrados por la empresa que corresponden a ejercicios siguientes.

Figurará en el pasivo corriente del balance.

Su movimiento es el siguiente:

a) Se abonará, al cierre del ejercicio, con cargo a las cuentas del subgrupo 76 que hayan registrado los intereses contabilizados.
b) Se cargará, al principio del ejercicio siguiente, con abono a cuentas del subgrupo 76.

57. TESORERÍA.
- 570. Caja, euros.
- 571. Caja, moneda extranjera.
- 572. Bancos e instituciones de crédito c/c vista, euros.
- 573. Bancos e instituciones de crédito c/c vista, moneda extranjera.
- 574. Bancos e instituciones de crédito, cuentas de ahorro, euros.
- 575. Bancos e instituciones de crédito, cuentas de ahorro, moneda extranjera.
- 576. Inversiones a corto plazo de gran liquidez.

570/571. *Caja, ...*

Disponibilidades de medios líquidos en caja.

Figurarán en el activo corriente del balance.

Su movimiento es el siguiente:

Se cargarán a la entrada de los medios líquidos y se abonarán a su salida, con abono y cargo a las cuentas que han de servir de contrapartida, según la naturaleza de la operación que provoca el cobro o el pago.

572/573/574/575. *Bancos e instituciones de crédito...*

Saldos a favor de la empresa, en cuentas corrientes a la vista y de ahorro de disponibilidad inmediata en Bancos e Instituciones de Crédito, entendiendo por tales Cajas de Ahorros, Cajas Rurales y Cooperativas de Crédito, para los saldos situados en España, y entidades análogas, si se trata de saldos situados en el extranjero.

Se excluirán de contabilizar en este subgrupo los saldos en los Bancos e instituciones citadas cuando no sean de disponibilidad inmediata, así como los saldos de disposición inmediata si no estuvieran en poder de Bancos o de las instituciones referidas. También se excluirán los descubiertos bancarios que figurarán en todo caso en el pasivo corriente del balance.

Figurarán en el activo corriente del balance.

Su movimiento es el siguiente:

a) Se cargarán por las entregas de efectivo y por las transferencias, con abono a la cuenta que ha de servir de contrapartida, según sea la naturaleza de la operación que provoca el cobro.
b) Se abonarán por la disposición, total o parcial, del saldo, con cargo a la cuenta que ha de servir de contrapartida, según sea la naturaleza de la operación que provoca el pago.

576. *Inversiones a corto plazo de gran liquidez*

Inversiones financieras convertibles en efectivo, con un vencimiento no superior a tres meses desde la fecha de adquisición, que no tengan riesgos significativos de cambio de valor y que formen parte de la política de gestión normal de la tesorería de la empresa.

Figurará en el activo corriente del balance.

Su movimiento es el siguiente:

Se cargará a la entrada de las inversiones financieras y se abonará a su salida, con abono y cargo a las cuentas que han de servir de contrapartida.

59. DETERIORO DEL VALOR DE INVERSIONES FINANCIERAS A CORTO PLAZO.
- 593. Deterioro de valor de participaciones a corto plazo.
  - 5933. Deterioro de valor de participaciones a corto plazo en empresas del grupo.
  - 5934. Deterioro de valor de participaciones a corto plazo en empresas asociadas.
  - 5935. Deterioro de valor de participa-

ciones a corto plazo en otras partes vinculadas.

594. Deterioro de valor de valores representativos de deuda a corto plazo de partes vinculadas.
    5943. Deterioro de valor de valores representativos de deuda a corto plazo de empresas del grupo.
    5944. Deterioro de valor de valores representativos de deuda a corto plazo de empresas asociadas.
    5945. Deterioro de valor de valores representativos de deuda a corto plazo de otras partes vinculadas.
595. Deterioro de valor de créditos a corto plazo a partes vinculadas.
    5953. Deterioro de valor de créditos a corto plazo a empresas del grupo.
    5954. Deterioro de valor de créditos a corto plazo a empresas asociadas.
    5955. Deterioro de valor de créditos a corto plazo a otras partes vinculadas.
596. Deterioro de valor de participaciones a corto plazo.
597. Deterioro de valor de valores representativos de deuda a corto plazo.
598. Deterioro de valor de créditos a corto plazo.

Expresión contable de las correcciones de valor motivadas por las pérdidas por deterioro de los activos incluidos en el grupo 5.

En el supuesto de posteriores recuperaciones de valor, de acuerdo con lo que al respecto disponen las correspondientes normas de registro y valoración, las pérdidas por deterioro reconocidas deberán reducirse hasta su total recuperación, cuando así proceda, de acuerdo con lo dispuesto en dichas normas.

Las cuentas de este subgrupo figurarán en el activo corriente del balance minorando la partida en la que figure el correspondiente elemento patrimonial.

593. *Deterioro de valor de participaciones a corto plazo*

Importe de las correcciones valorativas por deterioro del valor que corresponda a las inversiones a corto plazo en partes vinculadas.

5933/5934/5935

El movimiento de las cuentas citadas de cuatro cifras es el siguiente:

a) Se abonarán por el importe del deterioro estimado, con cargo a la cuenta 698.
b) Se cargarán:
   b_1) Cuando desaparezcan las causas que determinaron el reconocimiento de la corrección valorativa por deterioro, con abono a la cuenta 798.
   b_2) Cuando se enajenen los valores o se den de baja del activo por cualquier otro motivo, con abono a cuentas del subgrupo 53.

594. *Deterioro de valor de valores representativos de deuda a corto plazo de partes vinculadas*

Importe de las correcciones valorativas por deterioro del valor que corresponda a las inversiones a corto plazo en valores representativos de deuda emitidos por personas o entidades que tengan la calificación de partes vinculadas.

5943/5944/5945

El movimiento de las cuentas citadas de cuatro cifras es el siguiente:

a) Se abonarán por el importe del deterioro estimado, con cargo a la cuenta 698.
b) Se cargarán:
   b_1) Cuando desaparezcan las causas que determinaron el reconocimiento de la corrección valorativa por deterioro, con abono a la cuenta 798.
   b_2) Cuando se enajenen los valores o se den de baja del activo por cualquier otro motivo, con abono a cuentas del subgrupo 53.

595. *Deterioro del valor de créditos a corto plazo a partes vinculadas*

Importe de las correcciones valorativas por deterioro del valor correspondientes a créditos a corto plazo, concedidos a partes vinculadas.

5953/5954/5955

El movimiento de las cuentas citadas de cuatro cifras es el siguiente:

a) Se abonarán por el importe del deterioro estimado, con cargo a la cuenta 699.
b) Se cargarán:
b_1) Cuando desaparezcan las causas que determinaron el reconocimiento de la corrección valorativa por deterioro, con abono a la cuenta 799.
b_2) Por la parte de crédito que resulte incobrable, con abono a cuentas del subgrupo 53.

596. *Deterioro de valor de participaciones a corto plazo*

Importe de las correcciones valorativas por deterioro del valor de participaciones a corto plazo en el patrimonio neto de entidades que no tienen la consideración de partes vinculadas.

Su movimiento es el siguiente:

a) Se abonará por el importe del deterioro estimado, con cargo a la cuenta 698.
b) Se cargará:
b_1) Cuando desaparezcan las causas que determinaron el reconocimiento de la corrección valorativa por deterioro, con abono a la cuenta 798.
b_2) Cuando se enajenen los valores o se den de baja del activo por cualquier otro motivo, con abono a cuentas del subgrupo 54.

597. *Deterioro de valor de valores representativos de deuda a corto plazo*

Importe de las correcciones valorativas por deterioro del valor que corresponde a las inversiones a corto plazo en valores representativos de deuda emitidos por personas o entidades que no tengan la calificación de partes vinculadas.

Su movimiento es análogo al señalado para la cuenta 594.

598. *Deterioro de valor de créditos a corto plazo*

Importe de las correcciones valorativas por deterioro del valor en créditos del subgrupo 54.

Su movimiento es análogo al señalado para cuenta 595.

GRUPO 6

COMPRAS Y GASTOS

Aprovisionamientos de mercaderías y demás bienes adquiridos por la empresa para revenderlos, bien sea sin alterar su forma y sustancia o previo sometimiento a procesos industriales de adaptación, transformación o construcción.

Comprende también todos los gastos del ejercicio, incluidas las adquisiciones de servicios y de materiales consumibles, la variación de existencias adquiridas y otros gastos y pérdidas del ejercicio.

En general, todas las cuentas del grupo 6 se abonan, al cierre del ejercicio, con cargo a la cuenta 129; por ello, al exponer los movimientos de las sucesivas cuentas del grupo, sólo se hará referencia al cargo. En las excepciones se citarán los motivos de abono y cuentas de contrapartida.

60. COMPRAS.
600. Compras de mercaderías.
601. Compras de materias primas.
602. Compras de otros aprovisionamientos.
606. Descuentos sobre compras por pronto pago.
607. Trabajos realizados por otras empresas.
608. Devoluciones de compras y operaciones similares.
609. «Rappels» por compras.

Las cuentas del subgrupo 60 se adaptarán por las empresas a las características de las operaciones que realizan, con la denominación específica que a estas corresponda.

600/601/602/607. *Compras de...*

Aprovisionamiento de la empresa de bienes incluidos en los subgrupos 30, 31 y 32.

Comprende también los trabajos que, formando parte del proceso de producción propia, se encarguen a otras empresas.

Estas cuentas se cargarán por el importe de las compras, a la recepción de las remesas de los proveedores o a su puesta en camino si las mercaderías y bienes se transportasen por cuenta de la empresa, con abono a cuentas de los subgrupos 40 o 57.

En particular, la cuenta 607 se cargará a la recepción de los trabajos encargados a otras empresas.

606. *Descuentos sobre compras por pronto pago*

Descuentos y asimilados que le concedan a la empresa sus proveedores por pronto pago no incluidos en factura.

Su movimiento es el siguiente:

a) Se abonará por los descuentos y asimilados concedidos, con cargo, generalmente, a cuentas del subgrupo 40.
b) Se cargará por el saldo al cierre del ejercicio, con abono a la cuenta 129.

608. *Devoluciones de compras y operaciones similares*

Remesas devueltas a proveedores, normalmente por incumplimiento de las condiciones del pedido. En esta cuenta se contabilizarán también los descuentos y similares originados por la misma causa que sean posteriores a la recepción de la factura.

Su movimiento es el siguiente:

a) Se abonará por el importe de las compras que se devuelvan y, en su caso, por los descuentos y similares obtenidos, con cargo a cuentas de los subgrupos 40 o 57.
b) Se cargará por el saldo al cierre de ejercicio, con abono a la cuenta 129.

609. *«Rappels» por compras*

Descuentos y similares que se basen en haber alcanzado un determinado volumen de pedidos.

Con carácter general, su movimiento es el siguiente:

a) Se abonará por los «rappels» que correspondan a la empresa, concedidos por los proveedores, con cargo a cuentas de los subgrupos 40 o 57.
b) Se cargará por el saldo al cierre del ejercicio, con abono a la cuenta 129.

61. VARIACIÓN DE EXISTENCIAS.
610. Variación de existencias de mercaderías.
611. Variación de existencias de materias primas.
612. Variación de existencias de otros aprovisionamientos.

610/611/612. *Variación de existencias de...*

Cuentas destinadas a registrar, al cierre de ejercicio, las variaciones entre las existencias finales y las iniciales, correspondientes a los subgrupos 30, 31 y 32 (mercaderías, materias primas y otros aprovisionamientos).

Su movimiento es el siguiente:

Se cargarán por el importe de las existencias iniciales y se abonarán por el de las existencias finales, con abono y cargo, respectivamente, a cuentas de los subgrupos 30, 31 y 32. El saldo que resulte en estas cuentas se cargará o abonará, según los casos, a la cuenta 129.

62. SERVICIOS EXTERIORES.
620. Gastos en investigación y desarrollo del ejercicio.
621. Arrendamientos y cánones.
622. Reparaciones y conservación.
623. Servicios de profesionales independientes.
624. Transportes.
625. Primas de seguros.
626. Servicios bancarios y similares.
627. Publicidad, propaganda y relaciones públicas.
628. Suministros.
629. Otros servicios.

Servicios de naturaleza diversa adquiridos por la empresa, no incluidos en el subgrupo 60 o que no formen parte del precio de adquisición del inmovilizado o de las inversiones financieras a corto plazo.

Los cargos en las cuentas 620/629 se harán normalmente con abono a la cuenta 410, a cuentas del subgrupo 57, a provisiones del subgrupo 14 o de la cuenta 529 o, en su caso, a la cuenta 475.

620. *Gastos en investigación y desarrollo del ejercicio*

Gastos de investigación y desarrollo por servicios encargados a otras empresas.

621. *Arrendamientos y cánones*

Arrendamientos
Los devengados por el alquiler o arrendamiento operativo de bienes muebles e inmuebles en uso o a disposición de la empresa.

Cánones
Cantidades fijas o variables que se satisfacen por el derecho al uso o a la concesión de uso de las distintas manifestaciones de la propiedad industrial.

622. *Reparaciones y conservación*

Los de sostenimiento de los bienes comprendidos en el grupo 2.

623. *Servicios de profesionales independientes*

Importe que se satisface a los profesionales por los servicios prestados a la empresa. Comprende los honorarios de economistas, abogados, auditores, notarios, etc., así como las comisiones de agentes mediadores independientes.

624. *Transportes*

Transportes a cargo de la empresa realizados por terceros cuando no proceda incluirlos en el precio de adquisición del inmovilizado o de las existencias. En esta cuenta se registrarán, entre otros, los transportes de ventas.

625. *Primas de seguros*

Cantidades satisfechas en concepto de primas de seguros, excepto las que se refieren al personal de la empresa y las de naturaleza financiera.

626. *Servicios bancarios y similares*

Cantidades satisfechas en concepto de servicios bancarios y similares que no tengan la consideración de gastos financieros.

627. *Publicidad, propaganda y relaciones públicas*

Importe de los gastos satisfechos por los conceptos que indica la denominación de esta cuenta.

628. *Suministros*

Electricidad y cualquier otro abastecimiento que no tuviere la cualidad de almacenable.

629. *Otros servicios*

Los no comprendidos en las cuentas anteriores.

En esta cuenta se contabilizarán, entre otros, los gastos de viaje del personal de la empresa, incluidos los de transporte, y los gastos de oficina no incluidos en otras cuentas.

63. TRIBUTOS.
- 630. Impuesto sobre beneficios.
  - 6300. Impuesto corriente.
  - 6301. Impuesto diferido.
- 631. Otros tributos.
- 633. Ajustes negativos en la imposición sobre beneficios.
- 634. Ajustes negativos en la imposición indirecta.
  - 6341. Ajustes negativos en IVA de activo corriente.
  - 6342. Ajustes negativos en IVA de inversiones.
- 636. Devolución de impuestos.
- 638. Ajustes positivos en la imposición sobre beneficios.
- 639. Ajustes positivos en la imposición indirecta.
  - 6391. Ajustes positivos en IVA de activo corriente.
  - 6392. Ajustes positivos en IVA de inversiones.

630. *Impuesto sobre beneficios*

Importe del impuesto sobre beneficios devengado en el ejercicio, salvo el originado con motivo de una transacción o suceso que se hubiese reconocido directamente en una partida del patrimonio neto.

Con carácter general, el contenido y movimiento de las cuentas citadas de cuatro cifras es el siguiente:

6300. *Impuesto corriente*

a) Se cargará:

a_1) Por la cuota a ingresar, con abono a la cuenta 4752.

a_2) Por las retenciones soportadas y los ingresos a cuenta del impuesto realizados, hasta el importe de la cuota líquida del período, con abono a la cuenta 473.

6301. *Impuesto diferido*

a) Se cargará:

a_1) Por el importe de los pasivos por diferencias temporarias imponibles originados en el ejercicio, con abono a la cuenta 479.

a_2) Por la aplicación de los activos por diferencias temporarias deducibles de ejercicios anteriores, con abono a la cuenta 4740.

a_3) Por la aplicación del crédito impositivo como consecuencia de la compensación en el ejercicio de bases imponibles negativas de ejercicios anteriores, con abono a la cuenta 4745.

a_4) Por el importe del efecto impositivo de las diferencias permanentes a imputar en varios ejercicios, con abono a la cuenta 1370.

a_5) Por el importe del efecto impositivo correspondiente a las deducciones y bonificaciones a imputar en varios ejercicios, con abono a la cuenta 1371.

a_6) Por la aplicación fiscal de las deducciones o bonificaciones de ejercicios anteriores, con abono a la cuenta 4742.

a_7) Por el importe del efecto impositivo derivado de la transferencia a resultados de ingresos imputados directamente al patrimonio neto que hubieran ocasionado el correspondiente impuesto corriente en ejercicios previos, con abono a las cuentas 130, 131 o 132.

b) Se abonará:

b_1) Por el importe de los activos por diferencias temporarias deducibles originados en el ejercicio, con cargo a la cuenta 4740.

b_2) Por el crédito impositivo generado en el ejercicio como consecuencia de la existencia de base imponible negativa a compensar, con cargo a la cuenta 4745.

b_3) Por la cancelación de pasivos por diferencias temporarias imponibles de ejercicios anteriores, con cargo a la cuenta 479.

b_4) Por las diferencias permanentes periodificadas que se imputan al ejercicio, con cargo a la cuenta 1370.

b_5) Por las deducciones y bonificaciones periodificadas que se imputan al ejercicio, con cargo a la cuenta 1371.

b_6) Por los activos por deducciones y otras ventajas fiscales no utilizadas, pendientes de aplicar fiscalmente, con cargo a la cuenta 4742.

c) Se abonará o cargará, con cargo o abono en la cuenta 129.

631. *Otros tributos*

Importe de los tributos de los que la empresa es contribuyente y no tengan asiento específico en otras cuentas de este subgrupo o en la cuenta 477.

Se exceptúan igualmente los tributos que deban ser cargados en otras cuentas, de acuerdo con las definiciones de las mismas, como sucede, entre otros, con los contabilizados en las cuentas 600/602 y en el subgrupo 62.

Esta cuenta se cargará cuando los tributos sean exigibles, con abono a cuentas de los subgrupos 47 y 57. Igualmente, se cargará por el importe de la provisión dotada en el ejercicio, con abono a las cuentas 141 y 5291.

633. *Ajustes negativos en la imposición sobre beneficios*

Disminución, conocida en el ejercicio, de los activos por impuesto diferido, o aumento, igualmente conocido en el ejercicio, de los pasivos por impuesto diferido, respecto de los activos y pasivos por impuesto diferido anteriormente generados, salvo que dichos saldos se hayan originado como consecuencia de una transacción o suceso que se hubiese reconocido directamente en una partida del patrimonio neto.

Se cargará:

a_1) Por el menor importe del activo por diferencias temporarias deducibles, con abono a la cuenta 4740.

a_2) Por el menor importe del crédito impositivo por pérdidas a compensar, con abono a la cuenta 4745.

a_3) Por el menor importe del activo por deducciones y bonificaciones pendientes de aplicar, con abono a la cuenta 4742.

a_4) Por el mayor importe del pasivo por diferencias temporarias imponibles, con abono a la cuenta 479.

634. *Ajustes negativos en la imposición indirecta*

Aumento de los gastos por impuestos indirectos que se produce como consecuencia de regularizaciones y cambios en la situación tributaria de la empresa.

6341/6342. *Ajustes negativos en IVA...*

Importe de las diferencias negativas que resulten, en el IVA soportado deducible correspondiente a operaciones de bienes o servicios del activo corriente o de bienes de inversión, al practicarse las regularizaciones anuales derivadas de la aplicación de la Regla de Prorrata.

Estas cuentas se cargarán por el importe de la regularización anual, con abono a la cuenta 472.

636. *Devolución de impuestos*

Importe de los reintegros de impuestos exigibles por la empresa como consecuencia de pagos indebidamente realizados, excluidos aquellos que hubieran sido cargados en cuentas del grupo 2.

Su movimiento es el siguiente:

a) Se abonará cuando sean exigibles las devoluciones, con cargo a la cuenta 4709.

b) Se cargará por el saldo al cierre del ejercicio, con abono a la cuenta 129.

638. *Ajustes positivos en la imposición sobre beneficios*

Aumento, conocido en el ejercicio, de los activos por impuesto diferido o disminución, igualmente conocida en el ejercicio, de los pasivos por impuesto diferido, respecto de los activos y pasivos por impuesto diferido anteriormente generados, salvo que dichos saldos se hayan originado como consecuencia de una transacción o suceso que se hubiese reconocido directamente en una partida del patrimonio neto.

Con carácter general, su movimiento es el siguiente:

a) Se abonará:

  a_1) Por el mayor importe del activo por diferencias temporarias deducibles, con cargo a la cuenta 4740.

  a_2) Por el mayor importe del crédito impositivo por pérdidas a compensar, con cargo a la cuenta 4745.

  a_3) Por el mayor importe del activo por deducciones y bonificaciones pendientes de aplicar, con cargo a la cuenta 4742.

  a_4) Por el menor importe del pasivo por diferencias temporarias imponibles, con cargo a la cuenta 479.

b) Se cargará por el saldo al cierre del ejercicio, con abono a la cuenta 129.

639. *Ajustes positivos en la imposición indirecta*

Disminución de los gastos por impuestos indirectos que se produce como consecuencia de regularizaciones y cambios en la situación tributaria de la empresa.

6391/6392. *Ajustes positivos en IVA*

Importe de las diferencias positivas que resulten, en el IVA soportado deducible correspondiente a operaciones de bienes o servicios del activo corriente o de bienes de inversión, al practicarse las regularizaciones anuales derivadas de la aplicación de la Regla de Prorrata.

Su movimiento es el siguiente:

a) Se abonarán por el importe de la regularización anual, con cargo a la cuenta 472.
b) Se cargarán por el saldo al cierre del ejercicio, con abono a la cuenta 129.

64. GASTOS DE PERSONAL.
 640. Sueldos y salarios.
 641. Indemnizaciones.
 642. Seguridad Social a cargo de la empresa.
 649. Otros gastos sociales.

Retribuciones al personal, cualquiera que sea la forma o el concepto por el que se satisfacen; cuotas de la Seguridad Social a cargo de la empresa y los demás gastos de carácter social.

640. *Sueldos y salarios*

Remuneraciones, fijas y eventuales, al personal de la empresa.

Se cargará por el importe íntegro de las remuneraciones devengadas:

a_1) Por el pago en efectivo, con abono a cuentas del subgrupo 57.
a_2) Por las devengadas y no pagadas, con abono a la cuenta 465.
a_3) Por compensación de deudas pendientes, con abono a las cuentas 254, 460 y 544, según proceda.
a_4) Por las retenciones de tributos y cuotas de la Seguridad Social a cargo del personal, con abono a cuentas del subgrupo 47.

641. *Indemnizaciones*

Cantidades que se entregan al personal de la empresa para resarcirle de un daño o perjuicio. Se incluyen específicamente en esta cuenta las indemnizaciones por despido y jubilaciones anticipadas.

Se cargará por el importe de las indemnizaciones, con abono, generalmente, a cuentas de los subgrupos 46, 47 o 57.

642. *Seguridad Social a cargo de la empresa*

Cuotas de la empresa a favor de los organismos de la Seguridad Social por las diversas prestaciones que éstos realizan.

Se cargará por las cuotas devengadas, con abono a la cuenta 476.

649. *Otros gastos sociales*

Gastos de naturaleza social realizados en cumplimiento de una disposición legal o voluntariamente por la empresa.

Se citan, a título indicativo, las subvenciones a economatos y comedores; sostenimiento de escuelas e instituciones de formación profesional; becas para estudio; primas por contratos de seguros sobre la vida, accidentes, enfermedad, etc., excepto las cuotas de la Seguridad Social.

Se cargará por el importe de los gastos, con abono a cuentas de los grupos 5 o 7, según se paguen en efectivo o en mercaderías u otros productos.

65. OTROS GASTOS DE GESTIÓN.
 650. Pérdidas de créditos comerciales incobrables.
 651. Resultados de operaciones en común.
  6510. Beneficio transferido (gestor).
  6511. Pérdida soportada (partícipe o asociado no gestor).
 659. Otras pérdidas en gestión corriente.

Gastos de gestión no comprendidos en otros subgrupos.

650. *Pérdidas de créditos comerciales incobrables*

Pérdidas por deterioro en insolvencias firmes de clientes y deudores del grupo 4.

Se cargará por el importe de las insolvencias firmes, con abono a cuentas de los subgrupos 43 y 44.

651. *Resultados de operaciones en común*

6510. *Beneficio transferido*

Beneficio que corresponde a los partícipes no gestores en las operaciones reguladas por los artículos 239 a 243 del Código de Comercio y en otras operaciones en común de análogas características.

En la cuenta 6510, la empresa gestora contabilizará dicho beneficio, una vez cumplimentados los requisitos del citado artículo 243, o los que sean procedentes según la legislación aplicable para otras operaciones en común.

La cuenta 6510 se cargará por el beneficio que deba atribuirse a los partícipes no gestores, con abono a las cuentas 419, 449 o a cuentas del subgrupo 57.

6511. *Pérdida soportada*

Pérdida que corresponde a la empresa como partícipe no gestor de las operaciones acabadas de citar.

Se cargará por el importe de la pérdida, con abono a las cuentas 419, 449 o a cuentas del subgrupo 57.

659. *Otras pérdidas en gestión corriente*

Las que, teniendo esta naturaleza, no figuran en cuentas anteriores. En particular, reflejará la regularización anual de utillaje y herramientas.

66. GASTOS FINANCIEROS.

- 660. Gastos financieros por actualización de provisiones.
- 661. Intereses de obligaciones y bonos.
- 662. Intereses de deudas.
- 663. Pérdidas por valoración de activos y pasivos financieros por su valor razonable.
- 664. Dividendos de acciones o participaciones consideradas pasivos financieros.
- 665. Intereses por descuento de efectos y operaciones de «factoring».
- 666. Pérdidas en participaciones y valores representativos de deudas.
- 667. Pérdidas de créditos no comerciales.
- 668. Diferencias negativas de cambio.
- 669. Otros gastos financieros.

660. *Gastos financieros por actualización de provisiones*

Importe de la carga financiera correspondiente a los ajustes de valor de las provisiones en concepto de actualización financiera.

Se cargará por el reconocimiento del ajuste de carácter financiero, con abono a las correspondientes cuentas de provisiones, incluidas en los subgrupos 14 y 52.

661. *Intereses de obligaciones y bonos*

Importe de los intereses devengados durante el ejercicio correspondientes a la financiación ajena instrumentada en valores representativos de deuda, cualquiera que sea el plazo de vencimiento y el modo en que estén instrumentados tales intereses, incluidos con el debido desglose en cuentas de cuatro o más cifras, los intereses implícitos que correspondan a la periodificación de la diferencia entre el importe de reembolso y el precio de emisión de los valores, menos, en su caso, los costes asociados a la transacción.

Se cargará al devengo de los intereses por el íntegro de los mismos, con abono, generalmente, a cuentas de los subgrupos 17, 50 o 51 y, en su caso, a la cuenta 475.

662. *Intereses de deudas*

Importe de los intereses de los préstamos recibidos y otras deudas pendientes de amortizar, cualquiera que sea el modo en que se instrumenten tales intereses, realizándose los desgloses en las cuentas de cuatro o más cifras que sean necesarias; en particular, para registrar el interés implícito asociado a la operación.

Se cargará al devengo de los intereses por el íntegro de los mismos, con abono, generalmente, a cuentas de los subgrupos 16, 17, 40, 51 o 52 y, en su caso, a la cuenta 475.

663. *Pérdidas por valoración de activos y pasivos financieros por su valor razonable*

Pérdidas originadas por la valoración a valor razonable de activos y pasivos financieros clasificados como mantenidos para negociar o de activos financieros híbridos. Se cargará por la disminución en el valor razonable de los activos financieros o el aumento en el valor de los pasivos financieros, con abono a la correspondiente cuenta del elemento patrimonial.

664. *Gastos por dividendos de acciones o participaciones consideradas como pasivos financieros*

Importe de los dividendos devengados durante el ejercicio correspondientes a la financiación ajena instrumentada en acciones o participaciones en el capital de la empresa que, atendiendo a las características de la emisión, deban contabilizarse como pasivo, cualquiera que sea el plazo de vencimiento.

Se cargará por el importe de los dividendos devengados, con abono, generalmente, a cuentas de los subgrupos 51 o 52 y, en su caso, a la cuenta 475.

665. *Intereses por descuento de efectos y operaciones de «factoring»*

Intereses en las operaciones de descuento de letras y otros efectos, así como en operaciones de «factoring» en las que la empresa retiene sustancialmente los riesgos y beneficios de los derechos de cobro.

Se cargará por el importe de los intereses, con abono, generalmente, a las cuentas 5208 o 5209.

666. *Pérdidas en participaciones y valores representativos de deuda*

Pérdidas producidas por la baja, enajenación o cancelación de valores representativos de deuda e instrumentos de patrimonio, excluidas las que deban registrarse en las cuentas 663 y 673.

Se cargará por la pérdida producida, con abono a cuentas de los subgrupos 24, 25, 53 y 54.

667. *Pérdidas de créditos no comerciales*

Pérdidas producidas por insolvencias firmes de créditos no comerciales.

Se cargará por la pérdida producida con motivo de la insolvencia firme, con abono a cuentas de los subgrupos 24, 25, 53 y 54.

668. *Diferencias negativas de cambio*

Pérdidas producidas por modificaciones del tipo de cambio en partidas monetarias denominadas en moneda extranjera.

a) Se cargará:

- a_1) En cada cierre, por la pérdida de valoración de las partidas monetarias vivas a dicha fecha, con abono a las cuentas representativas de las mismas denominadas en moneda extranjera.
- a_2) Cuando venzan o se cancelen anticipadamente las partidas monetarias, mediante entrega del efectivo en moneda extranjera, con abono, generalmente, a cuentas del subgrupo 57.

669. *Otros gastos financieros*

Gastos de naturaleza financiera no recogidos en otras cuentas de este subgrupo. También recogerá las primas de seguros que cubren riesgos de naturaleza financiera; entre otras, las que cubran el riesgo de insolvencia de créditos no comerciales y el riesgo de tipo de cambio en moneda extranjera.

Se cargará por el importe de los gastos devengados, con abono, generalmente, a cuentas del subgrupo 57 o a una cuenta representativa de deudas.

67. PÉRDIDAS PROCEDENTES DE ACTIVOS NO CORRIENTES Y GASTOS EXCEPCIONALES.
  - 670. Pérdidas procedentes del inmovilizado intangible.
  - 671. Pérdidas procedentes del inmovilizado material.
  - 672. Pérdidas procedentes de las inversiones inmobiliarias.
  - 673. Pérdidas procedentes de participaciones a largo plazo en partes vinculadas.
    - 6733. Pérdidas procedentes de participaciones a largo plazo, empresas del grupo.
    - 6734. Pérdidas procedentes de participaciones a largo plazo, empresas asociadas.
    - 6735. Pérdidas procedentes de participaciones a largo plazo, otras partes vinculadas.
  - 675. Pérdidas por operaciones con obligaciones propias.
  - 678. Gastos excepcionales.

670/671/672. *Pérdidas procedentes del inmovilizado...*

Pérdidas producidas en la enajenación de inmovilizado intangible, material o las inversiones inmobiliarias o por su baja del activo como consecuencia de pérdidas irreversibles de dichos activos.

Se cargarán por la pérdida producida en la enajenación o baja, con abono a las cuentas del grupo 2 que correspondan.

673. *Pérdidas procedentes de participaciones a largo plazo en partes vinculadas*

Pérdidas producidas en la enajenación de participaciones a largo plazo en partes vinculadas o por su baja del activo.

6733/6734/6735

Las cuentas citadas de cuatro cifras se cargarán por la pérdida producida en la enajenación o baja, con abono a cuentas del subgrupo 24.

675. *Pérdidas por operaciones con obligaciones propias.*

Pérdidas producidas con motivo de la amortización de obligaciones.

Se cargará, por la pérdida producida al amortizar los valores, con abono, generalmente, a cuentas del subgrupo 57.

678. *Gastos excepcionales*

Pérdidas y gastos de carácter excepcional y cuantía significativa que, atendiendo a su naturaleza, no deban contabilizarse en otras cuentas del grupo 6.

A título indicativo, se señalan los siguientes: los producidos por inundaciones, sanciones y multas, incendios, etc.

68. DOTACIONES PARA AMORTIZACIONES.
   - 680. Amortización del inmovilizado intangible.
   - 681. Amortización del inmovilizado material.
   - 682. Amortización de las inversiones inmobiliarias.

680/681/682. *Amortización de...*

Expresión de la depreciación sistemática anual efectiva sufrida por el inmovilizado intangible y material, por su aplicación al proceso productivo, y por las inversiones inmobiliarias.

Se cargarán por la dotación del ejercicio, con abono a las cuentas 280, 281 y 282.

69. PÉRDIDAS POR DETERIORO Y OTRAS DOTACIONES
   - 690. Pérdidas por deterioro del inmovilizado intangible.
   - 691. Pérdidas por deterioro del inmovilizado material.
   - 692. Pérdidas por deterioro de las inversiones inmobiliarias.
   - 693. Pérdidas por deterioro de existencias.
   - 694. Pérdidas por deterioro de créditos por operaciones comerciales.
   - 695. Dotación a la provisión por operaciones comerciales.
     - 6954. Dotación a la provisión por contratos onerosos.
     - 6959. Dotación a la provisión para otras operaciones comerciales.
   - 696. Pérdidas por deterioro de participaciones y valores representativos de deuda a largo plazo.
   - 697. Pérdidas por deterioro de créditos a largo plazo.
   - 698. Pérdidas por deterioro de participaciones y valores representativos de deuda a corto plazo.
   - 699. Pérdidas por deterioro de créditos a corto plazo.

690/691/692. *Pérdidas por deterioro del inmovilizado*

Corrección valorativa por deterioro de carácter reversible en el inmovilizado intangible y material y las inversiones inmobiliarias.

Se cargarán por el importe del deterioro estimado, con abono a las cuentas 290, 291 y 292, respectivamente.

693. *Pérdidas por deterioro de existencias*

Corrección valorativa, realizada al cierre del ejercicio, por el deterioro de carácter reversible en las existencias.

Se cargará por el importe del deterioro estimado, con abono a cuentas del subgrupo 39.

694. *Pérdidas por deterioro de créditos por operaciones comerciales*

Corrección valorativa, realizada al cierre del ejercicio, por deterioro de carácter reversible en los saldos de clientes y deudores.

Se cargará por el importe del deterioro estimado, con abono a las cuentas 490 o 493.

Cuando se utilice la alternativa segunda prevista en la cuenta 490, la definición y el movimiento contable se adaptarán a lo establecido en dicha cuenta.

695. *Dotación a la provisión por operaciones comerciales*

Dotación realizada por la empresa para el reconocimiento de obligaciones presentes derivadas de su tráfico comercial, siempre y cuando no encuentren reflejo en otras cuentas del grupo 6; en particular, se contabilizarán en esta cuenta las pérdidas asociadas a contratos onerosos y los compromisos asumidos como consecuencia de la entrega de bienes o la prestación de servicios.

Con carácter general, el contenido y movimiento de las cuentas citadas de cuatro cifras es el siguiente:

6954. *Dotación a la provisión por contratos onerosos*

Se cargará por la pérdida estimada, con abono a la cuenta 4994.

6959. *Dotación a la provisión para otras operaciones comerciales*

Dotación, realizada al cierre del ejercicio, para riesgos derivados de devoluciones de ventas, garantías de reparación, revisiones y otras operaciones comerciales.

Se cargará por el importe de la obligación estimada, con abono a la cuenta 4999.

696. *Pérdidas por deterioro de participaciones y valores representativos de deuda a largo plazo*

Corrección valorativa por deterioro del valor en inversiones de los subgrupos 24 y 25.

Se cargará por el importe del deterioro estimado, con abono a las cuentas 293, 294, 296 o 297.

697. *Pérdidas por deterioro de créditos a largo plazo*

Corrección valorativa por deterioro del valor en créditos de los subgrupos 24 y 25.

Se cargará por el importe del deterioro estimado, con abono a las cuentas 295 o 298.

698. *Pérdidas por deterioro de participaciones y valores representativos de deuda a corto plazo*

Corrección valorativa por deterioro del valor en inversiones de los subgrupos 53 y 54.

Se cargará por el importe de la depreciación estimada, con abono a las cuentas 593, 594, 596 o 597.

699. *Pérdidas por deterioro de créditos a corto plazo*

Corrección valorativa por deterioro del valor en créditos de los subgrupos 53 y 54.

Se cargará por el importe del deterioro estimado, con abono a las cuentas 595 o 598.

GRUPO 7

VENTAS E INGRESOS

Enajenación de bienes y prestación de servicios que son objeto del tráfico de la empresa; comprende también otros ingresos, variación de existencias y beneficios del ejercicio.

En general, todas las cuentas del grupo 7 se cargan al cierre del ejercicio, con abono a la cuenta 129; por ello, al exponer el juego de las sucesivas del grupo, sólo se hará referencia al abono. En las excepciones se citarán los motivos de cargo y cuentas de contrapartida.

70. VENTAS DE MERCADERÍAS, DE PRODUCCIÓN PROPIA, DE SERVICIOS, ETCÉTERA
 700. Ventas de mercaderías.
 701. Ventas de productos terminados.
 702. Ventas de productos semiterminados.
 703. Ventas de subproductos y residuos.

704. Ventas de envases y embalajes.
705. Prestaciones de servicios.
706. Descuentos sobre ventas por pronto pago.
708. Devoluciones de ventas y operaciones similares.
709. «Rappels» sobre ventas.

Las cuentas del subgrupo 70 se adaptarán por las empresas a las características de las operaciones que realizan, con la denominación específica que a éstas corresponda.

700/705. *Ventas de...*

Transacciones, con salida o entrega de los bienes o servicios objeto de tráfico de la empresa, mediante precio. Estas cuentas se abonarán por el importe de las ventas con cargo a las cuentas del subgrupo 43 o 57.

706. *Descuentos sobre ventas por pronto pago*

Descuentos y asimilados que conceda la empresa a sus clientes, por pronto pago, no incluidos en factura.

Su movimiento es el siguiente:

a) Se cargará por los descuentos y asimilados concedidos, con abono, generalmente, a cuentas del subgrupo 43.
b) Se abonará por el saldo al cierre de ejercicio, con cargo a la cuenta 129.

708. *Devoluciones de ventas y operaciones similares*

Remesas devueltas por clientes, normalmente por incumplimiento de las condiciones del pedido. En esta cuenta se contabilizarán también los descuentos y similares originados por la misma causa que sean posteriores a la emisión de la factura.

Su movimiento es el siguiente:

a) Se cargará por el importe de las ventas devueltas por clientes y, en su caso, por los descuentos y similares concedidos, con abono a las cuentas de los subgrupos 43 o 57 que correspondan.
b) Se abonará por el saldo al cierre de ejercicio, con cargo a la cuenta 129.

709. *«Rappels» sobre ventas*

Descuentos y similares que se basan en haber alcanzado un determinado volumen de pedidos.

Su movimiento es el siguiente:

a) Se cargará por los «rappels» que correspondan o sean concedidos a los clientes, con abono a las cuentas de los subgrupos 43 o 57 que correspondan.
b) Se abonará por el saldo al cierre de ejercicio, con cargo a la cuenta 129.

71. VARIACIÓN DE EXISTENCIAS.
710. Variación de existencias de productos en curso.
711. Variación de existencias de productos semiterminados.
712. Variación de existencias de productos terminados.
713. Variación de existencias de subproductos, residuos y materiales recuperados.

710/713. *Variación de existencias de...*

Cuentas destinadas a registrar, al cierre del ejercicio, las variaciones entre las existencias finales y las iniciales correspondientes a los subgrupos 33, 34, 35 y 36 (productos en curso, productos semiterminados, productos terminados y subproductos, residuos y materiales recuperados).

Su movimiento es el siguiente:

Se cargarán por el importe de las existencias iniciales y se abonarán por el de las existencias finales, con abono y cargo, respectivamente, a cuentas de los subgrupos 33, 34, 35 y 36. El saldo que resulte de estas cuentas se cargará o abonará, según los casos, a la cuenta 129.

73. TRABAJOS REALIZADOS PARA LA EMPRESA.
730. Trabajos realizados para el inmovilizado intangible.
731. Trabajos realizados para el inmovilizado material.

732. Trabajos realizados en inversiones inmobiliarias.
733. Trabajos realizados para el inmovilizado material en curso.

Contrapartida de los gastos realizados por la empresa para su inmovilizado, utilizando sus equipos y su personal, que se activan. También se contabilizarán en este subgrupo los realizados, mediante encargo, por otras empresas con finalidad de investigación y desarrollo.

730. *Trabajos realizados para el inmovilizado intangible*

Gastos de investigación y desarrollo y otros realizados para la creación de los bienes comprendidos en el subgrupo 20. Se abonará por el importe de los gastos que sean objeto de inventario, con cargo a las cuentas 200, 201 o 206.

731. *Trabajos realizados para el inmovilizado material*

Construcción o ampliación de los bienes y elementos comprendidos en el subgrupo 21.

Se abonará por el importe anual de los gastos, con cargo a cuentas del subgrupo 21.

732. *Trabajos realizados en inversiones inmobiliarias*

Ampliación de los inmuebles comprendidos en el subgrupo 22.

Se abonará por el importe anual de los gastos, con cargo en cuentas del subgrupo 22.

733. *Trabajos realizados para el inmovilizado material en curso*

Trabajos realizados durante el ejercicio y no terminados al cierre del mismo, incluidos los realizados en inmuebles.

Se abonará por el importe anual de los gastos, con cargo a cuentas del subgrupo 23.

74. SUBVENCIONES, DONACIONES Y LEGADOS.
740. Subvenciones, donaciones y legados a la explotación.
746. Subvenciones, donaciones y legados de capital transferidos al resultado del ejercicio.
747. Otras subvenciones, donaciones y legados transferidos al resultado del ejercicio.

Importes que deben ser imputados al resultado del ejercicio por subvenciones, donaciones y legados. La empresa abrirá las cuentas de tres cifras que resulten necesarias.

740. *Subvenciones, donaciones y legados a la explotación*

Las recibidas de las Administraciones Públicas, empresas o particulares al objeto, por lo general, de asegurar una rentabilidad mínima o compensar «déficit» de explotación del ejercicio o de ejercicios previos.

Se abonará por el importe concedido, con cargo a cuentas de los subgrupos 44, 47 o 57.

746. *Subvenciones, donaciones y legados de capital transferidos al resultado del ejercicio*

Importe traspasado al resultado del ejercicio de las subvenciones, donaciones y legados de capital.

Su movimiento queda explicado en la cuenta 130.

747. *Otras subvenciones, donaciones y legados transferidos al resultado del ejercicio*

Importe traspasado al resultado del ejercicio de otras subvenciones, donaciones y legados.

Su movimiento es análogo al de la cuenta 746.

75. OTROS INGRESOS DE GESTIÓN.
751. Resultados de operaciones en común.
7510. Pérdida transferida (gestor).
7511. Beneficio atribuido (partícipe o asociado no gestor).
752. Ingresos por arrendamientos.
753. Ingresos de propiedad industrial cedida en explotación.
754. Ingresos por comisiones.
755. Ingresos por servicios al personal.
759. Ingresos por servicios diversos.

Ingresos derivados de la gestión no comprendidos en otros subgrupos.

751. *Resultados de operaciones en común.*

7510. *Pérdida transferida*

Pérdida que corresponde a los partícipes no gestores en las operaciones reguladas por los artículos 239 a 243 del Código de Comercio y en otras operaciones en común de análogas características. En la cuenta 7510, la empresa gestora contabilizará dicha pérdida, una vez cumplimentados los requisitos del citado artículo 243, o los que sean procedentes según la legislación aplicable para otras operaciones en común.

La cuenta 7510 se abonará por la pérdida que deba atribuirse a los partícipes no gestores, con cargo a las cuentas 419, 449 o a cuentas del subgrupo 57.

7511. *Beneficio atribuido*

Beneficio que corresponde a la empresa como partícipe no gestor de las operaciones acabadas de citar.

Se abonará por el importe del beneficio, con cargo a las cuentas 419, 449 o a cuentas del subgrupo 57.

752. *Ingresos por arrendamientos*

Los devengados por el alquiler o arrendamiento operativo de bienes muebles o inmuebles cedidos para el uso o la disposición por terceros.

Se abonará por el importe de los ingresos, con cargo a cuentas de los subgrupos 44 o 57.

753. *Ingresos de propiedad industrial cedida en explotación*

Cantidades fijas y variables que se perciben por la cesión en explotación del derecho al uso, o la concesión del uso, de las distintas manifestaciones de la propiedad industrial.

Su movimiento es análogo al señalado para la cuenta 752.

754. *Ingresos por comisiones*

Cantidades fijas o variables percibidas como contraprestación a servicios de mediación realizados de manera accidental. Si la mediación fuera el objeto principal de la actividad de la empresa, los ingresos por este concepto se registrarán en la cuenta 705.

Su movimiento es análogo al señalado para la cuenta 752.

755. *Ingresos por servicios al personal*

Ingresos por servicios varios, tales como economatos, comedores, transportes, viviendas, etc., facilitados por la empresa a su personal.

Se abonará por el importe de los ingresos, con cargo, generalmente, a cuentas del subgrupo 57 o a la cuenta 649.

759. *Ingresos por servicios diversos*

Los originados por la prestación eventual de ciertos servicios a otras empresas o particulares. Se citan, a modo de ejemplo, los de transporte, reparaciones, asesorías, informes, etc.

Su movimiento es análogo al señalado para la cuenta 752.

76. INGRESOS FINANCIEROS.
- 760. Ingresos de participaciones en instrumentos de patrimonio.
- 761. Ingresos de valores representativos de deuda.
- 762. Ingresos de créditos.
  - 7620. Ingresos de créditos a largo plazo.
  - 7621. Ingresos de créditos a corto plazo.
- 763. Beneficios por valoración de activos y pasivos financieros por su valor razonable.
- 766. Beneficios en participaciones y valores representativos de deuda.
- 768. Diferencias positivas de cambio.
- 769. Otros ingresos financieros.
- 760. Ingresos de participaciones en instrumentos de patrimonio

Rentas a favor de la empresa, devengadas en el ejercicio, provenientes de participaciones en instrumentos de patrimonio.

Se abonará cuando nazca el derecho a percibir dividendos, por el íntegro de los mismos, con cargo a cuentas de los subgrupos 53 o 54 y, en su caso, a la cuenta 473.

761. *Ingresos de valores representativos de deuda*

Intereses de valores de renta fija a favor de la empresa devengados en el ejercicio.

Se abonará al devengo de los intereses, tanto implícitos como explícitos, por el íntegro de los mismos, con cargo a cuentas de los subgrupos 24, 25, 53 o 54 y, en su caso, a la cuenta 473.

762. *Ingresos de créditos*

Importe de los intereses de préstamos y otros créditos devengados en el ejercicio.

Se abonará al devengo de los intereses, tanto implícitos como explícitos, por el íntegro de los mismos, con cargo a cuentas de los subgrupos 24, 25, 26, 43, 44, 53 o 54 y, en su caso, a la cuenta 473.

763. *Beneficios por valoración de activos y pasivos financieros por su valor razonable*

Beneficios originados por la valoración a valor razonable de activos y pasivos financieros clasificados como mantenidos para negociar o de activos financieros híbridos. Se abonará por el aumento en el valor razonable de los activos financieros o la disminución en el valor de los pasivos financieros, con cargo a la correspondiente cuenta del elemento patrimonial.

766. *Beneficios en participaciones y valores representativos de deuda*

Beneficios producidos en la enajenación de valores representativos de deuda e instrumentos de patrimonio, excluidos los que deban registrarse en las cuentas 763 y 773.

Se abonará por el beneficio producido en la enajenación, con cargo, generalmente, a cuentas del subgrupo 57.

768. *Diferencias positivas de cambio*

Beneficios producidos por modificaciones del tipo de cambio en partidas monetarias denominadas en moneda extranjera.

Se abonará:

a_1) En cada cierre, por la ganancia de valoración de las partidas monetarias vivas a dicha fecha, con cargo a las cuentas representativas de las mismas denominadas en moneda extranjera.

a_2) Cuando venzan o se cancelen anticipadamente las partidas monetarias, mediante entrega del efectivo en moneda extranjera, con cargo, generalmente, a cuentas del subgrupo 57.

769. *Otros ingresos financieros*

Ingresos de naturaleza financiera no recogidos en otras cuentas de este subgrupo.

Se abonará por el importe de los ingresos devengados.

77. BENEFICIOS PROCEDENTES DE ACTIVOS NO CORRIENTES E INGRESOS EXCEPCIONALES.

- 770. Beneficios procedentes del inmovilizado intangible.
- 771. Beneficios procedentes del inmovilizado material.
- 772. Beneficios procedentes de las inversiones inmobiliarias.
- 773. Beneficios procedentes de participaciones a largo plazo en partes vinculadas.
  - 7733. Beneficios procedentes de participaciones a largo plazo, empresas del grupo.
  - 7734. Beneficios procedentes de participaciones a largo plazo, empresas asociadas.
  - 7735. Beneficios procedentes de participaciones a largo plazo, otras partes vinculadas.
- 775. Beneficios por operaciones con obligaciones propias.
- 778. Ingresos excepcionales.

770/771/772 *Beneficios procedentes del inmovilizado*

Beneficios producidos en la enajenación de inmovilizado intangible, material o las inversiones inmobiliarias.

Se abonarán por el beneficio obtenido en la enajenación, con cargo, generalmente, a las cuentas del grupo 5 que correspondan.

773. *Beneficios procedentes de participaciones a largo plazo en partes vinculadas*

Beneficios producidos en la enajenación de participaciones a largo plazo en partes vinculadas.

7733/7734/7735

Las cuentas citadas de cuatro cifras se abonarán por el beneficio obtenido en la enajenación, con cargo, generalmente, a las cuentas del grupo 5 que correspondan.

775. *Beneficios por operaciones con obligaciones propias*

Beneficios producidos con motivo de la amortización de obligaciones.

Se abonará por los beneficios producidos al amortizar los valores, con cargo a cuentas del subgrupo 17.

778. *Ingresos excepcionales.*

Beneficios e ingresos de carácter excepcional y cuantía significativa que atendiendo a su naturaleza no deban contabilizarse en otras cuentas del grupo 7.

Se incluirán, entre otros, los procedentes de aquellos créditos que en su día fueron amortizados por insolvencias firmes.

79. EXCESOS Y APLICACIONES DE PROVISIONES Y DE PÉRDIDAS POR DETERIORO.
- 790. Reversión del deterioro del inmovilizado intangible.
- 791. Reversión del deterioro del inmovilizado material.
- 792. Reversión del deterioro de las inversiones inmobiliarias.
- 793. Reversión del deterioro de existencias.
- 794. Reversión del deterioro de créditos por operaciones comerciales.
- 795. Exceso de provisiones.
  - 7951. Exceso de provisión para impuestos.
  - 7952. Exceso de provisión para otras responsabilidades.
  - 7954. Exceso de provisión por operaciones comerciales.
    - 79544. Exceso de provisión por contratos onerosos.
    - 79549. Exceso de provisión para otras operaciones comerciales.
  - 7955. Exceso de provisión para actuaciones medioambientales.
- 796. Reversión del deterioro de participaciones y valores representativos de deuda a largo plazo.
- 797. Reversión del deterioro de créditos a largo plazo.
- 798. Reversión del deterioro de participaciones y valores representativos de deuda a corto plazo.
- 799. Reversión del deterioro de créditos a corto plazo.

790/791/792. *Reversión del deterioro del inmovilizado*

Corrección valorativa, por la recuperación de valor, del inmovilizado intangible y material y de las inversiones inmobiliarias, hasta el límite de las pérdidas contabilizadas con anterioridad.

Se abonarán por el importe de la corrección de valor, con cargo a las cuentas 290, 291 o 292.

793. *Reversión del deterioro de existencias*

Importe de la corrección por deterioro existente al cierre del ejercicio anterior.

Se abonará, al cierre del ejercicio, por el deterioro contabilizado en el ejercicio precedente, con cargo a cuentas del subgrupo 39.

794. *Reversión del deterioro de créditos por operaciones comerciales*

Importe de la corrección por deterioro existente al cierre del ejercicio anterior.

Se abonará por el deterioro contabilizado en el ejercicio precedente, con cargo a las cuentas 490 o 493.

Cuando se utilice la alternativa segunda prevista en la cuenta 490, la definición y movimiento contable se adaptarán a lo establecido en dicha cuenta.

795. *Exceso de provisiones*

7951/7952/7954/7955

Diferencia positiva entre el importe de la provisión existente y el que corresponda al cierre del ejercicio o en el momento de atender la correspondiente obligación.

Las cuentas citadas de cuatro cifras se abonarán por el exceso de provisión con cargo a las correspondientes cuentas del subgrupo 14 o a las cuentas 499 o 529.

796. *Reversión del deterioro de participaciones y valores representativos de deuda a largo plazo*

Corrección valorativa, por la recuperación de valor en inversiones financieras de los subgrupos 24 y 25, hasta el límite de las pérdidas contabilizadas con anteioridad.

Se abonará por el importe de la corrección de valor, con cargo a las cuentas 293, 294, 296 o 297.

797. *Reversión del deterioro de créditos a largo plazo*

Corrección valorativa por la recuperación de valor en créditos de los subgrupos 24 y 25.

Se abonará por el importe de la corrección de valor, con cargo a las cuentas 295 o 298.

798. *Reversión del deterioro de participaciones y valores representativos de deuda a corto plazo*

Corrección valorativa por la recuperación de valor en inversiones financieras de los subgrupos 53 y 54 o, en su caso, hasta el límite de las pérdidas contabilizadas con anterioridad.Se abonará por el importe de la corrección de valor, con cargo a las cuentas 593, 594, 596 o 597.

799. *Reversión del deterioro de créditos a corto plazo*

Corrección valorativa, por la recuperación de valor en créditos de los subgrupos 53 y 54.

Se abonará por el importe de la corrección de valor, con cargo a las cuentas 595 o 598.

ANEXOS

- **Índice alfabético de cuentas del Plan General de Contabilidad**
- **Índice alfabético de cuentas del Plan General de Contabilidad de Pequeñas y Medianas Empresas**

Legislación y normativa relacionada con materias contables

Legislación de ámbito internacional:

- **— NIC (Normas internacionales de contabilidad)**
- **— NIIF (Normas internacionales de información financiera)**
- **— NIIF para las PYMES (Norma internacional de información para pequeñas y medianas empresas)**

Índice alfabético de cuentas del Plan General de Contabilidad*

A

* Se incluyen los grupos (código de un dígito), subgrupos (código de dos dígitos), cuentas (código de tres dígitos) y subcuentas (código de cuatro y cinco dígitos).

B

C

D

E

F

G

M

O

P

R

S

T

U

V

Índice alfabético de cuentas del Plan General de Contablidad de Pequeñas y Medianas Empresas*

A

* Se incluyen los grupos (código de un dígito), subgrupos (código de dos dígitos), cuentas (código de tres dígitos) y subcuentas (código de cuatro y cinco dígitos).

B

C

D

E

F

M

O

P

R

S

T

Legislación y normativa relacionada con la contabilidad

2024

- Resolución de 23 de abril de 2024, de la Dirección General de Seguridad Jurídica y Fe Pública, referida a los modelos para la presentación en el Registro Mercantil de las cuentas anuales de los sujetos obligados a su publicación.

2023

- Resolución de 18 de mayo de 2023, de la Dirección General de Seguridad Jurídica y Fe Pública, referida a los modelos para la presentación en el Registro Mercantil de las cuentas anuales de los sujetos obligados a su publicación.

2022

- Orden JUS/616/2022, de 30 de junio, por la que se aprueban los nuevos modelos para la presentación en el Registro Mercantil de las cuentas anuales de los sujetos obligados a su publicación.

2021

- Orden JUS/794/2021, de 22 de julio, por la que se aprueban los nuevos modelos para la presentación en el Registro Mercantil de las cuentas anuales de los sujetos obligados a su publicación.
- Resolución de 10 de febrero de 2021, del Instituto de Contabilidad y Auditoría de Cuentas, por la que se dictan normas de registro, valoración y elaboración de las cuentas anuales para el reconocimiento de ingresos por la entrega de bienes y la prestación de servicios.
- Circular 1/2021, de 28 de enero, del Banco de España, por la que se modifican la Circular 1/2013, de 24 de mayo, sobre la Central de Información de Riesgos, y la Circular 5/2012, de 27 de junio, a entidades de crédito y proveedores de servicios de pago, sobre transparencia de los servicios bancarios y responsabilidad en la concesión de préstamos.
- Real Decreto 1/2021, de 12 de enero, por el que se modifican el Plan General de Contabilidad aprobado por el Real Decreto 1514/2007, de 16 de noviembre; el Plan General de Contabilidad de Pequeñas y Medianas Empresas aprobado por el Real Decreto 1515/2007, de 16 de noviembre; las Normas para la Formulación de Cuentas Anuales Consolidadas aprobadas por el Real Decreto 1159/2010, de 17 de septiembre; y las normas de adaptación del Plan General de Contabilidad a las entidades sin fines lucrativos aprobadas por el Real Decreto 1491/2011, de 24 de octubre.

2020

- Circular 2/2020, de 11 de junio, del Banco de España, por la que se modifica la Circular 4/2017, de 27 de noviembre, a entidades de crédito, sobre normas de información financiera pública y reservada, y modelos de estados financieros.
- Circular 3/2020, de 11 de junio, del Banco de España, por la que se modifica la Circular

4/2017, de 27 de noviembre, a entidades de crédito, sobre normas de información financiera pública y reservada, y modelos de estados financieros.

2019

- Resolución de 5 de marzo de 2019, del Instituto de Contabilidad y Auditoría de Cuentas, por la que se desarrollan los criterios de presentación de los instrumentos financieros y otros aspectos contables relacionados con la regulación mercantil de las sociedades de capital.
- Resolución de 22 de mayo de 2019, de la Dirección General de los Registros y del Notariado, por la que se aprueba el nuevo modelo para la presentación en el Registro Mercantil de las cuentas anuales consolidadas de los sujetos obligados a su publicación.

2018

- Circular 1/2018, de 12 de marzo, de la Comisión Nacional del Mercado de Valores, sobre advertencias relativas a instrumentos financieros.
- Orden JUS/318/2018, de 21 de marzo, por la que se aprueba el nuevo modelo para la presentación en el Registro Mercantil de las cuentas anuales consolidadas de los sujetos obligados a su publicación.
- Orden JUS/319/2018, de 21 de marzo, por la que se aprueban los nuevos modelos para la presentación en el Registro Mercantil de las cuentas anuales de los sujetos obligados a su publicación.
- Circular 3/2018, de 28 de junio, de la Comisión Nacional del Mercado de Valores, sobre información periódica de los emisores con valores admitidos a negociación en mercados regulados relativa a los informes financieros semestrales, las declaraciones intermedias de gestión y, en su caso, los informes financieros trimestrales.
- Ley 11/2018, de 28 de diciembre, por la que se modifica el Código de Comercio, el texto refundido de la Ley de Sociedades de Capital aprobado por el Real Decreto Legislativo 1/2010, de 2 de julio, y la Ley 22/2015, de 20 de julio, de Auditoría de Cuentas, en materia de información no financiera y diversidad.

2017

- Real Decreto 583/2017, de 12 de junio, por el que se modifica el Plan de contabilidad de las entidades aseguradoras y reaseguradoras y normas sobre la formulación de las cuentas anuales consolidadas de los grupos de entidades aseguradoras y reaseguradoras, aprobado por el Real Decreto 1317/2008, de 24 de julio.
- Real Decreto-ley 11/2017, de 23 de junio, de medidas urgentes en materia financiera.
- Real Decreto-ley 18/2017, de 24 de noviembre, por el que se modifican el Código de Comercio, el texto refundido de la Ley de Sociedades de Capital aprobado por el Real Decreto Legislativo 1/2010, de 2 de julio, y la Ley 22/2015, de 20 de julio, de Auditoría de Cuentas, en materia de información no financiera y diversidad.
- Circular 4/2017, de 27 de noviembre, del Banco de España, a entidades de crédito, sobre normas de información financiera pública y reservada, y modelos de estados financieros.
- Real Decreto-ley 21/2017, de 29 de diciembre, de medidas urgentes para la adaptación del derecho español a la normativa de la Unión Europea en materia del mercado de valores.

2016

- Resolución de 29 de enero de 2016, del Instituto de Contabilidad y Auditoría de Cuentas, sobre la información a incorporar en la memoria de las cuentas anuales en relación con el periodo medio de pago a proveedores en operaciones comerciales.
- Resolución de 9 de febrero de 2016, del Instituto de Contabilidad y Auditoría de Cuentas, por la que se desarrollan las normas de registro, valoración y elaboración de las cuentas anuales para la contabilización del Impuesto sobre Beneficios.
- Circular 6/2016, de 30 de junio, del Banco de España, a las entidades de crédito y a los establecimientos financieros de crédito, por la que se determinan el contenido y el formato del documento «Información Financiera-PYME» y se especifica la metodología de calificación del riesgo previstos en la Ley 5/2015, de 27 de abril, de fomento de la financiación empresarial.

Real Decreto 602/2016, de 2 de diciembre, por el que se modifican el Plan General de Contabilidad aprobado por el Real Decreto 1514/2007, de 16 de noviembre; el Plan General de Contabilidad de Pequeñas y Medianas Empresas aprobado por el Real Decreto 1515/2007, de 16 de noviembre; las Normas para la Formulación de Cuentas Anuales Consolidadas aprobadas por el Real Decreto 1159/2010, de 17 de septiembre; y las Normas de Adaptación del Plan General de Contabilidad a las entidades sin fines lucrativos aprobadas por el Real Decreto 1491/2011, de 24 de octubre.

2015

- Resolución de 28 de enero de 2015, de la Dirección General de los Registros y del Notariado, por la que se modifica el modelo establecido en la Orden JUS/1698/2011, de 13 de junio, por la que se aprueba el modelo para la presentación en el Registro Mercantil de las cuentas anuales consolidadas, y se da publicidad a las traducciones de las lenguas cooficiales propias de cada comunidad autónoma.
- Resolución de 28 de enero de 2015, de la Dirección General de los Registros y del Notariado, por la que se modifican los modelos establecidos en la Orden JUS/206/2009, de 28 de enero, por la que se aprueban nuevos modelos para la presentación en el Registro Mercantil de las cuentas anuales de los sujetos obligados a su publicación, y se da publicidad a las traducciones a las lenguas cooficiales propias de cada comunidad autónoma.
- Resolución de 14 de abril de 2015, del Instituto de Contabilidad y Auditoría de Cuentas, por la que se establecen criterios para la determinación del coste de producción.

2014

- Resolución de 28 de enero de 2014, de la Dirección General de los Registros y del Notariado, por la que modifica el modelo establecido en la Orden JUS/1698/2011, de 13 de junio, por la que se aprueba el modelo para la presentación en el Registro Mercantil de las cuentas anuales consolidadas, y se da publicidad a las traducciones de las lenguas cooficiales propias de cada Comunidad Autónoma.

2013

- Resolución de 1 de marzo de 2013, del Instituto de Contabilidad y Auditoría de Cuentas, por la que se dictan normas de registro y valoración del inmovilizado material y de las inversiones inmobiliarias.
- Resolución de 26 de marzo de 2013, del Instituto de Contabilidad y Auditoría de Cuentas, por la que se aprueba el Plan de Contabilidad de las entidades sin fines lucrativos.
- Resolución de 26 de marzo de 2013, del Instituto de Contabilidad y Auditoría de Cuentas, por la que se aprueba el Plan de Contabilidad de pequeñas y medianas entidades sin fines lucrativos.
- 26 de abril de 2013, corrección de errores de la Resolución de 1 de marzo de 2013, del Instituto de Contabilidad y Auditoría de Cuentas, por la que se dictan normas de registro y valoración del inmovilizado material y de las inversiones inmobiliarias.
- Resolución de 28 de mayo de 2013, del Instituto de Contabilidad y Auditoría de Cuentas, por la que se dictan normas de registro, valoración e información a incluir en la memoria del inmovilizado intangible.
- 13 de julio, corrección de errores de la Resolución de 28 de mayo de 2013, del Instituto de Contabilidad y Auditoría de Cuentas, por la que se dictan normas de registro, valoración e información a incluir en la memoria del inmovilizado intangible.
- Resolución de 18 de septiembre de 2013, del Instituto de Contabilidad y Auditoría de Cuentas, por la que se dictan normas de registro y valoración e información a incluir en la memoria de las cuentas anuales sobre el deterioro del valor de los activos.
- Resolución de 8 de octubre de 2013 de la Presidencia del Tribunal de Cuentas, por la que se publica el Acuerdo del Pleno de 26 de septiembre de 2013, de aprobación del Plan de Contabilidad Adaptado a las Formaciones Políticas.
- Resolución de 18 de octubre de 2013, del Instituto de Contabilidad y Auditoría de Cuentas, sobre el marco de información financiera cuando no resulta adecuada la aplicación del principio de empresa en funcionamiento.

2011

- Resolución de 21 de enero de 2011 del Instituto de Contabilidad y Auditoría de Cuentas, por la que se aprueban los modelos 04A y 04B, de comunicación de variaciones producidas durante el ejercicio, a remitir por los auditores de cuentas y sociedades de auditoría, respectivamente.
- Real Decreto 1491/2011, de 24 de octubre, por el que se aprueban las normas de adaptación del Plan General de Contabilidad a las entidades sin fines lucrativos y el modelo de plan de actuación de las entidades sin fines lucrativos.

2010

- Orden EHA/733/2010, de 25 de marzo, por la que se aprueban aspectos contables de empresas públicas que operan en determinadas circunstancias.
- Resolución de 6 de abril de 2010, de la Dirección General de los Registros y del Notariado, por la que se modifican los modelos establecidos en la Orden JUS/206/2009, de 28 de enero, por la que se aprueban nuevos modelos para la presentación en el Registro Mercantil de las cuentas anuales de los sujetos obligados a su publicación y se da publicidad a las traducciones a las lenguas cooficiales propias de cada Comunidad Autónoma.
- Ley 12/2010, de 30 de junio, por la que se modifica la Ley 19/1988, de 12 de julio, de Auditoría de Cuentas, la Ley 24/1988, de 28 de julio, del Mercado de Valores y el texto refundido de la Ley de Sociedades Anónimas aprobado por el Real Decreto Legislativo 1564/1989, de 22 de diciembre, para su adaptación a la normativa comunitaria.
- Resolución de 7 de julio de 2010, del Instituto de Contabilidad y Auditoría de Cuentas, por la que se publica la Norma Técnica de Auditoría de elaboración del Informe Complementario al de auditoría de las cuentas anuales de las Empresas de Servicios de Inversión y sus Grupos.
- Decisión de la Comisión de 1 de septiembre de 2010 sobre la adecuación de las autoridades competentes de Australia y los Estados Unidos de América con arreglo a la Directiva 2006/43/CE del Parlamento Europeo y del Consejo.
- Real Decreto 1159/2010, de 17 de septiembre, por el que se aprueban las Normas para la Formulación de Cuentas Anuales Consolidadas y se modifica el Plan General de Contabilidad aprobado por Real Decreto 1514/2007, de 16 de noviembre y el Plan General de Contabilidad de Pequeñas y Medianas Empresas aprobado por Real Decreto 1515/2007, de 16 de noviembre.
- Resolución de 7 de octubre de 2010 del Instituto de Contabilidad y Auditoría de Cuentas, por la que se publica la Norma Técnica de Auditoría sobre el «valor razonable» (BOE Nº 254, de 20 de octubre de 2010).
- Resolución de 8 de octubre de 2010, del Instituto de Contabilidad y Auditoría de Cuentas, por la que se modifican las Resoluciones de 10 de mayo de 1991 y de 5, 6 y 7 de mayo de 1997 del Instituto de Contabilidad y Auditoria de Cuentas, y complementan determinadas condiciones que deben cumplir los cursos de formación teórica de auditores, previstos en el artículo 24 del Reglamento que desarrolla la Ley de Auditoría de Cuentas, aprobado por Real Decreto 1636/1990, de 20 de diciembre, para su homologación por el Instituto de Contabilidad y Auditoría de Cuentas.
- Resolución de 21 de diciembre de 2010, del Instituto de Contabilidad y Auditoría de Cuentas, por la que se publica la Norma Técnica de Auditoría sobre Información Comparativa: cifras comparativas y cuentas anuales comparativas.
- Resolución de 21 de diciembre de 2010, del Instituto de Contabilidad y Auditoría de Cuentas, por la que se publica la modificación de la sección 3 de las Normas Técnicas de Auditoría, publicadas por Resolución de 19 de enero de 1991, relativa a las Normas Técnicas sobre Informes.
- Orden EHA/3360/2010, de 21 de diciembre, por la que se aprueban las normas sobre los aspectos contables de las sociedades cooperativas.
- Resolución de 22 de diciembre de 2010 del Instituto de Contabilidad y Auditoría de Cuentas, por la que se somete a información pública la Norma Técnica de Auditoría sobre «relación entre auditores».
- Resolución de 22 de diciembre de 2010, del Instituto de Contabilidad y Auditoría de Cuentas, por la que se hace pública la Norma de Control de Calidad Interno de los auditores de cuentas y sociedades de auditoría.
- Orden EHA/3362/2010, de 23 de diciembre, por la que se aprueban las normas de adapta-

ción del Plan General de Contabilidad a las empresas concesionarias de infraestructuras públicas.

- Resolución de 29 de diciembre de 2010, del Instituto de Contabilidad y Auditoría de Cuentas, sobre la información a incorporar en la memoria de las cuentas anuales en relación con los aplazamientos de pago a proveedores en operaciones comerciales.

2009

- Resolución de 20 de enero de 2009, de la Intervención General de la Administración del Estado, por la que se modifica la adaptación del Plan General de Contabilidad Pública a las Mutuas de Accidentes de Trabajo y Enfermedades Profesionales de la Seguridad Social, aprobada por Resolución de 22 de diciembre de 1998.
- Real Decreto 72/2009, de 30 de enero, por el que se completa la plantilla orgánica del ministerio fiscal para el año 2008.
- Orden JUS/1291/2009, de 21 de mayo, por la que se modifica la Orden JUS/206/2009, de 28 de enero, por la que se aprueban nuevos modelos para la presentación en el Registro Mercantil de las cuentas anuales de los sujetos obligados a su publicación.
- Resolución de 25 de mayo de 2009, de la Dirección General de los Registros y del Notariado, por la que se da publicidad a las traducciones a las lenguas cooficiales propias de cada una de las Comunidades Autónomas, de los modelos de las cuentas anuales que deben depositarse en los Registros Mercantiles.
- Orden EHA/1327/2009, de 26 de mayo, sobre normas especiales para la elaboración, documentación y presentación de la información contable de las sociedades de garantía recíproca.
- Real Decreto 2003/2009, de 23 de diciembre, por el que se modifica el Real Decreto 1514/2007, de 16 noviembre, por el que se aprueba el Plan General de Contabilidad.
- *CORRECCIÓN de errores y erratas del Real Decreto 1317/2008, de 24 de julio, por el que se aprueba el Plan de contabilidad de las entidades aseguradoras.*
- *REAL DECRETO 1317/2008, de 24 de julio, por el que se aprueba el Plan de contabilidad de las entidades aseguradoras.*
- En junio de 2008 se hacen públicos en la web del Ministerio de Justicia los borradores de los nuevos modelos para el Depósito de cuentas en el Registro Mercantil, con objeto de poder comunicar cualquier incidencia antes de su aprobación definitiva.

Legislación de ámbito internacional

2024

- Reglamento (UE) 2024/1317 de la Comisión de 15 de mayo de 2024 por el que se modifica el Reglamento (UE) 2023/1803 en lo referente a la Norma Internacional de Contabilidad 7 y a la Norma Internacional de Información Financiera 7.

2023

- Directiva Delegada (UE) 2023/2775 de la Comisión de 17 de octubre de 2023 por la que se modifica la Directiva 2013/34/UE del Parlamento Europeo y del Consejo en lo que respecta al ajuste de los criterios de tamaño de las empresas o grupos de tamaño micro, pequeño, mediano y grande.
- Reglamento (UE) 2023/1803 de la Comisión de 13 de agosto de 2023 por el que se adoptan determinadas normas internacionales de contabilidad de conformidad con el Reglamento (CE) n. o 1606/2002 del Parlamento Europeo y del Consejo.
- Reglamento (UE) 2023/2468 de la Comisión de 8 de noviembre de 2023 por el que se modifica el Reglamento (UE) 2023/1803 en lo referente a la Norma Internacional de Contabilidad 12.
- Reglamento (UE) 2023/2579 de la Comisión de 20 de noviembre de 2023 por el que se modifica el Reglamento (UE) 2023/1803 en lo referente a la Norma Internacional de Información Financiera 16.
- Reglamento (UE) 2023/2822 de la Comisión de 19 de diciembre de 2023 por el que se modifica el Reglamento (UE) 2023/1803 en lo referente a la Norma Internacional de Contabilidad 1.

2022

- Reglamento (UE) 2022/357 de la Comisión de 2 de marzo de 2022 que modifica el Reglamento (CE) n.º 1126/2008 por el que se adoptan determinadas normas internacionales de contabilidad de conformidad con el Reglamento (CE) n.º 1606/2002 del Parlamento Europeo y del Consejo, en lo relativo a las Normas Internacionales de Contabilidad 1 y 8.

2021

- Reglamento (UE) 2021/25 de la Comisión de 13 de enero de 2021 por el que se modifica el Reglamento (CE) n.º 1126/2008, por el que se adoptan determinadas Normas Internacionales de Contabilidad de conformidad con el Reglamento (CE) n.º 1606/2002 del Parlamento Europeo y del Consejo, en lo que respecta a la Norma Internacional de Contabilidad n.º 39 y a las Normas Internacionales de Información Financiera 4, 7, 9 y 16.
- Reglamento (UE) 2021/1080 de la Comisión de 28 de junio de 2021 que modifica el Reglamento (CE) n.º 1126/2008, por el que se adoptan determinadas Normas Internacionales de Contabilidad de conformidad con el Reglamento (CE) n.º 1606/2002 del Parlamento Europeo y del Consejo, en lo que respecta a las Normas Internacionales de Contabilidad 16, 37 y 41 y a las Normas Internacionales de Información Financiera 1, 3 y 9.
- Reglamento (UE) 2021/1421 de la Comisión de 30 de agosto de 2021 por el que se modifica el Reglamento (CE) n.º 1126/2008, por el que se adoptan determinadas normas internacionales de contabilidad de conformidad con el Reglamento (CE) n.º 1606/2002 del Parlamento Europeo y

del Consejo, en lo relativo a la Norma Internacional de Información Financiera 16.

- Reglamento (UE) 2021/2036 de la Comisión de 19 de noviembre de 2021 por el que se modifica el Reglamento (CE) n.º 1126/2008, por el que se adoptan determinadas normas internacionales de contabilidad de conformidad con el Reglamento (CE) n.º 1606/2002 del Parlamento Europeo y del Consejo, en lo relativo a la Norma Internacional de Información Financiera 17.

2020

- Reglamento (UE) 2020/34 de la Comisión de 15 de enero de 2020 por el que se modifica el Reglamento (CE) n.º 1126/2008, por el que se adoptan determinadas Normas Internacionales de Contabilidad de conformidad con el Reglamento (CE) n.º 1606/2002 del Parlamento Europeo y del Consejo, en lo que respecta a la Norma Internacional de Contabilidad n.º 9 y a las Normas Internacionales de Información Financiera 7 y 9.
- Reglamento (UE) 2020/551 de la Comisión de 21 de abril de 2020 por el que se modifica el Reglamento (CE) n.º 1126/2008, por el que se adoptan determinadas normas internacionales de contabilidad de conformidad con el Reglamento (CE) n.º 1606/2002 del Parlamento Europeo y del Consejo, en lo relativo a la Norma Internacional de Información Financiera 3.
- Reglamento (UE) 2020/1434 de la Comisión de 9 de octubre de 2020 que modifica el Reglamento (CE) n.º 1126/2008 por el que se adoptan determinadas Normas Internacionales de Contabilidad de conformidad con el Reglamento (CE) n.º 1606/2002 del Parlamento Europeo y del Consejo, en lo relativo a la Norma Internacional de Contabilidad 16.
- Reglamento (UE) 2020/2097 de la Comisión de 15 de diciembre de 2020 por el que se modifica el Reglamento (CE) n.º 1126/2008, por el que se adoptan determinadas normas internacionales de contabilidad de conformidad con el Reglamento (CE) n.º 1606/2002 del Parlamento Europeo y del Consejo, en lo relativo a la Norma Internacional de Información Financiera 4.

2019

- Reglamento (UE) 2019/2104 de la Comisión de 29 de noviembre de 2019 que modifica el Reglamento (CE) n.º 1126/2008 por el que se adoptan determinadas normas internacionales de contabilidad de conformidad con el Reglamento (CE) n.º 1606/2002 del Parlamento Europeo y del Consejo, en lo relativo a las Normas Internacionales de Contabilidad 1 y 8.
- Reglamento (UE) 2019/2075 de la Comisión de 29 de noviembre de 2019 que modifica el Reglamento (CE) n.º 1126/2008, por el que se adoptan determinadas Normas Internacionales de Contabilidad de conformidad con el Reglamento (CE) n.º 1606/2002 del Parlamento Europeo y del Consejo, en lo que respecta a las Normas Internacionales de Contabilidad 1, 8, 34, 37 y 38, las Normas Internacionales de Información Financiera 2, 3 y 6, las Interpretaciones 12, 19, 20 y 22 del Comité de Interpretaciones de las Normas Internacionales de Información Financiera y la Interpretación 32 del Comité de Interpretaciones de Normas.
- Reglamento (UE) 2019/237 de la Comisión de 8 de febrero de 2019 que modifica el Reglamento (CE) n.º 1126/2008 por el que se adoptan determinadas Normas Internacionales de Contabilidad de conformidad con el Reglamento (CE) n.º 1606/2002 del Parlamento Europeo y del Consejo, en lo relativo a la Norma Internacional de Contabilidad 28.
- Reglamento (UE) 2019/402 de la Comisión de 13 de marzo de 2019 que modifica el Reglamento (CE) n.º 1126/2008 por el que se adoptan determinadas Normas Internacionales de Contabilidad de conformidad con el Reglamento (CE) n.º 1606/2002 del Parlamento Europeo y del Consejo, en lo relativo a la Norma Internacional de Contabilidad 19.
- Reglamento (UE) 2019/412 de la Comisión de 14 de marzo de 2019 por el que se modifica el Reglamento (CE) n.º 1126/2008, por el que se adoptan determinadas Normas Internacionales de Contabilidad de conformidad con el Reglamento (CE) n.º 1606/2002 del Parlamento Europeo y del Consejo, en lo que respecta a las Normas Internacionales de Contabilidad 12 y 23 y a las Normas Internacionales de Información Financiera 3 y 11.

2018

- Reglamento (UE) 2018/182 de la Comisión de 7 de febrero de 2018, que modifica el Reglamento (CE) n.º 1126/2008, por el que se adoptan determinadas Normas Internacionales de Contabilidad de conformidad con el Reglamento (CE) n.º 1606/2002 del Parlamento Europeo y del Consejo, en lo que respecta a la Norma Internacional de Contabilidad 28 y a las Normas Internacionales de Información Financiera 1 y 12.

- Reglamento (UE) 2018/289 de la Comisión de 26 de febrero de 2018 que modifica el Reglamento (CE) n.º 1126/2008, por el que se adoptan determinadas normas internacionales de contabilidad de conformidad con el Reglamento (CE) n.º 1606/2002 del Parlamento Europeo y del Consejo, en lo relativo a la Norma Internacional de Información Financiera (NIIF) 2 Pagos basados en acciones.
- Reglamento (UE) 2018/400 de la Comisión de 14 de marzo de 2018 que modifica el Reglamento (CE) n.º 1126/2008, por el que se adoptan determinadas Normas Internacionales de Contabilidad de conformidad con el Reglamento (CE) n.º 1606/2002 del Parlamento Europeo y del Consejo, en lo relativo a la Norma Internacional de Contabilidad (NIC) 40.
- Reglamento (UE) 2018/498 de la Comisión de 22 de marzo de 2018 que modifica el Reglamento (CE) n.º 1126/2008, por el que se adoptan determinadas Normas Internacionales de Contabilidad de conformidad con el Reglamento (CE) n.º 1606/2002 del Parlamento Europeo y del Consejo, en lo que respecta a la Norma Internacional de Información Financiera 9.
- Reglamento (UE) 2018/519 de la Comisión de 28 de marzo de 2018 que modifica el Reglamento (CE) n.º 1126/2008, por el que se adoptan determinadas normas internacionales de contabilidad de conformidad con el Reglamento (CE) n.º 1606/2002 del Parlamento Europeo y del Consejo, en lo que respecta a la Interpretación 22 del Comité de Interpretaciones de las Normas Internacionales de Información Financiera.
- Reglamento (UE) 2018/1595 de la Comisión de 23 de octubre de 2018 que modifica el Reglamento (CE) n.º 1126/2008, por el que se adoptan determinadas Normas Internacionales de Contabilidad de conformidad con el Reglamento (CE) n.º 1606/2002 del Parlamento Europeo y del Consejo, en lo que respecta a la Interpretación 23 del Comité de Interpretaciones de las Normas Internacionales de Información Financiera.
- Reglamento delegado (UE) 2018/815 de la Comisión de 17 de diciembre de 2018 por el que se completa la Directiva 2004/109/CE del Parlamento Europeo y del Consejo en lo que respecta a las normas técnicas de regulación relativas a la especificación de un formato electrónico único de presentación de información.

2017

- Reglamento (UE) 2016/1905 de la Comisión de 22 de septiembre de 2016, que modifica el Reglamento (CE) n.º 1126/2008, por el que se adoptan determinadas Normas Internacionales de Contabilidad de conformidad con el Reglamento (CE) n.º 1606/2002 del Parlamento Europeo y del Consejo, en lo relativo a la Norma Internacional de Información Financiera 15.
- Reglamento (UE) 2017/1986 de la Comisión de 31 de octubre de 2017, que modifica el Reglamento (CE) n.º 1126/2008, por el que se adoptan determinadas Normas Internacionales de Contabilidad de conformidad con el Reglamento (CE) n.º 1606/2002 del Parlamento Europeo y del Consejo, en lo relativo a la Norma Internacional de Información Financiera 16.
- Reglamento (UE) 2017/1987 de la Comisión de 31 de octubre de 2017, que modifica el Reglamento (CE) n.º 1126/2008, por el que se adoptan determinadas Normas Internacionales de Contabilidad de conformidad con el Reglamento (CE) n.º 1606/2002 del Parlamento Europeo y del Consejo, en lo relativo a la Norma Internacional de Información Financiera 15.
- Reglamento (UE) 2017/1988 de la Comisión de 3 de noviembre de 2017, que modifica el Reglamento (CE) n.º 1126/2008, por el que se adoptan determinadas Normas Internacionales de Contabilidad de conformidad con el Reglamento (CE) n.º 1606/2002 del Parlamento Europeo y del Consejo, en lo relativo a la Norma Internacional de Información Financiera 4.
- Reglamento (UE) 2017/1989 de la Comisión de 6 de noviembre de 2017, que modifica el Reglamento (CE) n.º 1126/2008, por el que se adoptan determinadas Normas Internacionales de Contabilidad de conformidad con el Reglamento (CE) n.º 1606/2002 del Parlamento Europeo y del Consejo, en lo relativo a la Norma Internacional de Contabilidad 12.
- Reglamento (UE) 2017/1990 de la Comisión de

6 de noviembre de 2017, que modifica el Reglamento (CE) n.º 1126/2008 por el que se adoptan determinadas normas internacionales de contabilidad de conformidad con el Reglamento (CE) n.º 1606/2002 del Parlamento Europeo y del Consejo, en lo relativo a la Norma Internacional de Contabilidad 7.

- Reglamento (UE) 2016/2067 de la Comisión de 22 de noviembre de 2016, que modifica el Reglamento (CE) n.º 1126/2008, por el que se adoptan determinadas Normas Internacionales de Contabilidad de conformidad con el Reglamento (CE) n.º 1606/2002 del Parlamento Europeo y del Consejo, en lo relativo a la Norma Internacional de Información Financiera 9.

2016

- Reglamento (UE) 2016/2067 de la Comisión de 22 de noviembre de 2016 que modifica el Reglamento (CE) n.º 1126/2008, por el que se adoptan determinadas Normas Internacionales de Contabilidad de conformidad con el Reglamento (CE) n.º 1606/2002 del Parlamento Europeo y del Consejo, en lo relativo a la Norma Internacional de Información Financiera 9.
- Reglamento (UE) 2016/1703 de la Comisión de 22 de septiembre de 2016 que modifica el Reglamento (CE) n.º 1126/2008, por el que se adoptan determinadas Normas Internacionales de Contabilidad de conformidad con el Reglamento (CE) n.º 1606/2002 del Parlamento Europeo y del Consejo, en lo relativo a las Normas Internacionales de Información Financiera 10 y 12 y a la Norma Internacional de Contabilidad 28.
- Reglamento (UE) 2016/1905 de la Comisión de 22 de septiembre de 2016 que modifica el Reglamento (CE) n.º 1126/2008, por el que se adoptan determinadas Normas Internacionales de Contabilidad de conformidad con el Reglamento (CE) n.º 1606/2002 del Parlamento Europeo y del Consejo, en lo relativo a la Norma Internacional de Información Financiera 15.
- Reglamento (UE) 2016/2067 de la Comisión de 22 de noviembre de 2016 que modifica el Reglamento (CE) n.º 1126/2008, por el que se adoptan determinadas Normas Internacionales de Contabilidad de conformidad con el Reglamento (CE) n.º 1606/2002 del Parlamento Europeo y del Consejo, en lo relativo a la Norma Internacional de Información Financiera 9.

2015

- Reglamento (UE) 2015/2441 de la Comisión de 18 de diciembre de 2015 que modifica el Reglamento (CE) n.º 1126/2008, por el que se adoptan determinadas Normas Internacionales de Contabilidad de conformidad con el Reglamento (CE) n.º 1606/2002 del Parlamento Europeo y del Consejo, en lo relativo a la Norma Internacional de Contabilidad 27.
- Reglamento (UE) 2015/2113 de la Comisión de 23 de noviembre de 2015 que modifica el Reglamento (CE) n.º 1126/2008, por el que se adoptan determinadas Normas Internacionales de Contabilidad de conformidad con el Reglamento (CE) n.º 1606/2002 del Parlamento Europeo y del Consejo, en lo relativo a las Normas Internacionales de Contabilidad 16 y 41.
- Reglamento (UE) 2015/2173 de la Comisión de 24 de noviembre de 2015 que modifica el Reglamento (CE) n.º 1126/2008, por el que se adoptan determinadas Normas Internacionales de Contabilidad de conformidad con el Reglamento (CE) n.º 1606/2002 del Parlamento Europeo y del Consejo, en lo relativo a la Norma Internacional de Información Financiera 11.
- Reglamento (UE) 2015/2231 de la Comisión de 2 de diciembre de 2015 que modifica el Reglamento (CE) n.º 1126/2008 por el que se adoptan determinadas normas internacionales de contabilidad de conformidad con el Reglamento (CE) n.º 1606/2002 del Parlamento Europeo y del Consejo, en lo relativo a las Normas Internacionales de Contabilidad (NIC) 16 y 38.
- Reglamento (UE) 2015/2343 de la Comisión de 15 de diciembre de 2015 que modifica el Reglamento (CE) n.º 1126/2008, por el que se adoptan determinadas Normas Internacionales de Contabilidad de conformidad con el Reglamento (CE) n.º 1606/2002 del Parlamento Europeo y del Consejo, en lo relativo a las Normas Internacionales de Información Financiera 5 y 7 y a las Normas Internacionales de Contabilidad 19 y 34.
- Reglamento (UE) 2015/2406 de la Comisión de 18 de diciembre de 2015 que modifica el Reglamento (CE) n.º 1126/2008 por el que se adoptan determinadas Normas Internacionales de Contabilidad de

conformidad con el Reglamento (CE) n.º 1606/2002 del Parlamento Europeo y del Consejo, en lo relativo a la Norma Internacional de Contabilidad 1.

2014

- Reglamento (UE) n.º 634/2014 de la Comisión de 13 de junio de 2014, que modifica el Reglamento (CE) n.º 1126/2008, por el que se adoptan determinadas normas internacionales de contabilidad de conformidad con el Reglamento (CE) n.º 1606/2002 del Parlamento Europeo y del Consejo, en lo que respecta a la Interpretación 21 del Comité de Interpretaciones de las Normas Internacionales de Información Financiera.
- Directiva 2014/95/UE del Parlamento Europeo y del Consejo de 22 de octubre de 2014, por la que se modifica la Directiva 2013/34/UE en lo que respecta a la divulgación de información no financiera e información sobre diversidad por parte de determinadas grandes empresas y determinados grupos.
- Directiva 2014/102/UE del Consejo de 7 de noviembre de 2014, por la que se modifica la Directiva 2013/34/UE del Parlamento Europeo y del Consejo sobre los estados financieros anuales, los estados financieros consolidados y otros informes afines de ciertos tipos de empresas, con motivo de la adhesión de la República de Croacia.
- Reglamento (UE) 2015/28 de la Comisión de 17 de diciembre de 2014, que modifica el Reglamento (CE) n.º 1126/2008, por el que se adoptan determinadas Normas Internacionales de Contabilidad de conformidad con el Reglamento (CE) n.º 1606/2002 del Parlamento Europeo y del Consejo, en lo relativo a las Normas Internacionales de Información Financiera 2, 3 y 8 y a las Normas Internacionales de Contabilidad 16, 24 y 38.
- Reglamento (UE) 2015/29 de la Comisión de 17 de diciembre de 2014, que modifica el Reglamento (CE) n.º 1126/2008 por el que se adoptan determinadas Normas Internacionales de Contabilidad de conformidad con el Reglamento (CE) n.º 1606/2002 del Parlamento Europeo y del Consejo, en lo relativo a la Norma Internacional de Contabilidad 19.
- Reglamento (UE) n.º 1361/2014 de la Comisión de 18 de diciembre de 2014, que modifica el Reglamento (CE) n.º 1126/2008, por el que se adoptan determinadas Normas Internacionales de Contabilidad de conformidad con el Reglamento (CE) n.º 1606/2002 del Parlamento Europeo y del Consejo, en lo relativo a las Normas Internacionales de Información Financiera 3 y 13 y a la Norma Internacional de Contabilidad 40.

2013

- Reglamento (UE) n.º 183/2013 de la Comisión, de 4 de marzo de 2013, que modifica el Reglamento (CE) n.º 1126/2008, por el que se adoptan determinadas Normas Internacionales de Contabilidad de conformidad con el Reglamento (CE) n.º 1606/2002 del Parlamento Europeo y del Consejo, en lo relativo a la Norma Internacional de Información Financiera 1.
- Reglamento (UE) n.º 301/2013 de la Comisión, de 27 de marzo de 2013, que modifica el Reglamento (CE) n.º 1126/2008, por el que se adoptan determinadas Normas Internacionales de Contabilidad de conformidad con el Reglamento (CE) n.º 1606/2002 del Parlamento Europeo y del Consejo, en lo que se refiere a las Mejoras Anuales de las Normas Internacionales de Información Financiera, Ciclo 2009-2011.
- Reglamento (UE) n.º 313/2013 de la Comisión, de 4 de abril de 2013, que modifica el Reglamento (CE) n.º 1126/2008 por el que se adoptan determinadas Normas Internacionales de Contabilidad de conformidad con el Reglamento (CE) n.º 1606/2002 del Parlamento Europeo y del Consejo, en lo relativo a los estados financieros consolidados, los acuerdos conjuntos y la revelación de participaciones en otras entidades: guía de transición (Modificaciones de las Normas Internacionales de Información Financiera 10, 11 y 12).
- Directiva 2013/34/UE del Parlamento Europeo y del Consejo de 26 de junio de 2013 sobre los estados financieros anuales, los estados financieros consolidados y otros informes afines de ciertos tipos de empresas, por la que se modifica la Directiva 2006/43/CE del Parlamento Europeo y del Consejo y se derogan las Directivas 78/660/CEE y 83/349/CEE del Consejo.
- Reglamento (UE) n.º 1174/2013 de la Comisión de 20 de noviembre de 2013, que modifica el Reglamento (CE) n.º 1126/2008, por el que se adoptan determinadas Normas Internacionales de Contabilidad de conformidad con el Reglamento (CE)

n.º 1606/2002 del Parlamento Europeo y del Consejo, en lo relativo a las Normas Internacionales de Información Financiera 10 y 12 y a la Norma Internacional de Contabilidad 27.

- Reglamento (UE) n.º 1374/2013 de la Comisión de 19 de diciembre de 2013, que modifica el Reglamento (CE) n.º 1126/2008 por el que se adoptan determinadas Normas Internacionales de Contabilidad de conformidad con el Reglamento (CE) n.º 1606/2002 del Parlamento Europeo y del Consejo, en lo relativo a la Norma Internacional de Contabilidad (NIC) 36.
- Reglamento (UE) n.º 1375/2013 de la Comisión de 19 de diciembre de 2013, que modifica el Reglamento (CE) n.º 1126/2008 por el que se adoptan determinadas Normas Internacionales de Contabilidad de conformidad con el Reglamento (CE) n.º 1606/2002 del Parlamento Europeo y del Consejo, en lo relativo a la Norma Internacional de Contabilidad (NIC) 39.

2012

- Reglamento (UE) n.º 236/2012 del Parlamento Europeo y del Consejo, de 14 de marzo de 2012, sobre las ventas en corto y determinados aspectos de las permutas de cobertura por impago.
- Directiva 2012/6/UE del Parlamento Europeo y del Consejo de 14 de marzo de 2012 por la que se modifica la Directiva 78/660/CEE del Consejo, relativa a las cuentas anuales de determinadas formas de sociedad, en lo que respecta a las microentidades.
- Reglamento (UE) n.º 475/2012 de la Comisión, de 5 de junio de 2012, que modifica el Reglamento (CE) n.º 1126/2008, por el que se adoptan determinadas Normas Internacionales de Contabilidad de conformidad con el Reglamento (CE) n.º 1606/2002 del Parlamento Europeo y del Consejo, en lo relativo a la Norma Internacional de Contabilidad (NIC) 1 y a la Norma Internacional de Contabilidad (NIC) 19.
- Reglamento (UE) n.º 1255/2012 de la Comisión, de 11 de diciembre de 2012, que modifica el Reglamento (CE) n.º 1126/2008, por el que se adoptan determinadas Normas Internacionales de Contabilidad de conformidad con el Reglamento (CE) n.º 1606/2002 del Parlamento Europeo y del Consejo, en lo relativo a la Norma Internacional de Contabilidad 12, a las Normas Internacionales de Información Financiera 1 y 13, y a la Interpretación 20 del Comité de Interpretaciones de las Normas Internacionales de Información Financiera.
- Reglamento (UE) n.º 1254/2012 de la Comisión, de 11 de diciembre de 2012, que modifica el Reglamento (CE) n.º 1126/2008, por el que se adoptan determinadas Normas Internacionales de Contabilidad de conformidad con el Reglamento (CE) n.º 1606/2002 del Parlamento Europeo y del Consejo, en lo relativo a la Norma Internacional de Información Financiera 10, a la Norma Internacional de Información Financiera 11, a la Norma Internacional de Información Financiera 12, a la Norma Internacional de Contabilidad 27 (2011), y a la Norma Internacional de Contabilidad 28 (2011).
- Reglamento (UE) n.º 1256/2012 de la Comisión, de 13 de diciembre de 2012, que modifica el Reglamento (CE) n.º 1126/2008, por el que se adoptan determinadas Normas Internacionales de Contabilidad de conformidad con el Reglamento (CE) n.º 1606/2002 del Parlamento Europeo y del Consejo, en lo relativo a la Norma Internacional de Información Financiera 7 y a la Norma Internacional de Contabilidad 32.
- Reglamento DELEGADO (UE) n.º 310/2012 de la Comisión, de 21 de diciembre de 2011, que modifica el Reglamento (CE) n.º 1569/2007, por el que se establece un mecanismo para la determinación de la equivalencia de las normas de contabilidad aplicadas por emisores de valores de terceros países, con arreglo a las Directivas 2003/71/CE y 2004/109/CE del Parlamento Europeo y del Consejo.

2011

- Decisión de la Comisión, de 19 de enero de 2011, sobre la equivalencia de los sistemas de supervisión pública, control de calidad, investigación y sanciones que aplican algunos terceros países a los auditores y sociedades de auditoría y sobre un período transitorio autorizado para las actividades de auditoría en la Unión Europea de los auditores y sociedades de auditoría de ciertos terceros países.
- Reglamento (UE) n.º 149/2011 de la Comisión de 18 de febrero de 2011, que modifica el Reglamento (CE) n.º 1126/2008, por el que se adoptan

determinadas normas internacionales de contabilidad de conformidad con el Reglamento (CE) n.º 1606/2002 del Parlamento Europeo y del Consejo, en lo que se refiere a las Mejoras de las Normas Internacionales de Información Financiera (NIIF).

(Texto pertinente a efectos del EEE)

- Reglamento (UE) n.º 1205/2011 de la Comisión de 22 de noviembre de 2011, que modifica el Reglamento (CE) n.º 1126/2008 por el que se adoptan determinadas normas internacionales de contabilidad de conformidad con el Reglamento (CE) n.º 1606/2002 del Parlamento Europeo y del Consejo, en lo relativo a la Norma Internacional de Información Financiera (NIIF) 7.

  (Texto pertinente a efectos del EEE)

2010

- Reglamento (UE) n.º 244/2010 de la Comisión, de 23 de marzo de 2010, que modifica el Reglamento (CE) n.º 1126/2008 por el que se adoptan determinadas Normas Internacionales de Contabilidad de conformidad con el Reglamento (CE) n.º 1606/2002 del Parlamento Europeo y del Consejo en lo que atañe a la Norma Internacional de Información Financiera (**NIIF**) 2 (DO L núm. 77, de 24 marzo de 2010).
- Reglamento (UE) n.º 243/2010 de la Comisión, de 23 de marzo de 2010, que modifica el Reglamento (CE) n.º 1126/2008, por el que se adoptan determinadas normas internacionales de contabilidad de conformidad con el Reglamento (CE) n.º 1606/2002 del Parlamento Europeo y del Consejo, en lo que se refiere a las Mejoras de las Normas Internacionales de Información Financiera (**NIIF**) (DO L núm. 77 de 24 marzo de 2010).
- Reglamento (UE) n.º 550/2010 de la Comisión de 23 de junio de 2010 que modifica el Reglamento (CE) n.º 1126/2008 por el que se adoptan determinadas normas internacionales de contabilidad de conformidad con el Reglamento (CE) n.º 1606/2002 del Parlamento Europeo y del Consejo, en lo relativo a la Norma Internacional de Información Financiera (NIIF) 1

  (Texto pertinente a efectos del EEE)
- Reglamento (UE) n.º 574/2010 de la Comisión de 30 de junio de 2010 que modifica el Reglamento (CE) n.º 1126/2008 por el que se adoptan determinadas normas internacionales de contabilidad de conformidad con el Reglamento (CE) n.º 1606/2002 del Parlamento Europeo y del Consejo, en lo relativo a las Normas Internacionales de Información Financiera (NIIF) 1 y (NIIF) 7.

  (Texto pertinente a efectos del EEE)
- Reglamento (UE) n.º 632/2010 de la Comisión de 19 de julio de 2010 que modifica el Reglamento (CE) n.º 1126/2008, por el que se adoptan determinadas Normas Internacionales de Contabilidad de conformidad con el Reglamento (CE) n.º 1606/2002 del Parlamento Europeo y del Consejo, en lo que respecta a la Norma Internacional de Contabilidad (NIC) 24 y a la Norma Internacional de Información Financiera (NIIF) 8

  (Texto pertinente a efectos del EEE)
- Reglamento (UE) n.º 633/2010 de la comisión de 19 de julio de 2010 que modifica el Reglamento (CE) n.º 1126/2008, por el que se adoptan determinadas Normas Internacionales de Contabilidad de conformidad con el Reglamento (CE) n.º 1606/2002 del Parlamento Europeo y del Consejo, en lo relativo a la Interpretación n.º 14 del Comité de Interpretaciones de las Normas Internacionales de Información Financiera (CI-NIIF)

  (Texto pertinente a efectos del EEE)
- Reglamento (UE) n.º 633/2010 de la Comisión de 19 de julio de 2010 que modifica el Reglamento (CE) n.º 1126/2008, por el que se adoptan determinadas Normas Internacionales de Contabilidad de conformidad con el Reglamento (CE) n.º 1606/2002 del Parlamento Europeo y del Consejo, en lo relativo a la Interpretación n.º 14 del Comité de Interpretaciones de las Normas Internacionales de Información Financiera (CINIIF)

  (Texto pertinente a efectos del EEE)

2009

- Reglamento (CE) n.º 53/2009 de la Comisión, de 21 de enero de 2009, que modifica el Reglamento (CE) n.º 1126/2008, por el que se adoptan determinadas Normas Internacionales de Contabilidad de conformidad con el Reglamento (CE) n.º 1606/2002 del Parlamento Europeo y del Consejo, en lo que respecta a la Norma Internacional de Contabilidad 32 (**NIC** 32) y a la Norma Internacional de Contabilidad 1 (**NIC** 1). (DO L núm. 17, de 22 de enero 2009).

- Reglamento (CE) n.º 70/2009 de la Comisión, de 23 de enero de 2009, que modifica el Reglamento (CE) n.º 1126/2008, por el que se adoptan determinadas Normas Internacionales de Contabilidad de conformidad con el Reglamento (CE) n.º 1606/2002 del Parlamento Europeo y del Consejo, en lo que respecta a las Mejoras de las Normas Internacionales de Información Financiera (**NIIF**) (DO L núm. 21, de 24 de enero de 2009).
- Reglamento (CE) n.º 69/2009 de la Comisión, de 23 de enero de 2009, que modifica el Reglamento (CE) n.º 1126/2008, por el que se adoptan determinadas Normas Internacionales de Contabilidad de conformidad con el Reglamento (CE) n.º 1606/2002 del Parlamento Europeo y del Consejo, en lo que respecta a las modificaciones de la Norma Internacional de Información Financiera 1 (NIIF 1) y a la Norma Internacional de Contabilidad (**NIC**) 39 (DO L núm. 21, de 24 de enero de 2009).
- Reglamento (CE) n.º **254/2009** de la Comisión, de 25 de marzo 2009 , que modifica el Reglamento (CE) n.º 1126/2008, por el que se adoptan determinadas Normas Internacionales de Contabilidad de conformidad con el Reglamento (CE) n.º 1606/2002 del Parlamento Europeo y del Consejo, en lo que respecta a la Interpretación n.º 12 del Comité de Interpretaciones de las Normas Internacionales de Información Financiera (CINIIF) (DO L núm. 80, de 26 de marzo de 2009).
- Reglamento (CE) n.º 495/2009 de la Comisión, de 3 de junio de 2009 , que modifica el Reglamento (CE) n.º 1126/2008 por el que se adoptan determinadas Normas Internacionales de Contabilidad de conformidad con el Reglamento (CE) n.º 1606/2002 del Parlamento Europeo y del Consejo, en lo relativo a la Norma Internacional de Información Financiera (**NIIF**) 3 (DO L núm. 149, de 12 de junio de 2009).
- Reglamento (CE) n.º 494/2009 de la Comisión, de 3 de junio de 2009, que modifica el Reglamento (CE) n.º 1126/2008 por el que se adoptan determinadas Normas Internacionales de Contabilidad de conformidad con el Reglamento (CE) n.º 1606/2002 del Parlamento Europeo y del Consejo, en lo relativo a la Norma Internacional de Contabilidad (**NIC**) 27 (DO L núm. 149, de 12 de junio de 2009).
- Reglamento (CE) n.º 824/2009 de la Comisión, de 9 de septiembre de 2009, que modifica el Reglamento (CE) n.º 1126/2008, por el que se adoptan determinadas Normas Internacionales de Contabilidad de conformidad con el Reglamento (CE) n.º 1606/2002 del Parlamento Europeo y del Consejo, en lo que respecta a la Norma Internacional de Contabilidad (**NIC**) 39 y a la Norma Internacional de Información Financiera (NIIF) 7 (DO L núm. 239, de 10 de septiembre de 2009).
- Reglamento (CE) n.º 839/2009 de la Comisión, de 15 de septiembre de 2009 , que modifica el Reglamento (CE) n.º 1126/2008 por el que se adoptan determinadas Normas Internacionales de Contabilidad de conformidad con el Reglamento (CE) n.º 1606/2002 del Parlamento Europeo y del Consejo, en lo relativo a la Norma Internacional de Contabilidad 39 (**NIC** 39) (DO L núm. 244, de 16 septiembre de 2009).
- Reglamento (CE) n.º 1136/2009 de la Comisión, de 25 de noviembre de 2009, que modifica el Reglamento (CE) n.º 1126/2008 por el que se adoptan determinadas normas internacionales de contabilidad de conformidad con el Reglamento (CE) n.º 1606/2002 del Parlamento Europeo y del Consejo, en lo relativo a la Norma Internacional de Información Financiera (**NIIF**) 1 (DO L núm. 311, de 26 de noviembre de 2009).
- Reglamento (CE) n.º **1142/2009** de la Comisión, de 26 de noviembre de 2009, que modifica el Reglamento (CE) n.º 1126/2008, por el que se adoptan determinadas Normas Internacionales de Contabilidad de conformidad con el Reglamento (CE) n.º 1606/2002 del Parlamento Europeo y del Consejo, en lo relativo a la Interpretación n.º 17 del Comité de Interpretaciones de las Normas Internacionales de Información Financiera (CINIIF) (DO L núm. 312, de 27 de noviembre de 2009).
- Reglamento (CE) n.º 1165/2009 de la Comisión, de 27 de noviembre de 2009, que modifica el Reglamento (CE) n.º 1126 /2008 por el que se

* Según legislación detallada en el epígrafe Legislación europea

** A partir de la entrada en vigor (1 de enero de 2017) se derogan las NIC 11 y 18.

adoptan determinadas Normas Internacionales de Contabilidad de conformidad con el Reglamento (CE) n.º 1606/2002 del Parlamento Europeo y del Consejo, en lo relativo a las Normas Internacionales de Información Financiera (**NIIF**) 4 y 7 (DO L núm. 314, de 1 de diciembre de 2009).

- Reglamento (CE) n.º **1164/2009** de la Comisión, de 27 de noviembre de 2009, que modifica el Reglamento (CE) n.º 1126/2008, por el que se adoptan determinadas Normas Internacionales de Contabilidad de conformidad con el Reglamento (CE) n.º 1606/2002 del Parlamento Europeo y del Consejo, en lo relativo a la Interpretación n.º 18 del Comité de Interpretaciones de las Normas Internacionales de Información Financiera (CINIIF) (DO L núm. 314, de 1 de diciembre de 2009).
- Reglamento (CE) n.º 1171/2009 de la Comisión, de 30 de noviembre de 2009, que modifica el Reglamento (CE) n.º 1126/2008, por el que se adoptan determinadas Normas Internacionales de Contabilidad de conformidad con el Reglamento (CE) n.º 1606/2002 del Parlamento Europeo y del Consejo, en lo relativo a la Interpretación n.º 9 del Comité de Interpretaciones de las Normas Internacionales de Información Financiera (CINIIF) y a la Norma Internacional de Contabilidad (**NIC**) 39 (DO L núm. 314, de 1 de diciembre de 2009).
- Reglamento (UE) n.º 1293/2009 de la Comisión, de 23 de diciembre de 2009, que modifica el Reglamento (CE) n.º 1126/2008 por el que se adoptan determinadas Normas Internacionales de Contabilidad de conformidad con el Reglamento (CE) n.º 1606/2002 del Parlamento Europeo y del Consejo, en lo relativo a la Norma Internacional de Contabilidad (**NIC**) 32. (DO L núm. 347 de 24 de diciembre de 2009).

2008

- Reglamento (CE) n.º 297/2008 del Parlamento Europeo y del Consejo de 11 de marzo de 2008 por el que se modifica el Reglamento (CE) n.º 1606/2002, relativo a la aplicación de normas internacionales de contabilidad, por lo que se refiere a las competencias de ejecución atribuidas a la Comisión (DO L núm. 097, de 9 de abril de 2008).
- Normas Internacionales de Información Financiera y gobernanza del Consejo de Normas Internacionales de Contabilidad Resolución del Parlamento Europeo, de 24 de abril de 2008, sobre las Normas Internacionales de Información Financiera (**NIIF**) y la gobernanza del Consejo de Normas Internacionales de Contabilidad (CNIC) (2006/2248(INI)) (DO C núm. 259E, de 29 de octubre 2009).
- Reglamento (CE) n.º 1260/2008 de la Comisión, de 10 de diciembre de 2008, que modifica el Reglamento (CE) n.º 1126/2008, por el que se adoptan determinadas normas internacionales de contabilidad de conformidad con el Reglamento (CE) n.º 1606/2002 del Parlamento Europeo y del Consejo, en lo relativo a la Norma Internacional de Contabilidad (**NIC**) 23 (DO L núm. 338, de 17 de diciembre de 2008).
- Reglamento (CE) n.º 1261/2008 de la Comisión, de 16 de diciembre de 2008, que modifica el Reglamento (CE) n.º 1126/2008, por el que se adoptan determinadas normas internacionales de contabilidad de conformidad con el Reglamento (CE) n.º 1606/2002 del Parlamento Europeo y del Consejo, en lo relativo a la Norma Internacional de Información Financiera (**NIIF**) 2 (DO L núm. 338, de 17 de diciembre de 2008).
- Reglamento (CE) n.º **1262/2008** de la Comisión, de 16 de diciembre de 2008, que modifica el Reglamento (CE) n.º 1126/2008 por el que se adoptan determinadas normas internacionales de contabilidad de conformidad con el Reglamento (CE) n.º 1606/2002 del Parlamento Europeo y del Consejo, en lo relativo a la Interpretación 13 del Comité de Interpretaciones de las Normas Internacionales de Información Financiera (CINIIF) (DO L núm. 338, de 17 de diciembre de 2008).
- Reglamento (CE) n.º **1263/2008** de la Comisión, de 16 de diciembre de 2008, que modifica el Reglamento (CE) n.º 1126/2008, por el que se adoptan determinadas normas internacionales de contabilidad de conformidad con el Reglamento (CE) n.º 1606/2002 del Parlamento Europeo y del Consejo, en lo relativo a la Interpretación n.º 14 del Comité de interpretación de las normas internacionales de información financiera (CINIIF) (DO L núm. 338, de 17de diciembre de 2008).
- Reglamento (CE) n.º 1274/2008 de la Comisión, de 17 de diciembre de 2008, que modifica el Re-

glamento (CE) n.º 1126/2008 por el que se adoptan determinadas Normas Internacionales de Contabilidad de conformidad con el Reglamento (CE) n.º 1606/2002 del Parlamento Europeo y del Consejo, en lo relativo a la Norma Internacional de Contabilidad (**NIC**) 1 (DO L núm. 339, de 18 de diciembre de 2008).

2006

- Reglamento (CE) n.º 108/2006 de la Comisión, de 11 de enero de 2006, por el que se modifica el Reglamento (CE) n.º 1725/2003 por el que se adoptan determinadas Normas Internacionales de Contabilidad de conformidad con el Reglamento (CE) n.º 1606/2002 del Parlamento Europeo y del Consejo en lo relativo a las Normas Internacionales de Información Financiera (NIIF) 1, 4, 6 y 7, a las Normas Internacionales de Contabilidad (**NIC**) 1, 14, 17, 32, 33 y 39 y a la Interpretación (CINIIF) 6 del Comité de Interpretaciones de las Normas Internacionales de Información Financiera. (DO L núm. 24 de 27de enero de 2006).
- Reglamento (CE) n.º 708/2006 de la Comisión, de 8 de mayo de 2006, por el que se modifica el Reglamento (CE) n.º 1725/2003 por el que se adoptan determinadas Normas Internacionales de Contabilidad de conformidad con el Reglamento (CE) n.º 1606/2002 del Parlamento Europeo y del Consejo en lo relativo a la Norma Internacional de Contabilidad (**NIC**) 21 y a la Interpretación (CINIIF) 7 del Comité de Interpretaciones de las Normas Internacionales de Información Financiera (DO L núm. 122, de 9 de mayo de 2006).

Normas Internacionales de Contabilidad (NIC) vigentes

Número	Nombre	Fechas de revisión*
NIC 1	Presentación de estados financieros	1997, 2004, 2005, 2009, 2010, 2011, 2012, 2015, 2017, 2020 y 2022
NIC 2	Existencias	1993, 2004, 2011, 2013 y 2017
NIC 7	Estado de flujos de efectivo	1992, 2004, 2008, 2010, 2011, 2013, 2014, 2017 y 2022
NIC 8	Políticas contables, cambios en las estimaciones contables y errores	1993, 2004, 2011, 2013, 2020 y 2022
NIC 10	Hechos posteriores al ejercicio	1999, 2004, 2009, 2013, 2020 y 2023
NIC 12	Impuesto sobre las ganancias	2000, 2004, 2005, 2009, 2011, 2013, 2014, 2017 y 2019
NIC 16	Inmovilizado material	1998, 2004, 2005, 2009, 2011, 2013, 2014, 2015, 2016, 2017, 2020, 2021 y 2022
NIC 19	Retribuciones a los empleados	2002, 2004, 2005, 2007, 2011, 2012, 2013, 2015, 2016, 2019 y 2022
NIC 20	Contabilización de las subvenciones oficiales e información a revelar sobre ayudas públicas	2004, 2008, 2011 y 2013
NIC 21	Efectos de las variaciones en los tipos de cambio de las monedas extranjeras	1993, 2004, 2006, 2009, 2011, 2013, 2017 y 2023
NIC 23	Costes por intereses	1993, 2004, 2008, 2017, 2019 y 2023
NIC 24	Información a revelar sobre partes vinculadas	2004, 2005, 2010, 2011, 2013 y 2015
NIC 26	Contabilización e información financiera sobre planes de prestaciones por jubilación	2022 y 2023
NIC 27	Estados financieros separados	2000, 2003, 2008, 2011, 2012, 2014, 2015, 2016 y 2023
NIC 28	Inversiones en entidades asociadas y en negocios conjuntos	2000, 2003, 2009, 2011, 2013, 2015, 2016, 2018, 2019, 2022 y 2023
NIC 29	Información financiera en economías hiperinflacionarias	2004
NIC 32	Instrumentos financieros: Presentación	2004, 2005, 2006, 2008, 2009, 2010, 2011, 2013, 2014, 2017, 2022 y 2023
NIC 33	Ganancias por acción	1997, 2004, 2005, 2007, 2009, 2011 y 2013
NIC 34	Información financiera intermedia	1998, 2004, 2007, 2009, 2011, 2013, 2014, 2015, 2016, 2020 y 2022
NIC 36	Deterioro del valor de los activos	1998, 2004, 2008, 2010, 2011, 2013, 2014 y 2022
NIC 37	Provisiones, pasivos contingentes y activos contingentes	1998, 2004, 2009, 2015, 2017, 2021 y 2022
NIC 38	Activos intangibles	1998, 2004, 2005, 2008, 2010, 2011, 2013, 2014, 2015, 2016, 2017 y 2022
NIC 39	Instrumentos financieros: reconocimiento y valoración	2003, 2004, 2005, 2006, 2009, 2010, 2011, 2013, 2015, 2020 y 2021

Normas Internacionales de Contabilidad (NIC) vigentes *(cont.)*

Número	Nombre	Fechas de revisión*
NIC 40	Inversiones inmobiliarias	2000, 2004, 2008, 2013, 2015, 2016, 2018 y 2022
NIC 41	Agricultura	2001, 2003, 2008, 2013, 2015, 2016, 2017 y 2021

* Según legislación detallada en el epígrafe Legislación de ámbito internacional.

Normas Internacionales de Información Financiera (NIIF)

Número	Nombre	Fechas de revisión*
NIIF 1	Adopción por primera vez de las Normas Internacionales de Información Financiera	2004, 2005, 2006, 2009, 2010, 2011, 2012, 2013, 2014, 2016, 2017, 2018, 2021 y 2022
NIIF 2	Pagos basados en acciones	2005, 2008, 2010, 2011, 2013, 2015, 2018, 2019 y 2021
NIIF 3	Combinaciones de negocios	2004, 2008, 2011, 2013, 2015, 2016, 2017, 2019, 2020, 2021 y 2022
NIIF 5	Activos no corrientes mantenidos para la venta y actividades interrumpidas	2004, 2010, 2011, 2012, 2013, 2015, 2016 y 2022
NIIF 6	Exploración y evaluación de recursos minerales	2005, 2006 y 2019
NIIF 7	Instrumentos financieros: Información a revelar	2009, 2010, 2012, 2013, 2014, 2015, 2016, 2020, 2021 y 2022
NIIF 8	Segmentos operativos	2009, 2010, 2012, 2013, 2015 y 2023
NIIF 9	Instrumentos financieros	2009, 2010, 2011, 2012, 2013, 2015, 2016, 2020, 2021 y 2022
NIIF 10	Estados financieros consolidados	2011, 2012, 2013, 2014 y 2016
NIIF 11	Acuerdos conjuntos	2011, 2012, 2013, 2015 y 2019
NIIF 12	Revelación de participaciones en otras entidades	2011, 2012, 2013, 2014, 2016, 2018 y 2023
NIIF 13	Valoración del valor razonable	2011, 2012, 2013, 2015, 2016 y 2017
NIIF 15	Ingresos ordinarios procedentes de contratos con clientes	2015, 2017, 2022 y 2023
NIIF 16	Arrendamientos	2017, 2019, 2020, 2021 y 2022
NIIF 17	Contratos de seguro	2023

* Según legislación detallada en el epígrafe Legislación dl ámbito internacional (NIC y NIIF).

Norma internacional de información financiera para pequeñas y medianas entidades (NIIF para las PYMES)*

El 9 de julio de 2009 el Consejo de Normas Internacionales de Contabilidad (IASB) ha publicado una norma para que se aplique a los estados financieros de información general y otros tipos de información financiera de pequeñas y medianas entidades (PYMES). Esta NIIF para PYMES es una versión simplificada de las NIIF.

El criterio por el que clasifica el IASB a las Pequeñas y Medianas Empresas es que son empresas privadas con ánimo de lucro que «no tienen obligación pública de rendir cuentas».

En mayo de 2015 el IASB ha publicado las modificaciones 2015 a la NIIF para las PYMES. Las entidades que informen utilizando cada norma han de aplicar las modificaciones a los periodos anuales que comiencen a partir del 1 de enero de 2017, aunque se permite su aplicación anticipada.

---

* La normativa en español y las actualizaciones se encuentran en el siguiente enlace: https://www.ifrs.org/content/dam/ifrs/publications/ifrs-for-smes/spanish/2015/part-a-ifrs-for-smes-standard-es.pdf

NOTAS

NOTAS

NOTAS

NOTAS